Grigori Petrovitch

GRABOVOÏ

La résurrection et la vie éternelle

SONT DÉSORMAIS NOTRE RÉALITÉ

LES ÉDITIONS SAINT-GERMAIN-MORYA

REMERCIEMENTS

Ce livre n'est pas un roman. Il représente une cathédrale, une citadelle imprenable capable d'abriter la planète entière pourvu que les principes qui y sont inscrits soient mis en pratique par une poignée d'hommes conscients. Il résistera à l'action du temps, car il est un pont vers l'infini et il traduit un maître qui guidera les pas des hommes jusqu'à leur ascension finale dans les plans de lumière où tous les ressuscités chanteront avec tous les vivants l'hymne à la vie éternelle.

Au nom de l'auteur, **Maître Grigori Petrovitch GRABOVOÏ** et tous ceux qui l'entourent de leur amour, au nom des Éditions Saint-Germain-Morya, je remercie les bâtisseurs de cette cathédrale. Leur amour et leur dévouement imprègnent les pages de ce livre et accompagneront le lecteur dans sa quête de compréhension.

Que soit nommé en premier lieu le **Dr Konev VIATCHESLAV** qui, avec amour et toute la patience qui le caractérise, a guidé la préparation du texte français. Il a été un lien important entre nous et l'auteur, ceci toutes les fois qu'un besoin de précision s'avéra nécessaire. Tous ces noms sont inscrits pour l'Éternité dans le livre de la Vie.

Françoise BACH   Catherine BAUDIN   Claude GUÉRIN
Violetta HADJI-MINAGLOU   Julia JOUSSE   Liliana LANGELLA
Sylviane MAUGER   Denise TRÉPANIER   Jean-Pierre WENGER

ISCHAIA

Titre : La résurrection et la vie éternelle sont désormais notre réalité.
Auteur : Grigori Petrovitch GRABOVOÏ
Coordination : ISCHAIA
Couverture et mise en pages : Claude GUÉRIN
Impression : Imprimerie LEBONFON

L'ouvrage *La résurrection et la vie éternelle sont désormais notre réalité* a été écrit par **Grigori GRABOVOÏ** en 2000 et 2001 sur la base de ses manuscrits d'auteur.

LES ÉDITIONS SAINT-GERMAIN-MORYA

3-4635, rue Jeanne-d'Arc
Montréal (Québec)
Canada H1X 2E4
Tél. : 514 728-1020
edition@saint-germain-morya.com
www.saint-germain-morya.com

Dépôt légal, 1er trimeste 2014
Bibliothèque et Archives nationales du Québec
Bibliothèque et Archives Canada
Bibliothèque nationale de France
ISBN : 978-2-923568-14-0

Spiritualité
GRABOVOÏ®

Imprimé au Canada
1er trimestre 2014

Avis au lecteur
Les techniques contenues dans ce livre sont données à titre de référence seulement et ne doivent pas être utilisées comme avis médical. L'information contenue dans ce document est destinée à vous donner les outils nécessaires pour prendre des décisions éclairées au sujet de votre santé et ainsi vous apporter le style de vie que vous souhaitez. Il ne devrait pas être utilisé comme un substitut à un traitement qui a été prescrit ou recommandé et seul un médecin qualifié peut en décider autrement. L'auteur et l'éditeur de ce livre ne sont pas des professionnels de la santé et déclinent toute responsabilité quant aux effets indésirables éventuels découlant de l'utilisation des présentes informations ou suggestions. Ce livre est offert à titre informatif quant à une question de santé et doit servir pour votre utilisation personnelle seulement. Comme toujours, ne jamais entamer de traitement sans consulter au préalable un professionnel de la santé qualifié. Votre utilisation de ce livre indique que vous acceptez ces termes.

Malgré toute notre attention, il se peut que des erreurs se soient glissées dans le texte. Nous demandons au lecteur de ne pas nous en tenir rigueur.

SOMMAIRE

INTRODUCTION

Dans cet ouvrage, je vais présenter mon travail pratique sur la résurrection des humains. On peut parler de la résurrection ou de la restauration non seulement des humains, mais aussi des animaux, des végétaux et d'autres objets. Cependant, dans ce livre je parlerai principalement de la résurrection des humains.

Pour la plupart des gens, la résurrection représente quelque chose de symbolique, bien que sur le plan de l'âme chacun perçoive la résurrection comme une réalité du monde existant à tout moment. Toutefois, sur le plan de l'âme beaucoup d'entre nous doivent encore évoluer vers la perception du monde et c'est pour cette raison qu'ils ne conçoivent pas le mot « résurrection » dans le sens littéral, comme il faudrait le concevoir dans la réalité. Lors d'une telle vision, l'homme devrait faire des efforts pour comprendre comment il est possible qu'une personne décédée puisse soudain revenir à la vie.

Il existe des gens qui, délibérément, ne réfléchissent pas sur la façon dont le monde fonctionne, quelles sont ses lois, ce qu'est la vie. Par conséquent, en dehors de la résurrection, ils peuvent percevoir beaucoup d'autres faits avec surprise, tels que les guérisons du SIDA et du cancer au dernier stade sans contact et à distance, la gestion des conditions météorologiques, des indications précises de dysfonctionnements et de pannes d'équipements à tout niveau de difficulté, y compris sur les objets spatiaux, la matérialisation et la dématérialisation de différents éléments, le contrôle de l'ordinateur à distance avec la puissance de la pensée, des changements du passé, du présent et du futur, la perception d'une conversation entre des hommes à n'importe quelle distance et dans n'importe quelle langue, et bien d'autres encore. Tous ces résultats de mon travail pratique furent confirmés par des documents officiels et font l'objet de plusieurs volumes. Beaucoup de ces faits peuvent être perçus comme un miracle, cependant nous devrions garder à l'esprit que le miracle ne contrevient pas aux lois de la nature, le miracle contrevient à nos interprétations des lois de la nature.

Il est temps de changer les notions établies sur le monde autour de nous et de sa structure. D'autant plus qu'il faudrait le faire dès maintenant vu qu'on entre dans un nouveau millénaire à partir de l'an 2000. C'est indispensable pour sauver le monde.

Cet ouvrage fait partie d'une série de livres consacrés à la présentation de l'image authentique du monde.

* * *

Nous assistons à l'évolution impétueuse de la science et de la technologie dont le rythme s'accélère de plus en plus, mais posons-nous les questions : « Qu'est-ce qui se passe avec l'homme lui-même ? Se développe-t-il ? Si c'est le cas, en quoi ? Avec quoi devrait-on généralement associer le développement de l'humain, son progrès, son évolution ? »

L'évolution de l'homme et son perfectionnement sont liés au développement de sa conscience. À ce stade, l'homme se trouve généralement dans l'un des deux états de sa conscience : sommeil et veille. Tout le monde connaît parfaitement ces états. Pour autant, je n'aborde pas pour l'instant les rêves prophétiques, car un rêve prophétique signifie justement le portail vers d'autres états de conscience. Je parle du sommeil ordinaire.

Ainsi, dans la plus grande partie de sa vie, l'homme passe par ces deux états de conscience : l'état de sommeil et celui de veille. Dans l'état de veille, l'homme peut se déplacer, discourir, prendre des décisions et, en règle générale, il a accès à beaucoup de choses qui perdent leur disponibilité dans l'état de rêve. Il s'avère qu'il existe des états de conscience plus élevés par rapport auxquels l'état de veille ordinaire est analogue au sommeil profond.

Voyons comment change la perception du monde par l'homme avec un changement de l'état de sa conscience. Dans un sommeil normal, la perception du monde est transformée. Dans l'état de veille, l'homme perçoit le monde à travers le prisme de l'espace en trois dimensions et en temps linéaire. On peut apporter ici la comparaison suivante. Supposons que dès sa naissance on met des lentilles de contact roses à l'homme, mais il ne le sait pas. Cet homme voit tout en rose et comme il voit le monde ainsi depuis sa naissance, il ne fait aucun doute que le monde est vraiment comme il le perçoit. Les lentilles de contact peuvent être enlevées et le monde apparaîtra complètement différent dans une gamme de couleurs magnifiques. Il en est de même si l'on supprime les limites de la conscience de veille ordinaire ainsi que la perception tridimensionnelle du monde et du temps, c'est-à-dire si l'on atteint un état supérieur de conscience, le monde apparaîtra tout à fait différent.

Cette vérité est connue depuis des temps immémoriaux. Voyons maintenant ce que dit l'apôtre Paul à propos de l'espace dans la Lettre aux Éphésiens (III, 17-18) :

> Afin qu'étant enracinés et fondés dans l'amour, vous puissiez comprendre avec tous les saints quelles sont la largeur, la longueur, la profondeur et la hauteur.

Ce sont les quatre dimensions de l'espace. Cela signifie qu'à la suite d'un travail spécifique et sous certaines conditions, et surtout selon les paroles de l'apôtre Paul, il est dit qu'à la seule condition d'être enraciné et fondé dans l'amour, l'homme pourra commencer à percevoir les quatre dimensions de l'espace. J'ajouterai que cela se passera au changement de l'état de conscience. En effet, grâce à un tel changement, l'homme sera capable de percevoir les espaces de n'importe quel nombre de dimensions.

Dans la pratique, qu'est-ce que signifie la capacité de percevoir les quatre dimensions de l'espace ? Pour clarifier la situation, utilisons un exemple suggestif. Imaginez une ligne droite. Si l'on marque un point sur cette ligne, ce point divisera la ligne en deux parties. Si ce point est désormais considéré comme une cloison, alors elle divisera la ligne en deux parties et la moitié des points ne sera pas visible de l'autre moitié (tout comme vous ne voyez pas à travers le mur de votre appartement ce qui se trouve derrière ce mur). Mais du point de vue des mathématiques, une ligne droite peut être considérée comme un espace à une dimension. Si nous pouvons accéder à l'espace de deux dimensions, c'est-à-dire à la surface plane, alors nous pouvons voir notre ligne droite de côté, et c'est pour cette raison que nous pouvons voir les deux moitiés de la ligne simultanément.

Considérons maintenant une surface plane, par exemple, la surface d'une table. Traçons un cercle sur cette surface. Ce cercle divise toute la surface en deux parties : il sépare ce qui se trouve à l'intérieur du cercle de ce qui se trouve en dehors de celui-là. Si nous entrons dans un espace à trois dimensions, c'est-à-dire au-dessus de la table, alors nous pourrons regarder la surface de la table d'en haut et voir simultanément ce qui se trouve à l'intérieur du cercle, et ce qui est en dehors du cercle.

Nous arrivons enfin au cas de l'espace tridimensionnel. Prenons une sphère. Elle divise tout l'espace en deux parties: ce qui se trouve à l'intérieur de la sphère, et ce qui est à l'extérieur. Si vous avez la capacité de percevoir les quatre dimensions de l'espace, vous pouvez voir simultanément ce qui est à l'intérieur de la sphère, et ce qui est à l'extérieur. Vous voyez à la fois ce qui est, par exemple, à l'intérieur d'une maison et à l'extérieur de celle-ci.

Revenons à l'exemple avec le cercle sur la surface de la table. Ici, vous pouvez prendre un objet à l'intérieur et le déplacer vers l'extérieur. Dans ce cas, vous ne traversez pas le cercle, c'est-à-dire la frontière qui sépare les deux parties de la surface plane. Vous pouvez déplacer un élément de l'intérieur de l'espace à deux dimensions vers l'extérieur sans traverser la frontière puisque vous utilisez le portail dans l'espace à trois dimensions, c'est-à-dire dans l'espace du plus grand nombre de dimensions.

De cette façon, vu dans un monde en trois dimensions, vous pouvez aller d'une pièce à l'autre sans utiliser la porte, comme si vous passiez à travers un mur, mais en utilisant toutefois la quatrième dimension. Pour les hommes qui se trouvent dans ces pièces, ce sera un miracle et, par exemple, ils pourront commencer immédiatement à faire des appels à l'éditeur d'un journal pour signaler l'incident tout à fait incroyable.

Nous avons examiné le problème de l'espace. Voyons maintenant ce que l'Apocalypse de Jean dit à propos du temps (X, 6): « Et jura… qu'il n'y aurait plus de temps. »

Ce propos au sujet du temps et celui de l'apôtre Paul sur l'espace nous démontrent qu'il a toujours existé une compréhension comme quoi notre perception du monde à travers le prisme de l'espace-temps en trois dimensions est limitée et cette limitation est liée au niveau de la conscience de l'homme à l'étape actuelle de son développement.

Cette situation peut être changée. Ces deux citations des textes canoniques affirment qu'il est possible de sortir du cadre de la perception ordinaire.

Les lois de la nature basées sur les concepts de l'espace-temps tridimensionnel ne sont qu'une description superficielle de ce monde. En réalité, il existe un lien plus profond, plus fondamental entre les structures mondiales grâce auquel des changements dans ce monde peuvent être effectués par un simple acte de volonté. Cependant, afin d'être en mesure de réaliser de tels changements, il faut avoir une conscience plus élevée.

Tout le monde connaît bien l'Évangile. La question est de savoir quel est le terme clé dans l'Évangile. En lisant attentivement le texte, il devient clair que c'est l'expression « Royaume de Dieu ». À l'exemple de différentes allégories, Jésus-Christ nous demande de renoncer à tout pour le Royaume de Dieu en expliquant que si quelqu'un réussit à atteindre Son Royaume, le reste suivra.

Le Royaume de Dieu représente un état plus élevé de conscience. Le chemin vers des états de plus en plus développés de sa conscience est celui qui mène vers Dieu. Ainsi, la phrase : « Le Royaume de Dieu est à l'intérieur de nous » devient claire.

Jésus nous dit à plusieurs reprises : « Réveillez-vous. » Il s'agit du sens direct de cette expression car, en comparaison avec des états plus élevés de conscience, notre état de veille ordinaire ne représente qu'un sommeil profond, tout comme notre sommeil est un rêve par rapport à l'état vigilant de conscience.

Si le Royaume de Dieu, c'est-à-dire un état plus élevé de conscience, est atteint, le reste suivra parce que l'homme se débarrassera du modèle tridimensionnel de l'espace et du temps qui le limite, et il sera donc capable de commencer à percevoir la réalité fondamentale.

Dans ce domaine, l'homme acquiert des capacités qui paraissent extraordinaires du point de vue de la conscience ordinaire. Par exemple, il peut communiquer avec des personnes décédées et les aider à revenir dans notre monde, car il est très difficile pour elles de le faire de leur propre volonté.

Par ailleurs, nous appelons « partis » ceux qui sont décédés, mais il faut noter qu'ils sont « partis » seulement du point de vue de la conscience ordinaire. L'exemple suivant pourra aider à mieux le comprendre. Prenons un morceau de glace et mettons-le dans une assiette. Pour le moment, c'est un objet solide qu'on peut prendre dans la main et en estimer le poids, mais au bout d'un certain temps on ne trouvera que de l'eau dans l'assiette. Comme l'affirment les physiciens, une transition de phase a eu lieu : la matière passe d'un état solide à l'état liquide. Laissons l'eau dans l'assiette pour voir ce qui suivra. L'eau s'évaporera et il ne restera plus rien dans l'assiette. C'est encore une transition de phase : la matière passe d'une forme liquide à la forme gazeuse. Si l'on regarde autour, on ne pourra pas trouver l'eau qui était dans l'assiette. Mais si vous avez dans l'appartement un tuyau par lequel coule l'eau froide, parfois en hiver, quand l'eau est particulièrement froide dans le tuyau, on peut y voir à sa surface des gouttes d'eau. Si on ramasse un peu de cette eau et qu'on la met au frigo, on aura encore de la glace.

Il s'avère que le passage de la vie vers l'état dans lequel se trouvent ceux qui sont « partis » représente une sorte de transition de phase. Quand l'eau se transforme en vapeur, elle se trouve à côté de nous, autour de nous bien qu'on ne la voie pas. Il en est de même pour ceux qui sont « partis » : ils se retrouvent là, tout près de nous. Les gens qui ont subi une mort clinique racontent qu'ils voyaient de quelque part là-haut, sous le plafond, des médecins qui travaillaient sur leur corps. Ils entendaient ce que ces médecins disaient et puis, après la réanimation, ils donnaient souvent une description détaillée de ce qu'ils avaient vu et entendu, tout ceci impressionnant les médecins.

Certes, l'analogie relative à la transformation de la glace en une vapeur invisible et la transition inverse, comme toute autre analogie, ne peut pas être complète. Au moment de la mort et du retour à la vie, on utilise des passages vers d'autres espaces dont nous parlerons plus tard. En réalité, entre ces deux états soit la vie et la mort, il n'y a pas vraiment de différence et c'est pour cette raison qu'il est toujours possible de revenir à la vie. Ces deux états ne sont que des formes différentes de la conscience, tout comme dans notre exemple où la glace se transforme en eau et cette dernière en vapeur, mais tout cela reste la même substance – H_2O. En quelque sorte, la résurrection est une procédure standard qui développe la conscience vers « l'état de la vie ». C'est pourquoi la résurrection peut être enseignée, comme toute procédure standard.

Dans les livres de cette série, nous analysons comment peuvent être transformés le passé, le présent et l'avenir selon les lois fondamentales de l'organisation du monde afin d'obtenir une vie éternelle. Toutefois, pour la conscience ordinaire qui utilise le modèle de l'espace tridimensionnel et du temps, des événements peuvent avoir lieu dans le passé, le présent ou le futur. L'homme qui a atteint un état plus élevé de conscience se rend compte que le passé, le présent et l'avenir existent en même temps.

Autrement dit, ils sont en état statique (rappelons-nous : « Et jura… qu'il n'y aurait plus de temps. »). Grâce à cela, on peut transférer l'homme du « passé » vers le « présent », c'est-à-dire faire revenir dans notre monde celui qui est « parti ». Ce dernier ne voit rien d'anormal ou d'incroyable dans ce retour-là. Pour lui, tout cela est naturel. Il perçoit cette transition comme un homme qui avait un rhume ou une grippe et revenait à présent à son état normal. Vous pouvez vous en persuader en discutant avec quelqu'un qui est « revenu » de l'au-delà. Aujourd'hui, ces hommes sont de plus en plus nombreux.

* * *

Il existe deux approches de la compréhension du monde : celle d'un scientifique et celle d'un homme qui développe une gestion spirituelle et harmonieuse de la réalité qu'on pourrait caractériser comme une vision intérieure.

La première approche est bien connue. Sur la base d'observations et d'expérimentations, les scientifiques essayent de trouver un point commun entre certains phénomènes même si ces derniers n'ont à première vue aucun rapport entre eux. En cas de réussite, ils définissent une loi qui réunit des phénomènes divers par une formule. À l'école, nous avons appris les lois de Newton, qui permettent de calculer le déplacement d'un ballon, le vol d'un avion ou la circulation des planètes dans le système solaire. Dans leur travail, les scientifiques utilisent des appareils créés dans les laboratoires et les usines. Grâce au progrès technique, ces appareils deviennent de plus en plus sophistiqués, ce qui permet aux savants de recueillir de nouvelles informations.

La deuxième approche de la compréhension du monde est tout à fait différente. L'homme n'utilise pas d'appareils élaborés artificiellement, mais l'appareil créé par Dieu, qui est son propre organisme. Le travail se fait avec cet « appareil » et l'on peut dire tout de suite que tous les livres de cette série sont basés sur cette deuxième approche. Comme nous allons le voir, cette approche devrait être principale et fondamentale vu la nécessité de surmonter la menace actuelle de destruction globale et d'établir un contrôle spirituel sur le développement technique. Il est clair que l'évolution et l'accumulation permanentes des systèmes techniques risquent de devenir dangereuses si elles ne se basent pas sur la gestion effectuée à travers la conscience de l'homme, car la conscience se développe harmonieusement, parallèlement au développement du monde entier.

Les scientifiques, qui travaillent à l'avant-scène de la science, comprennent parfaitement qu'il faut établir des théories utilisant des espaces multidimensionnels, à savoir des espaces à plus de trois dimensions, afin d'expliquer les phénomènes de ce monde. Toutefois, s'ils ne peuvent pas percevoir ces espaces, cela les limitera sérieusement. L'objectif consiste donc à se débarrasser, d'une façon ou d'une autre, des limitations dans notre perception actuelle.

Comment pouvons-nous atteindre cet objectif ? C'est une des questions clés qui se posent à chaque homme, quelle que soit son activité. Comme je l'ai dit auparavant, l'évolution de la conscience de l'homme est un but très important.

Qu'est-ce que l'homme devrait faire concrètement pour son développement et, en premier lieu, pour le développement de sa conscience ? C'est un grand thème mis à part qui trouvera sa place dans un des livres de cette série. Cependant, vous pouvez commencer dès maintenant à transformer votre organisme et à l'accorder au pouls de l'Univers.

Nous sommes tout le temps aux prises avec l'importance du changement de l'état de notre conscience. Imaginez que vous êtes dans un parc à regarder une rose éclore. Vous admirez les couleurs magnifiques de ses pétales délicats, vous sentez l'odeur fine de la fleur et, peut-être, vous remarquez une goutte d'eau qui brille sous le soleil après la pluie. Cette beauté divine et son parfum vous envoûtent. Vous ressentez une autre vie à côté de vous. Vous voulez la comprendre. Mais comment ?

Vous sentez que la réponse est là quelque part. Vous le sentez par tout votre être mais, en même temps, il semble que quelque chose manque. La fleur est tout près, vous avez néanmoins l'impression qu'un mur invisible vous en sépare. La réponse à votre question vient vers vous, vous le sentez et pourtant cette réponse semble être dans une autre langue. Vous cherchez toujours comment apprendre ce qu'est une rose.

Adressons-nous à la science. La science peut faire une analyse chimique de la fleur, définir les proportions de ses différents éléments, étudier les processus qui se déroulent dans ses tissus, etc. Cependant, la connaissance de toutes ces proportions et de tous ces processus n'aidera pas vraiment à connaître, à comprendre et à sentir ce qu'est cette belle fleur parfumée.

La question réapparaît alors : comment savoir ce qu'est une rose ? Est-il possible d'obtenir une telle connaissance ? Il s'avère que oui, mais on peut le réussir d'une seule façon. Pour savoir ce qu'est une rose, il faut devenir une rose. Il faut s'unir à elle pour un instant, au moins. Pour ce faire, il faut être dans un état plus élevé de conscience. C'est le chemin principal vers la compréhension du monde.

Remarquez que pour obtenir de telles connaissances sur ce chemin, il ne faut pas couper la fleur ni la tuer. Ce chemin prévoit une technologie complètement différente de l'acquisition des connaissances, sans aucune destruction.

Faisons une petite parenthèse. Nous venons de dire que dans un état plus élevé de conscience une perception du monde complètement différente devient possible. Cependant, il faut avoir en vue que notre état habituel ne reste pas toujours le même. Une simple observation de soi-même le démontre rapidement. Pensez à votre perception de certains événements récurrents, remémorez vos sensations, vos sentiments. Vous verrez que la perception n'était pas toujours la même. Les impressions étaient différentes. Chacun de nous possède une telle expérience. Parfois, la perception se fait comme si on était dans un brouillard ; une autre fois, le brouillard semble se dissiper et la perception devient beaucoup plus claire et nette, nous remarquons que cette fois-ci l'événement ou la personne nous intéresse beaucoup plus.

Ceci est dû au fait que nous ne sommes pas toujours dans le même état de conscience, ce dernier change tout le temps. Ces changements néanmoins restent dans les limites de notre développement actuel

Dans les moments où nous éprouvons des sensations particulières telles qu'une exaltation, le sentiment d'une vie remplie de joie et de bonheur, ce sont les indices d'un état plus élevé de conscience par rapport à notre état habituel. Souvent, ce sont ces moments-là qui restent gravés dans notre mémoire et parfois pour toute la vie.

Certes, pour une raison quelconque, il peut arriver que l'homme se retrouve soudainement dans un état plus élevé de conscience. Il ressentira alors une sorte d'illumination, de béatitude, de joie illimitée de vivre. Il n'existe pas de mots pour décrire cet état, il faut le vivre.

Grâce à un élan spirituel bien dirigé, à une compréhension adéquate et à une pratique régulière appropriée, vous pourrez toujours garder avec vous ces états plus élevés de conscience.

* * *

Il existe une autre façon d'aborder les questions susmentionnées.

Imaginez que dans la cave ou au grenier de votre maison secondaire, vous trouvez une loupe. Elle est restée là pendant très longtemps et maintenant elle est recouverte d'une épaisse couche de poussière. Vous sortez dans la cour et, soudainement, vous voyez une fourmi sur le sentier. Vous voulez la voir de plus près, vous vous inclinez, mais vous la voyez toujours mal – la fourmi est trop petite. Alors vous vous rappelez que vous avez une loupe. Vous l'approchez de la fourmi, vous commencez à distinguer certains détails, mais la vision reste floue.

On peut alors appliquer une approche scientifique. Rapprocher la loupe de la fourmi, puis l'éloigner en analysant les changements de l'image. Observer la fourmi sous divers angles, élaborer des algorithmes plus compliqués d'action et utiliser un traitement statistique de données. Bref, on peut lancer un sérieux programme d'études scientifiques.

Ou bien agir autrement. On peut prendre un morceau de tissu et nettoyer la loupe. Ainsi, sans algorithme ni traitement statistique, nous verrons la fourmi de façon nette. Nous avons pu obtenir le résultat si facilement et si rapidement parce que nous avons fait l'essentiel : nous avons amélioré l'appareil utilisé pour les observations.

En fait, pour avancer sur le chemin de la compréhension du monde, il faudrait avant tout affiner notre perception et changer l'état de notre organisme, par exemple, améliorer le fonctionnement du cerveau quoique le changement d'une seule cellule puisse changer l'état de tout l'organisme.

Comment peut-on réaliser un tel changement ? Il existe de nombreuses méthodes pour atteindre cet objectif. La méditation est une des techniques les plus simples et les plus efficaces. À la suite de la pratique régulière de la méditation, de plus en plus de secteurs du cerveau commencent à fonctionner en harmonie. Ce fait a été confirmé par des recherches scientifiques réalisées à l'aide d'électroencéphalogrammes. On a étudié l'influence de la méditation sur le caractère des ondes cérébrales dans différents secteurs du cerveau. Les recherches ont démontré que plus on avance dans la pratique, plus de secteurs du cerveau commencent à fonctionner de façon cohérente. Et lorsque l'homme maîtrise la méditation, tout son cerveau fonctionne en harmonie.

Par ailleurs, nous savons que la création du laser a généré toute une révolution dans la science et la technologie. Les chercheurs en la matière ont reçu le prix Nobel de physique. Pour la première fois, on a réussi à créer une émission cohérente de rayons et à déterminer les principes de sa création. C'est justement la cohérence d'émission du laser qui explique toutes ses propriétés uniques.

Ainsi, à la suite de certaines pratiques, quand l'homme aboutit à ce que son cerveau commence à fonctionner de façon cohérente, il obtient un nouvel outil de qualité. Comme dans le cas du laser, grâce au mode cohérent du fonctionnement de son cerveau, l'homme acquiert des capacités et des possibilités nouvelles.

L'objectif des expériences mentionnées ci-dessus consistait à établir des changements dans le fonctionnement du cerveau au cours de la méditation. Cependant, à la suite de la pratique, ce n'est pas seulement le cerveau, mais tout l'organisme et chacune de ses cellules qui subissent un changement positif.

Si l'on compare un organisme humain avec le laser, il devient évident que malgré une énorme différence dans les propriétés du laser et des sources de lumière classiques, la différence dans le fonctionnement de l'organisme avant la maîtrise de la méditation et après celle-ci est infiniment plus grande.

En réalité, cette différence est tellement importante que l'homme passe à un autre niveau d'existence. L'organisme humain est un système capable de se perfectionner sans limites. Il est difficile même d'imaginer toutes les possibilités de ce système.

La méditation donc est un des moyens d'améliorer l'état de notre organisme. Il existe plusieurs techniques de méditation. La prière, par exemple, est une forme de méditation. Certes, la prière doit être spirituelle, comme toute véritable méditation. La tradition chrétienne connaît notamment la prétendue prière intelligente, prière d'un haut niveau spirituel au cours de laquelle la conscience reste dans la zone du cœur et qui est très efficace pour assurer le passage à des états plus élevés de conscience.

Les transitions rapides vers des états supérieurs de conscience peuvent être réalisées grâce à une variété de concentrations. Lors d'un exercice de concentration, la méditation peut devenir une partie intégrante de ce processus.

* * *

Pour connaître l'état des organes vitaux d'un patient, les médecins utilisent des équipements. Pour cela, ils demandent au patient de faire, par exemple, une radiographie ou une échographie.

L'homme avec une vision interne bien développée agit différemment. Il utilise son propre organisme comme un appareil. Il met son organisme sur le mode de fonctionnement nécessaire et voit tous les organes vitaux de son patient à l'aide de la clairvoyance. Grâce à la clairvoyance, on peut non seulement voir les organes vitaux, mais aussi découvrir leur fonction et les méthodes de leur reconstitution.

La clairvoyance est là pour nous donner une réponse immédiate. Dans ce cas, il n'est pas nécessaire de faire des expériences, d'accumuler des données, de les analyser, de chercher des lois, etc., afin d'obtenir une réponse comme l'exige l'approche scientifique. En vérité, cette réponse existe déjà quelque part, il suffit de la voir. Par exemple, nous voudrions connaître la fonction d'un organe comme l'appendice. Il est clair que la Nature sait à quoi il sert, la réponse est donc déjà là. On n'a qu'à tendre la main et la prendre, ceci est possible à l'aide de la clairvoyance.

La clairvoyance est un moyen universel d'accès à l'information. À quoi pourrait-on comparer un tel moyen ? Il existe déjà quelque chose de semblable dans notre vie actuelle. C'est le réseau global Internet. Par Internet, il est possible de trouver toutes les informations disponibles depuis n'importe quel point du monde. Il s'avère qu'il existe une sorte de « Réseau cosmique » qui contient des données sur tout. L'homme peut être comparé à un opérateur qui utilise la clairvoyance pour faire ses recherches dans le Réseau cosmique. La vitesse y est tellement grande que la réponse arrive instantanément.

Une question intéressante se pose : comment s'effectuent les découvertes ? Les découvertes, parfois éminentes, se font dans divers domaines de la vie. Avant tout, dans la science, mais aussi dans d'autres domaines, par exemple, un changement dans un processus technologique à l'usine ou dans la société. En règle générale, les découvertes font partie de notre vie, mais on le voit mieux dans la science.

Dans ce contexte, que peut-on dire des découvertes faites par des hommes qui ne sont pas clairvoyants ?

Une idée brillante vient à l'esprit d'un homme et il fait une découverte. Cette idée, cette réponse à ses recherches vient, certainement, de la même base de données, celle du Réseau cosmique. Et dans un sens, cette réponse ne lui vient pas par hasard, mais elle est souvent obtenue à la suite de longues années de recherches et de travail acharné. Il est néanmoins impossible de savoir à l'avance quand viendra une réponse et si elle viendra. Il faut avouer que cet accès à la base de données est malheureusement aléatoire, car on ne peut pas la contrôler ni la gérer.

Faisons une comparaison. Deux hommes ont besoin d'eau. L'un d'eux met les mains ensemble, les tend en avant et attend qu'il pleuve pour avoir un peu d'eau. L'autre est au courant qu'il y a un réseau d'alimentation en eau et il sait comment l'utiliser. S'il a besoin d'eau, il ouvre le robinet et remplit un verre, un seau ou un réservoir – autant qu'il lui en faut.

Par conséquent, il faut connaître la procédure standard d'accès à l'information, car les questions sont trop nombreuses et les percées aléatoires donnant des réponses sont très rares. Si l'on revient à la question de la fonction de l'appendice, la percée n'a pas eu lieu jusqu'à présent, comme dans beaucoup d'autres cas.

À titre illustratif, j'ai comparé la clairvoyance avec le Réseau cosmique où on peut trouver la réponse à toute question qui nous intéresse. Cette comparaison reflète plutôt l'aspect extérieur du phénomène. Elle ne reflète pas sa profondeur réelle, ses multiples variations, et ceci nous oblige de préciser certains points.

Comme nous l'avons dit, il est possible d'avoir accès au Réseau cosmique pour trouver une information. Toutefois, on peut agir autrement : prendre l'information directement là où se trouve le transmetteur de cette information. De plus, et ceci est très important, l'information existe déjà dans le statut de celui qui pose la question, c'est-à-dire qu'elle constitue une connaissance directe non encore déchiffrée et assimilée par l'homme, mais qui détermine déjà son comportement. Pour comprendre instantanément cette information et pouvoir l'utiliser, l'homme doit posséder un très haut niveau de conscience.

J'ai mentionné ci-dessus le problème de l'appendice. Examinons ce cas de manière plus détaillée. La science moderne ne sait pas exactement pour le moment ce qu'est l'appendice et quelle est sa fonction. La clairvoyance permet d'en apprendre plus. Il s'avère que c'est un organe important avec plusieurs fonctions. Par exemple, l'appendice renvoie la projection de l'hémisphère cérébral gauche à l'hémisphère droit à travers le système immunitaire de l'organisme. Une autre fonction de l'appendice est de maintenir l'équilibre entre ces systèmes. Si l'appendice est enlevé, la fonction du rétablissement d'appoint du système immunitaire est affaiblie. Dans ce cas, pour se reproduire, le système immunitaire devra se renforcer au sein de l'hémisphère gauche ou droit en exerçant une pression sur le cerveau, ce qui provoquera la croissance d'une tension intracrânienne et d'autres conséquences indésirables. Ainsi, l'appendice se présente sous un angle complètement différent. En effet, nous le découvrons pour nous-mêmes pour la première fois. Tant de choses surprenantes peuvent être racontées à propos d'autres organes. Il suffit de mentionner l'hypophyse !

Dans le chapitre IV, nous parlerons de la nouvelle médecine, celle de l'avenir qui existe déjà maintenant. La nouvelle médecine se base sur la pratique de la résurrection. C'est cette dernière qui détermine les principes de la nouvelle médecine, surtout le principe de la reconstitution totale de la matière. Cette médecine a déjà commencé à accomplir sa mission la plus importante : faire en sorte que les gens ne meurent pas.

Dans un des livres de cette série, nous parlerons également de la numérologie, du calcul symbolique. Cette science aide à analyser des situations concrètes et à faire des pronostics. Par exemple, quand je fais un diagnostic, en utilisant la clairvoyance, de l'état technique d'un avion sur la base de son tableau de bord, je vois que les nombres sont liés aux défauts réels.

Par ailleurs, l'homme qui n'a pas spécialement étudié la numérologie ne comprend pas comment des nombres ordinaires, connus depuis les cours d'arithmétique de l'école, peuvent être liés aux événements de la vie réelle. Pour lui, c'est une énigme. Il ne voit aucun lien. Nous verrons quel est ce lien et comment utiliser la numérologie dans la vie de tous les jours.

Un autre thème intéressant : la vie des animaux et des oiseaux. Depuis l'enfance, nous observons les oiseaux voltiger d'une branche à une autre ou bien d'un arbre à un autre. Leur légèreté et leur spontanéité nous épatent. Nous admirons là-haut dans le ciel leur vol plané.

Il y a des capacités inattendues dans le vol des oiseaux. La science ne sait pas encore que les oiseaux ne volent qu'en partie grâce à leurs battements d'ailes. L'antigravitation que les oiseaux créent pour voler joue un rôle important. Par exemple, la gravitation dans la tête du pigeon est dix fois inférieure à celle au bout de sa queue. Le pigeon sait donc redistribuer la gravitation, ce qui lui permet de changer la dynamique de son vol. Chez divers oiseaux, le changement de gravitation et sa redistribution dans leur corps se font de façon différente. Même le vol peut s'effectuer sur la base d'un autre principe : le principe du vol d'un hibou – oiseau de nuit – n'est pas le même que celui des oiseaux de jour.

Le plus intéressant est le cas de l'aigle. Il peut aussi créer l'antigravitation, mais il a également la capacité de se dématérialiser. Si on observe un aigle en train d'attaquer, il semble qu'une petite boule ronde vole dans l'air. On dirait qu'il s'est fortement comprimé. Cependant, il faut savoir qu'un aigle peut modifier son volume de plusieurs fois. Ce n'est pas alors la compression quoique celle-ci soit également présente. La diminution principale du volume se fait par la dématérialisation de certaines parties du corps. L'aigle peut aussi altérer la forme de son corps en fonction de ses objectifs. Seul le faucon a des capacités similaires à l'aigle.

L'aigle a d'autres facultés extraordinaires dont nous parlerons dans un autre livre. Ce n'est pas par hasard que les peuples primitifs du monde entier liaient l'image de l'aigle au Créateur. Ce n'est pas par hasard non plus qu'on voit l'image de l'aigle sur les armoiries de plusieurs États. Celles de la Russie représentent notamment l'aigle bicéphale. L'aigle à deux têtes est le signe d'un avenir stable et heureux.

Dans d'autres livres, nous examinerons également des phénomènes comme la lévitation, la matérialisation et la dématérialisation, la télépathie, la télékinésie, la téléportation, etc. Depuis longtemps, ces phénomènes constituent des énigmes. Le temps est venu de donner des réponses.

Par ailleurs, l'humanité passe aujourd'hui à une nouvelle étape qualitative de son développement : la tâche d'atteindre une vie éternelle et d'aider ceux qui sont « partis » à revenir est à l'ordre du jour. Ce n'est plus une question théorique mais une question pratique, celle d'obtenir le salut.

Les faits de résurrection prouvent qu'il est possible de reconstituer la matière, ceci démontrant, à son tour, le non-sens et l'illogisme de toute destruction.

À notre époque, celle d'une accumulation excessive des armes de destruction massive, la pratique de résurrection représente un moyen de salut. Elle montre la voie alternative au développement de la civilisation.

L'évolution des mécanismes de régénération et de reconstitution permettra de réaliser des tâches de création sans destruction. Le principe de la reconstitution peut être facilement appliqué à tous les domaines de l'activité humaine. Il peut aussi servir de base pour le développement de la pensée créatrice des générations futures.

Grâce à cette approche, tout environnement soi-disant hostile peut être transformé en un élément non agressif de l'environnement primaire. Cela permettra d'établir une stratégie efficace de comportement afin d'éviter la catastrophe écologique et d'assurer le développement ultérieur non destructif de l'environnement. Il faut garder à l'esprit que la résurrection est effectivement la gestion de tout l'espace extérieur.

On pourra assurer plus d'harmonie avec l'environnement en créant, par exemple, des matériaux qui ne s'useront pas ou des machines qui n'auront pas besoin de ressources supplémentaires substantielles au cours de leur utilisation. Tout ceci est complètement réel. Comme la résurrection. Tout est entre nos mains.

Nous devons toujours nous rappeler une vérité très simple : l'homme est né pour jouir d'une vie heureuse, dans l'infinie plénitude.

Chapitre I

CAS CONCRETS DE RÉSURRECTION DES HUMAINS

Dans ce chapitre, nous examinerons certains cas concrets de résurrection. Tous ces faits ont été confirmés par des documents officiels présentés dans l'annexe A.

Parmi plusieurs faits de résurrection, nous en avons choisi quelques-uns qui donnent une image diversifiée. Parfois, des gens me demandent d'effectuer la résurrection tout de suite après la mort biologique ou bien ils me contactent plus tard. Les quatre cas présentés ci-dessous se distinguent par le temps passé depuis la mort biologique jusqu'à la résurrection : quelques heures après la mort biologique, le quatrième fait ; quelques semaines, le troisième ; quelques mois, le premier et quelques années, le deuxième fait. Dans deux des cas, il s'agit de la résurrection d'hommes. Dans les deux autres, celle de femmes.

CAS N° 1

Les textes des deux témoignages cités ci-dessous sont extraits du livre de Grigori Grabovoï, *Pratique du pilotage, chemin du salut*.

Témoignage d'Emilia Roussanova du 27 mai 1996

« Le 25 septembre 1995, au cours de notre rencontre avec Grigori Grabovoï, je lui ai demandé de ressusciter mon fils A. Roussanov, né le 22 août 1950 à Moscou et décédé le 16 juin 1995 à Moscou également. Avant de m'adresser à G. Grabovoï, j'étais complètement désespérée et j'avais eu un infarctus. Après la rencontre avec G. Grabovoï au début d'octobre 1995, j'ai eu l'espoir que mon fils reviendrait. J'ai commencé à ressentir sa présence (spirituelle) à la maison. Je suis allée au cimetière et, ayant approché la tombe de mon fils, j'ai vu une fissure profonde à travers toute la tombe. Au milieu, il y avait une sorte de fossette et il semblait que la terre était poussée de l'intérieur.

Vers minuit, j'ai nettement vu (malgré mes yeux fermés) deux cordeaux blancs partir de ma poitrine pour atteindre la tombe de mon fils, la fossette dans la tombe. Puis, j'ai semblé tirer ces cordeaux et j'ai ressenti de la lourdeur. Cela a duré quelques secondes. Mon fils était enterré au cimetière Vostriakovskoye de Moscou. Ma vision de sa tombe a eu lieu au niveau de la fenêtre de mon appartement au septième étage.

Je me suis adressée à Grabovoï... et ensuite j'en ai parlé à Tatiana Kozlova, l'ex-épouse de mon fils, avec qui j'avais gardé de bonnes relations après leur divorce. Tatiana Kozlova avait été présente aux funérailles de mon fils. Plus tard, entre octobre et février, Tatiana m'a dit à plusieurs reprises qu'elle voyait souvent dans les rues de Kaliningrad et Moscou des gens qui ressemblaient à mon fils A. Roussanov. Au début du mois de février 1996, Tatiana a pris le train Yantar pour aller de Moscou à la ville de Kaliningrad... Dans le compartiment du wagon, il y avait un homme qui ressemblait beaucoup à mon fils A. Roussanov par son apparence, sa démarche, son comportement, ses gestes, son regard, mais il semblait être perdu et détaché. Il voyageait en compagnie d'un homme qui semblait l'accompagner, le guider mais qui ne l'a jamais appelé par son nom. Tatiana était étonnée quand mon fils, après avoir vu un billet de banque courant (mille roubles), n'a pas reconnu ce que c'était. »

Témoignage de Tatiana Kozlova du 27 mai 1996

« De décembre 1975 à octobre 1982, j'ai été mariée à A. Roussanov. Après notre divorce, j'ai gardé de bonnes relations avec sa mère Emilia Roussanova, née le 25 juin 1927 dans la région de Moscou. Le 26 septembre 1995, au cours de notre rencontre, Emilia m'a dit qu'elle s'était adressée à G. Grabovoï et lui avait demandé de ressusciter son fils A. Roussanov... Selon le certificat de décès, A. Roussanov est décédé le 16 juin 1995 à Moscou. Après notre rencontre et en sachant que Grigori Grabovoï travaillait pour ressusciter A. Roussanov, j'ai commencé à remarquer, entre octobre 1995 et février 1996, des gens dans les rues qui avaient l'apparence d'A. Roussanov. Quand j'ai voyagé à Kaliningrad, j'ai vu un homme dans mon compartiment de train qui semblait sortir d'un autre monde. Cet homme ressemblait à A. Roussanov... par la couleur de ses cheveux, et de ses yeux, par son apparence, et par le pourtour de son visage. Son comportement correspondait exactement à celui d'A. Roussanov. Les traits de caractère coïncidaient également. Il avait les mêmes habitudes (taciturnité, passion pour la lecture – la plupart du temps, il lisait un journal). La personne qui l'accompagnait était un homme de taille moyenne et ne l'a jamais appelé par son nom pendant le voyage. Quand cet homme a sorti de l'argent, la personne ressemblant à A. Roussanov était étonnée après avoir vu un billet de 1000 roubles d'argent courant. J'ai eu l'impression que cet homme avait été coupé de la vie courante pendant quelque temps. Mais il semblait conserver des habitudes du métier – son compagnon a dit qu'ils étaient chauffeurs… »

Ces descriptions contiennent certains points importants que nous allons analyser plus en détail. Commençons par celle d'Emilia Roussanova, la mère de celui qui est « parti ».

Au début de son témoignage, Emilia dit qu'une fois la séance de résurrection commencée, elle a senti la présence de son fils à la maison.

Lorsque l'homme subit la mort biologique et qu'il est enterré par la suite, sa conscience conserve toujours toutes les connaissances acquises. Elle garde encore un lien avec son corps physique dans lequel la vie n'est plus présente. Bien que tous les processus vitaux soient arrêtés dans ce corps, ce dernier réagit à une information venant de l'extérieur. Par conséquent, en imaginant le corps d'une personne décédée, il est possible de transférer à son âme les connaissances sur la résurrection. Dans notre cas, la mère a fixé sa conscience sur son fils et lui, de son côté, il a senti ce contact.

Plus tard, lors de nos discussions avec le ressuscité, il s'est avéré que l'homme percevait réellement la conscience extérieure s'adresser à lui. Il continuait à lier son corps physique à son propre « moi » quoique ce corps se trouvât dans la tombe et fût, certainement, limité dans ses capacités. De plus, selon le ressuscité, sa présence sur le plan informationnel commun montrait que son corps physique existait toujours et possédait toutes les qualités nécessaires pour continuer à faire partie de la société. Il est aussi important de noter que cette connaissance contenait l'information antérieure reliée aux fonctions de ce corps physique durant sa vie et également la nouvelle information liée à sa mort biologique.

Continuons à lire le témoignage d'Emilia. Quand elle s'est approchée de la tombe de son fils, elle a vu une fissure profonde traverser toute la tombe. Au milieu, il y avait une sorte de trou d'où la terre semblait avoir été poussée de l'intérieur.

L'éjection susmentionnée de l'intérieur est une matérialisation primaire de la conscience qui se trouvait dans le corps physique. Lorsque j'ai commencé le travail de résurrection, cette conscience s'est matérialisée sous une forme sphérique et s'est retrouvée dans le champ informationnel de la planète. Ensuite, la structure matérielle commence à se construire autour de l'âme. Il s'agit de la structure que nous voyons en regardant les gens. D'ailleurs, l'homme peut être considéré comme une structure de la conscience possédant une certaine enveloppe charnelle.

J'ai mentionné la matérialisation primaire de la conscience sous une forme sphérique. Après le passage de cette sphère dans le champ informationnel de la planète, sa projection peut se faire dans un fœtus (alors un enfant naîtra) ou dans une structure de résurrection. Dans notre cas, il s'agit bien d'une projection dans une structure de résurrection, c'est-à-dire le même corps et le même homme ont été reconstitués. Jésus-Christ a ressuscité Lazare de la même façon. La seule différence est qu'après la mort biologique, quelques mois se sont écoulés et non quelques jours.

Ensuite, Emilia écrit qu'elle a vu deux cordeaux blancs partir de sa poitrine pour atteindre la tombe de son fils, notamment le trou qui s'y est créé, et puis il lui a semblé qu'elle tirait ces cordeaux en ressentant leur lourdeur. Nous apprenons également que le fils de Roussanova a été enterré au cimetière Vostriakovskoye de Moscou et la vision de sa tombe a eu lieu au niveau de la fenêtre de son appartement situé au septième étage.

Les deux cordeaux décrits ci-dessus caractérisent une étape transitoire. Le premier cordeau est apparu au moment de la naissance de l'enfant, c'est la structure de la naissance de son fils. Le deuxième cordeau est la structure de la prolongation ou de la continuation éventuelle de sa conscience ou de son être. Comme j'ai mentionné auparavant, les deux options sont possibles après la mort biologique : soit la renaissance à travers un autre enfant, autrement dit la réincarnation, soit la résurrection et la restauration du même corps. Dans notre cas, la gestion extérieure a abouti à l'option de la résurrection.

L'apparition de deux cordeaux et la perception au même niveau de la tombe du fils et de l'appartement situé au septième étage signifient le lien entre les structures de la conscience du fils et celles de l'environnement extérieur.

Dans la pratique de résurrection, il existe un moment assez particulier qui caractérise l'attachement du corps à l'endroit où se trouve ce corps après la mort biologique. L'attachement primaire est à une distance d'environ deux mètres du corps physique. Toute la zone de l'attachement existe approximativement dans un rayon de cinquante mètres de la tombe. Plus loin se situe l'accès vers le champ informationnel du monde extérieur. La connaissance de l'attachement et des aspects qui y sont liés est importante pour la procédure de la résurrection, car le retour par la mort biologique signifie aussi le passage par la structure de l'attachement. Certes, le ressuscité doit sortir de cet attachement. D'ailleurs, si l'on analyse la description d'Emilia Roussanova de ce point de vue, on peut dire qu'elle voyait la forme de la tombe comme une variante de l'attachement du corps biologique à un endroit fixé.

Ensuite, le témoignage de Roussanova se base sur l'information obtenue de T. Kozlova (on peut donc prendre la description des événements ultérieurs chez les deux).

Après m'avoir adressé la demande de ressusciter son fils, Emilia Roussanova en a parlé à l'ex-femme de son fils T. Kozlova. À la suite de cette conversation, cette dernière a commencé à remarquer dans des rues des gens qui ressemblaient à son ex-mari. En prenant le train pour Kaliningrad, elle a rencontré dans son compartiment un homme qui avait tous les traits de Roussanov.

Si l'on lit la description de cette rencontre donnée par Kozlova, on peut avoir l'impression qu'elle était trop passive. Mais imaginez que vous êtes dans le train et que vous rencontrez dans votre compartiment un homme qui ressemble, comme deux gouttes d'eau, à votre proche que vous avez enterré il y a quelques mois. En plus, cet homme ne vous prête aucune attention. À votre avis, seriez-vous capable de l'approcher et de lui dire : « Salut ! Alors tu ne me reconnais plus ? » ou bien, resteriez-vous figé, silencieux, sans pouvoir faire un pas parce que vos jambes sont flageolantes ? Quoique Tatiana ne décrive pas ses sensations au cours de cette rencontre, on peut imaginer qu'elle a été emportée par toute une gamme d'émotions et de sensations diverses : étonnement, confusion, embarras et la compréhension soudaine que la résurrection a eu lieu malgré tout. Ces sensations sont dues au fait qu'aujourd'hui la plupart des gens considèrent la résurrection comme un miracle. Ils ne comprennent pas encore que la résurrection est une procédure standard. Bientôt, la résurrection sera perçue comme quelque chose de tout à fait normal et naturel.

Pour le moment, la personne qui voit tout d'un coup à côté d'elle le proche qu'elle avait enterré n'arrive à faire aucune conclusion, car pour elle cela reste un miracle ou bien elle craint d'agir de façon incorrecte. En lisant le témoignage, il faudrait tenir compte de l'état de la personne dans cette situation. Ce livre aide l'homme à comprendre la réalité et à apprendre à se comporter dans de telles circonstances. Lors de la toute première rencontre avec le ressuscité, il est particulièrement important de lui parler et de lui proposer de l'aide.

Revenons à la description de Roussanova. T. Kozlova a donc commencé à rencontrer des gens ressemblant à Roussanov dans les rues et puis, pendant son voyage de Moscou à Kaliningrad, elle a rencontré dans son compartiment un homme qui avait tous les traits de Roussanov.

Les ressuscités comprennent bien l'état des gens vers lesquels ils retournent et ne veulent en aucun cas les stresser. Au début, Roussanov apparaît donc à une certaine distance de son ex-femme, l'emmenant, petit à petit, à l'idée de son retour possible, surtout qu'elle était déjà au courant à propos de la résurrection. Lorsqu'elle écrit qu'elle voyait des ressemblances avec son ex-mari, en réalité elle voyait Roussanov, lui-même, ressuscité.

Par ailleurs, les ressuscités se comportent de façon délicate et compréhensive, car leurs consciences ont reçu des éléments de résurrection. Ils perçoivent ainsi la réalité différemment. Par exemple, ils croient que la vie est éternelle et leur expérience le confirme. Ils ont aussi une attitude particulière vis-à-vis des lois du macrocosme. Pour eux, ces lois sont justes et les ressuscités les respectent.

Ils sont aussi au courant de l'existence de l'attachement à une distance de cinquante mètres et quand ils reviennent sur le plan physique, ils restent, pendant quelque temps, à l'extérieur de ces cinquante mètres par rapport aux gens vers lesquels ils reviennent.

Après le premier contact, lorsque le « revenant » est perçu au niveau de la sensation, commence la deuxième étape, celle de la visualisation. Le ressuscité commence maintenant à établir des contacts plus proches avec les vivants. Nous voyons que Roussanov se retrouve tout près de son ex-femme, dans le compartiment du train.

Ici, le ressuscité maîtrise déjà la technique de gestion, et dans ce cas-ci, celle de la situation. Il acquiert cette technique au moment de la résurrection. Par conséquent, il peut lui-même trouver et créer des situations permettant d'établir le contact avec ceux qu'il connaissait et vers qui il revient.

Voilà comment Emilia décrit l'impression de son ex-belle-fille : « Il lui ressemblait par son apparence, sa démarche, son comportement, ses gestes, son regard, mais il paraissait perdu et détaché. Il voyageait en compagnie d'un homme qui semblait l'accompagner, le guider mais qui ne l'a jamais appelé par son nom. »

Le ressuscité comprend l'état de la personne qu'il avait connue et agit en fonction. S'il venait tout seul, la concentration de l'attention de son ex-femme sur lui pourrait être si grande que cela aurait rendu son adaptation plus difficile et aurait pu changer le cours prévu des événements.

C'est pourquoi on introduit un élément qui distrait partiellement l'attention de T. Kozlova : un accompagnateur du ressuscité. D'ailleurs, cette personne ne doit pas spécialement être quelqu'un de réel dans le sens commun : elle peut juste avoir une apparence visuelle.

J'ai déjà mentionné ci-dessus l'attachement primaire dans un rayon d'environ deux mètres du corps physique. Sur le plan astral, la concentration partielle ou substantielle sur le deuxième homme correspond au détachement de la zone primaire, c'est-à-dire de la zone de la tombe, et au passage de cette zone à la personne accompagnatrice. Notons que cela ne doit pas être nécessairement un homme, cela peut être un objet, par exemple une voiture où se trouve le ressuscité ou autre chose. C'est le principe même du détachement du ressuscité de la zone primaire qui compte.

Le fait que le deuxième homme n'appelle pas Roussanov par son prénom s'explique de la façon suivante : dans le contexte de cette rencontre, cela pourrait provoquer un choc chez T. Kozlova et aboutir à la destruction de certaines de ses cellules. Le ressuscité saisit bien la situation et l'état de la personne devant lui, car il est passé par des phases plus profondes de la déstructuration et ensuite de la structuration de la conscience. Il reste donc très prudent.

On peut noter un point important dans le témoignage d'Emilia Roussanova. Après la phrase susmentionnée, elle écrit : « Tatiana était étonnée quand mon fils A. Roussanov… » Roussanova ne parle pas d'un homme ressemblant à son fils, elle dit « mon fils ». Cela démontre qu'après avoir écouté l'histoire racontée par Kozlova, Roussanova a complètement identifié le ressuscité comme son fils qui est revenu à la vie. L'identification spirituelle constitue le critère principal confirmant qu'il s'agit de la résurrection de cette personne en particulier.

La phrase suivante du témoignage dit : « […] après avoir vu un billet de l'argent courant (mille roubles), il n'a pas reconnu ce que c'était. »

Dans quelle situation un homme ordinaire pourrait-il réagir de cette façon et ne pas reconnaître les billets ? Par exemple, si au moment de l'introduction du nouvel argent courant il avait été à l'étranger, alors il aurait exprimé le même étonnement à la vue de cette nouvelle réalité. Quant à Roussanov, au moment de la réforme monétaire en Russie, il se trouvait dans l'espace limité de sa tombe. Il ne pouvait pas savoir ce qui se passait dans le pays. Sa réaction a donc été similaire à celle d'un homme venant de rentrer dans son pays après une longue absence.

Le schéma décrit de la résurrection n'est pas standard. Il est plutôt typique pour le moment vu la perception actuelle du phénomène de la résurrection par la société. En effet, ce schéma reflète les lois réelles de la résurrection. Tout dépend du degré auquel les gens sont prêts au « retour » de leurs proches ou de leurs amis. Le processus de la résurrection peut prendre peu de temps. Dans un avenir très proche, lorsque au moins une partie de la société aura accepté la résurrection comme une procédure standard normale, elle se réalisera rapidement.

J'ai réuni ces témoignages de telle façon que le schéma des résurrections permette d'apprendre à ressusciter à travers une analyse généralisée des faits.

Le deuxième chapitre parle aussi de la possibilité d'une résurrection instantanée. Mais pour cela, le ressuscitant doit avoir un niveau très élevé de développement spirituel.

CAS N° 2

Passons à l'examen du deuxième cas de résurrection.

Témoignage de Svetlana Koulikova du 26 janvier 1999

« … Après la rencontre avec Grigori Grabovoï au cours de laquelle il a accepté de ressusciter mon fils Valentin, assassiné en 1993, j'ai commencé à étudier sa thèse de doctorat et son livre en trois volumes, *Pratique du pilotage, chemin du salut*. J'ai eu beaucoup de questions. Parfois, l'incapacité de savoir d'où venaient les formules et de comprendre les phrases laconiques de la thèse me désespérait. Après chaque lecture, le texte me semblait différent, quelque chose y avait changé.

Puis, soudainement, le 10 janvier 1999, vers 23 heures, après une nouvelle tentative de comprendre l'incompréhensible et en plein désespoir, j'ai demandé mentalement de l'aide à Grigori Grabovoï. En peu de temps, mon incompréhension a disparu. Les définitions de la forme cubique du temps et des lois de l'organisation du monde sont devenues très claires. Le sentiment de la joie et du bonheur est apparu. Pendant quelques jours, je me posais la question qui me torturait : "Mais qui est Grigori Grabovoï ?"

Le 13 janvier 1999, j'ai ressenti un désir irrésistible d'aller à la fenêtre. J'y suis allée et j'ai admiré le beau paysage hivernal avec une neige bleue et scintillante. Il était à peu près 22 h 40, 22 h 50. Et la question s'est encore posée : mais qui est Grigori Grabovoï ? Tout d'un coup, au lieu de la neige, j'ai vu devant moi d'énormes chiffres noirs pulsants : 14111963. Ensuite, des signes d'addition sont apparus entre ces chiffres avec une équation étrange : 1+4+1+1+1+9+6+3 = 8, et le huit luisait en couleurs lumineuses lilas violet. Ensuite, le huit a tourné et a formé le signe de l'infini : ∞. On m'a appelée à table et les chiffres ont disparu. Seulement le lendemain j'ai compris que ces chiffres désignaient la date de naissance de Grigori Grabovoï et que leur somme était égale à huit, le nombre de Jésus-Christ. Si on le tournait, cela indiquerait l'éternité.

Le 14 janvier 1999, ma fille Katia, la sœur jumelle de mon fils Valentin disparu, a passé la nuit chez nous. À deux heures du matin quand tout le monde dormait et à l'instant où Katia venait de partir dans sa chambre, j'ai entendu un bruit brusque, comme si un ballon avait éclaté. Un peu plus tard, on a entendu le froissement du papier d'aluminium qui était sur un fauteuil dans une des chambres. Tout de suite, Katia est sortie de sa chambre. Elle a dit qu'elle avait vu une boîte voler, comme si quelqu'un d'invisible l'avait poussée du pied. Je lui ai dit que j'avais entendu ce bruit et aussi le froissement du papier dans le fauteuil. Nous sommes allées voir le fauteuil et nous avons vu que le papier d'aluminium était comme écrasé et on y voyait la trace de la main d'un adulte. Après cela, on ressentait toujours une présence humaine à la maison : on entendait des bruissements, les rideaux bougeaient, le plancher craquait.

Le 16 janvier 1999, mon fils Dimitri et mon petit-fils Mikhaïl racontent, tous les deux, qu'en se réveillant au milieu de la nuit, Dimitri a vu Valentin, bien en vie, sur le mur opposé au lit, à côté d'une grande photo d'un lion. Dimitri a fermé les yeux et les a rouverts. Valentin était toujours là. Alors mon fils a réveillé mon petit-fils Mikhaïl. Et l'autre a vu Valentin, lui aussi. Avant, mon fils était très sceptique par rapport à la possibilité de ressusciter Valentin. Maintenant, il en est complètement sûr. Je veux ajouter qu'au cours de la rencontre avec Grigori Grabovoï, il m'a donné une cassette audio, enregistrée pour moi, où il expliquait ce qu'était le critère et pourquoi l'espace était secondaire par rapport à la conscience, et l'intervalle du mouvement, primaire. Quand je l'ai compris, la cassette a disparu, elle s'est dématérialisée. »

Svetlana Koulikova m'a demandé de ressusciter son fils Valentin, assassiné en 1993. Elle m'a demandé de l'aide seulement en 1998. Plus de cinq ans se sont écoulés après la mort de son fils.

En général, le processus de résurrection demande la même quantité d'énergie, peu importe si l'homme vient seulement de mourir ou bien s'il est décédé il y a longtemps. Cependant, la différence est : plus il y a de temps écoulé depuis le jour de la mort biologique (l'assassinat dans notre cas), plus les facteurs qui avaient causé la mort s'effacent. Cette circonstance facilite la résurrection et peut la rendre plus rapide. Il est donc important de connaître la cause de l'événement.

Commençons l'analyse du témoignage.

Svetlana Koulikova écrit qu'elle a étudié mes ouvrages sur mon travail pratique et cherchait à comprendre qui j'étais. Probablement, sa concentration sur cette question était si grande qu'un jour, admirant par la fenêtre un paysage hivernal, elle a reçu, dans une forme symbolique, la réponse à sa question : « [...] j'ai ressenti un désir irrésistible d'aller à la fenêtre. J'y suis allée et j'ai admiré le beau paysage hivernal avec une neige bleue et scintillante [...] Et la question s'est encore posée : mais qui est Grigori Grabovoï ? Tout d'un coup, au lieu de la neige, j'ai vu devant moi d'énormes chiffres noirs pulsants : 14111963. Ensuite, des signes d'addition sont apparus entre ces chiffres avec une équation étrange : 1+4+1+1+1+9+6+3 = 8, et le huit luisait en couleurs lumineuses lilas violet. Ensuite, le huit a tourné et a formé le signe de l'infini : ∞. On m'a appelée à table et les chiffres ont disparu. Seulement le lendemain j'ai compris que ces chiffres désignaient la date de naissance de Grigori Grabovoï et que leur somme était égale à huit, le nombre de Jésus-Christ. Si on le tournait, cela indiquerait l'éternité. » Le 8 couché, c'est l'infini.

Premièrement, la date du 14 janvier 1963 signifie le jour de ma naissance.

Deuxièmement, l'addition dans le texte a été faite selon la règle utilisée en numérologie : on additionne jusqu'à ce que l'on ait un chiffre. Dans notre cas, nous avons : 1+4+1+1+1+9+6+3 = 26, 2+6 = 8.

Continuons l'analyse du témoignage. Il existe des données comme quoi, lors de la Cène, Jésus-Christ a donné à ses disciples un signe avec un 8 un peu incliné, comme si c'était un signe du huit et de l'infini en même temps. C'était le symbole de son niveau. Il le tenait dans ses mains et puis il l'a transmis aux disciples.

Si le huit est en position verticale, c'est juste un chiffre. S'il est horizontal, c'est le signe de l'infini. Le huit est un chiffre ordinaire. Pour arriver à ce chiffre, il faut ajouter huit chiffres 1 entre eux. Le huit est donc désigné par un nombre fini d'éléments.

Le 8 horizontal est complètement différent. C'est déjà le symbole de l'infini, symbole d'un nombre illimité d'éléments et de liens.

Jésus avait le 8 incliné qui occupait ainsi une position intermédiaire entre les deux extrêmes : vertical et horizontal. Le 8 incliné de cette façon est un symbole capital correspondant au transfert de l'infini vers un nombre fini. Il correspond à la structure principale qui lie un nombre infini de phénomènes à un seul phénomène concret, il désigne le passage du monde extrêmement diversifié à ce que nous voyons et ressentons maintenant.

Ce signe symbolise le principe du lien entre le spirituel et le matériel. Il désigne l'acte de création.

Jusqu'à tout récemment, cette information a été cachée. Ici, je démontre, pour la première fois, les propriétés de ce signe.

Quant à Svetlana Koulikova, elle a été imprégnée d'un désir profond de comprendre l'essence de ce qui se passait et, pendant un certain temps, elle est restée dans un état de tension permanente, ce qui l'a emmenée vers une sorte de révélation. « Cherchez et vous trouverez ! » Celui qui cherche doit être sincère.

Lisons la suite du témoignage : « À deux heures du matin [...], j'ai entendu un bruit brusque, comme si un ballon avait éclaté. Un peu plus tard, on a entendu le froissement du papier d'aluminium qui était sur un fauteuil dans une des chambres. Tout de suite, Katia est sortie de sa chambre. Elle a dit qu'elle avait vu une boîte voler, comme si quelqu'un d'invisible l'avait poussée du pied. Je lui ai dit que j'avais entendu ce bruit et aussi le froissement du papier dans le fauteuil. Nous sommes allées voir le fauteuil et nous avons vu que le papier d'aluminium était comme écrasé et on y voyait la trace de la main d'un adulte. Après cela, on ressentait toujours une présence humaine à la maison : on entendait des bruissements, les rideaux bougeaient, le plancher craquait. »

Il faut noter un aspect important. Quand un ressuscité vient chez un proche, celui-ci peut avoir une réaction de l'hypophyse. À un certain degré de cette réaction, le proche voit le ressuscité mais, en même temps, perçoit la situation en état de conscience élargie. Cela arrive si la personne n'est pas encore tout à fait prête à la rencontre directe avec le ressuscité. Leur rencontre se passe donc de façon « douce ».

Ou bien, le proche ne remarque pas du tout le ressuscité quoique d'autres personnes puissent le voir et le fixer à l'aide de mécanismes. Dans notre cas, à cause de la réaction de l'hypophyse, les proches de Valentin n'ont pas pu le percevoir.

Le texte note une autre particularité intéressante. Valentin et Katia étaient jumeaux. Un jumeau est un reflet informationnel et, pour cette raison, le canal le plus favorable pour le premier niveau de la résurrection.

Par ailleurs, plus il y a de gens qui souhaitent la résurrection, plus facile sera l'accès à celui qu'on veut ressusciter. C'est ce qu'on appelle le « principe de la «déparallélisation» des signaux ». Il faut que le plus grand nombre possible de personnes, de préférence des proches, souhaitent la résurrection, car cela facilite l'accès dans le monde des vivants. Le retour à la vie par un jumeau est le plus favorable. Katia assurait donc le meilleur canal au premier niveau de la résurrection.

La résurrection se fait à plusieurs niveaux.

Le premier niveau

C'est le fait même de la résurrection.

Le deuxième niveau

L'harmonisation avec deux types de réalité, celle de ceux qui sont « partis » et celle des vivants. L'essence de cette harmonisation consiste en ce que, pendant un certain temps, le ressuscité doit être présent simultanément dans ces deux niveaux de la réalité reliés par un passage intermédiaire.

Lorsque l'enregistrement du ressuscité est en cours et si, par exemple, on effectue une analyse de ses tissus, cela signifie qu'il a quitté le niveau de ceux qui sont « partis ».

Le troisième niveau

À cette étape, le ressuscité ne se trouve plus dans la structure des « partis », il est déjà dans celle des vivants. La stabilisation de son corps physique continue, mais il possède toujours ce que l'on appelle le « corps de balance ». C'est le corps dans lequel le corps physique peut être transféré si cela est nécessaire. Le passage du corps physique vers le corps de balance s'effectue par le transit de la matière, à peu près comme pour les vases communicants quand le liquide passe d'un récipient à l'autre.

Imaginez que le ressuscité rencontre un vivant qui n'est pas encore prêt à un tel face-à-face. L'âme du ressuscité perçoit cette information et, pour ne pas traumatiser la personne, le ressuscité établit la réaction de l'hypophyse de cette personne de telle façon que cette dernière commence à tout percevoir en état de conscience élargie. Au même moment, le corps de balance réalise le transit de la matière vers un autre endroit de l'espace-temps. Il faut avoir à l'esprit que l'âme qui dirige tout le processus est une structure illimitée. Le ressuscité se retrouve alors dans un tout autre endroit. ette capacité permet de rendre l'adaptation des ressuscités vis-à-vis des vivants plus harmonieuse.

Le phénomène décrit ressemble à la téléportation. Il existe pourtant une différence entre ces deux phénomènes.

Pour téléporter un vivant, il faut connaître les coordonnées précises de l'endroit de la téléportation, et il faut avoir une grande connaissance des structures de pilotage, c'est-à-dire du niveau de l'âme. En revanche, dans le cas où le « revenant » commence à transférer la matière dans un autre endroit de l'espace-temps, la situation est plus simple, car la place pour lui est déjà prête.

Il y a une autre différence. C'est ce que la caméra enregistre dans les deux cas. En regardant la vidéo, on voit qu'en cas de téléportation, les éléments du corps apparaissent sous forme de mouvements discontinus tandis que, dans le cas du transfert de la matière en corps de balance qui se trouve dans un autre endroit de l'espace-temps, tous les mouvements sont très fluides, comme si la matière s'écoulait d'un endroit et apparaissait dans un autre, celui d'enregistrement.

Le quatrième niveau

À ce niveau, le corps de balance devient inutile, car le ressuscité a déjà établi les contacts avec de nombreuses personnes qu'il avait connues auparavant, et ses documents sont préparés.

Le cinquième niveau

À cette étape, le ressuscité fonctionne comme un homme ordinaire, il n'est plus différent des vivants.

Le ressuscité est libre de choisir s'il veut rester avec ses proches et ses anciennes connaissances ou non. Certains d'entre eux peuvent se comporter avec lui de façon indésirable. Dès qu'il aura fait son choix et pris une décision concernant l'endroit pour vivre, cela impliquera le cinquième niveau. Il n'aura alors plus besoin du deuxième corps, celui de transit, car ce ne sera pas indispensable de se cacher.

Ces derniers temps, le passage au corps de balance se fait de plus en plus rarement puisque maintenant une explication simple du fait de la résurrection peut suffire.

Continuons à lire le témoignage : « [...] mon fils Dimitri et mon petit-fils Mikhaïl racontent, tous les deux, qu'en se réveillant au milieu de la nuit, Dimitri a vu Valentin, bien en vie, sur le mur opposé au lit, à côté d'une grande photo d'un lion [...] Alors mon fils a réveillé [...] Mikhaïl. Et l'autre a vu Valentin, lui aussi. »

Si la résurrection a lieu en présence des proches, comme ici de Dimitri et de Mikhaïl, sa vitesse augmente et il devient plus facile d'accéder à la zone de la sortie des ressuscités. La résurrection a eu lieu en présence de ces deux témoins : ils ont vu Valentin vivant à côté d'une grande photo d'un lion.

La présence d'une photo d'un animal dans la zone de la résurrection est assez importante. Mais au lieu d'une photo, cela peut être un chat, un chien ou une plante. Comme j'ai mentionné auparavant, la présence d'un autre objet disperse l'attention de l'homme, ce qui diminue la pression sur lui et accélère la résurrection.

Il en résulte les règles suivantes :

Premièrement, afin que la résurrection se fasse plus rapidement, beaucoup de gens doivent souhaiter que cette personne soit ressuscitée.

Deuxièmement, il vaut mieux que ce soient des proches.

Et enfin *troisièmement*, la présence d'un animal, même s'il s'agit d'une photo, est très favorable pour la résurrection.

D'ailleurs, le lion sur la photo dans notre cas a une particularité intéressante qui permet de voir le lien entre le ressuscité et le monde environnant. À ce propos, j'aimerais parler de certaines capacités informationnelles du lion et de l'aigle.

À la différence d'autres animaux, le lion sait à l'avance quelle situation l'attend et ce qui peut lui arriver dans le futur proche, environ une heure. Comparons cela à un phénomène plus connu. Dans les grands aéroports modernes, les avions atterrissent chaque minute. Pour assurer la sécurité des vols, les contrôleurs aériens doivent voir le déplacement de tous les avions dans l'air sur les écrans de leurs radars afin de les guider en vol et durant l'atterrissage.

Le radar émet des impulsions d'ondes électromagnétiques dans une direction donnée. S'il y a un avion dans cette direction, l'impulsion arrive vers lui et cette impulsion est renvoyée après sa réflexion sur l'avion. Un point lumineux apparaît sur l'écran du radar à cet endroit. La différence de temps entre l'émission et la réception détermine la distance jusqu'à l'avion. Puis, des impulsions sont envoyées dans une autre direction. Ensuite, la direction change encore. Tout cela se fait très rapidement et permet de surveiller l'espace aérien. Sur les écrans de radar, on a l'image entière de la position des avions à un moment donné.

Une telle surveillance de l'espace aérien est appelée dans le langage des experts le « scanning ».

Le lion a donc la capacité de scanner l'espace d'événements futurs pendant une période allant jusqu'à une heure. Il voit ces événements futurs de la même façon que les événements actuels. En fait, on peut dire « scanner l'espace d'événements futurs » ou bien « scanner le temps », c'est la même chose.

De temps en temps, le lion émet une impulsion de conscience à partir de son thorax et reçoit le signal reflété. Cela lui permet d'obtenir une information préalable sur ce qui peut arriver.

Cette impulsion se forme dans la zone de l'estomac, se reflète sur les parois de l'estomac, passe par le cerveau puis est lancée à partir de la zone de l'estomac. C'est le premier signal. Tout de suite après, le lion lance un autre signal à travers le cerveau. Les deux signaux se joignent presque tout de suite, et l'impulsion qui en résulte sera utilisée pour scanner le temps. Lorsque cette impulsion se forme, l'estomac du lion devient un peu comprimé, ressemblant ainsi à un ballon de rugby. L'impulsion provient d'une de ses extrémités.

Dans le cadre de notre thème, il est pertinent de dire quelques mots sur l'autruche. L'expression « politique de l'autruche » et d'autres phrases similaires signifient selon l'opinion courante qu'au lieu d'agir, l'autruche cache sa tête dans le sable ayant peur du danger. En réalité, ce n'est pas vrai.

L'autruche peut scanner le temps jusqu'à une minute à l'avance. Si elle voit une menace réelle, elle s'en va. Ce fait a été confirmé par des expérimentations de scientifiques américains qui lançaient des ballons. Si le danger potentiel existe mais, à un moment donné, il n'est pas réel, l'autruche sait que rien de mauvais ne lui arrivera et elle cache alors sa tête dans le sable. Si la menace devient plus réelle, l'autruche s'en va.

Revenons au lion. Le lion balaye le temps jusqu'à environ une heure à l'avance. S'il essaye de voir plus loin, par exemple, une heure et demie plus tard, il commencera à perdre sa forme à cause de la moindre mobilité. Il est peu probable que le lion puisse se le permettre.

Le « scan » des futurs événements par le lion diffère de celui de l'espace aérien par le radar. L'impulsion envoyée par le radar est un segment d'une onde électromagnétique. Elle se déplace dans l'espace à la vitesse de la lumière. L'impulsion de la conscience envoyée par le lion ne va nulle part, tout mouvement est absent. Cette impulsion apparaît instantanément dans l'endroit où le lion veut aller, en un point d'où elle est retournée après avoir scanné tout autour.

Pour un signal reflété, à la différence d'un signal direct, il y a déjà la notion de la propagation des ondes. L'onde de retour se déplace à une très grande vitesse, elle dépasse celle de la lumière, puis elle retourne vers sa première source.

Lorsque le lion a besoin de traverser un certain territoire, apparaît une pensée relative à ce besoin. Imaginons-la sous la forme d'un cylindre (il s'agit d'une sorte d'information). Quand cette pensée en forme de cylindre surgit dans l'esprit du lion, un cylindre un peu transformé, disons conique, apparaît immédiatement dans l'endroit où le lion veut se retrouver. L'apparition de ce deuxième cylindre conique est due au principe des liens communs entre tous les fragments de l'information. Le lion scanne l'information dans le segment nécessaire autour de cette forme qui vient d'apparaître.

Le cylindre conique est composé de deux parties. La première représente ce qui se trouve toujours dans ce segment, selon le principe fondamental affirmant que TOUT EST PRÉSENT DANS TOUT. La deuxième partie comprend ce qui est produit par la volonté, dans notre cas celle du lion. D'ailleurs, on pourrait calculer précisément cette volonté et particulariser ainsi le segment de l'esprit.

La gestion spirituelle est une structure dirigeante. L'esprit dirige la conscience. Cette hiérarchie affecte la prise de décision.

Après que le lion a reçu le signal retourné, son esprit prend la première décision avant même que le signal soit traité par la conscience. Par exemple, quelque chose ne va pas plus loin sur le chemin et il faut sauter de côté. Ensuite, le signal retourné sera traité, essentiellement par la conscience. Sur la base de ce traitement, le lion décidera de ce qu'il faut faire et où courir.

Si l'on compare le comportement du lion avec celui du tigre, chez ce dernier, la structure dirigeante est sa conscience développée qui a remplacé la gestion par l'esprit. Par conséquent, le tigre agit avec un peu de retard.

Nous voyons qu'en matière de gestion spirituelle, le lion dépasse considérablement le tigre et d'autres animaux. Cette capacité le distingue parmi les animaux et c'est pour cela que le lion est considéré comme le « roi des animaux ».

En ce qui concerne l'homme, sur le plan spirituel il possède un niveau spirituel à part et sa gestion spirituelle fait partie de la structure du contact avec Dieu. C'est pourquoi l'homme peut se développer rapidement, s'il le souhaite.

À partir de la description donnée du processus de la prise des décisions, on voit que si la gestion spirituelle est beaucoup plus développée par rapport à la conscience, elle contrôlera toutes les cellules ainsi que la conscience elle-même. Dans ce cas, l'objet deviendra indestructible. Ainsi la conscience, gérée par l'esprit, sera capable de créer de la matière, et donc n'importe quel corps physique, y compris l'homme.

Maintenant, passons à un représentant unique des oiseaux dont nous avons parlé dans l'introduction, à savoir l'aigle. À part les capacités énumérées ci-dessus, l'aigle possède une autre capacité bien développée : il peut scanner l'espace des événements futurs.

La première impulsion provient des plumes quoiqu'elles semblent ne pas être la meilleure partie du corps pour un but pareil, car les plumes peuvent tomber. Et pourtant, c'est comme cela. La deuxième impulsion provient des yeux. Après quoi, comme chez le lion, ces deux impulsions se joignent et celle qui en résulte est utilisée pour scanner le temps. Aucune autre partie du corps n'est touchée pour créer l'impulsion. Si les yeux de l'aigle sont fermés, il envoie un système de signaux parallèles en impliquant son corps. D'autres oiseaux n'en sont pas capables. Chez certaines espèces d'oiseaux apprivoisés, tels que des faucons et des aigles royaux, si leurs yeux sont fermés, ils ne peuvent pas scanner et, par conséquent, ils n'essayent pas de voler.

En balayant l'espace des événements futurs durant une période allant jusqu'à une heure, l'aigle voit large : il se voit lui-même, ainsi que tous les processus, tous les liens, il analyse l'ensemble. La perception de l'aigle se fait à l'aide de la clairvoyance. Pendant la demi-heure qui suit, l'aigle continue à se voir lui-même et certains événements, mais le fond commence à s'effacer. L'aigle se voit nettement pendant cinq ou même sept heures. On peut dire qu'une sorte de fil s'étire à partir de l'aigle vers l'espace. Grâce à ce fil, il sent s'il y a un problème quelque part et alors il évite cet endroit.

Certaines espèces d'aigles peuvent aussi utiliser une vision irrationnelle pour s'orienter pendant le vol. Ils voient mieux de cette façon qu'avec leurs yeux. Cependant, cela leur arrive rarement de s'orienter uniquement par clairvoyance, car cela exerce une grande pression sur les os.

En observant le vol des oiseaux, on voit parfois qu'ils descendent tout bas et, sans toucher la terre, remontent en se servant de la force sustentatrice de l'air. L'albatros montre un bel exemple d'un tel vol. Après avoir pris de la vitesse au cours de la descente, il tourne contre le vent et, avant de toucher la terre, remonte en flèche.

Certes, l'aigle peut faire la même chose. Toutefois, nous sommes plutôt intéressés par un autre procédé qu'il utilise. Il a été remarqué que parfois, l'aigle tombe à grande vitesse, puis il semble toucher la terre et, ensuite, il remonte à cette même grande vitesse. On pensait qu'il atterrissait, puis se repoussait fortement et grâce à cela, s'en volait de terre à grande vitesse, mais ce n'était pas le cas. Les tournages faits par des scientifiques australiens ont démontré que l'aigle ne touchait pas du tout le sol. Ce phénomène est demeuré une énigme.

En réalité, en voyant l'avenir et en sachant où il voudrait aller après être repoussé depuis le sol, l'aigle se téléporte vers l'endroit où il devait se retrouver après l'atterrissage. L'aigle est donc aussi capable de se téléporter.

* * *

Revenons à l'examen du témoignage de Svetlana Koulikova. Son fils et son petit-fils ont vu donc Valentin près d'une grande photo de lion. Maintenant, après avoir pris connaissance des particularités de cet animal, nous pouvons comprendre que sa photo a contribué à la résurrection de Valentin. Ayant ainsi des capacités de scanner le temps, le lion lance, en quelque sorte, le champ informationnel de l'avenir dans lequel la résurrection peut avoir lieu.

Ensuite, Svetlana écrit qu'elle a écouté la cassette audio sur laquelle j'avais enregistré l'explication de certaines thèses fondamentales concernant l'organisation du monde. Après qu'elle a compris ces thèses, la cassette s'est dématérialisée.

Voilà quelques explications. Le ressuscité possède une expérience unique et il veut aider les vivants à comprendre que la résurrection est un phénomène normal, naturel. Les contacts du ressuscité avec les vivants y jouent un grand rôle. Grâce à ce contact, les gens reçoivent une information nécessaire depuis le champ informationnel, et ceci contribue à ce que la société commence à percevoir la résurrection comme un phénomène normal. Surtout, ce contact est important avec la personne qui n'est pas au courant que la résurrection a eu lieu. Après son contact avec une personne, le ressuscité vient dans un endroit, puis dans un autre à la recherche de l'expérience. Il effectue ainsi sa propre mission, celle de transmettre des connaissances aux hommes. Une certaine statistique de réactions vis-à-vis du ressuscité se forme. C'est une information très utile pour des résurrections ultérieures.

La tâche de Valentin consistait à créer un système de connaissances dans sa famille. Alors, quand sa mère, après avoir écouté la cassette, a compris les thèses énoncées, notamment celle qui dit que l'espace est secondaire par rapport à la conscience, la cassette s'est dématérialisée.

* * *

Nous venons donc d'analyser le témoignage du 26 janvier 1999 et maintenant, nous allons passer au témoignage du 26 avril 1999.

Témoignage de Svetlana Koulikova du 26 avril 1999

« Ma fille Katia dit qu'au début d'avril, Valentin est venu chez elle pour lui dire que nous aurions de grands changements positifs. Avec moi, Valentin a parlé par l'interphone de la maison. Katia a senti qu'il l'a touchée. Il lui a demandé de composer un numéro et d'inviter quelqu'un avec sa voix à elle au téléphone.

Elle se rappelle qu'elle a pris le téléphone, s'est assise sur son lit et a composé le numéro, mais il n'y avait que de "longs bips". Valentin a avoué que ce n'était pas urgent, puis a dit au revoir et est parti. Le 11 avril 1999, à la fête de Pâques, vers 18 heures, ma petite-fille Masha (née en 1990), fille de Valentin (mon fils), m'a appelée et m'a dit que Valentin était venu voir sa mère Marina Glebova (née en 1970). Après cette rencontre entre Valentin et son ex-femme Marina, cette dernière, sa fille Masha et une amie de Marina sont allées au cimetière où se trouvait auparavant la tombe de Valentin. Mais elles n'ont pas trouvé la tombe ni son placement physique, ni rien dans le registre. »

La première phrase, « Ma fille Katia dit qu'au début d'avril, Valentin est venu chez elle pour lui dire que nous aurions de grands changements positifs », est très importante. Elle reflète la thèse générale disant que la résurrection est toujours un indice du changement positif de l'avenir. C'est un principe. Si la résurrection a eu lieu, les événements iront dans un sens positif.

« Katia a senti qu'il l'a touchée. Il lui a demandé (à Katia) de composer un numéro et d'inviter quelqu'un avec sa voix à elle au téléphone. »

Dans le comportement de Valentin, un autre principe se manifeste. Après le premier contact avec un vivant ou bien même avec un autre ressuscité qui a déjà surmonté le cinquième niveau de la résurrection, le ressuscité établit le deuxième contact de façon indirecte, à l'aide de quelqu'un. Par exemple, un proche, une connaissance ou un représentant de l'UNESCO appelle quelqu'un de sa part. Dans notre cas, Valentin a voulu le faire par l'intermédiaire de Katia.

« Elle se rappelle qu'elle a pris le téléphone, s'est assise sur son lit et a composé le numéro, mais il n'y avait que de "longs bips". Valentin a avoué que ce n'était pas urgent, puis a dit au revoir et est parti. »

Après la résurrection, le ressuscité doit officiellement se faire enregistrer. Il existe une structure dans le cadre de laquelle fonctionne tout un système d'enregistrement des ressuscités.

Il s'agit des institutions spécialisées, avec des salles de réception, des téléphones où le ressuscité peut se faire enregistrer. La particularité de ces institutions est qu'elles ont la propriété d'un double espace pour ainsi dire : visibles pour les ressuscités et ceux qui travaillent avec eux, mais elles restent invisibles pour les gens ordinaires. Pourtant, une caméra peut fixer leur image.

Ces institutions ne sont pas créées par des humains. Pourtant les bâtiments où elles sont installées ont la même forme que ceux construits par les hommes.

Dans ces institutions, travaillent des êtres qui ressemblent à des humains et leurs organes intérieurs fonctionnent de la même façon. Cependant, ce sont des êtres complètement différents et, tout comme leurs institutions, ils ont la propriété d'être visibles pour les ressuscités et invisibles pour les gens ordinaires.

Il arrive que ces institutions avec leurs employés soient visibles par des gens ordinaires. Par exemple, dans le but d'enregistrer combien de personnes voient le ressuscité, avec combien de personnes il établit des contacts. Une telle institution devient donc visible. Les gens qui passent, n'y font certainement pas attention, mais ils rencontrent le ressuscité, ils peuvent lui poser une question ou le contourner. Ou bien c'est lui qui peut leur demander quelque chose. Les passants peuvent ne pas comprendre qu'ils ont affaire à un ressuscité. Au même moment, on enregistre combien de personnes ont vu le ressuscité, avec combien de personnes il a eu un contact. Durant quelque temps, cette institution reste ouverte pour tout le monde et puis elle redevient invisible pour les gens ordinaires.

Il arrive parfois que le substrat matériel de ces institutions change aussi. L'essentiel est de savoir qu'elles existent sur le plan physique.

Tout ce système d'enregistrement des ressuscités, avec des institutions spéciales, avec des êtres qui y travaillent et, parfois, avec des gens ordinaires, ne commence qu'à s'ouvrir aux hommes. Pourtant ce système a commencé à se former il y a bien longtemps.

Par rapport aux institutions mentionnées plus haut, on pourrait se rappeler l'histoire d'Herbert Wells, *Le Magic Shop*. Je vais rappeler comment elle commence.

Un homme et son fils marchent dans la rue. Soudainement, le petit tire son père par un doigt vers la vitrine d'une boutique. Le père lève ses yeux et, à sa grande surprise, il voit qu'il y a vraiment une boutique de jouets. On peut comprendre son étonnement : des milliers de fois il est passé par cette rue, mais il n'y a jamais eu de boutique. L'enfant l'a vue. Ils y sont entrés et ils ont découvert des jouets magnifiques.

Cette histoire fait partie d'un recueil intitulé *Œuvres fantastiques*.

En effet, notre réalité dépasse considérablement toute science-fiction. Et surtout, à la vue de ce que les gens auront encore à apprendre.

Après la résurrection, l'homme doit donc se faire enregistrer. Les êtres dont nous venons de parler accueillent le ressuscité après la résurrection, ils sont au courant de tout, ils ont toute l'information nécessaire, ils donnent les numéros de téléphone de leurs bureaux au ressuscité et lui proposent un logement pour qu'il puisse en profiter s'il le veut.

Le ressuscité a la liberté de choix, il prend la décision lui-même, s'il veut rester chez des proches ou ailleurs. Il fait son propre choix qui dépend, dans une grande mesure, de l'attitude des proches, de leur réaction à sa résurrection.

Il est préférable d'accomplir l'enregistrement à une distance qui ne serait pas trop éloignée de l'homme avec qui le ressuscité a eu son premier contact. La distance physique de l'endroit du premier contact est moins importante mais il vaut mieux, si c'est possible, être enregistré dans une des institutions situées pas très loin.

La rencontre avec un vivant constitue la pleine reconnaissance du fait de la résurrection. Si l'on prend le ressuscité en photo, sans contact avec un vivant, cela peut être considéré comme une étape préliminaire de la reconnaissance du fait de la résurrection. L'importance d'un contact personnel consiste en l'importance du contact avec le tissu du vivant. Après avoir établi ce genre de contact, on peut passer à l'enregistrement.

Si le ressuscité peut venir dans une des institutions susmentionnées accompagné de deux personnes, il peut passer immédiatement à l'enregistrement, puis il peut y rester ou aller chez ses proches. Si le ressuscité n'a qu'un seul accompagnant, il faut d'abord appeler la réception et demander un conseil. L'obtention des pièces d'identité est l'étape finale de l'enregistrement. Ayant les papiers, le ressuscité peut continuer à établir des contacts à un autre niveau.

Il faut dire qu'au début, le ressuscité reste en contact avec les structures organisationnelles. Le programme est tel que pendant quelque temps le ressuscité participe au processus global du salut.

Lorsque Valentin a demandé à Katia de faire un appel, il accomplissait ainsi la mission qui lui avait été confiée.

Ensuite, Svetlana Koulikova écrit que le 11 avril 1999, à la fête de Pâques, sa petite-fille Masha l'a appelée et lui a dit que Valentin était venu les voir – elle-même et sa mère Marina, l'ex-femme de Valentin. Après cette rencontre avec Valentin, Marina, Masha et une amie sont allées au cimetière où se trouvait la tombe de Valentin. Durant les cinq années précédentes, elles y sont allées à plusieurs reprises, et elles connaissaient bien l'emplacement de la tombe. Mais, cette fois-ci, elles n'ont pas trouvé la tombe et le registre ne contenait pas d'information sur l'enterrement de Valentin.

Tout d'abord, nous allons calculer avec combien de personnes Valentin a eu un contact. Les premiers ont été Dimitri et Mikhaïl qui l'ont vu dans la chambre près d'une photo de lion. Ensuite, il a parlé à sa mère par l'interphone de la maison. Le contact direct suivant a été fait avec sa sœur Katia. Et enfin, il est venu voir son ex-femme et il a eu un contact avec sa fille Masha. Cela fait donc quatre contacts au niveau de la vision physique.

Adressons-nous à la numérologie. Utilisons le fait que chaque objet a toujours son reflet dans le domaine informationnel. C'est pourquoi dans la structure de la gestion informationnelle – je souligne le mot « gestion » – il y a toujours le principe d'augmentation de deux fois. Si on multiplie quatre par deux, cela donne huit. Si le 8 tourne, il se transforme en l'infini ∞. Cela signifie un décalage de l'espace-temps.

Le quatrième contact avec un proche a eu lieu à la fête de Pâques. Ce jour-là, à la fête de la résurrection de Christ, le canal de la résurrection est particulièrement adapté pour ajuster l'espace-temps. C'est à la fête de Pâques que s'ouvrent au maximum les connaissances naturelles sur la résurrection totale de ceux qui sont « partis ».

Cette année-là, en 1999, la fête de Pâques a eu lieu le 11 avril. Si l'on considère cette date comme un nombre, on aura le 7.

11.04.1999 → 1 + 1 + 0 + 4 + 1 + 9 + 9 + 9 → 3 + 4 → 7

La date du quatrième contact a ainsi la structure vibratoire de la journée de la Nativité du Christ. C'est un très fort support. Ici, on voit nettement l'immortalité réalisée à travers la naissance et la résurrection.

La numérologie confirme ainsi le caractère sérieux des événements du point de vue des lois de l'organisation du monde.

La disparition de la tombe et de l'enregistrement sur l'enterrement s'explique par la loi suivante : À CERTAINES CONDITIONS, L'ÉVÉNEMENT PEUT SORTIR DU CADRE DE SA RÉALISATION. C'est-à-dire qu'il est possible de modifier un événement qui a eu lieu dans le passé jusqu'à ce qu'il ne se manifeste plus dans le présent. Dans notre cas, l'espace-temps a été déplacé vers la zone où Valentin vivait encore. C'est pour cela que sa tombe n'était plus au cimetière et que le registre ne contenait pas d'inscription sur son enterrement.

Cependant, la présence ou l'absence de la tombe dépendent, dans une grande mesure, de la volonté du ressuscité, s'il souhaite ou non laisser l'information visible sur ces événements. Dans ma pratique, il y a déjà eu beaucoup de cas où toute l'information sur la mort disparaissait entièrement jusqu'au fait où personne dans l'entourage du ressuscité ne se souvenait de sa mort.

Valentin n'était alors plus considéré comme quelqu'un de décédé. Par conséquent, il a dû passer par encore un autre enregistrement.

Le premier enregistrement a établi sa résurrection au niveau physique et le deuxième a confirmé le fait qu'il n'avait pas décédé.

Notons un aspect important. Il s'est avéré que Valentin se rappelait bien sa résurrection, les détails de son enregistrement en tant que ressuscité, la disparition de sa tombe, l'enregistrement du fait qu'il n'avait pas été considéré comme décédé. Il se souvenait de tous ces événements réels fixés par de nombreux témoins. De cette façon, nous avons appris que Valentin se rendait compte qu'il était passé par la structure de la résurrection et, en même temps, par la structure du « non-accomplissement » du fait de sa mort.

Nous voyons ainsi un exemple de la réalisation pratique du principe qui résout le problème de la mémoire des réincarnations. Du point de vue de certaines théories, la mémoire des existences passées disparaît pour laisser la place à une nouvelle expérience. Pourtant la description de la résurrection susmentionnée démontre que l'ancien stéréotype cède sa place au nouveau. Aujourd'hui, la mémoire permet de garder parallèlement les souvenirs « d'une vie » ainsi que le fait de « l'absence de la mort », c'est-à-dire, d'une vie parallèle réalisée grâce au décalage de l'espace-temps. Ceci est une connaissance nouvelle affirmant qu'il est possible de se rappeler des vies précédentes. Ce qui signifie qu'on peut ne plus mourir et vivre éternellement. Et, en plus, choisir de façon consciente la meilleure variante de sa vie.

Cependant, le principe de « non-assassinat » doit rester inébranlable en dépit de tout changement. D'ailleurs, les faits susmentionnés démontrent que toute destruction est insensée, car on peut tout restaurer.

En conclusion, on peut dire que pour Valentin, le personnage principal de cette histoire, tout est bien allé. Il a réussi sa vie personnelle, a trouvé un bon travail et, en règle générale, tout se déroulait comme pour quelqu'un qui n'avait jamais décédé.

CAS N° 3

Passons à l'examen du cas suivant.

Témoignage de Lubov Kazakova du 1er juin 1999

« Je me suis adressée le 6 mai 1999 à Grabovoï Grigori [...] en vue de ressusciter ma mère Nina Chiguirintseva. Je déclare que Grigori Grabovoï a vraiment ressuscité ma mère [...] née le 23 décembre 1923 et décédée le 18 avril 1999 à Moscou.

Je suis allée au cimetière. Après avoir approché la tombe, j'ai eu une grande surprise : le vase en plastique que mon fils avait enfoui à 7-10 centimètres dans la terre gisait d'un côté de la tombe et les fleurs de l'autre. J'ai eu l'impression que le vase avait été poussé de l'intérieur. Ensuite, je me suis approchée près de la tombe et j'ai commencé à écouter la cassette où Grigori Grabovoï parlait de la résurrection de maman. Quelque temps plus tard, la terre sur la tombe a commencé à bouger. Je ne me sentais pas à l'aise, j'ai reculé, je me suis mise à côté d'une autre tombe, j'ai continué à écouter la cassette (je l'ai écoutée trois fois) et j'ai vu la Terre ou un grand territoire, comme si je regardais de côté. C'était une forêt sombre composée de sapins bruns. Après cela, je suis partie tout de suite.

Quand je suis venue au cimetière la deuxième fois, j'ai senti tout de suite que la tombe était vide et qu'il n'y avait personne là-dedans.

Plus tard, j'ai demandé à maman de me faire signe si je faisais tout correctement. Soudainement, j'ai regardé le mur. Au mur, à la même hauteur, étaient suspendues une cuillère et une fourchette, 82 centimètres de longueur. J'ai remarqué que la fourchette était descendue de 61 centimètres et avait bougé de 15 centimètres vers la cuillère. Personne n'est entré dans la pièce pendant la journée, personne ne pouvait déplacer la fourchette. Mais juste deux heures avant cela, en regardant la cuillère et la fourchette, je m'étais dit qu'il fallait bien les mettre dans la cuisine. J'ai compris que maman m'avait envoyé un signe. Après la rencontre avec Grigori Grabovoï (le 6 mai 1999), j'ai eu un contact avec maman dans la nuit du 7 mai 1999. Elle était mécontente. Pendant le contact, nous avons eu des obstacles physiques. Mais ils ont disparu quand maman a touché ma joue de sa main. Je suis restée calme pendant la rencontre avec ma mère physiquement ressuscitée. »

Voyons ce que Lubov Kazakova a écrit.

« Après avoir approché la tombe, j'ai eu une grande surprise : le vase en plastique que mon fils avait enfoui à 7-10 centimètres dans la terre gisait d'un côté de la tombe et les fleurs de l'autre. J'ai eu l'impression que le vase avait été poussé de l'intérieur. »

Ici, nous avons affaire à la situation qui ressemble beaucoup à celle qui a été décrite dans le cas de Roussanov. Nous en avons déjà parlé, il y a eu l'éjection d'une sphère. L'éjection peut se faire, par exemple, par une fissure. D'habitude, la voie de la moindre résistance est utilisée.

Il faut noter qu'il existe une technologie spéciale de résurrection liée à l'enfouissement de l'homme. Si on enfouit un homme et qu'on place des traverses dans certains endroits, l'homme se rétablit.

Si l'on applique la technique correcte d'enterrement, le corps physique ne se décompose pas et il peut se lever périodiquement pour prendre de la nourriture végétale. S'il s'agit des saints impérissables, ils peuvent se nourrir beaucoup plus rarement, par exemple, une fois tous les cent ans.

L'idée de cette technologie d'enterrement consiste à ce qu'après la résurrection, il devient plus facile de rétablir toutes les fonctions vitales du corps physique afin d'assurer une vie normale de l'homme. D'ailleurs, pour donner plus de possibilités au corps physique, on laissait des espaces ouverts dans certains enfouissements.

Auparavant, les enfouissements étaient faits de façon à laisser l'homme se ressusciter. S'il s'agit de la résurrection et que l'homme a gardé son corps physique, on peut utiliser une procédure un peu différente basée sur une orientation spéciale des parties du corps.

La méthode d'enfouissement de l'homme peut être utilisée, notamment pour sauver les gens qui ont subi une décharge électrique. L'épaisseur de la couche de terre au-dessus de l'homme est d'une grande importance, elle affecte la vitesse de la résurrection. La terre a la propriété de servir d'écran. Pour cette raison, les processus peuvent différer en fonction de la couche posée.

Je donnerai ici un conseil pratique, à savoir comment aider un homme qui a reçu une décharge électrique. Tout dépend de la puissance du courant. Mais dans tous les cas, il faudrait faire ce qui suit.

Premièrement, assurer le contact du poing de la main droite avec la terre. On peut le faire en appuyant la main droite contre la terre ou bien à travers tout autre objet touchant terre.

Deuxièmement, mettre à terre le poing de la main gauche ou plutôt la partie un peu au-dessus du poing.

Ensuite, on peut passer à des procédures standard.

Dans le cas d'une décharge électrique, l'essentiel est d'aider les tissus du cerveau à se régénérer. Les deux procédures décrites servent à accomplir cette fonction.

Continuons l'examen du témoignage.

« Ensuite, je me suis approchée de la tombe et j'ai commencé à écouter la cassette où Grigori Grabovoï parlait de la résurrection de maman. Quelque temps plus tard, la terre sur la tombe a commencé à bouger. »

En fait, la résurrection peut se faire directement sur la tombe et la première rencontre aura lieu dans cet endroit. Pour la conscience de l'homme, cela pourrait être plus simple, mais seulement à condition que l'homme puisse le supporter et qu'il n'y ait pas de déformation des cellules. J'ai déjà dit que la résurrection ne doit jamais traumatiser l'entourage, elle doit se faire dans des conditions favorables pour tout le monde.

Le fait que la terre a commencé à bouger signifie que la préparation à la résurrection a commencé directement sur la tombe. Il arrive que les gens viennent sur la tombe et, après la résurrection, emmènent les ressuscités. Dans notre cas, Lubov Kazakova n'y était pas psychologiquement prête. Plus tard, elle a dit qu'elle se préparait à la résurrection chez elle, à la maison.

« Je ne me sentais pas à l'aise, j'ai reculé, je me suis mise à côté d'une autre tombe, j'ai continué à écouter la cassette (je l'ai écoutée trois fois) et j'ai vu la Terre ou un grand territoire, comme si je regardais de côté. C'était une forêt sombre composée de sapins bruns. »

Le processus de résurrection continuait. Lubov Kazakova était tendue. C'est pourquoi un élément supplémentaire visant à diminuer cette tension par la dispersion de son attention a été introduit : un grand nombre de sapins bruns.

« Quand je suis venue au cimetière la deuxième fois, j'ai senti tout de suite que la tombe était vide et qu'il n'y avait personne là-dedans. »

Il faut dire que Lubov Kazakova possède de bonnes capacités sensitives. Elle a diagnostiqué la tombe et elle a vu qu'il n'y avait pas de matière physique là-dedans. Elle a compris que sa mère n'était plus là (d'ailleurs, la terre avait déjà bougé la première fois). C'est pourquoi Lubov a eu besoin d'avoir une confirmation que sa mère était quelque part à côté et que tout allait bien.

« Plus tard, j'ai demandé à maman de me faire signe si je faisais tout correctement. »

Lubov Kazakova a donc regardé le mur où étaient suspendues une cuillère et une fourchette en bois et elle a vu que la fourchette avait été déplacée vers le bas. On peut dire que Lubov a utilisé de très bonnes méthodes d'enregistrement. Le texte donne les grandeurs concrètes des distances qu'elle a mesurées. Elle a même fait des photos.

En déplaçant la fourchette, la mère a laissé sa fille comprendre qu'elle faisait tout correctement et qu'elle pouvait être calme. C'était une période de transition. La mère a quitté la tombe et elle devait établir un contact avec sa fille.

L'incident avec la cuillère et la fourchette était une étape préparatoire à la résurrection même qui a eu lieu dans la nuit du 7 mai.

« Après la rencontre avec Grigori Grabovoï (le 6 mai 1999), j'ai eu un contact avec maman dans la nuit du 7 mai 1999. Elle était mécontente. Pendant le contact, nous avons eu des obstacles physiques. Mais ils ont disparu quand maman a touché ma joue de sa main. Je suis restée calme pendant la rencontre avec ma mère physiquement ressuscitée. »

Nina, la mère de Lubov, est une personne illuminée. Dans l'une de ses vies précédentes, elle avait été un yogi. Elle avait même partiellement assemblé son corps. Plus tard, on a appris qu'elle avait juste exprimé un certain mécontentement, car sa fille était clairvoyante. Mais malgré cela, elle n'était pas psychologiquement prête à la résurrection directement sur la tombe, ce qui a prolongé le temps de la procédure. Mais, en gros, elle était très contente parce que sa fille agissait correctement.

Au cours du premier contact, lorsque l'homme vient d'être physiquement ressuscité, son proche peut être très tendu, ses sensations peuvent être redoublées à cause de l'excitation émotionnelle, des sensations particulières peuvent surgir, par exemple, le frémissement des rideaux à cause du vent peut être perçu comme un obstacle physique. Mais quand la mère a touché de sa main la joue de sa fille – notons que c'était sa main physique –, la tension a tout de suite baissé. Et les obstacles ont disparu. Il est aussi très important de dire que Lubov est restée calme pendant la rencontre avec sa mère. Et tout s'est bien passé.

CAS Nº 4

Passons au cas de résurrection accomplie le jour de la mort biologique. Le texte du témoignage est extrait du livre de Grigori Grabovoï, *Pratique du pilotage, chemin du salut.*

Témoignage de Lev Bogomolov du 28 janvier 1998

« Le 7 janvier 1998, je me suis adressé à Grigori Grabovoï à Moscou par rapport à la mort d'O. [...] Grigori Grabovoï a vraiment restauré les fonctions vitales d'O. après mon appel, et cela s'est passé entre 23 h 15, le 7 janvier 1998 et 16 h 15, le 8 janvier 1998.

La mort d'O. a été confirmée par la déclaration de son époux E. et la conclusion des médecins, le 7 janvier 1998. La restauration de la vie d'O., après la séance de dix-sept heures effectuée à distance par Grigori Grabovoï, est certifiée par le fait que j'ai parlé avec O. à 16 h 15, le 8 janvier 1998 et par le témoignage de son époux E. Aucune autre méthode n'a été utilisée pour la restauration d'O. qu'une action extrasensorielle intensive, réalisée à distance par Grigori Grabovoï. »

Dans ce cas, la résurrection a eu lieu dix-sept heures après que les médecins eurent constaté la mort biologique. Dans le cas de la résurrection en vingt-quatre heures après la mort biologique, les ressuscités ne ressentent pas vraiment la différence entre la maladie et la mort biologique. Cela prouve que la conscience possède la fonction de restauration du corps en dépit de n'importe quelle destruction et, pendant longtemps, elle conserve des données sur le fonctionnement du corps physique. En communiquant mentalement les principes et les méthodes de résurrection à la conscience de celui qui est « parti », on peut « activer » cette fonction de la conscience et le corps commencera à se rétablir. Le rétablissement se fait plus rapidement si l'âme est prête à la résurrection et si un nombre important de gens contribuent à cela. La résurrection s'effectue sur la base de la liberté du choix de l'âme de la personne. La connaissance des principes et des méthodes de résurrection doit se répandre partout pour que tous soient au courant de la résurrection en tant que voie unique du développement. La vie se développera vers l'éternité. Les humains prendront le chemin de l'immortalité. Ceux qui sont « partis » seront ressuscités. La loi du Créateur sur la vie éternelle se réalisera.

* * *

Les conclusions suivantes découlent de l'analyse des cas concrets de résurrection.

Premièrement, le ressuscité, tout comme un homme ordinaire libre, a le droit de choisir où et avec qui rester et pour combien de temps. Il a cette possibilité si d'autant plus on tient compte du fait que l'enregistrement se fait au niveau supérieur et des organisations internationales s'en occupent. Ensuite, l'enregistrement se fait dans son pays. Parfois, mais très rarement, il arrive que l'enregistrement se fasse dans le pays et, ensuite, dans les organisations internationales.

Ici, je parle des organisations ordinaires, c'est-à-dire celles qui sont créées par des humains. Mais le tout premier enregistrement dont j'ai parlé analysant le cas n° 2 se réalise pour le ressuscité dans des structures spéciales. En effet, le ressuscité passe par deux enregistrements différents : le premier se fait dans des structures spéciales et le deuxième, dans nos institutions ordinaires.

Les ressuscités ont les mêmes droits que les gens ordinaires, la seule différence est qu'ils sont passés par la procédure de résurrection.

Deuxièmement, afin d'augmenter la vitesse de la résurrection, il est important d'assurer le contact avec des structures spéciales par lesquelles passe la résurrection, avec des êtres susmentionnés, avec leurs représentants concrets, etc. Pour cela, il est préférable d'avoir des moyens de communication, comme le téléphone, pour qu'on puisse appeler et obtenir de l'information. On peut se passer de téléphone si l'on possède des capacités télépathiques bien développées. Dans ce cas, le ressuscité peut envoyer une demande de façon télépathique grâce à une concentration mentale et recevoir la réponse de la même façon.

La vitesse de la résurrection augmente si l'on comprend qu'elle peut se faire directement, sans instances intermédiaires qui assurent le cumul des structures du ressuscité et de celles des vivants. Aujourd'hui, il arrive assez souvent que le ressuscité apparaisse devant le vivant. Si ce dernier possède cette connaissance sur la résurrection, le ressuscité ne passe pas par des étapes qui impliquent l'intervention des représentants susmentionnés visant à réunir les ressuscités et les vivants. Les conditions de la résurrection peuvent varier et ce n'est pas indispensable d'avoir des structures transitoires dans certains cas.

Troisièmement, la résurrection a toujours un effet positif, car elle démontre que toute destruction est impossible. Grâce à la résurrection, des situations se déroulent de façon favorable.

J'ai beaucoup de cas concrets prouvant que la résurrection a été un événement bénéfique pour tous. Souvent, lorsque le ressuscité se mettait en contact avec ses proches, ceux-ci se débarrassaient des maladies, telles que des tumeurs, leurs problèmes commençaient à se régler, des changements positifs surgissaient et leur vie passait à un autre niveau, où tout va à merveille.

La résurrection a ainsi un effet très positif sur les vivants car, par le fait même de sa réalisation, elle instaure le statut d'une vie complètement nouvelle. Et les gens qui se joignent à ce statut, commencent à vivre à un autre niveau, beaucoup plus favorable que celui avant que la résurrection ait lieu.

Chapitre II

PRINCIPES FONDAMENTAUX DE LA RÉSURRECTION

Ce chapitre est consacré à l'examen des principes fondamentaux de la résurrection. Tous ces principes sont divisés en quatre groupes selon leur importance. Le premier groupe présente les principes du premier niveau, donc les plus importants. Ensuite, suivent les niveaux 2, 3 et 4. Les formulations des principes seront données en lettres majuscules. Chaque formulation sera suivie par des chiffres entre parenthèses, par exemple (3.5) pour niveau 3, position 5. À la fin du chapitre, les principes fondamentaux seront présentés par niveaux. Commençons par les principes du premier niveau.

NIVEAU 1

Comme dit précédemment, l'objectif principal dans la vie de l'homme est d'élever le niveau de sa conscience. Cette élévation est le vrai moyen de se changer soi-même et de changer le monde environnant.

Aujourd'hui, nous pensons que le monde environnant ne dépend pas de nous, qu'il existe par lui-même, objectivement, et que l'homme n'a qu'à étudier ce monde, ses lois pour pouvoir les utiliser pour le bien de tout le monde.

En réalité, ce n'est pas tout à fait vrai.

Pourquoi une telle idée est-elle généralisée? L'homme voit que le soleil se lève chaque matin et se couche chaque soir, qu'il y a un changement régulier et successif des saisons et que dans le ciel, au même endroit, on peut toujours trouver l'étoile Polaire et d'autres étoiles. Si un objet vous échappe, il tombe toujours, comme la fameuse pomme de Newton. Tous ces phénomènes se répètent, et l'homme a l'impression qu'ils ne dépendent pas de lui, qu'ils sont des phénomènes objectifs qui n'obéissent pas à sa volonté, donc qu'il a affaire à un monde objectif existant indépendamment de lui. Là est la grande erreur de l'homme.

Pour comprendre quelle est la situation réelle, il faut introduire la notion de conscience collective. Celle-ci réunit la conscience de tous les humains. Plus tard, nous verrons qu'il faut y ajouter également la conscience d'autres êtres, par exemple celle des animaux et, en général, la conscience de tout ce qui existe.

La conscience collective contient des notions constantes. Ces notions sont constantes, car elles constituent une certaine moyenne, c'est-à-dire quelque chose qui résulte de l'homogénéisation de tous les individus.

Pour mieux comprendre de quoi il s'agit, prenons des exemples concrets. Imaginez que vous jetez une pièce en l'air. Peut-on prédire le résultat, à savoir sera-t-il pile ou face ? Si c'est une pièce ordinaire, il est impossible de deviner à l'avance. Et si on jetait la pièce sept fois, par exemple. La réponse serait la même. On peut avoir plusieurs fois pile et plusieurs fois face. Il est même possible qu'on ait sept fois le côté pile ou sept fois le côté face. Si on établit le rapport entre le nombre de fois où le côté pile sort et celui où c'est le côté face, on ne pourra pas, dans notre exemple, prédire cette valeur sans utiliser la clairvoyance. C'est-à-dire, on ne pourra pas donner ce rapport après sept lancers de pièce.

Cependant, si on jette la pièce quelques milliers de fois, on peut dire à l'avance que le rapport entre les piles et les faces visera le chiffre 1. Si on jette la pièce quelques millions de fois, ce rapport sera pratiquement égal à 1. Il semble qu'avec un grand nombre de lancers, on puisse prédire le résultat et ce n'est pas par hasard. Avec un grand nombre d'expérimentations, on obtient des régularités statistiques.

Par conséquent, avec seulement quelques expérimentations, il est impossible de découvrir des lois quelconques, leur résultat est fortuit. Si le nombre de cas augmente, apparaissent des régularités qu'on appelle « statistiques ».

Autour de nous, il y a beaucoup de telles régularités. Regardons un clavier d'ordinateur. On voit que les lettres n'y sont pas placées par ordre alphabétique, mais d'une autre façon, probablement selon une règle, mais laquelle ?

Au centre du clavier, il y a les lettres les plus utilisées, vers les côtés, les moins fréquentes. Il est clair qu'il est plus facile de travailler avec les index qu'avec les petits doigts.

Comment savoir quelles sont les lettres les plus utilisées ? Par exemple, on peut demander à l'ordinateur de lire beaucoup de livres et de découvrir les lettres le plus souvent utilisées, moyennement utilisées et les moins souvent utilisées. L'ordinateur peut calculer la probabilité de l'apparition d'une lettre dans un texte. Celles qui sont les plus probables à apparaître dans le texte sont placées au centre du clavier.

Cependant, si on s'intéresse à la probabilité de l'apparition d'une lettre, disons la lettre « a », dans un mot pris dans le texte par hasard, on n'arrivera pas à avoir la réponse à cette question. Si on prend beaucoup de livres qui contiennent beaucoup de mots et encore plus de lettres, il y aura des régularités statistiques et on pourra ainsi définir la probabilité de l'apparition de la lettre « a » dans le texte.

Ces mêmes données peuvent être utilisées dans les imprimeries pour constituer des casses. Il ne faut pas mouler le même nombre de toutes les lettres. On peut produire des lettres proportionnellement à la probabilité de leur apparition dans le texte.

La même idée sert à constituer des listes de fréquence d'une langue. Après avoir lu de nombreux livres, notamment des classiques, l'ordinateur peut établir la liste des mots les plus fréquents. De tels dictionnaires sont très utiles pour étudier une langue. Par exemple, les trois mille mots les plus utilisés de l'anglais donnent 90 % du texte des livres de fiction. Pourtant, le grand dictionnaire Webster comprend plusieurs centaines de milliers de mots. Cela démontre comment l'utilisation des régularités statistiques peut simplifier l'apprentissage des langues. Avec seulement les trois mille mots les plus fréquents, vous pouvez déjà lire et communiquer.

Revenons à notre thème principal. Chaque homme a ses idées, ses notions sur tout, et ces notions peuvent différer beaucoup de celles d'une autre personne. Toutefois, si on prend tous les humains, et c'est un nombre immense, les notions seront réduites à la moyenne. À la suite de cela, la conscience collective aura une certaine idée constante sur diverses choses. Cette notion collective de diverses choses est perçue par les humains comme une réalité objective. La stabilité de cette notion peut créer une illusion. Pourtant, ce n'est que le résultat moyen d'examen du grand nombre d'objets, dans notre cas, la moyenne des notions qui existent dans la conscience des humains.

Quand j'examine une personne qui me demande de l'aide, je vois l'état de son organisme changer tout le temps, souvent très considérablement.

57

Mais si on dit à cette personne de faire une radiographie, l'appareil montrera une image stable. Les appareils présentent des données relatives aux notions de la conscience collective sur cette situation.

Nous sommes prêts à présent à formuler un principe bien important :

> NOTRE CONSCIENCE PERÇOIT CE QUI EXISTE DANS NOTRE CONSCIENCE COMME UNE RÉALITÉ. (1.3)

Quand vous réfléchissez, ce à quoi vous pensez constitue pour votre conscience la même réalité que ce que vous voyez de vos yeux.

Ce principe est fondamental : quand vous cumulez ce à quoi vous pensez et ce qui se passe dans la réalité extérieure, prétendument objective, quand vous cumulez cela au niveau de l'action, vous êtes capable de matérialiser des objets et de ressusciter.

Deux réalités semblent exister : celle de la conscience et celle du monde physique qui sont perçues comme quelque chose de stable.

Il faut aussi comprendre que tous les objets du monde environnant, par exemple une chaise, une table, une voiture, chacune de leurs cellules, chaque élément du monde se basent sur la conscience collective des individus. Donc, si on change au moins une partie de la conscience, le monde commencera à se transformer. C'est pour cette raison d'ailleurs qu'il faut transformer sans détruire, mais en créant sur la base des connaissances constructives. En effet, nous ne voyons pas le monde environnant comme quelque chose de stable, mais plutôt comme un espace pratique pour tous et résultant de l'homogénéisation, l'espace avec tous les objets qui y sont. Nous voyons la réalité collective dans l'espace-temps. C'est pourquoi notre Terre ou les objets physiques ne sont qu'une simple conséquence de la réunification de toutes les consciences des humains ou, plus précisément, de tous les êtres.

Si on connaît ce principe, on peut dire que la résurrection n'est qu'un complément technologique concret à la structure des liens communs.

Faisons un résumé. Tout ce qui existe autour de nous : la Terre, le Soleil, les étoiles, l'espace, le monde entier, tout ceci est en fait créé sur la base de la structure de la conscience, y compris celle du Créateur. Alors, quand nous savons ce qu'est l'esprit, ce qu'est la conscience, nous pouvons ressusciter, nous pouvons créer des espaces, nous pouvons construire le monde, nous pouvons réaliser n'importe quelle action créatrice.

Le changement de la réalité est possible parce que cette réalité a été créée à la suite de la prise de décision par la conscience de chaque personnalité et par la conscience de chaque objet d'information.

Par conséquent, pour pouvoir ressusciter, pour devenir immortel, pour assurer une vie heureuse à tout le monde, chacun doit accepter ce point de vue, chacun doit prendre la décision de suivre ce chemin. Plus il y aura de décisions sur le choix de ce chemin, chemin de la vie heureuse et éternelle, plus rapidement la réalité se transformera dans ce sens.

Si on introduit la notion dans la conscience collective, celle qui dit que la destruction est impossible, qu'il faut ressusciter tout le monde et que la vie doit être éternelle, tout se passera de cette façon. Lorsque cette notion sera devenue une norme pour la conscience collective, en y contribuant ainsi, et un de ses paramètres, cette notion restera stable et sera perçue comme une réalité objective.

La réalité physique, comme une sorte de réalité objective, n'existe pas en tant que telle. Ce qui semble être la réalité objective est, en fait, créé par la structure de l'esprit, la structure de la conscience, car la conscience prend pour réalité tout ce qui existe dans la conscience même. Ainsi, notre Terre n'est qu'une projection de la conscience collective selon un de ses paramètres.

Sur la base de la conscience collective, on peut agrandir la Terre ou on peut créer d'autres Terres, d'autres espaces. Je n'en parlerai pas en détail, car cet aspect est examiné dans mes livres consacrés à l'organisation du monde. Ici, je vais seulement formuler le principe qui y est lié :

L'ESPACE DÉPEND DE L'INTERSECTION DES INTERVALLES TEMPORELS. PAR CONSÉQUENT, LA TERRE PEUT ÊTRE AGRANDIE. (1.15)

La vie heureuse et éternelle dont on a toujours rêvé, promise par les religions et qu'on appelait « le paradis », cette vie peut enfin devenir la réalité. Je propose une religion qui donne des réponses à toutes les questions, qui montre comment on peut organiser la vie avec un contrôle total, une liberté d'action totale, en toute sécurité, à condition que chaque individu, en même temps que tous les autres, développe naturellement son pouvoir créateur. Il est possible de l'accomplir sur la base de la conscience. Je propose des techniques concrètes : comment l'utiliser à partir de la structure de la conscience pour obtenir des solutions et pour diriger la réalité – n'importe quelle réalité – celle de la Terre ou encore celle de certains processus bien définis. Nous devons comprendre que tout ce que nous voyons tout autour, tous les processus sont formés sur la base de la conscience collective. Pourquoi y a-t-il de tels changements du sol ? Pourquoi un tel processus de photosynthèse a-t-il lieu dans les plantes ? Pourquoi les nuages se déplacent-ils de cette façon ? Pourquoi l'homme a-t-il cette forme matérielle aujourd'hui ? Pourquoi le Soleil est-il là où il est maintenant ? À toutes ces questions, il y a une seule réponse : ce sont des phénomènes qui se développent sur la base de la conscience collective tout simplement. Ce n'est pas évident pour chaque personne et tous les humains ne s'en rendent pas compte. Donc, en changeant la conscience collective, nous pouvons changer la réalité autour de nous.

La conscience collective existe chez les individus, mais aussi chez tous les objets monotypes. Par exemple, si on créait beaucoup d'ordinateurs, leur réalité, leur conscience collective pourrait être reproduite par l'ordinateur principal. Et si leur concentration spécifique dans une unité du volume d'information était grande, cela pourrait mener à un certain changement de la forme de vie. Donc, ce qu'écrivent les auteurs de science-fiction, en fait n'est pas une science-fiction. Cela peut devenir la réalité. Il faut l'avoir à l'esprit et c'est pour cela, notamment, qu'il est tellement important d'apprendre les méthodes de la gestion de la réalité.

D'ailleurs, à l'époque, certains types d'animaux, comme les lions et plusieurs espèces d'oiseaux, sont passés par la phase du niveau de gestion, d'où leur instinct bien développé. Chez les humains, l'instinct s'est développé pour vivre en société. Les animaux, comme les lions, ont aussi une conscience collective qui influence notre planète, mais pas si sérieusement que la conscience collective des humains. La priorité revient à l'homme, même si tous les êtres sont des créatures de Dieu, car l'homme a été créé à l'image et à la ressemblance du Créateur.

Tout ce qui a été dit se rapporte au principe suivant :

> LA STRUCTURE DU MONDE DOIT SE DÉVELOPPER DE FAÇON TRÈS INTENSE DANS LE CADRE DU DÉVELOPPEMENT DE NOTRE CONSCIENCE. (1.4)

Dressons un bilan. Quand nous développons notre propre conscience, nous changeons la structure du monde, car en changeant notre conscience, nous changeons petit à petit la conscience collective. Il en résulte un monde dont nous avons besoin parce que ce monde sera reproduit dans la réalité. Tel est le mécanisme de la transformation du monde.

Encore quelques principes :

> LE VRAI STATUT DU MONDE RÉSIDE DANS LA VIE ÉTERNELLE. LA VIE ÉTERNELLE ASSURE LA VRAIE STABILITÉ DU MONDE. L'ASPIRATION AU MONDE STABLE CRÉE LA VIE ÉTERNELLE.
>
> CELUI QUI N'EST PAS DÉCÉDÉ CONSTITUE LA BASE QUI REPRODUIT TOUT LE RESTE. CETTE BASE EST DIEU. DIEU EST ÉTERNEL. IL N'EST JAMAIS DÉCÉDÉ. TOUT LE RESTE EN DÉCOULE. (1.1)
>
> LA VIE ÉTERNELLE EST UN PRINCIPE DE DÉVELOPPEMENT DE LA RÉALITÉ DIVINE. (1.2)
>
> LA RÉSURRECTION EST UNE FAÇON DE TROUVER LA CONSCIENCE DIVINE. (1.5)
>
> LA VIE ÉTERNELLE DÉTERMINE LA NÉCESSITÉ DU DÉVELOPPEMENT DE L'ÂME. (1.6)

Pour comprendre toute thèse, il faut connaître les termes clés utilisés dans le texte.

L'âme

L'âme est une substance créée par le Créateur en conformité avec l'éternité du monde, elle est un élément du monde. L'âme est immuable. Elle existe comme une structure organisationnelle du monde et, pour cela, elle reproduit des notions comme l'esprit qui inclut la notion de l'action. Donc, on peut dire que d'une certaine façon **les actions de l'âme sont l'esprit**. En perfectionnant la base spirituelle dans le sens du développement créateur du monde, on peut changer la structure de l'âme.

Le principe 1.6 dit que la vie éternelle détermine la nécessité du développement de l'âme. En effet, si la vie est éternelle, le développement de l'homme et de la société va engendrer des tâches nouvelles, d'où la nécessité de développer l'âme pour que l'homme soit capable de satisfaire de nouveaux besoins de façon adéquate.

La conscience

La conscience est une structure qui permet à l'âme de diriger le corps. À travers la structure de la conscience, l'âme dont la partie matérielle est le corps, interagit avec la réalité.

L'interaction se fait aussi entre le corps et ses cellules. Cette interaction est aussi assurée par la conscience, mais c'est une conscience cellulaire.

61

Dans le sens large du mot, la conscience est une structure qui réunit la matière spirituelle et physique.

En changeant la conscience, on peut transformer l'esprit, donc reproduire les actions ou les événements, car l'âme est une partie du monde, elle est présente dans tout événement.

La vraie conscience

La vraie conscience reflète la réalité du monde dans le temps et dans l'espace illimité et permet de vivre et de se développer éternellement.

On peut noter trois caractéristiques, trois propriétés de la vraie conscience.

Premièrement, la vraie conscience reflète le système du développement du monde de façon adéquate, car elle se développe parallèlement au développement du monde sous toutes ses formes.

Deuxièmement, à condition de la conserver en tant que source, la vraie conscience peut être transmise ou déléguée à d'autres êtres, avec toutes les connaissances que cette conscience a accumulées.

Troisièmement, la vraie conscience reflète toute la réalité par chacun de ses segments, c'est-à-dire que chaque segment de la vraie conscience contient toute la réalité.

Quelque chose de similaire se passe en holographie. Quand une plaque holographique est éclairée dans l'air, un objet tridimensionnel apparaît, par exemple un samovar. La sensation de la présence d'un vrai samovar est étonnante. Si on brise la plaque, que l'on prend un des morceaux et que l'on l'éclaire, cela va donner le même samovar, mais l'image ne sera pas aussi nette. Si on prend un tout petit morceau, l'image devient floue et sa qualité se détériore.

Quant à la vraie conscience, même son plus petit segment reflète toute la réalité de façon idéale.

La vraie conscience se forme avec le développement spirituel, c'est-à-dire qu'elle est développée par l'âme en premier lieu, et ensuite par la structure spirituelle et le corps. Quand je dis « … et le corps », je n'ai pas en vue le contrôle corporel direct. Il s'agit de l'interaction harmonieuse de toutes les cellules de l'organisme entre elles et avec la conscience, grâce aux liens communs.

La plus petite des cellules a son propre développement au microniveau qui peut passer au macroniveau grâce aux liens communs susmentionnés. Donc, la plus petite cellule est aussi liée à tout le macrocosme.

Dans le chapitre précédent, j'ai utilisé le terme « conscience élargie ». Je vais dire quelques mots à propos de cette notion.

La conscience élargie

La conscience élargie est une notion qui est expliquée par les mots mêmes constituant ce terme. C'est un état dans lequel la perception s'élargit et commence à inclure le niveau de contrôle de la conscience même. La notion de la conscience élargie comprend trois niveaux.

Le niveau de la perception du monde dynamique, de l'image dynamique de l'Univers. Si l'homme, en état ordinaire, regarde le monde, il remarque des formes statiques. Par exemple pour lui, un fauteuil est un fauteuil, une table est une table, un arbre est un arbre, rien d'autre.

Si l'homme est en état de conscience élargie, il commence à percevoir des objets comme des formes dynamiques. Dans ce cas, un arbre ou un fauteuil existent de façon dynamique dans le processus de liens universels.

Ainsi, en état de conscience élargie, l'homme ne voit pas les objets comme étant stables, mais il commence à percevoir le monde comme une forme en mouvement, comme une structure qui peut être changée, transformée et on commence à comprendre qu'on peut perfectionner sans cesse le monde.

Par ailleurs, en rencontrant un ressuscité au cours du premier mois après la résurrection, l'homme qui le rencontre peut être en état de conscience élargie. Dans cet état, il sent que le temps est absent et qu'une autre réalité est présente.

Au deuxième niveau, la conscience ne se limite plus à une simple perception de l'objet, elle devient active, elle devient un élément créateur. Par exemple, au cours de la résurrection, c'est la conscience de celui qui ressuscite qui construit la structure du ressuscité.

Le troisième niveau est un niveau de l'état même de la conscience. La conscience de ce niveau comprend tout ce qui se passe et elle contrôle toute la situation.

Dans l'état de conscience élargie, l'homme peut percevoir simultanément plusieurs processus différents, des événements proches et éloignés.

Au cours de la résurrection, que ce soit l'homme même qui ressuscite ou qu'il regarde un autre travailler, il voit, en état de conscience élargie, comment le corps, c'est-à-dire la matière physique, se forme autour de l'âme.

S'il s'agit de la matérialisation d'un objet, on peut voir comment la matière se forme autour d'un volume existant de l'information. La conscience est également présente dans l'objet (conscience élargie), mais elle joue aussi le rôle d'un élément actif, créateur.

Dans le cas de la matérialisation, nous voyons que la conscience contrôle la matière physique. Cependant, celle-ci peut aussi gérer les plans spirituels de l'information où le terme « matière physique » n'est plus utilisé.

Il faut noter que la conscience élargie fait partie de la vraie conscience, mais elle constitue un élément indépendant qui assure le fonctionnement de la vraie conscience.

On parlera de l'espace et du temps dans le paragraphe qui suit.

Le principe suivant, celui de la divinité, est étroitement lié aux principes précédents :

> PRINCIPE DE LA DIVINITÉ : ASPIRATION À L'INCORRUPTIBILITÉ DU CORPS, À LA VIE ÉTERNELLE ET AU DÉVELOPPEMENT DE LA VRAIE CONSCIENCE, C'EST LA PRATIQUE DE L'ÉPANOUISSEMENT SUPRÊME DE L'EXISTENCE DE L'HOMME. (1.7)

Examinons ce principe en détail.

De nombreuses choses sont liées à la résurrection. Par exemple, quelle est la différence entre la résurrection qui se fait rapidement après la mort biologique et celle qui est effectuée longtemps après cette mort ? Y a-t-il des limites de temps qui démarquent les changements de la situation ?

Il s'avère que le neuvième jour et le quarantième jour après la mort biologique jouent un grand rôle. Ce n'est pas par hasard qu'il y a une tradition à mettre ces jours en évidence. Pourquoi ?

Les jours 9 et 40 après la mort biologique séparent, en tant que limites, les diverses approches dans la résurrection.

La tradition de commémorer le neuvième jour et le quarantième jour reflète le principe de la distribution de l'information autour du corps physique.

Au cours des huit premiers jours, toute l'information est accumulée et réunie. Le neuvième jour, tous les événements spirituels, émotionnels, physiques qui ont eu lieu durant la vie sont projetés dans le corps physique de celui qui est « parti ».

Ensuite, pendant trente et un jours, on se prépare au jour 40 quand toute l'information accumulée, sous la forme d'un rayon illimité, sera envoyée dans le champ informationnel, dans un segment sphéroïdal qui se rapporte à cet homme et à son âme.

En ce qui concerne la vitesse de la résurrection, elle se fait plus vite avant le neuvième jour que pendant la période entre le neuvième et le quarantième jour. En ressuscitant avant le jour 9, on peut envoyer des impulsions plus faibles qui contiennent la structure principale de cette personne.

En ressuscitant avant le jour 9, il suffit parfois d'introduire juste l'information des soi-disant biochamps, c'est-à-dire ce qui se trouve habituellement autour du corps de l'homme.

En ressuscitant pendant la période comprise entre le neuvième et le quarantième jour, il faut déjà introduire l'information sur les événements vécus par l'homme. Autrement, on ne pourra pas le ressusciter.

En ressuscitant après le jour 40, il faut introduire l'information qui caractérise la personne au niveau de sa création par Dieu, donc au niveau de la création de son âme.

Nous voyons que les trois approches différentes de la résurrection sont séparées l'une de l'autre par les jours 9 et 40.

Un élément important est à noter. La vitesse de la résurrection augmente considérablement si, avant le jour 40, on parle de celui qui est « parti » comme s'il était vivant. Il ne faut pas trop mentionner le fait du départ. Ajoutons que les actions accomplies après le départ, dans la tradition des religions fondamentales créatrices, contribuent à la résurrection.

Si on examine le problème de la résurrection au bon moment, par exemple, au moment où il faut ressusciter l'homme au cours d'une intervention de sauvetage, il est nécessaire d'avoir un très haut niveau d'accès vers l'information de contrôle. Par conséquent, celui qui effectue la résurrection doit être à un très haut niveau spirituel.

Une autre question importante est celle de la perception par ceux qui sont « partis ».

LA PERCEPTION PAR CEUX QUI SONT « PARTIS »

Certes, une autre réalité apparaît pour eux. La perception de l'âme change en fonction du degré de la décomposition du corps physique.

Après la mort biologique, la destruction de diverses structures commence, notamment la structure cellulaire. Cependant, au cours des trois premiers jours, celui qui est « parti » continue à percevoir la réalité physique des vivants presque comme avant. Ensuite, et jusqu'au jour 40, la réalité des vivants commence à disparaître pour lui : c'est un processus transitoire spécifique dont je ne parlerai pas dans ce livre.

Après le jour 40, celui qui est « parti » perçoit la réalité physique des vivants comme un certain plan éphémère dont les processus ne lui semblent pas importants ou problématiques, car à présent il a de nouvelles tâches.

La première consiste à synchroniser les corps physiques qu'il avait eus dans ses réincarnations passées (s'ils sont encore présents, c'est-à-dire si, à l'époque, il ne les avait pas développés jusqu'à la possibilité d'utilisation d'une matière dans deux ou plusieurs réincarnations). C'est l'âme qui organise ce travail de synchronisation.

Après avoir accompli cette tâche, celui qui est « parti » passe au deuxième niveau. Ce niveau est celui de la lucidité. Ici, apparaît de la lumière, mais ce n'est pas celle qu'on a habituellement à l'esprit quand on décrit le passage de la vie à la mort et la formation du système de tunnels. Ici, la lumière est différente, c'est la lumière des connaissances qui se présentent comme une substance ouverte. Celui qui est « parti » comprend qu'il peut prendre ces connaissances comme s'il ne différait pas d'elles. On peut comparer cela à l'exemple cité dans l'introduction par rapport à la rose, à la compréhension de son essence. Dans un état de conscience plus élevé, on peut s'unir à la rose, ne plus être différent d'elle et on comprendra ainsi la vérité de son essence.

En arrivant au deuxième niveau de la lucidité, ceux qui sont « partis » commencent à percevoir l'information provenant du plan des vivants. Aujourd'hui, la situation est telle qu'en recevant cette information, ceux qui sont « partis » ressentent le besoin de revenir. À cause de la création et de l'accumulation des armes nucléaires, l'humanité est tout près de la menace de l'autodestruction. La catastrophe nucléaire touchera aussi le plan de ceux qui sont « partis ». C'est pourquoi il existe aujourd'hui une menace sérieuse pour ceux qui sont « partis » : leur histoire peut disparaître et l'essence même de ce plan peut se dissiper.

Cela peut arriver selon la loi du développement de l'information :

> LA DESTRUCTION COMPLÈTE D'UN DES PRINCIPAUX ÉLÉMENTS DU DOMAINE DE L'INFORMATION MÈNE À LA DESTRUCTION DE TOUT LE DOMAINE, CE QUI PEUT CHANGER RADICALEMENT LA RÉALITÉ FUTURE.

Vu que la menace de la destruction est apparue chez les vivants, ceux qui sont « partis » commencent à vouloir être ressuscités pour revenir, pour prouver que la matière physique des vivants est extrêmement importante, et pour aider à éviter la catastrophe, car la solution de ce problème dépend des vivants.

Il y a une autre raison pourquoi ceux qui sont « partis » cherchent à revenir. Auparavant, la mort biologique, le refus du corps physique et le passage aux plans fins de l'être ont été utilisés comme un moyen d'obtenir de nouvelles connaissances au niveau de la lucidité. La décomposition du corps, c'est-à-dire son élimination, n'a plus de raison logique, celle qu'on lui attribuait auparavant. La destruction biologique du corps en tant que mécanisme, ou acte de connaissance, s'est épuisée. Les ressuscités le confirment en disant qu'après leur passage au plan fin à la suite de la mort biologique, ils n'ont rien obtenu de tel qu'ils n'auraient pu obtenir dans un corps physique ordinaire.

Donc, ce n'est pas la peine de renoncer à ce corps pour obtenir de nouvelles connaissances et une nouvelle expérience. On peut rester dans ce corps, mais développer le niveau sensitif et obtenir tout ce qu'il faut ou bien développer le niveau de la gestion de l'information.

La vie évolue et il est naturel qu'à la suite du changement des conditions, apparaisse une nouvelle compréhension du processus de développement.

NOUVELLE ÉTAPE DANS LE DÉVELOPPEMENT DE L'HOMME ET DE LA SOCIÉTÉ

La question est tellement sérieuse qu'elle vaut la peine d'être analysée plus en détail. En langage scientifique, on pourrait parler du changement de paradigme, c'est-à-dire du changement radical du modèle de comportement. Mais je resterai dans le cadre d'une simple analyse et des comparaisons démonstratives.

Pensez au voyage de l'Europe vers l'Amérique dans les temps anciens. Il fallait traverser l'océan en voilier. Cela prenait beaucoup de temps. Certes, quand on regarde l'image d'un voilier, c'est très beau, mais le voyage était si long ! Il y avait beaucoup de dangers pour ce petit bateau. Et aujourd'hui ?

Maintenant, c'est tout à fait différent. Les bateaux ont beaucoup changé. Ils traversent l'océan assez rapidement et si vous voulez aller en Amérique encore plus rapidement, vous pouvez prendre un avion et, quelques heures plus tard, vous êtes là-bas.

Autre chose. Aller de l'Europe en Amérique en bateau prend aujourd'hui moins de temps et est plus sécuritaire. Et n'oublions pas le confort, car un paquebot transatlantique a tout ce qu'il faut : des restaurants, des discothèques, des piscines – tout !

Ou bien, prenez le problème de communication. À l'époque, combien de temps fallait-il à un Européen pour échanger des messages avec un ami américain ? Sans aller trop dans l'histoire, prenons le siècle passé. Combien fallait-il de temps pour envoyer une lettre et en recevoir la réponse ? Quelle est la situation aujourd'hui ?

Aujourd'hui, des échanges téléphoniques entre diverses villes sont devenus quelque chose d'ordinaire. Vous pouvez discuter avec des personnes qui sont à l'autre bout du monde. Ou bien, prenez la diffusion de la finale de la Coupe du monde de football, des millions de gens dans tous les coins du monde se ruent vers leurs téléviseurs et suivent cet événement en direct !

La vie a beaucoup changé. Le rythme de la vie est devenu très différent.

C'est pourquoi le vieux mécanisme de la compréhension des vérités suprêmes et du développement spirituel à travers le refus du corps physique, de la présence temporaire dans une autre forme, les plans fins de l'être, de l'accumulation de l'information et, ensuite, du retour au corps physique, cette méthode lente de la croissance ne correspond plus au rythme de la vie contemporaine. Donc, il ne faut plus renoncer au corps physique et dépenser du temps pour toutes ces transformations. Il faut garder le même corps et, à l'aide de méthodes spéciales, apprendre à entrer dans des états de conscience plus élevés pour ainsi assurer sa croissance spirituelle.

Quant à ceux qui sont « partis », il faudra les faire revenir grâce à la procédure de la résurrection.

Des personnes qui peuvent vivre aussi longtemps qu'elles le veulent ont toujours existé. Elles appartiennent à la catégorie de ceux qui, sur la base de leur propre expérience, savent ce qu'est la vraie conscience. Ils savent notamment que la vie est une réalité des plus simples, la plus accessible et la plus naturelle et on y arrive en développant sa conscience.

Du point de vue ordinaire, ce qui est considéré comme « la vie » n'est pas la vraie vie du point de vue d'un état de conscience plus élevé, car la vraie vie est la vie éternelle (rappelons-nous l'appel permanent du Christ : « Réveillez-vous. »). La biologie signifie la « science de la vie ». Malgré tous ses succès, la biologie orthodoxe ne comprend pas ce qu'est la vie. Tout d'abord, parce qu'elle ne comprend pas que la vie a une base spirituelle, ni ce qu'est la conscience, et quel est son rôle.

La conscience est une des notions clés. Quand en étudiant le monde on n'a plus besoin de développer la phase de la conscience correspondant à la décomposition de la matière physique, la mort disparaît, et la mort n'est plus nécessaire. Elle devient un obstacle, car elle mène au ralentissement artificiel du rythme du développement spirituel.

Donc, l'ancien schéma du développement spirituel, c'est-à-dire le schéma qui supposait le refus du corps physique, ne correspond plus aux rythmes actuels du développement de la société, de la science et de la technologie. C'est pourquoi l'homme commence à se perdre vis-à-vis de la complexité croissante de la technologie et des problèmes d'ordre général, comme la menace de destruction nucléaire ou la catastrophe écologique globale.

L'homme sent qu'il n'est plus capable de faire face à ces problèmes croissants du monde extérieur. La raison en est le développement de son monde intérieur qui, aujourd'hui, va beaucoup plus lentement qu'il ne le faudrait. Accélérer ce développement et commencer à utiliser tout le potentiel, telle est la tâche actuelle. Le destin de nous tous, du monde entier en dépend.

En ce qui concerne le potentiel, la science estime qu'aujourd'hui, l'homme utilise 5 % de son cerveau, au maximum. Il faut aussi dire que la science connaît peu de choses sur certains organes, par exemple la partie du cerveau correspondant à l'hypophyse. Donc, il est trop tôt pour dire que nous utilisons 5 % du cerveau. L'homme n'a presque pas commencé à utiliser son potentiel. Selon une comparaison bien connue, l'homme se trouve dans l'antichambre d'un grand immeuble. C'est son immeuble, mais il ne le sait pas, il ne soupçonne pas qu'il y a d'autres pièces et d'autres étages. La conquête de tous ces territoires qui peuvent et doivent lui appartenir de plein droit passe par le développement de la conscience.

Par conséquent, il faut commencer à utiliser un nouveau schéma de développement, un nouveau chemin qui passe par la « non-mort » et la résurrection. Alors l'homme pourra enfin assurer une vraie harmonie entre le développement extérieur et intérieur. Cela permettra d'atteindre une vie à part entière, joyeuse et heureuse.

Passons au principe suivant :

> IL SUFFIRAIT D'AVOIR UNE SEULE PERSONNE QUI PUISSE RESSUSCITER ET RESTAURER LE MONDE, ET IL SERA IMPOSSIBLE DE LE DÉTRUIRE. (1.8)

Le principe en matière d'information est que si quelque chose a été fait, cela existera éternellement dans le temps et quand cela a été fait.

Si quelque chose a été fait un jour, on peut s'appuyer sur ce temps passé et répéter cette action à n'importe quel autre moment. Si au moins une matérialisation d'un objet a eu lieu, on peut la répéter à n'importe quel autre moment et la répandre sur n'importe quel autre objet. Il en va de même pour la résurrection. En règle générale, ce qui a été fait une fois est indestructible.

Pour l'homme, cela signifie que l'idée de l'éternité du monde aboutira toujours à l'éternité dans toutes les réalités. Et si la personne peut ressusciter et restaurer le monde, on ne peut détruire ce monde en aucun cas.

> LA RÉSURRECTION ET L'ÉTABLISSEMENT DE FAIT DE LA RÉSURRECTION REPRÉSENTENT UN PROCESSUS SIMULTANÉ POUR LE MONDE ENTIER. (1.9)

L'établissement de fait de la résurrection se réalise simultanément pour le monde entier et signifie que cet événement englobe toutes les structures du monde instantanément, sans que l'information ne passe au fur et à mesure d'un endroit à l'autre. C'est-à-dire, après la résurrection, l'information sur la résurrection se retrouve partout et instantanément. Nous avons déjà abordé ce phénomène dans le chapitre I quand nous avons examiné les capacités du lion.

QUAND ON COMPREND CORRECTEMENT LE LIEN ENTRE LA CONSCIENCE DE L'HOMME ET SES ORGANES, CEUX-CI ASSURENT LA RÉSURRECTION. LA RÉSURRECTION EST UN ACTE DE CRÉATION. (1.10)

Souvent, la résurrection semble avoir deux étapes. À la première étape, le processus de la résurrection est en train de s'effectuer et le ressuscité ne correspond pas encore complètement à un homme vivant ordinaire. À la deuxième étape, après que le processus de la résurrection est terminé, le ressuscité devient un homme vivant ordinaire. Cependant, il faut noter qu'une telle division théorique du processus de la résurrection en deux étapes est un reflet de la fonction de l'hypophyse sur le plan de l'information du vivant et sur celui du ressuscité. Donc, cette division symbolique de la résurrection est faite par l'hypophyse même. Alors il suffit d'adapter correctement la fonction de l'hypophyse et grâce à cela la résurrection peut avoir lieu. Selon ce principe, il suffit de donner une information correcte à certains organes, par exemple à l'hypophyse, pour accomplir la résurrection.

LE DÉVELOPPEMENT DE L'HOMME DOIT ÊTRE VU COMME LE DÉVELOPPEMENT INTÉGRAL DU MONDE ENTIER. (1.11)

Ce principe reprend le principe 1.4, mais là, il s'agissait du développement de la conscience. Ici, il s'agit du développement de l'homme dans sa globalité.

Lorsque l'homme se développe, le monde entier se développe aussi. L'homme peut développer le monde et créer des mondes par son intellect, sa conscience, son esprit, autrement dit par un autre niveau de son développement. Si l'homme peut ressusciter autrui et démontrer ainsi que la destruction et la mort n'existent pas, cela signifie que le monde est devenu stable. La stabilité du monde, son essence éternelle, est l'indice de sa complexité.

Le principe suivant se joint aux deux précédents :

> LE PRINCIPE DE LA RÉSURRECTION SE RACCROCHE AU PRINCIPE DE L'ORGANISATION DE L'HOMME QUI TIENT COMPTE DU DÉVELOPPEMENT DU MONDE ENTIER DE TOUS LES TEMPS. (1.12)

Un autre principe est très important pour la vie de tous les jours :

> LA DÉSOLATION, LA TRISTESSE ET LA NOSTALGIE NE SONT PAS UN MOYEN DE COMPRÉHENSION DU MONDE. SEULS LA JOIE, LA LUMIÈRE ET L'AMOUR LE SONT. (1.13)

La joie, la lumière et l'amour règnent là où tout est éternel, où il n'y a pas de destruction, où l'homme est libre, où il peut se développer, où tout est beau. Il n'y a plus de place pour le malheur, la tristesse et d'autres émotions négatives, tout simplement parce que tout est rempli d'amour et de lumière.

Comme il n'y aura plus d'émotions négatives dans l'avenir, il faut comprendre qu'aujourd'hui elles freinent le développement de l'homme et sa croissance spirituelle.

Le malheur, la tristesse, la désolation, la haine et d'autres émotions négatives sont des éléments du monde qui se dissipent. Ils disparaissent quand la spiritualité commence à se développer.

Rappelons-nous la citation mentionnée dans l'introduction : « Afin qu'étant enracinés et fondés dans l'amour, vous puissiez comprendre avec tous les saints quelles sont la largeur, la longueur, la profondeur et la hauteur. »

Nous voyons que depuis des temps immémoriaux, on sait que l'amour joue un grand rôle dans l'acquisition des états de conscience plus élevés et pas seulement l'amour, mais aussi d'autres émotions positives. Les états de conscience plus élevés permettent, à leur tour, aux émotions positives de prendre de la profondeur, de remplir toutes les cellules de l'organisme et cela accélère le développement spirituel. Ce processus est sans fin. Le passage à des états de conscience de plus en plus élevés, c'est le chemin qui mène vers Dieu.

> LA PERSONNE EST PRÉSERVÉE APRÈS SA MORT BIOLOGIQUE, Y COMPRIS APRÈS LA CRÉMATION. LA STRUCTURE DE LA PERSONNALITÉ DE CELUI QUI A ÉTÉ INCINÉRÉ EST ATTACHÉE À CHAQUE PARTICULE DES CENDRES QUI RESTENT. (1.14)

Cela veut dire que les changements que subit le corps physique n'ont pas d'importance capitale. La manière dont le corps physique a été transformé, comment il a été décomposé et comment il est devenu un nombre de particules ou de microéléments n'est pas importante. Tout ceci est secondaire. Car, en se basant sur l'âme, on peut toujours reconstituer complètement le même corps. Donc, ce principe parle de la reconstitution totale de la matière physique sur la base de l'esprit, de l'âme.

Par rapport à cela, on peut se rappeler la légende de l'oiseau Phénix qui renaît de ses cendres. Nous voyons maintenant que la renaissance des cendres n'est pas seulement une image poétique, c'est une réalité.

NIVEAU 2

Passons aux principes du deuxième niveau. Le premier est pratiquement évident :

> L'HOMME EST UNE SUBSTANCE ÉTERNELLE PAR LE PRINCIPE MÊME DE SA CRÉATION. C'EST POURQUOI LA RÉSURRECTION SE BASE SUR LA DÉCOUVERTE DE L'ÉTERNEL DANS L'HOMME. (2.1)

Le principe suivant rejoint les principes 1.4 et 1.11 :

> IL EXISTE UNE INTERDÉPENDANCE ENTRE LES STRUCTURES SPIRITUELLES ET PHYSIQUES. EN CHANGEANT L'INFORMATION DE LA STRUCTURE PHYSIQUE AU NIVEAU DE L'ESPRIT, NOUS POUVONS FAIRE ÉVOLUER L'ESPRIT AFIN QU'IL PUISSE MODIFIER TOUTE STRUCTURE PHYSIQUE, Y COMPRIS LA CRÉATION DU CORPS PHYSIQUE. (2.2)

En développant l'esprit jusqu'au niveau où il pourra non seulement changer la structure physique mais aussi la créer, notamment le corps, nous aurons comme conséquence le fait que l'homme ne pourra jamais mourir. Si l'homme peut ne pas mourir lui-même, il peut ressusciter les autres.

Passons au principe suivant :

> LE TEMPS ET L'ESPACE NE LIMITENT PAS LA DURÉE DE LA VIE. LA NOTION DE LA DURÉE DE LA VIE EST FORMÉE PAR LE RAPPORT DE L'ESPRIT ENVERS LE TEMPS ET L'ESPACE. (2.3)

Dans le paragraphe précédent, nous avons appris ce que sont l'âme, l'esprit et la conscience, et nous allons continuer à parler des termes utilisés.

Je vais aussi préciser les notions du temps et de l'espace.

L'espace

L'espace, tout comme le temps, est une structure de la conscience visant à réaliser les actions de l'âme, de l'esprit, de la conscience et du corps. Il existe un espace de l'âme, un espace de l'esprit, un espace de la conscience et celui du corps.

L'espace du corps est un espace dans lequel le corps se déplace. Donc, c'est un espace physique ordinaire.

L'espace de l'âme est une structure de l'organisation du monde. La notion de l'espace physique n'est plus applicable ici. L'espace de l'âme est prioritaire par rapport à d'autres espaces.

Notons que l'espace de l'âme est secondaire à l'âme qui constitue la base.

L'âme existe dans un certain espace absolutisé où Dieu l'a créée. L'esprit existe dans l'espace d'action lié à la notion de la conscience.

Lorsque l'homme pense à quelque chose, cette action se passe dans l'espace de la pensée.

L'espace peut être individuel et socialisé. Chaque personne a un espace individuel de la pensée, mais quand plusieurs personnes regardent ensemble un film au cinéma, l'espace de la pensée devient socialisé.

Il est important de noter comment la conscience réagit à ce qui se passe, car elle peut transformer l'espace, y compris l'espace physique. Il lui suffit de donner une impulsion d'action, et l'espace change.

Pour ceux qui sont ressuscités, l'espace semble grandir à partir de chaque cellule, chaque microélément, chaque lien informationnel. En grandissant, il remplit la structure informationnelle du ressuscité. Ainsi, l'espace représente un élément d'action.

J'ai élaboré et partiellement mis en pratique des mécanismes technologiques pour reconstituer des organes perdus et pour ressusciter des gens. L'espace y est comprimé jusqu'au degré où le macroniveau devient le microniveau, c'est-à-dire que la conscience perçoit en même temps les macroprocessus et les microprocessus. Ces installations technologiques permettent de régénérer l'organisme en entier, de ressusciter l'homme. Il s'agit notamment de la résurrection, car la structure spirituelle de la personne est complètement identifiée. La fonction principale de ces mécanismes est de réaliser un algorithme permettant de développer, selon les analogies, la conscience de l'homme jusqu'à la régénération totale de la matière. Donc, dans ce cas, on peut considérer l'espace comme un instrument de travail pour créer des cycles technologiques de résurrection.

On entend souvent parler des mondes parallèles, des espaces parallèles. Ce n'est pas tout à fait exact. Tout simplement, on peut avoir tout dans un seul domaine de l'espace, même dans un seul point. Ou plutôt, tout ce qui peut être une manifestation de la conscience collective dans ce point.

Un des êtres bien connus qui visite notre espace est le yeti, aussi appelé « homme des neiges ». C'est une variété de l'homme. Ce sont ceux qui ont eu une forme transformée à cause des éléments de transmutation, c'est-à-dire qu'ils ont obtenu un paramètre de mutation à la suite des états de transe et, par conséquent, ils sont passés dans un autre espace. Donc, ils se sont séparés de l'homme, et leur développement a pris une autre voie. Leur Terre est plate et infinie, et chez eux, il fait froid. Parfois, ils se retrouvent dans notre espace, et alors on peut les rencontrer, mais en principe ce sont des êtres d'un autre monde.

D'autres visiteurs bien connus sur Terre sont des équipages d'ovni. Les ovnis sont essentiellement des objets artificiellement créés qui viennent d'autres planètes ou bien d'autres espaces. L'ovni peut aussi apparaître à la suite de la visualisation d'autres espaces.

Les êtres qui pilotent les ovnis sont des représentants d'autres civilisations, et ce sont des objets ressemblant à l'homme, objets biologiques ou d'un niveau plus élevé.

Les ovnis sont essentiellement perçus comme des disques sphéroïdaux, mais ils peuvent avoir une autre forme. Cependant, à travers la structure de notre espace, nous les voyons de cette façon.

Voici un autre aspect intéressant : les dimensions des divers espaces. Pour mieux comprendre cela, prenons un exemple concret : la structure de l'homme.

On sait que la conscience de l'homme reflète plusieurs corps : physique, éthéré, astral, mental et bien d'autres. En fait, la fameuse poupée russe qui s'emboîte à l'intérieur de poupées de plus en plus grandes est un symbole de la structure de l'homme. Chaque corps se trouve dans son espace à lui.

L'espace physique vu par le canal visuel est tridimensionnel, si on parle de façon simplifiée. L'homme avec la conscience ordinaire le voit ainsi. Toutefois, pour l'homme avec un état de conscience plus élevé, l'espace physique peut être quadridimensionnel. Rappelez-vous les paroles de l'apôtre Paul mentionnées dans l'introduction.

L'espace éthéré peut être septidimensionnel, l'espace astral hexadimensionnel, la structure de l'espace mental, elle, est double : il existe dans une variante hexadimensionnelle et une quadridimensionnelle.

J'aimerais vous avertir. Il ne faut pas penser que les dimensions que j'ai énumérées sont fixées une fois pour toutes. Aujourd'hui, elles sont ainsi, et demain elles peuvent être différentes. La vraie vie ne reste pas statique, elle se situe dans le développement continu de l'esprit. Le perfectionnement spirituel permet de voir la dynamique de ce processus, ce qui aide à son tour à développer la structure de l'esprit.

Quant aux dimensions, il faut garder à l'esprit ce qui suit. Du fait que la structure spirituelle inclut tous les phénomènes connus, elle peut transférer une dimension à une autre. Donc, la notion de la dimension d'un espace n'est pas tellement importante. L'essentiel est que la structure spirituelle peut changer, se développer, et c'est elle qui détermine le reste.

Le temps

Il existe plusieurs approches pour expliquer la notion du temps. L'une d'elles suppose que le temps, dans son sens commun, n'existe pas. C'est une approche du point de vue des états de conscience plus élevés où la perception du monde est tout à fait différente. Dans ce livre, je me limiterai aux premiers pas pour l'examen du problème du temps.

Analysons quelques approches différentes.

L'une d'elles a déjà été mentionnée quand on parlait du principe 1.15 : on peut considérer le temps comme une sorte de transformateur de l'espace. Dans ce cas, on peut imaginer que le temps est constitué de lignes de force de l'espace que suivent la transformation et le déplacement. Si on arrive à comprendre cette structure du temps, on pourra obtenir la manifestation de l'espace nécessaire au moment voulu et dans l'endroit souhaité. De cette façon, il sera possible de réaliser également un événement souhaité.

Le changement du temps mène ainsi à la transformation de l'espace et vice versa : on peut transformer le temps par la transformation de l'espace.

C'était prévisible, car ces deux structures – le temps et l'espace – sont les constructions de la conscience.

Comment le temps est-il perçu par ceux qui sont « partis » ou ressuscités ? Par exemple dans le paragraphe suivant, nous verrons qu'au début, pour le ressuscité, le temps est discret tandis que pour les vivants, il est continu.

Le plus important dans cette question est que pour ceux qui sont « partis », comme pour ceux qui ont été ressuscités, le temps va toujours vers les vivants et alors leur chemin reste toujours le même : seulement vers la vie. On peut dire que ceux qui sont « partis » voient le temps comme le courant d'une information, le courant d'un fleuve qui les pousse vers la vie. Aujourd'hui, il reste très peu de place pour eux. Ils sont poussés, les uns vers les autres, ce qui cause une bousculade. Ainsi, il ne reste presque plus de place pour les « nouveaux partis ».

Lors de la résurrection de l'homme, l'attraction vers les vivants se manifeste presque de la même façon : il semble aux ressuscités que toute la structure de la réalité bouge, au-dessous d'eux, toujours dans la même direction, vers la vie. L'état des « partis », selon leur perception subjective, est très instable. Il existe une bonne raison pour cela.

Auparavant, à l'ère prénucléaire, plusieurs « partis » choisissaient pour leur développement le chemin de la réincarnation. C'est pourquoi ils s'éloignaient un peu de ce courant du temps, ils construisaient des événements pour leur retour et seulement après cela, ils entraient dans un corps physique déjà formé, un fœtus.

Aujourd'hui, à l'époque nucléaire, à cause de la menace de la destruction totale, les « partis » ressentent une grande instabilité. De plus en plus de personnes commencent à s'orienter vers la résurrection. Alors elles ne s'éloignent pas très loin du courant du temps. Le temps devient ainsi une structure de l'existence de certains « partis » et d'un grand nombre de ressuscités pourrait-on dire, mais pas de tous, car les plus illuminés peuvent contrôler la situation et s'en sortir par eux-mêmes. Ceux qui ne connaissent pas la structure se retrouvent dans de très forts courants du temps. Je vous rappelle que ces courants vont toujours vers la vie.

Après la résurrection, l'information de la part d'un ressuscité donne à beaucoup d'autres personnes la possibilité de recommencer à vivre mais dans d'autres endroits, ce qui mène à l'agrandissement de l'espace, à la croissance du nombre d'hommes. Et cela, à son tour, mène à de nouvelles résurrections. Ce processus a un effet de boule de neige. Grâce à l'échange d'information, un seul ressuscité peut reproduire beaucoup d'autres personnes dans l'espace et tout ceci uniquement sur la seule base du transfert de l'information, sans la créer.

L'âme du ressuscité sait qu'on peut ressusciter les « partis » et elle offre cette possibilité aux autres. Cela se passe de la façon suivante. L'âme du ressuscité crée une forme ou plutôt un contour de l'homme dans l'espace. D'ailleurs, c'est le contour du ressuscité même. Une semaine après la résurrection, une seule âme peut créer deux contours, et beaucoup plus un mois plus tard. Au sein du contour, il existe déjà un chemin tout prêt, des conditions nécessaires de vie et tous les événements indispensables. Dès qu'un « parti » sera entré dans cette forme, dans ce contour, sa résurrection aura lieu. Généralement, ce n'est pas par hasard qu'un « parti » se retrouve dans ce contour. Il scanne l'espace et quand il trouve un tel contour tout prêt ou, autrement dit, une telle cellule de l'espace-temps toute prête, il y entre et devient un ressuscité.

Notons qu'un tel contour est initialement lié au statut de celui qui assure la résurrection. Par exemple, j'ai ressuscité un homme. Ensuite, la résurrection commence à développer l'espace. En gros, c'est mon statut, mon information, mais elle a commencé à se développer parce que le ressuscité a donné une nouvelle impulsion au monde et cette impulsion donne un nouvel espace, de nouveaux hommes. Comme je l'ai déjà dit à plusieurs reprises, la résurrection est toujours un phénomène très positif pour tous, tant pour les ressuscités que pour les vivants qui obtiennent un espace supplémentaire et en surplus de bons événements.

Il existe une loi très importante : S'IL Y A UNE TECHNOLOGIE ÉLABORÉE DE LA RÉSURRECTION, LE TEMPS DE LA VIE S'ACCROÎT JUSQU'À L'INFINI. Grâce à la résurrection, l'espace s'agrandit ainsi et le temps de la vie devient infini.

Comment un contour se remplit-il ? Par exemple, je viens de ressusciter un homme. Puis je marche dans la rue et je vois un contour qui ressemble à cet homme ressuscité. Souvent, devant mes yeux, quelqu'un rentre dans ce contour, soit un « parti » et la résurrection se passe. Mais celui qui entre dans le contour n'est pas forcément un « parti », cela peut être un vivant dont les événements étaient entrecoupés. Il se retrouve dans ce contour, dans cette cellule de l'espace-temps, et il continue à vivre.

Nous reviendrons à cette question plus tard (principe 3.4).

LE PRINCIPE DE L'IMMORTALITÉ ET, PAR CONSÉQUENT, LE PRINCIPE DE LA RESTAURATION APRÈS LA MORT BIOLOGIQUE POSSIBLE SONT POSÉS DANS LA CAUSE PREMIÈRE, DANS LA NATURE PREMIÈRE DES IMPULSIONS DU DÉVELOPPEMENT NATUREL DE L'HOMME. (2.4)

Le développement naturel de l'homme est, en principe, en harmonie avec le monde entier, et le monde est éternel. Le fait même de l'existence du monde est un élément de l'éternité. C'est pourquoi l'immortalité est posée, par principe, dans la première nature des impulsions du développement naturel de l'homme.

L'IMPULSION VISANT LA RÉSURRECTION EST TOUJOURS ORIENTÉE VERS LE DÉVELOPPEMENT INFINI DU RESSUSCITÉ. (2.5)

La méthodologie de la résurrection se base sur les liens de la conscience de celui qui effectue la résurrection avec le ressuscité et aussi avec tous les événements qui sont liés à lui. Au moment de la résurrection, l'impulsion de la conscience de celui qui ressuscite doit viser non seulement la réalisation de l'acte de résurrection, par exemple la création du tissu physique, mais aussi doit impliquer pour le ressuscité tout le cours des événements. Généralement, toute impulsion vise à saisir les événements. Par rapport à la résurrection, cette impulsion a un caractère spécial : elle vise toujours le développement infini du ressuscité.

S'il faut parvenir à des événements qui ne sont pas liés à la résurrection, l'impulsion mène, tout d'abord, à la formation d'un événement après lequel d'autres événements se forment comme des conséquences sur la base des liens existants.

Au cours de la résurrection, c'est différent. L'impulsion visant la résurrection a un caractère généralisé : il est toujours dirigé vers le développement infini du ressuscité dans chaque événement.

LE RESSUSCITÉ VOIT ET PERÇOIT CONSTAMMENT LE PROCESSUS DE LA RÉSURRECTION ET IL PARTICIPE TOUJOURS À LA RÉSURRECTION EN TANT QU'UNE PERSONNE PLEINE D'INITIATIVE. (2.6)

La résurrection est un processus agréable et nécessaire, car il vise la vie et il assure une voie optimale de développement aux « partis ».

Ce processus est toujours compris et contrôlé par les ressuscités. À celui à qui on proposait la résurrection, il n'y a pas eu un seul cas où un « parti » aurait refusé. Au contraire, je peux dire que les « partis » sont reconnaissants quand ils reçoivent la proposition de résurrection. C'est que beaucoup d'entre eux ne savent pas comment faire pour que leur conscience rétablisse le tissu physique. Donc, quand de l'extérieur on leur propose la résurrection, ils l'acceptent et, je dois dire, immédiatement.

D'un point de vue éthique, on peut tranquillement ressusciter des êtres humains, peu importe leur nombre. L'essentiel est de leur assurer des conditions favorables pour une vie normale.

> LE RESSUSCITÉ SAIT TOUJOURS EXACTEMENT QU'APRÈS LA RÉSURRECTION, IL VIVRA COMME UN HOMME ORDINAIRE (2.7).

> LE RESSUSCITÉ PENSE TOUJOURS QUE LE VIVANT LE TRAITERA D'ÉGAL À ÉGAL. IL NE PERÇOIT PAS LA SÉPARATION DES VIVANTS, IL SE SENT COMME TOUTE AUTRE PERSONNE VIVANTE. (2.8)

Le ressuscité sait qu'après la résurrection, il vivra comme un homme ordinaire, dans un corps biologique ordinaire.

Au moment de la résurrection, le ressuscité se concentre d'habitude sur les principaux aspects du processus de résurrection, mais il ne pense pas aux détails techniques du processus. Le ressuscité agit ainsi pour comprendre le processus du point de vue de la gestion pour pouvoir, plus tard, ressusciter les autres. Parfois, en cas d'urgence, il faut assurer une résurrection instantanée. Alors on n'a plus de temps pour porter attention aux détails techniques. Ce qui compte, c'est la compréhension des principes généraux.

Sur le plan informationnel, pendant quelque temps il y aura une certaine différence entre celui qui est décédé et celui qui n'est jamais décédé. Cette différence consiste en ce que celui qui n'a pas connu la mort a une matrice informationnelle transparente, dotée d'un accès libre à toutes les formes de la conscience et de la matière. La matrice du ressuscité, quant à elle, a des structures liées à l'élément de la destruction de la matière. Cet élément est plus gluant, plus tenace. Par conséquent, la conscience du ressuscité a des retards, par exemple dans la vitesse du traitement de l'information. Toutefois, la résurrection est meilleure que la réincarnation ! Après la résurrection, l'homme commence à maîtriser l'instrument de la vie permanente et il ne meurt plus tandis qu'en cas de réincarnation, pour la plupart (mais pas pour tout le monde), il s'agit d'une autre personnalité qui est souvent liée à d'autres paramètres physiques.

Aujourd'hui, la réincarnation n'est plus raisonnable. À l'étape actuelle du développement, la résurrection devient un processus naturel.

Celui qui n'est jamais décédé maîtrisera toujours les processus de résurrection et de pilotage beaucoup plus vite que le ressuscité. Car la décomposition du corps est une sorte de désintégration d'une forme intellectuelle, ce qui mène, comme je viens de le dire, au changement de la matrice informationnelle de la personne. De plus, la décomposition du corps implique une perte de temps, car le vivant peut augmenter son potentiel et accélérer la concentration de sa conscience.

Le ralentissement de l'avancement à cause de la décomposition du corps physique peut être comparé aux conséquences d'une maladie pour un étudiant. S'il tombe malade et qu'il faut l'hospitaliser à cause d'une maladie grave, il est clair que cet étudiant sera désavantagé par rapport à ceux qui continuent à suivre les cours à l'université.

Cependant, après quelque temps, même pour une longue période, le ressuscité sera complètement égal à un vivant qui n'a jamais connu la mort si on compare leur statut respectif en général. Comme la vie est éternelle, après quelque temps il n'est plus important pour l'homme de savoir si son corps physique a été détruit ou non. Ce fait n'intéresse plus personne, à l'exception de la structure de la stabilité du monde qui a besoin de ceux qui ne sont jamais décédés. C'est pourquoi la question de l'immortalité devient tellement importante aujourd'hui. L'immortalité apparaît quand la technologie de résurrection devient connue.

> APRÈS LA RÉSURRECTION, IL FAUT OBLIGATOIREMENT EXPLIQUER AU RESSUSCITÉ SON NOUVEL ÉTAT QUI EST LIÉ À LA PRÉSENCE DU CORPS PHYSIQUE. (2.9)

Comme il a déjà été dit auparavant, les « partis » comprennent l'état dans lequel ils se retrouvent à la suite de la décomposition du corps physique ou après la crémation. Ils considèrent cette étape de leur vie comme une phase des événements liés à leur corps. Quand le processus de la résurrection s'effectue et qu'ils recouvrent un corps physique, ils comprennent nettement que l'homme est indestructible. C'est la connaissance sur l'indestructibilité, sur l'immortalité que chacun a toujours dans son âme.

Après la résurrection, le ressuscité actualise cette connaissance comme un acte ponctuel tandis que celui qui n'est jamais décédé possède ces connaissances à la suite d'un courant permanent de vie. La connaissance de l'indestructibilité de l'homme est un moyen de reproduction de la vie dans son corps physique. Le ressuscité doit appréhender cette connaissance de la même façon que celui qui n'est jamais décédé.

Après avoir acquis son corps physique, le ressuscité doit s'adapter aux conditions de la vie, aux normes sociales. Pour l'aider, il faut accomplir un travail méthodique.

En fait, les ressuscités le comprennent, car maintenant ce sont des gens ordinaires, des hommes de bon sens. Ils peuvent donc dire qu'ils se débrouilleront par eux-mêmes. Cependant, il faut leur expliquer de façon verbale tout ce qui est nécessaire. Logiquement, ils comprennent tout, mais la parole du vivant contribue énormément à l'adaptation de leur conscience à ce qui se passe tout autour. « Au commencement était le Verbe » – le vivant doit tout expliquer avec des mots.

Si le travail méthodique est correctement effectué, le passage du ressuscité de l'état des « partis » à l'état des vivants s'accélère considérablement. L'adaptation peut prendre jusqu'à un mois, parfois plus. Il arrive aussi que ce passage se fasse instantanément, tout dépend du niveau de l'intellect du ressuscité. Ce niveau dépend du travail effectué autour de lui et à l'intérieur de lui.

Certes, le ressuscité a son propre intellect. Toutefois, au moment de la résurrection, son intellect se forme en quelque sorte et la personne qui le ressuscite lui enseigne une certaine technologie. L'intellect du ressuscité dépend donc du travail qui a été fait pour le ressusciter. Son intellect peut rester inchangé et cela dépend énormément de la qualité et du volume du travail accompli par la personne qui le ressuscite, ce qui détermine ses possibilités d'adaptation rapide à vivre en société. Dans mon système, j'ai introduit une notion : le niveau de rationalité d'un objet apparaissant, car le ressuscité est en fait un objet apparaissant. L'utilisation de cette notion permet de faire une classification. En fonction de son niveau de rationalité, le ressuscité peut être inscrit dans telle ou telle catégorie d'individus. En règle générale, c'est la même catégorie à laquelle il avait appartenu auparavant. Donc, le niveau de rationalité détermine le niveau primaire avec lequel le ressuscité entre avec un corps physique dans la vie.

Si tout de suite après la résurrection le niveau de rationalité du ressuscité est assez élevé, il a de grandes possibilités pour qu'une adaptation rapide se fasse en une seconde, en une heure ou en un jour. Si son niveau primaire n'est pas très élevé, l'adaptation peut prendre un mois, en moyenne, mais pas plus de trois mois.

Il en découle un fait important que je voudrais souligner : la personne qui le ressuscite ouvre la route au ressuscité.

LE RESSUSCITÉ CONSERVE TOUTES LES COMPÉTENCES PROFESSIONNELLES ET AUTRES QU'IL AVAIT ACQUISES DANS SA VIE ANTÉRIEURE. (2.10)

Cette thèse constitue un fait bien établi.

LA NOTION DE L'ESPRIT REND VÉRIDIQUE LA STRUCTURE DE LA CONNAISSANCE. (2.11)

L'aspect spirituel donne à l'homme (y compris après la résurrection) la possibilité de contrôler la matière et la connaissance. La structure de la connaissance devient véridique quand l'on tient compte de l'aspect spirituel au lieu de se concentrer seulement sur la résurrection du corps physique. Il est très important de noter qu'on crée un corps physique qui correspond à la même âme. En fait, quand on ressuscite l'homme, on lui transfère des connaissances spirituelles qui servent de base à l'âme pour reconstituer sa partie physique. C'est pourquoi la structure de la connaissance devient véridique quand les structures, spirituelle et physique, se joignent.

UN DES ASPECTS DE LA RÉSURRECTION EST LA RESTAURATION DE LA CONSCIENCE CRÉATRICE CHEZ LES VIVANTS. (2.12)

La conscience créatrice est propre à l'homme dès le début de sa vie. Lorsque l'organisme grandit, il assure pendant quelque temps la création tout autour de lui, jusqu'à ce qu'il se retrouve dans le système des postulats idéologiques artificiels, des formes-pensées imaginées, des attitudes psychologiques erronées qui bloquent le développement de ses liens, etc. Tout ceci déforme artificiellement le développement normal et aboutit à l'étouffement de la conscience créatrice de l'homme. C'est pourquoi il est très important de rétablir la conscience créatrice chez les vivants. Une des méthodes permettant de le faire, c'est la méditation, dont nous avons déjà parlé dans l'introduction. La méthode universelle est la pratique de la résurrection qui assure l'immortalité.

Quand la conscience créatrice est rétablie chez l'homme, il commence à comprendre comment il est organisé. Alors il peut ressusciter les autres, leur transmettant cette impulsion.

IL FAUT CONSIDÉRER LE PROCESSUS DE LA RÉSURRECTION COMME CELUI DE LA REPRODUCTION DU FŒTUS. (2.13)

Ce principe est formulé du point de vue de l'organisation de la vie du ressuscité. Selon la loi biologique, au moment de l'apparition d'un fœtus, une place est réservée pour lui où il va vivre et se développer. Plus tard, on lui assignera un document juridique et ainsi de suite. Il faut approcher le processus de la résurrection de la même façon, c'est-à-dire penser d'avance à toute sorte de détails à caractère organisationnel. Cependant, j'ai déjà mentionné dans le chapitre I que les aspects de base dans la résurrection sont contrôlés par les structures du monde susmentionnées.

CEUX QUI SONT « PARTIS » NE S'ARRÊTENT PAS DANS LEUR DÉVELOPPEMENT. LE DÉVELOPPEMENT SPIRITUEL DE LA PERSONNE SE FAIT TOUJOURS DANS TOUTES LES CONDITIONS. C'EST POURQUOI SUR LE PLAN SPIRITUEL, LA RÉSURRECTION EST CONSIDÉRÉE COMME UNE MANIFESTATION DE L'HARMONIE GÉNÉRALE DU MONDE. ET DE CE FAIT, AU FOND DE SON ÂME, TOUTE PERSONNE EST AU COURANT DE LA RÉSURRECTION COMPLÈTE DE TOUS CEUX QUI SONT « PARTIS ». (2.14)

Le monde est organisé de telle façon qu'initialement l'homme possède une âme, création de Dieu et le corps représente une partie physique de l'âme. Auparavant, le corps physique n'était pas considéré comme un élément indispensable. Par conséquent, la mort biologique signifiait seulement un certain statut de l'âme où le développement de l'âme s'effectuait en l'absence du corps physique.

Pourtant nous savons qu'il y a un lien entre les structures spirituelle et physique. Le principe 2.2 en parle. L'existence du corps physique contribue au développement plus rapide de l'âme. Aujourd'hui, dans le contexte de la menace de destruction totale du monde, la vitesse du développement de l'homme acquiert de plus en plus d'importance.

À présent, lors de conflits relationnels ou internationaux, la solution de la force est parfois utilisée. La mort biologique de l'adversaire est souvent utilisée pour ne pas régler le problème dans son essence. Donc, on évite de chercher la solution ou d'analyser le problème.

Il faut donner la priorité au corps physique, il faut le rendre indestructible. Ainsi le développement des moyens de destruction deviendra illogique et insensé.

Selon l'idée du Créateur, l'homme est éternel. C'est pourquoi la tâche est de disséminer les connaissances sur le Créateur et de rendre à tous la compréhension du vrai niveau de l'Éternité. La résurrection se présente donc comme le retour à la compréhension de l'éternité du monde.

La résurrection est aussi perçue comme une manifestation de l'harmonie universelle du monde.

Dans son âme, chacun est au courant de la résurrection totale, car l'âme est un reflet du monde entier. En créant une âme éternelle, Dieu créait aussi un prolongement éternel de cette âme, c'est-à-dire qu'Il créait un corps éternel comme une partie éternelle de l'âme.

NIVEAU 3

Passons à l'examen des principes du troisième niveau. Du point de vue de la hiérarchie, ces principes se trouvent en quelque sorte plus bas, mais peuvent parfois être plus haut par rapport aux principes du deuxième niveau.

Le lecteur peut se demander pourquoi c'est ainsi, pourquoi les principes se croisent et pourquoi ils sont si nombreux alors qu'on les appelle les principes fondamentaux. C'est une question sérieuse et nous allons l'examiner plus en détail.

Imaginons un bâtiment, par exemple celui de l'université de Moscou. Pour en avoir l'impression, il faut marcher tout autour pour le voir de tous les côtés. Il faut aussi entrer à l'intérieur, voir la salle de conférences, les salles de cours, les réfectoires, les chambres du foyer des étudiants, les appartements des professeurs. Cependant, si l'homme est dans un état de conscience plus élevé, il peut, comme nous l'avons dit dans l'introduction, voir tout le bâtiment : à l'intérieur comme à l'extérieur, le bâtiment tout entier, toutes les pièces et leur nombre n'a pas d'importance. Celui qui n'a pas la perception quadridimensionnelle de l'espace devra marcher beaucoup plus pour avoir une idée du bâtiment.

En contournant le bâtiment, on peut prendre des photos. Si vous regardez le bâtiment d'un côté puis en marchant vous l'observez de l'autre, vous verrez certainement l'angle que vous venez de contourner mais sous un aspect différent. Vous verrez la même chose sur les photos. Le croisement est inévitable.

La même chose concerne les principes. En fait, il existe un seul **Principe**, mais la conscience ordinaire le voit comme multidimensionnel. C'est pourquoi, comme dans l'exemple du bâtiment, il faut le voir des divers côtés. Par conséquent, plusieurs principes se forment. Comme avec le bâtiment, il faut voir plusieurs photos. Tout dépend de l'état de conscience.

On peut citer un autre exemple. Il y a quelque temps, nos concitoyens ont commencé à s'intéresser au yoga, surtout au hatha-yoga. Beaucoup d'entre eux se sont mis à la pratique avec enthousiasme. Puis cet enthousiasme baissa parce qu'ils ne voyaient pas les résultats qu'ils espéraient obtenir. Pourtant ce résultat est tout à fait logique et la situation ressemble à celle de l'exemple précédent.

C'est qu'il n'existe qu'un seul Yoga et il a été créé par des êtres en état de conscience plus élevé. Pour une conscience ordinaire, le Yoga est un objet multidimensionnel et il ne peut être perçu qu'en partie. Les diverses facettes du Yoga – YOGA en lettres majuscules – sont le hatha-yoga, le radja-yoga, le bhakti-yoga, le karma-yoga, le jnana-yoga. Il y en a d'autres, mais d'une manière générale ceux-ci peuvent être considérés comme les principaux.

Le but du Yoga est d'élever l'état de conscience, ce qui constitue l'avancement vers Dieu. Le mot « yoga » signifie l'union, le lien, l'unification. Le mot définit donc clairement l'objectif : unification avec le Créateur.

Si on ne prend qu'un seul aspect du Yoga, par exemple l'aspect physique (hatha-yoga) sans y ajouter d'éléments clés d'autres facettes du Yoga, à savoir l'aspiration spirituelle correcte (bhakti-yoga), la connaissance correcte (jnana-yoga), les principes du développement de la conscience (radja-yoga) et la compréhension de ce qu'est une action correcte et comment elle se réalise (karma-yoga) – si ces éléments sont absents, le hatha-yoga se transforme en simples exercices physiques, une sorte de gymnastique.

Une situation analogue existe presque dans tous les domaines de l'activité humaine. Prenons une des questions fondamentales : la compréhension du monde. Un autre objet multidimensionnel est devant nous. Donc, on ne voit que certains de ses aspects. Comme nous avons vu dans le

Yoga, on trouve diverses approches, divers chemins : le chemin de la religion dans sa forme moderne, le chemin de la science, le chemin de l'art. Il y a d'autres approches, mais celles-ci sont essentielles dans la société moderne.

Examinons ces approches en détail : commençons, si vous le voulez bien, avec le chemin de la science. Prenons comme exemple la science physique, une des sciences fondamentales.

Le succès de cette science, ce sont ses réalisations, c'est évident. Cependant, à la suite de ses succès, la physique a commencé à être idéalisée, ses thèses ont été absolutisées et les paroles des scientifiques ont été considérées comme un oracle. Cela nous mène à l'analyse de la science en général. Comment est-elle organisée ?

Ceux qui ne sont pas des professionnels de la science ont souvent l'idée que la physique est une science exacte, que tout peut être prouvé et qu'on peut croire aux déclarations des scientifiques. En réalité, tout est beaucoup plus compliqué.

Le problème principal découle des thèses de base sur lesquelles repose toute la science. Ces thèses ne peuvent pas être prouvées. Si on peut prouver une thèse, cela signifie qu'elle n'est pas principale. Les thèses fondamentales dans chaque science sont des thèses sur lesquelles se base toute la science : ce sont des thèses ou des lois à partir desquelles on peut déduire tout le reste. Elles ne se basent sur rien, elles sont tout simplement proclamées.

En tant qu'exemple, prenons la deuxième loi de Newton étudiée à l'école. C'est une des lois à la base de la mécanique classique. Elle constitue une équation qui relie trois choses : la masse d'un objet, la force qui agit sur lui et l'accélération que l'objet a acquise à la suite de l'action de la force.

Examinons en bref ces trois notions.

Commençons par la masse. Le problème de la masse reste un des problèmes non résolus de la physique moderne. Il est impossible de résoudre complètement ce problème si on ne tient pas compte du fait que tout objet dont la masse est analysée, constitue le produit de la conscience collective. Nous le savons déjà. Tous les objets sont créés sur la base de la conscience collective, y compris les lois qui, par conséquent, peuvent être changées.

Quant à la force, elle caractérise l'interaction des objets. La physique moderne connaît quatre types d'interactions fondamentales : gravitationnelle, électromagnétique et deux autres liées aux forces nucléaires. En réalité, il existe d'autres types d'interaction.

En tant qu'exemple, adressons-nous à l'histoire récente. Après la construction du barrage d'Assouan en Égypte, à la suite du débordement du Nil, certains monuments d'architecture ancienne, notamment des statues de pharaons, devaient se retrouver sous l'eau. C'étaient des statues immenses, faites d'un seul bloc de pierre. Alors, on a découvert que la technique moderne n'était pas capable de les déplacer en entier. Donc, il a fallu les découper en partie. La question se pose : comment procédaient ceux qui les construisaient ? Les prêtres de l'époque savaient comment faire. Ils réunissaient la foule et ils dirigeaient la conscience collective de toute cette foule. Ainsi le bloc de pierre était déplacé là où il le fallait.

Revenons à l'équation de Newton : il nous reste un élément – l'accélération. Cette notion montre en combien de temps une voiture qui démarre peut atteindre la vitesse souhaitée. L'accélération et la vitesse sont liées à la nécessité de mesurer les distances et le temps. La distance est mesurée entre deux points de l'espace. En fin de compte, les notions de vitesse et d'accélération reviennent aux notions d'espace et de temps.

Nous savons déjà que l'espace et le temps sont construits par la conscience. Donc, tout ce qui se passe peut être changé par la conscience. Pour comprendre ce que sont l'espace et le temps, il faut posséder un état de conscience plus élevé.

Ainsi, dans l'équation fondamentale de la mécanique classique, on trouve de plus en plus d'aspects qui ne sont pas clairs. La même chose concerne les autres domaines de la physique. C'est pourquoi il ne faut pas s'attendre à ce que toutes les conclusions des équations fondamentales soient correctes. Il faut être particulièrement prudent avec les déclarations scientifiques concernant l'Univers.

La réalité physique, donc objective, n'existe pas en tant que telle. Ce que les gens pensent être une réalité objective est, en fait, une manifestation de la conscience collective.

La position des savants qui croient en l'existence d'une réalité physique objective peut être expliquée par l'exemple suivant.

Imaginons un homme qui regarde une pièce de théâtre. Il suit tous les événements, il peut s'inquiéter pour un personnage, s'exciter, son souffle peut changer. Il peut être tellement impliqué qu'il oubliera tout et commencera à prendre pour réel tout ce qui se passe sur la scène. Pourtant, la réalité est toute autre. Les acteurs peuvent changer de costumes et jouer un autre spectacle.

Dès leur enfance, les savants regardent une grande pièce sur la scène de l'être. Plusieurs d'entre eux s'impliquent tellement qu'ils voient automatiquement le monde comme une réalité objective. D'ailleurs, c'est une des raisons de l'existence de nombreux problèmes dans la vie des gens : ils ne comprennent pas qu'en cas de besoin, il faut tout simplement changer le cours d'une pièce ou la remplacer par une autre. En fait, chaque homme tient dans ses mains les clés de son bonheur. Il faut juste comprendre correctement la situation et dire : « Sésame, ouvre-toi. »

Souvent, ce que nous croyons être un conte, c'est-à-dire quelque chose d'inventé, n'est qu'une belle narration de vérités qui se cachent derrière la couverture extérieure de la réalité.

Alors, quand je cite comme exemple « Sésame, ouvre-toi », je veux dire tout simplement que cette phrase exprime les connaissances concernant le contrôle de la réalité. Cette pratique de contrôle de la réalité, de contrôle des événements, est aujourd'hui à l'ordre du jour, elle devient actuelle pour nous tous.

En ce qui concerne la science pour un savant, même s'il est éminent, si son état de conscience est ordinaire, la réalité se présente autrement que pour un homme dont l'état de conscience est élevé. Je rappelle que la conscience ordinaire voit le monde à travers le prisme du temps et de l'espace tridimensionnel, et c'est ce modèle qu'utilise la science orthodoxe. Mes explications démontrent que c'est une approche limitée et problématique. C'est sur la base de cette approche qu'ont été créées les armes de destruction massive.

Ce n'est donc pas étonnant que la science orthodoxe, notamment la physique, soit aujourd'hui en état de crise. La science cherche la sortie de cette crise, mais pas là où il faut.

Pour l'expliquer, je fais une comparaison connue. Imaginez un grand arbre avec beaucoup de feuilles. S'il y a une sécheresse, les feuilles commencent à jaunir, à se dessécher, à se recroqueviller. Si vous voulez revoir des feuilles vertes, pleines de vie, il serait déraisonnable de les défriper ou de les traiter pour les aider. Pour régler le problème, il faut aller ailleurs, faire autre chose. Il faut arroser les racines de l'arbre, et alors toutes les feuilles redeviendront vertes et reprendront vie.

C'est la même chose pour la science. Il faut s'adresser aux racines, il faut arroser les racines de l'organisme, changer son état, celui de sa conscience. Votre propre conscience doit contrôler la réalité et cela doit être la base de toute science. Ce support qui est la conscience de la personne permet de neutraliser les technologies destructrices et de protéger réellement l'homme.

La perception du monde par l'homme dépend du niveau de sa conscience. Un état plus élevé de la conscience mène à une autre perception, une autre compréhension du monde. La fameuse phrase, « la petite connaissance éloigne de Dieu, la grande connaissance fait revenir vers Lui », parle de la même chose.

J'aimerais attirer votre attention sur un aspect important en lien avec le principe 1.3 :

> NOTRE CONSCIENCE PERÇOIT CE QUI EXISTE DANS NOTRE CONSCIENCE COMME UNE RÉALITÉ.

Nous savons déjà que tout ce que l'homme voit autour de lui est basé sur la conscience collective. D'où la question suivante : si le niveau de l'état de conscience d'un homme est bien supérieur par rapport au niveau de conscience collective, quel effet une explosion nucléaire produirait-elle sur cet homme ?

Pour répondre à cette question, faisons une comparaison. Imaginez que vous êtes à la campagne, vous marchez dans un champ ouvert et soudainement une tempête commence. Des nuages couvrent le ciel et la foudre frappe la terre. Si la foudre touche l'homme, ce n'est pas bon pour lui. La situation devient sérieuse.

Si à ce moment vous êtes à bord d'un avion qui survole les nuages et que la tempête est au-dessous de vous, vous pouvez, à travers le hublot surveiller ce qui se passe en bas.

Il est encore mieux de regarder la tempête d'une capsule spatiale. De là-haut, on peut voir beaucoup d'autres choses, par exemple un ouragan qui détruit tout sur son chemin.

Donc, de la hauteur d'une capsule on peut voir un ouragan. De la même façon, de la hauteur d'un état de conscience beaucoup plus élevé, on peut voir ce qui se passe dans la conscience collective.

Alors une explosion nucléaire ne pourra plus détruire l'homme qui se trouve à un niveau de conscience élevé, car cet homme est en dehors des tempêtes ordinaires, il a pris le courant de l'Éternité. De tels gens existent et ils seront bientôt beaucoup plus nombreux.

On pourrait reprendre la même idée, mais en d'autres mots. Il a déjà été dit qu'il y avait des scientifiques qui croyaient que le monde était dirigé par certaines lois objectives. De ce point de vue, une élévation permanente du niveau de conscience d'un homme signifie que cette croissance, ce dépassement toujours plus grand au niveau de la conscience collective, mène l'homme à se soumette de moins en moins à ces lois « objectives ».

Par exemple, la lévitation est l'un des exemples les plus simples, c'est-à-dire l'état où la conscience de l'homme surmonte la force d'apesanteur et permet au corps de voler. Notons que plusieurs ne croient pas à une telle possibilité–à cause de la société où, sous l'influence de la science orthodoxe, on a une idée des lois comme de quelque chose qui est fixe, qui est donné une fois pour toutes.

Pourtant, en un laps de temps assez court, l'homme peut apprendre à changer la loi de la gravitation et à découvrir par sa propre expérience ce qu'est la lévitation.

Si on change la conscience collective dans la matière, cela va changer la loi elle-même.

Dans ma pratique de sauvetage, il est très important de ne pas seulement observer et analyser les situations et les lois, mais sur la base du contrôle de la conscience, de changer les lois, les situations, les événements dans le sens voulu pour une personne.

Je pense qu'il faut examiner plus en détail le défaut principal susmentionné de la science orthodoxe, à savoir qu'elle ne fait qu'observer des événements et fixer les lois découvertes. Une telle approche s'explique par l'existence de la foi dans le caractère objectif des événements du monde, et leur indépendance de l'homme. C'est pourquoi la science se donne pour tâche de découvrir les lois existantes et de les décrire.

Prenons un exemple concret. Selon la tradition, à la fin décembre, les éditeurs d'une des principales revues scientifiques, *Science*, choisissent les dix découvertes les plus importantes de l'année. Voyons ce qui est le n° 1 dans la liste de l'année 1998.

La conclusion disant que l'Univers va s'élargir sans cesse et que la vitesse de cet élargissement va augmenter constitue la plus importante nouvelle de l'année 1998.

Nous y voyons l'exemple de la façon dont les savants ont soigneusement mené les expérimentations et, sur cette base, ils ne font que constater le fait découvert. C'est tout. Ceci est considéré être une grande réussite scientifique. Pourtant, l'approche scientifique doit être tout à fait différente.

En fait, dans l'exemple cité, la découverte des scientifiques, à savoir que l'Univers s'élargit, n'est pas tellement importante. La vraie science, c'est-à-dire celle que je propose, se pose des objectifs tout à fait différents et porte un tout autre caractère. Aujourd'hui, on voit l'humanité et le monde entier faire face à la menace réelle de destruction totale et, par conséquent, la science doit tracer le chemin visant à sauver le monde d'une catastrophe globale.

C'est pour cette raison que je construis ma science sur des principes visant à obtenir un résultat concret en effectuant des actes créateurs et en contrôlant chacun d'eux. En fin de compte, ma science cherche à atteindre le salut et en même temps à changer la réalité.

La vraie science suit le schéma suivant. Possédant la connaissance de l'intuition, elle change tout d'abord la réalité de telle façon que le salut soit réalisé. Quand ceci est fait, on assure la sécurité. Enfin, quand la sécurité est assurée, on définit le cours des événements dans le sens souhaité. Le même schéma est appliqué pour obtenir tout autre résultat favorable.

Nous voyons que dans la vraie science il ne s'agit pas seulement de constater certains faits. Si des systèmes existants ou des thèses ne contribuent pas à l'obtention du résultat nécessaire, il faudra les changer, y compris le système des lois.

Le critère principal de ma science est l'obtention du résultat souhaité par une voie constructive. Cette science est véridique, car on obtient tout d'abord un résultat positif, par exemple on sauve ou on ressuscite un homme, ou on sauve la société. Et ensuite, sur la base de ce résultat positif, on construit la science qui nous montre comment agir.

Pour mieux comprendre cette idée importante, adressons-nous à quelque chose de bien connu. On sait qu'en musique, il existe une théorie. Pourtant les chefs-d'œuvre de l'art musical ne se sont pas créés sur la base de la théorie musicale. Au contraire, cette théorie se construit sur la base de l'analyse des chefs-d'œuvre composés par des génies. C'est la pratique qui est primaire. Sur la base des meilleurs échantillons de la pratique, la théorie qui est créée peut aider les débutants à faire les premiers pas.

Par conséquent, l'élément de base de ma science est la pratique, c'est-à-dire l'obtention du résultat voulu. Comme la caractéristique la plus importante de notre vie est son développement continu, je ne construis pas de systèmes statiques, comme le système des lois fixes, immuables, je construis un système dynamique et flexible qui se base sur le résultat voulu.

Si on prend l'exemple susmentionné concernant l'Univers qui s'élargit tout le temps, la question se pose : qu'est-ce qu'il faut faire concrètement à la suite de cette découverte ? Car si on accepte tout simplement l'élargissement accéléré de l'Univers comme un fait – comme le font des savants – il est évident que le contrôle de chaque étape de ce processus va s'affaiblir de plus en plus.

Je poserais les questions autrement : « Comment expliquer cette situation, comment la présenter de façon à pouvoir arriver à l'acte du salut ? » « Comment transformer la conscience, c'est-à-dire comment faire pour que le mécanisme de la perception du développement mène à ce que chaque acte du monde extérieur soit sous contrôle ? »

Pour répondre à toutes ces questions, il est important de définir une forme de base par laquelle on pourrait gérer tous les processus. Par exemple, on peut prendre mon principe selon lequel il est dit qu'À TRAVERS TOUT

ÉLÉMENT CHOISI DU MONDE, ON PEUT GÉRER N'IMPORTE QUEL AUTRE ÉLÉMENT, ET CET ÉLÉMENT CHOISI PEUT ÊTRE SPÉCIALEMENT CRÉÉ À CES FINS PAR VOTRE CONSCIENCE.

Selon ce principe, on peut gérer les processus de tout l'Univers et, de ce point de vue, ne pas l'examiner comme quelque chose qui s'élargit ou se rétrécit, mais tout simplement comme un système qui se trouve à la même étape, mais qui change de formes ou de conséquences. D'ailleurs, s'il le faut, on doit changer certaines lois, quelles qu'elles soient.

Même si l'on ne change pas le sens de la découverte, on pourrait cependant l'interpréter différemment. Tous les éléments entrelacés de l'Univers sont des objets d'information. Certes, on peut, comme le fait la science, trouver un lien concret entre eux, mais pour diriger ce monde, il ne faut pas l'observer de l'intérieur. Il suffit de partir de sa conscience, d'arriver à la macrostructure et de gérer cette information. L'essentiel est qu'elle soit dans la zone de contrôle, ce qu'on peut toujours assurer.

Ma science s'occupe de ces aspects. Ce ne sont pas des aspects d'enregistrement de quelques processus et de leur fixation par des appareils. Ce sont des aspects de contrôle de tous les processus du monde.

Les cas concrets de résurrection des personnes cités dans le chapitre I constituent des exemples concrets de cette approche. Dans le chapitre IV, nous examinerons des cas de guérison de diverses maladies graves. Tous ces exemples démontrent clairement l'efficacité de la vraie science : elle ne se limite pas à une simple constatation du fait que l'homme ne soit plus dans notre monde ou bien qu'il ait approché la limite parce qu'il est atteint d'un cancer ou du sida. Sur la base des vraies connaissances du monde et à l'aide des principes du pilotage, la vraie science obtient tout d'abord le résultat voulu : le sauvetage de l'homme. S'il est déjà « parti », elle le fait revenir dans notre monde ; ou bien s'il est malade, elle change radicalement le caractère du processus dans son organisme, et l'homme se rétablit.

Je citerai un autre exemple dans la pratique de ma science. Il s'agit de pronostiquer les tremblements de terre et d'en diminuer leur puissance.

Pour pronostiquer les tremblements de terre ainsi que d'autres catastrophes et pour diminuer leurs effets, j'ai utilisé la formule de la réalité commune et la théorie de la synthèse ondulatoire, toutes créées sur la base de ma clairvoyance. En me basant sur ces thèses théoriques générales, j'ai élaboré et construit un appareil spécial. Je souligne ce fait parce que je peux pronostiquer les tremblements de terre et en diminuer leur puissance sans appareil, je n'en ai pas besoin. Comme il s'agit d'une science, il faut créer des appareils que tout le monde pourrait utiliser.

C'est pourquoi je parle des essais de mon appareil productible en série. L'essence du fonctionnement de l'appareil et des expérimentations effectuées est la suivante.

Tout d'abord, l'appareil permet de prévoir les tremblements de terre. Il localise un futur tremblement de terre et définit sa puissance. Ensuite, il commence à diminuer la puissance du futur tremblement de terre et il le fait aussi longtemps qu'il a des ressources techniques. Quand ces ressources s'épuisent, grâce à cet appareil, on arrête la puissance du futur tremblement de terre au niveau abaissé. Certes, si la ressource de l'appareil est plus grande, le résultat sera plus tangible.

Cette méthode a été élaborée à partir de l'information sur des événements passés et futurs. Au total, on a utilisé l'information sur mille tremblements de terre qui avaient eu lieu dans le passé. L'information concernant l'avenir a été confirmée.

Je peux citer ici une partie de la lettre envoyée par le dirigeant de l'Agence de monitorage et de pronostics du ministère des Situations d'urgence de Russie, M. Chakhramanyan, au président de l'Académie russe des sciences naturelles, l'académicien O. Kouznetsov.

« L'académicien des sciences naturelles de la Fédération de Russie, Grabovoï Grigori, en utilisant la formule de réalité générale créée par lui ainsi que la théorie de fusion ondulatoire pour le pronostic préventif des tremblements de terre et des catastrophes, a transféré le module cristallisé en forme numérique. En qualité de preuves, comme quoi ce module permet de réaliser un pronostic préventif des tremblements de terre, des données statistiques ont été utilisées sur les tremblements de terre fournis par la Mission centrale auprès du service géophysique de l'Académie des sciences naturelles de la Fédération de Russie. Les essais du modèle numérique de l'appareil ont été effectués selon les tremblements de terre antérieurs (par moyen de transfert des paramètres initiaux du modèle avant le début des tremblements de terre) et ultérieurs (par traitement informatique du plan de terrain électronique et des données d'extrapolation lors de l'observation de la surface de la Terre à partir des satellites…).

Les données sur mille tremblements de terre du passé ont été utilisées durant la période allant du 7 janvier 1901 au 4 juillet 1918. En ce qui concerne les tremblements de terre ultérieurs, en juillet 1999, nous avons reçu la confirmation du pronostic pour toutes les zones où le traitement informatique du plan électronique avait été fait... Dans tous ces cas, nous avons eu la confirmation complète du pronostic. À présent, pour transmettre les paramètres numériques du module cristallisé en forme de microprocesseur qui pourrait fonctionner pendant un laps de temps assez long et sans calculs supplémentaires, il est nécessaire d'effectuer, à partir d'une source physique, le transfert en forme numérique des paramètres d'émission laser. »

Il n'est pas encore clairement établi comment s'assurer que l'appareil diminue réellement la puissance du tremblement de terre et que, sans cet appareil, il serait plus destructif, car nous enregistrons tout simplement un tremblement de terre d'une certaine puissance. Cette puissance serait peut-être toujours la même, avec ou sans appareil.

La réponse à cette question a été obtenue au cours des essais nucléaires souterrains. On peut avoir plusieurs essais utilisant la même charge nucléaire dans les mêmes conditions. Avec l'appareil débranché, on enregistre l'ampleur des destructions. Ensuite, on branche l'appareil et on fait les mêmes essais. On mesure ce qui a changé à la suite du branchement de l'appareil. Les mesures ont été effectuées à une distance d'environ vingt kilomètres de l'épicentre de l'explosion. Le résultat de ces expérimentations est vraiment étonnant : même si on utilise qu'un seul appareil, le nombre de destructions diminue de moitié. Si l'appareil est plus sophistiqué et puissant, on peut diminuer la force de destruction de plusieurs fois, et si on utilise plusieurs appareils, on peut réduire cette force à zéro. Donc, l'appareil est passé par des épreuves sérieuses et il a confirmé son efficacité de façon particulière.

J'ajouterais que lorsque je participais personnellement à ce travail, il n'y avait pratiquement pas de destruction.

Au cours des essais nucléaires souterrains, on ajustait l'appareil à la forme et aux dimensions du cristal utilisé. Les graphiques obtenus servaient de base pour des calculs d'expérimentation concernant les tremblements de terre.

Maintenant, passons à l'utilisation de l'appareil dans des conditions de tremblements de terre réels. On sait que les ondes liées à la déformation de l'écorce terrestre se déplacent dans tous les sens à partir de l'épicentre du tremblement. À une certaine distance de l'épicentre, on peut observer la grandeur de ces déformations. Certes, cette grandeur dépend de la distance et de la puissance du tremblement à l'épicentre. Le début du tremblement de terre peut être enregistré par des appareils ordinaires. S'il y en a eu un quelque part, on peut plus ou moins prédire quelles seront les déformations au point d'observation. Cependant, si après le début du tremblement de terre on branchait l'appareil au point d'observation, la grandeur des déformations de l'écorce terrestre diminuerait de plusieurs fois à cet endroit.

Donc, dans le contexte des tremblements de terre réels, mon appareil a démontré son efficacité particulière. Il y a une autre chose importante : cet appareil a été créé sur la base de la science nouvelle et, pour cette raison, il s'est avéré être si efficace.

Ma science accomplit la tâche qui se pose devant elle, à savoir l'obtention du résultat voulu. Mais elle n'enregistre pas la forme du processus intermédiaire. Par exemple, si on prend la théorie de la synthèse ondulatoire que j'ai formulée, cette théorie voit tout événement comme le résultat de l'interaction des domaines stationnaires et dynamiques. L'événement est un résultat de l'interaction des phases statiques et dynamiques de la réalité.

La théorie de la synthèse ondulatoire est la suite de ma découverte du domaine créateur de l'information. Cette découverte a été enregistrée en 1997 par la Chambre internationale d'enregistrement. L'essence de cette découverte est la suivante : DANS TOUT OBJET D'INFORMATION, ON PEUT TOUJOURS DISTINGUER LE DOMAINE DE LA CRÉATION DE CET OBJET QUI EST LA PHASE STATIQUE DE LA RÉALITÉ. QUAND VOUS PERCEVEZ L'OBJET, LA PHASE DYNAMIQUE DE LA RÉALITÉ SE FORME ET ELLE CRÉE L'INFORMATION.

De là, tout ce qui existe dans le monde a été créé par la conscience collective incluant celle du Créateur, donc en connaissant les lois obtenues de la conscience du Créateur, on peut créer n'importe quel monde et assurer la vie éternelle. L'utilisation de cette découverte donne un critère concret de l'avenir. Cela constitue la base des pronostics.

Ma formule de la réalité commune tient compte du fait que chaque personne est liée à tous les objets d'information. Grâce à cette formule, quand l'homme comprend qu'un tremblement de terre peut survenir, et quand il veut diminuer les conséquences possibles de ce cataclysme, le tremblement de terre perd en puissance. La même tâche peut être accomplie par des appareils construits correctement sur la base des lois des liens généraux et du fonctionnement de la conscience de l'homme. En aucun cas, de tels appareils ne détruisent.

C'est ainsi que dans ma science chaque objet est lié à tout autre. Tous les liens du monde basés sur la conscience peuvent être représentés par des symboles. Chaque élément, que ce soit un homme, un biosystème, un système général ou tout simplement une formule, travaille pour le même but commun : la construction d'un avenir créateur et sécuritaire. C'est prouvé que dans la vraie science, le mécanisme formel réalisant cette tâche est en même temps un outil de travail qui influence l'état final du problème qu'on résout.

Tout ceci se rapporte à l'utilisation de ma science pour examiner n'importe quel phénomène, pas seulement les catastrophes naturelles.

Donc, l'essence de ma science est que chacun de ses éléments, y compris un appareil formel, doit changer le monde de telle façon que ce monde soit gérable et ne pose pas de problèmes.

Alors si on annonce une découverte comme quoi l'Univers s'élargit, il doit y avoir, à mon avis, des recommandations relatives à savoir comment assurer pour l'homme la possibilité de contrôler ce phénomène et comment l'utiliser pour le bien de tous.

Pour cela, je proposerais une gestion par la réalité statique inchangeable du monde. Il semble que ce n'est qu'un plan informationnel. Pourtant la lettre que je viens de citer prouve qu'on peut transformer tous les plans informationnels en réalité.

La comparaison de ma science à la science orthodoxe aide à mieux comprendre le fait qu'un des critères de la pensée scientifique ne serait pas uniquement la constatation d'un fait isolé, mais l'obtention de résultats d'un tout autre niveau, des résultats qui assureraient le développement constructif de la société accompagnés d'un contrôle total de toutes les étapes de ce développement.

Si la vraie science avait existé au moment où la radioactivité a été découverte, cette découverte n'aurait jamais abouti à la création d'armes nucléaires. Malheureusement, on peut comparer plusieurs découvertes de la science orthodoxe à un djinn qu'on a laissé sortir de la bouteille : il devient problématique de le contrôler.

Ce n'est pas étonnant. La deuxième loi de Newton que nous avons analysée montre la vraie raison de cette situation. On prend la masse du corps, son accélération et la force, ensuite on réunit ces trois unités dans une équation. Mais pourquoi le fait-on ? Pour détruire ou pour créer ? Ce n'est pas clair du tout. D'ailleurs, cette question ne se pose pas. Ici, on voit nettement l'indice de l'indétermination totale de la caractéristique primaire, ce qui est propre à la science orthodoxe.

Toute science est liée aux notions de l'étude et de la réalisation des résultats des recherches. À l'étape des recherches, la vraie science ne doit rien détruire (rappelons-nous l'exemple de la fleur cité dans l'introduction). À l'étape de la réalisation, elle doit assurer l'amélioration pour tous les aspects du monde.

C'est pourquoi on peut formuler l'essence de la vraie science de la façon suivante : savoir étudier, savoir gérer et savoir réaliser sans ingérence dans l'état de l'objet d'étude et, parfois, sans aucun contact avec lui.

Certes, s'il existe une telle différence entre deux sciences, l'orthodoxe et la vraie, elles doivent utiliser un appareil mathématique très différent : c'est ce qui se passe. Je peux dire tout de suite en quoi se distingue l'appareil de ma science.

Toute découverte crée un événement. Par conséquent, la situation change. Ce changement doit se manifester dans les formules. Donc, les formules doivent changer.

Ma mathématique change avec le changement de la réalité, mais elle change, elle-même, cette réalité. C'est pourquoi elle peut assurer le contrôle du résultat à n'importe quelle étape.

Dans leur application, les mathématiques ordinaires supposent la connaissance des conditions frontalières et primaires. En fait, elles supposent l'existence de certains renseignements sur l'objet étudié. Ma mathématique peut même agir et mener au résultat voulu dans des conditions où on ne possède aucune information sur l'objet. Cela permet de se sauver même dans les conditions où les propriétés de l'environnement agressif ne sont pas connues.

La cause d'une telle efficacité de ma mathématique consiste en ce qu'elle utilise le principe opératoire de fonctionnement, tout comme l'âme. Nous savons que l'âme prévient et sauve, c'est elle qui régit le monde. Le principe du fonctionnement de la vraie mathématique ressemble à cela.

C'est une autre mathématique, elle suit la structure du monde, elle fait partie du monde et c'est pour cela que son élément principal est l'action, l'action qui ne détruit pas, mais qui crée.

La différence étonnante entre la science que j'ai présentée et la science orthodoxe peut être expliquée. Vous devinez probablement de quoi il s'agit. Il s'agit de la différence des niveaux de l'état de conscience.

Le caractère de la science créée par un scientifique est défini par le niveau de sa conscience. En fait, le mot « science » ne dit pas grand-chose. Ce qui est important, c'est le niveau de conscience de celui qui crée cette science. Par conséquent, il existe une science qui correspond au niveau de conscience ordinaire, c'est la science orthodoxe. Ensuite, il y a une science tout à fait différente qui correspond à un niveau de conscience plus élevé. Il y a aussi une science qui correspond à un niveau de conscience encore plus élevé, et ainsi de suite…

Compte tenu de tout cela, on peut dire que la science orthodoxe d'aujourd'hui ne peut pas être autrement. Elle est justement celle qui peut correspondre à un état de conscience ordinaire. L'issue de la crise actuelle de la science et la clé vers le changement qualitatif de son caractère se trouvent dans le changement de l'état de conscience des personnes qui la créent.

Ce que je viens de dire par rapport à la science, à ses gradations, à ses niveaux, concerne n'importe quelle autre activité de l'homme. De la même façon, il est nécessaire de préciser les mots « art » ou « religion » : tout dépend du niveau de l'état de conscience auquel correspond telle ou telle pratique.

Passons maintenant aux principes de la résurrection. L'analyse de la science que nous venons de faire nous permettra de comprendre certains aspects importants relatifs à ces principes, car les principes de la résurrection sont un exemple de la vraie science.

D'habitude, on comprend les principes comme quelque chose de fixe, d'immuable. Ce n'est pas par hasard. Tout le monde voit l'exemple de la science orthodoxe qui implique des lois fixes, immuables. L'analyse de ces lois et les conséquences qui en découlent sont réalisées à l'aide d'un appareil mathématique immuable, comportant des formules fixes. Une telle fixation des thèses clés est inculquée dès l'enfance sur la base de la perception du monde qui est typique pour la conscience ordinaire.

Pourtant nous avons déjà vu que la vraie science ne se limite pas à une simple constatation de la réalité, car la réalité, comme nous le savons, est très variable. Par exemple, je peux matérialiser ou dématérialiser des objets. C'est pourquoi la vraie science utilise un appareil mathématique changeant. Les lois fondamentales peuvent aussi changer.

De la même façon, chaque principe de résurrection peut changer avec le temps. Ceci correspond à la caractéristique principale de la vie réelle, son développement continu.

On peut retrouver ici d'autres caractéristiques de la vraie science. Les principes appliqués visent aussi à obtenir le résultat voulu, ceci à condition qu'il n'y ait pas de destruction et qu'il y ait un contrôle total de chaque étape intermédiaire.

J'attire votre attention sur le fait que la division des principes en quatre niveaux ainsi que leur répartition sur quatre paragraphes ne doivent pas être considérées de façon statique. L'approche de tout doit être flexible et dynamique. La réalisation de ces principes peut se faire par les personnes, par exemple de telle façon que le principe du quatrième paragraphe puisse donner un plus grand résultat que celui du premier paragraphe. Il peut sembler que le principe du premier niveau devrait donner le plus grand résultat. Mais en réalité, cela peut être différent, la situation peut être plus complexe.

Par exemple, il peut arriver qu'un homme ait lu les principes du quatrième paragraphe, mais pas ceux du premier. Tous les principes se trouvent dans le champ informationnel. L'homme peut donc les percevoir indirectement et les connaître. Rappelez-vous ce qui a été dit dans l'introduction par rapport au Réseau cosmique.

Formellement parlant, les principes du premier paragraphe sont plus importants, mais leur effet sur l'homme est lié aux conditions concrètes, à une situation concrète. Donc, c'est leur effet collectif sur l'homme qui compte le plus. Il faut avoir à l'esprit que tous ces principes constituent un organisme vivant. Vous, en tant qu'organisme vivant, pouvez rencontrer des situations dans la vie où la main est plus importante que la tête. Cependant, personne ne niera l'importance de la tête.

L'essentiel est donc la répartition générale des principes et leur interaction collective avec l'homme. En fait, ces principes constituent un système d'actions visant à résoudre les problèmes de notre vie.

Le premier principe de ce paragraphe dit :

> L'ASPIRATION À LA RÉUNION DE DIEU ET DE L'HOMME DANS LE CADRE DE LA RECONSTITUTION ET DE LA RÉUNIFICATION MÈNE À LA MATÉRIALISATION ET À LA RÉSURRECTION. (3.1)

Ce principe est particulièrement proche du principe 1.2 et du principe de la divinité (1.7). J'ai déjà dit au début de ce chapitre qu'une nouvelle étape dans le développement de l'homme a commencé. L'ancienne voie du développement liée au refus du corps physique a complètement épuisé ses ressources. Elle ne correspond plus aux besoins d'aujourd'hui. L'homme prend une nouvelle voie, celle de « non-mort », donc d'immortalité. Cette voie permet de se manifester à son essence, à sa base spirituelle et on commence à comprendre de plus en plus que l'homme est créé à l'image et à la ressemblance de Dieu.

La résurrection, c'est-à-dire la reconstitution de ceux qui sont « partis » et leur aspiration comme celle des vivants de s'unir au Créateur, reflète la vraie nature humaine.

Comme rien d'autre, la résurrection prouve que la vie est basée sur la spiritualité.

> LA CONCENTRATION PAR L'HOMME DE SA PROPRE CONSCIENCE PEUT MENER AU CHANGEMENT RADICAL DE LA STRUCTURE DU MONDE. (3.2)

Ce principe est lié au principe 1.4. Il faut juste noter que le mot « concentration » est utilisé ici dans deux sens.

Le premier est bien connu, surtout pour ceux qui font du yoga ou d'autres pratiques semblables. Certaines disciplines spirituelles expliquent comment, à l'aide de la concentration de la conscience sur un organe du corps, on peut changer l'état de cet organe en lui restituant sa santé.

L'autre sens du mot « concentration », qui est aussi présent ici, se définit comme suit. La conscience est une structure qui permet à l'âme de gérer le corps. Dans le sens large du mot, la conscience unit la matière : spirituelle et physique. Dans ce contexte, la concentration de la conscience signifie son accumulation réelle.

Pour mettre cette idée en évidence, on peut faire une comparaison (qui est très approximative) avec les ordinateurs. À l'aube de l'ère des ordinateurs, qu'est-ce qu'on utilisait pour faire les calculs ? Les premières machines informatiques occupaient plusieurs pièces. L'ordinateur moderne est tellement petit qu'on peut le tenir dans la paume de sa main et pourtant il est beaucoup plus puissant.

Il est clair que si un appareil occupait plusieurs pièces et qu'aujourd'hui il se place dans la paume de la main, on peut parler de concentration au sein du petit volume de cet appareil, et de toutes ses structures qui le rendent ordinateur.

La même chose avec la conscience. Elle représente, comme nous le savons, une certaine structure. Tant que l'homme se perfectionne, tant qu'il assure sa croissance et son développement spirituel, sa conscience devient de plus en plus concentrée. C'est le deuxième sens du mot « concentration » utilisé dans la formulation de ce principe.

En fait, la concentration de la conscience signifie ici la croissance de la densité de l'information, la croissance de la masse d'information dans une unité de volume. Une telle concentration de la conscience peut avoir de sérieuses conséquences. Au cours du développement de l'homme, quand la concentration de sa conscience arrive à un certain niveau, le volume de celle-ci commence à se soumettre à l'homme. Dans cette situation, la structure du monde change : ce n'est plus le monde qui détermine la structure de l'homme, mais au contraire c'est l'homme qui décide.

Dès que la concentration de la conscience dépasse celle de la matière, par exemple de la machine, l'homme devient inattaquable, indestructible. Les pensées, les paroles et les actions de l'homme seront l'élément principal, mais en contrepartie les machines, les immeubles, les planètes et les objets seront secondaires. Ce sera rendu à un autre niveau de l'être. C'est pour cela que je donne mes connaissances, des connaissances nouvelles, afin que les gens puissent passer au pilotage des mondes.

Ce sera un niveau d'être tout à fait différent. Il n'y aura pas de décomposition. D'autres processus vont avoir lieu. Ce seront des processus de reconstitution des mondes, c'est-à-dire des processus où l'éternel donne naissance à l'éternel, où le statut de l'Éternité sera transféré au statut de l'Éternité suivante.

Dans ce contexte, on voit apparaître une extraconcentration de la conscience, augmentant considérablement la vitesse d'échange d'information. Naissent des structures tout à fait nouvelles, celles de la conscience supérieure, de la vie supérieure. À ce niveau, la pensée est l'action et l'action est la pensée. À ce niveau, pour cette structure du monde, pour ces mondes, l'objet et l'action, physique et spirituelle, sont la même chose.

Ce principe parle de ce changement radical de la structure du monde. L'homme peut y arriver par la concentration de sa conscience.

> LE CORPS PHYSIQUE EST TOUJOURS UNE PARTIE DE L'ÂME (3.3).
>
> ON PEUT CONSIDÉRER L'HOMME, EN THÉORIE ET EN PRATIQUE, COMME UNE STRUCTURE DE LA CONSCIENCE AYANT UNE ENVELOPPE CORPORELLE. (3.4)

La formule du dernier principe a été utilisée dans le paragraphe 1 du chapitre précédent relatant l'histoire de la résurrection de Roussanov.

En écoutant ceux qui ont traversé la frontière et qui sont revenus dans notre monde, on peut obtenir des renseignements détaillés sur leurs sentiments au moment de leur mort biologique, après cette mort, et leur vision de notre monde à partir de là-bas.

De cette manière, le secret si bien gardé relativement à la mort biologique cesse d'être un secret grâce à la résurrection, et la vérité très simple s'ouvre à nos yeux. Aujourd'hui, alors que ce mystère n'existe plus, on découvre soudainement que la mort n'est pas du tout nécessaire. Elle est même devenue un obstacle pour le développement ultérieur de l'homme. C'est pourquoi l'immortalité est à l'ordre du jour.

Si on revient à l'expérience de Roussanov, il décrit de façon détaillée les étapes que sa conscience a passées après son départ. Au cours du premier mois, il a eu une sorte de compression de la conscience. Roussanov a senti que sa conscience entrait dans un point uni quelque part dans la zone de sa tête, il la ressentait nettement dans ce point.

Pendant les deux ou trois premières semaines, Roussanov essayait de reconstituer son organisme jusqu'à un niveau de vie ordinaire. Ensuite, sa conscience a commencé à prendre acte de son nouvel état, celui d'un corps en décomposition. En même temps, la conscience voyait nettement comment l'âme partait pour rejoindre la structure de la Lumière divine où s'effectuerait la fusion de la conscience avec l'âme.

Les étapes que passe la conscience après la mort biologique sont très différentes d'une personne à l'autre. C'est un processus purement individuel. Nous savons déjà que cette voie, celle du développement spirituel et du refus du corps physique, appartient au passé. Aujourd'hui, les temps ont changé. Personne n'essaie de se déplacer en chariot si on peut prendre une voiture ou un avion.

Par rapport à ces deux principes que nous examinons, on peut dire quelques mots à propos d'une pratique intéressante chez les anciens mages. On peut toujours trouver quelques informations quoique, essentiellement, on les trouve dans les contes.

Selon ces principes, on peut construire un corps physique autour de l'âme, mais pas forcément un corps humain, mais aussi le corps d'un animal. Les anciens mages maîtrisaient cette technique. Ils pouvaient créer le corps d'un animal et y pénétrer, et par la suite retourner dans leur propre corps. Nous avons lu de telles histoires quand nous étions enfants. Pourtant, afin de réaliser une telle transformation, il faut être capable de traiter rapidement l'information dans la structure de l'esprit.

> SUR LE PLAN DE LA CRÉATION DES LIENS INFORMATIONNELS, AUCUN OBJET NE CROISE UN AUTRE OBJET, Y COMPRIS LUI-MÊME. LE PRINCIPE DE LA RÉSURRECTION DE L'HOMME OU LE PRINCIPE DE LA RECONSTITUTION DE TOUT OBJET CONSISTE EN UN CROISEMENT DE L'INFORMATION INITIALE SUR L'OBJET AVEC CELLE QUI SE DÉVELOPPE À PARTIR DES LIENS DE CAUSE À EFFET. (3.5)

Pour bien comprendre ce principe, il faut comprendre divers aspects du monde au niveau informationnel. Je pense que je vais analyser l'approche informationnelle dans un des livres de cette série. Ici, je ne donnerai que quelques explications.

Ce principe dit qu'en état de conscience ordinaire, l'homme peut ressusciter à condition qu'il intègre l'état initial de sa conscience avec un état plus élevé qu'il aura au moment de la résurrection. Pour un homme en état de conscience ordinaire, au niveau informationnel de l'état initial, aucun objet ne peut croiser un objet extérieur ou lui-même. Il faudra passer à un plus haut niveau de conscience permettant de lier l'information initiale sur l'objet avec l'information déjà modifiée de cet objet. Le croisement des informations assure la résurrection de l'homme ou la reconstitution de n'importe quel objet.

Rappelons-nous l'exemple de la fleur cité dans l'introduction. En état de conscience ordinaire, l'homme ne peut pas comprendre l'essence de la fleur ou de tout autre objet. Il peut regarder la fleur aussi longtemps qu'il le veut, mais il ne pourra pas percer son mystère, celui de son être. Mais en état de conscience plus élevé, l'homme peut s'unir à la fleur – prenant les termes de ce principe, il pourra « croiser » la fleur. Quand l'homme s'unit à la fleur et ne se distingue plus d'elle, il comprend l'essence de la fleur, son mystère.

La vraie voie vers la compréhension du monde est de faire évoluer l'état de conscience. Les états de conscience plus élevés constituent cette clé d'or qui ouvre les portes du monde et qui mène à la disparition de la destruction. Ici, chaque élément du monde devient éternel. Alors quand la partie principale de la conscience collective aura atteint ce niveau, la destruction deviendra impossible.

LE SYSTÈME DES IDÉES SPIRITUELLES DE CELUI QUI RÉALISE LA RÉSURRECTION CONSTITUE LE PRINCIPE DE L'ORGANISATION DE LA SOCIÉTÉ À DES ÉTAPES ULTÉRIEURES DE SON DÉVELOPPEMENT. (3.6)

Le principe 2.1 affirme que la résurrection est basée sur la découverte de l'éternel chez l'homme. Par conséquent, celui qui réalise la résurrection a affaire à l'Éternité. Donc, à des étapes ultérieures de son développement, la société sera construite sur les principes de l'Éternité correspondant aux idées et aux desseins du Créateur. Celui qui ressuscite réalise en pratique ces idées et ces desseins.

LES OBJETS ÉLOIGNÉS DE LA RÉALITÉ, C'EST CE QUI EST RAPPROCHÉ CHEZ LE RESSUSCITÉ ET CE QUI EST ÉLOIGNÉ CHEZ LE VIVANT. (3.7)

Tout d'abord, j'expliquerai l'essence de ce principe et puis je donnerai une autre formulation pour mieux le comprendre.

Selon ce principe, les mêmes objets, les mêmes faits sont examinés de deux points de vue : celui du vivant et celui du ressuscité. Si on éloigne de plus en plus un objet du vivant en augmentant la distance, il sera de plus en plus éloigné de ce vivant. Mais de toutes les notions liées à l'éloignement, la plus éloignée est celle relative au départ de l'homme qui traverse la frontière, car si on peut parler de certaines gradations quand la distance augmente, il n'y a plus de gradations pour le vivant lorsque l'homme est « parti », décédé.

Pourtant cet éloignement, tel qu'il est perçu par le vivant, devient rapproché pour le ressuscité. C'est ce qui est dit dans cette formulation de principe.

D'ailleurs, en examinant la structure des cellules, on peut voir que ce qui est éloigné pour le vivant devient rapproché pour le ressuscité, notamment au cours du premier mois. À l'aide de l'analyse cytologique, on peut découvrir que pendant cette période la structure des cellules peut être un peu différente, par exemple en ce qui concerne la place des éléments de la cellule par rapport à son noyau. Les microéléments de la cellule chez le ressuscité peuvent être plus éloignés du noyau, l'orientation de leurs structures est différente comparativement aux mêmes caractéristiques chez le vivant.

Ayant vu ce qui a été dit, on peut reformuler ce principe. En tant qu'élément de contrôle, le ressuscité a la structure par laquelle il est passé, celle qu'il a acquise par son départ, mais en réalité cet élément de contrôle n'est pas efficace. Au contraire, pour exister normalement parmi les vivants, le ressuscité doit accomplir un énorme travail pour reprendre les caractéristiques des vivants et pour redevenir l'un d'eux, et ce dans tous les sens.

On peut voir ce principe sous un autre angle. Du point de vue de l'action et du développement, le ressuscité perçoit la réalité, surtout au début, de telle façon que l'Éternité lui semble être une structure mobile tandis que pour le vivant l'Éternité est une structure absolue.

C'est le passage par le départ et le retour qui mène à ce que le ressuscité voie l'Éternité comme une structure dynamique et mobile d'où le problème de l'adaptation au monde des vivants. On voit la nécessité de réaliser correctement divers éléments de perception pour que l'Éternité prenne un autre caractère afin d'être statique et absolue.

C'est encore une autre formulation de ce principe. Elle est très importante. Reprenons-la de façon laconique.

Dans les premiers temps après la résurrection, le ressuscité voit l'Éternité comme une structure dynamique. Pour s'adapter aux vivants, il doit revenir à leur perception, celle qui reflète la réalité absolue et pour laquelle l'Éternité possède une structure statique.

Le ressuscité a une vision déformée de la réalité, car lors de la résurrection, il ne prend qu'un élément de l'image générale – la phase de la résurrection.

C'est pourquoi il ne voit qu'un des angles de la statique de l'Éternité, de la statique qui est la réalité absolue pour les « non-morts » et qui reflète pour eux le caractère absolu de l'Éternité.

Quelque temps après la résurrection ce principe démontre de grandes différences entre les ressuscités et les vivants. Il indique qu'il faut aider les ressuscités dans leur adaptation. Ce processus d'adaptation ne s'effectue pas seulement sur le plan social. Le regroupement des cellules se fait chez les ressuscités, leur structure change un peu, certains atomes prennent une place dans la structure. À la suite de ces processus, les éléments d'éloignement des vivants dont j'ai parlé s'effacent peu à peu, et ils perdent leur importance pour le développement du ressuscité. C'est pourquoi il faut apprendre au ressuscité des méthodes de concentration pour que ces processus soient plus efficaces dans l'organisme.

Maintenant, on peut donner une autre formulation de ce principe. Le ressuscité a la structure de la conscience qui a été formée, notamment, par le départ. Par conséquent, il a besoin d'adapter cette nouvelle structure à celle de la conscience des vivants afin que, dans quelque temps, leurs structures ne soient plus différentes l'une de l'autre.

> LE RESSUSCITÉ ABSOLUTISE L'ESPACE ET DÉTAILLE LE TEMPS. AU DÉBUT, LE TEMPS EST DISCRET POUR LUI TANDIS QUE POUR LE VIVANT, IL EST CONTINU. (3.8)

Dans quel sens le ressuscité absolutise-t-il l'espace ? Il l'absolutise en tant qu'une structure sur la base de laquelle tout pourra arriver, par exemple la décomposition du corps ou sa régénération.

Le fait de rendre absolu l'espace chez le ressuscité est également lié à l'attachement à un endroit que nous avons déjà examiné.

Le vivant n'absolutise pas l'espace parce qu'il n'a jamais été attaché à un endroit. Et comme il n'a jamais eu de tel attachement, il n'a pu le relier à la structure éternelle.

C'est différent pour le ressuscité. Pendant un certain temps, il a été attaché à l'espace dans un point. Ce secteur concret était pour lui une structure de l'Éternité. C'est pourquoi l'étape pendant laquelle il a été « parti » absolutise pour lui l'espace comme une structure de l'Éternité quoique, en réalité, ce ne soit pas du tout comme cela. Nous savons qu'on peut contrôler l'espace à l'aide d'une impulsion de la pensée. On peut même le changer complètement à travers la conscience collective.

Le ressuscité comprend que l'espace est transformable pour lui et c'est tout à fait naturel parce qu'il vient d'être transformé lui-même. Cependant, au début, celui qui est « disparu » et celui qui est retourné absolutisent l'espace, c'est-à-dire qu'ils attribuent les mêmes propriétés à l'espace pour le processus de la perception. La conséquence pratique en est qu'on peut ressusciter l'homme dans n'importe quel endroit de l'espace, là où vous voulez, et indépendamment du temps.

Une telle perception de l'espace est conservée dans la conscience du ressuscité, mais, peu à peu, il cesse d'y faire attention, car il considère cela comme un facteur insignifiant.

Au début, dans quel sens le ressuscité détaille-t-il le temps ? Chaque élément du monde se trouve pour lui dans un temps différent. On peut le comprendre en observant le processus du rassemblement du corps. Lors de la résurrection, le corps s'est reconstruit au niveau cellulaire, chaque cellule a été reconstituée à des moments différents. Le décalage de temps pouvait être minime, mais différentes cellules étaient reconstituées différemment.

Ce cas est différent de celui où l'homme est né de façon ordinaire. Lors de la naissance, l'organisme se forme aussi, mais de façon monolithique, synchronisée et il n'y a pas l'asynchronisme qui se manifeste au cours de la résurrection quand certaines cellules apparaissent plus rapidement, d'autres plus lentement, et l'homme le ressent. Pour lui, le temps semble différent pour divers objets. Si par exemple, il voit une plante devant lui, il peut croire que pour cette plante le temps passe plus vite que pour un autre objet.

Pour le ressuscité, la spécification du temps est liée à ce que le temps, au début, passe pour lui différemment dans des objets ou des processus différents. De là, le temps semble être pour le ressuscité discontinu, l'un ici, l'autre là-bas. C'est pourquoi le temps est discret pour lui, au début. Donc, le caractère discret du temps se présente comme un des aspects de sa spécification.

Ce caractère discret du temps ou sa spécification, en général, se rapporte au problème de la perception. Il est logiquement clair qu'on peut percevoir le monde de façon très distincte. La conscience du ressuscité est passée par l'étape où il y a tous les points de vue, où le temps peut être discontinu et incessant. Au début, quand le ressuscité voit que le temps varie d'un phénomène à un autre, en fait il voit tout simplement l'image numérique du monde.

Une formation spécialisée peut aider le ressuscité à reprendre très rapidement la perception du temps comme celle des vivants, en deux semaines maximum.

Le caractère discret du temps se manifeste surtout quand le corps de l'homme renaît de ses cendres. Dans ce cas, le corps est décomposé en petites particules de cendre, et cette cendre peut être dispersée sur un grand territoire, des particules peuvent se retrouver dans des conditions tout à fait différentes. À leur tour, les particules de cendre sont décomposées en microéléments. Les particules dispersées acquièrent une sorte de conscience collective qui contrôle chaque élément des cendres et chaque élément a son cours dans le temps.

Dans ce cas, c'est comme si l'homme était dispersé, car toutes ses particules sont dispersées. Pourtant, même dans cet état, il comprend bien qu'il est toujours la même âme, la même conscience, la même personne, et que la résurrection suivra, car l'âme a besoin de ressusciter le corps et d'obtenir ainsi des capacités supplémentaires afin de procéder à un développement plus rapide.

Comparez : si l'homme est malade, il n'est pas en forme, il ne se sent pas bien, puisque la maladie est une déviation de la norme. Le « parti » comprend aussi qu'en état dispersé il est loin de la norme. Donc, il essaye de reprendre la norme, son statut naturel.

En comparaison avec le « parti », le vivant est en état beaucoup plus avantageux : il n'a pas besoin de rassembler quelque chose, il peut consacrer toutes ses forces et son temps à des choses importantes. En plus, possédant un corps physique, il a des capacités supplémentaires. Par exemple, il peut téléphoner à quelqu'un tandis que le « parti » est dépourvu de cette possibilité. Il faut comprendre nettement qu'il n'y a rien de bon derrière la frontière et qu'il faudra, de toute façon, recomposer le corps. Il n'est donc pas nécessaire de perdre son temps.

La voie de la réincarnation pour les « partis » s'en va de plus en plus vers le passé. Aujourd'hui, la résurrection devient la voie principale. De toute façon, la résurrection concernera tous les « partis » : actuellement, les conditions sont devenues plus strictes. Il y a une autre variante du développement des événements : quand le nombre de ressuscités atteindra une limite, soit une sorte de masse nominale, tous les autres seront aussi ressuscités. Ce processus de résurrection est en train de s'effectuer.

Je pense qu'il faut rappeler que la perception de l'espace et du temps dépend du niveau de l'état de conscience, du niveau de l'esprit. Si l'homme n'est pas illuminé, il perçoit l'espace et le temps du moment présent, mais si l'homme est passé au niveau de conscience supérieur, il peut percevoir le monde à l'aide de la clairvoyance. Alors il peut voir différents espaces et temps ou bien un autre type d'espace et un autre temps, notamment l'absence du temps. Donc, les notions de l'espace et du temps sont individuelles pour chacun, et tout dépend du niveau de l'état de conscience.

PRINCIPE DE L'AUTONOMIE DU FONCTIONNEMENT DE L'INFORMATION DANS DES TEMPS DIFFÉRENTS. (3.9)

Tout d'abord, il faut dire que l'autonomie signifie ici l'indépendance. Ce principe dit que l'information du passé, du présent et de l'avenir ou, tout simplement, le passé, le présent et l'avenir, en tant qu'éléments séparés, sont indépendants l'un de l'autre, indépendants de l'impulsion instantanée de la conscience de celui qui ressuscite ou du point de vue de celui qui est ressuscité.

Examinons ce principe. Lorsque quelqu'un veut ressusciter un homme et donne une impulsion de sa conscience pour la résurrection, il doit introduire dans cette impulsion certains éléments d'information par rapport au passé, au présent et à l'avenir. Le passé doit être pris en compte, l'avenir doit être formé et le passé doit être orienté vers la technique : dans cette situation concrète, comment assurer la résurrection, que faire pour cela ?

Les volumes d'information du passé, du présent et de l'avenir existent de façon indépendante, ils ont différentes structures et orientations. Certes, il y a des liens entre ces volumes d'information et pourtant ils existent de façon autonome, dans des temps différents. Quand ces trois systèmes autonomes se réunissent, un certain principe de trinité se réalise et le système de liens entre le ressuscité, le monde intérieur et le monde extérieur se forme. C'est un des angles de ce principe, principe de l'autonomie du fonctionnement de l'information en différents temps.

Un autre angle, un autre côté de ce principe signifie que dans la résurrection chaque élément d'information peut avoir une portée autonome.

Par exemple, un homme existe au passé jusqu'au moment de son départ. La phase du départ est une zone autonome, indépendante des autres. C'est pourquoi on peut retirer sans problèmes la phase du départ. Dans le chapitre I, nous avons déjà vu l'application de ce principe dans l'exemple de la résurrection de Valentin, quoique cet événement et ce principe y soient présentés en langage un peu différent : on parlait de la déformation de l'événement, mais son sens reste le même.

Donc, le principe de l'autonomie du fonctionnement de l'information dans différents temps se définit comme suit : chaque élément d'information, en conformité avec l'organisation du monde, fonctionne de façon indépendante. Autrement dit, il fonctionne d'après ses propres lois dans chaque temps : c'est-à-dire l'élément du temps est l'élément de la structure de l'information. Donc ici le temps est considéré être une forme structurelle de l'information.

D'ailleurs, avec une approche plus profonde, on peut montrer que le ressuscité est aussi vivant au passé que dans l'avenir et l'on peut aussi montrer ce qu'il faut faire pour la réalisation pratique de cette thèse.

L'éternité de la vie découle de la réunification du temps, dans sa globalité, dans le moment présent, et au contraire, à partir du moment présent il est possible d'obtenir tout le passé et l'avenir, donc la vie éternelle.

Selon ce principe, on peut assurer la résurrection si on enlève simplement le point du départ et qu'on attribue par la suite des caractéristiques autonomes à l'impulsion de la conscience, c'est-à-dire des formes finies pour le passé, le présent et l'avenir. Pour le passé, ce sera la prise en considération des circonstances concrètes pour un homme concret ; pour le présent, la technique utilisée pour la résurrection, les actions de celui qui ressuscite et la réaction du ressuscité, et enfin, pour l'avenir, ce sera la formation de l'avenir dans le sens voulu en fonction de la situation concrète.

> L'ORIENTATION DE LA VRAIE RELIGION VISE À CONTRIBUER AU DÉVELOPPEMENT CRÉATEUR DE L'ÂME, DU CORPS ET DE LA SOCIÉTÉ. (3.10)

Après avoir examiné les problèmes de la science, passons maintenant à ceux de la religion.

La compréhension du monde présente certaines difficultés pour un homme en état de conscience ordinaire, pour lui cette tâche se présente comme multidimensionnelle. C'est pourquoi la conscience ne peut pas entièrement la saisir. Alors il faut prendre des aspects isolés, comme dans l'exemple avec le bâtiment principal de l'université de Moscou ou avec le yoga. Alors ces approches, ces voies, ces aspects isolés constituent la voie de la religion, celle de la science, de l'art et bien d'autres.

Il est évident que cette division en voies séparées est artificielle, que c'est une mesure forcée, car tout le monde n'a pas encore atteint un état de conscience plus élevé, là où une telle division n'existe plus. Il n'y a qu'un tout. Plus le niveau de conscience de l'homme s'élève, plus la différence entre la science et la religion disparaît.

Actuellement, on essaye d'assurer un lien plus étroit entre la science et la religion ; on organise des conférences auxquelles participent ensemble des scientifiques ainsi que des représentants de l'église et à la suite de ces conférences, des ouvrages sont publiés. Cependant, la base des différends se trouve dans l'état de conscience. Il suffit de monter aux plus hauts niveaux de conscience et ce problème de l'incompréhension mutuelle commencera à disparaître, car si on peut l'exprimer de cette façon, la science commencera à devenir plus religieuse, et la religion plus scientifique. Au sommet, il n'y aura plus de différences.

En parlant de la religion et de la science, je vais m'orienter ici vers des niveaux de conscience plus élevés parmi les plus proches. C'est pourquoi une certaine différence entre ces deux approches restera, mais elle ne sera pas aussi grande.

Le mot « religion » a des racines anciennes, il provient du mot qui, pour la conscience, se compare au mot « réalité ». La religion est donc une science de la réalité. Vous voyez que le mot « science » apparaît déjà près du mot « religion » et on voit qu'ils se rapprochent. Si on caractérise brièvement l'essence de la science, on peut dire que la science est la gestion de la réalité. Certes, il s'agit ici de la vraie religion et de la vraie science que je propose.

La religion est une science de la réalité. C'est pourquoi je voudrais tout d'abord préciser les déviations de la réalité et les notions erronées sur la réalité qui sont liées à la religion.

Ma religion n'accepte pas une attitude passive envers la vie. Surtout, elle n'accepte pas cette idée erronée que, durant toute la vie sur terre, il ne faut que se préparer à une certaine vie réelle. C'est une idée complètement fausse. Elle a déjà causé une grande nuisance et elle continue à priver la vie de ses meilleurs attributs, et à lui enlever sa vraie importance.

De telles idées n'ont rien en commun avec ce que disait le Christ, ce qu'il enseignait. Le Christ parlait en paraboles. Tout le monde n'a pu comprendre le sens réel de ses paroles. Il ne proposait pas de renoncer à cette vie, à la vie ici-bas, mais à la vie en état de conscience ordinaire, car on ne peut pas dire que cette vie est la vraie vie au sens divin. Le Christ proposait de se réveiller de cet état de rêve, et d'entrer au Royaume de Dieu, dans l'Éternité. Il est évident que par sa résurrection, Jésus-Christ appelait à une vie éternelle dans un corps physique.

Pour Jésus, le Royaume de Dieu était l'état de conscience plus élevé (« le Royaume de Dieu au sein de nous »). Appelant à renoncer à tout pour arriver au Royaume de Dieu, le Christ appelait ainsi l'homme à atteindre des états de conscience plus élevés. En outre, il appelait au développement de l'homme, à la réalisation de son essence divine, ce qui aurait permis à l'homme de commencer enfin à vivre vraiment, à vivre dans ce monde et dans ce corps physique, à vivre ici et maintenant. En conformité avec le vrai sens de la vie, l'appel à vivre ici et maintenant suppose une gestion consciente des événements dans n'importe quel temps.

Une grande nuisance de l'orientation à la préparation d'une vie meilleure consiste aussi en ce que l'homme croit faussement que la vraie vie commencera plus tard et que maintenant il ne fait que se préparer pour elle. Une telle vision des choses empêche l'homme d'apprécier le moment présent qui signifie la vraie vie. Vivre ici et maintenant est une notion d'importance capitale ! En vivant chaque instant de la vie, on peut ressentir son essence, prendre le goût de vivre. C'est seulement de cette façon que l'homme s'ouvre à la vraie vie !

Ma religion définit son orientation pratique qui vise à obtenir un résultat concret, à assurer le développement créateur de l'âme, du corps et de la société. C'est pourquoi l'adepte de ma religion construit sa vie et aide les autres à construire la leur sur la base d'un élément créateur qui reflète les lois réelles du monde. Ainsi, par son travail, il reflète et réalise au maximum l'idée du Créateur.

Il est aussi important d'assurer l'interaction de diverses personnes et des groupes pour réaliser un échange permanent des technologies du développement créateur.

D'habitude, dans chaque société il y a ceux qui, par leurs efforts réunis, peuvent guider le développement de la société, former le développement créateur de la société et assurer le perfectionnement des technologies respectives. L'union de ces personnes pourrait être appelée le « groupe de direction » ou le « groupe de leaders » ou le « centre ».

La communication entre des personnes à part avec le groupe de direction joue un rôle considérable dans ma religion. Par exemple, si quelqu'un a découvert une technique utile, elle doit tout de suite être remise au centre et devenir le bien de tous, ce qui contribuera au développement plus accentué de toute la société et à l'avancement collectif.

La vraie religion démontre ce qui est commun pour tous, pour des personnes, pour le groupe de direction, pour la société en entier. Chaque action dans le monde se reflète simultanément en chacun de nous. L'action reflète aussi la technologie de la création.

J'ai déjà mentionné l'orientation pratique de ma religion. La religion, en tant que science de la réalité, doit refléter de façon adéquate le monde environnant. Elle doit s'occuper des problèmes d'importance vitale, en premier lieu de ceux dont la solution ne peut pas attendre. Le plus grave des problèmes d'aujourd'hui est la menace de la destruction globale. C'est pourquoi la tâche principale de la religion est à présent le développement des technologies visant à prévenir une catastrophe globale.

Un tel comportement sera le reflet de la réalité, car tous les êtres créés par Dieu pour vivre et se développer, surtout ceux créés à l'image et à la ressemblance de Dieu, ont le droit à la vie et au libre développement. Avec une telle menace de destruction globale, la première impulsion de chaque être doit naturellement être envoyée au Créateur. Cette impulsion doit en pratique s'orienter toujours vers la nécessité de réaliser le droit à la vie que le Créateur nous a donné, et il faut entreprendre diverses actions visant le salut global.

Ma religion offre les actions et la foi directes. Cette dernière implique le retour au Créateur, par l'intermédiaire des techniques concrètes visant à supporter et à développer la vie. En même temps, on retrouve des actions orientées vers l'intérieur de soi, vers les profondeurs qui conservent l'expérience accumulée là où on peut recevoir une instruction directe de Dieu pour savoir comment agir dans telle ou telle situation.

Par conséquent, la vraie religion réunit l'action intérieure et celle réalisée à l'extérieur, ce qui assure le développement créateur infini. Car nous savons que le monde extérieur est construit sur la base de la conscience et la conscience est une structure qui réunit le spirituel et le physique. Alors quand une action vient de l'intérieur, du centre, d'une source dans l'âme même, cette action devient en fait un acte divin.

Autrement dit, l'action extérieure doit avoir lieu en même temps que l'homme prend conscience de lui-même, de cette action et de toute la situation.

Je parle toujours de la même chose, mais en termes différents. Le progrès de l'homme dépend de son niveau de conscience et la vraie religion aide à y parvenir. La vraie religion affirme qu'il faut être conscient de soi-même et de ses actions.

Que signifie être conscient ? Imaginez que quelqu'un était chez lui et écrivait quelque chose quand on l'a appelé et à cause d'un incident quelconque, qu'on lui ait demandé de se rendre rapidement quelque part. Après être retourné à la maison, cet homme veut continuer à écrire, mais il ne trouve plus son stylo, ni près du fauteuil où il était assis avant l'appel téléphonique ni sur la table près du téléphone. Il ne sait pas où est son stylo, il ne peut pas se rappeler où il l'a mis à la hâte. Cela signifie justement qu'il a posé le stylo de façon inconsciente, il ne prenait pas acte de lui-même et de ses actions à ce moment précis.

Une telle situation nous est bien connue, nous y faisons face assez souvent. Si nous apprenons à nous rendre compte de chaque action, nous arriverons ainsi à développer notre conscience. Comme nous le savons, l'avancement vers des états de conscience de plus en plus élevés est le chemin qui mène vers Dieu.

En pratique, le monde est organisé comme une structure de la conscience manifeste, de la conscience de l'Être suprême, de Dieu.

Dieu a créé le monde à son image, et comme Dieu est éternel, il a ainsi créé le monde pour que chacun de ses éléments soit éternel. De cette manière, Dieu réalise son plan : sa vie éternelle exprime l'Éternité à travers les êtres qu'il a créés. Alors l'adepte de ma religion doit aspirer à la vie éternelle dans son corps physique, car il reflétera ainsi l'essence de Dieu.

Cependant, il ne faut pas penser que l'homme ne doit travailler que sur lui-même. Le développement des gens doit être transmis à tous les êtres, par exemple les lions, pour qu'ils puissent également se développer simultanément vers l'Éternité. Donc, la tâche de chaque croyant, de chaque adepte de ma religion consiste à assurer le développement infini de chaque élément du plan créateur. « Chaque élément » signifie les animaux, les oiseaux, les insectes, les habitants des mers, les arbres, les fleurs, les herbes, toutes les plantes et, en règle générale, tous les objets du monde. Enfin, chaque élément contribue à la conscience collective.

Vu le fait que le Créateur a posé la vie éternelle et le développement éternel à la base même du monde, il devient évident que tout ce qui contribue à la destruction n'est pas le véritable plan de Dieu. Il faut se développer autrement, il ne doit pas rester de place dans la société pour de telles choses comme des armes nucléaires. C'est pourquoi il faut transformer la vie des gens sur une base spirituelle et la vraie religion, en tant qu'une science de la réalité, montre cette voie à tous.

L'élévation du niveau de conscience est primordiale pour l'homme. La volonté de se connaître et de comprendre ses actions y contribue. Il faut pratiquer ces actions chaque jour.

L'essence de ma religion est une attitude juste, correcte en tout, en conformité avec l'idée du Créateur. Cette attitude correcte permettra de transformer n'importe quel processus, même dangereux, en quelque chose d'utile et de créatif.

Une place importante dans ma religion est réservée à la technologie : technologie de l'immortalité, celle du transfert de connaissances aux autres, technologie de transformation de tout processus en création et enfin, technologie d'une autre pensée, de celle qui fait réfléchir en s'appuyant sur la vie éternelle, de tous les éléments du monde, de leur développement éternel.

Ma religion est technologiquement justifiée par le niveau existant du développement. Dans le chapitre IV, je parlerai des appareils qui sont élaborés pour réaliser les technologies de résurrection ou pour reconstituer des organes perdus.

> LA RÉSURRECTION EST LA BASE LA PLUS RÉELLE, LA PLUS PRAGMATIQUE, LA PLUS RAISONNABLE ET LA PLUS DÉMONSTRATIVE POUR LE DÉVELOPPEMENT ULTÉRIEUR ET POUR LE DÉVELOPPEMENT DE LA PENSÉE DES GÉNÉRATIONS FUTURES. (3.11)

Ce principe est évident. Donc, je ne dirai que quelques mots sur le rôle de la résurrection pour les générations futures. Commençons par l'explication de certains termes.

L'intellect

L'intellect est une structure qui généralise les réactions de la conscience, du corps, de l'esprit et de l'âme. C'est un système de leur croisement informationnel ou réel sur le plan de la perception. Le mot « croisement » que j'utilise laisse comprendre comment ces réactions se présenteraient si on les regardait de côté. Il faut aussi savoir que la conscience, le corps, l'esprit et l'âme existent dans la perception au niveau de leur action : action visant la perception et celui qui perçoit.

Quand l'intellect est-il harmonieux ? Quand l'âme, l'esprit, le corps et la conscience – il faut y ajouter des éléments de la réalité – c'est-à-dire que tous ces éléments sont en harmonie entre eux. L'intellect harmonieux est un vrai intellect. On peut l'appeler également l'intellect du développement ou l'intellect de la personnalité.

En utilisant une expression plus laconique, l'intellect est une structure de la personne qui voit les liens au sein du phénomène, et qui voit le lien de ce phénomène avec tous les autres phénomènes du monde.

L'intelligence

L'intelligence est un moyen de réaction à une information, à une action extérieure. On peut ainsi étendre la notion d'intelligence à tout objet, mais nous allons parler de l'intelligence de l'homme. Il me semble que le plus intéressant serait d'examiner les caractéristiques de l'intelligence en développement.

Au cours de la résurrection, l'intelligence se forme à partir des cellules. La formation de l'intelligence se fait sûrement sur la base de l'âme. On met dans l'intelligence l'information sur la création de chaque élément de la cellule, de chaque microélément, atome, noyau et des éléments des niveaux encore plus profonds.

L'intelligence peut servir de caractéristique de l'objet. Par exemple, si on essaie de piquer la cellule et si elle résiste, on peut dire que c'est une cellule intelligente par rapport à celles qui résistent moins ou qui ne résistent pas du tout.

L'intelligence réunit l'âme, l'esprit, la conscience et le corps. L'intelligence reconnaît et réunit les objets à partir de leur mode de réaction.

Il faut noter que le problème de la résurrection est, en grande partie, le problème de l'intelligence. Si l'intelligence est suffisamment développée, la résurrection ne lui semble pas être quelque chose d'inhabituel, elle trouve ce phénomène naturel. De même pour l'immortalité : si l'homme considère que l'immortalité est un état normal, cela veut dire que l'intelligence de cet homme est bien développée. On pourrait même dire que son intelligence reflète l'Éternité et le Créateur.

Ci-dessus, l'intelligence a été définie comme une structure qui réunit divers éléments à partir de la technologie de leur réaction. Cependant, l'intelligence est aussi une structure organisatrice permettant d'atteindre des objectifs. L'intelligence peut être considérée comme un mécanisme de réalisation : de la résurrection, de l'immortalité, etc.

La connaissance

La connaissance est un passage de la conscience vers l'âme puis de l'âme vers la conscience. C'est aussi la conséquence de ce passage. Précisons. Il existe un élément dans la conscience qui visite périodiquement les trésors de l'âme, qui y puise de l'information et qui revient, pour ainsi dire, plus illuminé. Par conséquent, la conscience accumule des connaissances. Autrement dit, la structure de la conscience se transforme à la suite de son contact avec l'âme. Alors, la connaissance est ce qui résulte de ce contact. Ou encore, la connaissance est un contact de la conscience avec l'âme. Les connaissances peuvent s'accumuler grâce à la lecture. Cependant, il faut avoir à l'esprit que, selon la loi des liens généraux, ce qui a été lu avait déjà existé dans l'âme. La même chose concerne tous les autres moyens d'obtention des connaissances. J'ajouterai que la clairvoyance se base sur la perception directe des connaissances qui se trouvent dans l'âme. L'âme contrôle les connaissances. Le statut de la gestion appartient à l'âme.

Une fois les connaissances acquises, c'est l'intelligence qui s'occupe de leur réalisation.

On peut illustrer cette thèse comme suit. Imaginons un grand réservoir. On peut comparer ce réservoir à l'intelligence. Le réservoir, c'est-à-dire l'intelligence, contient des connaissances. L'intelligence gère la sortie des connaissances hors du réservoir.

Il faut aussi noter le rôle spécifique des connaissances chez le ressuscité. Au cours de la résurrection, sa connaissance se forme au cours du processus de l'enregistrement de tout ce qui se passe, en quelque sorte, à la suite du traitement des événements en cours. Alors, à la période initiale, c'est la connaissance – ou comment le monde se présente dans la perception – qui devient pour le ressuscité le critère du développement du monde. C'est une des distinctions du ressuscité par rapport aux vivants.

Après sa naissance, le vivant est immédiatement lié à toute la réalité. Le ressuscité s'est trouvé pendant quelque temps dans un autre état, il a vécu sans un corps physique. Alors quand son corps se forme et quand sa connaissance sur le monde apparaît à la suite de l'enregistrement des processus en cours, cette connaissance devient un élément intermédiaire du lien entre son rétablissement et la réalité extérieure. C'est pourquoi, à l'étape initiale, c'est la connaissance qui lui sert de critère du monde entier en développement.

Lors de la résurrection, la connaissance représente également un mécanisme. J'utilise cette thèse dans les appareils technologiques que j'ai élaborés pour la résurrection des personnes et pour la reconstitution des organes et des tissus. L'idée est la suivante : d'une part, l'appareil envoie l'information nécessaire, de l'autre, le ressuscité la perçoit comme la réalité. Le croisement de ces deux côtés est assuré par un mécanisme intermédiaire, celui de la connaissance.

Quand on utilise la clairvoyance, la vitesse de la résurrection augmente de beaucoup. La résurrection peut même être instantanée.

L'objectif de construction d'appareils techniques pour ressusciter les gens est celui de former une telle conscience collective qui permettra à chacun d'effectuer la résurrection sur la base de sa propre spiritualité.

Certes, il y a aussi des aspects techniques. Par exemple, il vaut mieux transférer l'information au ressuscité en portions discrètes, surtout dans les premières heures pour qu'il puisse se rétablir pas à pas. C'est important de donner l'information par portions, car cette information, cette connaissance sert, pour le ressuscité, de critère de la réalité à travers lequel le ressuscité interagit avec elle.

Le passage aux critères de la réalité utilisés par les vivants prend d'habitude un mois ou, plus rarement, un mois et demi à deux mois.

Quand cette période de transition est terminée, ce ne sont plus les connaissances, mais c'est la réalité même qui lui sert de critère du monde.

La pensée

La pensée est une information qui sert de lien entre la conscience, l'esprit et le corps. La pensée est organisée par l'âme.

Le rapport entre ces notions se voit mieux dans l'exemple de l'analogie suivante. Imaginons une cascade. L'eau coule vers le bas à cause de la force de la pesanteur. On peut comparer cette force à l'esprit, et l'eau, à la conscience. Le corps correspond au lit du fleuve et l'âme correspond à ce qui a créé tout cela : la terre, la pesanteur et l'eau.

L'âme participe à la création directement et par l'intermédiaire de la pensée.

On peut dire que la pensée est liée à toute la structure du monde, et elle signifie une action concrète de l'homme dans cette structure générale.

Le sentiment

Le sentiment est une manifestation de l'âme dans la dynamique de l'esprit, notamment dans la partie où l'esprit est lié à la conscience et au corps. Quand l'âme organise le corps, le sentiment lui sert de base. C'est pourquoi on dit que le sentiment provient du corps.

Examinons la différence entre le sentiment et la pensée. Au contact avec la réalité, le sentiment perçoit l'information plus vite que la pensée. C'est pourquoi l'homme peut souvent dire ou faire quelque chose et seulement plus tard il comprendra qu'il n'aurait jamais dû agir ainsi.

Une autre différence est la suivante. Quand l'homme est en train de réfléchir, c'est le sentiment qui contrôle, et quand il ressent quelque chose, c'est la pensée qui commence à diriger. Il s'agit ici de la maîtrise de la réalité. Nous voyons que la pensée et le sentiment peuvent changer de place. Lorsque la pensée fonctionne pour accomplir la gestion, le sentiment peut se développer.

La pensée et le sentiment peuvent être dans le même espace, mais il est impossible qu'ils se trouvent en même temps en phase de gestion. Il n'y a que quelques cas particuliers qui peuvent faire exception à cette règle, à savoir quand le fœtus est conçu et quand il se développe, quand une cellule est guérie, quand une maladie est guérie ou quand la résurrection s'effectue. Dans de tels cas particuliers, la pensée et le sentiment peuvent être réunis, et alors ils peuvent être en phase.

Encore une différence importante entre la pensée et le sentiment. Imaginez qu'un homme fait face à un phénomène. Certes, il a des pensées et des sentiments par rapport à ce phénomène, mais ils se forment différemment.

La pensée est formée par la conscience sur la base de toute l'information sur le monde intérieur et extérieur relative à ce phénomène. Le sentiment envers ce phénomène est aussi formé par la conscience, mais différemment. Dans ce processus, la conscience ressent le corps, passe par le corps, utilise l'information du corps. Et c'est dans cette interaction totale avec le corps que la conscience forme le sentiment.

Il y a d'autres différences, encore plus subtiles, mais dans ce livre je n'en parlerai pas.

Et maintenant, à propos de ce qui est commun pour la pensée et le sentiment: les sentiments et les pensées déterminent l'ordre des actions dans la structure de la conscience. On peut parler de l'existence d'un certain ordre dans des processus de la conscience qui se développent selon ses lois. Quant aux pensées et sentiments, ils contrôlent et déterminent cet ordre.

Pour le comprendre, observons le travail d'un architecte. Sans rentrer dans les détails, imaginons qu'en faisant un croquis, on ne fait pas attention à des petits éléments et qu'on ne dessine que l'essentiel, on pourrait dire dans les grandes lignes que les pensées de l'architecte définissent l'esquisse du bâtiment et les sentiments peuvent évaluer cette esquisse du point de vue de l'harmonie, et peuvent aussi se manifester dans le désir de l'architecte d'aller s'offrir un dîner ou prendre un thé après le travail.

Par conséquent, les pensées et les sentiments peuvent accomplir la même fonction, soit celle de déterminer l'ordre des actions dans la structure de la conscience.

On peut citer un autre exemple intéressant où les pensées et les sentiments se recoupent. C'est la réaction d'un objet extérieur à l'homme, par exemple d'une pierre ou d'une plante.

Ici, il faut noter qu'une plante de même qu'une pierre ont des éléments de réaction correspondant aux pensées et aux sentiments de l'homme. Certes, ils sont très différents, mais la pierre vit aussi sa propre vie. Il ne faut pas oublier que tous les êtres apportent leur contribution à la conscience collective. À chacun sa contribution particulière, mais l'essentiel est que cette contribution existe.

Du point de vue de l'homme, qu'est-ce qu'on pourrait appeler la pensée de la pierre et le sentiment de la pierre ? La pensée de la pierre, c'est sa réaction au milieu environnant. Le sentiment est aussi la réaction au milieu environnant, mais d'un autre type, par exemple cela peut être une déformation. Quelque chose, tel un objet, est tombé sur la pierre ou bien l'eau a commencé à l'éroder : les déformations apparaissent, petites au départ, mais elles sont là et on peut les considérer comme les sentiments de la pierre qui sont apparus à la suite de l'interaction.

Alors, si l'homme regarde la pierre, la réaction de la pierre suit la ligne droite qui relie l'homme à la pierre et cette réaction va vers l'homme. Souvent, cette réaction constitue le sentiment et la pensée de la pierre en même temps. Ainsi, le sentiment et la pierre sont unis.

La plante, quand elle regarde l'homme, unit également les sentiments et les pensées ; mais à la différence de la pierre, la réaction de la plante est perpendiculaire à la ligne qui la relie à l'homme. Si vous avez une plante à la maison, la perception de ses sentiments et de ses pensées vous permettra d'établir un contact avec elle et vous n'aurez jamais de problèmes d'arrosage : la plante vous dira s'il faut l'arroser ou non.

L'examen des sentiments et des pensées d'une pierre peut paraître abstrait, mais ce n'est pas tout à fait le cas. Si on prend la situation où les pensées et les sentiments de la pierre sont réunis et si on comprend pourquoi cela se passe, on peut comprendre comment la pensée est organisée du point de vue du passage de la connaissance d'un objet à un autre. De plus, du fait que la généralisation des caractéristiques lorsqu'elles sont transférées à d'autres structures donne la loi des liens, par conséquent, on peut comprendre sur cette base toute la réalité et transférer des techniques de développement perpétuel à n'importe quel objet du monde.

Imaginez que vous transférez vos sentiments et vos pensées à une pierre ou une plante. Alors, par un des indices, la plante et la pierre se retrouveront dans le même monde que l'homme. Ce sera possible alors d'apprendre tout sur elles, toutes leurs fonctions.

On peut établir une analogie avec ma mathématique. Grâce à cette dernière, je peux obtenir des informations sur un objet, même s'il est inconnu, je peux connaître toutes ses fonctions. C'est une nouvelle mathématique. Ses opérateurs reflètent en eux la structure du monde. C'est pourquoi il n'est pas nécessaire de connaître toutes les caractéristiques de l'objet, y compris les destructrices. Ceci est particulièrement important quand on prévient des catastrophes en structurant sa conscience en fonction de la clairvoyance de contrôle. Dans ce domaine, la tâche de la clairvoyance est d'éviter d'apporter des données négatives et de former des événements positifs le plus efficacement possible. Il est aussi correct d'utiliser la clairvoyance de contrôle quand les données sur une catastrophe sont déjà enregistrées. J'ai déjà prévenu de cette façon plusieurs catastrophes globales.

Quand quelque chose de commun apparaît entre des structures, on peut toujours transformer une structure en une autre. Par conséquent, après un long entraînement, on peut apprendre à transformer la pensée en un sentiment, et vice versa. Autrement dit, transformer une réalité en une autre.

À partir de son expérience personnelle, chacun sait que la pensée produit un certain sentiment, et a contrario, le sentiment peut provoquer une pensée. En état de conscience ordinaire, l'homme confond souvent la pensée et le sentiment, il peut prendre l'un pour l'autre. Un homme peut sincèrement *croire* qu'il aime quelqu'un mais en réalité, il peut ne pas savoir, ne pas comprendre ce qu'est le véritable amour. Une telle confusion de pensées et de sentiments mène à des malentendus et parfois à de graves problèmes.

Vous voyez que l'examen des pensées et des sentiments ouvre de nouvelles bases de réflexion. On peut se rappeler l'expression « Connais-toi toi-même ». L'un des aspects de ce slogan est constitué justement par la question des pensées et des sentiments. Si on comprend cet aspect, on peut construire sa cognition.

Maintenant, nous pouvons revenir au principe examiné. Je parlais de l'importance de la résurrection pour le développement ultérieur et, notamment, pour le développement de la pensée des générations futures.

Comme nous le savons, la résurrection est toujours un acte favorable. Au sens large, la résurrection mènera au changement de la conscience collective. Les enfants auront un autre intellect, une autre intelligence, d'autres connaissances. Leurs pensées et leurs sentiments, leur organisme dans son intégralité seront plus harmonieux. Ils pourront par la suite obtenir beaucoup plus facilement l'information et créer un chef-d'œuvre ou encore maîtriser les mathématiques supérieures, ce qui n'exigera pas d'effort titanesque ou de surcharge de travail de leur part. Ces enfants seront différents. Dans un sens large, la résurrection mènera au changement global de la connaissance et pas seulement de la connaissance.

Les générations futures devront puiser dans leurs propres pensée et esprit pour obtenir l'information, ainsi que les objets matériels. Par conséquent, le problème des ressources limitées sur la planète disparaîtra. En propageant mes nouvelles technologies, en réalisant la matérialisation d'objets, je démontre que c'est possible.

Ainsi la résurrection mènera au perfectionnement de l'intellect, de l'intelligence, des pensées et des sentiments de l'homme, à son amélioration globale et à l'établissement d'une plus grande harmonie de l'homme avec l'Univers.

CELUI DES VIVANTS QUI N'EST JAMAIS DÉCÉDÉ POURRA TOUJOURS RESSUSCITER UN « PARTI » PLUS RAPIDEMENT ET EN VARIANTE PLUS NÉCESSAIRE QU'UN RESSUSCITÉ. (3.12)

En examinant les principes 2.7 et 2.8, nous avons vu que sur le plan informationnel, le « non-mort » a des avantages importants par rapport au ressuscité.

Si on s'adresse aux fondements de la structure du monde au niveau à partir duquel tout apparaît, on peut parler de l'organisation de la matrice du monde. Au plan informationnel, chaque homme a sa matrice informationnelle. Et comme le vrai statut de la vie est l'absence de la mort, c'est-à-dire la vie éternelle et le développement permanent, selon le vrai statut de la vie, le « non-mort » a une matrice complètement transparente, accessible dans toutes les formes de la conscience et de la matière. C'est pourquoi le « non-mort » a une plus grande vitesse de traitement de l'information, et donc il peut ressusciter en un temps plus court.

Quant à la deuxième partie du principe qui dit que le « non-mort » peut ressusciter en variante plus nécessaire, qu'est-ce que cela veut dire ? La variante semble être unique.

Certes, la variante est unique pour le ressuscité parce qu'il est l'homme qu'il a été auparavant. C'est sûr. Quand je dis « en variante plus nécessaire », j'ai en vue le plan d'organisation créatrice, c'est-à-dire le « non-mort » reconstitue le « parti » de telle façon que la priorité de la vie est en premier plan, et donc la variante la plus nécessaire pour tous est réalisée.

On peut rappeler qu'avec le temps le ressuscité peut corriger ses défauts liés à sa mort biologique, il peut les compenser par son développement adéquat continu et, d'après son statut, il ne sera nullement différent des « non-morts ».

LA PRATIQUE DE LA RÉSURRECTION, DE LA RECONSTITUTION NE CONTREDIT AUCUNE RELIGION, AUCUNE LÉGISLATION, NI AUCUNE DIRECTION DU PLAN CRÉATEUR. (3.13)

Cette thèse est tout à fait évidente puisque, comme je l'ai dit à plusieurs reprises, la résurrection est toujours un événement favorable pour tout le monde et aujourd'hui, elle est une base fondamentale du salut global.

LA RÉSURRECTION DES HUMAINS PERMET DE RESSUSCITER ET DE RECONSTITUER TOUT OBJET. (3.14)

Rappelons-nous le début du principe 1.1 :

LE VRAI STATUT DU MONDE EST DANS LA VIE ÉTERNELLE. LA VIE ÉTERNELLE ASSURE LA VRAIE STABILITÉ DU MONDE. L'ASPIRATION AU MONDE CRÉE LA VIE ÉTERNELLE.

Comme le monde est éternel, chaque objet existera toujours. Ce fait est utilisé dans mon appareil technologique pour reconstituer des organes. L'idée de cette approche est la suivante.

Le temps peut être vu comme un système d'écrans parallèles. Ainsi, l'objet existe derrière un des écrans. Du point de vue technologique, reconstituer l'objet signifie tout simplement aller derrière l'écran respectif.

Dans un appareil réel, on construit une centaine d'écrans parallèles. Ils peuvent être très fins. À travers ces écrans, on envoie une impulsion de lumière portant l'information sur l'organe qui nous intéresse. Cette impulsion passe par l'écran nécessaire et en même temps par les structures où cet organe existait encore et qui était en bonne santé. Alors, l'impulsion porte l'information sur cet organe intact vers l'endroit voulu dans l'organisme de l'homme, et l'organe se rétablit.

Si on regarde le monde dans ce contexte, rien ne disparaît. C'est pourquoi on peut toujours prendre quelque chose et le placer dans un autre endroit, c'est-à-dire assurer une transposition. À mon avis, c'est la raison pour laquelle la base n'est pas l'espace-temps, mais la transposition. Si on prend l'espace-temps comme base, il faut calculer les coordonnées et c'est un travail superflu. Mais si on se base sur la transposition, il ne faut rien calculer, il ne faut pas penser à l'endroit où se trouve notre objet – la transposition va nous indiquer cet endroit.

Ainsi, on peut toujours au besoin, aller dans le temps, prendre l'objet voulu et le transposer dans notre temps. J'y ai pensé à l'âge de douze ans. J'ai découvert qu'en allant avec mon corps physique dans le passé, j'y étais présent également. Certes, par l'intermédiaire de la structure spirituelle, on peut sortir dans n'importe quel temps et n'importe quel point de l'espace, mais ici je parle du déplacement avec un corps physique. Si l'on veut, on peut se retrouver dans n'importe quel endroit de l'Univers.

Un autre aspect important. Le principe 2.2 parle de l'interdépendance de la structure spirituelle et physique. C'est pourquoi l'expression bien connue « Corps sain, esprit sain » peut être lue à l'inverse : « Esprit sain, corps sain ». Cette deuxième phrase semble être un reflet de la première. En fait, c'est un exemple de lecture par reflet. Les Grecs anciens lisaient beaucoup de textes par reflet, mais nos contemporains ne maîtrisent pas encore cette technique.

L'expression « Esprit sain, corps sain » montre que le corps est dans l'esprit, donc dans l'âme, le corps fait partie de l'âme.

Ci-dessus, j'ai exposé l'idée qui est à la base de l'appareil de reconstitution des organes perdus. Pourtant, des engins techniques ne sont qu'un moyen temporaire auxiliaire qui peut être utile tant qu'on n'a pas atteint le niveau nécessaire de développement spirituel. Quand ce niveau sera atteint, les moyens auxiliaires ne seront plus nécessaires, la force de l'esprit suffira pour ressusciter. Il devient alors évident que la résurrection signifie que l'âme, l'esprit, la conscience, tout ce qui appartient à la personne, reflète le monde existant de la façon la plus harmonieuse. En fait, le reflet complet constitue la création du monde. La résurrection personnifie cette vérité. C'est pourquoi la résurrection des gens donne vraiment la possibilité de reconstituer n'importe quel objet. Les objets d'un temps passé, même s'ils ont été brisés ou détruits, peuvent toujours être complètement reconstitués. La vraie compréhension de ces principes, à elle seule, donne la possibilité de reconstituer tout objet, et cette reconstitution peut être instantanée.

En tant qu'exemple, je peux citer des cas de ma pratique. Un jour, le tableau de bord d'un avion est tombé en panne et l'avion a commencé à piquer du nez. J'ai reconstitué le tableau de bord, la situation est revenue à la normale et l'avion a continué son vol. Ce fait a été confirmé par l'enregistrement des données dans la boîte noire.

NIVEAU 4

LA RÉSURRECTION EST LA GESTION DE TOUT L'ESPACE EXTÉRIEUR. (4.1)

Dans la résurrection, nous avons affaire à un phénomène intéressant : tout l'espace extérieur semble jouer le rôle de pression. On peut comparer cette situation à celle de chacun de nous sur terre. Il s'agit de la pression de l'air. L'air est un milieu assez raréfié, sa consistance est petite en comparaison à celle des corps solides. Cependant, l'épaisseur de la couche atmosphérique est très grande. C'est pourquoi il exerce la pression égale à un kilogramme sur chaque centimètre carré de la terre. Donc, chaque centimètre carré de notre corps subit la pression d'un kilogramme.

Au cours de la résurrection, on peut observer l'action d'un principe physique et biologique en même temps : chaque élément reconstitué subit la pression de l'information des systèmes biologiques et physiques. Cette pression qui apparaît dans la résurrection agit sur chaque cellule, chaque molécule, chaque élément ressuscité.

Pour restaurer et matérialiser un élément, il faut écarter l'espace et le temps, mais surtout l'espace extérieur, car la résurrection se fait par l'impulsion de l'âme qui vient de l'intérieur.

Par conséquent, un envoi correct de l'impulsion spirituelle créée à l'intérieur, au niveau de l'âme, représente un mécanisme de résurrection. Alors, si les pulsations de l'âme sont correctes, le corps est éternel. Autrement dit, quand la gestion de tout l'espace extérieur est correcte, l'homme devient immortel.

Si on examine la reconstitution des éléments d'un objet à rétablir, on peut dire ce qui suit. Par exemple, une cellule a été reconstituée par l'impulsion de la conscience. Maintenant, il faut gérer tout l'espace extérieur pour que cette cellule ne disparaisse pas, pour qu'elle subsiste et pour qu'une autre cellule soit créée. Alors on a déjà deux cellules et l'espace extérieur. On continue à ajouter des cellules. On arrive à un organe et à l'espace extérieur, ensuite plusieurs organes et enfin, l'homme en entier et tout l'espace extérieur. Il faut ajouter certaines caractéristiques de cet événement, par exemple dans quel endroit exact la résurrection aura lieu.

L'examen du processus de la résurrection par élément nous a pris quelque temps, mais en réalité, ce processus peut être très rapide, même instantané.

On peut aussi formuler l'essence de ce principe de la façon suivante. On peut considérer l'espace extérieur comme un système parfait, alors à la suite d'une certaine réaction à ce système au cours de la résurrection apparaît l'objet ressuscité ou reconstitué. D'ailleurs, c'est une des technologies de résurrection où l'espace est utilisé pour reconstituer l'objet.

Il est possible d'utiliser deux approches pour la résurrection : de l'intérieur et de l'extérieur. Dans le premier cas, la personne qui ressuscite regarde l'espace extérieur à travers le ressuscité et semble appuyer sur un point précis de l'espace. Dans le deuxième cas, au contraire il regarde à partir de l'espace extérieur. Certes, le résultat final sera le même.

Quand le processus de résurrection s'effectue, tous les liens du monde sont utilisés, ils commencent tous à se transformer. Par conséquent, il faut piloter tout l'espace extérieur pour que l'acte de résurrection ait lieu.

L'HOMME EST À LA FOIS LE MONDE EXTÉRIEUR ET LE MONDE INTÉRIEUR. (4.2)

L'homme occupe une place tout à fait particulière dans le monde, car il est créé à l'image et à la ressemblance de Dieu.

Nous avons déjà parlé de l'aigle, de ses capacités étonnantes de téléportation, du fait qu'il peut créer l'antigravitation et bien d'autres choses encore. Si on examine le monde intérieur et extérieur de l'aigle, on découvre que son monde intérieur est moins réalisé que son monde extérieur. Autrement dit, chez l'aigle l'information du monde intérieur et extérieur est différente, et chez l'homme elle est la même. On pourrait même dire que si un objet a la même information du monde intérieur et extérieur simultanément, cet objet est l'homme. On peut ajouter sur la base de l'analyse du développement du monde que tous les objets se développent vers l'homme. En règle générale, le monde entier aspire à l'homme, à sa forme, ainsi qu'à ses principes de réaction et de développement.

Des manifestations de ce fait sont partout. Prenons l'exemple du travail des astronomes. En utilisant des télescopes, ces savants étudient les étoiles, les constellations, des amas globulaires, des galaxies, bref tout ce qui s'ouvre à leurs yeux. En prenant du recul, regardons les actions des savants.

Faisons la comparaison suivante. Imaginez que vous vous retrouviez au sein d'un organisme humain, par exemple dans les poumons. Après avoir regardé tout autour de votre position, vous commencez à noter dans le carnet d'observations tout ce que vous voyez. Vous pourriez aussi observer des objets et des amas divers, comme des cellules. Quant aux savants, ils ne comprennent pas qu'ils observent un grand organisme de l'intérieur. S'ils pouvaient regarder cet organisme de l'extérieur, en prenant du recul, ils auraient vu l'image informationnelle de l'homme. Et l'on comprend autrement la phrase susmentionnée : « L'homme est créé à l'image et à la ressemblance de Dieu. » Cette phrase, comme toute grande vérité, présente plusieurs facettes.

Si de ce point de vue on approche les objets de l'Univers qu'observent les astronomes, on pourra même faire des pronostics, à savoir comment ces objets et l'Univers vont se développer. Pour cela, il faut tout simplement savoir comment l'homme se développe ici. Sur cette base, on peut parler du développement continu de l'Univers. Par exemple, on pourra dire quelle sera la dynamique de l'Éternité. Je dirai que les images statiques deviendront dynamiques. Il n'y aura plus de notion d'espace. L'espace sera attiré dans la structure de l'âme, de l'impulsion spirituelle, là où l'âme et l'esprit constitueront la base et l'esprit formera tout.

Par analogie à l'homme, on peut dire que la formation mutuelle de la perception et du monde se fait aujourd'hui au niveau des atomes, des molécules, des cellules. La concentration de la matière ira en augmentant, les organes vont apparaître bien qu'ils soient en train d'être formés maintenant, le cerveau apparaîtra, l'interaction entre différentes parties de cet organisme gigantesque s'établira.

Quand je dis que le sauvetage du monde dans un seul endroit se fera en même temps que le sauvetage de tout le reste, c'est aussi facile de le comprendre sur la base du principe d'analogie. Si un homme a une maladie grave, soit des reins ou du cœur, sa vie peut être menacée. Si on améliore le fonctionnement de ses organes, s'ils redeviennent sains, l'homme sera aussi en santé. Il en va de même pour le monde. Encore faut-il savoir que tout est créé sur la base des principes de l'interaction, de l'entrecroisement et du conditionnement mutuel.

Par conséquent, la formation de l'Univers se fait aujourd'hui au niveau des atomes, des molécules et des cellules, mais il y a déjà des processus de concentration et de formation d'entités du type des organes, par exemple du cœur. Ensuite, on passera au niveau pulsatoire, du type de battements de cœur. C'est pourquoi ce que les savants appellent « l'élargissement de l'Univers » n'est qu'une phase d'un des battements du « cœur » apparaissant, et celle de l'agrandissement des poumons, qui y est lié.

Une telle connaissance permettra de créer des systèmes de télescopes afin de voir l'espace de l'autre côté, d'observer des étoiles, des amas globulaires, des galaxies de n'importe quel côté, de l'intérieur comme de l'extérieur. En plus, en sachant comment l'Univers se développe, on pourra construire des systèmes optiques capables de voir la structure future de l'objet, c'est-à-dire comment il deviendra. Dans le passé, on utilisait des cristaux pour le faire, les images qu'on y voyait donnaient de l'information. Toutefois, il est certain que le plus simple était d'utiliser la clairvoyance.

Prenons les voyages cosmiques. Tout est lié à l'image de l'homme, à sa forme, au travail et à l'interaction de ses organes. Si nous savons comment le sang circule dans le corps humain, comment son cœur et tout l'organisme fonctionnent, on pourra construire des vaisseaux qui se déplaceront selon le niveau naturel du mouvement de l'espace. Nous sommes au niveau du développement qui se caractérise essentiellement par une perception de la structure moléculaire de l'Univers. De cette façon, on peut interpréter les résultats des observations des astronomes, mais si nous acceptons une telle approche, on peut dire tout de suite comment il faut organiser un vol cosmique.

Si on prend une particule de sang, toute petite, qui se trouve actuellement dans la zone du pied, quelque temps plus tard, grâce à la circulation du sang, elle se retrouvera dans des vaisseaux au niveau du cœur, et cela sans aucun effort de notre part. Son déplacement s'est effectué parce que la particule se trouve au sein d'un organisme vivant. Notre Univers est aussi un organisme vivant, mais très grand. L'analogie que nous avons utilisée permet de comprendre qu'un vaisseau cosmique n'a besoin d'aucun propulseur. Tout ce qu'il faut faire pour réaliser un voyage cosmique, c'est placer le vaisseau dans le lit du canal respectif, c'est tout. Alors, dans quelque temps, le vaisseau se retrouvera à l'endroit voulu. Si on examine ces questions encore plus profondément, on verra que notre vaisseau peut se retrouver instantanément dans une autre galaxie. À un certain niveau de son développement spirituel, n'importe quel homme, s'il le souhaite et sans vaisseau, pourra se déplacer dans n'importe quel point de l'Univers.

Je peux citer un autre exemple important de l'application de ma science, cet exemple est directement lié à notre thème. J'ai élaboré la technologie de la construction des vaisseaux cosmiques guidés à travers un système optique. Ce système se base sur un cristal. Il suffit d'envoyer un signal clair au cristal et il commencera à faire bouger tout le mécanisme. La première impulsion consiste à indiquer les coordonnées de l'endroit de destination et le cristal fera le reste. Il trouvera le canal nécessaire et il placera le vaisseau au point qu'il faudra. Cette nouvelle méthode de vols cosmiques se base sur le principe d'analogie, celle de l'Univers et de l'organisme de l'homme.

En se basant sur cette analogie, on peut faire des pronostics sur le développement continu de l'Univers. Pourtant, afin que ces pronostics soient sérieux, ils doivent se baser sur la connaissance des lois du développement. Par conséquent, si nous voulons comprendre le cours du développement continu de l'Univers à partir du principe d'analogie, il nous faut bien comprendre la structure de l'organisme de l'homme, ainsi qu'étudier la psychologie humaine, les moyens de communication avec d'autres hommes, comprendre comment les liens s'établissent dans la société humaine. Après cela, on pourra contrôler des zones beaucoup plus larges de l'Univers.

Ce principe d'analogie est assez simple. Il peut s'appliquer à l'élaboration de nouvelles technologies, d'appareils techniques complètement nouveaux, comme les vaisseaux cosmiques que je viens de citer. Un des aspects très importants de ce principe est qu'il assurera l'harmonie du développement.

Par ailleurs, quand on transforme un objet en un autre, tout objet doit se transformer suivant les principes de l'organisation de l'homme. Par exemple, quand je transforme une substance en une autre, la forme de l'homme peut servir de forme de transformation. Quand j'ai commencé à regarder une substance et à recevoir l'information de sa part, je vois l'homme dans cette substance, dans chacun de ses éléments, quelles que soient les connaissances sur elle, symboliques ou sous forme de formules.

Si nous regardons un lion, nous verrons qu'il représente une structure des formes-pensées de l'homme. Si on regarde l'aigle, de la même manière on verra qu'il représente une structure des événements voulus par l'homme. On peut continuer cette ligne à l'infini. Si on va plus en profondeur, on peut découvrir que tout le milieu extérieur par rapport à l'homme est construit à l'image de sa manifestation. Par conséquent, pour comprendre pourquoi les animaux, d'autres objets ou la matière en général sont structurés de cette façon, il faut regarder l'homme et ses actions. Tout ce qui entoure l'homme est le résultat de ses actions actuelles et passées. Quand l'homme extermine une espèce, il touche à lui-même. La compréhension de ce fait mène à une vraie écologie.

Sur la base des connaissances que je donne, on peut immédiatement prévoir le résultat de l'extermination d'une espèce animale par l'homme, on peut dire quelle espèce apparaîtra à la suite de l'évolution future, quelle sera la forme concrète de l'espèce animale suivante. On peut aussi prévoir des changements concrets auxquels mènera la voie anthropogénique du développement. Sachant tout ceci, on peut équilibrer et créer des formes nécessaires.

À la différence d'aujourd'hui, le croisement des espèces et des genres, leur synthèse, ne seront plus un problème dans l'avenir. Et si nous voulons créer une espèce mixte, on pourra le faire. La technologie est assez simple : il faut connaître la structure de l'homme.

De ce fait, en se référant à la fameuse thèse « Connais-toi toi-même » qui implique plusieurs approches, la compréhension de ce principe nous éclaire véritablement sur la structure du monde. Sa réalisation mène à l'ouverture efficace de la « fleur de vie ».

LA DILATATION DU TEMPS, SON ÉLOIGNEMENT OU SON RAPPROCHEMENT SIGNIFIENT LA RÉSURRECTION POUR CERTAINS ASPECTS DE L'ESPACE. (4.3)

Le temps est une structure de la conscience. Par rapport à l'espace, le temps est créé par les pensées des humains. L'introduction du temps est très utile et même nécessaire pour des hommes en état de conscience ordinaire. Il est très commode pour eux. Prenez l'horaire des trains ou des avions. Il assure l'ordre et la sécurité de la circulation. En règle générale, la notion du temps est utilisée dans tous les domaines de la vie.

La création de la notion « temps » signifie aussi la création de l'information et de l'espace. Dans la formule du principe, on parle de la dilatation, de l'éloignement ou du rapprochement du temps pour certains aspects de l'espace. Il s'agit des espaces où le temps existe, mais aussi du fait que le temps, étant lié à l'espace, a également ses caractéristiques telles que la dilatation, l'éloignement ou le rapprochement.

L'espace où la notion du temps existe signifie la vie pour le ressuscité. Par rapport à l'espace, comme je viens de le dire, le temps est créé par les pensées des gens. C'est pourquoi nous pouvons mentalement dilater, éloigner et rapprocher le temps. Pour des êtres en état de conscience ordinaire, beaucoup de phénomènes sont liés au temps, par exemple la notion du départ. Alors il devient clair pour eux qu'en dilatant le temps, en l'éloignant ou en le rapprochant, on peut vraiment réaliser la résurrection.

Cette question pourrait être analysée d'un autre côté. Par rapport aux notions de la vie et de la résurrection, la dilatation du temps, son éloignement ou son rapprochement signifient l'introduction de la forme-pensée sur la résurrection et c'est ce qui mène au changement de la structure de la réalité.

La forme-pensée est une structure qui est perçue par la conscience de l'homme et qui se rapporte au volume de l'information appelé « la pensée ». En fait, la forme-pensée est une forme géométrique concrète qui contient la pensée de l'homme.

Prenons l'espace de la pensée (on peut l'imaginer ou on peut y entrer directement), la table y représente une configuration de l'information, la chaise, une autre, et l'homme la troisième. La forme-pensée est une forme qui contient une pensée et qui correspond, par conséquent, à un objet d'information.

En résumant ceci, on pourrait dire tout simplement : la forme-pensée est une forme de la pensée contenant une information concrète.

J'ai dit que la forme-pensée est perçue à travers la conscience de l'homme. Quand vous faites face à un objet dans votre vie, vous pouvez l'examiner de divers côtés. Si par exemple, c'est un avion, vous pouvez regarder le cockpit, les ailes ou l'empennage. La même chose concerne la forme-pensée. Comme c'est un objet réel, une forme réelle, quand la conscience la perçoit, elle peut la toucher de divers côtés et comme dans l'exemple de l'avion, vous pouvez voir ses divers éléments au moment du contact entre la conscience et les divers côtés de la forme-pensée, et là on semble percevoir diverses pensées

Prenons un exemple concret. Un homme va à l'épicerie pour acheter une bouteille d'eau minérale. Dans la forme-pensée respective, il y a l'idée de l'achat d'eau minérale, mais pas seulement cela. Elle contient aussi la compréhension du fait de l'endroit où il va aller, quelle route il prendra et peut-être, si c'est l'hiver, comment il devra s'habiller. Tout ceci et beaucoup d'autres choses se trouvent dans cette seule forme-pensée.

En langage scientifique, on pourrait dire qu'une seule forme-pensée contient beaucoup d'arguments sémantiques. L'exploration de la forme-pensée visant à définir ces paramètres, ou en d'autres termes le traitement de l'information contenue dans la forme-pensée, peut se faire à différentes vitesses, selon le niveau de développement de l'homme. Cette différence peut être très grande. L'homme en état de conscience ordinaire ne perçoit d'habitude qu'une partie de la forme-pensée. Cependant, si le niveau du développement spirituel de l'homme est suffisamment élevé, la perception de la forme-pensée se fait instantanément et en même temps de tous les côtés.

L'examen de la notion de la forme-pensée s'avère être important du point de vue pratique. Il s'agit du contrôle des systèmes techniques. Examinons cet aspect.

D'après leurs paramètres géométriques, les formes-pensées sont toujours liées à une des manifestations de l'âme, telle est la vie, telle est la situation réelle. Selon la hiérarchie, la pensée est liée à l'âme directement, ce qui est un cas très rare, ou indirectement à travers la structure de l'expérience accumulée. C'est pourquoi c'est l'âme qui contrôle directement la forme-pensée, et comme l'âme réagit à la réalité du plan fondamental, il arrive que le processus d'échange entre la forme-pensée et le monde extérieur soit ralenti ou bien, pendant quelque temps, n'existe pas du tout.

Ainsi, c'est l'âme qui gère directement la forme-pensée. C'est pourquoi l'impulsion du monde extérieur ne peut l'atteindre ni la changer. Ce qui veut dire que la gestion par la pensée est le système le plus sécuritaire.

À première vue, il semble que les moyens techniques devraient être plus stables que la pensée dans la commande des appareils techniques. En réalité, ce n'est pas le cas. En fait, la pensée est le système le plus stable. C'est pourquoi la gestion par la pensée ou la forme-pensée des engins techniques est le moyen le plus sûr.

Par exemple, un avion est guidé par un « autopilote ». Le contact, entre l'équipement technique, notamment « l'autopilote », et l'environnement, existe tout le temps et cela présente un danger potentiel sérieux. Un missile peut détruire « l'autopilote », ou bien il peut être endommagé autrement. Si le contrôle est effectué par la pensée, elle peut n'avoir aucun contact avec l'extérieur bien que globalement, il y ait des contacts entre tous les éléments. Dans notre exemple, il s'agit du temps de contact, du fait que le contact assuré par la pensée peut être immédiat, tandis que le contact entre « l'autopilote », l'avion et l'extérieur est permanent. Si le contact de la pensée avec l'avion est instantané, l'extérieur ne pourra pas changer cette pensée. Alors, l'avion peut suivre tranquillement sa route et il la terminera, quels que soient les événements pendant ce trajet.

On peut introduire dans la pensée l'élément de sécurité de tout objet, car elle est protégée du milieu extérieur.

J'ai reçu un brevet d'invention pour un appareil de transfert de l'information et du contrôle à l'aide de la pensée.

Revenons à la question de l'utilisation des formes-pensées pour la résurrection. Après avoir obligatoirement créé une forme-pensée, on peut reconstituer le corps partout, même là où il n'y a pas d'environnement acceptable pour la vie, par exemple pas d'air, juste le vide. Cependant, si la forme-pensée a été créée correctement, dans ce milieu l'oxygène remplacera le vide, et il y aura tout ce qui est nécessaire pour la vie.

Un jour, on m'a demandé de reconstituer une plante qui avait péri depuis longtemps. J'ai créé une forme-pensée adéquate, la plante a été reconstituée et elle reverdit bien qu'il n'y eut pas d'eau et que la terre fût sèche depuis longtemps. La bonne forme-pensée change aussi l'environnement.

Sur la base de tels phénomènes, nous avons le principe fondamental suivant :

> LE MONDE EST COMPOSÉ DE STRUCTURES QUI INTERAGISSENT. DE CE FAIT, LE CHANGEMENT D'UNE DE SES STRUCTURES MÈNE AU CHANGEMENT DE TOUTES LES AUTRES. LA PERCEPTION ET LA CONSCIENCE CONSTITUENT UNE DES STRUCTURES DU MONDE. EN CHANGEANT LA PERCEPTION ET LA CONSCIENCE, ON PEUT CHANGER LE MONDE.

C'est pour cela que la réalité réagit à la forme-pensée et notre tâche est d'assurer que la réaction de la réalité à la forme-pensée sur la résurrection mène à la résurrection même. En fait, cela ressemble à l'apprentissage de la réalité. Oui, la réalité est organisée de telle façon qu'on peut l'entraîner et l'apprendre. Il est possible de s'asseoir tranquillement et de commencer à pratiquer. Il faut entraîner la réalité jusqu'à ce qu'elle commence à se soumettre et à effectuer la résurrection. Dans ce cas, la réalité est vue comme un milieu contrôlable et apte à être entraînée.

Dans l'espace où existe la notion du temps, pour un homme en état de conscience ordinaire existe également la notion de la « vie ». Nous introduisons le mot « résurrection » et nous commençons à le déplacer et, en quelque sorte l'éloigner, le rapprocher, le mettre en diverses positions par rapport à la vie. Si nous nous retrouvons immédiatement dans le domaine de l'espace-temps, où la notion de la vie coïncide avec l'élément de son éternité, la résurrection se fait instantanément.

Dans le paragraphe 2 de ce chapitre, j'ai raconté comment se passe la résurrection de l'homme quand il se retrouve dans une cellule spéciale de l'espace-temps. Un homme, dont les événements ont été entrecoupés, peut se retrouver dans une telle cellule. Il entre dans cette cellule et il commence à continuer à vivre. Je vais citer maintenant un exemple d'une telle interruption des événements.

On connaît beaucoup de cas où un être humain disparaît soudainement, souvent devant d'autres personnes. À un moment donné, il était là, il parlait à quelqu'un et puis il disparaît sans laisser de traces. Parfois, un peu plus tard, il réapparaît tel quel, avec les mêmes habits, au même âge. Pour lui, cette disparition était imperceptible, il lui semblait que c'était il y a un instant, quoi que cela pût être il y a cent ou deux cents ans. Cet homme semblait tomber dans une fente de l'espace-temps et puis se retrouver encore chez nous. Si beaucoup de temps s'écoule après sa disparition, ses vêtements, son discours, les mots et les expressions qu'il utilisait montrent tout de suite aux gens qu'il était d'une autre époque.

L'essence de ce phénomène consiste en ce que l'homme se retrouve dans l'espace où il n'y a pas de notion de temps. J'avais à l'esprit des cas pareils quand en examinant le principe 2.3, je parlais d'une interruption temporaire des événements pour une personne.

CE À QUOI L'HOMME PENSE, CE QU'IL DIT ET CE QU'IL FAIT PORTENT LE CARACTÈRE DE L'ÉTERNITÉ. (4.4)

Dans le domaine informationnel, il existe le principe suivant : si quelque chose a été fait une fois, cela existe éternellement dans le temps où cela a été fait.

La pensée fait partie des actions. Par conséquent, si l'homme a pensé à quelque chose, cette pensée est enregistrée dans la base des données. Elle est enregistrée pour toujours, car là-bas il n'y a pas de virus d'ordinateur tels que ceux qui existent dans les réseaux ordinaires et qui peuvent détruire l'information conservée. Dans la base de données du Réseau cosmique, l'information est préservée pour toujours.

La prononciation des mots, c'est-à-dire la conversation, représente également une action. D'ailleurs, ce principe découle initialement du fait que l'homme est créé à l'image et à la ressemblance de Dieu. Et Dieu lui-même est éternel et il produit seulement de l'éternel. C'est pourquoi tout ce que l'homme fait porte le caractère de l'Éternité. C'est un principe assez évident.

LE PRINCIPE DE L'ÉTERNITÉ ASSURE À CEUX QUI SONT « PARTIS » LA COMPRÉHENSION DU FAIT QU'ILS SERONT RESSUSCITÉS. (4.5)

Le principe d'Éternité dit que dans le système éternel des liens, les liens existants sont organisés de telle manière que les « partis » seront de nouveau vivants, mais ce qui importe surtout, c'est l'aspect spirituel. Ce principe est spirituel.

Nous savons déjà que la vie est éternelle : ceci est posé dans la structure du monde. Et comme la notion d'Éternité est posée, dès le début, dans la notion de l'esprit, celui qui vit sait toujours, au moins sur le plan de l'âme, qu'il ne mourra pas, qu'il vivra éternellement et que plus tard il pourra ressusciter les autres quand il maîtrisera la technologie appropriée. C'est pourquoi la conscience et l'âme de ceux qui sont « partis » comprennent parfaitement, grâce au contact avec la conscience des vivants, qu'elles seront reconstituées.

Par conséquent, ce principe, celui de l'Éternité, se présente comme un porteur de lumière, comme la lumière qui peut guider l'homme et le développer.

Après le départ de l'homme, ce principe est vu par les « partis », et ils le perçoivent sur le plan de l'âme, mais aussi de façon tout à fait consciente.

Beaucoup de ceux qui sont passés par la mort clinique parlent d'un calme étonnant qui les embrassait, et de la lumière qui apparaissait. Ce calme et cette lumière apparaissent à la suite du contact avec l'Éternité. Le Créateur donne cet angle de compréhension de l'Éternité à celui qui a essayé de partir. Utilisant la lumière, le Créateur passe des connaissances sur la vie éternelle. Ceux qui ont suffisamment élaboré leur structure de conscience pour accepter ces connaissances reviennent immédiatement.

Je rappelle qu'en restant dans notre corps physique, nous pouvons arriver plus vite à la possibilité de nous retrouver dans des états susmentionnés et nous pouvons comprendre plus rapidement ce principe et les autres. Pour cela, il faut élever le niveau de conscience. Dans un état de conscience supérieur, tous ces principes se présentent tout simplement comme des vérités évidentes.

LE DÉPLACEMENT DES « PARTIS », DANS LEUR PAYS DE VIE FÉÉRIQUE SUR LE PLAN DE NOTRE COMPRÉHENSION, S'EFFECTUE À TRAVERS LA STRUCTURE DE NOTRE CONSCIENCE. (4.6)

Cette thèse présente plusieurs aspects. Nous avons déjà discuté de l'un d'eux en parlant du principe précédent (4.5). À savoir que même si le vivant ne connaît pas grand-chose sur la technologie de résurrection, ou même s'il n'est pas au courant du tout, la connaissance que les « partis » seront reconstitués est déjà enregistrée dans la structure de sa conscience. Cela existe déjà dans la structure de la conscience des vivants. C'est pourquoi les « partis » ont cette connaissance au niveau de l'âme et ceci grâce au contact avec la conscience des vivants.

Il y a un autre côté de la thèse que nous examinerons. Le déplacement des « partis » se fait à travers la structure de notre conscience, car elle possède toujours la notion du départ et des « partis ». Cette idée formulant que le départ est normal, qu'il est naturel, lui permet de se réaliser. Les « partis » existent, car nous admettons leur existence dans notre conscience. Grâce à la compréhension de plus en plus profonde du fait que la vie est éternelle, que la mort n'est plus nécessaire et qu'elle ne fait que ralentir le développement spirituel de l'homme, le concept de départ des « partis » disparaîtra de la conscience de l'homme. Cette nouvelle compréhension fera ainsi partie de la conscience collective et, par conséquent, il n'y aura plus de « partis », tout le monde vivra éternellement.

Le mot « déplacement » est important dans la formulation du principe. Toutefois, il ne s'agit pas de la dynamique qui existe en état de mort clinique dont parlent ceux qui sont sortis de cet état et revenus dans notre monde. Les corridors qu'ils décrivent, le calme qui s'installe, la lumière qui surgit, tout cela a réellement lieu et tout cela est le résultat, comme je le disais, du contact avec l'Éternité, mais ici je parle d'un autre mouvement, d'une dynamique tout à fait différente.

Il s'agit d'assemblement d'une base de microéléments et d'événements. En fait, dans l'état des « partis », il n'existe pas de notion d'arrêt ou de cessation des processus. Tout de suite après la mort biologique l'assemblage commence, celui qui suit la structure de l'Éternité. Le mouvement commence, par exemple par celui de l'information. On voit aussi se former des attitudes de vie, certains microprocessus commencent et beaucoup d'autres choses. Ces processus suivent la direction vers l'intérieur de l'homme, selon la logique des choses alors qu'on assemble la base de microéléments et d'événements.

Ainsi, quand le moment du départ arrive et quand la décomposition biologique des cellules commence, autrement dit la décomposition du corps, les processus nécessaires pour la résurrection, l'assemblage vers l'intérieur de l'homme se déclenchent aussi.

En gros, tout ceci confirme l'absence totale de la notion de la mort. Il n'y a que la vie et son développement sans fin.

Cet assemblage de la base de microéléments et d'événements permet de voir un autre côté du déplacement des « partis » à travers la structure de notre conscience. Quand les vivants marquent les jours 9 et 40 ou bien quand ils participent à des rituels ou à des fêtes, comme Noël, ils accordent un grand soutien aux « partis » puisque notre conscience, comme nous le savons déjà, contient le principe de reconstitution, c'est-à-dire de résurrection. Pendant les fêtes susmentionnées, l'interaction entre les structures de la conscience des vivants et celles des « partis » est particulièrement forte et pour cette raison la conscience des vivants, même s'ils ne le comprennent pas, aide les « partis » à se rétablir activement. C'est le but principal de certains rituels et fêtes. Ils appuient la résurrection des « partis », aident à les convertir vers la structure intérieure et accélèrent le processus d'assemblage.

Connaissant les principes d'organisation de l'homme, on peut instantanément réaliser son assemblage. De la même façon, on peut arrêter instantanément l'arrivée de la mort biologique. Pour sortir l'homme de l'état de mort clinique, la médecine moderne utilise l'impulsion de haute tension. C'est une sorte de secousse, mais c'est une méthode mécanique. C'est pourquoi elle ne fonctionne pas toujours.

En Chine ancienne, on pouvait reconstituer l'homme, même s'il était en état avancé de décomposition. Pour cela, on utilisait l'acupuncture. Certes, il faut appliquer différentes méthodes pour différents degrés de décomposition. Par exemple, si la période après la mort biologique ne dépassait pas trois jours, on utilisait des points sur les extrémités. L'introduction des aiguilles dans des points précis menait à la résurrection. C'est aussi une méthode mécanique qui se base sur des principes mécaniques. C'est pourquoi je ne m'arrête pas sur ces méthodes. Ici, je parle, en premier lieu, des principes spirituels.

Pourtant convient-il peut-être de mentionner un autre phénomène intéressant du passé. Il y a bien longtemps, dans certains endroits, on savait « conserver » les humains, s'ils étaient d'accord. Cela concernait essentiellement des guerriers. Quand il fallait transporter les guerriers sur de grandes distances, on les archivait, c'est-à-dire que l'on les stockait quelque part, par exemple on placerait aux archives des papiers dont on pourrait avoir besoin. Les guerriers se desséchaient et dans cet état, comme un amas de substance, ils pouvaient se conserver très longtemps. Quand on avait besoin d'eux, on introduisait une aiguille dans un point approprié ou bien on les arrosait d'un mélange spécial, ou encore on donnait une impulsion appropriée de conscience, et les guerriers renaissaient. Donc, on pouvait avoir d'un coup toute une armée de guerriers prêts au combat. Dans certaines conditions, des momies peuvent renaître de la même manière.

Revenons à l'examen du principe 4.6. Il parle du déplacement des « partis » dans « leur pays de vie féérique » pour notre compréhension. Certes, on pourrait parler du déplacement dans la zone, et non pas dans le pays de leur vie. J'utilise exprès le mot « pays » et même « pays féérique », car le mot « féérique » porte une charge spéciale.

Il existe une interaction entre le monde des « partis » et celui des vivants. Ce n'est pas seulement nous, les vivants, qui parlons. Eux, les « partis », parlent aussi. Ils parlent de là-bas et le conte est un chaînon de transition. Un conte, une légende, contient non seulement ce que nous avons dit, mais aussi ce qu'ils ont dit et quand ils parlent, leurs paroles se manifestent pour des vivants en images de conte. En termes scientifiques, on pourrait dire que le conte est un système de transformation de l'information de là-bas jusqu'ici, et cette information nous est offerte dans notre langue.

Beaucoup d'éléments du conte sont donnés en langage approprié pour les enfants. La connaissance de deux ou trois bons contes facilite sérieusement le processus du développement de l'enfant. Ensuite, il se développe de façon dynamique.

Certes, à part les contes, on pourrait donner aux enfants une technologie concrète, et alors ils pourraient devenir éternels presque immédiatement, dès le début, et commenceraient à se développer comme il faut. Il est aussi vrai que le monde extérieur peut les orienter différemment. Cependant, si les enfants reçoivent un tel programme, cela amènera la société à une transformation très rapide.

Ainsi, deux ou trois contes suffiraient à l'enfant pour qu'il prenne la forme dynamique du développement. De plus si on lui donnait une technologie appropriée, il pourra se développer tout de suite suivant les principes d'autorégénération et de vie éternelle. Alors chacun est tout de suite initié au statut de l'Éternité.

> LES CHANGEMENTS DU PAYSAGE GÉOGRAPHIQUE QUI SE FONT AU COURS DES TREMBLEMENTS DE TERRE OU DU GLISSEMENT DE GRANDES COUCHES DE ROCHES AU MOMENT DE L'AVALANCHE MÈNENT À DES CHANGEMENTS GÉNÉTIQUES STRUCTURELS DANS L'HOMME, CAR L'HOMME RÉAGIT À TOUT L'ESPACE. (4.7)

Rappelons-nous tout d'abord ce que dit le principe 4.2 : l'homme est le monde extérieur et intérieur en entier et en même temps. C'est pourquoi le paysage géographique, les tremblements de terre qui ont parfois lieu, et en général le monde en entier, sont en fait des manifestations du statut de l'homme.

Pourquoi la formule du principe distingue-t-elle les changements du paysage géographique qui surviennent au cours des tremblements de terre et des glissements des couches de roche au moment de l'avalanche ? Ce sont eux qui mènent, en premier lieu, à des changements structurels et génétiques de l'homme du fait que le paysage et les grandes couches de roche ont une période de formation plus longue, ce qui crée leur liaison plus étroite à la structure génétique générale de l'homme.

Le temps d'existence joue un très grand rôle. On peut le voir avec l'exemple des édifices. L'édifice commence à influencer la génétique s'il a été construit il y a plus de mille ans. Dans ce cas, on peut d'une certaine façon parler d'Éternité. Disons aussi que ce chiffre – mille ans – est certainement conditionnel. Cependant, il reflète la réalité : de tels édifices influencent déjà la génétique de l'homme et ils ont un effet spécial sur sa perception. Cela se passe pour la raison suivante : plus l'édifice existe depuis longtemps, plus il est adapté à la conscience collective. Un tel édifice forme un certain statut. On connaît l'expression « attraction de l'édifice ». De tels édifices, de telles constructions ou leurs restes existent encore, et ce n'est pas par hasard qu'ils attirent des millions de touristes.

La même chose concerne les œuvres d'art. Leur valeur augmente avec le temps. Ceci est bien confirmé par les ventes aux enchères.

À ce propos, j'ajouterai que le développement de l'Éternité, c'est la hausse du statut temporel, mais aussi du statut spatial. Plus on explore des terres, des surfaces, plus stable devient la structure. C'est pourquoi l'homme cherche toujours à explorer.

Rappelons-nous le principe 4.2 encore une fois : l'homme est le monde extérieur et intérieur en entier et en même temps. Ce principe nous montre comment il faut agir correctement dans notre activité extérieure. Si par exemple, nous construisons des bâtiments, il faut les construire de telle façon qu'ils traduisent l'image et la ressemblance à l'homme. Par exemple, si on prend Londres et si on regarde comment cette ville est située, on verra nettement une tête d'homme. Moscou aspire à l'image du cœur.

Il y a deux approches dans la construction à l'image de l'homme : sur la base des zones extérieures et intérieures. Ce sont des approches différentes. Les zones extérieures sont celles où la conscience collective se manifeste le plus. Elles sont en dehors du corps physique de l'homme. Les zones intérieures sont celles où la conscience individuelle de la personne prend le dessus. Elles sont à l'intérieur du corps physique de l'homme.

Pourquoi par exemple, des interdictions religieuses qui défendaient d'autopsier l'homme et de regarder à l'intérieur ont-elles existé si longtemps ? En fait, la formation des liens informationnels entre les zones extérieures et intérieures de l'homme à l'image et à la ressemblance de Dieu continuait toujours ainsi que la formation de sa conscience.

Si vous lisez attentivement les exercices que je propose à la fin du livre, vous verrez que je propose de vous concentrer essentiellement sur des objets extérieurs. La raison est la suivante : le système intérieur de l'homme change souvent et change radicalement tandis que les objets extérieurs sont stables du point de vue de leur existence permanente dans la perception.

Il faut préciser encore une chose. Quand je dis qu'il faut construire les bâtiments à l'image et à la ressemblance de l'homme, il ne faut pas le comprendre littéralement, c'est-à-dire que les bâtiments doivent ressembler à des bonshommes. Le problème est beaucoup plus profond. Il s'agit des liens et de l'interaction des formes. Par exemple, il faut comprendre comment la surface, ou la sphère, est liée à la forme de l'homme. Quand on a de telles connaissances, on peut construire des bâtiments très stables et éternels, y compris sur la base du principe d'antigravitation. Des constructions et autres édifices bâtis de cette manière seront en harmonie avec l'homme, et donc avec le Créateur.

Quant au problème de la forme, du lien entre la forme et l'information, ainsi qu'à d'autres questions respectives, elles seront toutes analysées dans un des prochains livres de cette série.

RÉCAPITULATIF DES PRINCIPES FONDAMENTAUX DE LA RÉSURRECTION

NIVEAU 1

1.1. Le vrai statut du monde réside dans la vie éternelle. La vie éternelle assure la vraie stabilité du monde. l'aspiration au monde stable crée la vie éternelle.

Celui qui n'est pas décédé constitue la base qui reproduit tout le reste. Cette base est dieu. dieu est éternel. Il n'est jamais décédé. tout le reste en découle.

1.2. La vie éternelle est un principe de développement de la réalité divine.

1.3. Notre conscience perçoit ce qui existe dans notre conscience comme une réalité.

1.4. La structure du monde doit se développer de façon très intense dans le cadre du développement de notre conscience.

1.5. La résurrection est une façon de trouver la conscience divine.

1.6. La vie éternelle détermine la nécessité du développement de l'âme.

1.7. Principe de la divinité : aspiration à l'incorruptibilité du corps, à la vie éternelle et au développement de la vraie conscience, c'est la pratique de l'épanouissement suprême de l'existence de l'homme.

1.8. Il suffirait d'avoir une seule personne qui puisse ressusciter et restaurer le monde, et il sera impossible de le détruire.

1.9. La résurrection et l'établissement de fait de la résurrection représentent un processus simultané pour le monde entier.

1.10. Quand on comprend correctement le lien entre la conscience de l'homme et ses organes, ceux-ci assurent la résurrection. la résurrection est un acte de création.

1.11. Le développement de l'homme doit être vu comme le développement intégral du monde entier.

1.12. Le principe de la résurrection se raccroche au principe de l'organisation de l'homme qui tient compte du développement du monde entier de tous les temps.

1.13. La désolation, la tristesse et la nostalgie ne sont pas un moyen de compréhension du monde. seuls, la joie, la lumière et l'amour le sont.

1.14. La personne est préservée après sa mort biologique, y compris après la crémation. La structure de la personnalité de celui qui a été incinéré est attachée à chaque particule des cendres qui restent.

1.15. L'espace dépend de l'intersection des intervalles temporels. par conséquent, la terre peut être agrandie.

NIVEAU 2

2.1. L'homme est une substance éternelle par le principe même de sa création. C'est pourquoi la résurrection se base sur la découverte de l'éternel dans l'homme.

2.2. Il existe une interdépendance entre les structures spirituelles et physiques. en changeant l'information de la structure physique au niveau de l'esprit, nous pouvons faire évoluer l'esprit afin qu'il puisse modifier toute structure physique, y compris la création du corps physique.

2.3. Le temps et l'espace ne limitent pas la durée de la vie. La notion de la durée de la vie est formée par le rapport de l'esprit envers le temps et l'espace.

2.4. Le principe de l'immortalité et, par conséquent, le principe de la restauration après la mort biologique possible sont posés dans la cause première, dans la nature première des impulsions du développement naturel de l'homme.

2.5. L'impulsion visant la résurrection est toujours orientée vers le développement infini du ressuscité.

2.6. Le ressuscité voit et perçoit constamment le processus de la résurrection et il participe toujours à la résurrection en tant qu'une personne pleine d'initiative.

2.7. Le ressuscité sait toujours exactement qu'après la résurrection, il vivra comme un homme ordinaire.

2.8. Le ressuscité pense toujours que le vivant le traitera d'égal à égal. Il ne perçoit pas la séparation des vivants, il se sent comme toute autre personne vivante.

2.9. Après la résurrection, il faut obligatoirement expliquer au ressuscité son nouvel état qui est lié à la présence du corps physique.

2.10. Le ressuscité conserve toutes les compétences professionnelles et autres qu'il avait acquises dans sa vie antérieure.

2.11. La notion de l'esprit rend véridique la structure de la connaissance.

2.12. Un des aspects de la résurrection est la restauration de la conscience créatrice chez les vivants.

2.13. Il faut considérer le processus de la résurrection comme celui de la reproduction du fœtus.

2.14. Ceux qui sont « partis » ne s'arrêtent pas dans leur développement. le développement spirituel de la personne se fait toujours dans toutes les conditions. C'est pourquoi sur le plan spirituel, la résurrection est considérée comme une manifestation de l'harmonie générale du monde. et de ce fait, au fond de son âme, toute personne est au courant de la résurrection complète de tous ceux qui sont « partis ».

NIVEAU 3

3.1. L'aspiration à la réunion de dieu et de l'homme dans le cadre de la reconstitution et de la réunification mène à la matérialisation et à la résurrection.

3.2. La concentration par l'homme de sa propre conscience peut mener au changement radical de la structure du monde.

3.3. Le corps physique est toujours une partie de l'âme.

3.4. On peut considérer l'homme, en théorie et en pratique, comme une structure de la conscience ayant une enveloppe corporelle.

3.5. Sur le plan de la création des liens informationnels, aucun objet ne croise un autre objet, y compris lui-même. Le principe de la résurrection de l'homme ou le principe de la reconstitution de tout objet consiste en un croisement de l'information initiale sur l'objet avec celle qui se développe à partir des liens de cause à effet.

3.6. Le système des idées spirituelles de celui qui réalise la résurrection constitue le principe de l'organisation de la société à des étapes ultérieures de son développement.

3.7. Les objets éloignés de la réalité, c'est ce qui est rapproché chez le ressuscité et ce qui est éloigné chez le vivant.

3.8. Le ressuscité absolutise l'espace et détaille le temps. Au début, le temps est discret pour lui, tandis que pour le vivant, il est continu.

3.9. Principe de l'autonomie du fonctionnement de l'information dans des temps différents.

3.10. L'orientation de la vraie religion vise à contribuer au développement créateur de l'âme, du corps et de la société.

3.11. La résurrection est la base la plus réelle, la plus pragmatique, la plus raisonnable et la plus démonstrative pour le développement ultérieur et pour le développement de la pensée des générations futures.

3.12. Celui des vivants qui n'est jamais décédé pourra toujours ressusciter un « parti » plus rapidement et en variante plus nécessaire qu'un ressuscité.

3.13 La pratique de la résurrection, de la reconstitution ne contredit aucune religion, aucune législation, ni aucune direction du plan créateur.

3.14. La résurrection des humains permet de ressusciter et de reconstituer tout objet.

NIVEAU 4

4.1. La résurrection est la gestion de tout l'espace extérieur.

4.2. L'homme est à la fois le monde extérieur et le monde intérieur.

4.3. La dilatation du temps, son éloignement ou son rapprochement signifient la résurrection pour certains aspects de l'espace.

4.4. Ce à quoi l'homme pense, ce qu'il dit et ce qu'il fait portent le caractère de l'éternité.

4.5. Le principe de l'éternité assure à ceux qui sont « partis » la compréhension du fait qu'ils seront ressuscités.

4.6. Le déplacement des « partis », dans leur pays de vie féérique sur le plan de notre compréhension, s'effectue à travers la structure de notre conscience.

4.7. Les changements du paysage géographique qui se font au cours des tremblements de terre ou du glissement de grandes couches de roches au moment de l'avalanche mènent à des changements génétiques structurels dans l'homme, car l'homme réagit à tout l'espace.

Chapitre III

MÉTHODES DE RÉSURRECTION DES HUMAINS

Les méthodes de résurrection des hommes se basent sur les lois fondamentales du monde. Elles impliquent la compréhension du rôle joué par la conscience dans notre vie et les possibilités de son utilisation pour la résurrection. La connaissance que la vie est éternelle a aussi une portée capitale.

Les méthodes de résurrection se basent également sur une profonde compréhension de la possibilité de transfert de l'information sur la résurrection à l'âme du ressuscité. Il existe beaucoup de méthodes pour cela. De toutes ces méthodes, j'en ai sélectionné cinquante. D'ailleurs, ce nombre est égal au nombre des principes fondamentaux de la résurrection exposés dans le chapitre précédent. Si vous les comptez, vous obtiendrez le nombre 50.

Lors du transfert de l'information sur la résurrection à l'âme du ressuscité, nous nous appuyons sur le fait que son âme comprend les principes et les méthodes de ce processus. Au niveau de l'âme, chacun possède ces connaissances, car elles sont introduites dans la structure de la conscience de chaque homme. Cependant, la plupart des gens ne sont pas encore éveillés pour les comprendre. C'est le problème de la croissance spirituelle de l'homme. Plus il développera le niveau de sa conscience, plus ces vérités deviendront claires.

Nous avons tous différents niveaux d'évolution. Tout d'abord, il faut comprendre que la résurrection peut avoir lieu à condition d'une compréhension correcte du texte de ce livre. La prise de conscience est spécifique à chaque personne.

Certaines personnes parviendront à réussir tout de suite, mais la plupart des gens sentiront qu'ils ne sont pas encore prêts. Appréhendez-le calmement. Cela signifie seulement qu'il vous faut continuer à travailler sur ce livre.

Relisez attentivement le chapitre II, « Principes fondamentaux de la résurrection ». Réfléchissez à ces principes. Il vous faut commencer à sentir que vous les comprenez. Relisez aussi le chapitre I, « Cas concrets de la résurrection des humains ». Ce sont des exemples réels. L'analyse de ces cas vous aidera à comprendre des choses typiques à la résurrection. Les faits cités apportent déjà toutes les connaissances nécessaires sur la résurrection.

Relisez également le chapitre IV, « Principes de la résurrection et vie quotidienne ». Les thèses de ce chapitre compléteront votre compréhension de tout ce qui est lié à la résurrection.

Enfin, il faut relire attentivement les commentaires du principe 3.10, qui donnent des recommandations pratiques pour travailler sur soi-même. Il est très important de suivre ces instructions avec le maximum de compréhension.

Alors, tôt ou tard, vous allez réussir. Ce livre a été écrit dans ce but. Vous avez déjà cette capacité, elle vous a été offerte dès votre naissance. Il faut seulement la mettre en pratique.

Lorsque vous commencez à transférer l'information sur la résurrection à l'âme de celui que vous souhaitez ressusciter, cette personne commence aussi à y participer de façon active. Retenez ceci et tenez toujours compte des circonstances concrètes lors de la résurrection.

Pourquoi est-ce que j'ai proposé un si grand nombre de méthodes – soit 50 ? Nous sommes tous très différents. C'est naturel. Chaque personne a ses dispositions, ses idées et ses goûts. Le grand nombre de méthodes permet à chacun de choisir celle qui lui plaît le plus ou celle qui lui semble la plus efficace. Au début, vous pouvez utiliser une seule technique et avec le temps, vous parviendrez à vous servir efficacement de la plupart de ces méthodes.

Une autre raison pour laquelle je propose un si grand nombre de méthodes de résurrection est la suivante. À première vue, ces techniques semblent être très différentes. Pourtant en les lisant, en y réfléchissant, vous commencerez à sentir qu'elles sont, peut-être, différentes par rapport à leur forme, mais leur sens reste le même. Ce qui les unit en fait des méthodes de résurrection. La diversité des formes de ces méthodes vous aidera à mieux comprendre la même essence profonde qui les sous-tend.

La compréhension du texte est très importante. Les exercices proposés à la fin du livre mènent aussi à la résurrection et à la vie éternelle. Ils vous aident à être en harmonie avec le monde environnant. Une fois qu'une plus grande compréhension et une plus grande harmonie avec le monde environnant seront atteintes, des résurrections pourront s'effectuer beaucoup plus rapidement.

Les premières méthodes sont présentées de façon assez détaillée, puis l'examen d'une méthode mentionnera seulement son idée principale.

Les techniques de la résurrection sont exposées de manière qu'après la lecture, un seul exercice de concentration sur le titre d'une technique permettra d'effectuer le transfert de connaissances à l'âme du ressuscité. Cependant, il serait mieux d'accomplir tout ce qui est recommandé.

Passons maintenant aux méthodes de la résurrection.

1. RÉSURRECTION SUR LA BASE DU TRAVAIL DES SECTEURS ÉLOIGNÉS DE LA CONSCIENCE

Tout d'abord, nous allons analyser ce que sont les secteurs éloignés de la conscience. Imaginez que vous réfléchissez à une question et que vous essayez de la comprendre. Le degré de compréhension peut être différent : une idée nette, pas très nette ou pas nette du tout. Comme la compréhension se trouve dans l'espace de la conscience, on pourrait comparer le degré de compréhension à une distance ordinaire dans l'espace physique. Ce que vous comprenez bien se trouve dans des secteurs plus proches de la conscience et ce que vous ne comprenez pas très bien dans des secteurs éloignés.

Les questions que vous n'avez pas saisies ou celles que vous avez remises pour plus tard ou encore celles qui ne vous semblent pas importantes se rapportent à des secteurs éloignés dans le cadre de cette méthode. La résurrection peut s'effectuer à la suite du fonctionnement de ces secteurs éloignés de la conscience. Ce processus est très spacieux. Vous pouvez l'utiliser si vous n'englobez pas simultanément tous les processus en cours.

Au cours de la résurrection, des micro- et macrostructures changent, des processus se développent dans les cellules, des organes se forment. Ces différents processus sont très nombreux : il s'agit de la création du corps physique de l'homme. Si vous n'englobez pas tous ces processus, vous ne pourrez pas les comprendre. C'est exactement cette incompréhension que la méthode utilise. L'incompréhension est un élément positif permettant d'engager des secteurs éloignés de la conscience. Dans ce cas, vous n'avez pas à connaître et à considérer simultanément tous les liens, à les conserver dans votre conscience, vous n'avez pas à vous concentrer sur ces liens, et ainsi de suite.

Passons maintenant à l'utilisation pratique des secteurs éloignés de la conscience pour effectuer la résurrection. Je propose deux variantes de cette méthode.

I. Imaginez un objet géométrique mental – une sphère.

Imaginez des secteurs éloignés sous la forme d'une sphère. Placez cette sphère devant vous à une distance de 25 cm de la surface du corps. Le rayon de la sphère doit être de 5 cm. Concentrez-vous sur le centre de cette sphère, sur l'image de l'homme que vous voulez ressusciter et sur l'idée de sa résurrection. Ainsi, vous créez le canal du transfert de l'information à l'âme de cet homme.

II. Dans la deuxième variante, on utilise la loi suivante :

> QUAND L'HOMME RÉAGIT À L'INFORMATION, ELLE SE SITUE DANS DES SECTEURS PLUS PROCHES OU PLUS ÉLOIGNÉS DE SA CONSCIENCE, EN FONCTION DU DEGRÉ DE SA RÉACTION.

Si la réaction de l'homme est faible, l'information correspondante restera dans des secteurs plus éloignés de sa conscience. Il s'agit de l'information que l'homme n'a pas suffisamment comprise ou à laquelle il n'a pas prêté attention. L'utilisation des secteurs éloignés de la conscience a un avantage : vous n'avez pas à avoir une idée nette sur tous les liens et tous les processus qui auront lieu pendant la résurrection.

Cette méthode sera efficace si vous la comprenez bien. En outre, il faudra étudier les principes fondamentaux de la résurrection. Ainsi, vous pourrez ressusciter les autres hommes et reconstituer tout objet.

Le travail même de résurrection selon cette méthode se fait de la manière suivante.

Concentrez-vous sur l'image de celui que vous voulez ressusciter. Considérez cette image comme une partie de votre conscience. Elle est vraiment dans une de ses zones. Vous vous trouvez maintenant dans l'espace de la conscience. L'image de celui qui sera ressuscité se trouve dans une des zones et maintenant créez le reflet de cette image dans un autre secteur, puis un autre reflet dans un autre secteur. Continuez à créer des reflets dans divers endroits de votre conscience.

Si vous allez à une fête foraine, vous pouvez trouver l'attraction suivante : on place beaucoup de miroirs dans une pièce de telle façon que l'homme qui y entre voit de nombreux reflets de lui-même.

Vous devez faire quelque chose de semblable. De nouveaux reflets doivent apparaître dans divers secteurs de votre conscience. Dès que vous aurez créé suffisamment de reflets de l'image de celui que vous souhaitez ressusciter dans votre conscience, l'image se transformera en réalité et la résurrection aura lieu.

Le transfert de l'information à l'âme de celui qu'on ressuscite se fait ici grâce au secteur de la conscience où l'image du ressuscité est formée, mais aussi grâce aux secteurs où on a créé des reflets de cette image. Lorsque vous créez des reflets de l'image dans divers secteurs de la conscience et que vous en augmentez continuellement leur quantité, vous initiez un nombre croissant de secteurs de la conscience au transfert de l'information.

Ce processus a une analogie avec la radiotechnique. La télévision s'est propagée partout, tout le monde a donc entendu parler des antennes. De nombreuses personnes savent que s'il y a des problèmes d'image à l'écran, cela peut être lié à l'antenne. Cette dernière est un élément important de la réception et du transfert de l'information.

On utilise ces appareils pour recevoir et envoyer des signaux. Une antenne est un émetteur individuel. Son fonctionnement est caractérisé par certains paramètres. Si on prend un grand nombre d'émetteurs, on peut obtenir un réseau d'antennes. Ce réseau aura des capacités beaucoup plus grandes qu'une seule antenne.

C'est la même chose dans notre cas. L'élément de la conscience qui contient le reflet de l'image et qui transmet l'information est un émetteur individuel. Quand vous augmentez la quantité de reflets de l'image, vous augmentez aussi la quantité d'émetteurs. Avec une quantité importante d'éléments, un changement qualitatif se fait dans la réception et dans la transmission de l'information. Les secteurs éloignés de la conscience doivent accumuler suffisamment d'éléments d'information afin que la résurrection s'effectue.

Les questions de la réception et de la transmission de l'information rappellent la fameuse Bhagavad-Gita de la poésie épique indienne. Rappelons-nous comment se déroule le début de ce livre. Le gouverneur qui se trouve dans son palais demande à un clairvoyant de lui raconter ce qui se passe sur le champ de bataille. Toute la Bhagavad-Gita est le récit des événements qui se sont déroulés sur le champ de bataille. Dans ce cas, le clairvoyant transfère le secteur de la conscience qui correspond aux événements éloignés vers le secteur de la conscience assez rapproché pour percevoir ces événements.

2. CONTRÔLE DE LA RÉSURRECTION PAR DES ÉLÉMENTS DU MONDE VÉGÉTAL

Dans cette méthode, on utilise une plante pour transférer l'information nécessaire à l'âme du ressuscité : un arbre, un arbuste, de l'herbe, bref, tout ce qui vous plaît. On peut aussi se concentrer sur une feuille au lieu de toute la plante.

Pour vous, cette feuille est une structure du monde, un de ses éléments dans lequel tout est relié. Cette feuille est liée à tous les éléments du monde, y compris à l'âme de la personne que vous voulez ressusciter. Ces liens sont différents.

Pour découvrir le type des liens de la feuille, regardez les contours de la feuille. Imaginez-la mentalement ou bien examinez une feuille physique réelle. Votre tâche est de trouver dans la plante les liens permettant la transmission de l'information à l'âme du ressuscité.

Afin que cette transmission ait du succès, il faut avoir à l'esprit un aspect technique. Il s'agit de l'orientation de la plante. Vous déterminez l'orientation dans l'espace par la position de votre corps, car vous êtes une personne active. C'est pourquoi il faut lier mentalement la position de la plante à celle de votre corps.

Si vous travaillez avec un arbre, son axe, la ligne qui va des racines jusqu'au sommet doit toujours coïncider avec votre propre axe, c'est-à-dire la ligne qui va des pieds à la tête. Ainsi, si vous êtes debout au moment du travail, tout est correct, car l'arbre pousse verticalement. Si vous êtes allongé, vous devez placer mentalement l'arbre horizontalement afin qu'il soit parallèle à votre corps dans votre image mentale.

L'arbre est utilisé comme canal de transmission. Vous vous concentrez mentalement pour voir comment l'arbre pousse, comment la sève monte des racines au sommet, au bout des branches jusqu'aux pointes des feuilles. Dans ce mouvement des racines à la cime, vous introduisez l'information pour l'âme de celui que vous ressuscitez et vous l'invitez à la résurrection. Nous savons déjà comment les « partis » se comportent dans de tels cas. Après avoir reçu l'information que l'on veut les aider, ils commencent à participer en effectuant un travail actif.

En fait, dans cette méthode de résurrection, on peut utiliser non seulement des éléments du monde végétal, mais aussi des pierres, des cristaux, des montagnes. La distance n'a pas d'importance. Vous vous concentrez sur les sommets des montagnes et par eux vous transmettez l'information à la personne que vous souhaitez ressusciter.

3. MÉTHODE DU DÉVELOPPEMENT DE L'ÂME DU RESSUSCITÉ, MÉTHODE QUI FORME LA CONNAISSANCE DE LA RÉSURRECTION DANS LE MONDE DES VIVANTS

Le titre même de la méthode montre que son objectif consiste à transmettre à l'âme du ressuscité l'information qu'elle utilisera pour reconstituer son corps physique dans le monde des vivants.

Appliquez cette méthode en quatre étapes :

I. Concentrez-vous sur l'âme de celui que vous ressuscitez de manière à ce qu'elle s'illumine, qu'elle acquière la lumière claire des connaissances.

II. Mentalement, parlez à l'âme de celui que vous ressuscitez de la situation actuelle, où le monde fait face à la menace de destruction nucléaire et de catastrophe écologique. Et il faut savoir aussi rétablir le corps physique pour assurer le salut global. Ce rétablissement du corps physique et sa formation s'effectuent sur la base des connaissances déjà mentionnées. Votre récit doit être précis et détaillé. Tenez compte des particularités individuelles de la personne. N'oubliez pas qu'il lui reste toujours une individualité. La conversation doit être très concrète.

III. Vous devez rester calme afin que le ressuscité perçoive mieux votre information. Votre état serein et tranquille sert de source de connaissances pour lui. On peut dire que votre calme est une sorte de phare qui illumine sa voie et qui l'aide à s'orienter dans l'océan de l'information.

IV. Vous devez décider où et dans quel endroit la résurrection doit s'effectuer. Il faut montrer mentalement cet endroit à celui que vous ressuscitez afin qu'il sache où il sera ressuscité. Certes, il peut avoir en tant que personnalité spécifique, son opinion là-dessus. Il peut proposer sa variante. Cela ne change rien. Dans ce cas, il faut lui indiquer l'endroit concret où il devra venir après la résurrection, étant déjà dans son corps physique.

Lorsque vous lui montrez mentalement l'endroit de votre future rencontre, imaginez cet endroit de façon nette. Vous devez voir comment le ressuscité s'approche de cet endroit, d'où il vient et quel chemin il emprunte. Vous devez voir nettement la situation, au moins dans un rayon de cent mètres autour de l'endroit de la rencontre. Suivez soigneusement tout son trajet jusqu'à l'endroit de votre future rencontre.

Dans la première partie de cette méthode, j'utilise le terme « illumination ». Je vais expliquer maintenant ce qu'il signifie.

Homme illuminé. Illumination.

Un homme illuminé est celui chez qui on voit la lumière de l'âme. L'âme d'un tel homme a la lumière des connaissances, la lumière de l'avenir, la lumière de la création. Quand nous parlons de la lumière et donc de l'illumination, nous avons en vue les aspects créateurs de l'âme et son orientation vers la lumière.

Ainsi, l'homme illuminé est celui qui porte la connaissance de la création, la connaissance du développement et la connaissance de l'harmonie.

L'illumination en tant que processus est le développement spirituel de l'homme qui devient illuminé.

4. OBTENTION DE LA CONNAISSANCE SUR LA TECHNOLOGIE DE RÉSURRECTION PAR LA FIXATION DE L'ATTENTION SUR LA SURFACE ILLIMITÉE DE L'EAU

Imaginez un océan devant vous. Une surface d'eau sans fin qui s'étend dans tous les sens. Sans limites, sans frontières, cet océan est illimité. Les connaissances sur le monde que vous avez dans votre âme sont aussi illimitées.

Vous voulez ressusciter quelqu'un. Parfait ! La connaissance qui explique comment procéder est déjà dans votre âme.

Il est vrai que la question peut se poser : comment trouver ce qu'il faut pour ressusciter concrètement cet homme réel à ce moment dans l'océan des connaissances que vous possédez, car si on commence à trier toutes les nombreuses données, cela pourrait prendre trop de temps ?

Je dois vous dire que le temps d'examen d'un système, même infini, est toujours limité. C'est une loi. Cela concerne également un système illimité de connaissances. Le laps de temps nécessaire pour cet examen dépend du niveau d'évolution de l'homme et peut être soit de quelques secondes soit des heures ou des jours, etc.

Cette méthode permet de réaliser la résurrection instantanément et pour cette raison, elle est très utile dans les situations d'urgence.

Imaginez que les pilotes d'un avion décèdent subitement, par exemple ils sont empoisonnés. L'avion est alors sans contrôle. La résurrection immédiate est nécessaire dans cette situation. Le sauvetage des pilotes signifie le sauvetage d'un grand nombre de gens.

Ou bien, prenez un homme qui travaille dans une centrale nucléaire. Rappelez-vous l'accident de Tchernobyl et ses conséquences pour comprendre l'importance du travail de chaque opérateur. Que faire en cas d'accident à la centrale et que la mort biologique frappe un opérateur ? Il faut le ressusciter immédiatement pour qu'il puisse assurer de nouveau le fonctionnement normal de la centrale.

Il y a beaucoup d'autres situations semblables dans la vie. Il faut donc apprendre à maîtriser la méthode de résurrection instantanée.

Revenons à la description de la méthode. Vous devez vous concentrer sur l'océan des connaissances et y trouver le point où la résurrection de cet homme s'effectue immédiatement et dans un endroit précis.

Comment peut-on trouver immédiatement, dans l'océan illimité des connaissances, ce qu'il faut pour la résurrection de l'homme ? La question est de savoir trouver cette connaissance immédiatement, car il s'agit de résurrection instantanée.

Imaginons que vous ayez déjà cette connaissance. Le problème est donc réglé, car le monde est organisé de telle manière que les connaissances sur la résurrection constituent le fait même de la résurrection et ceci dans des conditions appropriées et dans une situation concrète donnée.

Tout revient à l'obtention des connaissances sur la technologie de la résurrection et comme il s'agit d'une résurrection immédiate, il est clair que vous ne pouvez pas chercher cette connaissance, vous n'avez pas le temps.

Il s'avère que vous n'avez pas à la chercher. Vous devez faire autre chose : créer votre statut spirituel et toute la réalité commencera à changer dans le sens voulu.

Vous-même, votre esprit, votre âme, ainsi que votre intelligence, votre intellect, votre conscience et tout le reste sont au centre de l'océan des connaissances et si vous êtes au centre, toutes ces connaissances seront les vôtres. Sur la base de ces connaissances, vous devez construire l'information de telle façon que la réalité y réponde et se manifeste en résurrection.

Il faut donc comprendre comment construire une telle réaction de la réalité. La méthode est la suivante. Vous vous considérez comme un élément du monde, l'élément qui organise l'accomplissement de la tâche que vous vous êtes fixée, notamment la résurrection de l'homme. En vous identifiant à cet élément du monde, vous pouvez voir comment il faut développer votre esprit, afin que l'événement souhaité se produise.

L'état d'esprit se reflète en état intérieur respectif. La force de votre illumination intérieure, la brillance de sa lumière augmentent avec le développement de l'esprit. Il s'agit pour vous d'arriver immédiatement, à travers une sorte d'éclat, à un niveau d'illumination, un niveau d'état d'esprit qui assure la réalisation immédiate d'un événement voulu.

Vous ne devez rien chercher quoique ce point dans l'océan, cette connaissance indispensable pour cette résurrection concrète, vous soit certainement nécessaire. C'est vrai, mais il ne vous faut pas la chercher.

Nous savons que les papillons de nuit volent vers la lumière. Il suffit d'allumer une lampe, et voilà qu'une nuée de papillons plane tout autour. La lumière les attire.

Même chose dans notre cas. Vous êtes la lumière dans ce monde. Prenez-en conscience. Ne le faites pas formellement par votre intellect, mais par toute votre essence. Si vous le comprenez, vous découvrirez subitement qu'il n'y a rien à chercher. Tout viendra en temps voulu.

Il vous faut ressusciter cet homme concret. Parfait ! Par une impulsion, déplacez-vous vers un état d'esprit plus élevé, un état de conscience plus élevé et vous verrez que la résurrection a déjà eu lieu. Même si cet état d'esprit plus élevé n'est pas encore devenu votre état habituel, ce n'est pas grave. Vous y êtes arrivé juste pour un instant, mais pour cet instant, vous êtes devenu une lumière éclatante. Alors la connaissance sur la résurrection vous est venue de l'océan sans frontières et la réalité a tout de suite répondu à cet éclat de lumière par la résurrection.

Par conséquent, cette méthode de résurrection consiste à fixer l'attention sur la surface illimitée de l'eau dans l'océan des connaissances sans frontières pour venir vers soi-même en développant son esprit, et il faut le développer jusqu'à ce que l'événement voulu se forme autour de vous.

5. CONTRÔLE DE LA PENSÉE POUR LA RÉSURRECTION DES PERSONNES

Selon cette méthode, vous guidez la pensée pour ressusciter les hommes. La pensée doit être très concrète. Premièrement, vous devez mettre précisément en évidence la pensée sur la résurrection d'un homme réel, s'il est seul, ou bien des personnes concrètes, si elles sont plusieurs. Ensuite, il faut objectiver cette pensée, c'est-à-dire la transférer sur un objet et la lier à cet objet. Pour cela, la meilleure façon est de choisir l'auriculaire de la main droite. En second lieu, un objet plat. Puis, en dernier lieu, des objets volumineux.

Concentrez-vous sur un objet choisi. Voyez cette pensée sur la résurrection sous la forme d'un élément informationnel concret. Voir la pensée signifie ici que vous devez voir nettement les gens que vous voulez ressusciter. Leurs images doivent être nettes, vivantes, en couleurs. Vous devez les regarder attentivement.

Si vous n'arrivez pas à le faire, vous pouvez vous concentrer simplement sur cette pensée en regardant votre auriculaire ou un autre objet, soit par une vision physique ou mentale, pendant au moins cinq secondes. À la suite de cette procédure, vous liez votre pensée sur la résurrection à un objet concret, et de ce fait vous l'objectivez.

Ensuite, la question de la maîtrise de la pensée objectivée se pose. Pour cela, vous devez utiliser votre conscience. Elle joue ici le rôle d'un système de gestion. Il est important de vous assurer que votre conscience ou plutôt un élément de votre conscience, l'une de ses zones, encercle cette pensée de tous les côtés pour que cette pensée devienne une partie de votre conscience dans un endroit concret, par exemple au niveau de l'objet sur lequel vous vous concentrez.

On peut expliquer cette situation en faisant l'analogie d'un œuf de poule. Comparons la pensée objectivée au jaune, et la zone de conscience qui l'entoure au blanc. Le jaune est complètement à l'intérieur du blanc. Parallèlement, la pensée objectivée se trouve complètement à l'intérieur de la zone de votre conscience.

La pensée et la zone de conscience qui l'entoure ne sont pas vues d'un œil ordinaire. De la même façon, la vue ordinaire ne voit ni le jaune ni le blanc. Elle ne voit que l'enveloppe extérieure de l'œuf, la coquille. Dans notre analogie, lors de la résurrection, c'est le corps physique du ressuscité qui correspond à la coquille, cette enveloppe extérieure de l'œuf. Tout comme la coquille, on peut le voir par le canal visuel.

Il est possible de voir la structure intérieure de l'œuf à l'aide d'appareils appropriés. De la même manière, on peut voir la structure intérieure de l'homme et ses pensées par l'intermédiaire de la clairvoyance. Celle-ci permet de percevoir tout le processus de la résurrection.

Revenons à la question de la maîtrise de la pensée objectivée. L'analogie qu'on vient de présenter aide à comprendre que tout le processus de la résurrection peut être divisé en partie intérieure qui englobe ce qu'on ne voit pas avec la vue physique, et en partie extérieure qui contient ce qu'on voit avec la vue physique. Alors, la maîtrise de la pensée objectivée doit s'effectuer de telle façon qu'elle vienne, tout d'abord, de l'endroit qu'on voit avec la vue physique.

J'attire votre attention : ici, comme partout ailleurs, il y a des lois concrètes. Le contrôle de la pensée pendant la résurrection doit s'y soumettre. Selon ces lois, vous devez guider votre pensée de la résurrection vers un endroit physique concret. La pensée doit se trouver dans cet endroit-là.

Cette situation est analogue à celle qui suit. Vous pouvez prendre un livre sur votre bureau, le porter dans la pièce voisine et le mettre sur un rayon. Il va se trouver là-bas. La même chose concerne la pensée. Il ne faut pas oublier que la pensée est un objet réel.

Donc si on planifie la résurrection dans un endroit concret, il faut placer la pensée de la résurrection de cet homme dans cet endroit précis. Si la personne veut être ressuscitée ailleurs, vous placez votre pensée sur sa résurrection à l'endroit de son choix où votre rencontre devra avoir lieu.

Comment, en pratique, placer la pensée dans un endroit voulu ? Cette tâche est accomplie à l'aide de l'objectivation de la pensée. Vous avez deux options :

I. Vous objectivez la pensée de la résurrection sur un objet tiers, par exemple une feuille de papier. Vous imaginez l'image de celui que vous ressuscitez sur cette feuille. Vous vous concentrez sur cet homme ayant en tête la pensée de sa résurrection. Ensuite, vous transférez mentalement cette feuille de papier dans un endroit où la résurrection doit s'effectuer ou bien dans un endroit où votre rencontre doit avoir lieu.

II. Si vous prenez un élément de votre corps pour objectiver la pensée, par exemple l'auriculaire, l'image de l'élément du corps ne doit pas être transférée. On transfère l'image de tout objet situé tout près de vous. Cela ne veut pas dire que cet objet doit être le plus près de vous. On peut utiliser tout objet à côté de vous. Prenez cette décision vous-même. Ayez confiance en votre sentiment intérieur. Votre conformité par rapport à ces actions constitue une approche individuelle pour la transmission des données. Lorsque vous réfléchissez individuellement, la transmission de l'information porte les couleurs de votre personnalité et la résurrection s'effectue plus vite.

6. MÉTHODE DE CONTRÔLE DE LA CONSCIENCE QUI FORME LA PENSÉE DE LA RÉSURRECTION

Nous savons que tout est relié dans le monde. Par exemple, quand vous marchez dans la rue ou que vous pensez à quelque chose, vous pouvez avoir différentes idées qui ont certains liens. En marchant dans la rue, vous voyez des édifices, des voitures ou des événements. Vous pouvez les analyser. Quand vous percevez quelque chose, cela se passe grâce au fonctionnement de votre conscience. Quand vous agissez, vos actions dépendent déjà d'un autre niveau de conscience, et vous agissez en fonction du niveau de son développement.

Au moment où vous observez la réalité tout autour, elle suscite en vous certaines pensées. L'essence de cette méthode de résurrection est de changer le cours des événements. À l'aide de votre conscience, il vous faut former une pensée qui mènera à un événement voulu, notamment la résurrection. Cette pensée de la résurrection doit prendre une forme et porter un contenu voulu.

Comment procéder en pratique dans cette méthode ? Regardez comment les objets proches de vous sont positionnés. Si vous le faites, vous aurez un simple principe. Voilà de quoi il s'agit.

Quand vous observez ce qui vous entoure où que vous soyez en ce moment, vous pouvez toujours voir des liens, par exemple du point de vue du positionnement des objets. Un objet est plus près de vous, un autre est plus éloigné. Donc, il y a une notion de distance. Certes, on peut mesurer la distance en mètres, mais on peut la percevoir comme une sensation ou comme une image. Par conséquent, vous pouvez considérer la simple notion de distance comme un lien. Maintenant, transférez la distance en image et vous aurez un homme ressuscité. Tel est le principe.

Vous devez chercher des endroits où vous pouvez créer l'homme que vous ressuscitez sous la forme d'une image. Dès qu'il sera créé quelque part, vous le transférerez plus près de vous, c'est-à-dire au niveau le plus favorable de votre conscience où le ressuscité se sentira à l'aise. Par conséquent, ce niveau de conscience favorable formera votre pensée.

Quand vous aurez conçu une telle conscience, la forme de la pensée pourra être définie plus tard, par exemple quelques secondes ou bien quelques jours plus tard. En parlant de la formation de la pensée par la conscience, il faut comprendre que la conscience doit se développer vers la formation de cette sorte de pensée. À la différence de la concentration de la pensée sur la base de la conscience, ici la conscience même forme la pensée et elle doit guider cette pensée vers la structure appropriée. Lorsque votre conscience fonctionnera de cette manière, vous pourrez observer ce processus de l'extérieur.

7. DÉVELOPPEMENT DE LA CONSCIENCE JUSQU'AU NIVEAU DE LA DÉCOUVERTE DE SOI, DANS LES LIMITES D'UN SECTEUR DE LA MÊME CONSCIENCE

Cette méthode utilise le fait que votre conscience se développe. En plus, elle évolue par elle-même, il vous faut juste introduire certaines caractéristiques. Lors de ce développement sans limites, vous êtes capable de traiter l'information à une très grande vitesse. Toute action devient possible, ainsi que la résurrection dans des délais que vous déterminez vous-même. Par conséquent, vous gérez également le temps de la résurrection.

Vous considérez ainsi la conscience comme un système en autodéveloppement. Cependant, il est important que le développement de la conscience se fasse en harmonie avec votre personnalité. Autrement dit, vous restez dans les mêmes conditions sociales, vous communiquez avec des gens comme avant, votre comportement demeure habituel, mais vous devez aussi avoir une conscience tellement élargie qu'elle devienne infinie à l'égard du volume d'information nécessaire à la résurrection.

La notion d'infini porte ici un caractère relatif. L'infini d'un volume d'information par rapport à un autre signifie que le premier est infiniment plus grand que le deuxième. Ce deuxième volume d'information, c'est-à-dire toute l'information nécessaire pour la résurrection, peut lui-même être très grand ou même infini. Mais vous savez déjà que votre conscience est capable de traiter un volume infini en un laps de temps déterminé. De telles notions comme le volume d'information, des masses de données finies ou infinies, ne peuvent aucunement influencer la vitesse du traitement de l'information.

L'essentiel est de déterminer ce que la gestion signifie pour vous. Quand je dis que la conscience se développe sans limites, j'ai à l'esprit que votre base spirituelle le sait et qu'elle peut le faire, que votre âme contrôle tout cela et qu'elle est d'accord avec cela. En fait, votre tâche ici est d'assurer l'harmonie intérieure et d'obtenir l'accord intérieur, celui avec vous-même, car dans ces circonstances votre conscience se développera rapidement.

L'obtention d'un tel accord se base sur un simple principe. Vous devez comprendre que, pour vous développer normalement, il faut avoir un avenir sans limites, un avenir systémique, un avenir sécuritaire. Afin d'atteindre un tel objectif, vous formulez nettement des tâches concrètes. Pour éviter la destruction du monde, il faut maîtriser la résurrection, il faut montrer que le corps peut être complètement reconstitué sur la base des connaissances de l'âme, et ceci dans n'importe quel point de l'espace-temps. Tout cela servira de base au développement infini de votre conscience.

Pour votre conscience, chaque processus, y compris celui du développement de la conscience même, est contrôlé. De plus, ce contrôle peut se faire parfois en quelques secondes, millisecondes ou en un laps de temps encore plus court. Par conséquent, du point de vue de la forme, ce processus a un point final.

Il devient clair que le transfert de votre conscience en état de développement infini s'effectue à travers votre compréhension et à travers votre acceptation de ce postulat, de cette méthode. Vos connaissances commenceront ainsi à se développer de manière infinie. Pour ressusciter en tenant compte de l'aspect temporel, il suffit d'inclure le temps de la résurrection sous la forme de la pensée dans le développement infini de votre conscience et cette dernière se développera de façon à vous donner le mécanisme de la résurrection où ce contrôle temporel sera pris en compte. Ce n'est pas obligatoire, mais vous aurez encore un paramètre de commande, celui maîtrisant le temps de la résurrection et la possibilité de le changer à votre guise en fonction des circonstances.

8. DIVISION DE LA CONSCIENCE EN ZONES EXTÉRIEURE ET INTÉRIEURE. RÉALISATION DE LA RÉSURRECTION À LA FRONTIÈRE ENTRE ELLES

Selon cette méthode, vous déconcentrez votre conscience d'une certaine façon : vous imaginez qu'elle est divisée en deux parties – intérieure et extérieure.

Vous considérez le milieu environnant comme la partie intérieure de votre conscience. C'est ce que vous voyez de vos yeux ou percevez à travers les sensations des organes physiques. Tout ce qui se passe dans la réalité physique, par exemple des achats dans les magasins, des visites au café, toute sorte de liens entre des objets physiques, tout ceci est la partie intérieure de votre conscience. Quant aux objets et processus qui sont en dehors de la réalité physique, comme la pensée, vous devez considérer tout cela comme la partie extérieure de votre conscience.

Une telle division de la conscience en parties extérieure et intérieure est conditionnelle. Vous pouvez facilement les changer de place. Ce qui est important, c'est la division elle-même. Grâce à cette dernière, vous trouverez des liens entre les parties extérieure et intérieure de la conscience, ce qui permettra d'accomplir la résurrection à la frontière qui sépare ces deux parties.

Cette méthode se base essentiellement sur le principe suivant. Quand vous examinez la partie extérieure de la conscience, c'est-à-dire ce qui se trouve, à votre avis, en dehors de la réalité physique, vous vous retrouvez dans la structure fondamentale du monde. Cette structure se base sur la conscience collective, sur la conscience de tous, sur la conscience du Créateur. Votre objectif est d'agir conformément au développement de la conscience du Créateur. Votre conscience aura ainsi des caractéristiques correctes. C'est pourquoi vous devez toujours être dans un endroit approprié, que ce soit la partie extérieure ou intérieure de votre conscience, mais toujours dans un endroit où la conscience a des caractéristiques correctes.

La zone frontalière entre les processus physiques et ceux en dehors de la réalité physique est une zone où on peut créer. Par exemple, quand je matérialise un objet, souvent je crée la matière simultanément dans différents endroits de la zone frontière et puis je la réunis dans un contour ou dans un endroit. Il en résulte la matérialisation d'un objet ou la reconstitution d'un organe ou encore la résurrection d'un homme. Vous pouvez agir de la même façon.

Selon cette méthode, il faut donc diviser la structure de votre conscience en partie extérieure et intérieure. Une fois réalisé, vous établirez le lien entre elles. Vous découvrirez ainsi que vous avez ressuscité un homme dans la zone frontière.

9. CONTRÔLE DU CORPS DANS LA RÉSURRECTION

Vous pouvez créer un espace autour de votre corps et un homme peut être ressuscité dans cet espace. Votre corps doit lui servir de modèle. C'est pourquoi celui que vous souhaitez ressusciter, qui se trouve à une certaine distance par rapport à vous, doit voir votre corps. Il doit voir comment vous bougez calmement, comment vous travaillez calmement, comment vous accomplissez calmement toutes vos tâches. Pour lui, c'est un exemple, un étalon, une référence. N'oubliez pas : vous êtes pour lui un des représentants des vivants.

Comme c'est vous qui effectuez la résurrection, il est normal que votre corps soit pris comme exemple. L'essence de cette méthode est la compréhension de ce fait. C'est pourquoi vous devez essayer d'atteindre un excellent niveau de santé corporelle, car c'est ce niveau qui sera perçu par le ressuscité. Le transfert de l'information sur des méthodes d'obtention d'un corps sain est assuré par l'orientation vers l'harmonie avec le monde environnant. La règle générale est la suivante : plus vous faites de résurrections, plus votre santé s'améliore. Simultanément, les événements de votre vie et celle de vos proches doivent s'améliorer.

Dans une grande mesure, le contrôle du corps lors de la résurrection vise à assurer son développement, à atteindre le niveau maximal de sa santé. La reconstitution du corps du ressuscité s'effectuera beaucoup plus vite.

10. RÉSURRECTION EN ATTRIBUANT DES FONCTIONS SPÉCIALES À CERTAINES PARTIES DE VOTRE CORPS

Selon cette méthode, sur le plan informationnel, la résurrection est effectuée par l'attribution des fonctions spéciales à certaines parties du corps. Notamment, on utilise les auriculaires des deux mains.

Vous considérez les deux auriculaires comme des éléments du monde. L'auriculaire de la main droite comme un élément du monde au niveau infini, celui de la main gauche, comme le point final de toute l'information. Si vous joignez mentalement les deux auriculaires, vous pouvez obtenir la résurrection à l'endroit de leur jonction. Pour cela, il faut faire cette jonction mentale près de votre corps physique et puis transférer la pensée à l'endroit prévu pour la résurrection.

11. UTILISATION DE LA CONCENTRATION SUR UNE SÉQUENCE NUMÉRIQUE

Selon cette méthode, vous vous concentrez sur une séquence numérique ou bien sur chaque chiffre de cette séquence, l'un après l'autre. Vous devez également avoir la pensée de la résurrection d'un homme en particulier. Vous devez concentrer cette pensée à travers un chiffre, par exemple sur une plante.

Ainsi, en lisant un chiffre vous devez toujours le transférer à une plante avec la pensée de la résurrection. Autrement dit, vous imaginez que la pensée de la résurrection est sur le chiffre, et le chiffre est sur la plante.

Et maintenant, les chiffres concrets pour cette concentration.

Les chiffres 1, 2, 3, 4, 8, 1, 4 – pour la concentration numérique sur des plantes.

Les chiffres 8, 2, 7, 5, 4, 3, 2 – pour la concentration sur des pierres et des cristaux.

Les chiffres 2, 1, 4, 5, 4, 3, 2 – pour la concentration sur l'image de celui que vous ressuscitez.

Si vous utilisez la concentration numérique sur une plante, vous pouvez regarder tout simplement cette plante, en lisant les chiffres correspondants, l'un après l'autre.

Au lieu de lire les chiffres, on peut faire autrement. Vous vous concentrez simultanément sur le premier et le dernier chiffre de la séquence, puis sur le deuxième et l'avant-dernier, puis sur le troisième du début et de la fin et enfin, sur le chiffre au centre. Chacune des séquences est composée de sept chiffres. Grâce à cette pratique, la résurrection aura lieu.

De la même manière, on peut faire un exercice de concentration sur des pierres et des cristaux.

Passons maintenant à la concentration sur l'image de celui que vous ressuscitez. Imaginez son image à une certaine distance. La série numérique respective doit se trouver entre vous et l'image. Vous pouvez écrire ces nombres sur un papier et le mettre entre vous. Au cours de l'exercice de concentration, votre contact avec l'image doit suivre la ligne directe qui passe par des chiffres. Il est très important d'avoir à l'esprit qu'en vous concentrant sur des chiffres, vous devez toujours garder en pensée la résurrection de cet homme.

Tout comme pour les variantes précédentes, vous pouvez suivre toute la série numérique ou bien commencer par les extrémités et aller jusqu'au centre.

12. VISUALISATION DES SENSATIONS DU RESSUSCITÉ

Dans cette méthode, il faut percevoir les sensations du ressuscité et créer son image sur la base de ces sensations. Cette image doit se trouver à une distance infinie de vous. Quand vous serez parvenu à voir cette image à une distance infinie, l'image deviendra vraiment une sensation.

Par conséquent, si vous pouvez visualiser les sensations de la personne sur qui vous êtes en train de travailler, elle sera ressuscitée.

13. UTILISATION DES MÉTHODES ALTERNATIVES DE LA PERCEPTION

Cette méthode se base sur votre considération de la réalité comme un système de connaissances alternatives conventionnellement opposées. Par exemple, si le processus de la résurrection se fait à un endroit, vous la transposez immédiatement vers un autre, soi-disant opposé. Si l'endroit n'est pas loin de vous, vous le transposez plus loin. Si, au contraire, il est loin, vous le rapprochez. Ou bien si la résurrection se fait pendant la journée, vous la transposez au cours de la nuit ou vice-versa. Vous changez ainsi la perception intérieurement et cela accélère la résurrection.

Cette méthode est utilisée essentiellement pour réduire le temps de la résurrection.

14. VISUALISATION DES ÉLÉMENTS JOINTS DE LA RÉALITÉ PHYSIQUE

Dans la réalité physique qui nous entoure, nous pouvons voir de nombreux cas de jonction des éléments. Prenons un arbre. Souvent, au même niveau, une branche se développe à partir d'une autre, c'est-à-dire qu'elles sont jointes en un point. On peut envisager une analogie avec la résurrection, car celle-ci est aussi la croissance d'un objet physique à partir du monde existant. Vous transposez la croissance d'une branche à partir d'une autre – cet élément de la réalité physique – à la résurrection. Vous considérez la résurrection comme la croissance de celui que vous ressuscitez à partir de ce monde. Une branche représente le monde des vivants et celle qui provient de la première représente celui que vous ressuscitez.

Concentrez-vous sur le point où une branche se développe à partir d'une autre. Cette concentration permettra d'effectuer la résurrection.

15. TRANSFORMATION D'UN ÉVÉNEMENT DE LA RÉALITÉ EN UN ÉVÉNEMENT D'INFORMATION

Prenons un événement. Imaginez que vous marchez sur un pont. Au-dessus de vous, il y a de l'air, au-dessous, un fleuve ou une route. Pour transformer cet événement en information, on peut utiliser au moins trois éléments de la réalité physique. Si on suit la verticale, premièrement ce sera l'air en haut, ainsi que vous et deuxièmement le pont et enfin ce qui est au-dessous du pont. Règle générale, on peut transformer tout événement en information en utilisant, comme nous venons de le faire, trois éléments de cet événement.

Un autre exemple. Vous passez près d'un arbre ou vous êtes à côté de lui. Le premier élément est l'arbre, le deuxième, c'est vous et votre position dans l'espace, et le troisième est le milieu environnant.

Lorsque vous transformez l'événement en information, il est très important de le faire de la façon la plus simple. Par exemple, on peut transformer une action physique en pensée : vous vous concentrez sur l'auriculaire de la main droite, puis vous passez au pouce de cette main droite, de là vous transmettez l'information à l'auriculaire de la main gauche et enfin, au pouce de la main gauche. Quand vous transmettez l'information d'un doigt à l'autre, vous devez bien imaginer ce passage de l'information. Cette procédure assure la transformation de la réalité physique en réalité informationnelle et elle est aussi l'entraînement de votre conscience et de votre perception, c'est-à-dire la gestion de la réalité.

Dans la vie, nous faisons face tout le temps à la perception de l'information. Quand nous regardons un paysage ou quand nous sommes devant l'écran de la télévision, nous percevons ce que nous voyons. Pourtant, il faut apprendre non seulement à percevoir l'information, mais aussi à l'optimiser et à la transmettre. Il faut apprendre à transmettre ce que vous percevez.

L'entraînement cité de la transmission de l'information vous aidera à acquérir cette capacité. Vous pourrez ainsi densifier votre volonté en réalité physique. Toutefois, quand vous recueillez l'information, vous devez nettement voir votre objectif, à savoir la résurrection. Après avoir recueilli l'information, vous la transformez afin que sa transmission aboutisse à un événement voulu dans le monde environnant.

Par conséquent, après vous être fixé la résurrection comme but, recueillez l'information à partir des événements de la réalité physique. Ensuite, transformez-la de telle façon qu'elle se réalise après avoir été transmise à celui que vous ressuscitez pour sa résurrection dans le monde physique.

16. ÉTABLISSEMENT DU LIEN ENTRE DIFFÉRENTS ÉLÉMENTS DU MONDE

Dans cette méthode, vous examinez les liens entre différents éléments du monde. Votre idée du monde est la base pour l'établissement de ces liens.

Prenons un exemple. Imaginez que vous entriez dans un magasin et que vous achetiez quelque chose. Cette chose a beaucoup de liens. Tout d'abord, il est important de savoir où elle a été fabriquée et par quelle entreprise. C'est toujours important pour l'acheteur. Deuxièmement, cette chose a un prix. Enfin, elle est liée à vous, vous l'avez achetée. Je me limite à trois éléments, comme dans la méthode précédente.

Faites attention au fait que, dans cet exemple, j'ai énuméré les liens dans l'ordre chronologique, c'est-à-dire comment ils se forment dans le temps. Premièrement, la chose a été fabriquée quelque part, ensuite on l'a livrée au magasin et on a fixé un prix et enfin, vous l'avez vue et vous l'avez achetée.

Nous voyons que des liens se forment successivement dans le temps. Votre tâche est d'assurer l'indépendance par rapport au temps quand vous établissez des liens entre les éléments du monde : c'est-à-dire que dans votre perception, il ne doit pas y avoir d'élément de temps, seuls les liens doivent être présents. Quand vous pouvez orienter votre conscience de cette façon, vous ferez des résurrections dans des conditions très différentes.

17. DONNER LA FORME À L'IMAGE DU RESSUSCITÉ DU POINT DE VUE DE VOTRE CONSCIENCE

Dans votre conscience, vous avez une image de celui que vous voulez ressusciter. Cette image peut avoir des formes variées et vous pouvez voir la personne entièrement ou bien une partie d'elle.

Pour expliquer cette idée, prenons une photo. L'homme peut être vu de la tête aux pieds. Si vous utilisez cette photo pour la résurrection, l'image sur la photo sera une forme. Si sur la photo il n'y a que le visage, on peut le prendre comme une forme, sous-entendant l'homme en entier. Vous choisissez la forme que vous voulez.

Ainsi, dans votre conscience, vous attribuez une forme à l'image de celui que vous voulez ressusciter. Pensez aux détails tels que les vêtements, c'est-à-dire dans quels habits vous voulez le voir quand il sera ressuscité. La visualisation de la forme est très importante pour le futur ressuscité, car dans ce cas-là il n'aura pas besoin de réfléchir à la forme dans laquelle il devra apparaître. Vous le libérez ainsi d'une concentration superflue.

Certes, pour transmettre l'information sur la forme à la personne que vous voulez ressusciter, il faut établir un contact avec elle. Pour cela, concentrez-vous sur son image dans la forme appropriée.

18. UTILISATION DU MILIEU EXTÉRIEUR EN TANT QU'ANALYSEUR DES ÉVÉNEMENTS DE LA RÉALITÉ

Généralement, nous examinons la réalité extérieure de notre point de vue. Cette méthode consiste à réorienter notre conscience pour nous voir nous-mêmes et pour voir le monde avec les yeux d'un objet. Essayez de comprendre ce que le monde extérieur représente du point de vue d'un arbre, d'une pierre ou de l'air (un mètre cube).

Vous pouvez choisir une de vos actions, par exemple vos gestes. Du point de vue de l'arbre, vos actions ont une structure infinie en forme limitée. Du point de vue de la pierre, vos gestes sont très brusques et abrupts. Du point de vue de l'air, vous avez des liens infinis, vous êtes au centre et autour de vous, il y a un milieu infini. La clairvoyance permet de savoir comment l'arbre, la pierre, l'air ou d'autres objets perçoivent le monde environnant.

Nous voyons que la perception du monde par différents objets est très différente. Toutefois, tout se base sur la conscience collective. Malgré la multitude de perceptions, il n'est pas difficile de les réunir pour obtenir la perception de celui que vous voulez ressusciter et ainsi assurer la résurrection dans un laps de temps plus court. Il faut juste établir un contact télépathique avec celui que vous voulez ressusciter et l'inviter ici.

19. TRANSFORMATION DE L'ESSENCE D'UN NOMBRE POUR LA RÉSURRECTION

Dans notre vie, nous avons tout le temps affaire à des nombres, en commençant par la date de naissance. Vous habitez une maison qui a un numéro ; votre passeport a un numéro ; votre téléphone aussi. Chaque voiture dispose d'un numéro d'immatriculation, chaque jour du mois est numéroté. Les nombres sont utilisés partout.

Que se passe-t-il dans notre conscience quand nous voyons un numéro, un chiffre ? Conformément à l'essence du nombre, il détermine la position d'un des éléments de notre conscience au moment de la perception, car un certain élément de notre conscience correspond à un nombre, par conséquent les nombres déterminent notre perception. Nous les voyons naître ou apparaître dans notre conscience. Autrement dit, quand nous percevons un nombre, nous le percevons par cet élément de notre conscience qui représente l'endroit où le nombre se trouve.

L'idée de cette méthode est d'utiliser le mécanisme du fonctionnement de l'essence du nombre dans le sens inverse, non pas de la perception vers un élément respectif de la conscience, mais de l'élément de la conscience vers la perception : c'est-à-dire que votre conscience doit produire, par exemple, la date de la résurrection, ainsi que le lieu, le numéro de la maison ou le numéro de l'appartement. La résurrection aura alors lieu dans cet endroit à l'heure donnée.

Une telle utilisation des nombres est appelée la « transformation de l'essence du nombre ».

20. UTILISATION DES LIENS ENTRE DES OBJETS POUR LA RÉSURRECTION

Dans la vie, nous sommes toujours entourés par une multitude d'objets. On peut regarder chacun d'eux de plusieurs points de vue. La multitude de points de vue s'explique par le fait que chaque objet a beaucoup de liens.

Cette méthode consiste à examiner divers objets avec différents points de vue et à trouver des liens sémantiques entre eux, sans oublier que la résurrection est la manifestation du développement de tous les liens. Agissant ainsi, vous pourrez obtenir la méthodologie de la résurrection et la résurrection même.

21. ÉTABLISSEMENT DU LIEN ENTRE DIVERS OBJETS D'INFORMATION ET RÉALISATION DE LA RÉSURRECTION PAR LA TRANSFORMATION DE CES OBJETS EN ÉLÉMENTS DE VOTRE CONSCIENCE

Lorsque nous examinons un élément de la réalité, comme un arbre, une maison, des étoiles ou un processus quelconque, nous acceptons tous ces objets dans notre conscience. Cependant, votre tâche est de les accueillir dans votre conscience non seulement au niveau de leur perception, mais surtout de leur maîtrise. Vous devez apprendre à maîtriser n'importe quel processus afin d'accéder à tout objet informationnel au niveau de la conscience.

Pour avoir un tel accès et, par conséquent, la possibilité de gérer, vous devez vous déplacer mentalement ou plutôt par la conscience, l'esprit et –si on voit cela de façon encore plus fondamentale–par l'âme, dans l'endroit, dans le milieu où vous voulez réaliser la gestion. Vous savez que l'âme est une structure infinie, c'est pourquoi votre âme se trouve dans le même endroit que votre corps physique. En même temps, elle est là où se trouve l'objet qui vous intéresse, ou bien là où se développe le processus qui vous importe; et si on les réunit, on peut parler du milieu qui vous intéresse. Votre âme impose ce milieu à votre conscience dans l'endroit où vous contrôlez ce milieu.

Il vaut mieux commencer à pratiquer avec des choses simples et concrètes. Prenez une pomme, une poire ou une tomate. De l'extérieur, projetez la pomme sur votre conscience. La projection d'un objet, notamment d'une pomme, sur votre conscience signifie la transformation de cet objet en un élément de votre conscience. Après avoir projeté la pomme sur votre conscience, mangez-la et regardez comment le monde environnant réagit à cela.

L'observation de la réaction du monde environnant vous permettra de trouver le niveau de contrôle approprié et vous comprendrez qu'il est très simple de contrôler la résurrection, car ce processus est aussi une projection, celle de votre conscience sur la réalité physique.

22. UTILISATION DES VALEURS DISCRÈTES DU NOMBRE ET DES ÉLÉMENTS DISCRETS DU MONDE POUR CRÉER LE DÉVELOPPEMENT CONTINU

Supposons que nous avons beaucoup de nombres entiers positifs : 1, 2, 3, 4, 5, 6, 7 et ainsi de suite, jusqu'à l'infini. Si on ne prend que des nombres entiers positifs, la séquence comprend tous ces nombres et nous y voyons le passage continu d'un nombre à un autre.

Pourtant, si nous ne prenions que trois éléments de cette séquence, par exemple, les nombres 1, 10, 20, cela nous donnerait une combinaison discrète des nombres. Il n'y a plus de continuité, car il y a huit omissions entre le nombre 1 et le nombre 10, il y en a 9 entre 10 et 20 et les nombres suivants n'y figurent pas du tout.

Si on utilise ces trois éléments plusieurs fois, grâce à l'addition nous pouvons avoir tous les chiffres entre 1 et 10, ensuite les nombres entre 10 et 20 et puis aller plus loin. Par exemple, 1 + 1 = 2, 2 + 1 = 3, 10 + 1 = 11. À la suite de l'addition, nous avons déjà les nombres 2, 3 et 11. Grâce à une telle addition de divers éléments, nous pouvons avoir une séquence continue de tous les nombres entiers positifs à partir d'une combinaison discrète.

Un autre exemple : la construction d'un pont. On enfonce des piliers au fond du fleuve qui serviront d'assises (caractère discret !) pour avoir, à la fin, une construction continue – le pont.

Ces exemples montrent que la réunion des éléments discrets du monde est la voie de la construction, de la création du développement continu. Quand les valeurs discrètes du nombre ou les éléments discrets du monde commencent à se réunir, la résurrection s'en suit.

Nous avons toujours au moins trois éléments pour la résurrection. Le premier est le système du salut, le deuxième est vous-même et le troisième est l'environnement.

Dans l'exemple des nombres, après avoir réuni des éléments discrets, nous avons pu avoir toute la séquence continue des nombres entiers positifs. Un processus identique se passe au cours de la résurrection. Pour cela, il vous faut, simplement, réunir tous les éléments dans votre conscience.

23. TECHNOLOGIE DE LA PENSÉE TRANSMISE À CELUI QUE VOUS RESSUSCITEZ

Au niveau profond de l'âme, le futur ressuscité possède toutes les connaissances sur le corps physique. Notamment, à ce niveau, il a des pensées relatives au corps physique. Sur la base de votre propre exemple, il vous faut l'orienter vers la compréhension de ce lien.

Vous êtes un homme vivant, vous avez un corps physique et, par conséquent, un lien entre la pensée et le corps. Ce lien peut servir d'exemple à celui que vous ressuscitez. Il doit avoir le même lien. C'est pourquoi notre tâche est de lui transmettre notre pensée. Ainsi, il aura le même lien que vous entre la pensée et le corps physique. Cela donnera une forme à la résurrection et cette dernière s'effectuera beaucoup plus rapidement.

Vous effectuez ainsi la résurrection en transmettant vos pensées sur le corps physique à celui que vous ressuscitez. Au niveau général, ces pensées coïncident avec les siennes. Pour vous, ce seront vos propres pensées.

24. ENREGISTREMENT DE LA PENSÉE DE CELUI QUE VOUS RESSUSCITEZ DANS UN SECTEUR ÉLOIGNÉ DU MONDE

Selon cette méthode, vous examinez les pensées de la personne et ensuite vous les transférez dans le secteur infiniment éloigné du monde, au passé ou à l'avenir infini. Vous regardez comment ces pensées créent son image, physique et spirituelle, et comment elles assurent le développement infini de cet homme.

Grâce à une orientation correcte vers l'éloignement infini, cette méthode assure une résurrection rapide.

25. TRANSFORMATION DE L'IMAGE DU MONDE SUR LA BASE D'UNE SYMÉTRIE QUELCONQUE

Mettez le monde entier sur une surface ou une sphère. On peut créer son image sous la forme de représentations. L'essentiel est de trouver une symétrie, pas nécessairement mathématique. Agissez à votre guise : par exemple, vous pouvez définir la symétrie par rapport à un point, une ligne, une surface ou même une pensée. Après avoir choisi un élément par rapport auquel vous définissez la symétrie, transmettez votre idée du monde par cet élément et, à ce moment, transmettez aussi vos connaissances à celui que vous ressuscitez.

Pour expliquer ceci, je vais donner un exemple. Prenons une feuille de papier posée sur une table. Après avoir observé une seule partie du monde – la surface du papier qui est tournée vers vous, tournez la feuille. Pendant un instant, avant qu'elle se place, renversée, sur la table, c'est-à-dire au moment même où vous êtes en train de la tourner, vous devez immédiatement transmettre vos idées sur le monde à celui que vous ressuscitez.

Sur la base d'une symétrie choisie, vous transformez le monde. Au moment de cette transformation, vous transmettez instantanément vos connaissances à l'âme de celui que vous ressuscitez; la résurrection sera donc le résultat de votre transformation du monde.

26. GESTION DU MONDE DANS LE DOMAINE DE SON AUTO-ORGANISATION

Le monde est créé par Dieu, à l'image et à la ressemblance de Dieu.

Comment Dieu a-t-il été créé ? La réponse à cette question est la suivante : il s'est auto-organisé. La réponse à la question concernant ce qui avait été avant l'auto-organisation de Dieu est celle qui suit : seulement la conscience ordinaire voit le monde à travers le prisme du temps. La situation est tout à fait différente dans des états de conscience plus élevés. Rappelons-nous les paroles citées dans l'introduction et définissant une des caractéristiques des états de conscience plus élevés : « Et jura… qu'il n'y aurait plus de temps. » Dans la réalité divine, la notion de temps n'existe pas.

Lors du processus de son auto-organisation, le Créateur a créé tous les éléments du monde, ainsi que l'homme. À chaque animal, chaque plante, chaque microstructure et chaque macro-univers, à chaque élément correspond une information précise sur son lien avec l'homme. En transmettant mentalement ces connaissances à celui que vous ressuscitez, vous lui communiquez ainsi la méthode de l'auto-organisation, la même que celle utilisée par le Créateur.

27. TRANSFORMATION DU MONDE DANS LE DOMAINE DE SON DÉVELOPPEMENT

Vous observez le monde qui comprend beaucoup de liens. Vous en connaissez quelques-uns et vous en devinez d'autres. Il existe aussi des liens que vous connaîtrez dans l'avenir. Votre tâche est de transformer le monde dans le domaine de l'avenir et dans celui de son développement. C'est la résurrection, autrement dit la vie éternelle, qui doit constituer le développement du monde. C'est cette image que vous devez répandre dans l'avenir.

En pratique, cela signifie que vous devez le vouloir en passant par un message intérieur spirituel, vous devez le demander au monde et vous devez essayer de le développer jusqu'à un niveau infini. Dès que vous l'aurez fait, il vous sera plus facile de ressusciter et de comprendre tous les processus liés à la méthodologie de la résurrection.

28. TRANSFORMATION DE L'ENVIRONNEMENT EN DOMAINE DE VOTRE PENSÉE

Du point de vue informationnel, la transformation de l'environnement dans le domaine de la pensée se fait à l'aide de deux ou trois impulsions visant à explorer cet environnement. Autrement dit, en explorant l'environnement, vous le transformez en même temps sur le plan de la pensée.

Précisons : quand vous effectuez une mission professionnelle ou faites le ménage chez vous, ou toute autre action, observez tout ce processus dans votre pensée. Soyez conscient. Vous devez voir comment tout se passe dans le domaine de la pensée. Vous devez voir toute l'image et vous-même de l'extérieur. Une fois que vous aurez pu agir de cette manière et transformer l'environnement dans le domaine de votre pensée, tout en ayant à l'esprit la résurrection, vous pourrez ressusciter des individus.

29. CONTRÔLE DE LA RÉALITÉ PHYSIQUE VISANT À OBTENIR LA MATIÈRE NÉCESSAIRE POUR LA RÉSURRECTION

Un tel contrôle de la réalité physique consiste à ce que vous preniez la matière physique nécessaire pour celui que vous ressuscitez, soit de l'espace, de l'air, de l'eau, des aliments et d'autres choses.

En pratique, cela se fait comme suit. Vous examinez la zone où la personne doit être, sans tenir compte du fait qu'il y a de l'air, de l'eau, des aliments et d'autres choses là-bas. Vous créez tout cela par vous-même, comme si c'était nouveau, c'est-à-dire que vous le créez mentalement. Celui que vous ressuscitez viendra dans le domaine que vous avez créé. Ensuite, il s'adaptera au domaine de la conscience collective, c'est-à-dire au monde entier. Même au début il ne sera pas séparé des vivants.

30. TRANSFORMATION DU SYSTÈME DES CONNAISSANCES DE CELUI QU'ON VEUT RESSUSCITER EN SYSTÈME DE CONNAISSANCES QUI LUI SERA NÉCESSAIRE POUR LA RÉSURRECTION ET APRÈS LA RÉSURRECTION

Certes, celui qu'on ressuscite a son propre système de connaissances, mais pour sa résurrection, il doit avoir celles qui sont nécessaires pour l'effectuer. Il peut s'adresser mentalement à une information avant ou au moment de la résurrection. Il s'agit du système de connaissances qui lui permettra de rester toujours en « état de vie », de ne jamais mourir, d'avoir ses propres techniques pour cela, etc.

Vous devez l'aider à assurer une telle transformation de connaissances. Vous vous concentrez sur son image au-dessus de sa tête et lui transmettez vos connaissances sur la vie, sur la résurrection, sur le développement perpétuel. Cela mènera à la résurrection.

Il faut noter qu'on peut utiliser la même méthode pour rétablir la santé. Vous pouvez appliquer cette procédure à n'importe quel homme. À part la santé, elle offre à l'homme la compréhension de la résurrection et le développement de l'idéologie de l'immortalité, donc de la vie éternelle.

31. GESTION DE LA RÉALITÉ VIVANTE ENGLOBANT TOUS SES ÉLÉMENTS

Vous étendez tout ce qui se rapporte, à votre avis, à la notion de la vie à tous les éléments de la réalité. La résurrection aura donc lieu dans un de ces éléments. L'extension de la notion de la vie à tous les éléments de la réalité se fait de la façon suivante. Vous comprenez que la vie existe et se développe partout, dans tous les systèmes. Vous êtes le porteur de la vie et de son développement.

Du point de vue méthodologique, cela peut se présenter comme suit. On peut examiner la vie d'un homme ou d'un papillon, ou d'une plante. Par exemple, la plante interagit avec le sol. Le sol lui donne des aliments, ce qui assure la croissance de la plante. C'est normal. Toutefois, on peut se demander comment la vie d'une plante peut s'épanouir au sein d'une pierre. L'examen de cette situation nécessite des efforts mentaux : vous devez vous imaginer comment une plante pourrait pousser et se développer au sein d'une pierre. Quand vous aurez développé ces idées jusqu'au contrôle concret, la résurrection pourra se faire.

32. GESTION DE LA RÉALITÉ PHYSIQUE VISANT À HARMONISER LES RAPPORTS ENTRE VOUS ET CELUI QUE VOUS RESSUSCITEZ, ET APRÈS LA RÉSURRECTION, ENTRE VOUS ET LE RESSUSCITÉ

En quoi consiste l'harmonisation mentionnée dans cette méthode ? Le futur ressuscité vous considère comme un homme qui l'initie et qui l'aide, tandis que pour le ressuscité vous êtes un homme au même niveau de développement que lui. L'harmonisation des rapports consiste à ce que, pendant la période de la résurrection, celui que vous ressuscitez doit aussi être au même niveau que vous, bien qu'il puisse penser qu'il dépend de vous. Quand vous lui transférez la structure de la maîtrise totale, c'est-à-dire la structure de la liberté et de l'indépendance totale, celui que vous ressuscitez, étant lié à vous, sera très stable et autonome parce qu'il a reçu des connaissances de votre part. Grâce à cette méthode de résurrection, il pourra transmettre davantage de connaissances aux autres.

33. GESTION DE LA PENSÉE VISANT L'EXISTENCE DE PENSÉES DANS TOUS LES ÉLÉMENTS DE LA RÉALITÉ, DANS LE MONDE ENTIER, DANS TOUS LES SECTEURS DU MONDE

Si vous développez votre pensée de telle façon qu'elle commence à être présente dans le monde entier, vous réalisez la résurrection d'un homme dans un point voulu de l'espace-temps. Comme la pensée se trouve dans le monde entier, dans tous ses éléments, elle se trouve certainement là où la résurrection a déjà eu lieu, en un point et en un temps voulus. Cette approche donne aussi la méthodologie de la pensée qui dirige la réalité.

34. RÉSURRECTION DE L'HOMME EN TRANSFÉRANT SON IMAGE DE L'AVENIR AU PRÉSENT

Selon cette méthode, en tant qu'éléments de la réalité, nous ne considérons pas seulement ce qui se passe au présent, mais aussi ce qui pourra avoir lieu dans l'avenir où l'homme que vous voulez ressusciter l'est déjà. C'est un élément de la réalité future. Lors du transfert de cet élément futur qui contient le ressuscité, vers le présent sous la forme d'image, vous réalisez la résurrection.

35. PROPAGATION DE L'IMAGE DE L'HOMME DANS TOUS LES ÉLÉMENTS DE L'INFORMATION, DANS TOUS LES ÉLÉMENTS DU MONDE

Cette méthode de résurrection consiste à essayer de réaliser partout la réalité similaire à la vie de l'homme. Vous comprenez aussi la nécessité du développement de l'homme conformément à l'image et à la ressemblance de Dieu. Quand vous examinez l'image de l'homme dans tous les secteurs du monde et que vous déplacez cette image à une distance infiniment éloignée de vous, vous déplacez aussi, à une distance éloignée, l'image de l'homme que vous voulez ressusciter. Agissant ainsi, vous déplacez son image dans le point de l'espace-temps où l'information accomplira la résurrection.

36. GARANTIR LA SANTÉ DANS LE CONTEXTE DU DÉVELOPPEMENT DU MONDE ENVIRONNANT ET GARANTIR LA SANTÉ POUR LE DÉVELOPPEMENT INFINI DE CELUI QU'ON RESSUSCITE, POUR LE DÉVELOPPEMENT INFINI DES VIVANTS ET DU MONDE

La bonne santé se base sur le lien entre l'âme et le corps. Vous devez garantir votre santé en observant comment le corps fonctionne sur la base des connaissances de l'âme. En utilisant la conscience, on peut accroître ces connaissances. Ainsi, on peut évoluer sans fin.

37. OBTENTION DE L'INFORMATION PAR LE CANAL VISUEL

Vous devez utiliser votre vue physique et, par l'intermédiaire de ce sens, obtenir de l'information sur la résurrection. Ensuite, vous agissez en conformité avec cette information reçue.

38. OBTENTION DU LIEN ENTRE LES ÉLÉMENTS ÉLOIGNÉS ET RAPPROCHÉS DE L'ÉVÉNEMENT

Vous devez savoir obtenir des liens entre les éléments éloignés et rapprochés de l'événement. Ainsi, vous pourrez contrôler la résurrection.

39. OBTENTION DES LIGNES DU LIEN ENTRE DES ÉVÉNEMENTS

Vous devez vous concentrer sur des événements jusqu'à ce que vous obteniez les lignes du lien. La résurrection peut se faire dans ces lignes. La voie et la méthode vous seront indiquées.

40. TRANSFORMATION DE L'INFORMATION VERS LA RÉSURRECTION

Si vous avez l'information concernant le départ d'un homme, vous devez la transformer de telle façon que cette information soit accompagnée de tous les détails respectifs et commence, après sa transformation, à travailler pour la résurrection, c'est-à-dire pour que vous effectuiez la résurrection à l'aide de cette information.

41. RÉALISATION DES PROJETS DU RESSUSCITÉ VISANT LA VIE ÉTERNELLE

Aujourd'hui, chaque ressuscité aspire à la vie éternelle. Après la résurrection, vous devez analyser ses projets et l'aider à les réaliser. La clairvoyance aidera à les connaître. Si vous commencez immédiatement à aider à réaliser les plans de celui que vous ressuscitez, sa résurrection ira plus vite.

42. OBTENTION DES ATOUTS DE RÉSURRECTION POUR LE DÉVELOPPEMENT PERPÉTUEL

En aspirant à maîtriser la pratique de la résurrection, vous devez dès le début utiliser le principe du développement infini, et la première résurrection aura lieu plus tôt.

En pratiquant les résurrections, vous obtiendrez les atouts appropriés qui vous permettront de réaliser la résurrection dans toute situation.

43. RECONNAISSANCE DES INDICES DU RESSUSCITÉ DANS LES ÉLÉMENTS DE LA RÉALITÉ

Dans différents éléments de la réalité, vous devez repérer les sensations qui avaient été ou qui auraient pu être proches de celles d'un homme vivant. Sur la base de la perception de ces sensations, vous devez voir si la résurrection est en train de s'effectuer ou si elle a déjà eu lieu et s'il vous faut juste avoir une rencontre avec le ressuscité. Bref, où que vous soyez, vous devez percevoir la réalité de façon à pouvoir sentir ces nuances.

44. OBTENTION D'UN STATUT DE LA PENSÉE PERMETTANT À L'IDÉE DE LA RÉSURRECTION D'Y ÊTRE TOUJOURS PRÉSENTE

Apprenez à penser de sorte que vous ayez toujours, en toute circonstance, à côté de tout autre pensée, celle de la résurrection. C'est-à-dire, la présence permanente de la pensée de la résurrection doit devenir un trait caractéristique de votre pensée.

45. RECONNAISSANCE DU RESSUSCITÉ DANS LES IMAGES

Si vous regardez un arbre ou n'importe quel autre élément de la réalité, entre toutes les autres perceptions, vous devez reconnaître l'image du ressuscité. Vous pouvez le voir entièrement ou bien juste son visage.

Dans notre enfance, nous avons souvent regardé des images mystérieuses. Par exemple, on vous proposait de trouver un lapin sur une image avec un arbre et des arbustes. Vous regardiez le dessin et vous ne trouviez aucun lapin. Vous tourniez l'image, toujours rien, pas de lapin. Puis, en regardant attentivement le dessin, tout d'un coup vous le voyiez. Il était là, sous l'arbuste, tirant ses oreilles et vous pensiez : « Comment se fait-il que je ne l'aie pas vu tout de suite ? »

Vous devez faire quelque chose de semblable avec l'image de celui que vous ressuscitez, en percevant des éléments de la réalité. L'image doit être telle qu'elle mène à la résurrection ou à l'endroit concret où se trouve le ressuscité si la résurrection a déjà eu lieu.

46. UTILISER TOUTE L'INFORMATION EXTÉRIEURE POUR LA RÉSURRECTION

Pour la résurrection, il faut chercher et utiliser toute information extérieure, bien qu'il soit toujours mieux d'utiliser vos propres pensées et connaissances basées, en premier lieu, sur les principes de la résurrection.

47. UTILISER LE NIVEAU DE L'ESPRIT SUPRÊME, CELUI DE DIEU POUR LA RÉSURRECTION

L'essence de cette méthode : adressez-vous à Dieu pour la résurrection.

48. DEMANDER DE L'AIDE À GRIGORI GRABOVOÏ POUR OBTENIR DE L'INFORMATION SUR LA RÉSURRECTION

Vous pouvez vous adresser à moi comme celui qui pratique la résurrection et qui a élaboré sa théorie. Vous pouvez le faire mentalement pour établir un lien télépathique ou pour obtenir une information sur la résurrection. On peut aussi s'adresser à d'autres personnes qui pratiquent la résurrection.

49. OBTENTION DES INDICES DE LA RÉSURRECTION À TRAVERS LA PROPAGATION DE LA CONSCIENCE SUR TOUT VOTRE AVENIR

Il faut propager votre conscience sur tout votre avenir de manière à comprendre votre avenir éternel dans le développement infini du monde. Une telle compréhension permettra de ressusciter instantanément.

50. OBTENTION DES INDICES DE LA RÉSURRECTION À TRAVERS LA PROPAGATION DE VOTRE CONSCIENCE SUR TOUTE L'INFORMATION DU PASSÉ, DU PRÉSENT ET DE L'AVENIR

Vous devez propager votre conscience sur toute l'information du passé, du présent et de l'avenir de telle façon que votre conscience la perçoive en temps réel et que vous sachiez exactement que cette conscience peut être étendue partout, dans le temps et dans l'espace. Alors, la résurrection se passera exactement comme vous le vouliez.

Après avoir pris connaissance de ces méthodes du début à la fin, de façon à ce qu'elles soient liées avec les principes fondamentaux de la résurrection et tout le contenu du livre, appliquez-les dans votre pratique. Vous aurez ainsi un instrument concret pour ressusciter les gens, restaurer la santé, reconstituer tout objet ou gérer des événements. Gardez à l'esprit l'objectif principal de vos actions, celui de sauver les êtres humains de la menace de l'extermination globale.

Chapitre IV

PRINCIPES DE LA RÉSURRECTION ET VIE QUOTIDIENNE

Ce chapitre analyse le lien entre les principes de la résurrection et la vie de tous les jours. Il a déjà été acquis que les principes de la résurrection sont les lois du développement éternel de la vie. C'est pourquoi leur utilisation dans la vie quotidienne mène à sa transformation positive. Grâce à la compréhension et à la mise en pratique de ces principes, la vie acquiert une base solide pour le développement créateur.

Tout d'abord, je parlerai de la nouvelle médecine, celle des millénaires futurs. Toutefois, je tiens à préciser que cette médecine fonctionne déjà. Son ère a déjà commencé. Cette médecine nouvelle se pose comme tâche principale le « non-décès » des vivants, c'est-à-dire l'immortalité. L'immortalité devient déjà notre réalité. Une autre tâche importante de la nouvelle médecine est de ressusciter ceux qui sont « partis ».

La théorie et la pratique de la résurrection sont à la base de la nouvelle médecine. Cet enseignement et cette pratique définissent ses principes et, en premier lieu, le principe de la reconstitution totale de la matière.

On peut considérer le monde en tant qu'ensemble des phénomènes de cause à effet. Le Créateur créait le monde comme il créait lui-même. C'est pourquoi dans ce chapitre tout développement sera examiné sur la base des lois réalisées par le Créateur pour l'autocréation. De là, on peut dire que l'expression « à l'image et à la ressemblance de Dieu » signifie que chaque élément du monde peut se recréer.

IL EST CLAIR QUE LE CRÉATEUR EST HUMAIN, CAR IL A CRÉÉ L'HOMME. C'EST POURQUOI LA MANIFESTATION MAXIMALE ET

VRAIMENT SALUTAIRE DU CRÉATEUR EST SA PROPRE PERSONNIFICATION EN ÊTRE HUMAIN ET SA VIE EN TANT QU'ÊTRE HUMAIN. LE CRÉATEUR PEUT TRANSMETTRE AINSI LES CONNAISSANCES À TOUS, TOUT COMME UN HUMAIN À UN AUTRE.

L'expression « à l'image et à la ressemblance de Dieu » ne signifie pas des copies extérieures mais des liens profonds et l'interaction des formes.

Lorsque nous parlons du principe de l'analogie, nous avons aussi à l'esprit le fait que le Créateur a reproduit le monde environnant après avoir pris la forme humaine. La reproduction du monde est faite de telle manière que l'image de l'homme mène à la création de chaque élément du monde et le principe de l'autocréation est posé dans chacun de ces éléments. Par conséquent, en se basant sur la forme du corps physique de l'homme et sur ses formes-pensées, on peut toujours avoir l'information sur tout événement dans le monde. Aujourd'hui, il y a des appareils qui enregistrent des formes-pensées.

On peut transformer n'importe quel événement positivement si vous apprenez à changer délibérément la forme-pensée. Cette approche, visant la structuration de la conscience en vue de contrôler les formes-pensées, est à la base de mon enseignement sur le salut et le développement harmonieux. Cet enseignement est officiellement validé par les documents statutaires de l'UNESCO. Ma longue pratique a complètement confirmé toutes ses thèses. Les résultats obtenus sont exposés dans l'œuvre en trois volumes, *Pratique du pilotage, chemin du salut.*

Les idées principales de mon enseignement sont pour tous, à la portée des personnes de tout âge, c'est facile de les percevoir. Mes disciples les mettent immédiatement en pratique et obtiennent rapidement des résultats pour le salut et le développement harmonieux.

Lorsque la question se pose à savoir ce qu'est le salut réel pour tout le monde, la réponse est celle-ci : le salut réel pour tous les gens et dans tous les temps est la transmission des vraies connaissances du Créateur. Chacun ayant reçu ces connaissances doit les propager au maximum. Mon enseignement sur le salut et le développement harmonieux est construit de cette façon. Cet enseignement traite des technologies de la connaissance, de l'utilisation pratique de ces connaissances et de leur propagation. Si tout le monde se développe de cette manière, la sécurité systémique du développement du monde sera garantie.

Cela permet de voir que le monde a une configuration concrète, qu'il constitue un système très précis et que chaque action dans le monde possède un emplacement, une structure et des coordonnées précises. Tous les événements, passés ou futurs, ont des coordonnées précises si l'on voit que le monde se développe à partir de la forme du Créateur.

En adoptant l'image du monde que je viens d'exposer, c'est-à-dire en appliquant le principe de la forme, de l'image et de la ressemblance que le Créateur a propagé à tous les phénomènes du monde, et en l'utilisant dans votre vie, vous pourrez voir que les principes et les méthodes de résurrection sont applicables à la reconstitution de tout objet informationnel. Effectivement, ce sont les principes et les méthodes de gestion de la réalité. Si, de ce point de vue, on analyse tous les principes et méthodes, on voit que leur application à n'importe quel processus de la réalité en vue de le reconstituer complètement signifie également la maîtrise totale de cet élément de la réalité.

À partir de cette connaissance selon laquelle le monde est créé à l'image et à la ressemblance de Dieu, on peut voir la technologie concrète visant à appliquer les principes et les méthodes de résurrection des êtres humains, au rétablissement de la santé et à la gestion des événements. Certes, la gestion des événements est une notion beaucoup plus large. Le rétablissement de la santé est un maillon naturel et harmonieux de la gestion des événements.

Les principes de la résurrection des humains sont des lois fondamentales du monde. Chaque jour, vous pouvez utiliser les lois de la pesanteur, ainsi que les lois fondamentales du monde pour résoudre des problèmes concrets.

Plus tard, je montrerai comment les principes fondamentaux de la résurrection sont utilisés pour connaître le monde, pour gérer les événements et pour guérir. Certes, ce ne sont que quelques applications de ces principes qui se généralisent à tout comme toute autre loi fondamentale.

L'application des principes de la résurrection à l'activité pratique de tous les jours prouve que la résurrection est un processus normal dans la vie des humains.

1. LA MÉDECINE NOUVELLE COMME UNE DES CONSÉQUENCES DES PRINCIPES DE LA RÉSURRECTION

Dans ce paragraphe, je voudrais montrer que la compréhension des principes de la résurrection mène à celle de l'essence de la nouvelle médecine. Pour cela, j'analyserai en bref, encore une fois, les principes fondamentaux de la résurrection.

1.1. LE VRAI STATUT DU MONDE EST DANS LA VIE ÉTERNELLE. LA VIE ÉTERNELLE ASSURE LA VRAIE STABILITÉ DU MONDE. L'ASPIRATION AU MONDE STABLE CRÉE LA VIE ÉTERNELLE.

CELUI QUI N'EST PAS DÉCÉDÉ CONSTITUE LA BASE QUI REPRODUIT TOUT LE RESTE. CETTE BASE EST DIEU. DIEU EST ÉTERNEL. IL N'EST JAMAIS DÉCÉDÉ. TOUT LE RESTE EN DÉCOULE.

La première partie du principe parle des mouvements réciproques : l'aspiration à un monde stable crée la vie éternelle, et la vie éternelle assure la vraie stabilité du monde. C'est le principe d'aspiration et du développement réciproques. Ce principe suppose que chaque élément du monde existe, dans la dynamique de son développement, comme une structure composée de deux parties, au moins.

La deuxième partie du principe dit que Dieu est la base qui reproduit tout le reste.

Ce principe peut être appliqué à l'examen de n'importe quel phénomène, mais il faut tenir compte de ce qui a été dit au début de ce chapitre. Par exemple, nous avons besoin de restaurer une plante. La restauration de cette plante au niveau de la pensée l'amènera dans la réalité physique.

La situation est identique pour la reconstitution des organes du corps. La restauration de tout organe au niveau de la pensée mènera à la reconstitution de cet organe dans la réalité physique. La réalité est contrôlable. Nous en avons parlé en examinant le principe 4.3.

1.2. LA VIE ÉTERNELLE EST UN PRINCIPE DU DÉVELOPPEMENT DE LA RÉALITÉ DIVINE.

Le monde entier se développe suivant ce principe. Chaque élément du monde est créé de telle manière qu'un seul instant représente son statut de développement perpétuel. À partir de là, on peut reconstituer tout objet.

On peut aussi gérer les événements. Pour cela, il faut se baser sur l'idée comme quoi un événement existe éternellement dans un seul point.

Dans ce chapitre, il s'agit en premier lieu de la santé, c'est pourquoi cet événement sera le rétablissement de la santé.

Ce principe rétablit avant tout les systèmes sanguin et cardiovasculaire puis tout l'organisme – par la notion de l'éternité de chaque élément de la conscience.

Le statut de la Réalité divine joue un rôle important dans ce processus, car elle se développe toujours dans la direction de l'Éternité.

1.3. NOTRE CONSCIENCE PERÇOIT CE QUI EXISTE DANS NOTRE CONSCIENCE COMME UNE RÉALITÉ.

Selon ce principe, tout élément de la réalité peut être reproduit par notre conscience. La compréhension de ceci permet de contrôler n'importe quelle réalité, y compris sa santé et celle des autres. Ce principe rétablit, tout d'abord, le système cellulaire et les échanges dans l'organisme.

1.4. LA STRUCTURE DU MONDE DOIT SE DÉVELOPPER DE FAÇON TRÈS INTENSE DANS LE CADRE DU DÉVELOPPEMENT DE NOTRE CONSCIENCE.

En examinant ce principe par rapport à la santé et à la gestion des événements, vous pouvez constater que le monde entier est reflété dans la conscience et que le développement intensif du monde fait naître votre propre organisme ou un événement.

Quand vous comprenez que la nouvelle naissance de chaque élément du monde est un fait d'une vie suivante, il devient clair que la médecine de l'avenir examinera chaque élément du passé ou de l'avenir comme une nouvelle naissance de l'organisme. En réunissant ces éléments numériques de naissance qui proviennent également de votre âme, vous arrivez à l'état où votre propre conscience peut contrôler l'élément du développement.

1.5. LA RÉSURRECTION EST UNE FAÇON DE TROUVER LA CONSCIENCE DIVINE.

D'une part, la reconstitution d'un objet l'aide à devenir éternel et un objet éternel est toujours informationnel au maximum. Il a aussi un nombre maximal d'échanges et de liens. D'autre part, la véracité se caractérise par la compréhension maximale de l'objet. Par conséquent, quand nous disons que la résurrection est la compréhension de la vraie conscience, il faut comprendre que la capacité de reconstitution de tout objet caractérise la véracité de la conscience.

De là, on voit que la capacité de gestion se forme comme une caractéristique spirituelle.

1.6. LA VIE ÉTERNELLE DÉTERMINE LA NÉCESSITÉ DU DÉVELOPPEMENT DE L'ÂME.

D'une part, la vie éternelle détermine la nécessité du développement de l'âme. De l'autre, il faut considérer le statut de l'âme comme initial, c'est lui qui forme la vie éternelle. Apparaît encore ici le principe d'aspiration réciproque et du développement réciproquement déterminé.

Ce principe permet de gérer un nombre infini d'événements.

1.7. PRINCIPE DE LA DIVINITÉ : ASPIRATION À L'INCORRUPTIBILITÉ DU CORPS, À LA VIE ÉTERNELLE ET AU DÉVELOPPEMENT DE LA VRAIE CONSCIENCE, C'EST LA PRATIQUE DE L'ÉPANOUISSEMENT SUPRÊME DE L'EXISTENCE DE L'HOMME.

Pour appliquer ce principe à la gestion des événements, vous devez voir le statut de l'incorruptibilité du corps comme le vrai statut de tout événement.

En construisant l'événement autour du corps éternel, vous pourrez gérer l'événement et garantir une meilleure santé.

1.8. IL SUFFIT D'AVOIR UNE SEULE PERSONNE QUI PUISSE RESSUSCITER ET RESTAURER LE MONDE, ET IL SERA IMPOSSIBLE DE LE DÉTRUIRE.

Ce principe dit qu'à partir d'une perception individuelle, c'est-à-dire de la perception d'une seule personne, on peut faire apparaître le monde éternel. Cela s'explique par le fait que l'âme de l'homme est une structure infinie par son volume, elle est une partie du monde et elle est présente dans tout événement. De plus, l'âme de l'homme est la structure qui organise le monde.

Cette connaissance permet de transférer la gestion des événements sur le plan de la gestion du temps. Autrement dit, ce principe est applicable quand il faut maîtriser les événements en temps voulu.

1.9. LA RÉSURRECTION ET L'ÉTABLISSEMENT DE FAIT DE LA RÉSURRECTION REPRÉSENTENT UN PROCESSUS SIMULTANÉ POUR LE MONDE ENTIER.

En appliquant ce principe à la gestion des événements personnels, vous devez vous considérer comme porteur du statut du monde, c'est-à-dire que le monde est aussi la manifestation de votre âme dans la perception collective. En outre, il faut garder à l'esprit la simultanéité de la constatation du fait de la résurrection pour le monde entier, ce qui est mentionné dans la formulation du principe. À partir de là, vous voyez que tout élément du monde se manifeste comme vous et, pour cette raison, il est contrôlable. Vous commencez à comprendre les mécanismes de la manifestation du monde et à maîtriser la réalité globale.

1.10. QUAND ON COMPREND CORRECTEMENT LE LIEN ENTRE LA CONSCIENCE DE L'HOMME ET SES ORGANES, CEUX-CI ASSURENT LA RÉSURRECTION. LA RÉSURRECTION EST UN ACTE DE CRÉATION.

Pour comprendre parfaitement comment ce principe fonctionne, il faut tenir compte du principe suivant :

L'HOMME EST LA BASE DU MONDE. LA FORME DE L'HOMME CRÉE LES ÉLÉMENTS DU MONDE ET DÉTERMINE LES ÉVÉNEMENTS.

Je peux donner un exemple : une simple poupée ayant la forme humaine et placée dans le vide pourra, après un certain temps, créer de l'oxygène à côté d'elle. Cela se produira grâce à la forme humaine de la poupée.

Le principe que je viens de formuler est étroitement lié au principe 4.2 déjà examiné : L'HOMME EST LE MONDE EXTÉRIEUR ET INTÉRIEUR, EN ENTIER ET EN MÊME TEMPS.

Quand vous examinez les organes de celui que vous ressuscitez, vous voyez que leur construction s'effectue en fonction de la conscience de l'homme, c'est-à-dire que la compréhension de la forme humaine aide à construire les organes du ressuscité. À partir de là, vous pouvez accomplir le rétablissement complet de l'organisme par la concentration sur vos différentes formes.

La forme façonne les événements. Lorsqu'un événement se passe devant vous, la prise en compte de la forme des participants de cet événement ou, même, de la forme d'un objet quelconque qui se trouve là-bas vous permet de gérer cet événement.

1.11. LE DÉVELOPPEMENT DE L'HOMME DOIT ÊTRE VU COMME LE DÉVELOPPEMENT INTÉGRAL DU MONDE ENTIER.

Le développement intégral implique la participation au processus de tous les éléments de la structure. La notion de simultanéité y joue un rôle important. La prise en compte de tous les éléments du monde en même temps peut assurer sa stabilité dans le processus de son développement continu.

En examinant l'application de ce principe au contrôle des événements, vous voyez que le contrôle se fait par la globalité reflétée dans le développement de l'homme.

1.12. LE PRINCIPE DE LA RÉSURRECTION SE RACCROCHE AU PRINCIPE DE L'ORGANISATION DE L'HOMME QUI TIENT COMPTE DU DÉVELOPPEMENT DU MONDE ENTIER DE TOUS LES TEMPS.

Quand on parle de l'organisation de l'homme, on a l'esprit sa forme physique, mais aussi sa pensée et ses actions. Si vous tenez compte du développement du monde entier en tout temps, vous voyez aussi l'organisation de l'homme et chacun de ses événements. C'est un principe fondamental qui permet d'effectuer un contrôle sur la base de la compréhension.

1.13. LA DÉSOLATION, LA TRISTESSE ET LA NOSTALGIE NE SONT PAS UN MOYEN DE COMPRÉHENSION DU MONDE. SEULS LA JOIE, LA LUMIÈRE ET L'AMOUR LE SONT.

Tout événement créateur se réalise plus vite sur la base d'émotions positives. C'est pourquoi il y a toujours de la joie, de la lumière, de l'amour dans un événement créateur; ces éléments font partie de sa structure. La joie, la lumière et l'amour constituent le moyen de compréhension du monde.

1.14. LA PERSONNE EST PRÉSERVÉE APRÈS SA MORT BIOLOGIQUE, Y COMPRIS APRÈS LA CRÉMATION. LA STRUCTURE DE LA PERSONNALITÉ DE CELUI QUI A ÉTÉ INCINÉRÉ EST ATTACHÉE À CHAQUE PARTICULE DES CENDRES QUI RESTENT.

Ce principe permet de comprendre que chaque élément partiel d'un événement contient tout ce qui se rapporte à l'événement entier. C'est pourquoi on peut reconstituer n'importe quel événement même si on n'a que quelques indices des participants ou un nom. Ou bien, on peut le faire sans nom grâce à la clairvoyance.

Pour le contrôle des événements, ce principe est signifié par la loi fondamentale suivante:

LE CONTRÔLE CRÉATEUR EST TOUJOURS POSSIBLE, CAR TOUT PEUT ÊTRE RECONSTITUÉ. Et par celle qui suit: QUELLE QUE SOIT

LA COMBINAISON D'ÉVÉNEMENTS, ON PEUT TOUJOURS SAUVER LE MONDE.

Il en découle que tout contrôle créateur mène toujours au résultat voulu.

1.15. L'ESPACE DÉPEND DE L'INTERSECTION DES INTERVALLES TEMPORELS. PAR CONSÉQUENT, LA TERRE PEUT ÊTRE AGRANDIE.

On peut considérer le temps comme un élément qui coexiste avec l'espace dans le processus de son développement. Dans ce contexte, chaque intervalle temporel représente un élément qui est en corrélation avec l'espace ou avec un objet de l'espace. Si l'objet se déplace, on introduit une coordonnée temporelle. Cela s'applique aussi à plusieurs objets en mouvement. S'il n'y a pas de déplacement, on peut introduire une coordonnée temporelle sur la base de sa perception, c'est-à-dire sur la base d'une certaine sensation ou réaction. Alors, le temps se manifeste nettement comme une construction dont le lien avec l'espace est formé sur la base de la dépendance de notre conscience. Ce n'est pas obligatoire d'indiquer le temps dans la conscience, c'est-à-dire que l'on peut retirer le temps de la sphère de la perception.

Par conséquent, si l'objet se déplace, il faut certainement décrire ce mouvement. Et alors, il faut introduire le temps. Si les objets sont immobiles, vous désignez tout simplement le temps dans votre conscience, mais en réalité ces situations peuvent être simultanées dans la conscience et il peut y avoir plusieurs objets. En gardant à l'esprit le lien entre la conscience et l'espace-temps, on voit que les intersections des intervalles temporels peuvent mener à la transformation de l'espace. La croissance du volume est liée à la croissance de la quantité de l'information. En règle générale, on peut toujours gérer tout événement en augmentant la quantité d'informations.

Approchons la compréhension de ce principe de façon différente. Un objet se déplace. Même si vous le regardez tout simplement, vous pouvez avoir l'impulsion dans votre conscience qui peut faire bouger un autre objet. Le mouvement d'un objet sur la base du principe de la transmission de l'information peut causer ainsi le mouvement d'un autre objet. Ce mouvement peut se faire selon votre volonté, et votre niveau spirituel donne la possibilité d'élargir l'espace. Je rappelle que le temps et l'espace sont des constructions de la conscience.

Pour expliquer ce principe, j'ai cité des exemples concrets du mouvement. Cependant, on peut se passer de tels exemples. Si on prend l'essence de l'explication, on comprend que vous pouvez toujours augmenter toute information, autant qu'il le faut, pour réaliser un événement.

2.1. L'HOMME EST UNE SUBSTANCE ÉTERNELLE PAR LE PRINCIPE MÊME DE SA CRÉATION. C'EST POURQUOI LA RÉSURRECTION SE BASE SUR LA DÉCOUVERTE DE L'ÉTERNEL DANS L'HOMME.

La découverte de l'éternel dans tout objet d'information mène à ce que vous pourrez toujours voir la structure de cet objet dans toutes ses manifestations. Ainsi, l'objet devient contrôlable.

2.2. IL EXISTE UNE INTERDÉPENDANCE ENTRE LES STRUCTURES SPIRITUELLES ET PHYSIQUES. EN CHANGEANT L'INFORMATION DE LA STRUCTURE PHYSIQUE SUR LE PLAN DE L'ESPRIT, NOUS POUVONS FAIRE ÉVOLUER L'ESPRIT AFIN QU'IL PUISSE MODIFIER TOUTE STRUCTURE PHYSIQUE, Y COMPRIS LA CRÉATION DU CORPS PHYSIQUE.

Ce principe permet de comprendre une approche importante du contrôle des événements. Par exemple, un objet participe à l'événement qui nous intéresse. En changeant l'information dans le domaine de cet objet, nous pouvons le changer de façon à ce qu'il puisse influencer l'événement. C'est-à-dire que l'on peut contrôler l'événement après avoir changé la structure informationnelle d'un seul objet d'information. Cependant, le changement de cette structure informationnelle de l'objet le change aussi. Par conséquent, le contrôle se fait par un autre objet, celui dont vous avez changé la structure informationnelle dans le sens voulu.

2.3. LE TEMPS ET L'ESPACE NE LIMITENT PAS LA DURÉE DE LA VIE. LA NOTION DE LA DURÉE DE LA VIE EST FORMÉE PAR LE RAPPORT DE L'ESPRIT ENVERS LE TEMPS ET L'ESPACE.

En réalité, tout objet est éternel. Quand vous regardez un objet, il est toujours présent. En transposant cet état spirituel à l'élément d'un événement, vous assurez la gestion de l'événement dans sa totalité.

Plus concrètement, vous recevez une bonne santé, car votre attitude vis-à-vis de la santé dans ce statut de l'Éternité permet de rendre votre santé éternelle.

2.4. LE PRINCIPE DE L'IMMORTALITÉ ET, PAR CONSÉQUENT, LE PRINCIPE DE LA RESTAURATION APRÈS LA MORT BIOLOGIQUE POSSIBLE EST POSÉ DANS LA CAUSE PREMIÈRE, DANS LA NATURE

PREMIÈRE DES IMPULSIONS DU DÉVELOPPEMENT NATUREL DE L'HOMME.

Par rapport à la gestion de la réalité, cette thèse dit que le principe de la reconstitution d'un objet, après sa destruction est dans la base même de tout objet. La gestion de tout objet peut être appelée « l'événement ». Vous y introduisez beaucoup d'éléments événementiels, par exemple la thèse stipulant que le monde ne doit pas être détruit. Cette introduction d'éléments événementiels se fait comme suit. Vous introduisez la méthode du développement par un effort volitif ou spirituel dans le principe de la reconstitution, et alors aucun élément de l'événement ne peut être détruit. La structure harmonieuse naissante vous assure une telle maîtrise de l'événement qu'il ne vous faut pas faire d'efforts : l'événement semble se développer par lui-même et de la façon la plus favorable pour vous.

2.5. L'IMPULSION VISANT LA RÉSURRECTION EST TOUJOURS ORIENTÉE VERS LE DÉVELOPPEMENT INFINI DU RESSUSCITÉ.

Toute impulsion visant la résurrection est toujours dirigée vers le développement infini de celui que vous ressuscitez. Cette orientation s'explique par le fait que vous y introduisez la reconstitution totale de l'homme. Selon la loi des liens universels entre tous les éléments de l'information, vous assurez la restauration totale, à tous les niveaux.

2.6. LE RESSUSCITÉ VOIT ET PERÇOIT CONSTAMMENT LE PROCESSUS DE LA RÉSURRECTION ET IL PARTICIPE TOUJOURS À LA RÉSURRECTION EN TANT QU'UNE PERSONNE PLEINE D'INITIATIVE.

Ce principe permet de comprendre que tout objet informationnel réagit toujours aux changements qui ont lieu dans notre conscience. Quand vous gérez un événement ou reconstituez un objet d'information, cet objet essaye toujours, sur le plan créateur, de contribuer au développement harmonieux des événements. C'est-à-dire que chaque élément d'information, quand il est reconstitué, contribue toujours au mouvement vers la plus grande harmonie. Cela se fait sur la base du principe du développement « à l'image et à la ressemblance de Dieu ». Comme l'harmonie est présente dans chaque élément de la réalité, chacun des éléments interagit avec vous de façon harmonieuse. Ainsi, on peut utiliser n'importe quel nombre d'éléments dans la gestion de l'événement.

2.7. LE RESSUSCITÉ SAIT TOUJOURS EXACTEMENT QU'APRÈS LA RÉSURRECTION, IL VIVRA COMME UN HOMME ORDINAIRE.

Ce principe permet de comprendre tout événement que vous gérez. Tout organe et tout élément informationnel est organisé de façon à posséder, dès le début, une information précise démontrant comment il doit être.

C'est pourquoi, quand vous effectuez une action, par exemple, vous reconstituez un organe d'un homme, un modèle est inclus dans ce processus de reconstitution, car cet organe possède l'information précisant comment il doit être. Après la reconstitution, il sera donc toujours tel qu'il a toujours été.

Si vous réalisez une matérialisation spirituelle d'un objet complètement nouveau, il sera toujours harmonieux et développé au maximum, à l'image et à la ressemblance de Dieu, par sa volonté.

Ceci concerne également l'élaboration de nouveaux systèmes et technologies. Les exemples cités aident à comprendre qu'initialement, chaque élément du monde a été créé par Dieu.

Si lors de la gestion d'un événement vous gérez aussi le niveau d'un élément créé par Dieu, votre gestion sera toujours en harmonie.

2.8. LE RESSUSCITÉ PENSE TOUJOURS QUE LE VIVANT LE TRAITERA D'ÉGAL À ÉGAL. IL NE PERÇOIT PAS LA SÉPARATION DES VIVANTS, IL SE SENT COMME TOUTE AUTRE PERSONNE VIVANTE.

Il existe un principe d'égalité pour tous les objets informationnels. Conformément à ce principe, TOUT OBJET INFORMATIONNEL COEXISTE TOUJOURS À ÉGALITÉ AVEC TOUT AUTRE OBJET INFORMATIONNEL. C'est une loi du monde. Connaissant cette loi, vous pouvez gérer tout événement en lui attribuant le statut de la liberté qu'il n'avait pas auparavant ou qu'il n'a jamais connue.

Par conséquent, vous pouvez reconstituer votre organisme ou ceux d'autres gens, vous pouvez contrôler la réalité en ajoutant le statut de la liberté aux événements et aux objets.

Ceci aide à comprendre que le principe de la liberté absolue de chaque personne est le principe spirituel naturel du développement.

2.9. APRÈS LA RÉSURRECTION, IL FAUT EXPLIQUER AU RESSUSCITÉ SON NOUVEL ÉTAT QUI EST LIÉ À LA PRÉSENCE DU CORPS PHYSIQUE.

Ce principe permet de gérer les événements sur la base de leurs conséquences. C'est encore une méthode du contrôle de la réalité.

Nous avons déjà examiné un autre mécanisme par lequel nous avons immédiatement modifié la situation de base et alors les événements se développaient favorablement pour nous.

L'approche présentée ici est tout à fait différente. Sans changer la situation initiale, nous commençons par les conséquences. À l'aide de la clairvoyance ou par un autre moyen, nous pouvons voir comment l'événement se développe et ce qui suivra. En ayant ces données, nous pouvons choisir un moment dans le futur déjà vu ou, plus précisément, un moment dans le développement planifié des événements que nous avons observés. En changeant ce moment choisi, c'est-à-dire une des conséquences de la situation initiale, nous modifions cette dernière. La nouvelle situation de base mène, certainement, à un nouveau développement des événements, à celui que nous souhaitons.

Appliquez cette approche à votre santé et vous aurez la santé absolue.

2.10. LE RESSUSCITÉ CONSERVE TOUTES LES COMPÉTENCES PROFESSIONNELLES ET AUTRES QU'IL AVAIT ACQUISES DANS SA VIE ANTÉRIEURE.

Il existe le principe suivant : CHAQUE ÉLÉMENT DE LA RÉALITÉ CONSERVE TOUJOURS TOUTE L'INFORMATION SUR TOUT. Sur la base de ce principe, chaque objet reconstitué conserve toujours l'information le concernant. C'est pourquoi un ressuscité conserve complètement toutes les habitudes qu'il a accumulées pendant sa vie.

Ce principe permet de gérer tout objet informationnel à partir de n'importe quel point et à tout moment. Le fait que cet objet se déplace et fonctionne dans d'autres conditions n'a aucune importance pour sa gestion.

2.11. LA NOTION DE L'ESPRIT REND VÉRIDIQUE LA STRUCTURE DE LA CONNAISSANCE.

Nous savons que l'esprit est l'action de l'âme. La véracité de la structure de la connaissance pour tout objet d'information et, en premier lieu, pour l'homme, c'est sa caractéristique incluse dans son statut. Je l'ai déjà précisé dans l'introduction quand nous avons parlé de l'information du Réseau cosmique.

Sur la base de ce principe, la gestion peut être rapide et simple si votre état spirituel assure l'harmonie dans la réaction de l'objet ou le déroulement de la situation. Gérer signifie comprendre qu'il faut apporter votre propre élément spirituel dans tout événement et, ainsi, assurer une plus grande harmonie à tous les niveaux. Autrement dit, il faut se trouver dans un état spirituel approprié et c'est lui qui en assurera la gestion.

Par conséquent, ce principe permet d'obtenir la gestion d'objets ou d'événements à travers la connaissance et l'état d'esprit au plus haut niveau possible.

2.12. UN DES ASPECTS DE LA RÉSURRECTION EST LA RESTAURATION DE LA CONSCIENCE CRÉATRICE CHEZ LES VIVANTS.

La restauration de la conscience créatrice chez les vivants est une des tâches les plus importantes. Pour l'accomplir, vous pouvez agir comme suit.

Quand vous regardez n'importe quel objet, vous pouvez, par un effort de la volonté lui transmettre la capacité de création. Ainsi, vous gérez l'événement en y reconstituant l'élément du développement créateur. Par exemple, si vous voulez recouvrer la santé ou bien contrôler un événement lié à votre vie personnelle ou professionnelle, il vous faudra d'abord rétablir la conscience créatrice chez les gens qui participent à cet événement, y compris vous-même, ou vous pouvez assurer le développement continu de la conscience créatrice d'un homme s'il la possède déjà ou encore vous pouvez faire quelque chose d'utile, par exemple effectuer la purification écologique de l'environnement à l'aide de votre conscience, de votre esprit et appliquer ainsi la gestion.

De cette manière, vous obtenez le contrôle à l'aide de la reconstitution et du développement de la conscience créatrice ou, tout simplement, à l'aide d'une action créatrice.

2.13. IL FAUT CONSIDÉRER LE PROCESSUS DE LA RÉSURRECTION COMME CELUI DE LA REPRODUCTION DU FŒTUS.

Il faut approcher chaque processus en tenant compte de son développement ultérieur. Selon ce principe, la gestion de tout événement doit se faire de telle façon que chacune de vos actions assure le développement continu de cet événement.

2.14. CEUX QUI SONT « PARTIS » NE S'ARRÊTENT PAS DANS LEUR DÉVELOPPEMENT. LE DÉVELOPPEMENT SPIRITUEL DE LA

PERSONNE SE FAIT TOUJOURS DANS TOUTES LES CONDITIONS. C'EST POURQUOI SUR LE PLAN SPIRITUEL, LA RÉSURRECTION EST CONSIDÉRÉE COMME UNE MANIFESTATION DE L'HARMONIE GÉNÉRALE DU MONDE. ET DE CE FAIT, AU FOND DE SON ÂME, TOUTE PERSONNE EST AU COURANT DE LA RÉSURRECTION COMPLÈTE DE TOUS CEUX QUI SONT « PARTIS ».

Chaque élément de la réalité porte toujours l'information sur la possibilité de la reconstitution totale de tout autre élément. Par rapport à l'organisme, cela signifie que les possibilités d'appoint de n'importe quel organe se trouvent dans tout autre organe. C'est-à-dire que la structure de la cellule est telle qu'elle possède une réserve puissante de rétablissement de chaque élément d'un autre organisme. Autrement dit, la cellule contient pratiquement tous les éléments de l'organisme et, pour cette raison, nous pouvons le reconstituer en entier par une seule impulsion visant la reconstitution d'une cellule.

La même chose concerne les événements. Conformément au principe des liens universels, chaque élément de l'événement contient ses autres éléments. C'est pourquoi nous pouvons reconstituer tout événement ou le gérer à partir de tout endroit et à l'aide de n'importe quel de ses éléments.

3.1. L'ASPIRATION À LA RÉUNION DE DIEU ET DE L'HOMME DANS LE CADRE DE LA RECONSTITUTION ET DE LA RÉUNIFICATION MÈNE À LA MATÉRIALISATION ET À LA RÉSURRECTION.

Dans le cadre de la reconstitution, il s'agit également de l'aspiration de Dieu et de tout objet informationnel à la personnification de l'idée du Créateur.

Selon ce principe, il s'agit de la matérialisation d'un objet ainsi que d'un événement. Vous pouvez gérer tout événement, y compris l'avenir qui ne s'est pas encore manifesté dans la réalité physique.

3.2. LA CONCENTRATION PAR L'HOMME DE SA PROPRE CONSCIENCE PEUT MENER AU CHANGEMENT RADICAL DE LA STRUCTURE DU MONDE.

Ce principe permet d'améliorer la santé. Considérez votre conscience comme un élément du monde. Placez-la dans une zone appropriée du monde, par exemple dans un des organes intérieurs. Par conséquent, cet organe changera en fonction de ce que vous aurez mis dans votre conscience. Introduisez-y la santé parfaite, la santé globale et vous pourrez rétablir complètement votre santé ainsi que celle de n'importe quel autre homme.

3.3. LE CORPS PHYSIQUE EST TOUJOURS UNE PARTIE DE L'ÂME.

Sur la base de ce principe, pour rétablir la santé, vous devez considérer toujours le corps comme une partie de l'âme, comme sa manifestation. De cette façon, vous pourrez reconstituer assez facilement votre organisme ou celui d'un autre homme, mais il faut aussi comprendre que le corps n'est qu'une partie de l'âme.

Par les organes intérieurs, par la pensée ou par toute autre partie de votre organisme, vous pouvez obtenir des compétences et des informations en provenance de votre âme. Ou encore directement du Créateur, car l'âme de l'homme a été créée par Lui, c'est Sa création. L'âme est la lumière du Créateur.

Quand vous arrivez à recevoir des connaissances directement de votre âme, cela signifie que vous êtes déjà très proche de Dieu. Il est possible cependant de les recevoir directement de Dieu. Dans ce cas, vous aurez des connaissances directes et vous serez uni au Créateur au niveau du corps physique. L'âme et les connaissances directes proviennent de Dieu et, par conséquent, vous pouvez avoir le statut de l'âme là où l'union avec le Créateur s'effectue au niveau du corps physique. Cela signifie que le corps physique est une partie de l'âme.

Il en découle que chaque organe du corps physique est organisé selon le même principe de fonctionnement multiple. Vous pouvez toujours reconstituer n'importe quel organe vous appartenant ou appartenant à une autre personne. Il suffit de vous concentrer sur vos organes ou sur ceux de cette personne.

On peut également transmettre ces connaissances mentalement à une autre personne, et elle pourra faire tout ce qu'il faut pour sa santé.

3.4. ON PEUT CONSIDÉRER L'HOMME, EN THÉORIE ET EN PRATIQUE, COMME UNE STRUCTURE DE LA CONSCIENCE AYANT UNE ENVELOPPE CORPORELLE.

Comment utiliser ce principe pour gérer des événements ?

Chaque élément de la réalité est une structure capable de mener à des actions dans le domaine physique ou d'autres domaines de la réalité. Que peut-on dire quand nous examinons la conscience de l'homme par rapport à un objet ? Le domaine de la connaissance de l'homme lié à cet objet représente le domaine des réactions de cet objet ou le domaine de sa création.

En s'adressant directement au Créateur, on peut voir comment l'événement est créé. Nous pouvons considérer tout événement comme une manifestation de la volonté du Créateur. La compréhension des lois du développement du monde, la prise de conscience du processus du contrôle du monde par Dieu permettent de contrôler tous les événements.

3.5. SUR LE PLAN DE LA CRÉATION DES LIENS INFORMATIONNELS, AUCUN OBJET NE CROISE UN AUTRE OBJET, Y COMPRIS LUI-MÊME. LE PRINCIPE DE LA RÉSURRECTION DE L'HOMME OU LE PRINCIPE DE LA RECONSTITUTION DE TOUT OBJET CONSISTE EN UN CROISEMENT DE L'INFORMATION INITIALE SUR L'OBJET AVEC CELLE QUI SE DÉVELOPPE À LA SUITE DES LIENS DE CAUSE À EFFET.

Tout d'abord, ce principe permet de comprendre en quoi consiste l'autonomie de chaque élément du monde. Quand un élément se crée, l'autonomie est présente dans chaque action du processus de sa création. Cette autonomie ou indépendance représente la volonté libre d'un objet informationnel.

Quand vous analysez un événement du point de vue de la volonté libre, la situation devient complètement transparente pour vous. Vous comprenez tous les liens de cet événement – passés, présents et futurs. La possibilité de voir les liens de l'avenir détermine la technologie concrète du contrôle de l'événement. Ce principe permet de gérer l'événement sur la base de la compréhension de son développement continu.

Pour assurer une bonne santé, il faut établir un lien harmonieux entre l'organisme et tous les éléments de la réalité extérieure. En comprenant le rôle de ces éléments et en tenant compte de leur présence dans vos événements, vous pouvez atteindre une santé parfaite.

3.6. LE SYSTÈME DES IDÉES SPIRITUELLES DE CELUI QUI RÉALISE LA RÉSURRECTION CONSTITUE LE PRINCIPE DE L'ORGANISATION DE LA SOCIÉTÉ À DES ÉTAPES ULTÉRIEURES DE SON DÉVELOPPEMENT.

Lorsque vous analysez la société comme quelque chose qui a été créée suivant le principe d'autoreconstitution et qui existe sur la base de l'autoorganisation, autrement dit quand vous prenez la voie que le Créateur a suivie, vous acceptez le principe du Créateur, celui de Sa propre création générale et éternelle dans tous les éléments du monde et à toutes les étapes du développement. Ainsi, chaque moment de la création et de l'autoreconstitution assure cette essence du développement.

Toutefois, si vous vous développez de cette façon, à la ressemblance de Dieu, vous venez au monde qui est en harmonie avec vous, le monde où chaque élément possède une capacité universelle d'appoint. Cette capacité signifie que tout objet peut créer tout autre objet.

Ceci permet de comprendre plusieurs mécanismes du développement des événements. Par exemple, pourquoi les événements se développent-ils, parfois, de telle façon qu'un petit objet peut freiner de grands événements ou qu'un petit problème peut exercer une influence décisive sur tous les événements ? Et pourquoi suffit-il, souvent, de connaître ce problème pour résoudre le tout, par exemple pour se reconstituer ou reconstituer les autres ?

Pour rétablir la santé, il faut tout d'abord définir la cause initiale de sa perturbation. En éliminant cette cause et en rétablissant la santé dans ce secteur, on arrive à rétablir tout l'organisme.

C'est une des voies. Une autre est aussi possible. Si on applique ce principe à la gestion des événements, alors on peut reconstituer tout autre élément à l'aide de n'importe quel élément du monde. Si l'homme est à un niveau spirituel élevé, il peut tout changer, immédiatement, de telle façon que l'organisme soit complètement rétabli.

3.7. LES OBJETS ÉLOIGNÉS DE LA RÉALITÉ, C'EST CE QUI EST RAPPROCHÉ CHEZ LE RESSUSCITÉ ET CE QUI EST ÉLOIGNÉ CHEZ LE VIVANT.

Nous savons qu'un ressuscité est la personne qui avait des structures différentes de la conscience à la suite de son départ et ensuite de son retour. De la même manière, tout objet reconstitué avait différents états. On peut comparer les changements d'un état de l'objet reconstitué à des changements qui ont lieu quand vous formez un événement voulu. Cela permet de contrôler les événements comme suit.

On peut considérer l'événement qu'on forme comme un événement composé des secteurs éloignés et rapprochés par rapport aux éléments de cet événement.

Celui qui gère, qui crée, travaille toujours avec les éléments éloignés parce qu'ils représentent, pour lui, des réalités extérieures. Ce qui est déjà créé, peut être considéré comme un élément rapproché, car cela participe à la création de l'élément suivant. Par exemple, vous collez les morceaux d'un vase brisé. Alors le morceau que vous venez de coller à ceux qui sont déjà là peut être considéré comme un élément rapproché au vase en comparaison à celui que vous allez coller par la suite.

En comprenant tout ceci, vous pouvez rétablir votre santé selon le principe d'une image rapprochée. Pour cela, vous regardez à travers votre propre organe s'il est en bonne santé, ou bien à travers un organe d'une autre personne. Ou encore, vous vous imaginez mentalement cet organe et puis vous rapprochez mentalement cette image d'un organe sain ou bien vous la posez, tout simplement, sur l'organe que vous devez rétablir. C'est l'essence du principe d'une image rapprochée qui permet de rétablir rapidement votre santé.

3.8. LE RESSUSCITÉ ABSOLUTISE L'ESPACE ET DÉTAILLE LE TEMPS. AU DÉBUT, LE TEMPS EST DISCRET POUR LUI, TANDIS QUE POUR LE VIVANT, IL EST CONTINU.

Ce principe permet de gérer les événements sur la base du fait suivant : quand un événement commence à s'organiser, le temps est plus détaillé au début, c'est-à-dire discret. Plus tard, lorsque l'événement est déjà formé, le temps devient continu pour les éléments de cet événement.

Si nous souhaitons gérer un événement qui commence, il faut croire que chacun de ses éléments peut être perçu de façon isolée, séparément des autres. On voit que divers éléments d'un événement qui commence ne dépendent pas tellement l'un de l'autre, mais au fur et à mesure que l'événement se développe, cette dépendance grandit.

Comment appliquer ce principe au problème de la santé ? Si la maladie n'est pas encore devenue chronique, si elle est encore au stade initial, on peut rétablir l'organisme par la guérison de divers organes malades, et certainement, en tenant compte des liens qui se forment. On peut considérer l'organisme comme une structure numérique.

S'il s'agit d'une maladie chronique déjà formée, il faut analyser tous les liens pour rétablir la santé, examiner l'organisme dans sa totalité.

3.9. PRINCIPE DE L'AUTONOMIE DU FONCTIONNEMENT DE L'INFORMATION DANS DES TEMPS DIFFÉRENTS

À partir de l'analyse de ce principe faite dans le chapitre II, nous savons que le temps a une structure autonome, celle qui fonctionne indépendamment. Cela signifie que dans le passé, le présent et l'avenir, le contrôle peut provenir d'un temps différent, par exemple du point de vue de la durée de l'impulsion de contrôle. Dans l'organisme, divers processus ont un temps caractéristique différent. Par conséquent, en choisissant la durée de l'impulsion, on peut rétablir la santé. L'amélioration de la santé de l'entourage mène au rétablissement de la santé de celui qui guérit. Le mécanisme d'autoreconstitution fonctionne de cette façon : la personne guérie contribue à ce que ses proches guérissent aussi.

3.10. L'ORIENTATION DE LA VRAIE RELIGION VISE À CONTRIBUER AU DÉVELOPPEMENT CRÉATEUR DE L'ÂME, DU CORPS ET DE LA SOCIÉTÉ.

Ce principe permet de comprendre une idée très importante du Créateur : tout objet informationnel doit contribuer au développement créateur de tout autre objet. De plus, il doit contribuer à la hausse continue du niveau de ce développement créateur. Le Créateur a inclus ce principe dans chaque élément du monde.

La façon de contribuer à la hausse du niveau du développement créateur d'autres objets détermine la capacité de création d'un objet, son niveau, son statut. Le statut intérieur est présent dans chaque objet d'information, dans chaque élément d'un événement. La compréhension de ce statut intérieur permet de gérer l'événement.

J'aimerais souligner, encore une fois, un aspect important, capital pour assurer une santé parfaite. Il existe un lien inébranlable entre le corps de l'homme et son âme. La rupture entre le corps physique de l'homme et son essence spirituelle prive l'homme d'une base solide, car le corps est une partie de l'âme. Cette idée est un facteur décisif permettant d'avoir un corps physique sain.

La vraie religion aide à assurer une interaction harmonieuse entre l'âme de l'homme et son corps, entre chaque homme et toute la société. Ceci contribue au développement créateur de tous.

3.11. LA RÉSURRECTION EST LA BASE LA PLUS RÉELLE, LA PLUS PRAGMATIQUE, LA PLUS RAISONNABLE ET LA PLUS DÉMONSTRATIVE POUR LE DÉVELOPPEMENT ULTÉRIEUR ET POUR LE DÉVELOPPEMENT DE LA PENSÉE DES GÉNÉRATIONS FUTURES.

La résurrection ou, de façon plus générale, la reconstitution des objets permet de toucher à l'essence réelle du monde. Un tel aspect du monde comme l'Éternité donne la possibilité d'avoir toujours tout objet, d'être toujours en contact avec lui et, par conséquent, de toujours le contrôler. Cela signifie la possibilité de gestion éternelle et de développement créateur harmonieux.

L'harmonie totale, c'est le lien éternel, c'est l'interaction universelle avec tous les éléments assurant le développement créateur. Une telle harmonie génère la santé absolue.

La gestion de la réalité à la base de ce principe joue un rôle important dans la nouvelle médecine. Il montre que le rétablissement complet est la suite du principe d'une régénération adéquate et du développement infini de l'organisme.

3.12. CELUI DES VIVANTS QUI N'EST JAMAIS DÉCÉDÉ POURRA TOUJOURS RESSUSCITER UN « PARTI » PLUS RAPIDEMENT ET EN VARIANTE PLUS APPROPRIÉE QU'UN RESSUSCITÉ.

La gestion du processus de la reconstitution se fait par la compréhension de l'harmonie du monde que celui qui ressuscite reproduit dans sa conscience. Cette capacité de gestion est initialement présente dans la structure spirituelle de chacun de nous.

La vitesse de ce processus est variée. Elle est toujours plus grande chez celui qui n'est jamais décédé que chez celui qui est « parti » et puis revenu. Il est clair que l'on peut gérer plus vite à l'aide d'un objet informationnel plus harmonieux que d'un objet qui porte des traces de destruction et qui doit encore recevoir en partie une plus grande harmonie.

Par rapport à la santé, on peut assurer plus facilement le rétablissement de votre organisme ou de celui d'une autre personne en passant par un organe intact. Si vous vous concentrez sur cet organe intact et que vous étendez la conscience à tout l'organisme, vous pouvez obtenir la santé optimale de tout le corps.

3.13. LA PRATIQUE DE LA RÉSURRECTION, DE LA RECONSTITUTION NE CONTREDIT AUCUNE RELIGION, AUCUNE LÉGISLATION, NI AUCUNE TENDANCE DU PLAN CRÉATEUR.

Ce principe permet de comprendre qu'en reconstituant un objet, on y met des éléments du développement créateur. Supposons qu'un certain objet pose un problème pour son entourage. La reconstitution de cet objet sur la base de l'impulsion de création lui permet de se développer de telle manière qu'il se trouve en harmonie avec son environnement. Je voudrais souligner que tout processus de reconstitution totale mène obligatoirement à l'harmonisation de l'objet avec l'environnement.

Si on parle des objets destructifs, l'harmonisation signifie qu'à la suite du pilotage toutes les fonctions destructrices de cet objet seront complètement neutralisées.

La neutralisation des fonctions destructrices et le développement des fonctions créatrices signifient la vraie gestion de l'événement.

Des conséquences importantes pour la santé découlent de ce principe. Prenons un fumeur qui veut arrêter de fumer. On pourrait lui recommander l'approche suivante. Tout d'abord, il faut isoler la cigarette dans sa conscience et seulement après cela, il arrête de fumer.

En général, chaque maladie se développe au début sur un plan informationnel et quand elle sera suffisamment formée, elle commencera à se manifester sur le plan physique.

De là, nous voyons que le traitement apporté uniquement au niveau du corps physique ne touche que les conséquences de cette maladie alors qu'il est important avant tout de tenir compte des causes. Ces dernières ont des racines sur les plans subtils de l'être. C'est pourquoi on peut assurer très simplement une guérison efficace sur la base de l'utilisation active de la conscience.

Relisez attentivement les approches de la guérison que je vous ai proposées dans les principes précédents. Par exemple, je disais : « Formez dans votre conscience l'image d'un organe en bonne santé et posez-la sur l'organe que vous voulez guérir. »

C'est une approche universelle, un exemple concret de la pratique du pilotage.

3.14. LA RÉSURRECTION DES HUMAINS PERMET DE RESSUSCITER ET DE RECONSTITUER TOUS LES OBJETS.

La reconstitution de tout objet permet de créer des structures de la réalité et, ainsi, de maîtriser tout événement. Notamment, on peut maîtriser la santé.

4.1. LA RÉSURRECTION EST LA GESTION DE TOUT L'ESPACE EXTÉRIEUR.

Ce principe permet de gérer les événements comme suit : vous transférez tout l'espace extérieur dans l'événement.

Comment peut-on l'utiliser pour rétablir la santé ? Vous examinez toute l'harmonie du monde à l'intérieur de vous, vous la reflétez, vous la manifestez en vous-même. Elle commence à résonner en vous et l'organisme mis en harmonie se retrouve en pleine santé.

4.2. L'HOMME EST À LA FOIS LE MONDE EXTÉRIEUR ET LE MONDE INTÉRIEUR.

La santé est un état déterminé par plusieurs facteurs. La combinaison de tous les facteurs signifie la santé de chaque organe, de chaque cellule.

4.3. LA DILATATION DU TEMPS, SON ÉLOIGNEMENT OU SON RAPPROCHEMENT SIGNIFIENT LA RÉSURRECTION POUR CERTAINS ASPECTS DE L'ESPACE.

Chaque organe peut être considéré comme un objet existant dans le temps. Des processus s'effectuent en lui. Il vit sa propre vie, il suit son cours normal du temps qui ne coïncide pas spécialement avec celui des organes voisins. Lorsque vous voyez que les processus qui ont lieu dans divers organes se distinguent, même un peu, par le cours du temps, cela signifie que votre santé est parfaite.

4.4. CE À QUOI L'HOMME PENSE, CE QU'IL DIT ET CE QU'IL FAIT PORTENT LE CARACTÈRE DE L'ÉTERNITÉ.

Chaque organe est créé de façon à pouvoir fonctionner éternellement. Si l'homme comprend cela dans toute son essence, il n'aura plus jamais de problèmes de santé.

4.5. LE PRINCIPE D'ÉTERNITÉ ASSURE À CEUX QUI SONT « PARTIS » LA COMPRÉHENSION DU FAIT QU'ILS SERONT RESSUSCITÉS.

La réalité et chacun de ses éléments sont organisés de telle façon qu'il y a des principes de reconstitution totale. Chacun des êtres vivants a toujours ses propres connaissances sur la vie éternelle. Chaque objet informationnel a aussi ses connaissances sur sa forme entière.

Si on parle des objets destructifs, par exemple les bombes, il faut noter que ce sont des structures qui n'ont pas d'harmonie, des structures du plan de conscience où l'élément créateur n'est pas encore devenu dominant, voire déterminant. Par conséquent, votre conscience doit isoler la bombe, c'est-à-dire ne pas la laisser exploser. Cet isolement de la bombe dans la conscience doit mener au changement de la situation politique afin que la question de la bombe ne se pose plus et que les négociations deviennent la base de la solution des conflits.

Le principe d'Éternité ne détruit pas la bombe même, mais il change la structure de la société ou d'un événement et après quelque temps, la bombe perd les fonctions qui lui ont été attribuées au début. Cela veut dire qu'après un certain temps, la bombe ne sera plus dangereuse à cause de la décomposition de ses éléments ou autres. En fait, elle ne sera plus une bombe.

Ce principe fait partie de la forme des objets. Si un certain élément est capable d'endommager quelque chose, ce principe fonctionne selon la forme d'autodestruction. Quand nous parlons de l'éternité d'un objet, nous gardons à l'esprit que ces éléments liés à la destruction sont transférés dans la structure où ils ne peuvent pas se détruire eux-mêmes ni d'autres éléments de la réalité.

La gestion correcte aboutit à ce que tous les éléments qui peuvent détruire se transforment avec le temps et sans toucher – je le souligne – à leur structure initiale.

De cette façon, sur la base du principe de l'Éternité, le rétablissement de l'harmonie est assuré.

4.6. LE DÉPLACEMENT DES « PARTIS », DANS LEUR PAYS DE VIE FÉERIQUE SUR LE PLAN DE NOTRE COMPRÉHENSION, S'EFFECTUE À TRAVERS LA STRUCTURE DE NOTRE CONSCIENCE.

Examinons les éléments de la réalité à travers la structure de notre conscience dans le but de changer la réalité en changeant notre conscience. Nous verrons qu'il y a beaucoup de liens qui dépendent de la structure de notre conscience, de notre perception de la réalité. Si vous le comprenez, si vous voyez ces liens, vous pouvez comprendre la maladie, sa cause et vous pouvez vous guérir vous-même et les autres.

4.7. LES CHANGEMENTS DU PAYSAGE GÉOGRAPHIQUE QUI SE FONT AU COURS DES TREMBLEMENTS DE TERRE OU DU GLISSEMENT DE GRANDES COUCHES DE ROCHES AU MOMENT DE L'AVALANCHE MÈNENT À DES CHANGEMENTS GÉNÉTIQUES STRUCTURELS DANS L'HOMME, CAR L'HOMME RÉAGIT À TOUT L'ESPACE

À la suite de la loi sur les liens universels, tout changement dans le monde mène à d'autres changements. Ce principe permet de comprendre que n'importe quel mouvement dans l'organisme, n'importe quelle pensée, n'importe quel changement dans la conscience causent la réaction de tous les éléments de l'organisme. Cette connaissance permet de guérir n'importe quelle maladie.

Nous avons revu les principes de la résurrection exposés dans le chapitre II. Cette fois, nous les avons examinés par rapport à la gestion des événements, notamment au rétablissement de la santé.

De la même façon, on pourrait analyser les méthodes de résurrection des personnes, exposées dans le chapitre III. Je ne le ferai pas dans ce livre. Toutefois, je vous conseille de réfléchir à ces questions. À l'exemple de quelques méthodes de résurrection, essayez de trouver des recommandations qui pourront être utiles pour gérer des événements ou bien rétablir la santé. Cela sera une bonne pratique pour mieux comprendre les idées des chapitres II et III.

Notez bien que du point de vue de la gestion des événements, les principes de la résurrection reflètent les lois du monde et les méthodes sont des lois du monde en forme dynamique. Toute structure fondamentale exprimant les lois du monde est aussi une loi du point de vue de son application.

De là, on peut faire un autre pas vers la compréhension de l'organisation du monde en formant la structure de ce monde selon ces principes. C'est-à-dire établir des lois qui mèneront à la création, car les principes qui reflètent ces lois, quand ils sont assimilés par tous, deviennent eux-mêmes les lois fondamentales dans le monde.

2. PRINCIPES FONDAMENTAUX DE LA MÉDECINE NOUVELLE – LA MÉDECINE DE L'AVENIR EST DÉJÀ CELLE DU TEMPS PRÉSENT

Passons à l'examen des principes fondamentaux de la nouvelle médecine. Ces principes sont regroupés de telle façon qu'ils forment deux parties. La première présente neuf principes qui sont divisés, à leur tour, en trois groupes, trois principes dans chacun. Ces trois groupes correspondent aux trois différents niveaux des principes. Pourtant, cette division des principes par niveaux est aussi conventionnelle – j'en ai déjà parlé dans le chapitre II examinant les principes fondamentaux de la résurrection.

La deuxième partie contient onze principes. Ils sont tous, plus ou moins, au même niveau. C'est pourquoi ils sont présentés, l'un après l'autre, sans autres subdivisions.

SECTION 1

1

1. IL FAUT ASSURER LE DÉVELOPPEMENT DE L'ESPRIT JUSQU'AU NIVEAU OÙ L'HOMME POURRA REPRODUIRE SON CORPS PHYSIQUE SUR UNE BASE SPIRITUELLE.

Tout en assurant les processus de la vie du corps physique, la nouvelle médecine doit assurer le développement de l'esprit de l'homme jusqu'au niveau où l'homme pourra, sur une base spirituelle, reproduire son corps physique et les événements dans n'importe quel monde, dans n'importe quel espace, dans n'importe quel espace-temps.

2. LA NOUVELLE MÉDECINE CRÉE DES ZONES DANS L'ESPACE-TEMPS OÙ S'EFFECTUERA LA REPRODUCTION DE LA MATIÈRE.

La reproduction du corps de l'homme doit s'effectuer dans des conditions – si l'on peut dire – du milieu bio-organique intérieur et extérieur qui servira de base au fonctionnement du corps en fonction de l'esprit, de l'âme et de toute l'information. Ainsi la nouvelle médecine ne s'occupe pas uniquement du corps de l'homme. Elle aura l'objectif de créer des zones spéciales dans l'espace-temps où la reproduction de la matière aura lieu et pour cette raison le corps physique pourra fonctionner librement là-bas.

3. LE CORPS PHYSIQUE CONÇU PAR L'ESPRIT POURRA, EN INTERACTION AVEC L'ÂME ET L'ESPRIT, REPRODUIRE D'AUTRES CORPS ET LES RECONSTITUER.

Ce sera la guérison dans le vrai sens du terme.

Des personnes plus évoluées pourront rétablir le corps d'un autre homme et, en plus, elles seront capables de structurer certains segments de son âme dans le sens du développement créateur perpétuel.

Le monde se développe tout le temps, les circonstances changent et la réaction à la nouvelle situation doit être rapide. Précisons. Si quelqu'un a remarqué qu'il faut changer subitement la réaction, qu'il faut apporter des changements pour que l'harmonie du monde continue à se développer, il doit savoir structurer immédiatement l'élément approprié de l'âme de l'autre homme et il doit le faire sans pensée, sans parole, sans action intermédiaire, afin que l'autre personne en bénéficie tout de suite. Cette technologie constituera un paragraphe à part dans la nouvelle médecine.

Aujourd'hui, la formation du corps et de l'âme est réservée uniquement au Créateur. La formation du corps fera partie de la nouvelle médecine. De plus, il y aura également la pratique de la structuration de certains éléments de l'âme.

2

1. LA NOUVELLE MÉDECINE CONSIDÉRERA L'INTERACTION ENTRE LE CORPS PHYSIQUE, L'ESPRIT ET D'AUTRES CORPS COMME ENTRE DIFFÉRENTS OBJETS QUI SONT TOUS ÉQUIVALENTS SUR LE PLAN INFORMATIONNEL.

Le corps physique vit dans un certain espace. L'interaction entre le corps, l'esprit et d'autres corps apporte des changements à cet espace et à l'espace extérieur. On peut voir cette interaction comme une interaction entre différents objets d'information. Le développement créateur général forme l'équivalence de ces objets sur le plan informationnel.

Je voudrais attirer votre attention sur le fait que j'attribue à la notion de médecine un sens plus large qu'un simple traitement. À mon avis, la médecine doit assurer la santé de l'homme dans n'importe quel continuum spatio-temporel. Dès lors, la nouvelle médecine doit avoir une section spéciale qui s'occupera des résultats d'interaction de différents objets d'information : des corps, des espaces, des objets spatiaux et temporels, etc.

2. À LA SUITE DU DÉVELOPPEMENT DE L'HOMME, CHAQUE CELLULE DE SON CORPS PHYSIQUE SERA AUSSI RAISONNABLE QUE LUI-MÊME.

On connaît aujourd'hui la notion d'*homo sapiens* ou de l'homme en tant qu'être raisonnable. Alors, une des particularités de la nouvelle médecine, à part l'existence de la notion de l'homme raisonnable, sera l'existence de la notion de cellule raisonnable. La cellule sera aussi sensée que l'homme. C'est un phénomène complètement nouveau, inconnu jusqu'à présent.

Quand les cellules seront raisonnables, le mécanisme d'influence sur les circonstances extérieures changera. Cette influence se fera à travers le système intracellulaire et le système extérieur à la cellule. Il s'agira ainsi de la médecine intracellulaire et extracellulaire.

Compte tenu de ce qui a été dit à propos des cellules, le corps aura un système hiérarchique plus complexe, car il y aura la possibilité du contrôle supplémentaire de chaque cellule.

3. LE DÉVELOPPEMENT DU CORPS DE L'HOMME, Y COMPRIS PAR LA CONSCIENCE DE SES CELLULES, MÈNERA À CE QUE LE CORPS DE L'HOMME SOIT UN ÉLÉMENT ACTIF DE LA CONSTRUCTION DU MONDE.

Ce qui a été créé par Dieu peut changer simultanément le développement du monde, changer sous contrôle. Le développement du corps de l'homme passera aussi par la conscience de sa structure cellulaire. Il sera un élément actif de la construction du monde. Autrement dit, le développement du corps aboutira à ce qu'il ne sera pas seulement le consommateur, mais aussi le créateur de lui-même.

C'est une branche complètement nouvelle de la médecine. Elle sera liée à la reconstruction des processus spirituels et matériaux, par exemple intracellulaires ou extracellulaires. Le développement de l'esprit suivra un principe plus complexe. On peut dire que l'esprit, le cerveau et le corps seront la même chose que l'âme, le cerveau et le corps. Dans le chapitre II, j'ai parlé des différences entre l'âme et l'esprit. Pourtant, ce que je viens de dire signifie que ces différences s'effaceront. En général, la nouvelle médecine réunira certains éléments, car l'acte de la création sera aussi l'acte de la manifestation immédiate de toutes ses conséquences.

L'homme se présentera comme le créateur des mondes. Il pourra créer des éléments nouveaux qui n'existent pas sur terre. Au cours des démonstrations de matérialisation, j'ai déjà créé des éléments de la matière inconnus jusqu'à présent et enregistrés dans des documents officiels. J'en parlerai plus en détail dans d'autres livres. Ce processus a beaucoup d'aspects. On peut produire n'importe quel objet, par exemple un clou, à l'aide d'une machine, mais on peut aussi l'obtenir grâce à la matérialisation par votre conscience.

3

1. EN RESTANT INDIVIDUALISÉ, LE CORPS PHYSIQUE POURRA ÊTRE PRÉSENT PARTOUT AU NIVEAU DE L'ESPRIT ET DE L'ÂME.

Le corps physique devra rester individualisé. En même temps, il doit être étendu à de nombreux objets d'information. Étendu dans le sens que le corps, tout comme l'âme, pourra réaliser en pratique toutes les procédures de contrôle de la réalité extérieure. Cela signifie que le corps physique, tout comme l'âme, pourra être présent partout au niveau de l'esprit et de l'âme. Alors, il faudra résoudre les problèmes de l'individualisation de chaque corps et de la détermination des sphères réelles du cadre de vie de l'âme, de l'esprit, du corps, de l'intellect.

Ces objets ont d'innombrables degrés de liberté. Chacun de ces degrés de liberté se manifeste d'une certaine façon, c'est-à-dire dans certains systèmes d'accès, dans certains éléments de compréhension, etc. mais tout cela existe seulement pour ceux qui le comprennent.

La tâche de la nouvelle médecine sera de détecter les indices des objets d'information, les capacités individuelles des gens. C'est une tâche particulière, elle est importante pour la reproduction des générations suivantes. Le principe d'individualisation sert de base à la reproduction des générations suivantes des êtres humains, des animaux, des oiseaux, des plantes et, en général, de tous les êtres.

Vous voyez qu'on pourrait placer ce principe au premier niveau. Je l'ai placé ici, au troisième groupe, parce qu'il est plus facile de percevoir cette construction et de la comprendre globalement.

2. LA VIE ÉTERNELLE DE L'HOMME SERA ASSURÉE PARCE QU'ON NE POURRA PLUS CHANGER LA VOIE CRÉATRICE DU DÉVELOPPEMENT.

Ce principe vise à relier la notion du développement et celle d'accès à toute structure spatiale et temporelle. En ayant l'accès à cette structure, on peut toujours assurer des changements appropriés à l'aide d'une impulsion de la conscience, celle de l'âme. L'influence de cette impulsion sera évidente dans le passé et dans le futur. Tout d'abord, dans le passé, pour exclure la situation où une personne pourrait changer le volume d'information accumulée, le schéma constructif de développement déjà existant. Il s'agit ici d'une sorte de sécurité de travail.

Les connaissances que je propose sont sécuritaires. Elles développent l'homme pour le meilleur et elles assurent le respect du principe de sécurité. Ceci parce qu'elles sont organisées de manière à ce que seul celui qui possède la connaissance et la maîtrise puisse avoir accès à toute structure spatiale et temporelle. Il s'agit des connaissances créatrices et des savoirs créateurs. Celui qui ne connaît pas et qui ne sait pas faire ne pourra pas avoir accès à des structures spatiales et temporelles et il ne pourra rien changer. Le principe de sécurité se base sur cette technologie particulière.

3. LA REPRODUCTION DE LA VIE SERA INDÉPENDANTE DE L'ALIMENTATION.

En ayant accès à l'information, on pourra réaliser la formation des structures du développement des organes indépendamment de l'alimentation. Par conséquent, la reproduction de la vie pourra se faire de la même manière. Cette section de la médecine sera connectée aux technologies de la vie éternelle, car on n'aura plus besoin de l'alimentation pour satisfaire tous les besoins de l'homme. Tous les besoins, à l'exception des besoins destructifs, seront satisfaits par le développement infini sur la voie de la création.

Je le dis parce que c'est un des pas, un des éléments du mouvement vers la nouvelle médecine où tout se transforme dans le sens créateur, par la volonté de l'âme. L'homme ne dépendra plus des circonstances du monde extérieur ni du monde intérieur. L'homme arrivera à un état idéal qui sera caractérisé par la commande totale de sa part et par sa réalisation totale.

SECTION 2

1. LA STRUCTURE DE LA MATIÈRE EST TELLE QUE LA CONSCIENCE PEUT LA RECONSTITUER EN N'IMPORTE QUEL POINT.

La synthèse de la conscience et de la matière sera un processus connu dans la nouvelle médecine et donnera un résultat connu d'avance pour chaque point. En fait, les possibilités de la synthèse de la conscience et de la matière sont déjà connues à ceux qui pratiquent la structuration de la conscience suivant mon système du salut. C'est pourquoi le travail de la conscience sera montré au niveau des processus qui sont liés à celui de la reproduction du monde.

Un exemple concret. Quand vous plantez un arbre, votre conscience fonctionne avec le corps dans ce processus de la reproduction de la vie. Ici, le corps plante un arbre sur la base d'un objectif qui est dans la conscience. À son tour, l'arbre produit de l'oxygène et maintient de cette façon le corps en vie.

Ce principe sera utilisé dans tous les appareils, tous les dispositifs de la nouvelle médecine ainsi que dans toutes ses approches analytiques. L'analyse se fera du point de vue de ce qui se passe dans l'organisme, mais aussi du point de vue de l'interaction de l'organisme avec la réalité. C'est une approche qualitativement nouvelle qui offre au médecin de nouvelles possibilités pour rétablir la santé.

2. QUAND VOUS CONSIDÉREZ LA RÉALITÉ COMME UNE STRUCTURE QUI FORME VOTRE CONSCIENCE, VOTRE CONSCIENCE PEUT FORMER AU SEIN DE CETTE RÉALITÉ VOTRE CORPS QUI, À SON TOUR, FORME UNE NOUVELLE RÉALITÉ SUIVANTE, POUR LUI-MÊME.

On peut formuler différemment ce principe : votre conscience peut façonner la réalité de telle façon que chaque pas suivant dans sa formation mène à la création de la réalité la plus favorable pour vous. Cela signifie qu'à chaque nouvelle étape de son développement, chaque individu devient de plus en plus harmonieux.

Cela fait disparaître des notions comme la vieillesse, les maladies, la perte d'aptitudes au travail. L'homme s'épanouit dans tous les sens. Chaque nouvelle étape mène à un niveau supérieur de son développement.

Quand chaque individu se développe de cette manière, la nouvelle médecine a pour tâche de créer des conditions pour favoriser un tel développement.

3. LE DÉVELOPPEMENT DE LA BASE ÉCONOMIQUE, POLITIQUE, SOCIALE ET ÉCOLOGIQUE POUR LA RECONSTITUTION DE L'HOMME MÈNERA À CE QUE LE DÉVELOPPEMENT ÉTERNEL FORMERA LES CONSTRUCTIONS ÉTERNELLES DU MONDE QUI SE CONSOLIDERONT DANS LA SPHÈRE LÉGISLATIVE ET SOCIALE.

En s'appuyant sur la base qui est définie dans la formulation du principe, le développement de l'homme se fera de manière si harmonieuse que l'amour éternel se développera dans chaque élément. Cela contribuera à la naissance de nouveaux mondes. L'homme, en tant que leur créateur, organisera l'étape suivante du développement sur la base de l'amour universel.

On peut formuler ce principe comme suit : en se présentant comme créateur, l'homme s'appuie sur l'amour et le développe en même temps. C'est cette approche du développement qui a été initialement choisie par Dieu. C'est-à-dire que l'amour est la base de la construction des mondes. L'amour infini du Créateur, invisiblement présent, est toujours envoyé à chacun de nous. De la même façon, chacune de vos actions doit toujours être imprégnée d'amour. Alors, en créant, vous allez agir comme Dieu le fait. Et alors, la construction de l'organisme et votre guérison ainsi que celle des autres se présenteront comme une manifestation de l'amour universel.

4. TOUT PROCESSUS DE LA RÉALITÉ SERA ANALYSÉ EN FONCTION DE L'HOMME.

Ce principe est clair et il peut être facilement réalisé dans le traitement de l'homme, dans ses actions et dans son développement à condition que les liens concrets de l'homme avec chaque objet d'information soient pris en compte. Ce principe permet de voir l'interaction de divers événements courants dans la vie de l'homme et aussi futurs. Alors, l'homme pourra avoir des recommandations concrètes concernant ce qu'il devra faire dans l'avenir, comment il devra se comporter afin que sa vie se développe normalement et pour qu'il ait une bonne santé.

5. CHAQUE ÉVÉNEMENT LIÉ À TOUT OBJET D'INFORMATION, Y COMPRIS CHAQUE ÉVÉNEMENT DANS LA VIE D'UN HOMME, SERA CONSIDÉRÉ COMME UNE CONTRIBUTION AU RÉTABLISSEMENT DE L'HARMONIE POUR L'HOMME QUI A BESOIN D'UNE AIDE QUELCONQUE.

Dans la nouvelle médecine, le traitement se fera non seulement par des médicaments ou des appareils spéciaux créés par la conscience concrètement pour cet homme, mais se fera également par le développement de la conscience de cet homme vers la zone d'interaction avec d'autres personnes. La guérison aura lieu grâce à l'harmonie avec les autres.

Techniquement, ce principe se réalisera comme suit. Les appareils amélioreront la santé de tous les gens et, en même temps, ils reconstitueront tous les objets d'information, ce qui aboutira concrètement à l'amélioration de la santé d'un homme.

6. EN AUCUN CAS, TOUTES LES TECHNOLOGIES ET TOUS LES DISPOSITIFS TECHNOLOGIQUES DE LA NOUVELLE MÉDECINE NE LIMITERONT LA LIBERTÉ D'ACTION ET LA VOLONTÉ DE CHAQUE HOMME EN PARTICULIER.

La nouvelle médecine s'appuiera sur la liberté d'action et la volonté de chaque homme en particulier. C'est pourquoi les appareils analysant l'état de santé seront construits de telle façon qu'ils ne limitent aucunement la liberté de pensée et la liberté d'action de chaque homme. Au contraire, ils contribueront au développement de cette liberté, car la liberté totale de la pensée est la toute première condition fondamentale du développement créateur de l'homme.

Cette nouvelle technologie vise à assurer le traitement essentiellement sur la base de la conscience même de l'homme. La structuration de la conscience mènera à ce que la conscience pourra reproduire toute structure préparée, autrement dit, matérialiser des médicaments appropriés. Ce seront des médicaments complètement nouveaux, ils ne seront pas artificiellement créés sur la base de la chimie. Les médicaments créés par la conscience seront complètement inoffensifs, sans effets secondaires et ils feront du bien aux gens. En les utilisant, on peut rétablir la santé de n'importe quel organe. Toutefois, il est aussi possible, sur la base de la conscience, de reconstituer des organes entiers, les vôtres ou ceux d'un autre homme. Si vous structurez votre conscience dans le cadre de la gestion de la réalité, vous avez des possibilités illimitées.

7. LES TECHNOLOGIES ET LES DISPOSITIFS TECHNIQUES DE LA MÉDECINE DE L'AVENIR S'OCCUPERONT DE L'ORGANISME DE L'HOMME SANS RESTRICTIONS TEMPORELLES.

L'aspiration de l'homme à la liberté totale d'action, notamment au déplacement réel dans divers secteurs spatiaux et temporels, se manifestera de plus en plus dans l'avenir. Cela signifie que la médecine de l'avenir devra assurer la pleine santé de l'homme dans n'importe quel point de tous ces secteurs spatiaux et temporels. C'est pourquoi ce principe dit que les futures technologies et les dispositifs techniques devront viser le présent, mais aussi tout le passé de cet organisme ainsi que son avenir, sa future structure. Autrement dit, les nouvelles technologies s'occuperont concrètement de chaque organisme, sans restrictions temporelles.

8. L'ANALYSE DU DÉPLACEMENT DE L'HOMME DANS L'ESPACE ET DANS LE TEMPS AINSI QUE L'ANALYSE PARALLÈLE DE LA PENSÉE PERMETTENT D'ASSURER UNE STRUCTURATION CONCRÈTE DE LA CONSCIENCE GARANTISSANT UNE BONNE SANTÉ.

Nous pouvons observer et analyser le déplacement de l'homme dans l'espace et dans le temps et en même temps, observer et analyser le mouvement qui se fait au niveau de la pensée. La réunion des éléments de ces deux mouvements permet d'avoir une forme concrète de la conscience qui aide à comprendre comment répartir la pensée pour assurer une bonne santé.

9. LA NOUVELLE MÉDECINE ENLÈVERA TOUTES LES LIMITATIONS D'ÂGE DÈS LA NAISSANCE D'UN HOMME PAR UNE VOIE BIOLOGIQUE NATURELLE. ELLE ASSURERA AUSSI LA POSSIBILITÉ DE LA CRÉATION DE L'HOMME PAR LA STRUCTURATION DE LA CONSCIENCE.

La hausse permanente du niveau de la santé et le perfectionnement des fonctions de l'organisme permettront de supprimer toutes les limitations d'âge dès la naissance d'un homme par une voie biologique naturelle et d'enlever toute limite temporelle au processus de la naissance des enfants. À la suite du développement continu progressif, dès sa naissance, le niveau naturel de l'homme sera plus élevé.

Parallèlement à la possibilité de la naissance traditionnelle, la création totale de l'homme par la structuration de sa conscience sera aussi possible, par la même voie que Dieu l'a créée. La création de l'homme par la structuration de la conscience signifiera la liberté totale d'action. L'homme né de cette façon aura la santé absolue. Il aura aussi la capacité de recevoir et de transmettre immédiatement n'importe quelle information. C'est pourquoi la tâche de la nouvelle médecine sera de transmettre presque immédiatement l'information à l'homme nouveau.

10. LA TÂCHE PRINCIPALE DE LA NOUVELLE MÉDECINE SERA D'ASSURER L'IMMORTALITÉ.

Le mouvement de la société vers l'immortalité et la réalisation de la vie éternelle et du développement infini doit se propager simultanément à tous ses membres. C'est-à-dire que chaque homme doit prendre ce chemin et devenir immortel. Pour cette raison, la tâche de la nouvelle médecine est de propager les nouvelles connaissances et technologies parmi tous les membres de la société afin que chacun puisse se développer librement sur ce chemin.

Une autre possibilité sera offerte: assurer la transmission immédiate de toutes ces données au moment où le fœtus commence seulement à se former.

11. AU FUR ET À MESURE QUE LA CONSCIENCE DE L'HOMME SE FORME, CHAQUE ÉLÉMENT DE LA RÉALITÉ DEVIENDRA DE PLUS EN PLUS MAÎTRISABLE EN CORRESPONDANCE AVEC LES ASPIRATIONS DE L'HOMME.

Avec le développement de la conscience de l'homme, chaque élément de la réalité changera pour correspondre de plus en plus aux besoins de l'homme. Cela mènera au changement du caractère de contrôle des éléments de la réalité. Le contrôle ne s'effectuera plus sur la base d'une approche de force, mais par un pur effort de volonté. Grâce à l'harmonie toujours plus globale dans le monde, la maîtrise des éléments de la réalité se fera sur la base de la concertation des actions prévues avec ces éléments. Pour cela, toute l'information leur sera transmise préalablement.

Par conséquent, la réalité se développera de façon concertée. Assurer un tel développement sera une des tâches de la nouvelle médecine.

Selon ce principe, le développement de la conscience humaine rendra chaque élément de la réalité plus contrôlable, plus en correspondance avec les besoins et les aspirations de l'homme. Idéalement, chaque élément de la réalité doit devenir tel que l'homme le souhaite.

Les deux parties présentées jusqu'ici dans ce chapitre comprennent des principes d'importance égale. Cependant, elles sont organisées de façon différente. Dans la première, les principes sont organisés par blocs. Dans la deuxième, c'est une organisation séquentielle. Lorsque vous les étudiez, la structuration de la conscience est différente.

Ainsi, grâce à une comparaison interne, vous obtenez la structure de la conscience séquentielle et en blocs, appelée aussi la structure discrète et continue, ce qui vous donne la possibilité de gérer la réalité suivant les mêmes lois que celles de l'organisation du monde.

Dans le premier paragraphe de ce chapitre, les principes de la résurrection sont présentés en application à la gestion des événements par l'explication des méthodes de leur utilisation. Ici, les principes de gestion des événements sont étudiés à travers la combinaison des méthodes discrètes et continues de la perception. Tous les événements du monde se forment de la même manière, car chaque événement est formé des éléments de cause à effet et des éléments discrets et continus. Dans notre cas, la cause est représentée par les principes de la résurrection. L'effet est l'application de ces principes à la maîtrise des événements. La nature discrète est la structure en blocs de la première partie et la continuité est le positionnement consécutif des principes dans la deuxième partie. Le contrôle des événements sur cette base assure la prise en compte de la diversité de tous les liens du monde, ce qui aboutit à la gestion harmonieuse.

3. CAS CONCRETS DE GUÉRISON DES MALADIES CONSIDÉRÉES COMME INCURABLES

La médecine orthodoxe cherche aujourd'hui des moyens de guérison des maladies qu'elle ne réussit pas à soigner. Parmi ces maladies, figurent le cancer et le sida en quatrième phase.

Dans une approche spirituelle, il n'y a pas de maladies incurables. De plus, en comprenant les principes exposés dans ce livre et en les suivant, aucune maladie ne pourra apparaître, car vous serez toujours en harmonie avec le monde. On peut considérer toute maladie comme une conséquence de la violation de cette harmonie. C'est pourquoi le moyen de guérir n'importe quelle maladie est bien simple : il faut rétablir l'harmonie avec le monde.

J'ai déjà guéri un nombre de personnes atteintes de maladies qui sont considérées aujourd'hui comme incurables. Tous ces cas sont officiellement confirmés. En partie, ils sont décrits dans mon œuvre en trois volumes, *Pratique du pilotage, chemin du salut*.

Parmi un grand nombre de cas concrets, j'en ai choisi quatre : trois guérisons du cancer et du sida, tous les quatre étaient en quatrième phase.

Dans un des cas, le patient lui-même s'est adressé à moi. Dans un autre, il l'a fait à la demande d'un proche. Dans le troisième, le patient ne savait pas que ses proches m'avaient contacté et il n'était pas au courant de son diagnostic. Les cas sont très divers.

1

Galina Antipova. Diagnostic : carcinome endogalactophorique des seins (Annexe B).

Galina s'est adressée à moi après une visite dans un centre oncologique où des analyses ont été faites et où on a diagnostiqué un carcinome endogalactophorique des seins. Le carcinome endogalactophorique est une forme incurable de cancer. Selon les données de l'Organisation mondiale de la santé, le malade atteint de cette forme de cancer n'a que quelques mois à vivre.

J'ai traité Galina à distance. Quelques mois plus tard, elle est revenue au même centre, chez le même médecin pour un examen oncologique, et le médecin a confirmé la disparition du cancer.

Pour le traitement, j'utilise les méthodes et les principes exposés dans ce livre. Je parlerai en bref de mon approche.

Tout d'abord, je construis tous les événements ultérieurs appropriés. Ensuite, je les lie à des cellules réelles. Je dirige toutes les cellules à l'autoreproduction. J'oriente tous les événements de la même manière pour assurer la concordance des cellules en santé et de tout l'organisme avec le cours favorable des événements suivants et le cancer est guéri. Comme toute autre maladie.

Pensons à autre chose. Qu'est-ce que signifie la guérison d'une maladie qui devait en quelques mois être la cause d'une mort imminente de cette personne ? En fait, c'est la résurrection déplacée dans le temps.

Oublions, pour le moment, ces maladies évidentes. Il y a des gens qui meurent de vieillesse. Pourtant, en fin de compte, la vieillesse est aussi une maladie. Par conséquent, la guérison de la maladie « vieillesse » est aussi la résurrection. C'est pourquoi on peut dire que la vie éternelle est, en fait, l'autoreconstitution permanente. Nous sommes arrivés à la formulation d'un autre principe important :

LA VIE ÉTERNELLE EST L'AUTORECONSTITUTION PERMANENTE.

Ce principe permet de voir le lien entre la nouvelle médecine et les principes de la résurrection. La tâche principale de la nouvelle médecine est d'assurer la vie éternelle basée sur l'autoreconstitution. C'est pourquoi la nouvelle médecine est une des conséquences des principes de la résurrection et de l'autoreconstitution.

En outre, le principe que nous venons de formuler établit un lien profond entre deux notions importantes : la résurrection et la vie éternelle. L'influence seule de ces mots est très positive. Si on enregistre ces mots, « résurrection » et « vie éternelle », sur une cassette audio, et si on fait jouer cette cassette plusieurs fois, cela détruit des cellules cancérogènes. C'est un fait confirmé par des expérimentations. Telle est la force d'influence de ces mots. Ces mots sont des mots clés dans ce livre. Son titre commence par eux.

Après sa guérison, Galina Antipova a décidé de raconter son histoire. Ceux qui l'ont écoutée ont eu l'impulsion de la reconstitution. Ils ont été reconstitués eux-mêmes et ils reconstituaient l'entourage. Par cela, ils reconstituaient le monde entier. Alors, sa lumière devenait plus brillante. L'influence positive de cette guérison a embrassé tous les événements du monde. Tous ces événements positifs ont contribué, à leur tour, à ce que la vie de Galina Antipova devienne meilleure et sans maladie.

2

Michaïl Beliakov. Diagnostic : cancer du côlon de l'intestin grêle en quatrième phase avec des métastases aux reins et au foie (Annexe B).

Ce cas est intéressant parce que le patient lui-même n'était pas au courant de ce diagnostic dangereux ni que sa fille Nadezhda Serbina et sa petite-fille Diana Serbina s'étaient adressées à moi, me priant de le guérir.

Elles se sont adressées à moi, le 25 septembre 1996, après que le diagnostic du cancer du côlon ascendant en quatrième phase avec des métastases aux reins et au foie a été prononcé pour Mikhaïl Beliakov. Le même jour, j'ai réalisé une séance à distance.

L'échographie faite le lendemain, le 26 septembre, a montré l'absence de métastases. Le test suivant, sur CT-scan, fait le 30 septembre, a confirmé l'absence de métastases dans tout l'organisme.

Après ma séance, la petite-fille de Mikhaïl, Diana, a suivi le processus de rétablissement. En posant des questions appropriées à son grand-père et en parlant avec lui, elle a renforcé son rétablissement. Finalement, Mikhaïl a été guéri en quelques jours.

Il faut ajouter l'information importante suivante : après avoir fait la demande pour guérir son grand-père, Diana a étudié ma technologie de structuration de la conscience en suivant le système de salut et a essayé de la mettre en pratique. Ceci a contribué à la guérison rapide de Mikhaïl. Ce fait reflète totalement les principes de la nouvelle médecine. Chaque homme qui participe au processus de guérison peut transmettre des connaissances appropriées au patient et ainsi l'aider à rétablir sa santé.

Du point de vue de la médecine orthodoxe, un homme qui a un cancer en phase 4 devrait quitter notre monde en quelques mois. Le fait qu'il soit resté vivant signifie que l'impulsion de la résurrection a été envoyée directement dans son avenir. En outre, cette impulsion lui a été envoyée dans le présent, par la conversation qu'il a eue avec sa petite-fille. Ceci s'est fait en utilisant des mots « indirects », dans le sens que le mot « résurrection » ou un autre mot semblable n'a pas été utilisé dans cette conversation. Mikhaïl a aussi reçu de l'aide de sa fille Nadezhda qui a participé à la guérison.

J'ai déjà dit que, dans ce cas, la guérison a été rapide. L'état de santé est redevenu normal. On peut noter que la transmission de l'impulsion de la résurrection dans l'avenir où la fin tragique aurait dû avoir lieu corrige cet avenir et assure une bonne santé dans le présent.

J'aimerais souligner une fois de plus l'importance de la propagation des connaissances sur la résurrection ainsi que de la transmission de cette information. Il serait juste de dire que plus vous transmettez aux gens de connaissances sur la résurrection, par exemple, en vous basant sur ce livre, sur les principes et les méthodes qu'on y trouve, plus la structure des événements autour de vous sera favorable et plus vous serez près de la santé absolue.

Le cas examiné montre que le patient peut ne pas connaître exactement son diagnostic. Il peut ne pas savoir que ses proches ont demandé de l'aide. Malgré tout cela, il peut être guéri rapidement et efficacement.

Vladimir Bouza. Diagnostic : cancer du pancréas avec des métastases dans le duodénum (Annexe B).

À la requête de son épouse Ludmila, Vladimir m'a demandé de l'aider. À quoi bon mentionner cela ? Pour montrer que d'autres gens peuvent contribuer à la guérison d'un homme, c'est-à-dire au développement des événements dans le sens voulu. Ils peuvent donner une impulsion à un tel développement des événements. Dans les cas examinés, l'impulsion de la résurrection a été formée sur la base de l'information de Ludmila et, en fin de compte, elle a mené à la guérison.

J'ai développé cette impulsion et j'ai reconstitué Vladimir dans l'avenir à l'aide de l'impulsion de la guérison au présent.

À la fin de son témoignage, Vladimir écrit : « En fait, Grigori Grabovoï m'a guéri, en une séance, d'un cancer inopérable du pancréas avec des métastases dans le duodénum. »

C'est vrai. Une séance a suffi pour sauver l'homme qui était dans une situation désespérée.

Je voudrais noter un aspect important. J'ai déjà parlé de l'impulsion de la résurrection et celle de la guérison. Ces deux impulsions sont complètement identiques et elles le sont à l'impulsion de la régénération de toute matière. Par conséquent, dans tous ces cas, il s'agit de la formation de la même impulsion, celle de la conscience et des connaissances nécessaires, la forme de connaissance voulue et, en fin de compte, c'est la conformité à la manière d'action de Dieu.

C'est une approche spirituelle. Dans ce chapitre consacré à la nouvelle médecine, j'exposerai aussi une autre approche au traitement du cancer. Je parlerai de ma méthode du traitement du cancer sur la base de microéléments.

Tout d'abord, je répète certaines thèses générales par rapport au processus de la guérison.

La science orthodoxe part du principe de l'existence de la réalité physique objective. Pour moi, cette réalité objective est dans le domaine statique de la conscience. Pourquoi statique ? Rappelons comment cette réalité est formée.

Cette réalité que nous percevons est le produit de la conscience collective. Elle est le résultat de l'homogénéisation d'un très grand nombre d'idées de diverses consciences individuelles. Chaque conscience a ses idées. L'idée homogénéisée est déjà stable. Rappelez-vous l'expérimentation avec des lancers d'une pièce de monnaie. Si vous la lancez plusieurs fois, le rapport entre le nombre de fois où le côté pile sort et le nombre de fois où c'est le côté face sera égal à 1. À la suite de l'homogénéisation, nous avons obtenu la stabilité. Le rapport recherché est devenu un nombre permanent.

L'homogénéisation des idées se fait dans un très grand nombre de consciences. C'est pourquoi l'idée homogénéisée est tellement stable. La stabilité de l'idée signifie la stabilité de l'image de la réalité perçue, notamment la stabilité des lois, par exemple de la loi de la gravitation. Chaque stabilité peut être considérée comme statique.

Ceci permet de comprendre ce que le domaine des recherches de la science orthodoxe représente. C'est la partie de la perception relative à la statique de la conscience que la science orthodoxe prend pour une réalité objective.

La pratique d'obtention de la réalité voulue (ici, la guérison du cancer) montre que l'aspiration existe objectivement au niveau de la réalité connue (présence de la maladie) ainsi qu'au niveau de la réalisation de l'aspiration (guérison). Pour moi, la réalisation de l'aspiration est une forme particulière de la conscience que j'appelle dynamique.

Les éléments du monde physique, qui se rapportent au domaine statique de la conscience, ne sont qu'une partie du monde plus général de phénomènes qui inclut aussi la conscience dynamique.

De là, apparaît une loi objective, celle de l'influence de la conscience sur la réalité existante. Le changement des formes-pensées modifie la réalité.

Passons maintenant aux recommandations concrètes. Je vais me limiter au premier cas examiné dans ce paragraphe pour expliquer l'idée maîtresse de ma méthode et montrer une voie concrète de son application.

Du point de vue de la base de microéléments, ma pratique de traitement du cancer consiste en ce que j'augmente le teneur en magnésium du cerveau. J'augmente la concentration du magnésium de 0,5 %.

Aussi, au cours de ce processus, l'énergie de la pensée se transforme en cellules saines.

Comment peut-on trouver une telle méthode au traitement ? Quand j'ai transformé la forme-pensée pour assurer la guérison de Galina Antipova, l'analyse objective a montré que la teneur du magnésium avait augmenté de 0,5 % dans son cerveau. Ce fait enregistré a permis de comprendre qu'on peut traiter le carcinome en augmentant la teneur du magnésium. Cet objectif peut facilement être atteint par des méthodes de physiothérapie et d'autres traitements qui peuvent être réalisées dans n'importe quelle clinique.

Par conséquent, en examinant le changement de la teneur des microéléments dans l'organisme des patients au moment de mes impulsions de guérison, on peut élaborer des méthodes de traitement par des substances. Dans notre cas, cette méthode de guérison du cancer du sein peut être l'augmentation de 0,5 % de la teneur en magnésium dans le cerveau.

Passons à l'examen du quatrième cas. Il s'agit ici de la guérison du sida.

4

Gvantsa Mgebrichvili. Diagnostic : sida en quatrième phase (Annexe B).

Avant que Gvantsa se soit adressée à moi, les tests confirmaient, depuis plus de trois ans, la présence du sida dans son organisme. Les glandes lymphatiques étaient hypertrophiées ; sur le corps, il y avait des taches de différentes grandeurs et de diverses couleurs : noir, vert, jaune. Il était déjà impossible de sauver cette personne par les méthodes traditionnelles de traitement.

J'ai fait le traitement à distance. J'étais à Moscou, et Gvantsa, en Géorgie. Tout d'abord, ses ganglions lymphatiques ont commencé à se résorber. Ensuite, le sarcome de Kaposi a aussi commencé à disparaître, toutes les taches sur le corps ont disparu et la peau est redevenue claire. Les tests et les analyses médicaux ont montré que le sida avait disparu. Deux mois plus tard, cette personne était en bonne santé.

Je voulais attirer votre attention sur un détail intéressant. Gvantsa s'est adressée officiellement à moi par l'intermédiaire de mon représentant en Géorgie, dans la ville de Tbilissi. Mais avant qu'elle ait pris cette décision, j'ai perçu par télépathie sa demande d'aide et j'ai commencé le traitement immédiatement, avant même qu'elle m'ait fait une demande officielle.

Je le dis pour que vous sachiez que vous pouvez vous adresser à moi dans votre esprit afin que je ressuscite quelqu'un ou que je vous aide à le faire. Il est possible également de s'adresser à d'autres personnes qui savent ressusciter, soit qu'ils ont eu cette capacité ou qui ont appris à le faire.

Les cas examinés de la résurrection et de la guérison montrent que la distance n'a pas d'importance. L'impulsion de la résurrection peut être envoyée n'importe où, elle n'est pas liée à l'espace ou au temps et c'est normal, car l'impulsion de la résurrection est celle de la conscience, et l'espace et le temps sont des constructions de la conscience.

J'ai dit que les impulsions de la résurrection et de la guérison ont la même nature et la même structure. Le fait que ces impulsions ne soient pas liées à l'espace ou au temps signifie que nous avons affaire au système universel de gestion qui permet vraiment de rendre le monde éternel.

4. CAS CONCRETS DE SAUVETAGE DES HOMMES PAR LA PRÉVENTION DES ACCIDENTS ET PRONOSTICS PRÉVENTIFS DES ÉVÉNEMENTS POLITIQUES, ÉCONOMIQUES ET SOCIAUX

Dans ce paragraphe, je commencerai par certains cas concrets du sauvetage des gens par la prévention des accidents. Les références sont tirées de mon œuvre, *Pratique du pilotage, chemin du salut*. Les exemples cités concernent la prévention des accidents dans toute sorte de contexte: sous terre, sur terre, dans l'air et dans l'espace cosmique.

1

L'expérimentation vise à définir la possibilité de localisation sensitive des accidents dans une mine, le nombre de victimes et leur emplacement (Annexe C).

La commission d'experts indépendants a mis à ma disposition seulement le schéma de ventilation de la mine. On ne m'a pas fourni les cartes du terrain. Le schéma de ventilation est une feuille de papier avec des lignes, sans relation avec le terrain concret.

En outre, selon les conditions de l'expérimentation, les membres de la commission ne m'ont pas remis les questions à l'avance. Personne ne savait quels schémas de ventilation j'allais recevoir.

Après avoir pris connaissance de la tâche, j'ai défini, en une seconde, l'endroit de l'incendie, j'ai localisé deux victimes dans la galerie de ventilation ainsi que l'endroit où la ventilation avait été endommagée.

L'expérimentation a montré qu'on peut diagnostiquer correctement la situation dans la mine, presque immédiatement, par des moyens sensitifs, seulement à partir de son schéma. Par conséquent, l'expérimentation a confirmé que tout objet d'information (par exemple, le schéma de ventilation) porte en lui l'information sur tout.

L'exemple du diagnostic dans la mine n'est qu'un des exemples concrets. En règle générale, le diagnostic de tout objet permet de déterminer la cause de l'accident possible, de le localiser et, par cela, de le prévenir. Cela permet d'éviter la mort d'êtres humains. Et cela signifie leur résurrection et donne un bon exemple du contrôle des événements, notamment, dans ce cas, du changement de l'avenir dans le sens positif.

La situation était la même quand nous avons examiné les cas de la guérison des maladies mortelles. L'impulsion de la résurrection concerne, par son essence spirituelle, tous les cas de la vie, elle apporte le salut partout. Initialement, son statut spirituel est propre à tous. C'est le statut de l'union universelle. Et comme initialement ce statut est propre à tous, chacun de nous a la capacité de ressusciter et de contribuer au salut global. C'est la base de ma religion.

2

Prévention des accidents de voiture – Cas décrit par Sergueï Kouzionov (Annexe C)

Sergueï a fait ma connaissance le 3 janvier 1995, à Tachkent, la capitale de l'Ouzbékistan. À cette époque, il se posait la question si l'avenir était uniforme ou si on pouvait le changer. Nous savons déjà que le changement est possible et qu'il doit être la pratique quotidienne de chacun. Chaque personne doit être l'ouvrier de sa fortune, de son avenir heureux. Ce livre a été écrit pour que chacun de nous puisse être heureux.

En répondant à la question de Sergueï, j'ai dit que j'avais déjà changé son avenir, au cours de notre conversation, et c'était vrai. J'avais vu que la voiture qu'il utilisait appartenait à son père et qu'elle était défectueuse. Cela pouvait mener à la tragédie. Certes, j'ai voulu que la voiture fût réparée, et que Sergueï ait compris cette nécessité et que tout s'arrangeât pour lui.

Alors, quand le lendemain Sergueï sortit du garage, j'ai dématérialisé les cannelures là où l'arbre de direction est lié à l'arbre du réducteur à vis sans fin et j'ai aussi dématérialisé en partie le boulon à cet endroit.

Sergueï a tout de suite compris qu'il ne pouvait pas sortir du garage parce qu'il ne pouvait pas tourner les roues en tournant le volant. Il s'est arrêté immédiatement. Plus tard, rendue au garage, la voiture a été réparée. Le garagiste a aussi trouvé que le boulon de sécurité avait été coupé selon deux plans, ce qui n'arrive jamais et qui est totalement impossible. Pourtant, c'est ce que j'ai fait pour assurer la sécurité de Sergueï.

J'ai choisi ce type de réponse à la question de Sergueï, car à ce moment, il avait déjà consacré seize ans de sa vie à l'étude des phénomènes anormaux. Il étudiait des problèmes de parapsychologie, de poltergeist et d'ovnis. Il était membre de la Commission d'étude des phénomènes anormaux auprès de l'Association géographique de l'Académie des sciences de Russie. Il a travaillé à New York, dans un centre d'étude des phénomènes paranormaux et de traitement des traumatismes d'origine anormale.

C'est pourquoi lui, en tant que spécialiste, voulait aborder plusieurs choses dans la réponse pratique à sa question : le changement de l'avenir, changement d'importance vitale pour lui, la pratique de la maîtrise des événements à distance, les changements substantiels dans sa voiture au moment où lui et les autres étaient en sécurité, et enfin, le moyen par lequel on l'a forcé à s'occuper finalement de sa voiture, ceci accompagné de l'utilisation de la dématérialisation de certaines pièces.

Plus tard, Sergueï a raconté ce qui s'était passé sur une cassette vidéo pour l'ONU.

Mon œuvre en trois volumes parle des cas de correction énergétique de différents mécanismes et systèmes de la voiture, de changement d'état des matériaux et d'autres choses. Les cas concrets sont cités par des particuliers et par des organisations.

3

Prévention des accidents d'avion (Annexe C)

Il s'agit de mon travail pratique visant à prévenir des accidents d'avion. Ce travail constituait à vérifier la possibilité de diagnostic extrasensoriel d'un avion. Les organisateurs des essais se posaient comme tâche de comprendre si on pouvait vraiment, de façon efficace, pronostiquer l'apparition des défectuosités, les écarts dans les conditions techniques d'exploitation et les pannes totales des systèmes. Le travail s'effectuait en Ouzbékistan, sur la base d'un accord avec la Direction de l'Aéronautique civile d'Ouzbékistan.

J'ai fait des diagnostics visuellement à une distance de 100 à 200 m des avions. Dans l'annexe C, on peut trouver la liste des pronostics que j'ai faits pour divers avions. Ici, je prends le dernier exemple : le pronostic pour l'avion Ilyushin-62, numéro de bord 86704.

J'ai prédit des anomalies dans le moteur n° 3, plus concrètement une défaillance de la structure interne de la chambre de combustion du moteur n° 3. Dix jours plus tard, on a trouvé des brûlures du groupe de buses à cet endroit, et le moteur a été mis hors service. Le défaut a été découvert à temps, car cet endroit a été sous test spécial après mon pronostic. Selon les experts, si le moteur n'était pas mis hors service, le clivage des ailetages aurait eu lieu durant le vol et la paroi de l'avion aurait été percée. La dépressurisation aurait suivi et elle aurait mené à une catastrophe. Par conséquent, grâce à un pronostic correct, on a pu éviter un accident et sauver des vies.

L'exactitude du pronostic, dans ce cas comme dans tous les autres, était de 100 %.

Dans le premier volume de mon œuvre, *Pratique du pilotage, chemin du salut*, je cite plus de quatre cents cas concrets confirmés à 100 %.

À première vue, il peut sembler que le texte ne cite que des cas isolés où on a réussi vraiment à éviter des pertes humaines grâce à la technique sensitive. En réalité, la question est beaucoup plus profonde et il faut analyser les faits cités d'un point de vue plus général.

Les diagnostics et les prévisions sont des éléments du contrôle des événements. Un bon diagnostic pris en compte assure la sécurité des êtres humains. Les exemples cités montrent qu'on peut débarrasser notre vie des accidents tragiques que personne ne veut. On peut le faire sur la base de la science, de la vraie science. L'exemple d'une telle science est donné par les principes de la résurrection exposés dans ce livre. Les principes de la résurrection permettent de créer la société qui pourra se développer de façon créatrice sur la base de la vraie connaissance et à l'aide des principes du contrôle.

Prenons le cas suivant.

Cette fois, on m'a proposé de diagnostiquer deux avions Antonov-12 de manière extrasensorielle. D'après les conditions de l'expérimentation, je devais le faire à une distance de 20 à 25 m et en 2 à 3 secondes, au maximum.

Dans le premier avion, j'ai détecté la corrosion sur le couple 62, dans le deuxième, des fissures sur des plans de l'aile gauche et de l'aile droite. Quelques jours plus tard, ces pronostics ont été confirmés par l'examen à l'aide d'appareils–on ne pouvait pas voir les défauts à l'œil nu. Ainsi, on a prouvé notamment qu'il est possible de voir la structure intérieure des matériaux.

À la suite de ce pronostic, on a découvert des défectuosités qui pouvaient, plus tard, mener à une catastrophe. En éliminant ces défectuosités, on a pu sauver des vies. Ceci a prouvé, encore une fois, qu'on peut contrôler des événements en trouvant des défectuosités techniques et en les éliminant. Le premier volume cite également des preuves pratiques de la possibilité de diagnostiquer les machines, avec 100 % d'exactitude, à partir des schémas et des numéros de bord, ceci à n'importe quelle distance de l'objet.

Examinons le troisième cas.

Il s'agit des vols d'essai de l'avion Tupolev-144. Les vols ont été effectués par un pilote d'essai mondialement connu, Boris Veremey. Sa femme, Nina Veremey, a vu une émission de télévision où il était dit que j'avais la capacité de diagnostiquer les avions. Alors, elle m'a demandé de faire le diagnostic de l'avion que son mari devait piloter.

J'ai accepté et j'ai enregistré sur un dictaphone mes données énumérant les défauts possibles et en faisant des recommandations aux pilotes. Nina a immédiatement transmis la cassette à son mari.

Mes pronostics se sont révélés vrais. Le plus important était l'information sur le fonctionnement de l'indicateur de l'angle de tangage (c'est un appareil qui montre l'angle d'inclinaison de l'avion). Il était très important de savoir si l'appareil montre l'inclinaison telle qu'elle était en réalité. Mon information a permis de sauver les vies de l'équipage et l'avion. Si les pilotes n'avaient pas eu de données sur cet appareil, l'avion aurait touché terre sur l'empennage et aurait été détruit. J'ai aussi recommandé d'augmenter la vitesse par rapport aux instructions précédentes.

J'aimerais bien mettre en valeur la maîtrise du pilotage de Boris Veremey. Ce n'est pas par hasard qu'il est connu partout dans le monde. Son immense expérience a été combinée à l'information que j'ai donnée, ce qui a créé un système plus puissant de contact entre l'homme et la machine. Un tel système est davantage capable de sauver et d'améliorer les machines en cours d'essai.

L'expérience, la maîtrise, l'intuition acquises par l'homme démontrent qu'il s'approche de la possibilité de contrôler les événements. Par ce livre, je propose de donner une base scientifique à ce processus.

4

La prévention des accidents et les diagnostics des navettes spatiales, appareils spatiaux dirigeables. Les pronostics cités ici ont été faits à la demande du Centre de contrôle des vols spatiaux de Russie (Annexe C).

Dans le premier cas, il fallait faire un pronostic concernant l'accostage de la station orbitale Mir (Russie) et de la navette spatiale Atlantis (États-Unis). L'accostage devait avoir lieu le 27 septembre 1997. La demande a été faite dans la journée du 26 septembre.

Dès la demande reçue, j'ai raconté ce qui allait se passer, à savoir que l'accostage aurait lieu, mais qu'avant il y aurait un désalignement. Le pronostic a été complètement confirmé.

Il y avait une autre demande. Il fallait faire le pronostic du fonctionnement de l'ordinateur de bord de la station Mir.

J'ai répondu tout de suite que l'ordinateur fonctionnerait pendant cinq jours. C'est ce qui s'est passé. L'ordinateur de bord a fonctionné pendant cinq jours, après quoi il a été remplacé.

Trois jours plus tard, soit le 29 septembre, on m'a demandé de diagnostiquer le moteur de la navette spatiale Atlantis. J'ai donné la réponse en quelques secondes. J'ai noté le changement des paramètres du moteur inférieur de la navette. C'est une caractéristique importante parce que si les paramètres d'un moteur changent, le dysfonctionnement lors de l'accélération de la navette est possible et il conduit aux changements de trajectoire et à d'autres problèmes. Mon diagnostic a été complètement confirmé. N'importe quel pronostic est important pour prévenir des pannes des équipements cosmiques.

Si les deux premières missions m'ont été données quand j'étais dans le Centre d'opérations spatiales, la troisième est venue quand je marchais dans la rue Novyi Arbat. Je l'ai reçue sur mon téléphone portable.

Remarquez que la rue Novyi Arbat est très fréquentée dans la journée. Je marchais entouré de toute cette foule et j'ai reçu cette mission. Malgré cette situation, j'ai donné la réponse en quelques secondes, presque immédiatement. Mon diagnostic a été juste.

Je parle de ces circonstances concrètes pour souligner un aspect important. La maîtrise de toute chose peut être considérée comme totale seulement si l'homme peut accomplir la tâche dans n'importe quelle situation. Ceci est tout à fait nécessaire pour la résurrection. Vous devez savoir ressusciter dans toutes circonstances, où que vous soyez et quoi que vous fassiez.

Selon une expertise indépendante, tous mes diagnostics et prévisions ont été vérifiés à 100 %, ce qui prouve que j'utilise la nouvelle science, la science de niveau plus élevé. Une telle science doit être utilisée pour sauver des gens, et garantir le sauvetage dans toute situation.

Pensons encore une fois à mon diagnostic concernant les fissures dans l'aile d'un avion. Sur la base de cette information, la défaillance est réparée et le nouveau matériel assure un développement favorable des événements. Le diagnostic correct change le cours des choses, ce qui est reflété dans les exemples cités. Si vous les analysez de ce point de vue, vous verrez un mouvement interne dans les protocoles cités, un mouvement dans le sens positif.

Par conséquent, on n'a pas seulement affaire à une science pure, mais à celle qui détermine le développement dans le sens de la création.

Certes, l'événement voulu détermine les actions qui doivent y mener. Les diagnostics des machines et les pronostics des déviations possibles donnent l'information pour la maîtrise des événements dans le sens voulu. La réalisation de ce contrôle donne le résultat, l'avenir qu'on cherche. La conclusion en est la suivante : par votre conscience vous pouvez contrôler n'importe quel événement et à n'importe quelle distance de l'objet.

Le même programme d'action est utilisé dans mes mathématiques. Je l'ai déjà dit. Chaque symbole exerce le contrôle et assure l'évolution vers le résultat voulu. Ceci est garanti parce qu'on commence par l'avenir désiré, c'est-à-dire le résultat qu'on veut. Ce résultat est imprégné du début des opérations. L'opérateur existe déjà dans ma réponse comme un symbole approprié. C'est pourquoi il dirige toujours le développement du mouvement justement vers cette réponse. Alors, les déviations sont impossibles, car ce mouvement vers la réponse est dirigé.

Toutes les sciences doivent se développer suivant ce principe. C'est pourquoi il faut transformer en ce sens la science orthodoxe actuelle.

On peut aussi analyser les accidents causés par des oiseaux attirés dans le moteur de l'avion. Ces accidents peuvent sembler fortuits, mais seulement du point de vue de la science qui étudie le domaine statique de la conscience collective. La science d'un niveau plus élevé permet de prédire un tel phénomène, sur la base de la vision de plusieurs processus différents.

Deux approches sont possibles. L'une d'elles prévoit un calcul ordinaire, comme dans toute science, sur la base des données. Je peux le faire. L'autre dit qu'il n'est pas nécessaire de faire tous ces calculs, mais de voir immédiatement les résultats, c'est-à-dire de voir la réponse tout de suite. C'est ce que je fais d'habitude.

Chacun de nous connaît ces deux approches, nous les avons étudiées à l'école. Pour trouver la solution d'un problème mathématique, on peut lire attentivement l'énoncé du problème, y penser, puis commencer à chercher la voie menant à la solution et si on trouve cette voie, faire les calculs nécessaires et obtenir la réponse.

Il est possible d'utiliser l'autre approche. On peut ouvrir le livre là où on donne des réponses. Dans mon enseignement enregistré dans les documents statutaires de l'UNESCO, il y a une section consacrée à l'éducation. Elle parle de l'organisation de l'éducation primaire et de l'éducation supérieure ou, tout simplement, de l'éducation en général ; elle parle aussi des principes qui doivent être à sa base. Dans l'avenir, je partagerai mon expérience en matière d'éducation.

Prenons ici l'exemple d'une solution du problème mathématique. Je dis qu'il y a une autre possibilité. Si le résultat final vous intéresse, vous pouvez ouvrir le livre et trouver la réponse. Ici, cependant, je parle d'un autre livre, *Le Livre de l'Univers*, qui doit être toujours ouvert pour vous.

Revenons aux diagnostics des systèmes techniques. Nous avons vu que les diagnostics et les prévisions sauvent les gens. Autrement dit, ils mènent à leur résurrection. Quant à la capacité de diagnostiquer et de pronostiquer, on peut l'obtenir grâce à la structuration correcte de la conscience. Par conséquent, la structuration de la conscience permet de ressusciter les gens tout simplement grâce au fonctionnement correct des systèmes techniques.

Un des procédés est donc de savoir diagnostiquer la technique. Sur cette base, vous pouvez déjà commencer à ressusciter. Après avoir appris à voir le fonctionnement des objets techniques plus en profondeur, vous pouvez voir comment l'âme doit fonctionner pour que l'homme soit ressuscité par sa propre âme.

* * *

Passons maintenant aux méthodes de la prévision prémonitoire. L'élément du salut se trouve dans ces prévisions sous la forme d'information prémonitoire et de la possibilité directe d'entreprendre des actions concrètes de prévention.

Les prévisions politiques, économiques et sociales sont liées à l'activité de nombreuses personnes ainsi que des organisations, associations et autres structures. C'est pourquoi une telle prévision a des particularités. Par exemple, si on donne un nom concret ou une date précise dans une prévision politique, cela peut mener au déplacement de l'information relative à la prévision. Cependant, en cas de besoin, on peut mentionner des dates et des circonstances concrètes qui permettent de définir des personnes physiques. Comme exemple, je peux citer ma prévision concernant le développement du processus des élections présidentielles de Russie, en 2000, prévision qui a été confirmée.

Dans la pratique des prévisions économiques et sociales, il est souvent nécessaire de transformer l'information dans le sens favorable à tous. La plus importante est l'information des personnes quant à leur avenir, laquelle est contenue dans la conscience collective.

En présence d'une information négative, il faut la modifier en faisant une prévision. Par exemple, à la fin de 1999, il y avait beaucoup d'informations sur la fin possible du monde. Alors, en juillet 1999, en préparant la prévision sur le développement ultérieur des événements, j'ai transformé l'information sur la fin possible du monde en l'information sur l'absence de la catastrophe globale et sur le développement positif et harmonieux. *La fin du monde est annulée*, tel était le titre d'un article qui présentait ma prévision.

Je pense que chaque prévision doit être un acte de gestion qui forme le développement créateur des événements. Plusieurs exemples de tels pronostics sont présentés dans l'annexe C.

5. CAS CONCRETS DE PHÉNOMÈNES DE MATÉRIALISATION ET DE DÉMATÉRIALISATION

Maintenant, nous allons examiner en détail quelques exemples de matérialisation et de dématérialisation. En fait, nous analysons ces phénomènes dans tout le livre. La résurrection représente un des meilleurs exemples de la matérialisation.

Du point de vue du corps physique, de sa présence ou de son absence, on peut considérer ceux qui sont « partis » comme des êtres passés par le processus de dématérialisation. À l'aide du processus contraire – la matérialisation –, on peut les faire revenir dans notre monde.

Le corps physique de l'homme est matérialisé par l'âme. La même chose se passe au cours de la matérialisation de tout objet. Vous créez cet objet par votre âme.

Rappelons-nous le principe 2.1 : L'HOMME EST UNE SUBSTANCE ÉTERNELLE PAR LE PRINCIPE MÊME DE SA CRÉATION. C'EST POURQUOI LA RÉSURRECTION SE BASE SUR LA DÉCOUVERTE DE L'ÉTERNEL DANS L'HOMME. L'information sur l'éternité de n'importe quel objet assure la possibilité de sa matérialisation.

Quant aux cas concrets de matérialisation et de dématérialisation, commençons par le témoignage de Svetlana Gloushko, observatrice du journal *Megapolis – Kontinent* (Annexe D).

Svetlana s'intéressait au phénomène de la matérialisation et voulait écrire un article sur ce thème comportant un exemple concret. C'est pourquoi, au cours de notre conversation le 22 septembre 1994, elle m'a proposé de matérialiser certains objets dans son appartement.

Je n'ai jamais visité la maison de Svetlana. Elle ne m'a pas indiqué son adresse afin que l'expérimentation fût bien organisée, comme elle l'a dit.

J'ai respecté la demande de Svetlana. Huit jours plus tard, elle a trouvé dans son hall d'entrée deux objets qui n'y étaient pas présents auparavant. Personne d'autre n'était entré dans l'appartement pendant cette période.

Le fait de la matérialisation a été confirmé. La composition des éléments était telle qu'on ne pouvait pas les créer par des méthodes physiques.

En menant de telles expérimentations, il est très important que la personne sache d'avance qu'une matérialisation aura lieu et qui la réalisera. Ceci est nécessaire pour éviter le stress éventuel. Si la personne est au courant à l'avance, ses cellules ne changeront pas quand elle verra le résultat de la matérialisation.

Cas suivant : matérialisation d'une clé – Référence à Tatiana Babayeva (Annexe D)

Tatiana était dans le même hôtel que moi. Un jour, elle a perdu la clé de sa chambre. Elle a cherché dans ses poches et dans son sac sans rien y trouver. Elle a vidé complètement son sac pour être sûre. Toujours rien. Pas de clé. Elle a été très chagrinée parce qu'elle devait entrer dans sa chambre sur-le-champ. Elle voulait s'adresser au gérant. J'étais dans le hall de l'hôtel et j'ai décidé d'intervenir pour aider Tatiana. J'ai donc matérialisé la clé dans son sac. Puis, je lui ai conseillé de vérifier encore une fois et elle a été très surprise de trouver la clé dans son sac. Tatiana a bien compris que c'était grâce à moi.

La perte des clés est une chose qui arrive tout le temps. Il est difficile de trouver quelqu'un qui n'aurait jamais eu ce problème. Pourtant, les cas suivants parlent de la matérialisation des clés pour une expérimentation.

Les deux premiers cas sont présentés dans le témoignage d'Ekaterina Livado. La première fois, l'expérimentation visait à dématérialiser la clé. La deuxième, à la matérialiser.

Nous avons pris la clé qui pesait 10 g. Au moment de sa dématérialisation, j'étais à une distance de 10 m. La dématérialisation a été accomplie en 20 minutes.

Après l'enregistrement de ce processus, je me suis mis à matérialiser la clé à une distance de 3 m d'elle. La matérialisation a duré 5 minutes.

Cette expérimentation est très importante. Il ne s'agit pas de clé ou d'un autre objet concret. Cette expérimentation est capitale pour avoir une vision exacte du monde afin de comprendre son image fondamentale.

L'expérimentation a montré que la matérialisation de la clé prend environ quatre fois moins de temps que sa dématérialisation. Il en découle que le processus de la résurrection peut être quatre fois moins long que le processus du passage de la mort clinique à la mort biologique. Pourtant, il faut aussi comprendre que je parle du point de vue des niveaux de conscience plus élevés et les plus proches, en comparaison à la conscience ordinaire. Quand on passe à des niveaux de développement spirituel très élevés, on peut, certainement, réaliser la résurrection immédiatement.

Deux autres expérimentations sont citées dans le témoignage de Nadezhda Lavrouchkina (Annexe D).

Cette fois, on a commencé par une dématérialisation partielle de la clé. Ensuite, on la reconstituait. La clé pesait 10 grammes et elle était à une distance de 50 cm de moi. Il n'y a pas eu de contact physique avec la clé. L'expérimentation a duré 5 minutes.

Pendant l'expérimentation, quatre photos ont été prises. Sur la première, on voit la clé–objet d'expérimentation. Sur la deuxième: le résultat obtenu. On voit que la tige qui lie l'anneau et le panneton de la clé ne se voit plus (la dématérialisation partielle, la dématérialisation de certaines parties de l'objet).

Par conséquent, sur la deuxième photo, la tige est absente. Elle est dématérialisée. Une partie de la clé est toujours présente, mais l'autre n'est pas là. La question se pose: où se trouve l'information sur toute la clé, sur sa forme ? Elle est partout: dans les parties restantes de la clé, dans l'intervalle entre elles, à côté de l'ancienne forme alors qu'elle était entière.

Sur la quatrième photo, on voit le résultat du premier pas vers la dématérialisation totale de la clé. La clé disparaît, mais l'information sur elle reste toujours. En quelque sorte, elle s'est dissipée, mais elle existe toujours, elle conserve l'image de l'objet et on peut toujours reconstituer cet objet.

Ce qui a été dit à propos de la clé peut être comparé à la dématérialisation du corps physique de l'homme. Le corps peut se dématérialiser et disparaître, mais l'information sur ce corps est toujours conservée dans l'âme de l'homme. C'est pourquoi, à tout moment, le corps physique peut être complètement reconstitué.

La même chose concerne n'importe quel objet. Aucun objet n'est mort. Il n'existe pas d'objet à propos duquel on pourrait dire qu'il n'a pas d'éléments de conscience, car tous les corps sont créés sur la base de la conscience collective. C'est pourquoi, dans chaque objet, il y a des éléments de la conscience. On peut se mettre en contact avec tout objet et « négocier » avec lui en quelque sorte, par exemple à propos de sa dématérialisation. Comme si on le persuadait de l'accepter. Cependant, après la dématérialisation, l'objet ou plutôt la matière qui le constituait conserve l'information quant à sa forme précédente. L'essence de la matérialisation qui suit consiste à rappeler à la matière sa forme précédente – et l'objet se matérialise.

Témoignage de Svetlana Salnikova (Annexe D)

Svetlana préparait un livre me concernant. En travaillant sur le livre, elle a découvert qu'il manquait un document relatif à ma rencontre avec le guérisseur thaïlandais Youko Labo. Néanmoins, elle m'a remis le texte pour la révision. En prenant le texte dans mes mains, j'ai tout de suite compris que le document était absent. Alors, je l'ai matérialisé et il est apparu sur la table de Svetlana. Ce document matérialisé était de meilleure qualité que la copie. Les lettres étaient nettes, les caractères étaient de meilleure qualité et il y avait d'autres détails. Du point de vue de la reconstitution totale de la matière, cette pratique signifie qu'on peut reconstituer n'importe quel objet en sa meilleure forme. Les ressuscités qui sont « partis à cause » d'une maladie reviennent en bonne santé.

Témoignage de Viktor Babayev et de Tatiana Babayeva

Les époux Babayev partaient avec moi en mission en Inde. Lors du passage des douanes à l'aéroport de Tachkent, on a découvert que le visa me permettant de quitter le pays n'apparaissait pas dans mon passeport. Les douaniers étaient très étonnés. Les époux Babayév étaient encore plus étonnés en le voyant apparaître dans le passeport devant leurs yeux et on m'a confirmé que tous mes documents étaient en ordre.

Je l'ai fait pour démontrer que c'est possible d'effacer un coup de tampon dans le document officiel de façon extrasensorielle. Pas seulement le coup de tampon, n'importe quel symbole et même un texte.

J'attire l'attention sur l'aspect éthique en lien avec ces témoignages. On ne doit toucher aux intérêts de personne quand on lit ces témoignages. C'était le cas, notamment, de la dématérialisation du visa dans mon passeport. Ces faits montrent que si le ressuscité le veut, les mentions concernant son départ peuvent disparaître.

Tatiana Babayeva témoigne d'un autre cas intéressant qui a eu lieu en Inde.

Elle a perdu son billet d'avion. Elle l'a cherché mais en vain. J'ai décidé de l'aider et je lui ai proposé de chercher dans son sac parce que je l'avais matérialisé dedans.

Certes, Tatiana avait fouillé partout, y compris dans le sac. Mais suivant mon conseil, elle a regardé encore une fois et elle a découvert au fond du sac ce billet un peu froissé et abîmé par le jus de la pomme qui était à côté.

J'ai matérialisé le billet de cette façon exprès, afin que Tatiana n'ait pas de stress en le trouvant. C'est ce qui s'est passé. Quand elle a vu le billet au fond du sac, froissé et abîmé par le jus, elle s'est calmée. Elle a finalement trouvé le billet et son apparence signifiait qu'il avait été là. Ce n'est qu'un peu plus tard que Tatiana s'est rappelé avoir cherché le billet dans le sac et qu'elle a compris que le billet avait été matérialisé. Mais, à ce moment-là, elle était déjà calme. Par conséquent, elle a compris ce qui s'était passé au bon moment.

En général, en réalisant une matérialisation, il faut toujours tenir compte du degré de la sensibilité de la personne. L'essentiel est que la découverte de ce nouveau phénomène ne cause pas de stress inutile. Dans la vie, on peut réaliser la matérialisation quand c'est vraiment nécessaire, comme dans l'exemple du billet d'avion. De la même façon, on peut restaurer les passeports des ressuscités si on ne veut pas demander à les faire de nouveau.

Un autre cas de perte d'un billet d'avion et de sa téléportation est cité dans le témoignage d'Elena Balakireva.

Elena qui vivait à Tachkent, a perdu son billet d'avion annuel quand elle rentrait chez elle, à Moscou. Elle m'a demandé de l'aide. J'ai vu l'endroit où se trouvait le billet et qu'il était mécaniquement abîmé. Premièrement, je l'ai restauré, c'est-à-dire que j'ai réalisé une matérialisation partielle, et puis, je l'ai téléporté jusqu'à Elena. Finalement, elle a trouvé le billet là où elle ne l'avait pas trouvé auparavant.

On peut agir de la même façon au cours de la résurrection. Si le tissu n'est pas encore complètement décomposé, il ne faut pas le créer de nouveau, mais tout simplement achever sa reconstruction pour avoir un organisme reconstitué. Ainsi, il s'agit de la matérialisation partielle quand on ressuscite quelqu'un.

Les deux cas suivants confirment la dématérialisation d'un article.

Deux dames, Galina Goussarova et Anna Tsvetkova, ont pris part à l'expérimentation. La fille d'Anna était également présente.

L'article en question a été dactylographié en dix pages ordinaires et rangé dans un petit meuble dans la chambre d'Anna. J'ai dématérialisé l'article et les dix pages ont disparu du meuble.

Une fois que l'information est créée, elle existe toujours et partout. Par conséquent, si un article a été écrit, l'information respective existe même si l'article a été dématérialisé, même en cas d'absence de la base matérielle de cet article. Même chose pour un livre. S'il a été écrit, il existe toujours.

Un homme ressuscité fait toujours passer l'information sur sa résurrection. Cette information devient accessible, toujours et partout. La publication relative à un seul cas de guérison du cancer en quatrième phase ou à une seule résurrection signifie déjà que ce processus devient naturel pour tous les temps, et qu'il devient éternel.

Témoignage de Tatiana Tchoutkova selon lequel le son de la voix peut être reproduit à toute distance

Tatiana s'est adressée à moi à cause de la maladie de son petit-fils. Je lui ai dit que j'allais effectuer une séance à distance. Natalia, fille de Tatiana, est venue visiter son fils à l'hôpital pour assister au début de la séance. J'ai donc réalisé cette séance à distance. En attendant le début, Natalia regardait sa montre, tout inquiète. Elle ne connaissait pas mon prénom. Elle se demandait : « Mais quel est son prénom ? » Pour la calmer, j'ai décidé de lui répondre. Le témoignage raconte qu'elle a entendu nettement : « Je m'appelle Grigori. Je suis en train de travailler avec votre fils, n'ayez pas peur, je vais vous aider. » Natalia m'a remercié de tout son cœur. Elle a entendu le son réel d'une voix, ce qui est mentionné dans le témoignage de sa mère. Pourtant, je n'étais pas à ses côtés.

Nous y voyons un autre exemple de la matérialisation, notamment des vibrations sonores. La voix d'une personne n'est pas du tout différente de celle qu'on pourrait entendre si cette personne était en face de vous. Ceci, comme toute autre manifestation de la matérialisation, donne un autre exemple démontrant comment on peut contrôler les éléments de la réalité physique.

Prenons le témoignage de Vadim Chelikov (Annexe D). Vadim a été très surpris quand il m'a vu à l'intérieur de sa voiture fermée. Cela pouvait être n'importe quel endroit, pas seulement la voiture, n'importe quelle planète, n'importe quelle galaxie, n'importe quelle zone du monde. En pareils cas, on utilise le principe de gestion de l'espace. Selon votre demande, vous pouvez vous retrouver en tout point de l'espace-temps et si vous voulez, y créer des conditions normales pour la vie. Par conséquent, on peut se déplacer dans n'importe quelle zone et on peut créer la vie dans toutes les conditions.

Autrement dit, il s'agit ici d'une science sérieuse et importante, d'une vraie science. D'abord, en agrandissant le milieu, vous pouvez vous retrouver en n'importe quel point de l'espace-temps, ensuite remplir cet espace d'oxygène et d'autres substances indispensables à la vie. Sur la base de la conscience, vous pouvez créer des mondes et vous y retrouver réellement.

On peut aussi considérer la prévision de l'avenir comme une matérialisation, celle de l'information de l'avenir dans le présent.

Témoignages de Lev Olechnovitch et Valeriy Kornilov, docteurs en sciences chimiques (Annexe D)

Les deux scientifiques susmentionnés m'ont proposé de définir la variante de l'état intermédiaire préférable dans le processus chimique. C'est une tâche sérieuse. On peut en obtenir la solution par des calculs complexes de mécanique quantique ou bien par une expérimentation utilisant des méthodes de résonance magnétique nucléaire. Quand on m'a proposé cette tâche, j'étais dans mon bureau de Moscou. J'ai immédiatement donné une réponse écrite en faveur d'une certaine structure. De plus, j'ai aussi mentionné que la réalisation d'une troisième structure est possible dans le champ magnétique, ce que les auteurs n'ont pas pris en compte. Ils ne m'ont rien précisé, notamment qu'ils étudiaient ce processus justement dans le champ magnétique. J'ai vu tout de suite que l'expérimentation se faisait dans le champ magnétique et comment ce champ peut influencer le caractère de l'état intermédiaire. Mon pronostic a été complètement confirmé.

La deuxième question posée par ces scientifiques était liée à un autre processus chimique. Il fallait déterminer l'ordre de grandeur de la quantité de migrations pour le groupement acétyle dans le même processus. Là encore, j'ai donné la réponse presque immédiatement et par écrit. J'ai dit qu'il y aurait de 20 à 30 migrations par seconde. Ceci a été confirmé par des expérimentations ultérieures.

Premièrement, selon les témoignages de Serguey Kourbatov et Valeriy Kornilov, docteurs en sciences chimiques, il fallait déterminer le nombre de migrations du même groupement, mais dans une autre réaction. Ma réponse immédiate a été 10^6 par seconde (10 millions par seconde). Ce pronostic a été complètement confirmé.

J'aimerais préciser qu'il est impossible de deviner ce chiffre, tout comme dans l'exemple précédent. Le nombre de migrations de ce type peut varier dans des limites très larges, de 10^{-6} à 10^6 par seconde. Ces limites signifient des nombres dont l'un est plus grand que l'autre de 10^{12} fois. C'est-à-dire que, dans ce nombre, il y a 12 zéros après l'unité. Il est évident qu'il est impossible de deviner ce nombre avec autant de variantes. Il faut connaître la réponse.

Deuxièmement, il fallait évaluer la vitesse de la transformation d'une substance en une autre soit les deux substances mentionnées dans le témoignage. J'ai immédiatement répondu que, dans ces conditions, il y aurait 5 transformations par seconde. Cette prévision a été complètement confirmée par des calculs et des expérimentations. Il est important de noter que les calculs et les expérimentations n'ont pas été faits quand j'ai transmis l'information.

Nous constatons la capacité de voir immédiatement la réponse à n'importe quelle question. Quand j'étais enfant, j'avais déjà cette capacité et je l'utilisais beaucoup à l'école et à l'université. Par exemple, à l'université, pendant les tests, j'écrivais directement les réponses aux questions sans faire les calculs. Ceci est confirmé par Konstantin Roumiantsev qui a étudié avec moi. Dans son témoignage, il cite des cas concrets de clairvoyance qui ont eu lieu au cours de l'année scolaire 1982-83. Cette année-là, j'ai commencé à venir au cours à n'importe quel moment, souvent vers la fin des tests. Je n'avais même pas le temps de copier le problème du tableau. Tout ce que je pouvais faire, c'était d'écrire les réponses. L'université avait une attitude tolérante envers les présences aux cours. L'essentiel était de connaître la matière au moment du test ou de l'examen. Pourtant, le phénomène des réponses correctes sans description a commencé à attirer l'attention des professeurs. Au début, certains m'en ont parlé et puis la professeure principale a avoué mes capacités en présence de mon groupe. Plus tard, tout comme à l'école, j'ai commencé à décrire certaines étapes intermédiaires avant la réponse finale pour ne pas attirer trop l'attention. Après avoir reçu mon diplôme universitaire, dans mon travail pratique, je donnais des réponses précises, en tant que spécialiste diplômé, mais à l'aide de la clairvoyance. En m'appuyant sur mes technologies, j'ai fait approuver mon propre programme par le ministère de l'Éducation. Ce programme me donne le droit de délivrer le deuxième diplôme d'éducation supérieure.

Grâce à la clairvoyance, on peut toujours obtenir une réponse à tout. Le monde a été créé pour que vous puissiez accomplir toujours votre tâche dans n'importe quel espace-temps. C'est l'idéal du développement de l'homme et de la société. Si vous voulez ressusciter un homme, la réponse expliquant le procédé pour le faire existe déjà. Dès que vous aurez reçu cette réponse, vous pourrez ressusciter.

Pourquoi ce thème de réponses se trouve-t-il dans cette section ? En fait, on peut considérer cette obtention des réponses comme le phénomène de la matérialisation. Trouver la réponse de façon habituelle, sans clairvoyance, peut prendre beaucoup de temps. Il arrive qu'on ait besoin de plusieurs années pour cela. Par conséquent, si la réponse vient tout de suite, cela signifie la matérialisation de l'avenir. Plusieurs principes de résurrection exposés dans ce livre ont été définis à partir de l'avenir et grâce à la clairvoyance. Ces principes matérialisés dans le présent permettent d'effectuer aujourd'hui des résurrections sur le plan physique.

Il y a un autre aspect important que je voulais souligner en lien avec les témoignages précités. Les prévisions précises concernant les migrations du groupement acétyle montrent qu'on peut aussi prévoir des processus au niveau moléculaire. Je vois comment la réaction se passe, comment différentes microparticules entrent en contact. On peut voir les molécules, les atomes, les électrons et d'autres objets du microniveau, mais non pas visuellement.

Témoignage d'Olga Yakovleva (Annexe D)

Dans son premier témoignage, Olga dit que j'ai changé le contenu de la cassette audio par mon influence sensitive. Cette cassette contenait l'enregistrement fait pendant notre discussion, mais il y avait d'autres sons. J'ai éliminé tous ces bruits extérieurs et ajouté un texte enregistré avec ma voix. Ensuite, on a comparé les deux enregistrements et on a constaté que la voix était la même partout.

Ce témoignage confirme qu'on peut matérialiser des sons sur la bande sonore par la voie extrasensorielle et créer donc des formes sonores sur des supports physiques concrets grâce à la structuration de la conscience.

La matérialisation des formes sonores est utile au moment de la résurrection. Par exemple, la création du son du vent peut contribuer à l'adaptation plus rapide du ressuscité.

Dans son deuxième témoignage, Olga raconte comment j'ai effacé une partie de l'enregistrement de la cassette audio. L'enregistrement était composé de trois parties consécutives. Par la voie extrasensorielle, j'ai effacé la partie médiane de telle façon qu'on entende la troisième partie immédiatement après la première. Il n'y avait pas de pause. Il n'y avait pas d'espace vide sur la cassette et il n'y avait pas de bruits extérieurs à la jonction des parties 1 et 3.

Je voudrais particulièrement attirer votre attention sur le fait que les paramètres physiques de la bande sonore sont restés les mêmes. Sa longueur n'a pas changé. Avec la même longueur et la même vitesse de rebobinage, il y avait beaucoup moins d'information, car l'enregistrement effacé a été assez long et la perte d'information a été assez grande.

Toutefois, en dépit du fait qu'une partie de l'enregistrement ait été effacée et que la longueur physique de la bande sonore n'ait pas changé, il n'y avait pas d'espaces vides sur cette cassette.

Cette expérience montre que vous pouvez disposer de l'information comme vous voulez. Les paramètres et les conditions physiques seront subordonnés à votre contrôle. S'il le faut, à l'aide de la conscience, on peut agrandir la Terre autant qu'il le faudra pour les ressuscités.

Témoignage de Konstantin Ladytchenko

Dans son témoignage, Konstantin raconte qu'il a été témoin de la dématérialisation par mes soins d'une disquette informatique avec une information de 1,44 Mo. On ne m'a pas précisé où la disquette se trouvait.

Cet exemple montre que, s'il faut exclure une information supplémentaire, indésirable du point de vue de la création, on peut utiliser pour cela le phénomène de la dématérialisation, sans causer préjudice à quelqu'un quelque part. Ce phénomène se transforme ainsi en un élément du système de la gestion.

On peut étendre cette approche à tous les phénomènes du monde et inclure le principe de la dématérialisation dans l'élaboration de nouvelles machines. Ce sont des équipements de la nouvelle génération que j'ai élaborés. Ils ne pourront jamais détruire un homme. En cas de menace, une telle machine sera dématérialisée ou téléportée dans le parking le plus proche.

Témoignage de Raffik Valitov

Raffik raconte qu'il a été témoin de la manifestation suivante concernant mes capacités sensitives. On m'a proposé vingt disquettes pour les tester dans le but de vérifier si elles contenaient des virus. Certes, il ne s'agissait pas d'utiliser un ordinateur ou un logiciel spécial pour trouver un virus. Il fallait résoudre la question en regardant tout simplement les disquettes. J'ai pu dire que cinq de ces disquettes avaient été infectées par un virus et j'ai précisé lesquelles.

Ensuite, utilisant les mêmes facultés, il fallait détruire le virus. D'habitude, quand on copie un fichier sur l'ordinateur depuis une disquette infectée, le processeur devient aussi infecté. Mais j'ai détruit le virus. Et quand on a copié le fichier, le processeur est resté intact. Le logiciel antivirus l'a confirmé. De plus, après mon intervention, le fichier occupait sur le processeur un volume dix fois moins grand que le fichier original.

Cette élimination du virus signifie qu'on peut apporter des changements au courant de l'information et le changer à votre guise à l'aide des capacités extrasensorielles.

Lorsque nous nous imaginons un objet, au niveau de la pensée, nous voyons une image. Nous avons une sorte de tableau devant notre regard mental. Chaque élément de la réalité produit sa propre image. Le virus a un fond de couleur très concret. En travaillant avec ce fond, en changeant sa couleur, en nivelant ce fond, on peut nettoyer le fichier.

De même lorsque nous voyons mentalement la personne qu'il faut ressusciter, elle est déjà ressuscitée au niveau de la réalité qui correspond à la pensée. Il reste à la transférer à la réalité physique, à la faire revenir ici.

Dans le cours normal des choses, la vie doit être éternelle et les « départs » ne devraient pas exister. Notre objectif est d'éliminer les virus dans la réalité. La mort biologique est un virus, et il faut en débarrasser la réalité pour revenir à la norme.

Par conséquent, dans le cas de la copie du fichier que nous venons d'examiner, le virus a été éliminé. Le processeur a été correct. De la même manière, en nous débarrassant de la réalité de la mort, nous allons obtenir la réalité qui doit exister.

Témoignage de Tatiana Babayeva (Annexe D)

Dans son témoignage, Tatiana, ainsi que son mari, dit qu'elle a vu à plusieurs reprises comment, sans toucher les boutons de l'ascenseur, je le faisais marcher et s'arrêter à l'étage voulu. Je faisais ces démonstrations en avril 1994 à l'hôtel où nous étions logés pendant le séjour à New Delhi (Inde).

Dans les cas cités, sans toucher au bouton, je fermais le circuit électrique par un acte extrasensoriel et je faisais bouger l'ascenseur.

À côté de cet exemple, prenons-en un autre où il s'agit également de la fermeture d'un circuit électrique.

Dans un paragraphe précédent, j'examinais le témoignage de Sergueï Kouzionov, spécialiste en matière d'études des phénomènes paranormaux. Dans son témoignage, Sergueï parle d'autres effets de mon influence sensitive après avoir dématérialisé les cannelures et une partie du boulon pour prévenir un accident. Un jour, Sergueï a débranché les fusibles dans sa maison. En dépit de cela, il y avait de la lumière chez lui et le télécopieur continuait à fonctionner. J'ai réalisé cette expérience afin que Sergueï, en tant que chercheur sérieux, puisse avoir, une fois de plus, la possibilité d'observer les manifestations du fonctionnement de la conscience.

Les fusibles débranchés signifient la rupture du circuit électrique. J'ai montré que je pouvais rétablir le circuit à distance. Je n'ai pas utilisé le phénomène de la matérialisation, mais un autre phénomène. J'ai modelé dans ma conscience la partie du circuit qui manquait. Comment puis-je le faire ? Dans un endroit approprié, je mets l'information concernant la nécessité de la présence d'un circuit continu là-bas. L'image créée dans la conscience fonctionne comme un conducteur physique. Cet exemple montre que la conscience peut accomplir n'importe quelle fonction.

Cette expérimentation montre également qu'on peut créer des technologies nécessaires pour le développement perpétuel sur la base des principes du fonctionnement de la conscience, sans utiliser aucune ressource. Ces technologies sont complètement sécuritaires. Par exemple, quand j'ai modelé par ma conscience la partie manquante du conducteur de courant électrique, celui-ci a réapparu, mais il y avait une différence essentielle, à savoir qu'on ne pouvait pas avoir une décharge électrique à l'endroit où une partie du conducteur manquait. Par conséquent, sur la base de la conscience ou bien au niveau technique, par des systèmes optiques, on peut construire dans l'espace des appareils sécuritaires qui seront invisibles à l'œil.

Dans d'autres cas de la matérialisation, l'image créée dans la conscience se transforme en image physique ce qui représente l'essence du processus de la matérialisation.

On agit de la même façon dans la résurrection. Nous créons dans notre conscience une image de l'homme que nous voulons ressusciter et nous transformons cette image en image physique existant dans l'espace habituel tridimensionnel. C'est un processus naturel : il confirme que la vie a une base spirituelle.

Si on comprend que l'homme a été créé pour une vie éternelle, que les décès ne devraient pas exister et que ceci est naturel, donc la réalité physique sera éternelle, car elle sera définie et formée selon l'image dans la conscience. De cette façon, il deviendra possible de créer une vie vraiment heureuse et éternelle.

6. UTILISATION DES MÉCANISMES POUR LA RÉSURRECTION DES HUMAINS ET POUR LA RECONSTITUTION DES ORGANES PERDUS

Tous les dispositifs ne sont que des moyens auxiliaires. Ils sont destinés à être utilisés par des gens qui n'ont pas terminé la structuration de la conscience en matière de rétablissement de la santé, de reconstitution des organes et de résurrection. En effet, ces mécanismes sont conçus pour aider ceux qui essayent de maîtriser la technologie de la structuration de la conscience ainsi que celle du développement de l'âme, de l'esprit et des idées créatrices dans la réalité du monde perpétuel. Étant auxiliaires, ces dispositifs visent à développer les mêmes possibilités que l'homme doit posséder.

Nous savons déjà que toutes les connaissances relatives à la vie éternelle, à la résurrection, à la reconstitution des organes et à la guérison de toute maladie sont initialement présentes dans l'homme au moment de sa création. Cependant, la plupart des gens ne sont pas encore prêts à le comprendre et à communiquer librement avec leur âme.

Il est possible de communiquer directement avec l'âme qui est créée par Dieu et ne peut pas être complétée par des engins techniques.

On peut utiliser des mécanismes quand nous travaillons avec la conscience, mais pas avec l'âme. Ils complètent alors les structures des connaissances de l'âme qui ne sont pas encore complètement transférées à la conscience. Autrement dit, pour ceux qui n'ont pas encore effectué la structuration de la conscience, ces mécanismes complètent les structures de la conscience et ainsi, ils travaillent ensemble avec la conscience de l'homme.

J'ai déjà créé tout un lot de ces mécanismes qui fonctionnent. Ils sont basés sur une découverte fondamentale que j'ai faite. J'ai exposé cette découverte dans la thèse de doctorat en sciences physiques et mathématiques que j'ai soutenue.

L'essence de la découverte est celle qui suit. La compréhension de tous les phénomènes de la réalité passe par la perception qui peut s'effectuer par toute sorte de moyens, par exemple par la vue physique ou par les sensations ou encore mentalement. Quand nous fixons nos perceptions dans notre conscience, nous pouvons toujours voir une certaine image de lumière. Cette image est perçue par la vision spirituelle. Elle peut aussi se manifester dans la conscience. En langage scientifique et de façon un peu conventionnelle, on peut dire que l'homme possède un système de transformation qui peut transformer ses perceptions en images de lumière.

Ce système de transformation, système optique, est utilisé lors de la résurrection. Dans ce processus concret de la gestion du monde, on peut considérer l'image de la personne qu'on veut ressusciter, comme un signal optique. Ce signal dans l'espace spirituel (image de celui que vous ressuscitez) correspond à la perception de cette personne dans le monde physique ordinaire. La résurrection est donc le processus de la transformation du signal optique venant de l'espace spirituel vers l'espace physique tridimensionnel.

On peut créer des systèmes optiques identiques au niveau technique. Il s'agit de ces systèmes dans le paragraphe suivant. Ces mécanismes complètent les capacités de l'homme dans l'espace de gestion, c'est-à-dire que tous les moyens techniques auxiliaires doivent travailler selon le principe de supplément.

Comme exemple d'un tel mécanisme, je peux citer un produit que j'ai élaboré et qui se base sur ma découverte. J'ai créé un modèle permettant d'archiver l'information en n'importe quel point de l'espace-temps (Annexe E: certificat licence: *Archivage d'informations en tout point de l'espace-temps*).

On peut assurer la reproduction de la matière sur la base de l'information archivée en n'importe quel point de l'espace-temps. Ce point peut être pris dans n'importe quelle substance, dans l'air ou dans le vide, c'est-à-dire que le point est vraiment pris au hasard.

La méthode est la suivante. L'espace est vu comme la structure du temps exprimée dans la perception. Le temps est perçu comme la fonction de l'espace. La reproduction de la matière est vue comme la conséquence de la réaction du temps au changement de l'espace. On peut alors calculer les points de contact de l'espace avec le temps. Ces points sont ceux où toute information est archivée.

La connaissance des points où se trouvent les archives d'information permet de créer des systèmes technologiques basés sur des ordinateurs qui peuvent archiver l'information nécessaire en n'importe quel point de l'espace-temps. Ceci permet de créer une forme intellectuelle qu'on peut qualifier de machine rationnelle (*machina sapiens* – machine rationnelle, par analogie à *homo sapiens*).

L'information archivée dans le passé est une construction statique de cette machine. La mise en archive dans l'avenir lui donne une construction dynamique. La zone du présent assure le contrôle de cette machine rationnelle. Par conséquent, on peut créer une forme intellectuelle qui contrôlerait complètement la machine rationnelle sur la base de la conscience humaine.

Une telle forme intellectuelle ne détruira pas le créateur ou d'autres objets, car dans le temps présent elle se manifeste toujours comme une fonction de contrôle constructif. Nous avons l'exemple d'une machine rationnelle qui n'est pas dangereuse pour l'homme, les animaux et d'autres objets d'information.

La particularité de cette découverte consiste à ce que l'on puisse archiver l'information sur des disquettes et d'autres supports connus, mais aussi dans le vide. Je le fais par des impulsions unitaires à partir d'une console spéciale reliée à un ordinateur ordinaire.

On peut aussi archiver l'information dans l'espace, par une impulsion issue d'une disquette ou dans n'importe quelle substance par enregistrement continu. L'information archivée de cette façon peut être placée, au niveau physique, dans un secteur guère plus grand qu'une tête d'allumette (pas plus de 3 mm de diamètre).

Sur la base d'une telle méthode de création d'archives d'information, on peut élaborer des modèles radicalement nouveaux d'ordinateurs (Annexe E. Certificat licence : *Technologie informatique de gestion à distance*). On peut l'utiliser pour créer une forme intellectuelle adaptée au vide, à l'air ou à n'importe quelle substance. De la même manière, on peut élaborer un appareil pour lire l'information archivée. En pratique, cela donne une machine rationnelle qui se trouve dans un endroit approprié et qui ne prend pas de place. Cette machine est une forme intellectuelle maîtrisée. On peut l'orienter, selon les besoins, à la création de la substance, de l'espace ou du temps.

Une autre de mes méthodes est à la base de la création de nouveaux types d'ordinateurs. J'ai élaboré la technologie du transfert de l'information sur n'importe quel événement en formes géométriques. Au début, un logiciel spécial transforme un événement en forme géométrique. Ensuite, cette première forme se transforme en une autre, celle qui correspond au développement de cet événement dans le sens voulu. Ainsi, le contrôle des événements s'effectue. D'ailleurs, ce contrôle peut se faire à toute distance.

Dans une situation particulière, l'ordinateur peut être utilisé pour élaborer une forme intellectuelle adaptée en un point choisi. Cet intellect apparaît à la suite des impulsions unitaires de contrôle provenant d'une console spéciale d'ordinateur.

J'ai construit plusieurs appareils de ce type. Ils fonctionnent parfaitement et utilisent l'interaction de l'espace et du temps pour créer la substance. C'est un autre principe que j'ai découvert et mis sous licence (Annexe E : certificat licence : *Le temps est une forme de l'espace*).

Selon ce document, les technologies informatiques que j'ai élaborées permettent de transformer le temps en toute substance. Cela génère de nouvelles possibilités pour la création de substances. Ces technologies permettent d'assurer la gestion de la matière, la reconstitution des tissus de l'organisme, la possibilité d'avoir immédiatement n'importe quelle forme de la matière, la construction des édifices, la création des machines et des mécanismes, le contrôle des machines et beaucoup d'autres choses.

Grâce à ces technologies et à d'autres, on peut oublier à jamais les crises énergétiques et les problèmes d'énergie. On peut obtenir l'énergie du temps des événements passés. Cette source est illimitée.

La question peut se poser : comment peut-on archiver l'information en dehors des supports habituels, comme des disquettes, directement dans le vide ?

Rappelons-nous que l'espace et le temps sont des constructions de la conscience. Par conséquent, on peut placer l'information en n'importe quel point de l'espace-temps, y compris le vide, car il est aussi une construction de la conscience. C'est pourquoi certains scientifiques parlent du vide comme d'un milieu sans matière mais, d'autre part, ils sont obligés de reconnaître qu'on peut tout obtenir à partir du vide. Pour justifier cette position, ils ont commencé à traiter le vide de « physique ». Les titres sont souvent un moyen d'éviter la résolution du problème. On ne pourra jamais joindre les deux bouts si on continue à s'accrocher à la notion de la réalité physique objective et indépendante de la conscience puisqu'une telle réalité n'existe pas.

Cependant, l'essence du problème est bien simple. Le vide est alors une construction de la conscience, comme tout le reste d'ailleurs et on peut tout en obtenir, alors que la conscience peut tout donner. Tous les corps sont créés sur la base de la conscience.

Il n'est pas étonnant qu'on puisse archiver l'information en n'importe quel point, y compris le vide. Ainsi, on peut créer la forme intellectuelle appropriée dans ce point choisi.

Sur la base de toutes ces découvertes, j'ai créé un produit informatique spécial. C'est un logiciel qui fonctionne selon le principe d'action sensitive. Il complète l'information de gestion, et alors le tissu apparaît ou bien le tissu se forme. Par conséquent, les cellules détruites se rétablissent.

Au moment de la reconstitution des organes et du corps physique, en général, le tissu se crée et il est obligatoirement lié à l'âme de l'homme. Une des manifestations de l'âme est l'information hautement concentrée. La connexion du tissu avec l'âme se fait par la concordance de l'information.

L'âme est une structure illimitée d'après son volume. Une des manifestations de l'âme est l'information hautement concentrée. Cela signifie que l'information est archivée en tout point de l'espace-temps. Le principe d'archivage de l'information est l'un des principes fondamentaux du monde. L'utilisation de ce principe est tout à fait naturelle.

C'est pourquoi il est possible de créer en n'importe quel point de l'espace-temps une telle forme intellectuelle qui reconstituera la vie de l'homme à tout moment : régénérer ses organes, ressusciter mais aussi assurer en permanence un état de santé normal.

Ce travail se fera selon le principe du complémentarisme : les mécanismes l'effectueront si la conscience est occupée ailleurs et si l'homme n'a pas encore accompli la structuration de sa conscience dans ce secteur. Les mécanismes que j'ai créés fonctionnent de cette façon, selon le principe du complémentarisme.

Si on ressuscite ou si on reconstitue des organes perdus à l'aide des moyens techniques, la question de l'identité se pose très sérieusement. L'homme ressuscité doit être tel qu'il a été auparavant. On peut dire la même chose par rapport à ses organes, à ses tissus physiques. En règle générale, l'objet qu'on ressuscite doit se manifester de façon identique dans la réalité physique.

Cette tâche peut être accomplie grâce à ma découverte (Annexe E : certificat licence : *Systèmes reproducteurs et autodéveloppeurs qui reflètent les parties externes et internes des sphères constructrices*). J'ai découvert l'identité absolue de tous les objets informationnels par rapport à la zone créatrice de l'information, ce qui permet d'assurer l'identité totale des objets reconstitués et de leurs originaux. J'ai découvert la zone créatrice de l'information en utilisant mes connaissances sur l'âme. L'identité totale réalisée dans les processus de reconstitution a été démontrée en pratique. Les protocoles de ces résultats ont été répertoriés à l'ONU.

J'ai proposé des technologies concrètes qui permettent d'utiliser la zone créatrice de l'information sans sa destruction. J'ai aussi montré comment on peut assurer son autodéveloppement.

J'ai présenté la méthode permettant de trouver de telles zones créatrices de l'information. L'idée de cette procédure est la suivante. Nous obtenons la forme sphérique des objets informationnels connus dans le passé. En fait, sur la surface intérieure de cette sphère, sur la base du principe de liens universels, se trouvent des reflets d'objets du temps présent. Maintenant, choisissons l'objet qu'il faut reconstituer. Trouvons son reflet sur la surface intérieure de la sphère, car nous connaissons le passé.

Ce sera la zone de création de cet objet. L'objet pourra être complètement restauré.

Ce principe sert de base au fonctionnement des technologies réelles que j'ai créées. Elles restaurent l'homme en entier ou bien certains de ses organes et cellules. Le fonctionnement des mécanismes se fait sur la base des logiciels et des systèmes optiques que j'ai élaborés.

Les découvertes susmentionnées sont présentées dans mon œuvre *Structures appliquées de la zone créatrice de l'information*. En me basant sur les principes qui y sont exposés, j'ai proposé une autre conception qui a été enregistrée dans mon brevet n° 2148845 intitulé *Méthode de prévention des catastrophes et dispositif pour sa mise en œuvre* (Annexe E).

Nous avons déjà examiné cet appareil quand nous avons parlé de la prévention des tremblements de terre. Pourtant le tremblement de terre n'est qu'un des types de catastrophes. Il y a toute sorte de catastrophes. Le cancer ou le sida en quatrième phase sont aussi des catastrophes, mais de l'organisme humain. Des maladies moins graves sont des catastrophes moindres.

Cet appareil a été créé sur la base de la vraie science. Par conséquent, son action est universelle. C'est pourquoi on peut l'utiliser avec succès pour prévenir et éliminer des catastrophes de l'organisme humain, pour le traitement et la résurrection.

Je vous rappelle que cet appareil fonctionne comme suit. Tout d'abord, il diminue la puissance de la catastrophe à venir. Si ses ressources techniques sont suffisantes, il élimine la catastrophe. En cas de manque de ressources, l'appareil diminue au maximum le danger futur selon ses possibilités, et puis il annonce quand et où cette catastrophe aura lieu. On peut donc se concentrer sur les cristaux et penser à la prévention de la catastrophe ou à la guérison et les ressources de l'appareil augmentent considérablement.

L'appareil destiné à ressusciter et à rétablir la santé fonctionne selon le même principe. Cet appareil est un système optique créé sur la base de cristaux. Si quelque chose ne va pas dans l'organisme humain, il suffit de placer cet appareil à côté de l'homme ou d'orienter la surface sensible de l'appareil vers le malade.

Si on oriente l'appareil vers un organe malade ou vers le radiogramme de cet organe, il sera rétabli. Si on oriente ce module cristallin vers la photo de celui qui est « parti », on peut effectuer sa résurrection. En orientant le module vers le schéma d'organisation d'un événement, vous normalisez tout ce qui est lié à cet événement.

Par conséquent, cet appareil est universel dans sa capacité de rétablir un état normal. Comment connaît-il la norme à laquelle il faut parvenir ? Il lit l'information sur la norme harmonieuse dans l'espace, c'est-à-dire sur la norme conçue par le Créateur pour cette étape du développement. Puis, l'appareil guide le système respectif vers cette norme. L'information sur la norme appropriée existe en chaque point de l'espace.

Je répète que de tels appareils guidés par la conscience humaine fonctionnent déjà. Les appareils futurs seront créés selon les mêmes principes.

On peut utiliser ces principes pour élaborer des mécanismes de transmission d'informations. Un des appareils que j'ai créés a déjà passé tous les tests. J'ai reçu le brevet pour l'invention du *Système de transfert d'informations*.

Il fonctionne comme suit. Vous prononcez mentalement une phrase. Cette phrase représente un message que vous voulez transmettre. Certes, si vous avez effectué la structuration de votre conscience, vous pouvez transmettre ce message télépathiquement sans utiliser des appareils. Si vous n'avez pas encore maîtrisé ces méthodes, des appareils appropriés vous aideront.

Un appareil de transmission basé sur les principes susmentionnés transmet votre pensée. À l'autre bout, un autre appareil cristallin transforme votre pensée en mots ou en images, en fonction de votre souhait. C'est un nouveau type de communication sans ondes électromagnétiques. Dans un article, on a appelé mon appareil « télépatotrone ». Au lieu d'opérateur, on peut utiliser les rayons laser pour transmettre l'information vidéo ou audio. Il sera possible alors de diffuser des émissions de télévision et de radio, d'échanger des données informatiques, etc. J'ai élaboré la technologie qui permet de réunir les capacités des modules qui normalisent et qui transmettent l'information. Suivant cette technologie, on peut produire un minisystème cristallin qui peut être fixé au bracelet d'une montre, système qui va reconstituer un homme et qui va transmettre des données relatives à sa santé au système cristallin central. Si les données que le système central reçoit informent de la nécessité d'améliorer l'état de l'organisme, les grands cristaux du centre vont rétablir la santé de l'homme. On peut appliquer ces technologies à tous les objets d'information.

La transmission de l'information se fait instantanément. La distance n'a pas d'importance. Vous pouvez transmettre votre pensée en n'importe quel point de l'espace, dans n'importe quelle galaxie. Il n'y a pas de zones où on pourrait l'empêcher. En outre, le signal envoyé mentalement sera toujours individuel parce qu'il est envoyé par une personne concrète. L'individualité de la pensée et, par conséquent, du signal est toujours présente à cause d'un ensemble d'attributs. Ces systèmes de communication sont idéaux parce qu'ils sont imperméables. En même temps, le contrôle de ces systèmes est total, tout comme pour les appareils de reconstitution des organes et de la résurrection.

7. GUÉRISON DE TOUTES LES MALADIES AVEC LES CODES NUMÉRIQUES

Nous avons déjà rencontré des séries numériques. Rappelez-vous la onzième méthode de résurrection dans le chapitre III. Là, on a utilisé des séries de sept, huit ou neuf chiffres pour ressusciter. Les séquences étaient différentes pour divers exercices de concentration.

La possibilité de la résurrection à l'aide des séries numériques montre qu'en utilisant cette méthode, toute maladie humaine peut être guérie. La résurrection peut être considérée comme la guérison d'une maladie très grave. Les autres maladies sont moins compliquées. Cette méthode est très simple, mais efficace.

La simplicité de la méthode est son grand avantage. C'est pour cela que je l'ai utilisée comme base quand j'écrivais un livre-guide de guérison des maladies. Ce livre existe déjà, son titre est *La régénération de l'organisme humain par la concentration sur des nombres*. Il cite environ un millier de dénominations de maladies et à chacune d'elles correspond une série numérique appropriée de sept chiffres. En vous concentrant sur une série, vous vous guérissez de cette maladie.

La question se pose : pourquoi une procédure si simple – la concentration sur une série de certains chiffres – est-elle tellement efficace pour guérir des maladies ?

Voilà de quoi il s'agit. Chaque maladie est une déviation de la norme dans le fonctionnement de certaines cellules ou de certains organes ou encore de l'organisme dans sa totalité. La guérison signifie le retour à la norme. Les séries numériques que je propose assurent justement ce retour à la norme. Grâce à votre concentration sur une série concrète des chiffres, sur un code numérique, vous ajustez l'organisme pour l'emmener vers un état normal, à sa guérison.

Pour expliquer le sens de ce traitement, il faut dire quelques mots à propos de la structure vibratoire des nombres. Notre vie est imprégnée de rythme. Les planètes tournent autour du Soleil. Pour la Terre, cela signifie l'alternance périodique de l'hiver et de l'été. La Terre tourne autour de son axe, ce qui nous donne l'alternance des jours et des nuits. La même chose au microniveau. Les électrons tournent autour du noyau.

Chacun de nous peut entendre les battements de son cœur. Chaque cellule de notre organisme a son rythme. L'ensemble des cellules l'a aussi, mais c'est un autre rythme. Et encore un autre, dans un plus grand ensemble, l'organe. Enfin, il y a un rythme au niveau des liens entre les organes.

Dans ce sens, on peut comparer l'organisme à un orchestre. En interprétant une œuvre, l'orchestre ne doit pas se tromper et l'organisme non plus. Le son de l'organisme doit être harmonieux. Si un organe ou un lien dévie de la norme, commence à mal fonctionner, cela signifie que la maladie a commencé. Dès lors, en tant que chef de votre orchestre, vous devez lever votre baguette et restaurer l'harmonie du son.

On peut trouver le rythme là où il semble ne pas exister. Regardons l'arc-en-ciel qui surgit parfois après la pluie. Nous verrons une gamme de couleurs vives. Que représentent ces couleurs du point de vue de la science ? La perception de telle ou telle couleur se fait sous l'effet d'une onde électromagnétique d'une certaine fréquence. La fréquence des vibrations dans la partie violette du spectre est environ deux fois supérieure à la fréquence des vibrations dans la partie rouge. Par conséquent, c'est la différence en fréquence de vibrations qui est derrière les différences de perception.

Dans la perception des nombres, comme dans celle des couleurs où une certaine fréquence de vibrations correspond à chaque couleur, c'est la même chose. Une structure de vibrations est derrière chaque nombre. Cela concerne également les séries numériques.

D'ailleurs, on peut considérer chaque série numérique comme une certaine combinaison de chiffres. Si on revient aux couleurs du spectre, on peut se rappeler que la science et la technique ont une grande expérience d'utilisation des combinaisons. Prenez la télévision en couleurs. Toutes les belles couleurs aperçues à l'écran sont le résultat de la combinaison de trois couleurs : rouge, vert et bleu. On prend chacune de ces couleurs au niveau de brillance nécessaire pour l'image.

L'orchestre ne sonne pas comme un seul instrument. Chaque combinaison des couleurs du spectre donne son effet. La même chose avec les combinaisons des chiffres.

La mauvaise combinaison des chiffres dans le numéro de bord d'un avion peut mener à des vibrations indésirables. À l'inverse, la bonne combinaison contribue au développement favorable des événements, à l'établissement de l'harmonie. Cette méthode de traitement se base justement sur cette propriété d'une combinaison exacte des chiffres.

En cas de maladie, la série exacte de nombres mène à la guérison, autrement dit elle assure le retour de l'organisme à la norme. Nous venons d'apprendre qu'il y a une structure de vibrations respectives derrière chaque nombre et chaque série. Alors, on peut décrire la guérison par cette méthode autrement. Le fait que la série bien choisie des nombres mène l'organisme à la norme est la conséquence du fait que cette série numérique soit la norme même, compte tenu de la structure de vibrations derrière elle. Elle représente un son correct et indispensable. L'exercice de concentration sur cette série numérique signifie l'ajustement. De la même façon, on ajuste des instruments de musique à la base du diapason.

Maintenant, adressons-nous à mon livre-guide, composé de vingt-sept chapitres. Chaque chapitre analyse l'ensemble de certaines maladies. Les vingt-cinq premiers chapitres englobent presque toutes les maladies connues. Le chapitre 26 propose des exercices de concentration pour guérir des maladies et des états inconnus.

Le titre de chaque chapitre est suivi d'une série numérique qui concerne toutes les maladies de ce chapitre. On peut l'utiliser toujours et surtout quand on ne connaît pas le diagnostic exact, mais quand on sait que la maladie se rapporte à cette catégorie. Si on connaît le diagnostic, on utilise la série numérique qui est placée juste après le nom de cette maladie. On peut aussi utiliser la série générale de tout le chapitre. Le texte du livre est présenté de telle façon que la série numérique qui traite une maladie suit toujours le nom de cette maladie.

Comme exemple, je propose le début du chapitre 1.

CHAPITRE 1 – PRINCIPES DU TRAITEMENT DES ÉTATS CRITIQUES – 1258912

INSUFFISANCE RESPIRATOIRE AIGUË – 1257814 – État pathologique de l'organisme conduisant à l'incapacité des poumons à assurer la concentration normale du gaz dans le sang ou lorsque celle-ci est atteinte par un effort des mécanismes compensateurs de respiration extérieure, ce qui se manifeste par : une réduction de pO2 du sang artériel (PaO2) inférieure à 55 mmHg lors d'une respiration normale (d'air atmosphérique) ; une augmentation de pO2 du sang artériel (PaO2) supérieure à 55 mmHg ; des troubles de la mécanique et du rythme respiratoires ; une réduction de pH (7,35).

INSUFFISANCE CARDIOVASCULAIRE AIGUË – 1895678 – Incapacité du cœur à fournir un débit sanguin suffisant pour alimenter les organes et les systèmes, déséquilibre entre la capacité du cœur et les besoins des tissus en oxygène, se caractérisant par une pression artérielle basse et une diminution du flux sanguin dans les tissus.

ARRÊT CARDIAQUE (mort clinique) – 8915678 – État de transition entre la vie et la mort – il ne s'agit pas encore de la mort, ni de la vie non plus. Cet état commence au moment où le système nerveux central, la circulation sanguine et la respiration arrêtent de fonctionner, ce qui provoque des changements irréversibles dans les tissus et, avant tout, dans le cerveau.

CHOC TRAUMATIQUE ET ÉTAT DE CHOC – 1895132 – Pathologie grave causée par un traumatisme et accompagnée d'un dysfonctionnement des organes vitaux, en premier lieu, de la circulation sanguine et de l'appareil respiratoire.

Ensuite, je vais juste donner les titres des chapitres avec leurs séries numériques restauratrices.

CHAPITRE 2 – MALADIES TUMORALES – 8214351

CHAPITRE 3 – SEPSIE – 58143212

CHAPITRE 4 – SYNDROME DE LA COAGULATION INTRAVASCULAIRE DISSÉMINÉE – 5148142

CHAPITRE 5–MALADIES DES ORGANES TRANSPORTANT ET FAISANT CIRCULER LE SANG–1289435

CHAPITRE 6–MALADIES RHUMATISMALES–8148888

CHAPITRE 7–MALADIES DES ORGANES RESPIRATOIRES–5823214

CHAPITRE 8–MALADIES DU SYSTÈME DIGESTIF–5321482

CHAPITRE 9–MALADIES DES REINS ET DES VOIES URINAIRES–8941254

CHAPITRE 10–MALADIES DU SYSTÈME SANGUIN–1843214

CHAPITRE 11–MALADIES ENDOCRINIENNES ET MÉTABOLIQUES–1823451

CHAPITRE 12–MALADIES PROFESSIONNELLES–4185481

CHAPITRE 13–INTOXICATIONS AIGUËS–4185412

CHAPITRE 14–MALADIES INFECTIEUSES–5421427

CHAPITRE 15–MALADIES DUES À LA DÉFICIENCE EN VITAMINES–1234895

CHAPITRE 16–MALADIES INFANTILES–18543218

CHAPITRE 17–OBSTÉTRIQUE, MALADIES GYNÉCOLOGIQUES–1489145

CHAPITRE 18–MALADIES NERVEUSES–148543293

CHAPITRE 19–MALADIES PSYCHIATRIQUES–8345444

CHAPITRE 20–TROUBLES SEXUELS–1456891

CHAPITRE 21–MALADIES DE LA PEAU ET MALADIES SEXUELLEMENT TRANSMISSIBLES–18584321

CHAPITRE 22–MALADIES CHIRURGICALES–18574321

CHAPITRE 23–MALADIES O.R.L., NEZ-GORGE-OREILLES–1851432

CHAPITRE 24–MALADIES OPHTALMOLOGIQUES–1891014

CHAPITRE 25–MALADIES DES DENTS ET DE LA BOUCHE–1488514

CHAPITRE 27–VALEURS NORMALES DES EXAMENS DE LABORATOIRE–1489999

Il peut arriver qu'il soit difficile de diagnostiquer ou même de définir le type de maladie, c'est-à-dire de choisir le chapitre auquel cette maladie se rapporte. Pour parvenir à résoudre la situation, j'ai placé un autre chapitre dans le livre. C'est le chapitre 26–MALADIES ET ÉTATS INCONNUS–1884321.

Ici, l'essence de la méthode est la suivante. Le corps de l'homme est considéré être composé de sept parties. Je vais les énumérer et je vais mentionner le code numérique restaurateur à côté de chaque partie :

La tête – 1819999

Le cou – 18548321

La main droite – 1854322

La main gauche – 4851384

Le corps – 5185213

Le pied droit – 4812531

Le pied gauche – 485148291

Comment utiliser ces données ? Supposons qu'un homme ait mal à la tête. Il peut utiliser le code destiné à la tête. Si plusieurs parties de l'organisme souffrent simultanément, il faut utiliser les codes respectifs de façon consécutive.

Quelques mots sur les codes ayant un nombre différent de chiffres. Comparons les séries qui se composent de sept, huit et neuf chiffres.

Si la série se compose de neuf chiffres, d'habitude elle assure la guérison d'une ou deux maladies concrètes.

Si la série se compose de huit chiffres, en moyenne, elle guérit cinq maladies.

Si la série se compose de sept chiffres, elle peut guérir dix maladies et plus. Par conséquent, la série de sept chiffres a de plus grandes possibilités, son champ d'application est beaucoup plus large. C'est pour cela que j'ai utilisé de tels codes dans mon livre.

On peut travailler avec la série du début à la fin ou bien commencer par des chiffres aux extrémités et venir au centre. Passant d'un nombre à un autre, on peut se concentrer sur chacun d'eux pendant le même laps de temps ou rester sur un nombre plus longtemps que sur un autre en consacrant ainsi un temps différent à chaque nombre.

Revenons à la télévision en couleur. Pour avoir une image, on utilise seulement trois couleurs : rouge, vert et bleu. La combinaison de ces trois éléments donne une nouvelle couleur. On peut modifier le résultat en alternant l'intensité de ces trois composantes.

Lorsque nous changeons la durée de la concentration sur un nombre, nous modifions l'intensité d'action de ce nombre. Si on change la durée de la concentration sur certains nombres de la série, elle sonne un peu autrement et, par conséquent, elle agit un peu autrement. Dans le travail pratique, ayez confiance en votre intuition. De toute façon, l'effet de restauration est assuré par n'importe quelle durée de concentration.

En vous concentrant sur les nombres, n'oubliez pas de ressentir votre organisme, de le voir de l'intérieur et en bonne santé. Ceci est important pour restaurer rapidement l'état normal.

Il est possible d'appliquer cette méthode afin de traiter d'autres personnes.

L'essence de ce livre guide consiste à ce que sur la base des dix chiffres, 0, 1, 2, 3, 4, 5, 6, 7, 8 et 9, il faut apprendre à guérir toutes les maladies et à maintenir une bonne santé par la suite.

Pour recouvrer une bonne santé, on pratique souvent des exercices de concentration restaurateurs, ou de certains textes qui se composent de quelques phrases. Les exercices de concentration bien composés sont très efficaces. D'après sa forme, c'est une méthode du même genre, car les exercices de concentration utilisent une série bien établie de mots tandis que la méthode que nous examinons utilise une série bien établie de nombres.

Le mot est aussi un symbole. Si on prend un objet, par exemple une table, il est facile de constater que différents peuples utilisent des mots différents pour ce même objet. Quoique le mot soit un symbole, tout le monde sait qu'il a une grande force. Cette force provient d'une structure spirituelle, énergétique, vibratoire qui est derrière chaque mot.

Revenons au chiffre. Si on l'examine au niveau fondamental, on trouve une structure spirituelle, énergétique, vibratoire derrière chaque chiffre, tout comme derrière chaque mot. C'est ce qui assure son efficacité.

Sur la base de cette approche, on pourrait analyser divers phénomènes de notre vie. Par exemple, la musique. La structure spirituelle, énergétique, vibratoire est aussi derrière chaque son. C'est pourquoi la musique peut avoir un effet tellement surprenant sur les auditeurs.

S'il y a des séries numériques pour traiter des maladies, il doit y avoir des séries numériques pour résoudre d'autres problèmes importants et elles existent.

Dans la vie, il faut prendre des décisions tout le temps. Par exemple, accepter le poste qu'on propose sera-t-il favorable à votre développement ou non ? La situation actuelle est-elle favorable pour une entreprise ou non, le moyen que vous avez choisi pour régler le problème est-il bon ou mauvais, le partenaire que vous avez rencontré est-il bien ou non, votre désir coïncide-t-il à ce qu'il vous faut vraiment, et ainsi de suite ? On peut trouver une série numérique optimale pour toute situation : cette série aidera à résoudre le problème que vous avez.

En même temps, les séries numériques contribuent à la structuration de la conscience pour la gestion des événements, ce qui assure leur utilité. Les séries numériques peuvent vous aider à accomplir plus facilement de nombreuses tâches et à mieux vous orienter dans le monde.

Dans l'annexe G, je propose deux séries numériques pour chaque jour du mois : l'une de sept et l'autre de neuf chiffres. On peut se concentrer sur elles, l'une après l'autre. Ou séparément, à des moments différents.

Ces séries numériques, comme celles que j'ai proposées pour le traitement des maladies, sont liées à la gestion venant de la sphère spirituelle. C'est pourquoi le travail avec elles contribue au développement de l'esprit.

Faites aussi deux autres exercices cités dans l'annexe G. Cela aidera à votre développement et à l'établissement de l'harmonie avec le pouls de l'Univers.

8. MÉTHODES DE CRÉATION DE N'IMPORTE QUELLE MATIÈRE SUR LA BASE DE SA CONSCIENCE

Ce thème – création de la matière – nous est bien connu. Nous nous en occupons tout le temps dans ce livre.

Je parlerai des méthodes de structuration de la conscience afin que vous puissiez créer toute matière à partir de votre conscience. L'assimilation de ces méthodes permet de comprendre comment le Créateur créait la matière. Elles proposent la technologie du développement que Dieu a établi. Les méthodes proposées permettent de comprendre comment chaque élément de la réalité existe et comment il interagit avec d'autres éléments.

La compréhension de l'interaction entre les éléments est très importante. Prenons la résurrection des gens. Il suffit de normaliser un seul paramètre, par exemple celui du point de vue du microélément de l'homme, et ce dernier sera ressuscité.

Les méthodes dont je parle sont fondamentales. Si vous organisez correctement un élément du microniveau, une cellule, vous pouvez déjà savoir que vous êtes capable de ressusciter un homme. Une telle pratique donne des connaissances réelles relatives aux moyens qui assurent la vie éternelle.

Les méthodes dont on parle sont celles de l'organisation de toute matière sur la base de sa conscience.

1. ORGANISATION DE LA MICROMATIÈRE

Pour créer la micromatière, réservez un secteur éloigné dans votre conscience. Nous en avons parlé au début du chapitre III. Vous devez savoir ce que le secteur éloigné de conscience représente pour vous.

Branchez-vous sur votre secteur éloigné, mettez-le en valeur pour vous-même, et ce secteur sera la micromatière à laquelle sont liés tous les autres éléments de la réalité. Comment cette micromatière peut-elle, concrètement, se présenter pour vous ? Cela dépend de vous, par exemple, une molécule, une particule minuscule de la substance. Ou un élément d'un niveau plus profond, une structure qui crée la matière. Celle-ci suppose la présence d'une base sur laquelle la matière sera organisée.

Par conséquent, la première méthode de l'organisation de la matière consiste en à prendre une partie éloignée de votre conscience et la désigner comme micromatière, microélément. Vous pouvez prendre autant de secteurs et autant de microéléments que vous souhaitez.

2. CRÉATION DE MACROÉLÉMENTS À PARTIR DE MICROÉLÉMENTS

À la base de la première méthode, vous avez tout un nombre de microéléments. Ce sont des secteurs choisis dans votre conscience. Vous commencez à les déplacer dans votre conscience et, au cours du mouvement, vous voyez certains symboles ou images. Ces images commencent à se déplacer à leur tour, et vous voyez déjà des groupes d'images. Le processus continue et vous voyez un certain objet, par exemple la combinaison des molécules.

Ainsi, vous pouvez créer des tissus et reconstituer des organes, ressusciter des gens, traiter les maladies, matérialiser n'importe quel objet. Certes, pour cela, il vous faudra guider ce processus. Suivant cette méthode, vous pouvez construire toute réalité, physique ou spirituelle, si vous la classez dans le macromonde.

Dans cette méthode, vous passez de la micromatière à la macromatière.

Je renouvelle les principales caractéristiques de deux premières méthodes.

Dans la première, vous prenez plusieurs secteurs de conscience, les plus éloignés possible. Vous leur attribuez le rôle de microéléments. Vous les désignez comme microéléments. Si vous comprenez correctement les liens normaux, vous pouvez obtenir ainsi l'objet entier.

Dans la deuxième, vous suivez le mouvement de ces microéléments. Le mouvement peut être chaotique ou organisé, ce n'est pas important. L'essentiel est que les microéléments créent un tout à la suite de ce mouvement, ce qui mène à la création de la macromatière.

Dans la première méthode vous désignez, et dans la deuxième, vous obtenez.

3. CONSTRUCTION DE LA RÉALITÉ À L'AIDE DE LA PENSÉE

On peut considérer cette méthode comme la suite des deux premières. Vous prenez la micromatière que vous avez choisie et la macromatière que vous avez créée dans votre conscience. Puis, vous unissez ces deux zones à une très grande vitesse mentale. La zone créée ainsi représente une partie dégagée de la pensée, c'est une sorte de plate-forme sur laquelle s'appuie votre pensée pour créer de la matière.

Prenons une autre approche. Dans ce cas, il n'est pas obligatoire de distinguer des microzones dans la conscience et, à l'aide de ces microzones, de construire des macrozones. Vous pouvez créer la substance sur la base de la pensée, tout simplement. Il suffit de penser. Ici, vous mettez en valeur la composante pensante qui dirige et qui construit la réalité.

De cette façon, vous pouvez créer une table, un ordinateur, une plante, un homme, tout ce que vous voulez.

4. CONSTRUCTION DES ÉLÉMENTS DE LA RÉALITÉ EXTÉRIEURE PAR LE REFLET DE L'ÉLÉMENT INTÉRIEUR DE VOTRE CONSCIENCE

Vous vous concentrez sur un élément intérieur de votre conscience et vous regardez comment l'image de la réalité extérieure s'approche de vous ou, plutôt, de cet élément intérieur de votre conscience. Au moment du passage de la frontière de cet élément de la perception, vous fixez ce que vous voulez obtenir. Autrement dit, vous introduisez votre souhait dans l'élément de la perception. Alors, vous construisez ce qu'il vous faut, là où se trouve votre perception. Dans ce cas, la perception se trouve en zone de la gestion.

La zone de la gestion est située donc dans l'endroit que vous avez choisi, dans lequel se trouve votre perception, où se réalise la réalité physique et spirituelle que vous voulez.

5. CRÉATION DU CONTENU INTÉRIEUR DE TOUTES LES IMAGES DE LA RÉALITÉ EXTÉRIEURE

Vous pouvez percevoir des objets par votre vision physique. Par exemple, vous regardez un ordinateur et vous percevez comment il est de l'extérieur. Vous pouvez aussi percevoir l'ordinateur au niveau mental. C'est une autre perception. Dans cette méthode, votre tâche est d'utiliser une autre approche. Vous devez créer mentalement le contenu intérieur de l'objet, par exemple l'ordinateur, de telle façon que votre résultat reflète la manière de créer adoptée par le Créateur.

Le Créateur est présent dans la construction de chaque élément de la réalité, y compris dans la création de chaque élément de l'ordinateur. Agir comme le Créateur signifie comprendre la structure de l'ordinateur, y voir les liens intérieurs, les réunir en microsystème et, ainsi, comprendre comment les molécules sont liées.

Si vous pouvez comprendre immédiatement tous les systèmes de liens, leur interaction, vous comprendrez l'essence de ce mécanisme et vous pourrez le créer. Ou bien, s'il est déjà créé, le réparer s'il est endommagé. Pour cela, nul besoin d'être expert en éléments physiques qui le composent : il suffit de connaître les liens entre les éléments de l'information qui constituent le contenu de cet objet. Avec une telle connaissance, vous pourrez toujours relancer le fonctionnement de l'objet, en totalité.

6. CONTRÔLE DISCRET PAR LA PENSÉE CONTINUE

Dans cette méthode, il faut prendre un objet et imaginer qu'il se compose de parties. La seule exception est l'homme. Il faut toujours voir l'homme entièrement et son image doit être intégrale. On peut diviser mentalement d'autres objets en parties. Prenons une cuillère. On peut penser qu'elle se compose de plusieurs parties. Pour simplifier les choses, comme exposé dans le chapitre III, limitons-nous à trois parties.

Imaginons une cuillère composée de trois parties (caractère numérique !). Nous utilisons ces éléments de l'objet choisi pour créer un objet souhaité. Les trois parties de la cuillère représentent les éléments de la réalité que nous avons choisis. Ce sont des objets matériels. Selon cette méthode, nous commençons directement par la matière et chacun de ces éléments matériels a sa forme. L'objet que nous souhaitons créer a une autre forme. Il faut donc juste modifier la forme. En changeant la forme sur le plan informationnel, on peut transformer un objet en un autre sans modifier cet objet. Cette transformation d'une forme en une autre s'effectue grâce à la continuité de la pensée.

Le caractère continu de la pensée signifie ici la présence d'une seule idée. Cette idée se développe selon les mêmes lois que Dieu a utilisées pour créer des objets matériels. Après avoir appris à penser ainsi, vous pourrez construire à partir de tout objet un autre tout en conservant l'objet initial.

7. CRÉATION DE L'ESPACE CONTENANT L'ÉLÉMENT VECTORIEL DU TEMPS

Il faut d'abord créer de l'espace pour créer la matière. Dans cet espace, il faut établir le vecteur du temps qui nous permettra de délimiter la matière et de la créer. Le vecteur du temps est un terme technique. Il n'est pas directement lié aux vecteurs mathématiques que vous connaissez. C'est une notion conventionnelle. Voici sa signification.

Imaginez que vous voyez un paysage, par exemple des arbres. Un arbre a commencé à pousser à un endroit, un autre à un autre endroit et à un autre moment. On peut considérer le temps comme un système qui déroule l'espace. Autrement dit, il donne sa portée à chaque partie de l'espace et chaque partie de l'espace a son temps. Dans ce cas, le temps joue un rôle particulier. On peut le comparer à un scénariste qui coordonne ce qui se passe dans l'espace.

Quand vous déterminez l'espace et le temps de cette façon, la création du vecteur du temps signifie la création d'un instrument nécessaire pour la gestion. Quand je parle de la création du vecteur temporel, je suppose que ce vecteur doit devenir l'essence de votre conscience qui vous permettra d'avoir des connaissances précises sur la localisation de tout objet. Il n'est pas nécessaire de dessiner ou d'imaginer quelque chose sous la forme d'un vecteur concret. La construction du vecteur temporel dans votre conscience est la capacité de comprendre quelle est la chose et où elle se trouve, quand et comment cette chose se développe. Il suffit de comprendre le vecteur temporel de cette façon et vous pourrez créer la matière.

8. MÉTHODE DES INCLUSIONS : CONSTRUCTION DE L'INFORMATION DE TELLE FAÇON QUE CHAQUE ÉLÉMENT PUISSE CONSTRUIRE UN TOUT AUTRE

L'essence de cette méthode est la construction du système général et dispersé des valeurs, la construction de la zone d'information dont chaque élément peut en créer un autre. Dans cette méthode, vous prenez deux éléments d'information et, en incluant mentalement plusieurs fois un élément dans un autre ou en les inversant, vous pouvez obtenir un tout autre élément. C'est la méthode des inclusions.

Cette procédure se présente comme suit. Vous pouvez prendre n'importe quel objet, par exemple une cassette vidéo et une orange, ou encore tout autre objet. Vous imaginez que les deux objets choisis ressemblent à des sphères. Vous prenez mentalement une de ces sphères et vous l'introduisez dans l'autre. Puis vous les faites changer de place. Vous les déplacez plusieurs fois de cette façon. Quand vous le faites, vous commencez à voir dans votre conscience un certain corridor pris par ces déplacements. La création de ces corridors devient chose normale avec le temps. Si on voit comment ils apparaissent, on comprend qu'ils constituent les déplacements de la pensée. Ces voies habituelles du déplacement de la pensée sont la matière. Vous la prenez mentalement et vous l'introduisez dans l'organe malade. Alors cet organe reprend sa santé. Ou bien, vous envoyez cette matière vers la photo de celui qui est « parti » et cette personne sera ressuscitée.

9. CONSTRUCTION DE LA MATIÈRE PAR LA DIVERSITÉ DES FORMES EXTÉRIEURES

Vous percevez un objet, par exemple un ordinateur, un arbre ou autre chose. Ensuite, vous l'imaginez comme composé de plusieurs parties. Je rappelle qu'on peut faire cela avec n'importe quel objet, sauf un être humain qui doit toujours être perçu intégralement. À cause de la structure de sa conscience. L'homme est perçu intégralement même dans l'information qui correspond, si l'on peut dire, à la conscience de l'ordinateur.

Vous prenez donc un objet et vous l'imaginez comme composé de plusieurs parties. Ces parties se trouvent dans des endroits différents. Chacune a sa forme. Alors, il y a une diversité de formes. Vous les percevez toutes simultanément. On peut dire que votre perception est composée de plusieurs perceptions parallèles, vous percevez beaucoup d'éléments de diverses formes simultanément.

Maintenant, il vous faut trouver un point dans votre conscience où vous pouvez rassembler immédiatement toute cette information diversifiée. On l'appelle le « point de rassemblement ». Vous pouvez même vous rassembler vous-même immédiatement en ce point, sur le plan informationnel, c'est la zone de votre autoreconstitution.

Vous avez divisé mentalement en parties les objets choisis dans la zone de votre perception. Vous prenez ensuite tous ces éléments et les reflétez depuis le point de rassemblement. La matière que vous avez créée sera à l'endroit où ils se réuniront après réflexion. Certes, vous devez gérer ce processus.

Vous reflétez ainsi tous les éléments de diverses formes à partir du point de rassemblement. Ensuite, vous les réunissez là où vous voulez créer la matière. Le processus de réunion de plusieurs éléments en un endroit a des analogies avec l'optique. Un verre convexe fonctionne de cette manière ou, tout simplement, un verre grossissant. À l'aide de ce verre, vous pouvez réunir les rayons de lumière en un point. Cette analogie peut vous aider dans votre travail pratique.

Grâce à cette méthode, vous pouvez créer toute sorte de matière, matière créatrice, bien évidemment. Vous pouvez non seulement créer une matière physique, comme un ordinateur, mais aussi tout élément de la réalité, par exemple celui du développement constructif de la société ou définir une technologie concrète visant à développer la société ou à trouver de l'information. Si divers éléments sont reflétés par le point de rassemblement et qu'ils sont tout de suite réunis, la connaissance se forme. C'est la connaissance qui contribue à votre développement personnel et au développement créateur de tous.

10. CRÉATION AUTONOME DE LA MATIÈRE LÀ OÙ ELLE DEVRAIT ÊTRE CRÉÉE COMME LA SUITE DU FONCTIONNEMENT DE L'ÉLÉMENT CHOISI DE LA RÉALITÉ

Imaginons un arbre. Nous voyons beaucoup de branches et de feuilles vertes sur les branches. Nous savons mentalement que cette situation existe déjà dans la nature et qu'avec le temps de nouvelles feuilles apparaîtront sur les branches, à côté de celles qui sont déjà là. Cela aura lieu parce que l'arbre vit et se développe. Plutôt que d'attendre qu'une nouvelle feuille apparaisse sur une branche, vous pouvez la créer vous-même.

Dans cette méthode, vous trouvez les éléments qui apparaissent comme une suite du développement, notamment, de la croissance de l'arbre et vous créez vous-même ces éléments. La méthode consiste à désigner les secteurs dans votre perception qui ont déjà été construits sur la base de l'information puis à construire un élément suivant.

On peut citer un autre exemple. Regardez le corail ou les cristaux grandir. Faites une simple expérimentation. Mettez de l'eau dans une assiette ou dans une tasse, et dissolvez un peu de sel dedans. Il faut prendre suffisamment de sel pour que la solution soit saturée. À partir de là, le sel ne se dissoudra plus. Alors, apportez un cristal de sel. On peut le mettre sur le fond ou bien on peut le suspendre pour qu'il ne touche pas le fond. Vous verrez que le cristal commencera à grandir. Les nouvelles couches se formeront sur celles qui existent déjà. À l'aide de votre conscience, vous pouvez gérer ce processus et construire le cristal.

Par conséquent, s'il vous faut créer de la matière, vous observez par quel processus cette matière pourrait apparaître. Puis vous la créez vous-même à partir de votre conscience. Je répète : vous ne prenez rien nulle part. C'est votre conscience qui produit tout.

Telles sont les dix méthodes de la création de la matière sur la base de notre conscience, que j'ai voulu vous présenter. Certes, il existe d'autres méthodes, mais celles-ci sont les plus adaptées à la conscience. De plus, vous avez fait la connaissance des méthodes de création de la matière dans les chapitres précédents. Si vous ajoutez les méthodes susmentionnées aux principes et aux méthodes de résurrection que vous avez déjà appris, vous pourrez créer n'importe quelle matière sur la base de votre conscience. Vous pourrez le faire sur une base scientifique et pratique, suivant les méthodes proposées. Grâce à la compréhension du contenu de ce livre, la création de la matière à partir de votre conscience peut devenir une procédure ordinaire.

Vous pouvez ressusciter les êtres humains, reconstituer les organes perdus, rétablir la santé. Vous pouvez contrôler tout genre de situation, construire toute base d'éléments, par exemple créer de l'air là où c'est nécessaire et cet air sera écologiquement pur. Vous pourrez faire en sorte qu'un avion ne se retrouve pas en situation critique, qu'une centrale nucléaire n'explose pas, qu'il n'y ait pas de catastrophes. Autrement dit, vous pourrez assurer le salut réel pour tout le monde.

Vous comprenez qu'il faut beaucoup travailler pour assimiler ces méthodes. C'est pourquoi la pratique devient le facteur décisif. Essayez d'utiliser ces méthodes pour créer de la matière physique et spirituelle. C'est un niveau différent. On peut parler des sentiments, de l'amour, de la fidélité, de l'espoir, de beaucoup de choses. Si on parle de l'amour comme d'une matière de base, à l'aide de ces méthodes on peut faire en sorte qu'il soit perçu correctement par d'autres personnes.

Tout cela concerne également la création de l'information. Sur la base de ces méthodes, vous pourrez construire l'information en tant que telle et manifester votre conscience de façon positive.

Vous serez capable de créer toute sorte d'information et de matière, physique et spirituelle, car les méthodes exposées explicitent la technologie utilisée par le Créateur.

CONCLUSION

Ce livre fait partie d'une série de livres consacrés à la présentation de l'image véridique du monde. C'est pourquoi les questions relatives à la structure fondamentale du monde devaient y trouver des réponses, y compris la réponse à la question de ce qui est primaire, de ce qui est à la base de tout.

Ce livre donne une réponse claire et explicite à cette question. Dieu, le Créateur est primaire ; ensuite viennent l'âme et l'esprit et puis enfin la conscience, qui se présente de façon autonome et qui est aussi un maillon de liaison entre le spirituel et le physique, entre l'esprit et la matière. La matière physique est la forme du développement de la conscience. Le monde est organisé de cette façon. La vie a une base spirituelle. De nombreux faits le confirment. Mon œuvre en trois volumes, *Pratique du pilotage, chemin du salut*, en donne plusieurs centaines d'exemples.

La résurrection devient déjà une partie de notre vie de tous les jours. Ceux qui ont pu lire au moins une partie de ce livre ont eu une sensation nouvelle par rapport à la vie. Beaucoup d'entre eux ont commencé à ressusciter par eux-mêmes. Il y a déjà beaucoup de ressuscités et leur nombre grandit constamment.

La résurrection de ceux qui sont « partis » et la naissance de nouvelles personnes aboutiront à une croissance énorme de la population sur terre. Par conséquent, la question des ressources se pose. Les ressources matérielles existantes sont limitées. Le principal moyen pour les obtenir sera leur création sur la base de la conscience. C'est pour cette raison que j'ai expliqué dans ce livre les méthodes pour obtenir toute matière sur la base de la conscience. La maîtrise de ces méthodes permettra de résoudre tous les problèmes, y compris celui de l'agrandissement de l'espace.

Ces méthodes servent de bon exemple à la gestion de la réalité. Elles assureront une évolution ultérieure de notre civilisation et un développement infini de notre vie.

Les principes de la résurrection, les méthodes de la création de la matière et celles du développement éternel expriment la véritable essence de l'homme.

Quelques notes supplémentaires sur la création de la matière sur la base de notre conscience. Nous avons examiné ce problème à la fin du chapitre IV. Je voudrais expliquer encore une fois pourquoi l'homme est en mesure de le faire et pourquoi la création de la matière peut devenir une procédure ordinaire pour lui.

Notre conscience a été construite par le Créateur à son image et à sa ressemblance. Par conséquent, notre conscience est organisée de telle façon que nous pouvons créer tous les objets de la réalité dont nous avons besoin pour réaliser nos projets. Il faut juste se former une idée créatrice comme le Créateur la conçoit et des perspectives illimitées s'ouvriront devant notre créativité.

Pendant une démonstration, j'ai montré qu'on peut élaborer des matériaux qui n'existent pas sur terre. Nous avons examiné le cas de la matérialisation d'un objet dans l'appartement de Svetlana Glouchko. En apparence, le matériel dont l'objet a été créé ressemblait à un métal. Mais quand on a commencé à étudier sa structure intérieure, sa composition chimique, on a découvert que ce matériel avait une nature très différente et que de tels matériaux n'existaient pas sur terre. Je l'ai fait exprès. Ce matériel a une base de plusieurs composants. On peut le considérer comme une manifestation des liens universels dans la matière.

D'ailleurs, je peux montrer comment on peut passer d'un élément du tableau périodique de Mendeleïev à un autre, autrement dit, comment transformer un élément en un autre. Cette transformation se fait sur une base spirituelle.

Tout ceci démontre que la transformation d'un élément en un autre est un exemple isolé de la création de la matière. Cependant, vous pouvez retrouver dans la réalité tout ce qu'il y a de créatif dans vos pensées.

Je propose une technologie complètement nouvelle pour la fabrication des appareils techniques. Par exemple, les cartes nécessaires pour les équipements sont produites par le lessivage, une technologie écologiquement nocive.

Ces cartes peuvent être obtenues par la matérialisation qui ne nuit pas à l'environnement. J'ai décrit cette technologie dans l'article « Définitions fondamentales des systèmes optiques dans le contrôle des microprocessus ». L'article a été publié dans la revue *Microélectronique* n° 1 (153), 1999. Si on utilise la matérialisation, on n'a plus besoin de plusieurs processus intermédiaires, comme le brasage ou le soudage. On peut même ne pas produire les pièces de la machine mais la créer dans sa totalité. Ainsi la machine n'aura pas de joint.

On peut également élaborer des machines en les transférant de l'avenir au présent. Autrement dit, matérialiser les machines du futur dans le présent. Je le fais également.

Après avoir maîtrisé les méthodes de la matérialisation, on peut créer des matériaux nouveaux, des machines, tout ce qu'il faut pour une vie éternelle et heureuse.

* * *

J'aimerais aussi dire quelques mots à propos du traitement des maladies par des codes numériques. J'ai déjà dit que cette approche s'appuie sur la présence de la structure vibratoire du nombre derrière tous les objets. Cette structure représente l'ensemble de toutes les propriétés de l'objet. C'est pourquoi la série exacte rétablit la norme.

Faisons une remarque. Dans mon texte, je propose d'utiliser différents codes pour différentes maladies. Je l'ai fait pour simplifier les choses, pour aider les gens à maîtriser cette technique le plus vite possible et à commencer la pratique. Cela permet d'obtenir rapidement de bons résultats. Quand vous commencez à les acquérir, vous verrez qu'on peut traiter toutes les maladies à l'aide d'une seule série que vous avez maîtrisée. Il y a beaucoup de maladies et une seule santé. Par conséquent, si vous avez trouvé l'accès à la santé, elle sera toujours entre vos mains.

Si on analyse ces méthodes plus profondément, on comprend que tout dépend de l'état de conscience. Les codes proposés aident à former l'impulsion de conscience appropriée qui mène à la guérison. D'ailleurs, c'est pour cela que j'ai choisi les codes à sept chiffres. La série à sept chiffres aide la personne à passer plus vite à l'utilisation d'une seule impulsion. Vous êtes capable de guérir par une seule impulsion de la conscience.

Jusqu'à présent, nous avons parlé des séries de nombres, de mots et de sons, mais on peut parler d'une série de n'importe quels symboles. L'essentiel est qu'elle soit correcte du point de vue de la réalisation de l'objectif. Par exemple, le code choisi peut restaurer. On peut prendre une feuille de papier et écrire une certaine série de symboles. Ensuite, si on place cette feuille près d'une plante ou d'une pierre, cette plante poussera et cette pierre ne se cassera pas, car elles perçoivent l'information envoyée par la série numérique.

* * *

Grâce aux principes et aux méthodes exposés dans ce livre, on peut transformer complètement notre vie, se débarrasser des tremblements de terre et d'autres catastrophes, créer des vaisseaux cosmiques complètement nouveaux, des appareils pour ressusciter et pour reconstituer des organes perdus. Il existe déjà des appareils guidés par la pensée, ceux que j'ai inventés.

J'ai proposé de nouvelles sources d'énergie. Grâce à elles, on peut renoncer totalement aux centrales nucléaires et régler, une fois pour toutes, le problème énergétique. Ces nouvelles sources permettent d'avoir de l'énergie écologiquement pure. J'ai aussi mentionné la possibilité d'avoir l'énergie du temps des événements du passé.

J'ajouterai un autre exemple dans le domaine de la création de nouveaux équipements. Grâce à mes principes, on peut créer un superordinateur qui traitera l'information à une vitesse infinie doté d'une mémoire illimitée. On pourrait supposer que pour cela il faudrait avoir un appareil beaucoup plus volumineux et complexe, mais ce n'est pas le cas. Grâce à mes inventions, on peut mettre une quantité illimitée d'informations dans un élément physique. Un petit microprocesseur assurera une vitesse infinie et une mémoire illimitée.

J'ai déjà parlé d'un appareil qui prévient les tremblements de terre. Il y a des faits qui expliquent pourquoi un tremblement est un phénomène grave, par lui-même, sans parler des destructions qui suivent.

Près de la surface terrestre, l'intensité du champ électrique varie considérablement. D'habitude, elle reste dans les limites de 120-150 V/m. Dans la journée précédant un puissant tremblement de terre et au moment même du tremblement de terre, dans son épicentre, elle augmente de mille fois !

Les conséquences d'une telle anomalie peuvent être très variées. Prenons un exemple : en 1986, la veille du puissant tremblement de terre dans les Carpates, à Bucarest, située à 200 km du futur épicentre, tous les ordinateurs de la ville sont tombés en panne. La nuit, on voyait de la lumière autour de divers objets.

Des phénomènes lumineux prédisent et accompagnent souvent des tremblements de terre puissants. On peut voir de la lumière dans le ciel, au sol, autour des sommets des montagnes et des rochers, des lignes de transmission, de la cime des arbres, des antennes, également autour des gens et des animaux.

De plus, des appareils électroniques tombent en panne dans une vaste zone. En même temps, les personnes qui se trouvent dans cette zone (pilotes, opérateurs, dirigeants) ne peuvent pas prendre les décisions qui s'imposent. Les problèmes des appareils et l'impossibilité de la prise de décision par des personnes créent une situation catastrophique.

De là, on comprend l'importance de l'appareil de prévention que j'ai élaboré pour contrer des tremblements de terre et des catastrophes en général. Cet appareil a été créé sur la base de la nouvelle science.

Les armes nucléaires et l'énergie nucléaire sont très dangereuses pour notre civilisation. La situation d'aujourd'hui est très sérieuse, pas seulement à cause des réserves immenses d'armes nucléaires. Le fonctionnement des centrales nucléaires est aussi très dangereux. Je vais citer un exemple quand j'ai dû intervenir pour sauver la Terre de la menace de destruction.

Il s'agit de la prévention d'un accident à la centrale nucléaire de Kozlodouy, en Bulgarie. La *Gazette de Russie* n° 18 (1878) du 30 janvier 1998, éditée par le gouvernement russe en a parlé. Dans la rubrique « Sensation discrète », ce journal a publié un article intitulé « Pas de catastrophe pour demain ». L'article racontait que j'avais prévenu l'accident à la centrale de Kozlodouy. Cet accident aurait pu aboutir à une catastrophe dont les conséquences auraient été très différentes de celles de Tchernobyl.

En dessous de la centrale nucléaire de Kozlodouy, il y a des couches souterraines d'une conduction élevée. En cas d'explosion, une faille se serait formée et aurait attiré l'atmosphère terrestre. Il aurait été impossible d'arrêter le phénomène par les moyens techniques de l'époque. Selon les calculs des physiciens, cette faille aurait transformé notre planète en un nuage de poussière, vers l'an 2000.

Grâce à ma diligence, la détection des défectuosités et les mesures subséquentes prises à la centrale ont été reconnues au plus haut niveau du gouvernement. Mon intervention a permis de prévenir l'accident et la Terre a été sauvée.

Aujourd'hui, le monde fait face à la menace d'une extermination totale. La science doit trouver des méthodes pour la prévenir. Dans ce contexte, la science doit représenter l'ensemble des connaissances et des actions qui propose des méthodes réelles – je souligne le mot « réelles » – pour éviter une catastrophe globale.

Dans ma pratique, j'utilise la clairvoyance. C'est une technologie irrationnelle. À l'aide de la clairvoyance, j'ai déjà prévenu tout un nombre de catastrophes à caractère global. Il n'y avait pas d'autre moyen pour les prévenir. Les moyens et les méthodes de la science orthodoxe n'y pouvaient rien. Par conséquent, les faits démontrent que ce sont des technologies irrationnelles comme la clairvoyance, la matérialisation et la dématérialisation, la téléportation et d'autres qui sont vraiment scientifiques. Mais avant tout, c'est la résurrection. La résurrection des gens et la reconstitution des objets, en général. Ces technologies sont vraiment scientifiques. Telle est la réalité.

J'utilise le terme « technologies irrationnelles » dans sa désignation actuelle. Il faut bien comprendre que ces technologies semblent être irrationnelles du point de vue de la conscience ordinaire. Elles semblent irrationnelles parce que la conscience ordinaire éveillée n'est pas capable de voir nettement et de comprendre les processus susmentionnés. Pour un état de conscience plus élevé, tous ces phénomènes sont tout à fait naturels. Ils représentent une science d'un plus haut niveau, une vraie science, celle qui se base sur la compréhension de la structure du monde. C'est pourquoi ces technologies sont tellement efficaces.

Dans ma pratique, je peux utiliser la combinaison entre la clairvoyance, la vraie science et la science orthodoxe. C'est ce qu'on voit quand on analyse mes inventions, les appareils techniques que j'ai élaborés et les thèses de doctorat que j'ai soutenues. Les titres d'académicien dans plusieurs académies du monde en témoignent également (Annexe E). J'applique cette même approche lors de mes conférences où j'utilise des méthodes orthodoxes. Je fais des conférences à l'Agence de monitorage et pronostics de situations d'urgence auprès du ministère des Situations d'urgence de la Russie. Je le fais aussi à l'Académie russe des services d'État auprès du président du pays. Il s'agit des technologies modernes de prévention et de résolutions des situations d'urgence.

Je citerai les titres des cours que je donne dans la thématique *Les méthodes de la prévention des catastrophes à distance* :

Simulation mathématique de la prévention des catastrophes

Pratique de gestion irrationnelle de la prévention des catastrophes

Méthodes spéciales de prévention des processus catastrophiques globaux menaçant le monde entier

Analyse généralisée des approches traditionnelles et non traditionnelles pour la prévention des situations d'urgence

En mars 2001, mon cours éducatif *Technologies de prévention et du développement sécuritaire* a été approuvé par le ministère de l'Éducation de la Russie (Annexe E). Après avoir terminé le cours, les étudiants reçoivent un diplôme d'État égal à une deuxième formation supérieure et un certificat de l'UNESCO/CISE à la suite de l'obtention avec succès du cours relatif aux *Technologies de pronostic préventif et de développement sécurisé* dans le cadre de mon enseignement. Ce cours est une subdivision de la partie *Contrôle par pronostics*.

Mes conférences font partie d'un programme éducatif enregistré sur un CD qui est utilisé par le Centre de recherches de défense civile et des situations d'urgence, pour des cours dispensés dans des écoles secondaires en Russie.

Les cours, les conférences, la pratique de résurrection, la création d'appareils techniques radicalement nouveaux et d'autres aspects de mon travail sont des parties composantes de mon enseignement sur le salut et développement harmonieux. Le schéma de mon enseignement est présenté ici (page suivante).

Nous avons parlé de l'enseignement. C'est pourquoi je veux souligner un aspect important qui, à mon avis, doit être présent dans tout système d'éducation. Il s'agit d'enseigner les méthodes de gestion directe des événements à partir de la conscience. L'éducation doit commencer avant la naissance. Dans mon système, elle commence au passé infini et continue au futur infini. On peut distinguer les étapes suivantes.

La première étape commence au passé infini et se termine trois ans avant la naissance. Pendant cette période, les parents et d'autres personnes forment les futurs événements de l'enfant à l'aide d'exercices de concen-

ENSEIGNEMENT DE GRIGORI GRABOVOÏ

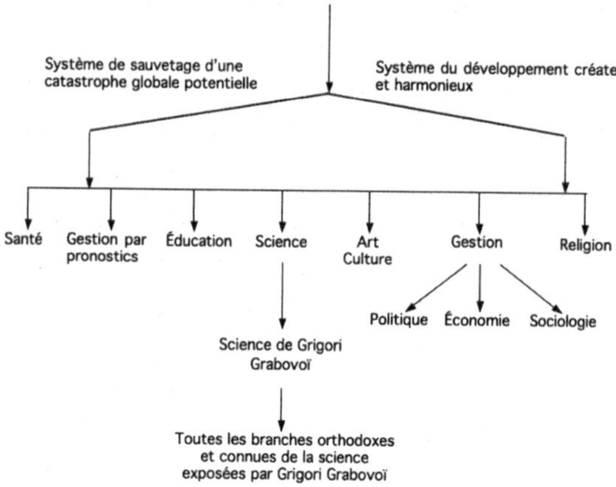

tration particuliers. On utilise l'ensemble informationnel du passé relatif à cette période.

Ensuite, la deuxième étape commence et elle se termine un an avant la naissance.

Enfin, la troisième suit et s'arrête au moment de la naissance. Après la naissance, chaque jour du premier mois de vie constitue une étape à part. Puis, les étapes se prolongent jusqu'à un mois et continuent de croître cycliquement allant vers le futur infini.

On peut étudier à n'importe quel âge. Pour cela, une personne adulte a juste besoin de revenir mentalement à un âge plus jeune et avoir un cours d'exercices de concentration correspondant à cet âge. Il faut aussi avoir en vue qu'avec cette méthode on peut assimiler en un jour le contenu de plusieurs mois. De plus, si on est emporté mentalement dans l'avenir, on peut assimiler les connaissances futures, ce qui permet de prendre des décisions correctes au présent.

* * *

Pour prévenir des catastrophes à l'échelle planétaire et pour maintenir un développement stable et créateur, j'ai proposé de construire un appareil technique spécial. Ce sera une flèche s'élançant vers le ciel. Au sommet, il y aura un cristal. Il fonctionnera selon la technologie exposée dans mon brevet *Méthode de prévention des catastrophes et dispositif pour sa mise en œuvre*.

Cet appareil fonctionnera comme suit. Par des câbles de fibres optiques, l'information sera envoyée depuis le cristal vers la base de cette construction. Un cercle sera tracé sur le sol autour du support de cette tour. Le support sera au centre de ce cercle. La moitié du cercle sera couverte par la carte du globe terrestre identique à celles vendues dans le commerce.

Si quelque part sur terre un danger apparaît, par exemple la menace d'un tremblement de terre ou d'un ouragan, le point respectif de la carte commencera à scintiller. C'est le signal du danger. Ensuite, le cristal au sommet commencera à diminuer la puissance de la catastrophe potentielle. Si cette construction a assez de ressources techniques, le danger sera aboli. Si les ressources ne suffisent pas, le signal sur la carte demandera de l'aide et ainsi, avec des moyens supplémentaires, le danger sera éliminé.

En ce qui concerne la deuxième moitié du cercle. Là, on placera la carte du ciel astral, ou, plutôt, un fragment qui montrera tout le développement possible de l'Univers, de tous les temps. Alors on pourra prévenir des catastrophes potentielles dans l'espace.

Par la télévision et l'Internet, on pourra diffuser l'image de la carte autour de cette tour sur tous les points partout sur terre. On pourra même créer une chaîne spécialisée. Alors, chacun pourra voir à la télévision la situation sur la carte ou, autrement dit, à travers le monde. S'il y a un signal de danger quelque part, chacun pourra participer au processus de sauvetage et envoyer sa pensée créatrice afin de rétablir l'équilibre. Par conséquent, tout le monde sera au courant des événements et pourra, en cas de besoin, participer au programme de sauvetage.

Une petite remarque : le même cercle avec une carte de la Terre et un fragment du ciel se trouve sur mon sceau, celui qu'on appose sur les documents.

Ma proposition visant à construire une tour avec un cristal au sommet a été bien accueillie.

Pour assurer l'union visant le Salut et le développement harmonieux, j'ai créé une structure sociale, une fondation qui porte mon nom et qui s'occupe de la propagation de mon enseignement.

La fondation est la structure directrice de l'association internationale *Union de propagation de l'enseignement de Grigori Grabovoï sur le Salut et le développement harmonieux*. Tout homme, toute organisation, tout État, etc. peuvent adhérer à cette fondation. Tout en développant cette union, j'introduis le système de développement sécuritaire basé sur des contrats spéciaux d'un État créé à cet effet. Je pense qu'il faut créer un tel État pour conclure des accords directs avec tous les pays du monde sur le développement systémique et sécurisé.

* * *

Une autre question importante dont il faut parler, au moins en bref. C'est celle du statut juridique des ressuscités. La résurrection fait de plus en plus partie de notre vie. Par conséquent, le problème du statut juridique des ressuscités devient de plus en plus actuel.

Il faut créer la base juridique de la résurrection. Pour cela, le principe de la vie sans fin doit être affirmé par les États et le droit. Ce principe doit être officialisé et inclus dans l'administration des États. La résurrection doit être vue comme un acte harmonieux du développement de n'importe quel État ou n'importe quelle structure étatique. La résurrection doit devenir le principe de tout État, tout homme, tout milieu.

La tâche des structures de la résurrection est de ressusciter tous les êtres. Tous les pays, toutes les régions du monde sont concernés, y compris tous les temps. Il faut ressusciter ceux qui vivaient dans d'autres temps, dans d'autres sociétés. C'est pourquoi chaque région aura une structure pluristrate. À côté des gens d'aujourd'hui, il y aura des gens qui vivaient dans l'esclavage, dans le féodalisme ou dans les temps primitifs.

Cela ne posera pas de problèmes. Si on voyage dans le monde aujourd'hui, on trouve des îlots d'une vie tout à fait différente à côté de sociétés technologiquement développées. Plusieurs tribus mènent un train de vie qui existait dans un passé lointain. Pourtant la civilisation pénètre dans ces régions également. C'est pourquoi, après la résurrection totale, le niveau de vie sera égalisé dans des endroits différents.

Le développement continu des ressuscités se fera dans le cadre de l'organisation universelle du monde.

Le travail visant à assurer le statut juridique des ressuscités doit se baser sur le principe de la divinité (1.7) :

PRINCIPE DE LA DIVINITÉ : ASPIRATION À L'INCORRUPTIBILITÉ DU CORPS, À LA VIE ÉTERNELLE ET AU DÉVELOPPEMENT DE LA VRAIE CONSCIENCE, C'EST LA PRATIQUE DE L'ÉPANOUISSEMENT SUPRÊME DE L'EXISTENCE DE L'HOMME.

Dans le chapitre I consacré aux cas concrets de résurrection, tout en examinant le deuxième cas, j'ai parlé de certains êtres qui dirigent la résurrection. Ils s'occupent aussi de l'enregistrement des ressuscités. Je vais dire encore quelques mots à leur sujet.

Ces êtres spiritualisés sont créés directement par Dieu et ils sont sous Son contrôle direct. Ils constituent un maillon dans le développement du monde. Ces êtres sont capables de prendre l'apparence physique de leur choix. Par exemple, ils peuvent se présenter comme des êtres vivants, ou bien comme un édifice ou encore les deux : l'édifice et la personne à l'intérieur qui reçoit les ressuscités et les enregistre.

Ces êtres dirigent tout ce qui se rapporte à la résurrection. Ils ont toute l'information, ils contrôlent la situation ; ils sont des îlots dans la réalité physique qui fonctionnent comme des blocs autonomes.

La résurrection se fait sous le contrôle direct de Dieu.

Il faut noter que les forces destructrices ne peuvent pas ressusciter. La résurrection est le privilège des forces créatrices.

Dans le chapitre II, j'ai parlé des différences entre les ressuscités et ceux qui ne sont pas décédés. Maintenant, je peux dire qu'après la résurrection de tous, il n'y aura plus de différence entre les ressuscités et ceux qui ne sont pas décédés. La situation de tout le monde sera la même.

* * *

Ce livre aide à se débarrasser d'une grande erreur apparaissant dans l'un des principaux mythes de notre histoire, le mythe de l'existence d'une réalité objective physique indépendante de la conscience humaine.

Cette approche pose la question des origines de l'homme, prive l'humain de sa grandeur réelle et nie sa détermination divine.

D'autres mythes existent et ils empêchent l'humanité de vivre la vraie vie. Prenez le problème de la souffrance. On connaît l'affirmation selon laquelle la souffrance est un élément inaliénable de notre vie. Cette affirmation est complètement absurde. Elle est erronée parce que la souffrance n'a aucune fondation, aucune base dans ce monde. Ces idées découlent de l'incompréhension de la structure réelle du monde.

Prenons une des causes sérieuses de la souffrance – la mort des proches, des amis. Certes, c'est une cause importante. Cependant, nous savons déjà qu'il est possible de ressusciter les gens, que la mort ne doit pas exister dans notre vie et que c'est à cause d'un malentendu qu'elle existe encore. Ce phénomène disparaîtra bientôt de notre vie.

Même conclusion pour d'autres fausses raisons de la souffrance. Quand elles auront disparu, on verra s'évaporer cette idée absurde qui dit qu'on ne peut obtenir plusieurs choses que par l'intermédiaire de la souffrance. Aujourd'hui, à cause de la menace de l'extermination nucléaire, cette idée de la nécessité de la souffrance peut mener à une catastrophe globale. Pendant des siècles, on a inculqué à l'humanité cette idée de la nécessité des souffrances pour obtenir certaines choses. Le temps est venu de nous débarrasser de ces préjugés. Il n'y a pas de base réelle pour la souffrance et les autres émotions négatives. De plus, grâce à la pratique de résurrection, ces émotions commencent à se dissiper. Par conséquent, la règle principale permettant de contrôler l'exactitude du processus de la résurrection est celle qui suit : au cours de ce processus, tout doit se développer pour le meilleur, pour celui qui ressuscite comme pour son entourage.

Le Créateur a posé des émotions créatrices. Ce sont la joie, la lumière et l'amour qui constituent cette base de l'organisation du monde. Ce sont eux, avec la compréhension correcte du monde, qui assureront une vie heureuse, pleine de joie et éternelle.

La hausse du niveau de conscience en est la cause primordiale, car le passage aux états de conscience de plus en plus élevés est le chemin qui mène vers Dieu.

Toutes les grandes religions du monde se sont formées sur la base de l'expérience personnelle de leurs fondateurs. La révélation est à la base de chaque religion. En quoi consiste l'essence de la révélation ? Quand l'homme sort du cadre de conscience ordinaire et atteint des états de conscience plus élevés, il commence à voir la réalité fondamentale de ce monde. Celui qui a connu cette réalité commence à en parler. C'est pourquoi les technologies de la hausse du niveau de la conscience sont appuyées par toutes les religions fondamentales et créatrices du monde.

Cependant, n'essayez pas de comprendre ces choses par des moyens logiques : elles sont en dehors de la logique ordinaire. Il s'agit d'une logique d'un tout autre niveau qui n'a rien de commun avec la logique générale du point de vue de la conscience ordinaire.

La hausse du niveau de conscience est la seule voie réelle qui mène vers Dieu et à la compréhension du monde. L'homme voit la Vérité seulement quand il est en état de conscience élevé.

* * *

Ce livre est écrit pour tous, il s'adresse à chacun de nous, mais il n'est pas seulement écrit pour les humains. Notre objectif est d'assurer que les humains ainsi que les animaux, les plantes, les pierres, bref que tous les êtres participent au système du salut. Ceci est possible, même nécessaire. Ce livre montre la voie. Il montre aussi comment embrasser tous les éléments de la réalité, tous les phénomènes du monde, ce qui assurera la vraie harmonie. Ce livre est pour le monde entier et pour tous les temps.

La vie éternelle permet d'accomplir tous les vœux. Lorsque nous parlons de ce que nous souhaitons, nous devons savoir qu'en partie cela est prédéterminé par Dieu. Si vous voyez la vie éternelle dans le lointain, sachez qu'elle est proche de vous. Apprenez à voir les phénomènes tels qu'ils sont, et ils sont tels que vous le souhaitez. Quand vous regardez la réalité et que quelque chose ne vous plaît pas, par exemple la mort biologique, cela signifie que cela ne doit pas exister dans cette vie.

Lorsque vous ressuscitez et matérialisez des objets, chaque objet doit être créé à votre image et à votre ressemblance. Vous pouvez transmettre les connaissances reçues dans ce livre à n'importe quel objet, et il portera ces connaissances.

Dans ce livre, la pratique de la connaissance est donnée par l'intermédiaire de la résurrection. Cela permet de comprendre que la conscience se base sur les principes de l'Éternité.

Dans ma religion, le contrôle est proposé pour un développement infini, pour la vie éternelle. Dans mes principes du monde, l'Éternité est créée par le Créateur pour le bien-être et le développement de tous.

En vous appuyant sur les thèses de base de mon enseignement, prenez ce livre et portez-le comme la lumière de la vie qui illumine votre chemin. Ce livre apporte le vrai bonheur et procure le développement que vous allez toujours avoir et que vous avez déjà. Par ce livre, vous pouvez transformer le monde autour de vous et en vous, car ce livre est un instrument réel de mon enseignement qui contient le principe d'action créatrice. Il est, lui-même, l'action réelle. Ce livre est un chemin.

Lorsque je parle de ce livre, je parle de la vie réelle qui a produit ce livre. J'ai exprimé cette réalité en paroles, et ces paroles vous apportent la lumière de la vie, la lumière éternelle, inépuisable. Vous verrez toujours cette lumière en touchant le livre, en y pensant ou en lisant les premières pages.

Ce livre apprend à construire autour de vous la réalité voulue. Après avoir assimilé le livre, vous pourrez gérer la réalité partout, toujours et éternellement. Cette gestion éternelle sera reflétée dans votre âme de telle façon que ces connaissances seront transmises à tous. Il y aura le bien-être universel, l'aspiration à l'unité, à l'unification et au développement créateur universel.

Quand vous rencontrerez Dieu dans Son sentiment supérieur envers vous, dans Son amour infini envers vous, vous comprendrez que vous êtes la création divine qui doit et qui est obligée de créer et vous allez créer à l'image et à la ressemblance ; vous allez créer comme le fait le Créateur et vous allez porter la lumière de Sa conscience là où vous voyez le meilleur et aussi là où vous voyez la nécessité de changements. Vous allez porter la lumière de Sa conscience où votre âme, votre conscience, votre intelligence et votre intellect vous montreront, là où les humains, les animaux, les plantes, le monde entier en auront besoin, car vous êtes la lumière du monde. Ceci vous est donné une fois pour toutes, aux siècles des siècles.

ANNEXE A

DOCUMENTS CONFIRMANT LES PREUVES DE LA RÉSURRECTION DES HUMAINS CITÉES DANS LE LIVRE

TÉMOIGNAGE

Sur le travail extrasensoriel de Grigori Grabovoï, né le 14 novembre 1963 à Kirovsky, quartier de Kirov, région de Tchimkent, Kazakhstan (acte de naissance série II – G N° 463794).

Lieu du témoignage : 5/2 rue Iliynka, Moscou.

Date du témoignage : 27.05.1996 16 : 17

Je, soussignée, Roussanova Emilia, de nationalité russe, passeport XXII- U N° 672200, atteste que le 25 septembre 1995, au cours de notre rencontre avec Grigori Grabovoï, je lui ai demandé de ressusciter mon fils A. Roussanov, né le 22 août 1950 à Moscou et décédé le 16 juin 1995 à Moscou également. Avant de m'adresser à G. Grabovo, j'étais complètement désespérée et j'avais eu un infarctus. Après la rencontre avec G. Grabovoï au début d'octobre 1995, j'ai eu l'espoir que mon fils reviendrait. J'ai commencé à ressentir sa présence (spirituelle) à la maison. Je suis allée au cimetière et, ayant approché la tombe de mon fils, j'ai vu une fissure profonde à travers toute la tombe.

Au milieu, il y avait une sorte de fossette et il semblait que la terre était poussée de l'intérieur.

Vers minuit, j'ai nettement vu (malgré mes yeux fermés) deux cordeaux blancs partir de ma poitrine pour atteindre la tombe de mon fils, la fossette dans la tombe. Puis, j'ai semblé tirer ces cordeaux et j'ai ressenti de la lourdeur. Cela a duré pendant quelques secondes. Mon fils était enterré au cimetière Vostriakovskoyé de Moscou.

Ma vision de sa tombe a eu lieu au niveau de la fenêtre de mon appartement au 7e étage.

(*signature*) Roussanova E.

La suite du présent document est en annexe 2 à la première page.

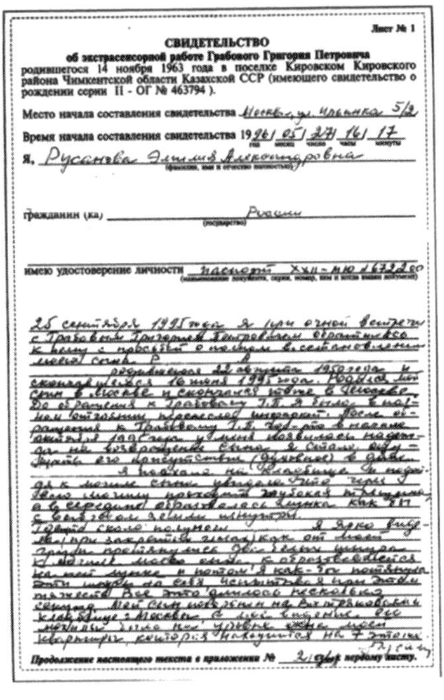

Лист № 1

СВИДЕТЕЛЬСТВО

об экстрасенсорной работе Грабового Григория Петровича родившегося 14 ноября 1963 года в поселке Кировском Кировского района Чимкентской области Казахской ССР (имеющего свидетельство о рождении серии II - ОГ № 463794).

Место начала составления свидетельства Москва, ул. Ильинка 5/2

Время начала составления свидетельства 1996/ 05/ 27/ 16/ 17

Я, Русанова Эмилия Александровна

гражданин (ка) России

имею удостоверение личности паспорт XXII-МЮ №672200

[illegible]

Продолжение настоящего текста в приложении № 2 к первому листу.

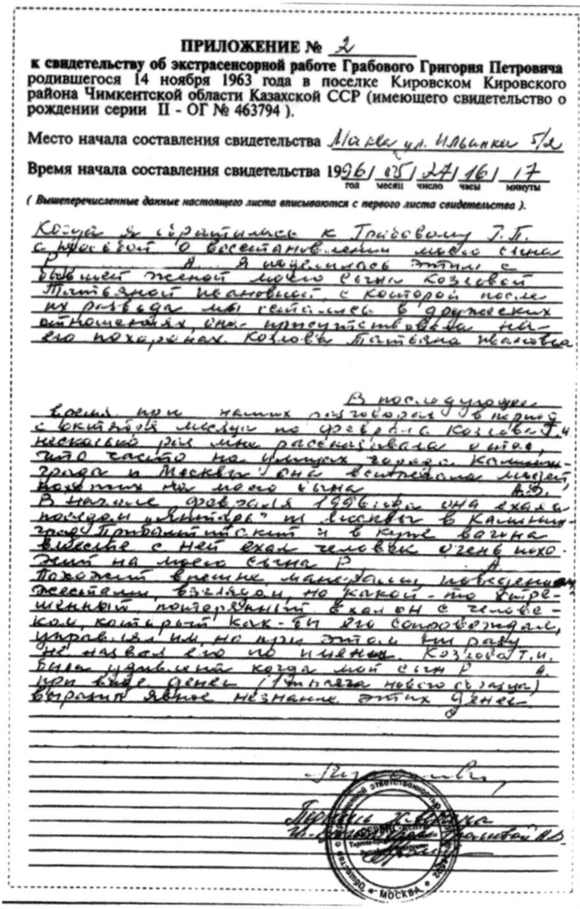

ПРИЛОЖЕНИЕ № 2

к свидетельству об экстрасенсорной работе Грабового Григория Петровича родившегося 14 ноября 1963 года в поселке Кировском Кировского района Чимкентской области Казахской ССР (имеющего свидетельство о рождении серии II - ОГ № 463794).

Место начала составления свидетельства Москва ул. Ильинка 5/2

Время начала составления свидетельства 1996/05/27/16/17 (год, месяц, число, часы, минуты)

(Вышеперечисленные данные настоящего листа вписываются с первого листа свидетельства).

ANNEXE 2

Selon le témoignage sur le travail extrasensoriel de Grigori Grabovoï, né le 14 novembre 1963 à Kirovsky, quartier de Kirov, région de Tchimkent, Kazakhstan (acte de naissance série II – G N° 463794).

Lieu du témoignag : 5/2 rue Iliynka, Moscou

Date du témoignage : 1996.05.27 16 :17

(Les données ci-dessus sont inscrites à la première page du témoignage)

Je me suis adressée à G. Grabovoï et lui ai demandé de ressusciter mon fils A. Roussanov.

Ensuite j'en ai parlé à Tatiana Kozlova, l'ex-épouse de mon fils, avec qui j'avais gardé de bonnes relations après leur divorce. Tatiana Kozlova avait été présente aux funérailles de mon fils. Plus tard, entre octobre et février Tatiana m'a dit à plusieurs reprises, qu'elle voyait souvent dans les rues de Kaliningrad et de Moscou des gens qui ressemblaient à mon fils A. Roussanov. Au début du mois de février 1996, Tatiana a pris le train « Yantar » pour aller de Moscou à la ville de Kaliningrad (qui se trouve sur la mer Baltique). Dans le compartiment du wagon, il y avait un homme qui ressemblait beaucoup à mon fils A. Roussanov par son apparence, sa démarche, son comportement, ses gestes, son regard, mais il semblait être perdu et détaché. Il voyageait en compagnie d'un homme qui semblait l'accompagner, le guider mais qui ne l'a jamais appelé par son nom. Tatiana était étonnée quand mon fils, après avoir vu un billet de banque courant (mille roubles), n'a pas reconnu ce que c'était.

(*signature*) Roussanova E.

Signature certifiée par le chef comptable de la société Service-Tsentr, CCI de la Fédération de Russie.

Sceau rond : Ville de Moscou. Société à responsabilité limitée Service-Tsentr.

TÉMOIGNAGE

Sur le travail extrasensoriel de Grigori Grabovoï, né le 14 novembre 1963 à Kirovsky, quartier de Kirov, région de Tchimkent, Kazakhstan (acte de naissance série II – G N° 463794).

Lieu du témoignage : 5/2 rue Iliynka, Moscou

Date du témoignage :1996.05.27 15 : 28

Je, soussignée, Kozlova (Roussanova) Tatiana, de nationalité russe, passeport XXX-IK N° 658401, atteste que de décembre 1975 à octobre 1982, j'ai été mariée à A. Roussanov. Après notre divorce, j'ai gardé de bonnes relations avec sa mère Emilia Roussanova, née le 25 juin 1927 dans la région de Moscou. Le 26 septembre 1995, au cours de notre rencontre, Emilia m'a dit qu'elle s'était adressée à G. Grabovoï et lui avait demandé de ressusciter son fils A. Roussanov, né le 22 août 1950. Selon le certificat de décès, A. Roussanov est décédé le 16 juin 1995 à Moscou. Après notre rencontre et en sachant que Grigori Grabovoï travaillait pour ressusciter A. Roussanov, j'ai commencé à remarquer, pendant la période entre octobre 1995 et février 1996, des gens dans les rues qui avaient l'apparence d'A. Roussanov. Quand j'ai voyagé à Kaliningrad (région de Kaliningrad), j'ai vu un homme dans mon compartiment de train qui semblait sortir d'un autre monde.

(*signature*) Kozlova T.

Signature certifiée par le directeur commercial de la société Service-Tsentr, CCI de la Fédération de Russie.

Sceau rond : Ville de Moscou. Société à responsabilité limitée Service-Tsentr.

La suite du présent document est en annexe 1, à la première page.

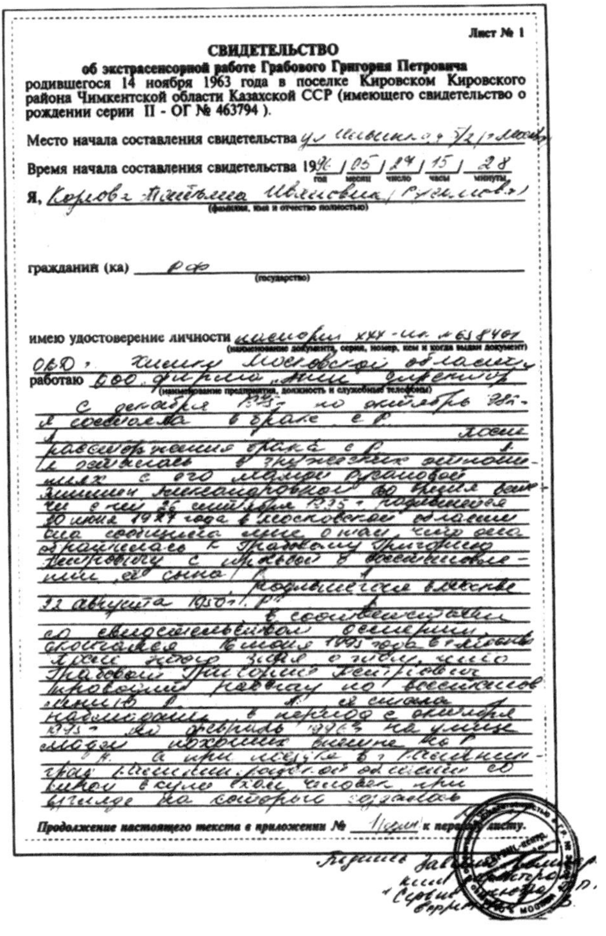

Лист № 1

СВИДЕТЕЛЬСТВО

об экстрасенсорной работе Грабового Григория Петровича родившегося 14 ноября 1963 года в поселке Кировском Кировского района Чимкентской области Казахской ССР (имеющего свидетельство о рождении серии II - ОГ № 463794).

Место начала составления свидетельства

Время начала составления свидетельства 1996 / 05 / 27 / 15 / 28
(год / месяц / число / часы / минуты)

Я,
(фамилия, имя и отчество полностью)

гражданин (ка) РФ
(государство)

имею удостоверение личности
(наименование документа, серия, номер, кем и когда выдан документ)

работаю
(наименование предприятия, должность и служебный телефон)

Продолжение настоящего текста в приложении № 1 к первому листу.

ANNEXE 1

Selon le témoignage sur le travail extrasensoriel de Grigori Grabovoï, né le 14 novembre 1963 à Kirovsky, quartier de Kirov, région de Tchimkent, Kazakhstan (acte de naissance série II – G N° 463794).

Lieu du témoignage : 5/2 rue Iliynka, Moscou

Date du témoignage : 27.051996 15 : 28

(Les données ci-dessus sont inscrites à la première page du témoignage.)

Cet homme ressemblait à A. Roussanov, né en 1950, par la couleur de ses cheveux et de ses yeux, par son apparence, et par le pourtour de son visage. Son comportement correspondait exactement à celui de A. Roussanov. Les traits de caractère coïncidaient également. Il avait les mêmes habitudes (taciturnité, passion pour la lecture – la plupart du temps il lisait un journal). La personne qui l'accompagnait était un homme de taille moyenne et ne l'a jamais appelé par son nom pendant le voyage. Quand cet homme a sorti de l'argent, la personne ressemblant à A. Roussanov était étonnée après avoir vu un billet de 1000 roubles d'argent courant. J'ai eu l'impression que cet homme avait été coupé de la vie courante pendant quelque temps. Mais il semblait conserver les habitudes du métier – son compagnon a dit qu'ils étaient chauffeurs.

Cette rencontre a eu lieu le 2 février 1996, au cours de mon voyage de Moscou à Kaliningrad dans le train « Yantar ».

(*signature*) Kozlova T.

Signature certifiée par la directeur commercial de Service-Tsentr, CCI de la Fédération de Russie.

Sceau rond : Ville de Moscou. Société à responsabilité limitée Service-Tsentr. Chambre de Commerce et d'Industrie de la Fédération de Russie.

ПРИЛОЖЕНИЕ № 1 (один)

к свидетельству об экстрасенсорной работе Грабового Григория Петровича родившегося 14 ноября 1963 года в поселке Кировском Кировского района Чимкентской области Казахской ССР (имеющего свидетельство о рождении серии II - ОГ № 463794).

Место начала составления свидетельства ул. Ильинка 5/2 г. Москва

Время начала составления свидетельства 1996 / 05 / 27 / 15 / 28
год месяц число часы минуты

(Вышеперечисленные данные настоящего листа вписываются с первого листа свидетельства).

Продолжение настоящего текста в приложении № два **к первому листу**

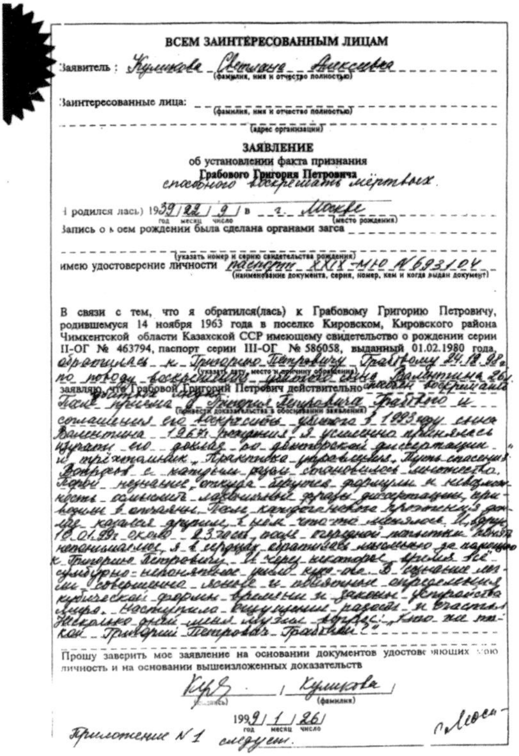

ВСЕМ ЗАИНТЕРЕСОВАННЫМ ЛИЦАМ

Заявитель: Куликова Светлана Алексеевна
(фамилия, имя и отчество полностью)

Заинтересованные лица:
(фамилия, имя и отчество полностью)
(адрес организации)

ЗАЯВЛЕНИЕ
об установлении факта признания
Грабового Григория Петровича
способного воскрешать мёртвых.

Я родился (лась) 1939/22/9 в г. Москве
год месяц число (место рождения)
Запись о рождении была сделана органами загса
(указать номер и серию свидетельства рождения)
имею удостоверение личности паспорт XXIX-МЮ № 693104
(наименование документа, серия, номер, кем и когда выдан документ)

В связи с тем, что я обратился(лась) к Грабовому Григорию Петровичу, родившемуся 14 ноября 1963 года в поселке Кировском, Кировского района Чимкентской области Казахской ССР имеющему свидетельство о рождении серии II-ОГ № 463794, паспорт серии III-ОГ № 586058, выданный 01.02.1980 года,
(указать дату, место и причину обращения)
заявляю, что Грабовой Григорий Петрович действительно
(привести доказательства в обоснование заявления)

Прошу заверить мое заявление на основании документов удостоверяющих мою личность и на основании вышеизложенных доказательств

/ Куликова /
(подпись) (фамилия)

1999/1/26
год месяц число

Приложение № 1 следует.

À TOUTE PERSONNE INTÉRESSÉE
Déclarant : Koulikova Svetlana
DÉCLARATION
De la reconnaissance de Grabovoï Grigori sur sa capacité à ressusciter les morts.
Né(e) le : 1939/09/22 à Moscou
année mois jour lieu de naissance
Passeport XXIX- U N° 693104
(dénomination du document, série, numéro, autorité et date de délivrance)

Compte tenu du fait que je me suis adressée à Grabovoï Grigori, né le 14 novembre 1963 à Kirovsky, quartier de Kirov, région de Tchimkent, Kazakhstan (acte de naissance série II – G N° 463794, passeport série III- G N° 586058, délivré le 01.02.1980), (Date, lieu, raison de la consultation) le 24 décembre 1998 au sujet de la résurrection de mon fils assassiné, Valentin, âgé de 26 ans, j'atteste que Grigori Grabovoï a vraiment la capacité de ressusciter des gens assassinés.

Après la rencontre avec Grigori Grabovoï au cours de laquelle il a accepté de ressusciter mon fils Valentin, né en 1967 et qui a été assassiné en 1993, j'ai commencé à étudier sa thèse de doctorat et son livre en trois volumes *« Pratique du pilotage,chemin du salut »*. J'ai eu beaucoup de questions. Parfois, l'incapacité de savoir d'où venaient les formules et de comprendre les phrases laconiques de la thèse me désespérait. Après chaque lecture, le texte me semblait différent, quelque chose y avait changé.

Puis, soudainement, le 10 janvier 1999 vers 23 heures, après une nouvelle tentative de comprendre l'incompréhensible et en plein désespoir, j'ai demandé mentalement de l'aide à Grigori Grabovoï. En peu de temps, mon incompréhension a disparu. Les définitions de la forme cubique du temps et des lois de l'organisation du monde sont devenues très claires. Un sentiment de joie et de bonheur s'est établi. Pendant quelques jours je me posais la question qui me torturait *: « Mais qui est Grigori Grabovoï ? »*

Je vous prie de bien vouloir légaliser ma déclaration sur la base des documents certifiant mon identité et des preuves présentées ci-dessus.

______________/Koulikova/
Signature Nom
1999 01 26
Année/mois/jour

Annexe 1
Au texte écrit par Koulikova S. le 26 janvier 1999
Le 13 janvier 1999, la veille de l'ancien Réveillon russe, ayant mis la table pour mes proches, j'ai ressenti un désir irrésistible d'aller à la fenêtre. J'y suis allée et j'ai admiré le beau paysage hivernal avec une neige bleue et scintillante. Il était à peu près 22h40 – 22h50. Et la question s'est encore posée : « Mais qui est Grigori Grabovoï ? » Tout d'un coup, au lieu de la neige, j'ai vu devant moi d'énormes chiffres noirs pulsants : 14111963. Ensuite des signes d'addition sont apparus entre ces chiffres avec une équation étrange : 1+4+1+1+1+9+6+3 = 8, et le huit luisait en couleurs lumineuses lilas-violet. Ensuite le huit a tourné et a formé le signe de l'infini : ∞. On m'a appelée à table et les chiffres ont disparu. Seulement le lendemain j'ai compris que ces chiffres désignaient la date de naissance de Grigori Grabovoï et que leur somme était égale à huit, le nombre de Jésus Christ; si on le tournait, cela indiquerait l'éternité.
Le 14.01.1999, ma fille, la soeur jumelle de mon fils Valentin disparu, a passé la nuit chez nous. À deux heures du matin quand tout le monde dormait et quand Katia venait de partir dans sa chambre, j'ai entendu un bruit brusque, comme si un ballon avait éclaté. Un peu plus tard, on a entendu le froissement du papier d'aluminium qui était sur un fauteuil dans une des chambres. Tout de suite, Katia est sortie de sa chambre. Elle a dit qu'elle avait vu une boîte voler comme si quelqu'un d'invisible l'avait poussée du pied. J'ai dit que j'avais entendu ce bruit et aussi le froissement du papier dans le fauteuil. Nous sommes allées voir le fauteuil et nous avons vu que le papier d'aluminium était comme écrasé et on y voyait la trace de la main d'un adulte. Après cela, on ressentait toujours une présence humaine à la maison :
L'annexe 2 suit.
Le 26.01.99 Koulikova (signature)

Приложение N 1. к тексту,
начало которого на бланке:
„Всем заинтересованным лицам" состав-
ленным Куликовой С.А. 26.01.1999 г.

13 января 1999 г. в канун старого Нового года,
уже накрыв стол для своих близких, я ощути-
ла непреодолимое желание подойти к окну.
Подойдя вплотную к окну, я залюбовалась кра-
сивым зимним пейзажем с искрящимся голу-
бым снегом. Время было 22 ч 40 мин – 22 ч 50 мин
И в мыслях опять возник вопрос: „Кто же все
таки Григорий Петрович Грабовой?" И тут же
вместо снега у меня перед глазами стали
пульсировать огромные черные цифры:
14 11 1963. Затем между ними появились
знаки сложения, и всё превратилось в стран-
ное уравнение: 1+4+1+1+1+9+6+3 = 8
Восьмерка сияла светилась сиренево-фиолетовы-
м цветом. Затем восьмёрка перевернулась и лег-
ла, обозначив знак бесконечности. ∞
Меня позвали к столу и цифры исчезли.
Только на другой день я осознала, что цифры
эти были датой рождения Григория Петровича.
А сумма их давала 8 – цифру Иисуса Христа,
которая перевернувшись указала вечность
14.01.99 г. у нас ночевала моя дочь Катя, которая
живёт отдельно и которая является двойней
вместе с погибшим сыном Валентином.
В 2 часа ночи, когда все домашние уже спали,
а Катя только ушла в свою комнату, я
услышала удар, как будто лопнул шар. И
через некоторое время зашуршала фольга,
которая лежала в кресле, одной из комнат.
Тут же вышла из своей комнаты Катя
и сказала, что буквально у неё на глазах
летела коробка из-под машинки, как-будто
кто-то невидимый поддал её ногой.
Я [illegible] этот удар и ещё слышала
шелест фольги в кресле. Мы с ней пошли
посмотреть кресло и увидели, что фольга
как бы примята и на ней отпечаток взрос-
лой человеческой руки. И после этого
в доме постоянно ощущалось присут-
26.01.99 г. ствие кого-то. Приложение N 2 следует. [signature] Куликова

Приложение №2 к тексту
приложения №1, являющимся продолже-
нием бланка „Всем заинтересованным
лицам", составленного Куликовой С.А.
26.01 1999г.

Раздавались внезапно шорохи, покачивались
занавески, скрипел пол.
16.01.99г. Сын (Дмитрий 1965г. рожд.) и
внук (Михаил 1985г. рожд.) в один голос рас-
сказали, что проснувшись среди ночи сын
Дмитрий увидел на противоположной от
постели стене в районе огромной фотогра-
фии льва живого Валентина. Сын Дмит-
рий закрыл глаза и открыл снова. Вален-
тин был на месте. Тогда сын разбудил
внука Михаила и убедился, что внук так-
же видит Валентина. Причём, сын очень
скептически до этого принял сообщение о
возможности воскрешения Валентина, теперь
он в этом абсолютно убеждён. Хочу доба-
вить, что во время приёма у Грабового
Григория Петровича я получила от него
аудио кассету с его голосом, где было запи-
сано его объяснение мне, что является
критерием и почему пространство вто-
рично по отношению к сознанию, а перви-
чен интервал движения. После того, как я
это осознала, кассета исчезла, т.е. демате-
риализовалась.

Кул /Куликова/
26.01.99г.

Annexe 2
Au texte fait par Koulikova S. le 26 janvier 1999
On entendait des bruissements, les rideaux bougeaient, le plancher craquait.
Le 16 janvier 1999, mon fils Dimitri, né en 1965 et mon petit-fils Mikhaïl, né en 1985 racontent, tous les deux, qu'en se réveillant au milieu de la nuit Dimitri a vu Valentin, bien en vie, sur le mur opposé au lit, à côté d'une grande photo d'un lion. Dimitri a fermé les yeux et les a rouverts. Valentin était toujours là. Alors mon fils a réveillé mon petit-fils Mikhaïl. Et l'autre a vu Valentin, lui aussi. Avant mon fils avait été très sceptique par rapport à la possibilité de ressusciter Valentin. Maintenant, il en est complètement sûr. Je veux ajouter qu'au cours de la rencontre avec Grigori Grabovoï, il m'a donné une cassette-audio, enregistrée pour moi, où il expliquait ce qu'était le critère et pourquoi l'espace était secondaire par rapport à la conscience, et l'intervalle du mouvement – primaire. Quand je l'ai compris, la casette a disparu, elle s'est dématérialisée.
Le 26.01.99 Koulikova *(signature)*

Город Москва, Россия, двадцать восьмое января тысяча девятьсот девя[redacted]того года, я, *Щербакова Наталья Николаевна*, нотариус г. Москвы, свидетельствую подлинность подписи Куликовой Светланы Алексеевны, которая сделана в моем присутствии. Личность подписавшего документ установлена.

Зарегистрировано в реестре за № 1- 923

Взыскано по тарифу: 20 руб. 87 коп.

Нотариус:

Sceau: ville de Moscou, Notaire : Scherbakova N.

Ville de Moscou, Russie, le vingt-huit janvier mille neuf cent quatre-vingt-dix-neuf.

Je, soussignée, Scherbakova Natalia, notaire de la ville de Moscou, atteste l'authenticité de la signature de Koulikova Svetlana, celle-ci apposée en ma présence. L'identité de la personne qui a signé le document a été établie.

Inscrit dans le registre sous le N° 1-923

Payé selon le tarif appliqué : 20 roubles 87 kopeck

Notaire (*signature*)

Sceau: ville de Moscou, Notaire : Scherbakova N.

À TOUTE PERSONNE INTÉRESSÉE
Déclarant : Koulikova Svetlana
DÉCLARATION
De la reconnaissance de Grabovoï Grigori, guérisseur et clairvoyant, sur sa capacité à réssusciter les personnes assassinées.
Je suis né(e) : 1939/09/22 à Moscou
Année/ mois/jour – lieu de naissance
Passeport XXIX- U N° 693104
(dénomination du document, série, numéro, autorité et date de délivrance)
Compte tenu du fait que je me suis adressée à Grabovoï Grigori, né le 14 novembre 1963 à Kirovsky, quartier de Kirov, région de Tchimkent, Kazakhstan (acte de naissance série II – G N° 463794, passeport série III- G N° 586058, délivré le 01.02.1980, pour lui demander de ressusciter mon fils assassiné, je déclare que Grigori Grabovoï est vraiment capable de ressusciter des gens assassinés.
Le 24 décembre 1998, j'ai demandé à Grigori Grabovoï de ressusciter mon fils assassiné Valentin, âgé de 26 ans.Le 16 janvier 1999, mon fils (Dimitri, né en 1965) et mon petit-fils (Mikhaïl, né en 1985) racontent, tous les deux, qu'en se réveillant au milieu de la nuit Dimitri a vu Valentin, bien en vie, sur le mur opposé au lit, à côté d'une grande photo d'un lion. Dimitri a fermé les yeux et les a rouverts. Valentin était toujours là. Alors mon fils a réveillé mon petit-fils Mikhaïl qui a vu Valentin, lui aussi.
Ma fille Katia dit qu'au début d'avril, Valentin est venu chez elle pour lui dire que nous aurions de grands changements positifs. Avec moi, Valentin a parlé par interphone de la maison. Katia a senti qu'il l'a touchée. Il lui a demandé de composer un numéro et d'inviter quelqu'un avec sa voix à elle au téléphone.
Je vous prie de bien vouloir légaliser ma déclaration sur la base des documents certifiant mon identité et des preuves présentées ci-dessus.
_____________/Koulikova/
Signature Nom
1999 04 26
année mois jour
La suite est à la page 1

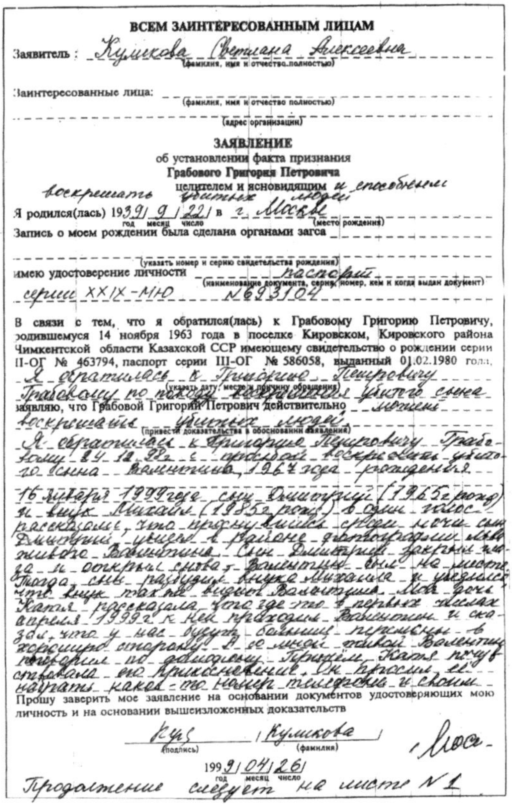
ВСЕМ ЗАИНТЕРЕСОВАННЫМ ЛИЦАМ
Заявитель : Куликова Светлана Алексеевна
(фамилия, имя и отчество полностью)
Заинтересованные лица:
(фамилия, имя и отчество полностью)
(адрес организации)
ЗАЯВЛЕНИЕ
об установлении факта признания
Грабового Григория Петровича
целителем и ясновидящим и способным воскрешать убитых людей
Я родился(лась) 1939/ 9 / 22/ в г. Москве
год месяц число (место рождения)
Запись о моем рождении была сделана органами загса
(указать номер и серию свидетельства рождения)
имею удостоверение личности паспорт
(наименование документа, серия, номер, кем и когда выдан документ)
серии XXIX-МЮ N693104
В связи с тем, что я обратился(лась) к Грабовому Григорию Петровичу, родившемуся 14 ноября 1963 года в поселке Кировском, Кировского района Чимкентской области Казахской ССР имеющему свидетельство о рождении серии II-ОГ № 463794, паспорт серии III-ОГ № 586058, выданный 01.02.1980 года,
Я обратилась к Григорию Петровичу Грабовому по поводу воскрешения убитого сына
(указать дату, место и причину обращения)
заявляю, что Грабовой Григорий Петрович действительно может воскрешать убитых людей.
(привести доказательства в обоснование заявления)
Я обратилась к Григорию Петровичу Грабовому 24.12.98г с просьбой воскресить убитого сына Валентина, 1967 года рождения.
16 января 1999 года сын Дмитрий (1965г рожд) и внук Михаил (1985г рожд) в один голос рассказали, что проснувшись среди ночи сын Дмитрий увидел в районе фотографии льва живого Валентина. Сын Дмитрий закрыл глаза и открыл снова, Валентин был на месте. Тогда сын разбудил внука Михаила и убедился, что внук также видит Валентина. Моя дочь Катя рассказала, что где-то в первых числах апреля 1999г к ней приходил Валентин и сказал, что у нас будут большие перемены в хорошую сторону. А со мной живой Валентин говорил по домофону. Причём Катя почувствовала его прикосновение. Он просил её набрать какой-то номер телефона и своим [illegible]
Прошу заверить мое заявление на основании документов удостоверяющих мою личность и на основании вышеизложенных доказательств
Кул / Куликова / Моск-
(подпись) (фамилия)
1999/ 04/ 26/
год месяц число
Продолжение следует на листе N1

Page 1

Suite du texte du 26.04.1999 écrit par Koulikova Svetlana

Elle se rappelle qu'elle a pris le téléphone, s'est assise sur son lit et a composé le numéro, mais il n'y avait que de « longs bips ». Valentin a avoué que ce n'était pas urgent, puis a dit au revoir et est parti. Le 11 avril 1999, à la fête de Pâques, vers 18 heures, ma petite-fille Masha (née en 1990), fille de Valentin (mon fils), m'a appelée et m'a dit que Valentin était venu voir sa mère Marina Glébova (née en 1970). Après cette rencontre entre Valentin et son ex-femme Marina, cette dernière, sa fille Masha et une amie à Marina sont allées au cimetière où se trouvait la tombe de Valentin. Mais elles n'ont trouvé ni la tombe ni son placement physique, ni rien dans le registre.

_______________/Koulikova/

Signature Nom

1999 04 26

année mois jour

Лист №1.

Продолжение листа „Всем заинтересованным лицам". от 26.04.1999г.

Куликова Светлана Алексеевна.

голосом позвать кого-то. Она помнит, что она взяла телефон, села в постели, стала набирать номер, но там были длинные гудки. Валентин сказал, что это не к спеху, попрощался и ушёл. 11 апреля 1999г., на праздник святой Пасхи, около 18часов позвонила мне внучка Маша (1990г.рожд.) дочь Валентина (моего сына) и сказала, что живой Валентин приходил к её матери Глебовой Марине (1970г.рожд). После этого факта встречи с Валентином бывшей супруги его - Мариной, она вместе с подругой и дочерью Машей поехали на кладбище, где ранее находилась могила Валентина. Но они не обнаружили могилы Валентина ни на физическом месте, ни в книге регистраций.

/Куликова/

1999г. 04.26

Город Москва, пятое мая тысяча девятьсот девяносто девятого года, я, Щербакова Наталья Николаевна, нотариус города Москвы, свидетельствую подлинность подписи **Куликовой Светланы Алексеевны,** которая сделана в моем присутствии. Личность подписавшей документ установлена.
Зарегистрировано в реестре за № 3-5261
Взыскано по тарифу: 50 руб. с согл. ст.
Нотариус:-

Ville de Moscou, le cinq mai mille neuf cent quatre-vingt-dix-neuf, je, soussignée, Scherbakova Natalia, notaire de la ville de Moscou, atteste l'authenticité de la signature de Koulikova Svetlana, celle-ci apposée en ma présence. L'identité de la personne qui a signé le document a été établie.
Inscrit dans le registre sous le N° 3-5261.
Payé selon le tarif appliqué : 50 roubles.
Notaire (*signature*)
Sceau: ville de Moscou, Notaire : Scherbakova N.
Acte notarié, numéroté, scellé avec le tampon du notaire Scherbakova N.
Sceau : ville de Moscou, Notaire : Scherbakova N.

À TOUTE PERSONNE INTÉRESSÉE
Déclarant : Kazakova Lubov
DÉCLARATION
de la reconnaissance de Grabovoï Grigori
sur sa capacité à ressusciter les morts.
Je suis né(e) : 1947/09/01 à Moscou
année/mois/jour/lieu de naissance
Passeport XXIV- U N° 534024
(dénomination du document, série, numéro, autorité et date de délivrance)
Compte tenu du fait que je me suis adressée le 06 mai 1999 à Grabovoï Grigori, né le 14 novembre 1963 à Kirovsky, quartier de Kirov, région de Tchimkent, Kazakhstan (acte de naissance série II – G N° 463794, passeport série III – G N° 586058, délivré le 01.02.1980), (Date, lieu, raison de la consultation) en vue de ressusciter ma mère Nina Chiguirintseva, je déclare que Grigori Grabovoï a vraiment ressuscité ma mère Nina Chiguirintseva, née le 23 décembre 1923 et décédée le 18 avril 1999 à Moscou.
Je suis allée au cimetière. Après avoir approché la tombe j'ai eu une grande surprise : le vase en plastique que mon fils avait enfoui à 7-10 cm dans la terre, gisait d'un côté de la tombe et les fleurs de l'autre. J'ai eu l'impression que le vase avait été poussé de l'intérieur. Ensuite, je me suis acculée près de la tombe et j'ai commencé à écouter la cassette où Grigori Grabovoï parlait de la résurrection de maman. Quelque temps plus tard, la terre sur la tombe a commencé à bouger. Je ne me sentais pas à l'aise, j'ai reculé, je me suis mise à côté d'une autre tombe, j'ai continué à écouter la cassette (je l'ai écoutée trois fois) et j'ai vu la Terre ou un grand territoire, comme si je regardais de côté. C'était une forêt sombre composée de sapins bruns. Après cela, je suis partie, tout de suite.
Je vous prie de bien vouloir légaliser ma déclaration sur la base des documents certifiant mon identité et des preuves présentées ci-dessus.
_____________/Kazakova/
Signature Nom
1999 06 01
année mois jour

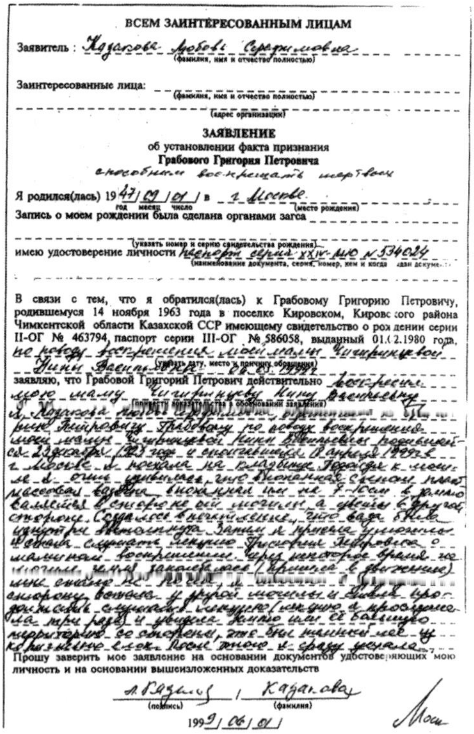
ВСЕМ ЗАИНТЕРЕСОВАННЫМ ЛИЦАМ
Заявитель : Казакова Любовь Серафимовна
(фамилия, имя и отчество полностью)
Заинтересованные лица:
(фамилия, имя и отчество полностью)
(адрес организации)
ЗАЯВЛЕНИЕ
об установлении факта признания
Грабового Григория Петровича
способным воскрешать мертвых
Я родился(лась) 1947/09/01 в г. Москве
год месяц число (место рождения)
Запись о моем рождении была сделана органами загса
(указать номер и серию свидетельства рождения)
имею удостоверение личности паспорт серия XXIV-МЮ № 534024
(наименование документа, серия, номер, кем и когда выдан документ)
В связи с тем, что я обратился(лась) к Грабовому Григорию Петровичу, родившемуся 14 ноября 1963 года в поселке Кировском, Кировского района Чимкентской области Казахской ССР имеющему свидетельство о рождении серии II-ОГ № 463794, паспорт серии III-ОГ № 586058, выданный 01.02.1980 года, по поводу воскрешения моей мамы Чигиринцевой Нины Васильевны
(указать дату, место и причину обращения)
заявляю, что Грабовой Григорий Петрович действительно воскресил мою маму Чигиринцеву Нину Васильевну
(привести доказательства в обоснование заявления)
[illegible]
Прошу заверить мое заявление на основании документов удостоверяющих мою личность и на основании вышеизложенных доказательств
_____ / Казакова
(подпись) (фамилия)
1999/06/01

Annexe à la déclaration de Kazakova Lubov du 01.06.1999
Quand je suis venue au cimetière la deuxième fois, j'ai senti tout de suite que la tombe était vide et qu'il n'y avait personne là-dedans.
Plus tard j'ai demandé à maman de me faire signe si je faisais tout correctement. Soudainement j'ai regardé le mur. Au mur, à la même hauteur, étaient suspendues une cuillère et une fourchette, 82 cm de longueur. J'ai remarqué que la fourchette est descendue de 61 cm et a bougé de 15 cm vers la cuillère. Personne n'est entré dans la pièce pendant la journée, personne ne pouvait déplacer la fourchette. Mais juste deux heures avant cela, en regardant la cuillère et la fourchette, je m'étais dit qu'il fallait bien les mettre dans la cuisine. J'ai compris que maman m'a envoyé un signe. Après la rencontre avec Grigori Grabovoï (le 06.05.99), j'ai eu un contact avec maman dans la nuit du 7 mai 1999. Elle était mécontente. Pendant le contact nous avons eu des obstacles physiques. Mais ils ont disparu quand maman a touché physiquement ma joue de sa main. Je suis restée calme pendant la rencontre avec ma mère physiquement ressuscitée.
Le 01.06.1999 (*Signature*) Kazakova

Приложение к заявлению Казаковой Любови Серафимовны от 01.06.1999г.

Приехав на могилу во второй раз я сразу почувствовала, что могила пустая и там никого нет. Затем я просила маму, если я делаю все правильно дать мне какой-либо знак. Вдруг я посмотрела на стену, на стене висят ложка с вилкой длиной 82см на одной высоте и я увидела, что вилка сместилась вниз на 61см и в сторону к ложке на 15см. В комнату в течение дня никто не входил и перевесить вилку никто не мог, а часа за 2-2,5 я смотрела на вилку с ложкой и думала, что их надо перевесить на кухню. Я убедилась что это мама дала знак. После обращения к Григорию Петровичу Грабовому (06.05.99г) в ночь на 7.05.99г. у меня с мамой был контакт. Она была [illegible] недовольна. Во время контакта проявились физические помехи, но они были устранены физической рукой мамы, к моей щеке. Встреча с физически воскресшей мамой мною была воспринята спокойно.

Л. Казакова
1.06.99г.

Sceau de l'État : ville de Moscou, notaire Petrov.
Le 03 juin 1999, je, soussigné, Petrov A., notaire de la ville de Moscou, atteste l'authenticité de la signature de Kazakova Lubov, celle-ci apposée en ma présence. L'identité de la personne qui a signé le document a été établie.
Inscrit dans le registre sous le N° 1 -1329
Payé selon le tarif appliqué: 41 roubles 75 kopeck
Notaire *Signature*
Sceau de l'État : ville de Moscou, notaire Petrov
Acte notarié, numéroté, scellé, deux (2) pages au total.
Notaire *Signature*

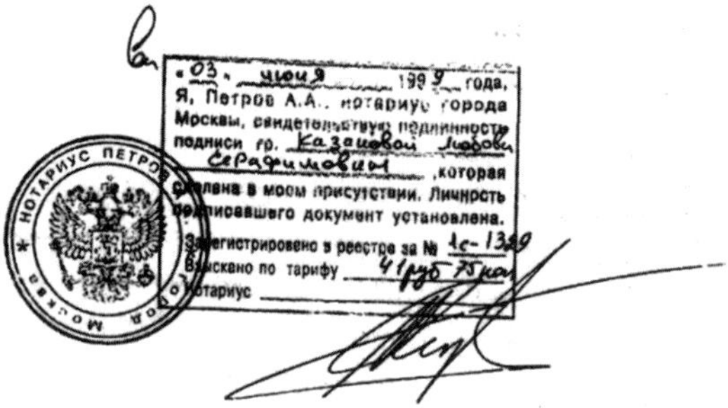
«03» июня 1999 года.
Я, Петров А.А., нотариус города Москвы, свидетельствую подлинность подписи гр. Казаковой Любови Серафимовны, которая сделана в моем присутствии. Личность подписавшего документ установлена.
Зарегистрировано в реестре за № 1с-1329
Взыскано по тарифу 41 руб 75 коп
Нотариус

НОТАРИУС ПЕТРОВ А.А. * ГОРОД МОСКВА

НОТАРИУС ПЕТРОВ А.А. * ГОРОД МОСКВА

Всего прошнуровано, пронумеровано и скреплено печатью 2 (два) листов
Нотариус

À TOUTE PERSONNE INTÉRESSÉE
Déclarant : Bogomolov Lev
DÉCLARATION
De la reconnaissance de Grabovoï Grigori sur sa capacité à ressusciter l'homme après sa mort biologique.
Passeport VI- U N° 736302
(dénomination du document, série, numéro, autorité et date de délivrance)
Compte tenu du fait que je me suis adressé à Grabovoï Grigori, né le 14 novembre 1963 à Kirovsky, quartier de Kirov, région de Tchimkent, Kazakhstan (acte de naissance série II – G N° 463794, passeport série III- G N° 586058, délivré le 01.02.1980, le 7 janvier 1998, à Moscou en relation avec la mort de O., j'atteste que Grigori Grabovoï a vraiment restauré les fonctions vitales de O. après mon appel, et cela s'est passé entre 23h15 le 7 janvier 1998 et 16h15 le 8 janvier 1998.
La mort de O. a été confirmée par la déclaration de son époux E. et la conclusion des médecins le 7 janvier 1998. Le fait de la restauration de la vie de O., après la séance de 17 heures effectuée à distance par Grigori Grabovoï, est certifié par le fait que j'ai parlé avec O. à 16h15, le 8 janvier 1998 et par le témoignage de son époux E. Aucune autre méthode n'a été utilisée pour la restauration de O. qu'une action extrasensorielle intensive, réalisée à distance par Grigori Grabovoï.
Je vous prie de bien vouloir légaliser ma déclaration sur la base des documents certifiant mon identité et des preuves présentées ci-dessus.
(*signature*) Bogomolov L. Le 28.01.1998

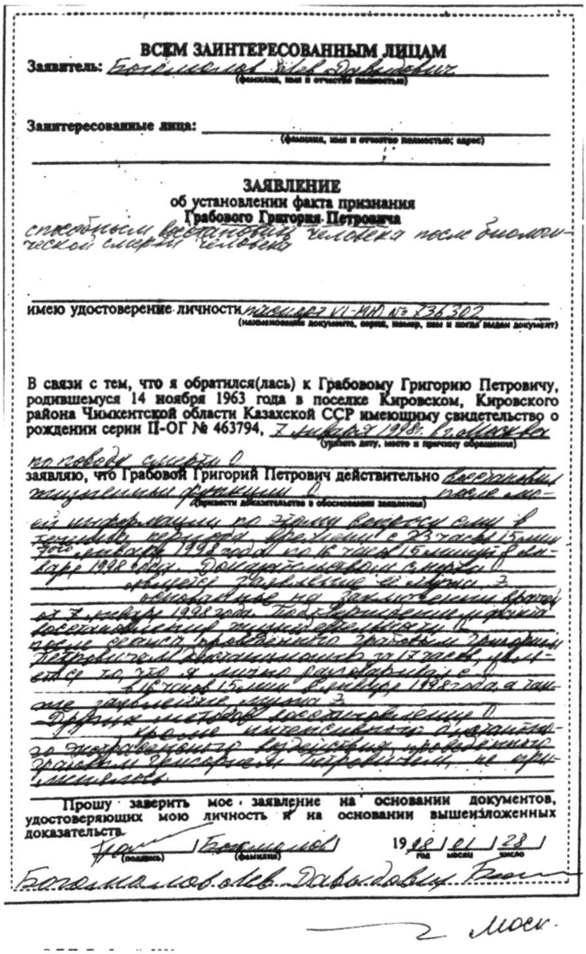
ВСЕМ ЗАИНТЕРЕСОВАННЫМ ЛИЦАМ
Заявитель: Богомолов Лев Давыдович
(фамилия, имя и отчество полностью)

Заинтересованные лица:
(фамилия, имя и отчество полностью; адрес)

ЗАЯВЛЕНИЕ
об установлении факта признания
Грабового Григория Петровича
способным восстановить человека после биологической смерти человека

имею удостоверение личности паспорт VI-МЮ № 736302
(наименование документа, серия, номер, кем и когда выдан документ)

В связи с тем, что я обратился(лась) к Грабовому Григорию Петровичу, родившемуся 14 ноября 1963 года в поселке Кировском, Кировского района Чимкентской области Казахской ССР имеющему свидетельство о рождении серии II-ОГ № 463794, 7 января 1998 г. в Москве
(указать дату, место и причину обращения)
по поводу смерти О.
заявляю, что Грабовой Григорий Петрович действительно [illegible]
(привести доказательства в обоснование заявления)
[illegible]

Прошу заверить мое заявление на основании документов, удостоверяющих мою личность и на основании вышеизложенных доказательств.
(подпись) / Богомолов / (фамилия) 19 98 / 01 / 28 /
год месяц число
Богомолов Лев Давыдович

Sceau de l'office notarial : le 29 janvier 1998.
Je, soussignée, Smorgounova E., notaire de la ville de Moscou, atteste l'authenticité de la signature de Bogomolov Lev, celle-ci apposée en ma présence. L'identité de la personne qui a signé le document a été établie.
Inscrit dans le registre sous le N° 1 -214.
Taxe payée : 23 roubles 54 kopeck
Notaire (*Signature*) Smorgounova E.
Sceau rond de l'État : ville de Moscou, notaire Smorgounova E.

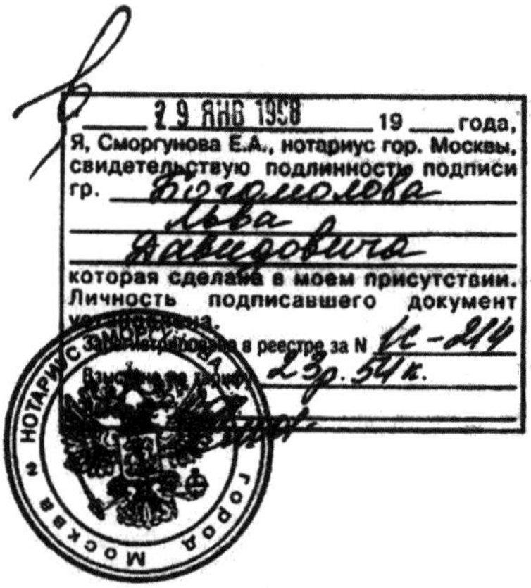
29 ЯНВ 1998 19 ___ года,
Я, Сморгунова Е.А., нотариус гор. Москвы,
свидетельствую подлинность подписи
гр. Богомолова
Льва
Давидовича
которая сдела в моем присутствии.
Личность подписавшего документ

ANNEXE B

DOCUMENTS CONFIRMANT LES PREUVES DE GUÉRISON DE MALADIES CONSIDÉRÉES INCURABLES

Page 1
TÉMOIGNAGE
Sur le travail extrasensoriel de Grigori Grabovoï, né le 14 novembre 1963 à Kirovsky, quartier de Kirov, région de Tchimkent, Kazakhstan (acte de naissance série II – OG N° 463794).
Lieu du témoignage : Moscou, Fédération de Russie
Date du témoignage : 1996.06.26, 20 : 01
Antipova Galina,
Date et lieu de naissance : le 14 juillet 1946, Tachkent.
Nationalité : Ouzbékistan,
Adresse, téléphone : app.62, 25, quartier 26, arrondissement Akmal-Ikramovskiy, Tachkent.
Tél. : 72-76-94.
Dénomination du document, série, numéro, autorité et date de délivrance : passeport VII-YC N° 537807, délivré par RIK Akmal-Ikramovskiy, Tachkent, le 17 août 1979.
Lieu de travail, fonction, téléphones : société SGAKB ASAKA, chef comptable, tél. 79-69-93, 79-74-91.
Le 24 Mars 1994, au Centre républicain d'oncologie, auprès du Ministère de la Santé de Bachkirie, situé à l'adresse : 73/1, avenue Oktyabr, Oufa, tél. 24-25-29.
Je, certifie, Antipova Galina, avoir subi un prélèvement cytologique des écoulements du mamelon du sein droit, sous le numéro 4988 du 24 Mars 1994.
Selon le résultat de cet examen, la forme de cancer suivante a été diagnostiquée : carcinome endogalactophorique. Au moment du diagnostic, j'avais des écoulements sanglants au mamelon droit.
Quand le diagnostic « carcinome endogalactophorique » a été établi, j'ai décidé de suivre le traitement extrasensoriel de Grigori Grabovoï qu'il effectuait à distance. Au cours de la période entre le 30 mars et le 3 avril 1994, grâce au travail de Grigori Grabovoï, les écoulements sanglants ont cessé.
Le traitement a été effectué tous les jours de 22 h à 23 h, heure locale. Au cours de la session, le lieu n'avait pas d'importance et il n'y avait aucune restriction. Grigori Grabovoï a accompli le traitement sans contact jusqu'au 29 août 1994.
Le 29 août 1994 dans le Centre républicain d'oncologie auprès du Ministère de la Santé de Bachkirie.
La suite du présent document est en annexe 1 à la première page.

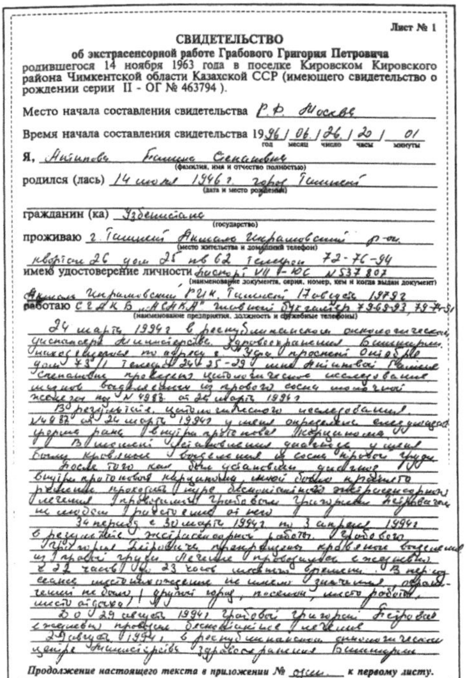

Лист № 1

СВИДЕТЕЛЬСТВО
об экстрасенсорной работе Грабового Григория Петровича
родившегося 14 ноября 1963 года в поселке Кировском Кировского района Чимкентской области Казахской ССР (имеющего свидетельство о рождении серии II - ОГ № 463794).

Место начала составления свидетельства Р.Ф. Москве
Время начала составления свидетельства 1996 / 06. / 26. / 20 / 01 (год, месяц, число, часы, минуты)
Я, Антипова Галина [illegible] (фамилия, имя и отчество полностью)
родился (лась) 14 июля 1946 г. город Ташкент (дата и место рождения)
гражданин (ка) Узбекистан (государство)
проживаю г. Ташкент Акмаль Икрамовский р-он, квартал 26 дом 25 кв 62 телефон 72-76-94 (место жительства и домашний телефон)
имею удостоверение личности паспорт VII-ЮС N 537807 (наименование документа, серия, номер, кем и когда выдан документ) Акмаль Икрамовский РУВД, Ташкент 17 августа 1979 г.
работаю СГАКБ „АСАКА" главный бухгалтер 79-69-93, 79-74-91 (наименование предприятия, должность и служебные телефоны)

24 марта 1994 г. в республиканском онкологическом диспансере Министерства Здравоохранения Башкирии, [illegible] Уфа проспект Октября дом 73/1 телефон 24-25-29 [illegible]

Продолжение настоящего текста в приложении № один к первому листу.

ПРИЛОЖЕНИЕ № один

к свидетельству об экстрасенсорной работе Грабового Григория Петровича родившегося 14 ноября 1963 года в поселке Кировском Кировского района Чимкентской области Казахской ССР (имеющего свидетельство о рождении серии II - ОГ № 463794).

Место начала составления свидетельства РФ. Москве

Время начала составления свидетельства 1996. / 06. / 26. / 20 / 01
год / месяц / число / часы / минуты

(Вышеперечисленные данные настоящего листа вписываются с первого листа свидетельства).

находящегося в городе Уфа. Проспект Октября дом 73/1 телефон 24-25-29 проведено повторное исследование пунктата соска правой молочной железы № 149 647 от 29 августа 1994 г. Повторное исследование проводилось тем же врачом заведующим отделением опухолей молочной железы Заслуженным врачом Башкирии Мухамедьяровой Ахмет Нутфрахмановна рабочий телефон 24-27-74

При повторном цитологическом исследовании пунктата правой молочной железы зафиксировано, что рака у меня нет.

Выше изложенное мной зафиксировано в заключениях Республиканского онкологического диспансера республики Башкортостан г. Уфа. проспект Октября дом 73/1

До момента установления диагноза рак 24 марта 1994 г. никогда не принимала никаких медикаментозных средств лечения.

В период с 24 марта по 29 августа 1994 г. лечение проводилось бесконтактное только Грабовым Григорием Петровичем.

Уверена, что от рака меня вылечил Грабовой Григорий Петрович, что подтверждено медицинскими заключениями.

За период с 29 августа 1994 г. по 26 июня 1996 г. объективно я практически здорова, никаких выделений из груди не повторялось, самочувствие в норме, субъективных жалоб не проявляла. За данный период постоянно работаю главным бухгалтером [illegible] Башкир

Обращений в медицинские учреждения по состоянию здоровья не было из-за отсутствия необходимости.

Антонова Галина Степановна 1996 06 28

ANNEXE 1

Selon le témoignage sur le travail extrasensoriel de Grigori Grabovoi, né le 14 novembre 1963 à Kirovsky, quartier de Kirov, région de Tchimkent, Kazakhstan (acte de naissance série II – OG N° 463794).

Lieu du témoignage : Moscou, Fédération de Russie.

Date du témoignage: 1996.06.26, 20 :01

(Les données ci-dessus sont inscrites à la première page du témoignage)

Situé à l'adresse : 73/1, avenue Oktyabr, Oufa, tél. 24-25-29, un deuxième prélèvement du punctate du mamelon

droit a été effectué, sous le numéro 143647 en date du 29 août 1994. Le deuxième examen a été réalisé par le même médecin, Docteur Vakhit Mouhamedianov, chef du département de cancérologie, tél. 24-27-74.
Lors de cet examen cytologique, le cancer n'a pas été diagnostiqué. Cette information est enregistrée dans le bilan du Centre républicain d'oncologie auprès du Ministère de la Santé de Bachkirie, situé à l'adresse: 73/1, avenue Oktyabr, Oufa.
Lorsque le cancer a été diagnostiqué, je n'ai pris aucun médicament avant le 24 mars 1994. Pendant la période du 24 mars au 29 août 1994, j'ai eu seulement le traitement extrasensoriel à distance effectué par Grigori Grabovoï. Je suis sûre que c'est Grabovoï qui m'a guérie du cancer, ce qui a été confirmé par la suite par des tests médicaux. Depuis le 29 août 1994 je suis en bonne santé, il n'y a plus d'écoulements au sein droit, je me sens bien. Pendant toute cette période j'ai continué à travailler dans une banque en tant que chef comptable. Je ne me suis pas adressée à des établissements médicaux car ce n'était pas nécessaire.
Antipova Galina (*signature*) 1996.06.28

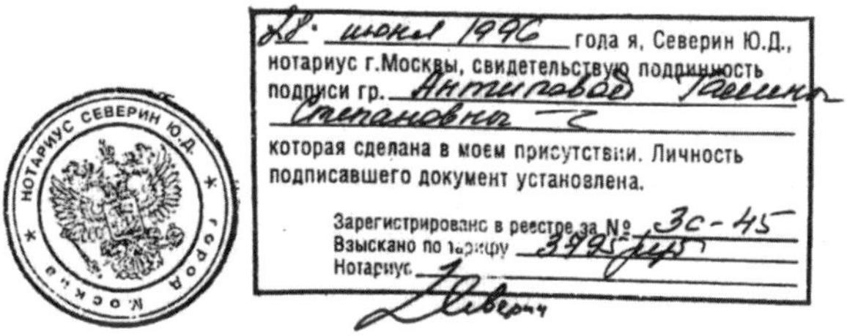

Sceau de l'office notarial : le 28 juin 1996, je soussignée, Sévérine Y., notaire de la ville de Moscou, atteste l'authenticité de la signature d'Antipova Galina, celle-ci apposée en ma présence. L'identité de la personne qui a signé le document a été établie.

Inscrit dans le registre sous le N° 3 -45.
Payé selon le tarif appliqué: 3795 roubles
Notaire (*Signature*) Sévérine Y.

Sceau rond de l'État : ville de Moscou, notaire Sévérine Y
Sceau de l'office notarial : Acte notarié, numéroté, scellé, deux (2) pages au total
Sceau rond de l' l'État : ville de Moscou, notaire Sévérine Y

À TOUTE PERSONNE INTÉRESSÉE
Déclarant : Antipova Galina
Adresse, téléphone : app. 62, 25, quartier 26, arrondissement Akmal-Ikramovskiy, Tachkent.
Tél. :72-76-94.
DÉCLARATION
De la reconnaissance de Grabovoï Grigori comme guérisseur et clairvoyant
Date et lieu de naissance : le 14 juillet 1946, Tachkent,
Dénomination du document, série, numéro, autorité et date de délivrance : passeport VII-YC N° 537807, délivré par RIK Akmal-Ikramovskiy, Tachkent, le 17 août 1979.
Lieu de travail, fonction, téléphones : société SGAKB ASAKA, chef comptable, tél. 79-69-93, 79-74-91.
Compte tenu du fait que je me suis adressée à Grabovoï Grigori, né le 14 novembre 1963 à Kirovsky, quartier de Kirov, région de Tchimkent, Kazakhstan (acte de naissance série II – OG N° 463794, passeport série III-OG N° 586058, délivré le 01.02.1980), le 24 mars 1994 à Tachkent, suite au diagnostic : carcinome endogalactophorique du mamelon du sein droit établi dans le Centre républicain d'oncologie de Bachkirie.
J'atteste que Grabovoï Grigori m'a vraiment guérie du cancer grâce au traitement sans contact effectué tous les jours entre 22h00 et 23h00, ce qui a été confirmé dans le rapport du Centre républicain d'oncologie de Bachkirie à Oufa. Le rapport N° 4988 du 24 mars avec le diagnostic du cancer et le rapport N° 143647 du 29 août là où c'est indiqué que je n'ai plus de cancer. Je suis persuadée que mon rétablissement est dû à Grabovoï Grigori.
Je vous prie de bien vouloir légaliser ma déclaration sur la base des documents certifiant mon identité et les preuves présentées ci-dessus.
(*signature*) Antipova Galina le 28.06.1996

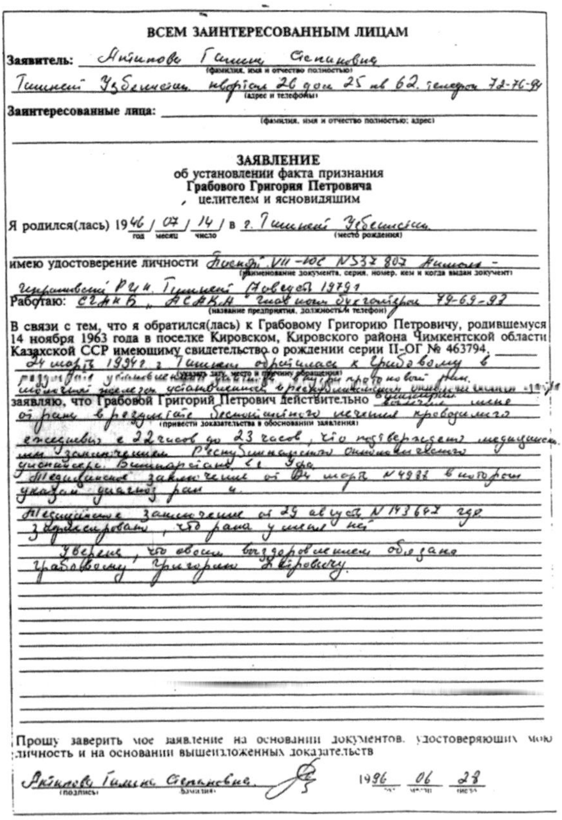
ВСЕМ ЗАИНТЕРЕСОВАННЫМ ЛИЦАМ

Заявитель:
(фамилия, имя и отчество полностью)
(адрес и телефоны)

Заинтересованные лица:
(фамилия, имя и отчество полностью; адрес)

ЗАЯВЛЕНИЕ
об установлении факта признания
Грабового Григория Петровича
целителем и ясновидящим

Я родился(лась) 1946 / 07 / 14 в
(год / месяц / число) (место рождения)

имею удостоверение личности
(наименование документа, серия, номер, кем и когда выдан документ)

Работаю:
(название предприятия, должность и телефон)

В связи с тем, что я обратился(лась) к Грабовому Григорию Петровичу, родившемуся 14 ноября 1963 года в поселке Кировском, Кировского района Чимкентской области Казахской ССР имеющему свидетельство о рождении серии II-ОГ № 463794,
(дата, место и причину обращения)

заявляю, что Грабовой Григорий Петрович действительно
(привести доказательства в обоснование заявления)

Прошу заверить мое заявление на основании документов, удостоверяющих мою личность и на основании вышеизложенных доказательств

(подпись) (фамилия) 1996 06 28

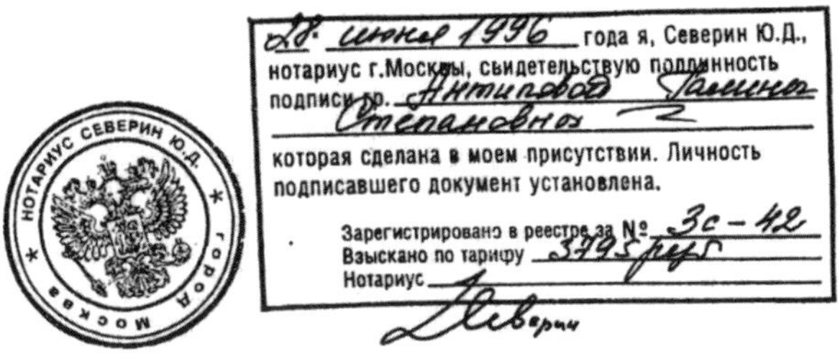

28 июня 1996 года я, Северин Ю.Д.,
нотариус г.Москвы, свидетельствую подлинность
подписи гр. Антиповой Галины
Степановны
которая сделана в моем присутствии. Личность
подписавшего документ установлена.

Зарегистрировано в реестре за № 3с-42
Взыскано по тарифу 3795 руб
Нотариус Северин

Sceau de l'office notarial : le 28 juin 1996, je soussignée, Sévérine Y., notaire de la ville de Moscou, atteste l'authenticité de la signature d'Antipova Galina, celle-ci apposée en ma présence. L'identité de la personne qui a signé le document a été établie.
Inscrit dans le registre sous le N° 3 -42.
Payé selon le tarif appliqué : 3795 roubles
Notaire (*Signature*) Sévérine Y.
Sceau rond de l'État : ville de Moscou, notaire Sévérine Y

Centre républicain d'oncologie, situé à l'adresse : 73/1, avenue Oktyabr, Oufa, tél. 24-25-29
RAPPORT
Patient : Madame Antipova G. (48 ans).
Consultation du mammologue.
Conclusion : carcinome endogalactophorique.
Examens réalisés :
1. Prélèvement cytologique des écoulements du mamelon droit N° 4988 du 24 Mars 1994
Conclusion : carcinome endogalactophorique.
(*signature du médecin*) Vakhit Mouhamedianov
Sceau rond : Docteur Vakhit Mouhamedianov

Республиканский онкодиспансер
гор. Уфа, проспект Октября, 73-1
Телефон № поликл.
Гл. вр. 24-25-29

ЗАКЛЮЧЕНИЕ

Больной Антипова Г.С. Возраст 48 л.
фамилия, и., о.
Направленный Вами с диагнозом
Осмотрен врачом маммологом и обследована.
Консультативное заключение Внутрипротоковый Са.
1) Цитологическое исследование отделяемого из прав. соска № 4988 от 24/III 94 г. внутрипротоковая карцинома.

Рекомендуется

Подпись врача:

À TOUTE PERSONNE INTÉRESSÉE

Déclarant : Serbina Diana

DÉCLARATION

De la reconnaissance de Grabovoï Grigori comme guérisseur et clairvoyant.

L'inscription de ma naissance a été faite par le bureau de l'état civil : III - MU N° 382361

Dénomination du document, série, numéro, autorité et date de délivrance : passeport V-SB N° 739976

Compte tenu du fait que je me suis adressée à Grabovoï Grigori, né le 14 novembre 1963 à Kirovsky, quartier de Kirov, région de Tchimkent, Kazakhstan (acte de naissance série II – OG N° 463794, passeport série III-OG N° 586058, délivré le 01.02.1980), le 25 septembre 1996, à l'adresse :10/2, rue Kozhevnitcheskaya, Moscou, suite au diagnostic du cancer de l'intestin stade IV avec des métastases chez mon grand-père Beliakov M., né en 1928.

J'atteste que Grabovoï Grigori a effectué à travers moi une séance de traitement le 25 septembre.

Les médecins de l'hôpital de ville N° 31 ont examiné mon grand-père et diagnostiqué un cancer du côlon de l'intestin grêle stade IV avec des métastases dans les reins et le foie. Après la séance de Grabovoï, un deuxième examen a été réalisé.

L'examen ultrasonographique du 26 septembre et l'examen au moyen des technologies de l'IRM du 30 septembre n'ont pas détecté de métastases.

Je vous prie de bien vouloir légaliser ma déclaration sur la base des documents certifiant mon identité et des preuves présentées ci-dessus.

(*signature*) Serbina D. 1996.10.04.

ВСЕМ ЗАИНТЕРЕСОВАННЫМ ЛИЦАМ

Заявитель : Сербина Диана Ивановна
(фамилия, имя и отчество полностью)

Заинтересованные лица:
(фамилия, имя и отчество полностью)

(адрес организации)

ЗАЯВЛЕНИЕ
об установлении факта признания
Грабового Григория Петровича
целителем и ясновидящим

Запись о моем рождении была сделана органами загса
III-МЮ № 382361
(указать номер и серию свидетельства рождения)
имею удостоверение личности паспорт V-СБ № 739976
(наименование документа, серия, номер)

В связи с тем, что я обратился(лась) к Грабовому Григорию Петровичу, родившемуся 14 ноября 1963 года в поселке Кировском, Кировского района Чимкентской области Казахской ССР имеющему свидетельство о рождении серии II-ОГ № 463794, паспорт серии III-ОГ № 586058, выданный 01.02.1980 года, 25.09.96, г. Москва, ул. Кожевническая 10/2. Рак кишечника IV степени с метастазами в почки и печень у моего деда Белякова М.Г. 1928 г.р.
(указать дату, место и причину обращения)
заявляю, что Грабовой Григорий Петрович действительно провел 25 сентября через меня сеанс. Врачи городской больницы
(привести доказательства в обосновании заявления)
номер тридцать один на основании проведенного обследования поставили моему деду, Белякову Михаилу Гавриловичу 1928 года рождения диагноз: рак восходящего отдела ободочной кишки IV стадии с метастазами в почки и печень. После проведения Грабовым Григорием Петровичем одного сеанса было проведено повторное обследование. Ультразвуковое исследование, проведенное 26 сентября не показало наличие метастаз. Компьютерное обследование, проведенное 30 сентября также метастаз не показало.

Прошу заверить мое заявление на основании документов удостоверяющих мою личность и на основании вышеизложенных доказательств

[illegible] / Сербина /
(подпись) (фамилия)

199 6 / 10 / 04 /
год месяц число

Sceau de l'office notarial : le 8 octobre 1996.
Je, soussignée, Vergassova Galina, notaire de la ville de Moscou, atteste l'authenticité de la signature de Serbina Diana, celle-ci apposée en ma présence. L'identité de la personne qui a signé le document a été établie.
Inscrit dans le registre sous le N° 3-7708.
Payé selon le tarif appliqué : 7590 roubles.
Notaire (*Signature*)
Sceau rond de l'État : ville de Moscou, notaire Vergassova G.

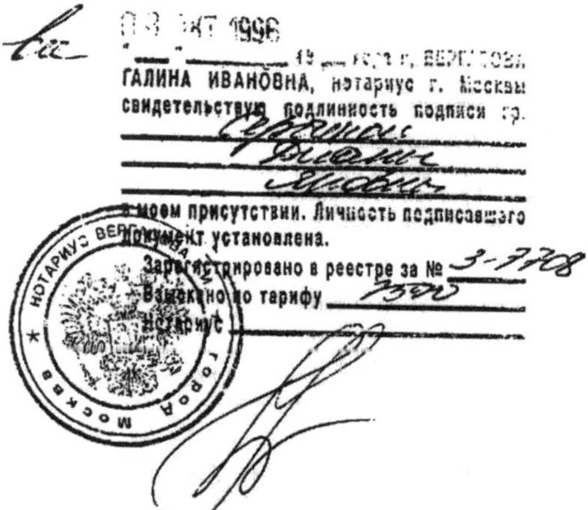

СВИДЕТЕЛЬСТВО
об экстрасенсорной работе Грабового Григория Петровича
родившегося 14 ноября 1963 года в поселке Кировском Кировского района Чимкентской области Казахской ССР (имеющего свидетельство о рождении серии II - ОГ № 463794).

Место начала составления свидетельства Москва Кожевническая ул, 10/2

Время начала составления свидетельства 1996 / 10 / 04 / 15 / 10
(год, месяц, число, часы, минуты)

я, Сербина Надежда Михайловна
(фамилия, имя и отчество полностью)

гражданин (ка) России
(государство)

имею удостоверение личности паспорт XVI-МЮ № 623845
(наименование документа, серия, номер)

23 сентября 1996 года я и моя дочь, Сербина Диана Яновна обратились к Грабовому Григорию Петровичу по поводу болезни Белякова Михаила Гавриловича 1928 г.р. (моего отца) В городской больнице ком. № 31 ему было проведено обследование: ирригоскопия, колоноскопия, УЗИ. Поставлен диагноз: Рак восходящего отдела ободочной кишки IV степени с метастазами в почки и печень. 26 сентября, на следующий день после первого сеанса Грабового Григория Петровича в больнице было проведено повторное ультразвуковое исследование. Метастаз не обнаружили. Компьютерное обследование, проведенное 30 сентября, подтвердило отсутствие метастаз во всем организме.

Серб— (Сербина) 04 октября 1996 года

TÉMOIGNAGE

Sur le travail extrasensoriel de Grigori Grabovoï

Né le 14 novembre 1963 à Kirovsky, quartier de Kirov, région de Tchimkent, Kazakhstan (acte de naissance série II – OG N° 463794).

Lieu du témoignage : 10/2, rue Kozhevnitcheskaya, Moscou

Date du témoignage : 1996.10.04 15:10

Je, soussignée, Serbina Nadezhda, de nationalité russe, passeport XVI-MU N° 623845, atteste que le 23 septembre 1995, ma fille Serbina Diana et moi-même, nous nous sommes adressées à Grabovoï G. suite à la maladie de Beliakov Mikhaïl, né en 1928 (mon père). Il a subi des examens : irigoscopie, colonoscopie et échographie à l'hôpital de ville 31. Suite à ces examens, un cancer du côlon de l'intestin grêle stade IV avec des métastases dans les reins et le foie a été diagnostiqué.

Le 26 septembre, le lendemain après la première séance de Grabovoï, les médecins ont effectué la deuxième échographie. Les métastases n'ont pas été détectées. L'examen IRM, pratiqué le 30 septembre, a confirmé l'absence des métastases dans le corps entier.

(*signature*) Serbina N. Le 4.10.1996

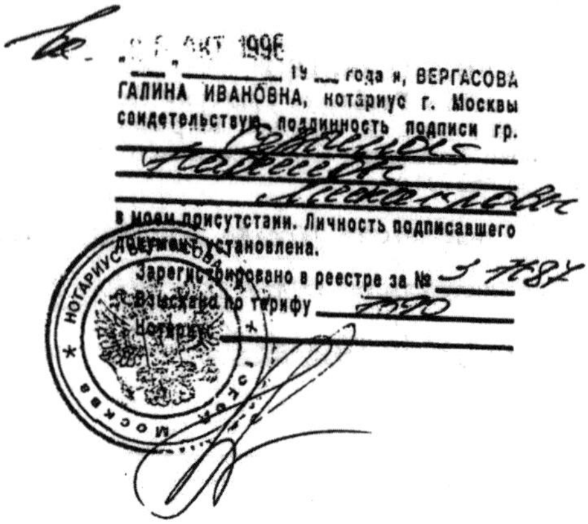

8 ОКТ 1996 19__ года я, ВЕРГАСОВА ГАЛИНА ИВАНОВНА, нотариус г. Москвы свидетельствую подлинность подписи гр.

в моем присутствии. Личность подписавшего документ установлена.

Зарегистрировано в реестре за № 3-7687

Взыскано по тарифу 7590

Нотариус

Sceau de l'office notarial : le 8 octobre 1996.
Je, soussignée, Vergassova Galina, notaire de la ville de Moscou, atteste l'authenticité de la signature de Serbina Nadezhda, celle-ci apposée en ma présence. L'identité de la personne qui a signé le document a été établie.
Inscrit dans le registre sous le N° 3-7687
Payé selon le tarif appliqué: 7590 roubles
Notaire (*Signature*)
Sceau rond de l'État : ville de Moscou, notaire Vergassova G.

Sceau rectangulaire : Département de la Santé, ville de Moscou. Hôpital-clinique de ville N° 31
CERTIFICAT MÉDICAL N° 12855
Le présent certificat médical est délivré à Beliakov M., 67 ans, pour notifier qu'il a séjourné à l'hôpital N° 31, département 1, avec le diagnostic : cancer du canal hépatique du côlon stade IV.
Réceptionniste aux archives
Date : le 13.09.1996
Médecin traitant *(signature)*
Sceau triangulaire : Département de la Santé, ville de Moscou. Hôpital-clinique de ville N° 31.

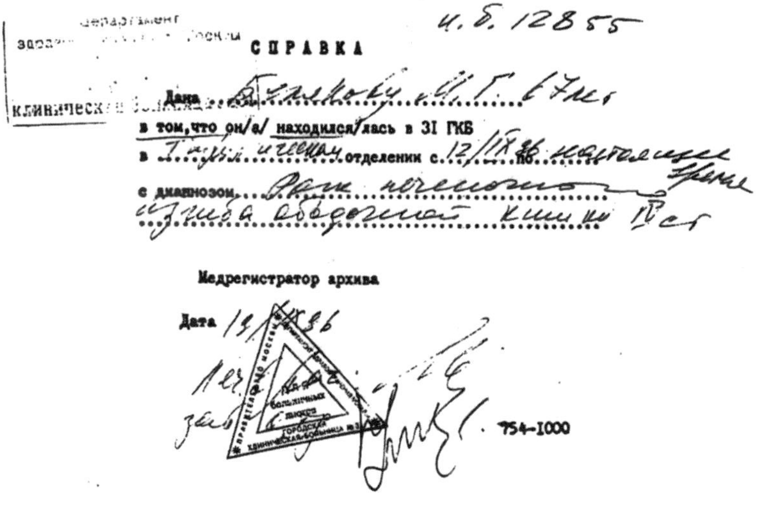

и. б. 12855

СПРАВКА

Дана Белякову М. Г. 67 лет
в том, что он/а/ находился/лась в 31 ГКБ
в I хирургическом отделении с. 12/IX 96 по настоящее время
с диагнозом Рак печеночного изгиба ободочной кишки IV ст

Медрегистратор архива

Дата 13/IX 96

Леч. врач

754-1000

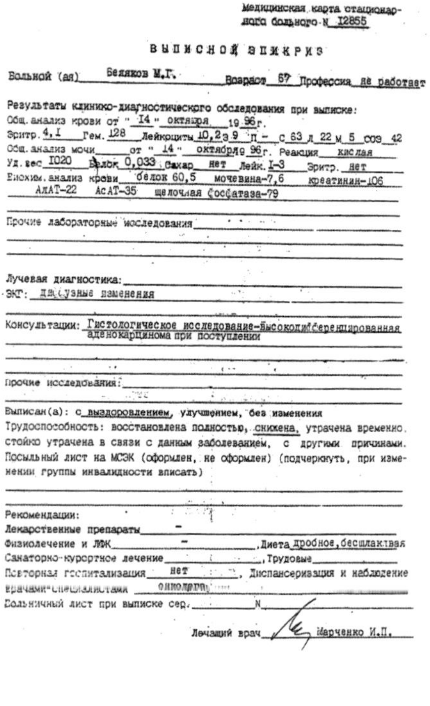

Медицинская карта стационарного больного N 12855

ВЫПИСНОЙ ЭПИКРИЗ

Больной (ая) Беляков М.Г. Возраст 67 Профессия не работает

Результаты клинико-диагностического обследования при выписке:
Общ. анализ крови от "14" октября 1996 г.
Эритр. 4,1 Гем. 128 Лейкоциты 10,2 э 9 п – с 63 л 22 м 5 соэ 42
Общ. анализ мочи от "14" октября 96 г. Реакция кислая
Уд. вес 1020 Белок 0,033 Сахар нет Лейк. 1-3 Эритр. нет
Биохим. анализ крови белок 60,5 мочевина-7,6 креатинин-106
АлАТ-22 АсАТ-35 щелочная фосфатаза-79

Прочие лабораторные исследования

Лучевая диагностика:
ЭКГ: Дис(ф)узные изменения

Консультации: Гистологическое исследование-Высокодифференцированная аденокарцинома при поступлении

Прочие исследования:

Выписан(а): с выздоровлением, улучшением, без изменения
Трудоспособность: восстановлена полностью, снижена, утрачена временно, стойко утрачена в связи с данным заболеванием, с другими причинами.
Посыльный лист на МСЭК (оформлен, не оформлен) (подчеркнуть, при изменении группы инвалидности вписать)

Рекомендации:
Лекарственные препараты –
Физиолечение и ЛФК –, Диета дробное, бесшлакввая
Санаторно-курортное лечение, Трудовые
Повторная госпитализация нет, Диспансеризация и наблюдение врачами-специалистами онколог
Больничный лист при выписке сер. N

Лечащий врач Марченко И.П.

Carnet de santé du patient N° 12855.
COMPTE RENDU D'HOSPITALISATION
Patient : Beliakov M.
Age : 67 ans.
Profession : sans emploi.
Résultats de l'examen clinique à la sortie :
Hématologie du 14 octobre 1996
Hématies 4.1.
Hémoglobine 128.
Leucocytes 10.2, E 9. P - C 63. A 22. M 5.
Vitesse de sédimentation 42.
Analyse urinaire du 14 octobre 1996
Réaction acide
Densité 1020
Protéines 0.033
Sucres : non
Leucocytes 1-3.
Hématies : non
Examen biochimique du sang :
Protéines 60,5.
Urée 7.6.
Créatinine 106. ALT 22. AST 35.
Phosphatase alcaline 79.
Radiodiagnostic :
Electrocardiogramme : syndrome de masse.
Consultations : histologie - adénocarcinome très différencié à l'admission.
Conclusion : guéri.
Capacité de travail : réduite.
Régime alimentaire : pauvre en résidus
Re hospitalisation : non.
Examen clinique et surveillance par les médecins spécialistes : oncologue.
Médecin traitant *(signature)* Marchenko I.

TÉMOIGNAGE

Sur le travail extrasensoriel de Grigori Grabovoï

Né le 14 novembre 1963 à Kirovsky, quartier de Kirov, région de Tchimkent, Kazakhstan (acte de naissance série II – OG N° 463794).

Lieu du témoignage : Moscou

Date du témoignage : 1997.01.30 15 : 00

Bouza Vladimir :

Date et lieu de naissance : le 4 décembre 1952, Donetsk, Ukraine

Nationalité : Ukraine

Adresse, téléphone :

App. 21, 5, avenue Mir, Nerungri, République de Sakha (Yakoutie)

Tél. : 6-08-53

Dénomination du document, série, numéro, autorité et date de délivrance :

Passeport XIV- N° 555605, délivré par OVD Tchervonogvardeisky, ville de Makéyévka, région de Donetsk.

Lieu de travail, fonction, téléphones :

Société GUP Yakoutougl, usine Nerungrinskiy, chef comptable, tél. : 4-58-85, 9-25-07.

Je, soussignée, Bouza Vladimir, atteste que je me suis adressée à Grabovoï Grigori suite à mon diagnostic : cancer du pancréas avec des métastases dans le duodénum détecté le 17 décembre 1996 par le Centre de recherches en chirurgie de Moscou.

La première séance a été effectuée le 25 décembre 1996. L'absence de la maladie a été constatée le 10 janvier 1997 par le Centre de diagnostic de la région de Donetsk et le 29 janvier 1997 par le Centre de recherches en chirurgie de Moscou.

Le présent témoignage est le résultat du travail extrasensoriel dans le traitement du cancer.

Grabovoï Grigori m'a guéri du cancer du pancréas en une seule séance.

(*signature*) Bouza V. 1997.01.30.

Le trente et un janvier mille neuf cent quatre-vingt-dix-sept, je soussigné, Vroblevskaya L., notaire de la ville de Moscou, atteste l'authenticité de la signature de Bouza Vladimir, celle-ci apposée en ma présence. L'identité de la personne qui a signé le document a été établie.

Inscrit dans le registre sous le N° 1-1071.

Payé selon le tarif appliqué: 25000 roubles

Notaire *Signature* Vroblevskaya L.

Sceau de l'État : ville de Moscou, notaire Vroblevskaya L.

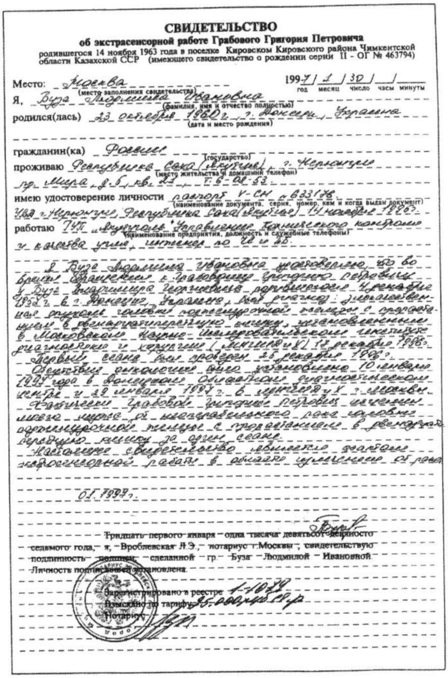

СВИДЕТЕЛЬСТВО

об экстрасенсорной работе Грабового Григория Петровича

родившегося 14 ноября 1963 года в поселке Кировском Кировского района Чимкентской области Казахской ССР (имеющего свидетельство о рождении серии II - ОГ № 463794)

Место: Москва (место заполнения свидетельства) 1997 / 1 / 30 / / (год месяц число часы минуты)

Я, Буза Людмила Ивановна (фамилия, имя и отчество полностью)

родился(лась) 23 октября 1960 г., г. Донецк, Украина (дата и место рождения)

гражданин(ка) России (государство)

проживаю Республика Саха (Якутия), г. Нерюнгри (место жительства и домашний телефон)

пр. Мира, д. 5, кв. 23, т. 6-08-53.

имею удостоверение личности паспорт V-СН № 633178 (наименование документа, серия, номер, кем и когда выдан документ)

работаю (наименование предприятия, должность и служебные телефоны)

01.1997 г.

Тридцать первого января одна тысяча девятьсот девяносто седьмого года, я, Вроблевская Л.Э., нотариус г. Москвы, свидетельствую подлинность подписи, сделанной гр. Буза Людмилой Ивановной. Личность подписавшей установлена.

Зарегистрировано в реестре 1-1071

Взыскано по тарифу 25.000 руб.

Нотариус

CENTRE DE RECHERCHES EN CHIRURGIE DE MOSCOU :
86, rue Profsoyuznaya, 117837 Moscou. Tél. : 333-91-20

CERTIFICAT MÉDICAL N° 6526/96
Le présent certificat médical est délivré à Bouza Vladimir, né en 1952, pour notifier qu'il a suivi le traitement au Centre de recherches en chirurgie entre le 27 novembre 1996 et le 30 janvier 1997.
Examen cytologique de l'échantillon de biopsie du 04.12.1996, N° 24486/96
Hématies, bloc de cellules de l'épithélium cubique, complexe de cellules pléomorphes
Histologie N° 16798-92.
Morceaux de la muqueuse du duodénum.
Date : le 16.12.1996 (*signature*) Médecin traitant M.Kounda
Chef du département (*signature*) N. Yeltyschev
Sceau triangulaire : Centre de recherches en chirurgie de Moscou
Centre de diagnostic de la région de Donetsk V.Kolesnikov.
Département des examens endoscopiques.
Patient : BOUZA V., enregistré sous le N° DC 97011011004236.
Né en 1952. Sexe : m. Catégorie : 99. Statut: Ts. Cabinet: 229
Examens effectués :
Esophagogastroduodenoscopie
Appareil GIF-Q-10
Conclusion :
Le passage de l'œsophage est libre. La muqueuse est lisse, rose pâle. Le cardia est serré.
Date : le 10 janvier 1997 (signature) Docteur Goubanov D.

Московский научно-исследовательский институт диагностики и хирургии
МЗ РФ
117837, Москва, Профсоюзная, 86 тел.333-91-20

С П Р А В К А 6526/96

Дана гр. Бузе Владимиру Георгиевичу 1952 г.р.
в том, что он находил ся на стационарном лечении в клинике МНИИДиХ
с "27" ноября 1996 г. по "30" января 1997 г.

Цитологическое исследование биоптата от 4.12.1996г. №24486/96 Эритроциты
группа клеток кубического эпителия, комплексы полиморфных клеток о про-
При выписке рекомендовано : дукшей слизи. Гистология № 16798-92.
Кусочки слизистой 12-ти [illegible]ерстной кишки

Дата "16" [illegible] 1997 г.
Леч. врач М.А.Кунда
Зав. отделением Н.А.Елтышев

Донецкий областной диагностический центр им. В.Д. Колесникова
отделение эндоскопических исследований
ФИО пациента БУЗА В.Г. ***рег. № ДЦ 97011011004236***
Год рождения : 1952 пол: М категория : 99 статус : Ц
кабинет 229

Проведены исследования :
.. Эзофагогастродуоденоскопия
Аппаратом GIF- Q - 10 пищевод свободно проходим. Слизистая гладкая ,бледно розовая. Кардия сомкнута .
Дата 10 Январь 97 **Врач-эндоскопист Губанов Д.С.**

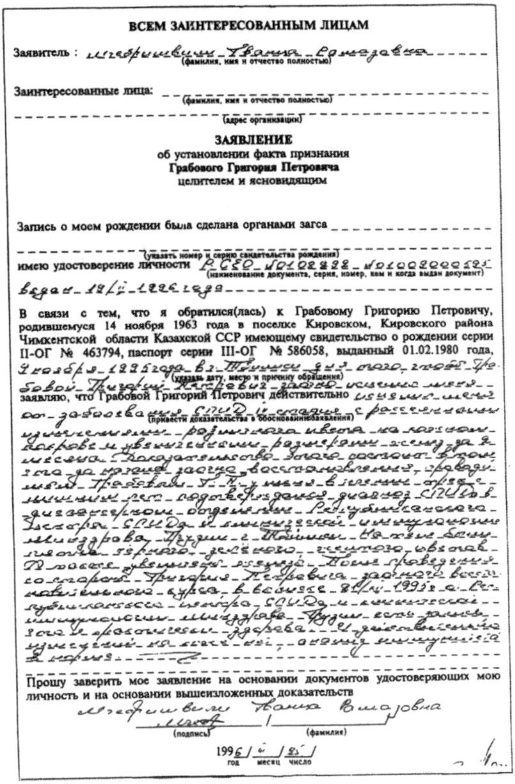

ВСЕМ ЗАИНТЕРЕСОВАННЫМ ЛИЦАМ

Заявитель : [illegible]
(фамилия, имя и отчество полностью)

Заинтересованные лица:
(фамилия, имя и отчество полностью)

(адрес организации)

ЗАЯВЛЕНИЕ
об установлении факта признания
Грабового Григория Петровича
целителем и ясновидящим

Запись о моем рождении была сделана органами загса
(указать номер и серию свидетельства рождения)

имею удостоверение личности [illegible]
(наименование документа, серия, номер, кем и когда выдан документ)

В связи с тем, что я обратился(лась) к Грабовому Григорию Петровичу, родившемуся 14 ноября 1963 года в поселке Кировском, Кировского района Чимкентской области Казахской ССР имеющему свидетельство о рождении серии II-ОГ № 463794, паспорт серии III-ОГ № 586058, выданный 01.02.1980 года, [illegible]
(указать дату, место и причину обращения)

заявляю, что Грабовой Григорий Петрович действительно [illegible]
(привести доказательства в обоснование заявления)

Прошу заверить мое заявление на основании документов удостоверяющих мою личность и на основании вышеизложенных доказательств

(подпись) / (фамилия)

1996 / [illegible] / 25 /
год месяц число

À TOUTE PERSONNE INTÉRESSÉE
Déclarant : Mgebrichvili Gvantsa
DÉCLARATION
De la reconnaissance de Grabovoï Grigori comme guérisseur et clairvoyant
Dénomination du document, série, numéro, autorité et date de délivrance :
Carte d'identité . 0108292 N° 01009000595, délivrée le 19 février 1996.
Compte tenu du fait que je me suis adressée à Grabovoï Grigori, né le 14 novembre 1963 à Kirovsky, quartier de Kirov, région de Tchimkent, Kazakhstan (acte de naissance série II – OG N° 463794), le 9 novembre 1995 à Tbilissi pour lui demander de me guérir à distance :
J'atteste que Grabovoï Grigori m'a guérie en deux mois du SIDA stade IV avec des changements de couleur de ma peau et une augmentation du volume de mes glandes.
Avant le début du traitement à distance, accompli par Grabovoï, mon diagnostic du SIDA a été confirmé pendant plus de trois ans dans le dispensaire du Centre républicain du SIDA et d'immunologie clinique auprès du Ministère de la Santé de Géorgie, à Tbilissi. Sur ma peau il y avait des taches noires, vertes et jaunes, et mes glandes avaient augmenté de volume.
Quand le traitement a été terminé, le Centre républicain du SIDA et d'immunologie clinique a fait une inscription dans mon carnet de santé en date du 21 décembre 1995 comme quoi j'étais « apparemment bien portante ». En effet, il n'y a plus de changements de couleur de ma peau, les résultats de l'examen d'immunologie sont aux normes.
Je vous prie de bien vouloir légaliser ma déclaration sur la base des documents certifiant mon identité et des preuves présentées ci-dessus.
Mgebrichvili Gvantsa
(*signature*) Mgebrichvili G. 1996.03.25

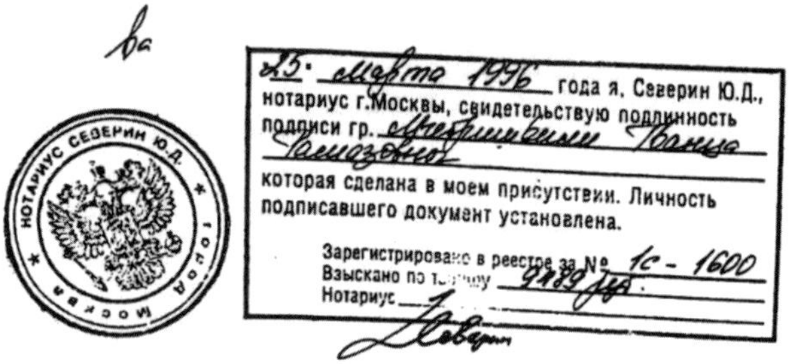

Sceau de l'office notarial : le 25 mars 1996.
Je, soussignée, Sévérine Y., notaire de la ville de Moscou, atteste l'authenticité de la signature de Mgebrichvili Gvantsa, celle-ci apposée en ma présence. L'identité de la personne qui a signé le document a été établie.
Inscrit dans le registre sous le N° 1 -1600.
Payé selon le tarif appliqué: 9489 roubles.
Notaire (*Signature*) Sévérine Y.
Sceau rond de l'État : ville de Moscou, notaire Sévérine Y.

TÉMOIGNAGE

Sur le travail extrasensoriel de Grigori Grabovoï, né le 14 novembre 1963 à Kirovsky, quartier de Kirov, région de Tchimkent, Kazakhstan (acte de naissance série II – OG N° 463794).

Lieu du témoignage : 5/2 rue Iliynka, Moscou.

Date du témoignage : 22.03.1996 16:20.

Mgebrichvili Gvantsa, carte d'identité . 0108292 N° 01009000595, étudiante.

Il fallait que je passe des examens sanguins à cause du diagnostic de l'infection au VIH chez mon époux R.R., qui était pris en charge par le Centre du SIDA de Tbilissi depuis le mois de mai 1992. Il est décédé en mai 1995, avec le diagnostic final : infection au VIH, SIDA stade IV, toxoplasmose cérébrale, neurotoxicose, forme neurovasculaire.

Les examens de mon sérum sanguin pour des anticorps anti-VIH ont été effectués à plusieurs reprises en utilisant les méthodes ELISA et IFA. Tous les résultats ont été positifs. La méthode du Western Blot a révélé la présence des anticorps dirigés contre des protéines du VIH.

Sur la base de ces données de laboratoire, au Centre républicain du SIDA et d'immunologie clinique auprès du Ministère de la Santé géorgien en juillet 1992, j'ai été diagnostiquée : infection au VIH stade IV, lymphadénopathie généralisée persistante (classé PCA). Je ne prenais pas de médicaments. Tous les examens avant le 9 novembre 1995 (y compris à Moscou) ont détecté la présence du SIDA.

Avant le 9 novembre 1995, date du début du traitement à distance effectué par Grigori Grabovoï, à part des analyses confirmant le SIDA, j'avais des taches de diverses dimensions sur la peau et dans différentes parties du corps. Les glandes avaient augmenté de volume.

La suite du présent document est en annexe 1 à la première page.

Лист № 1

СВИДЕТЕЛЬСТВО

об экстрасенсорной работе Грабового Григория Петровича

родившегося 14 ноября 1963 года в поселке Кировском Кировского района Чимкентской области Казахской ССР (имеющего свидетельство о рождении серии II - ОГ № 463794).

Место начала составления свидетельства г. Москва ул. Ильинка 5/2

Время начала составления свидетельства 1996 / III / 22 / 16 / 20
(год / месяц / число / часы / минуты)

Я, Мгебришвили Гванца Рамазовна
(фамилия, имя и отчество полностью)

проживаю
(место жительства и домашний телефон)

имею удостоверение личности Р. СЕО 0108292
(наименование документа, серия, номер, кем и когда выдан документ)
№ 01009000595

работаю студентка.
(наименование предприятия, должность и служебные телефоны)

Вопрос об исследовании крови был поставлен у меня в связи с установлением ВИЧ инфекции у моего супруга Р.Р. который с этим диагнозом состоял на учёте в центре СПИДа в г. Тбилиси с мая 1992 г. Умер в мае 1995 г. Окончательный диагноз ВИЧ инфекция, СПИД IV ст. стадия, токсоплазмозный абсцесс головного мозга, нейротоксикоз, нейроваскулярная форма.

Обследования сыворотки моей крови на наличие антител к ВИЧ неоднократно проводилось методами ИФА и НИФ. Все результаты тестирования были положительными. Методом Western Blot было выявлено наличие антител к белкам ВИЧ.

На основании этих лабораторных данных в республиканском центре СПИДа и клинической иммунологии Минздрава Грузии в июле 1992 года мне был поставлен диагноз ВИЧ инфекция IV стадия генерализованная персистирующая лимфаденопатия (по классификации CDC). Препаратное лечение не принимала. Все обследования до 9 ноября 1995 г. (в том числе и в Москве) показывали наличие СПИДа.

До 9/XI 1995 г. с которого я начала принимать заочно восстановительный

Продолжение настоящего текста в приложении № один *к первому листу.*

Мгеб.

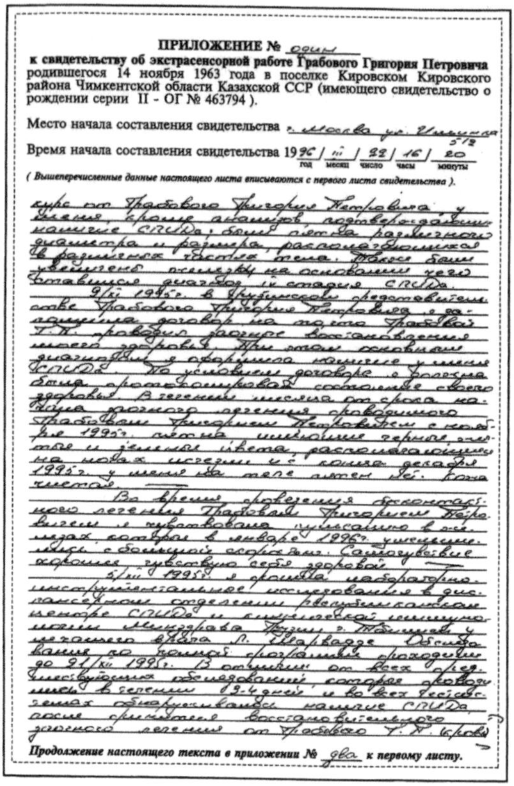

ПРИЛОЖЕНИЕ № один

к свидетельству об экстрасенсорной работе Грабового Григория Петровича родившегося 14 ноября 1963 года в поселке Кировском Кировского района Чимкентской области Казахской ССР (имеющего свидетельство о рождении серии II - ОГ № 463794).

Место начала составления свидетельства г. Москва ул. Ильинка 5/2

Время начала составления свидетельства 1996 / III / 22 / 16 / 20
(год / месяц / число / часы / минуты)

(Вышеперечисленные данные настоящего листа вписываются с первого листа свидетельства).

курс от Грабового Григория Петровича у меня, кроме анализов, подтверждавших наличие СПИДа, были пятна различного диаметра и размера, располагавшиеся в различных частях тела. Также были увеличены железы на основании чего ставился диагноз IV стадия СПИДа.

9/XI 1995 г. в Грузинском представительстве Грабового Григория Петровича я заключила договор на то, что Грабовой Г.П. проводит заочное восстановление моего здоровья. При этом основным диагнозом я оформила наличие у меня СПИДа. По условиям договора я должна была протоколировать состояние своего здоровья. В течение месяца от срока начала заочного лечения, проводимого Грабовым Григорием Петровичем с ноября 1995 г. пятна, имевшие черные, желтые и зеленые цвета, располагавшиеся на ногах исчезли и с конца декабря 1995 г. у меня на теле их нет. Кожа чистая.

Во время проведения бесконтактного лечения Грабовым Григорием Петровичем я чувствовала пульсацию в железах, которые в январе 1996 г. уменьшились с большой скоростью. Самочувствие хорошее, чувствую себя здоровой.

5/XII 1995 г. я прошла лабораторно-инструментальное исследование в диспансерном отделении республиканского центра СПИДа и клинической иммунологии Минздрава Грузии г. Тбилиси у лечащего врача Л. Чарвадзе. Обследования по полной программе проходили до 21/XII 1995 г. В отличии от всех предшествующих обследований, которые проводились в течении 3-4 дней и во всех предшествующих обнаруживалось наличие СПИДа после применения восстановительного заочного лечения от Грабового Г.П. (кровь)

Продолжение настоящего текста в приложении №** два **к первому листу.

ANNEXE 1

Selon le témoignage sur le travail extrasensoriel de Grigori Grabovoï, né le 14 novembre 1963 à Kirovsky, quartier de Kirov, région de Tchimkent, Kazakhstan (acte de naissance série II – OG N° 463794).

Lieu du témoignage : 5/2 rue Iliynka, Moscou

Date du témoignage : 22.03.1996 16:20

(Les données ci-dessus sont inscrites à la première page du témoignage)

Le 9 novembre 1995, dans la filiale géorgienne de Grabovoï, j'ai conclu le contrat pour le traitement à distance afin de rétablir ma santé. J'ai indiqué le SIDA comme mon diagnostic principal. Selon les conditions du contrat je devais noter l'état de ma santé. Après un mois du traitement accompli par Grabovoï, les taches noires, jaunes et vertes sur mes jambes ont disparu et je n'ai aucune tache sur mon corps depuis décembre 1995. La est propre.

Pendant les séances du traitement je sentais une pulsation dans les glandes. En janvier 1996, elles ont diminué à grande vitesse.

Je me sens bien.

Le 5 décembre 1995 j'ai subi des examens dans le dispensaire du Centre républicain du SIDA et d'immunologie clinique auprès du Ministère de la Santé géorgien à Tbilissi, auprès du médecin L. Charvadzé. Les examens, selon le programme complet, ont été effectués jusqu'au 21 décembre 1995 à la différence des examens précédents effectués en 3-4 jours qui démontraient la présence du SIDA après le traitement par Grabovoï.

La suite du présent document est en annexe 2 à la première page.

ANNEXE 2

Selon le témoignage sur le travail extrasensoriel de Grigori Grabovoï.

Né le 14 novembre 1963 à Kirovsky, quartier de Kirov, région de Tchimkent, Kazakhstan (acte de naissance série II – OG N° 463794).

Lieu du témoignage : 5/2 rue Iliynka, Moscou.

Date du témoignage : 22.03.1996 16:30.

(Les données ci-dessus sont inscrites à la première page du témoignage)

Le sang a été prélevé trois (3) fois de la veine et deux (2) fois du doigt (avant j'avais fait un seul examen sanguin) et les anticorps du spectre HbsAg n'ont pas été détectés. Le système immunitaire et l'hématologie sont aux normes. Dans l'extrait de mon carnet de santé, il est écrit que je suis « apparemment en bonne santé ». On m'a recommandé de faire des examens supplémentaires pour confirmer le diagnostic.

Compte tenu du fait que mon épiderme est propre, les examens d'immunologie et d'hématologie montrent la norme, ainsi que les anticorps du spectre HbsAg et d'autres n'ont pas été détectés, je considère qu'en 2 mois, Grigori Grabovoï m'a guérie du SIDA.

Mgebrichvili Gvantsa *(signature)*

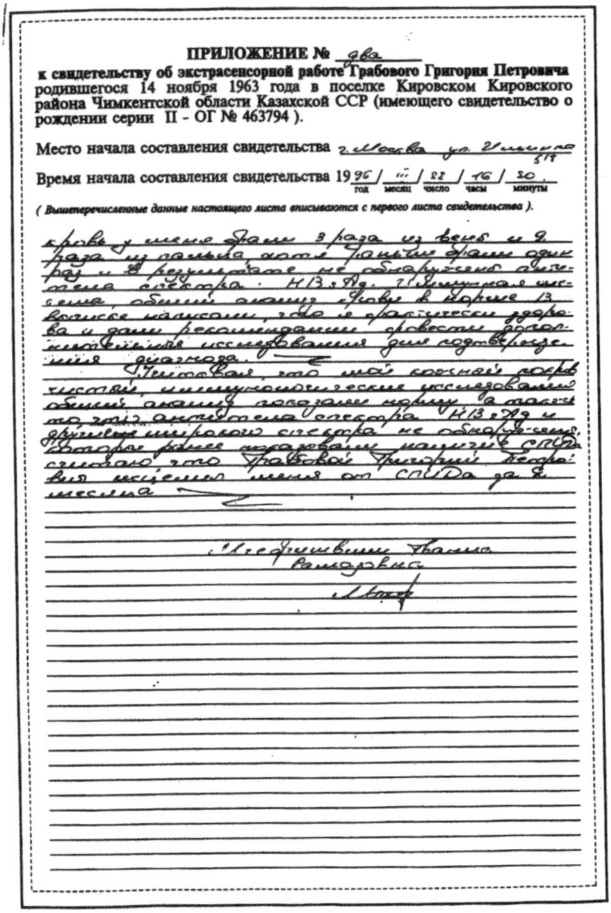

ПРИЛОЖЕНИЕ № два

к свидетельству об экстрасенсорной работе Грабового Григория Петровича родившегося 14 ноября 1963 года в поселке Кировском Кировского района Чимкентской области Казахской ССР (имеющего свидетельство о рождении серии II - ОГ № 463794).

Место начала составления свидетельства г. Москва ул. Ильинка 5/2

Время начала составления свидетельства 1996 / III / 22 / 16 / 30
год месяц число часы минуты

(Вышеперечисленные данные настоящего листа вписываются с первого листа свидетельства).

Кровь у меня брали 3 раза из вены и 2 раза из пальца, хотя раньше брали один раз и в результате не обнаружено антитела спектра HBs Ag. Иммунная система, общий анализ крови в норме. В больничной карте написали, что я практически здорова и дали рекомендации провести дополнительные исследования для подтверждения диагноза.

Считаю, что мой кожный покров чистый, иммунологические исследования, общий анализ показали норму, а также то, что антитела спектра HBsAg и других широкого спектра не обнаружены, которые раньше показывали наличие СПИДа, считаю, что Грабовой Григорий Петрович исцелил меня от СПИДа за 2 месяца.

Мгебришвили Гванца Ра[illegible]

Sceau de l'office notarial : le 25 mars 1996, je soussignée, Sévérine Y., notaire de la ville de Moscou, atteste l'authenticité de la signature de Mgebrichvili Gvantsa, celle-ci apposée en ma présence. L'identité de la personne qui a signé le document a été établie.
Inscrit dans le registre sous le N° 1 -1605.
Payé selon le tarif appliqué : 9489 roubles.
Notaire (*Signature*) Sévérine Y.
Sceau rond de l'État : ville de Moscou, notaire Sévérine Y.
Acte notarié, numéroté, scellé, trois pages au total.
Notaire (*Signature*) Sévérine Y.
Sceau rond de l'État : ville de Moscou, notaire Sévérine Y.

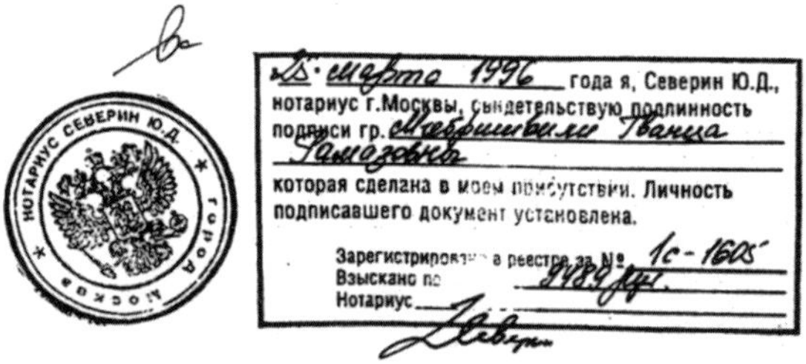

ВЫПИСКА

из истории болезни

Больная М.Г., 25 л., вдова, проживающая в Грузии.

Вопрос об обследовании крови М.Г. был поставлен в связи с установлением ВИЧ инфекции у ее супруга Л.Р., который с этим диагнозом состоял на учете в Центре с мая 1992 г. Умер в мае 1995 г. Окончательный диагноз: ВИЧ инфекция, СПИД, IV Ci стадия, токсоплазмозный абсцесс головного мозга, нейротоксикоз - нейроваскулярная форма.

Обследование сыворотки крови М.Г. на наличие антител к ВИЧ неоднократно проводилось методами ИФА и НИФ. Все результаты тестирования были положительными. Методом Western Blot было выявлено наличие антител к белкам ВИЧ.

На основании этих лабораторных данных установлен диагноз ВИЧ инфекции и больная поствлена на диспансерный учет.

При взятии на учет больная жаловалась на увеличение лимфатических узлов в шейном и в подмышечных областях, которое беспокоило ее в течении последних 6 месяцев, и на выделения из влагалища и зуд в перианальной области.

При обьективном осмотре больной выявлены увеличенные лимфоузлы: задне-шейный слева - до диаметра 2 см, подмышечные - с обеих сторон по 3-4 узла до диаметра 1,5-2,5 см, паховые - единичные с обеих сторон до диаметра 1,5-2 см; безболезненные, умеренно плотной консистенции.

Серологические исследования на наличие антител к ВИЧ

метод	число	тест-система	результаты
НИФ	06.92 неоднократно		положительный
Иммуноблот	23.12.92	Блот-ВИЧ	gp120/41, p24/17 p 51
	16.02.93	Антиген-ВИЧ	gp160/120, gp41, p55, p24, p65, p53
	22.03.93	CMG	gp120, gp41, p24, p65
	02.04.93	Блот-ВИЧ	gp120/41, p24/17 p 51
	21.04.93	CB-HIV-1	gp160, gp120, gp41, p17, p24, p55, p31, p51, p66.

Tests sérologiques : détection des anticorps à VIH

Méthode	Date	Système-test	Résultats
ELISA	06.92 A plusieurs reprises		Positif
Western Blot	23.12.92	Blot-VIH	gpl20/41, p 24/17, p 51
	16.02.93	ANTIGÈNES DU VIH	gp160/120, gp41, p 55, p 24, p 65 p 53
	22.03.93	CMG	gpl20, gp41.p 24, p 65
	02.04.93	Blot-VIH	gpl20/41, p 24/17, p 51
	21.04.93	CB-HIV-1	gpl60, gp120, gp41, p 17, p 24, p 55, p 31, p 51, p 66.

Extrait du carnet de santé.

Patient : M.G., 25 ans, veuve, domiciliée en Géorgie.

La nécessité de réaliser les examens sanguins de M.G. est apparue suite au diagnostic de l'infection au VIH chez son époux L.R., pris en charge par le Centre depuis le mois de mai 1992 et décédé en mai 1995 portant au diagnostic final : infection au VIH, SIDA stade IV, toxoplasmose cérébrale, neurotoxicose, forme neurovasculaire.

Les examens du sérum sanguin de M.G. pour des anticorps anti-VIH ont été effectués à plusieurs reprises en utilisant les méthodes ELISA et IFA. Tous les résultats ont été positifs. La méthode du Western Blot a révélé la présence des anticorps dirigés contre des protéines du VIH.

Sur la base de ces données de laboratoire, le diagnostic suivant a été établi : infection à VIH.

À l'admission, la patiente s'est plainte du gonflement des ganglions lymphatiques dans le cou et les aisselles ce qui la dérangeait depuis les six (6) derniers mois, ainsi que des pertes vaginales et des démangeaisons dans la zone périanale.

L'examen objectif de la patiente a révélé des ganglions lymphatiques augmentés : cervical postérieur – à un diamètre de 2 cm, axillaires – des deux côtés de 3-4 nœuds de diamètre de 1,5-2,5 cm, inguinaux – des deux côtés à un diamètre de 1,5 à 2 cm; indolents, d'épaisseur moyenne.

Иммунологические исследования:

7.07.92

CD3 - 51% (N - 60-80%)
CD4 - 31% (N - 34-60%,)
абс. ч. -1612 мм^3
CD8 - 26% (N - 16-30%)
CD4/CD8-1,19 (N - 1,5-2,5%)
B - 26% (N - 15-25)
CD6 - 7% (N - 10 - 20)
IgG - 14,4 g/l (N 8,4 -14,5 g/l)
IgA - 3,44 g/l (N 1,5 - 4,2 g/l)
IgM - 2,68 g/l (N 0,46 -1,9 g/l)

22.09.92

CD3- 67%
CD4- 41%
абс. ч. -1676мм^3
CD8 - 28% T4/T8
CD4/CD8 - 1,4
B - 26%
CD6- 12%
IgG - 8,25 g/l
IgA - 1,09 g/l
IgM - 0,76 g/l

31.03.93

CD3 - 61%
CD4 - 40% абс. ч. 344 мм^3
CD8 - 25%
CD4/CD8 - 1,6
B - 23%
CD6 -
IgG - 11,69 g/l
IgA - 1,82 g/l
IgM - 1,58 g/l

29.03.94

CD3 - 71%
CD4 - 45% абс. ч. 399 мм^3
CD8 - 25%
CD4/CD8 - 1,8
B - 21%
CD6 - 10%
IgG - 14,55 g/l
IgA - 2,28 g/l
IgM - 1,12 g/l

10.10.94

CD3 - 66%
CD4 - 40% абс. ч. - 430мм^3
CD8 - 26%
CD4/CD8 - 1,5
B - 25%
CD6 - 10%
IgG - 13,5 g/l
IgA - 2,4 g/l
IgM - 2,02 g/l

Биохимимческий анализ крови

14.07.92 тимоловая проба - 26 ед;
24.09.92 тимоловая проба - 10 ед;
01.04.93 тимоловая проба - 20 ед;

Исследования на ВИЧ асоциированные оппортунистические инфекции методом ИФА

5.12.95

HBsAg	не обнаружен
Анти - HBcor (сум)	не обнаружены
Анти HBc IgM	не обнаружены
Анти - Delta IgM	не обнаружены
Анти - Delta IgG	не обнаружены
Анти - HCV	не обнаружены
Анти - HAV IgM	не обнаружены

Общий анализ крови

Основные показатели в пределах нормы.

Examens d'immunologie
7.07.92 22.09.92
CD3 – 51 % (N - 60-80 %) CD3- 67 %
CD4 – 31 % (N - 34-60 %) CD4- 41 %,
abc.-1612 mm^3 abc.-1676 mm^3
CD8 – 26 % (N - 16-30 %) CD8 – 28 % T4/T8
CD4/CD8 – 1,19 (N - 1,5-2,5 %) CD4/CD8 - 1,4
– 26 % (N - 15-25) – 26 %
CD6 – 7 % (N - 10-20) CD6- 12 %
IgG – 14,4 g/l (N 8,4 –14,5 g/l) IgG – 8,25 g/1
IgA – 3,44 g/l (N 1,5 – 4,2 g/l) IgA - 1,09 g/1
IgM – 2,69 g/l (N 0,46 –1,9 g/l) IgM – 0,76 g/1
31.03.93 29.03.94
CD3 – 61 % CD3 – 71 %
CD4 – 40 % abc.-344 mm^3 CD4 – 45 % abc.-399 mm^3
CD8 – 25 % CD8 – 25 %
CD4/CD8 - 1,6 CD4/CD8 - 1,8
– 23 % – 21 %
CD6 - CD6 – 10 %
IgG - 11,69 g/1 IgG – 14,55 g/1
IgA - 1,82 g/1 IgA - 2,28 g/1
IgM – 1,58 g/1 IgM – 1,12 g/1
10.94
CD3 – 60 %
CD4 – 40 % abc.-430 mm^3
CD8 – 26%
CD4/CD8 – 1,5
B – 25 % Examen chimique du sang
CD6 – 10 % 14.07.92 test au thymol – 26.;
IgG – 13,5 g/1 24.09.92 test au thymol – 10.;
IgA – 2,4 g/1 01.04. test au thymol – 20.
IgM - 2,02 g/1

Examens : infections opportunistes associées au VIH
Méthode IFA
5.12.95
HBsAg ne sont pas détectés
Anti - HBcor ( ) ne sont pas détectés
Anti - HBC IgM ne sont pas détectés
Anti - Delta IgM ne sont pas détectés
Anti - Delta IgG ne sont pas détectés
Anti - HCV ne sont pas détectés
Anti - HAV IgM ne sont pas détectés
Hématologie
Indices principaux sont aux normes.

В настоящее время б-ная субъективных жалоб не предъявляет и чувствует себя практически здоровой.

Объективный осмотр не выявил изменений со стороны лимфоузлов.

21. 12. 95г

Лечащий врач ШАРВАДЗЕ Л. Г.

Présentement, la patiente ne présente pas de plaintes subjectives et est apparemment bien portante.
L'examen objectif n'a pas détecté d'adénopathie ganglionnaire.
Le 21.12.1995.
(*signature*) Médecin traitant Charvadzé L.
Sceau rond : Centre républicain du SIDA et d'immunologie clinique.

RÉSULTAT ÉTONNANT

Suite à la consultation de Grabovoï G. sur le rajeunissement

Pour la première fois, je me suis adressée à Grabovoï G. le 7 mars 2000 pour lui demander une cure de rajeunissement.

La deuxième fois, j'ai rendu visite à Grabovoï G. le 25 juillet 2000 avec ma fille qui lui a confirmé des résultats positifs suite à son travail sur sa carrière professionnelle.

Deux semaines plus tard, j'ai passé des examens d'échographie dans le centre de convalescence Frounzé à Sochi, dont les résultats m'ont bouleversée : l'échographie confirmait la présence de l'utérus de dimension 35 x 40 mm.

J'ai informé mon médecin que mon utérus avec son col avaient été enlevés trois (3) ans auparavant. Je lui ai montré également le certificat médical correspondant à l'opération effectuée et les résultats d'histologie de l'utérus avec le col et les trompes utérines.

Le médecin échographe a invité un gynécologue qui a découvert la présence de l'utérus lors d'un examen. Nous avons parlé de tous ses résultats stupéfiants avec Bogatchkine M., docteur en médecine, et médecin en chef par intérim pour le centre de convalescence Frounzé.

Le 29 août 2000, j'ai subi un examen des organes du petit bassin par biorésonance « Métapathie ».

Résultats de cet examen :

Absence de fibrome utérin, de kyste sur la paroi du canal cervical, de bactéries d'origine virale

Endocervicite détectée

Témoins :

Moi-même, Simakova Nina, née en 1951	*(signature)*
Docteur Bogatchkine M., médecin en chef par intérim pour le centre de convalescence Frounzé	*(signature)*
Docteur Bogatchkova O., diagnosticien du centre médical Sunrider (USA)	*(signature)*

УДИВИТЕЛЬНЫЙ РЕЗУЛЬТАТ
обращения за помощью об омоложении
к Грабовому Г.П.

Первый раз я обратилась к Г.П. Грабовому 7 марта 2000 г. с просьбой об омоложении.

Второй раз я посетила Г.П. Грабового 25 июля 2000 г. с дочкой, которая подтвердила ему положительные результаты работы Грабового Г.П. с ней по ее профессиональной карьере.

Через две недели после этой встречи я делала УЗИ в санатории им.Фрунзе г. Сочи, результаты которого ошеломили меня: УЗИ подтверждало наличие матки размером 35 х 40 мм.

Я сообщила врачу, что матку вместе с шейкой у меня удалили 3 года назад и показала выписку операции и результат гистологии матки с шейкой матки и трубами.

Врач УЗИ пригласила врача-гинеколога и при осмотре она пальпировала наличие матки. Все эти удивительные результаты были обсуждены с Зам. Главного врача по медицинской части санатория им.Фрунзе г. Сочи доктором мед. наук Богачкиным М.В.

29 августа 2000 г. я сделала биорезонансную диагностику «Метапатия» органов малого таза.

Результаты диагностики:

отсутствие миомы, эндометриоза, кисты на стенке цервикального канала, отсутствие вирусных бактерий.

Диагностика зафиксировала наличие эндоцервицита (воспаление слизистой канала шейки матки).

Свидетелями вышеописанного были:

Я – Симакова Нина Васильевна, год рождения 1951

Зам. гл. врача по мед. части санатория им. Фрунзе г.Сочи, д.м.н.- Богачкин М.В.

Врач-диагност медицинского центра „Sunrider" (США) – к. биолог. наук. Богачкова О.П.

ANNEXE C

DOCUMENTS CONFIRMANT LES PREUVES DE LA PRÉVENTION DES ACCIDENTS PAR DES PRONOSTICS PRÉVENTIFS, PRONOSTICS PUBLIÉS ET CONFIRMÉS PAR DES ÉVÉNEMENTS POLITIQUES, ÉCONOMIQUES ET SOCIAUX

Министерство топлива и энергетики
Российской Федерации

Центральный штаб
военизированных горноспасательных частей угольной промышленности
(ЦШ ВГСЧ)

121019, г.Москва, ул.Новый Арбат,15.Приемная 202-31-93,опер.отдел 202-30-90,проф.отдел 202-03-76
Расчетный счет № 345075 в Электробанке, кор.счет № 161890 в РКЦ ГУ ЦБ РФ, МФО 201791

№ ЦШ-52 от 16.06.1995 г.

На №______________

ПРОТОКОЛ

экспериментальных проверок способности
ГРАБОВОГО Григория Петровича
экстрасенсорно определять аварии,
количество пострадавших живых людей и их местонахождение,
нарушения проветривания в шахтах по схеме

г.Москва, ул.Новый Арбат, д. 15, комната 933
Телефон: 202-12-74, 202-24-39
Центральный штаб военизированных
горноспасательных частей — 16 июня 1995 года
угольной промышленности России — 15 часов 00 минут
(ЦШ ВГСЧ УП РФ)

1. ЦЕЛЬ ЭКСПЕРИМЕНТА

Целью эксперимента являлось по договору с администрацией Президента Российской Федерации установить способность ГРАБОВОГО Григория Петровича, родившегося 14 ноября 1963 года в поселке Кировском Кировского района Чимкентской области Казахской ССР, имеющего свидетельство о рождении серии II-ОГ N 463794, экстрасенсорно определять места аварий, количество пострадавших живых людей и нарушения проветриваний в шахтах по схеме.

2. ЧИСТОТА ЭКСПЕРИМЕНТА

Чистота эксперимента заключалась в том, что:

2.1. Расположение штреков предоставлялось в строго экспериментальных условиях по схеме вентиляции таким образом, что до начала эксперимента никто не знал, какие схемы будут переданы для проведения ГРАБОВЫМ Г.П. экстрасенсорной диагностики шахт.

(Продолжение протокола проверки экстрасенсорных способностей ГРАБОВОГО Г.П. от 16 июня 1995 года 15 часов 00 минут г.Москва, ул. Новый Арбат, 15, комната 933 смотреть на странице 2)

Ministère des carburants et de l'énergie de la Fédération de Russie
Logo EMP UMSIC
État-major principal des unités militarisées de sauvetage dans l'industrie charbonnière.
(EMP UMSIC)
15, rue Novyi Arbat, Moscou 121019. Accueil 202-31-93, dép.opérationnel 202-30-90, dép. professionnel 202-03-76. Compte courant 345075 à Électrobanque, compte de correspondants 161890 à RKC GU CB de la Fédération de Russie, code MFO 201791
EM- 52 du 16.06.1995
PROCÈS-VERBAL
Vérifications expérimentales de la capacité de Grabovoï Grigori à localiser par voie extrasensorielle des accidents, le nombre de victimes et leur emplacement, des problèmes d'aération dans les mines en se basant sur le schéma de celle-ci.
15, rue Novyi Arbat, Moscou, bureau 933
Téléphone: 202-12-74, 202-24-39
État-major principal
des unités militarisées de sauvetage
de l'industrie charbonnière de Russie
le 16 juin 1995
(EMP UMSIC)
15 h 00
1. OBJECTIF DE L'EXPÉRIENCE
L'objectif de l'expérience consistait, selon un accord avec l'Administration du Président de la Fédération de Russie, d'établir la capacité de Grigori Grabovoï, né le 14 novembre 1963 à Kirovsky, quartier de Kirov, région de Tchimkent, Kazakhstan (acte de naissance série II – OG N° 463794), de détecter par voie extrasensorielle des accidents, le nombre de victimes et leur emplacement, des problèmes d'aération dans les mines selon le schéma.
2. CONDITIONS DE L'EXPÉRIENCE
Les conditions de l'expérience consistaient en ce qui suit :
2.1. L'emplacement des galeries a été fourni selon le schéma de ventilation, de sorte qu'avant le début de l'expérience personne ne sache quels schémas seront transmis à Grabovoï G. pour effectuer un diagnostic extrasensoriel des mines.
(Suite du procès-verbal de vérification des capacités extrasensorielles de Grabovoï G. du 16 juin 1995 15h00, 15, rue Novyi Arbat, Moscou, bureau 933 – voir sur la page 2)
Sceau rond de l'État-Major principal: Ministère des carburants et de l'énergie de la Fédération de Russie. État-major principal des unités militarisées de sauvetage de l'industrie charbonnière.

(Page 2 du procès-verbal de vérification des capacités extrasensorielles de Grabovoï G. du 16 juin 1995 15h00. 15, rue Novyi Arbat, Moscou, bureau 933)

2.2. Grabovoï G. par voie extrasensorielle indiquait immédiatement après avoir vu le schéma les endroits des pannes sur ceux-ci, définissait précisément le nombre de victimes et les endroits où ces gens se trouvaient, les anomalies d'aération sans perdre de temps pour poser des questions aux autres et sans connaître les coordonnées des galeries.

2.3. Les experts indépendants ont été mis au courant sur l'objectif de l'expérience (vérification de la capacité de Grabovoï G. d'effectuer un diagnostic extrasensoriel des mines) tout de suite après avoir fait la connaissance de Grabovoï G. Ils fixaient les tâches de façon spontanée. Des spécialistes très qualifiés et des chefs de l'État-major des unités militarisées de sauvetage faisaient partie des experts.

3. DONNÉES ET RÉSULTATS DE L'EXPÉRIENCE

3.1. Grabovoï G., par voie extrasensorielle et sans aucune information préalable, une seconde après avoir reçu le schéma d'aération de la mine Vorkoutinskaya, S.A. Vorkoutaougol, a réalisé :

3.1.1. Il a correctement localisé l'endroit du départ de l'incendie.

3.1.2. Il a correctement localisé l'endroit où se trouvaient deux personnes vivantes dans la galerie.

3.1.3. Il a correctement détecté les anomalies du système d'aération dans le secteur des secours.

3.2. Grabovoï G. a effectué un diagnostic extrasensoriel du schéma sans avoir d'information sur le lieu où la mine se trouvait, c'est-à-dire, à partir d'une simple feuille de papier.

3.3 Le schéma de la mine a été choisi par les experts au hasard, après qu'ils aient fait connaissance de Grabovoï G.

3.4. Grabovoï G. a donné des réponses correctes : il a détecté par voie extrasensorielle l'endroit du départ de l'incendie; le nombre des personnes vivantes et leur emplacement; il a localisé les anomalies d'aération. Par conséquent, dans les conditions de l'expérience pure il a été constaté, que Grabovoï G. diagnostique immédiatement par voie extrasensorielle en utilisant des schémas de mines.

(Suite du procès-verbal des vérifications des capacités extrasensorielles de Grabovoï G. du 16 juin 1995 15 h 00, 15, rue Novyi Arbat, Moscou, bureau 933 – voir sur la page 3)

Sceau rond de l'État-Major principal : Ministère des carburants et de l'énergie de la Fédération de Russie. État-major principal des unités militarisées de sauvetage de l'industrie charbonnière.

Страница 2 Протокола проверки экстрасенсорных способностей Грабового Г.П, от 16 июня 1995 года 15 часов 00 минут г.Москвы, ул. Новый Арбат, дом 15, комната 933 2

2.2. ГРАБОВОЙ Г.П. экстрасенсорно практически моментально после представления ему схемы правильно указывал места аварий на схемах, точно определял количество пострадавших живых людей и их местонахождение, правильно определял места нарушений проветривания без времени на вопросы и, не зная координат штреков на местности.

2.3. Независимые эксперты узнали о задаче проведения эксперимента по проверке способности ГРАБОВОГО Г.П. проводить экстрасенсорную диагностику шахт сразу после знакомства с ГРАБОВЫМ Г.П. и произвольным образом ставили задачи. В составе экспертной комиссии работали высококвалифицированные специалисты и руководящие работники Центрального штаба военизированных горноспасательных частей.

3. ДАННЫЕ И РЕЗУЛЬТАТЫ ЭКСПЕРИМЕНТА

3.1. ГРАБОВОЙ Г.П. экстрасенсорным способом без предоставления ему какой бы то ни было предварительной информации в течение одной секунды после того, как ему передали схему вентиляции шахты "Воркутинская" АО "Воркутауголь" правильно и точно по местонахождению объектов диагностирования выполнил следующее:

3.1.1. Правильно определил место возникновения пожара.

3.1.2. Правильно определил места нахождения двух пострадавших живых на вентиляционном штреке.

3.1.3. Правильно определил нарушения с проветриванием в аварийной лаве.

3.2. ГРАБОВОЙ Г.П. проводил экстрасенсорное диагностирование схемы, не имея информации о месте расположения шахты на местности, то есть просто с листа бумаги.

3.3 Схема шахты была выбрана членами экспертной комиссии произвольно, сразу после знакомства с ГРАБОВЫМ Г.П. и постановки задач эксперимента.

3.4. ГРАБОВОЙ Г.П. правильно ответил на поставленные перед ним задачи: экстрасенсорным способом определил место возникнове-

(Продолжение протокола проверки экстрасенсорных способностей ГРАБОВОГО Г.П. от 16 июня 1995 15 часов 00 минут г.Москва, ул. Новый Арбат, 15, комната 933 смотреть на странице 3)

(Page 3 du procès-verbal de vérification des capacités extrasensorielles de Grabovoï G. du 16 juin 1995 15 h 00, 15, rue Novyi Arbat, Moscou, bureau 933)

4. CONCLUSION

4.2. Grabovoï Grigori détecte immédiatement par voie extrasensorielle sur les schémas de mines et localise correctement les endroits du départ des incendies, le nombre des personnes dans les galeries et leur emplacement exact, les anomalies d'aération.

4.3. Nous considérons rationnel de collaborer avec Grabovoï G. dans le domaine des prévisions et des préventions des risques d'avaries, pour trouver et sauver les gens lors des accidents dans les mines.

Experts:

Ingénieur en chef par intérim (signature) . Kouznetsov

Ingénieur en chef par intérim (signature) . Zhoulouss

Sceau rond de l'État-Major principal : Ministère des carburants et de l'énergie de la Fédération de Russie. État-major principal des unités militarisées de sauvetage de l'industrie charbonnière.

ния пожара; количечество оставшихся в живых людей и их местонахождение; места нарушений с проветриванием. Таким образом, в условиях чистого эксперимента уставлено, что Г.П.ГРАБОВОЙ экстрасенсорным способом практически моментально правильно диагностирует по схеме шахт.

4. ВЫВОД

4.2. ГРАБОВОЙ Григорий Петрович экстрасенсорным способом по схеме шахт моментально диагностирует и правильно показывает на схеме места возникновения пожаров, количество и места нахождения живых людей в штреках, места нарушений проветривания.

4.3. Считаем целесообразным сотрудничество с Г.П.ГРАБОВЫМ в области прогнозирования и предупреждения аварийных ситуаций, нахождения и спасения людей из аварий на угольных предприятиях.

Члены экспертной комиссии:

Заместитель главного инженера
Центрального штаба ВГСЧ УП РФ ____________ А.Г.Кузнецов

Заместитель главного инженера
Центрального штаба ВГСЧ УП РФ ____________ А.П.Жолус

TÉMOIGNAGE

Sur le travail extrasensoriel de Grigori Grabovoï, né le 14 novembre 1963 à Kirovsky, quartier de Kirov, région de Tchimkent, Kazakhstan

(acte de naissance série II – OG N° 463794)

Lieu du témoignage : Saint-Pétersbourg, Russie

Date : 1996.07.04 Heure : 12 h 07

Kouzionov Serguey

Date et lieu de naissance : le 26 avril 1953 à Tachkent, Ouzbékistan

Nationalité : russe

Adresse, téléphone : app.8, 6 rue Kartachichine, Saint-Pétersbourg. Tél. : 108-65-67

Dénomination du document, série, numéro, authorité et date de délivrance :

Passeport VI- 652375, délivré le 13.07.79 par OVD Sigouldsky, RIK Rizshkiy, Lettonie

Lieu de travail, fonction, téléphones :

Conseiller dans la Cathédrale de la Sainte-Trinité du Régiment Izmailovsky, auprès du Diocèse de Saint-Pétersbourg,

J'ai connu Grigori Grabovoï le 3 janvier 1995 à Tachkent, la capitale d'Ouzbékistan. Lors de cette rencontre, il parlait de son voyage aux Philippines et de son point de vue de l'effet de ces îles sur nous. Mon ami, Poukemov Alexandre, rédacteur en chef du journal Tachkentskaya Pravda, y était également présent. C'est lui qui m'avait invité à cette rencontre, connaissant mon intérêt vis-à-vis des phénomènes de ce genre et de mes recherches dans les domaines d'OVNI et de parapsychologie. Lors de cette discussion j'ai posé à G. Grabovoï la question qui me préoccupait le plus à cette époque : « L'avenir, est-il écrit d'avance ou peut-on le modifier ? » Grigori a répondu immédiatement, qu'il venait de le modifier pour moi. C'était dit un peu comme par hasard et je n'ai pas prêté beaucoup d'attention à ces paroles.

Après cette rencontre, je suis allé en voiture VAZ-21011 (immatriculée 00-54 THY dans ma famille où j'habitais pendant mon séjour à Tachkent. Le lendemain matin, je devais prendre la même voiture pour aller à un rendez-vous d'affaires. Une fois sorti du garage, j'ai voulu tourner pour prendre la route. Je me suis étonné : en tournant le volant, j'ai remarqué que les roues ne tournaient pas. J'ai compris que la voiture était en panne, alors j'ai appelé pour reporter mon rendez-vous à plus tard et je me suis mis à chercher les causes de la panne.

Il s'est avéré qu'il y avait des crénelures au niveau de la jonction de l'arbre de direction et l'axe du réducteur à vis sans fin, le boulon avait été coupé en deux.

La suite du présent document est en annexe 1 à la première page.

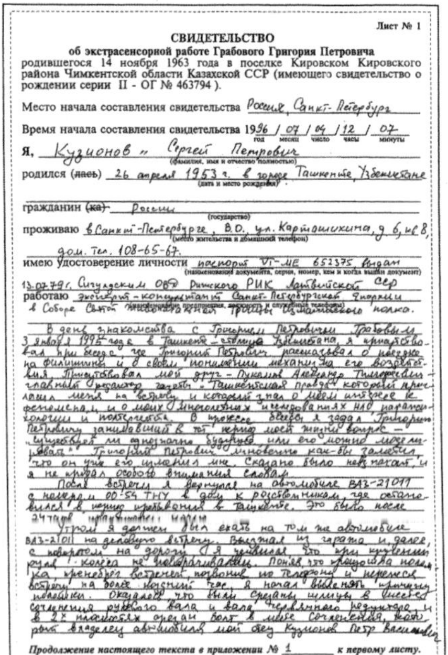

Лист № 1

СВИДЕТЕЛЬСТВО

об экстрасенсорной работе Грабового Григория Петровича

родившегося 14 ноября 1963 года в поселке Кировском Кировского района Чимкентской области Казахской ССР (имеющего свидетельство о рождении серии II - ОГ № 463794).

Место начала составления свидетельства Россия, Санкт-Петербург

Время начала составления свидетельства 1996 / 07 / 04 / 12 / 07 (год / месяц / число / часы / минуты)

Я, Кузионов Сергей Петрович (фамилия, имя и отчество полностью)

родился (~~ась~~) 26 апреля 1953 г. в городе Ташкенте, Узбекистане (дата и место рождения)

гражданин (~~ка~~) России (государство)

проживаю в Санкт-Петербурге, В.О., ул. Картошихина, д. 6, кв 8, дом. тел. 108-65-67. (место жительства и домашний телефон)

имею удостоверение личности паспорт VI-МЕ 652375, выдан 13.07.79 г. Сигулдским ОВД Рижского РИК Латвийской ССР (наименование документа, серия, номер, кем и когда выдан документ)

работаю эксперт-консультант Санкт-Петербургской Епархии в Соборе Святой Живоначальной Троицы Измайловского полка. (наименование предприятия, должность и служебные телефоны)

В день знакомства с Григорием Петровичем Грабовым 3 января 1995 года в Ташкенте – столице Узбекистана, я присутствовал при беседе, где Григорий Петрович рассказывал о поездке на Филиппины и о своем понимании механизма его воздействия. Присутствовал мой друг – Пукемов Александр Тимофеевич – главный редактор газеты „Ташкентская правда", который пригласил меня на встречу, и который знал о моем интересе к феноменам, и о моих многолетних исследованиях НЛО, парапсихологии и полтергейста. В процессе беседы я задал Григорию Петровичу занимавший в тот период моей жизни вопрос – „существует ли однозначно будущее, или его можно моделировать". Григорий Петрович мгновенно как-бы заметил, что он уже его изменил мне. Сказано было невзначай, и я не придал особого внимания словам.

После встречи я вернулся на автомобиле ВАЗ-21011 с номером 00-54 THY в дом к родственникам, где остановился в период пребывания в Ташкенте. Это было после 24 [illegible]

Утром я должен был ехать на том же автомобиле ВАЗ-21011 на деловую встречу. Выезжал из гаража и далее с поворотом на дорогу. Я удивился, что при кручении руля колеса не поворачивались. Поняв, что произошла поломка, пренебрёг встречей, позвонив по телефону и перенеся встречу на более поздний час. Я начал выяснять причину поломки. Оказалось, что были срезаны шлицы в месте сочленения рулевого вала и вала червячного редуктора, и в 2х плоскостях срезан болт в месте сочленения, который владелец автомобиля мой отец Кузионов Петр Василевич

Продолжение настоящего текста в приложении № 1 к первому листу.

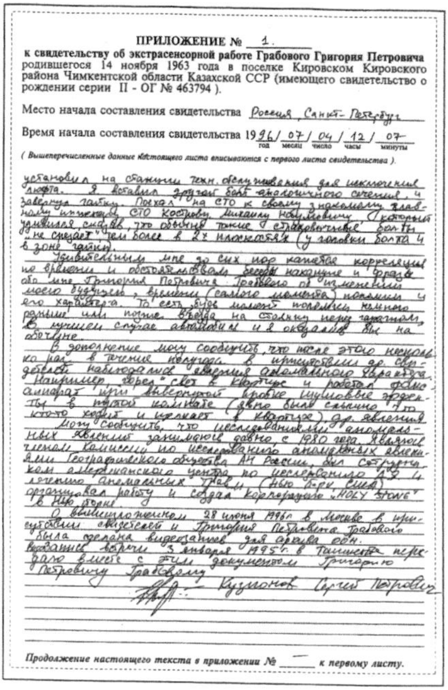
ПРИЛОЖЕНИЕ № 1.
к свидетельству об экстрасенсорной работе Грабового Григория Петровича родившегося 14 ноября 1963 года в поселке Кировском Кировского района Чимкентской области Казахской ССР (имеющего свидетельство о рождении серии II - ОГ № 463794).

Место начала составления свидетельства Россия, Санкт-Петербург

Время начала составления свидетельства 1996 / 07 / 04 / 12 / 07
год месяц число часы минуты

(Вышеперечисленные данные настоящего листа вписываются с первого листа свидетельства).

Продолжение настоящего текста в приложении № — к первому листу.

ANNEXE 1

Au témoignage sur le travail extrasensoriel de Grigori Grabovoï, né le 14 novembre 1963 à Kirovsky, quartier de Kirov, région de Tchimkent, Kazakhstan

(acte de naissance série II – OG N° 463794)

Lieu du témoignage: Saint Pétersbourg, Russie.

Date: 1996.07.04 Heure: 12 h 07

(Les données ci-dessus de la présente page sont inscrites à la première page du témoignage)

Mon père, Kouznetsov Piotr, le propriétaire de cette voiture a constaté cette panne dans le garage automobile. J'ai mis un autre boulon de section similaire. Puis je suis allé voir Kostrov Mikhaïl, ingénieur en chef dans un autre garage. Il était très étonné et a dit qu'en général, de tels boulons à vis ne pouvaient pas « être coupés », surtout en deux (au niveau de sa tête et dans la zone de l'écrou).

Je suis stupéfié des circonstances de la conversation de la veille avec Grabovoï, sur le changement de mon avenir, du moment et du caractère de la panne. Autrement dit, si la voiture était tombée en panne avant ou après l'entrée dans le parking en face du garage, dans le meilleur cas, je me serais retrouvé sur l'accotement.

En outre, après cela, j'ai observé plusieurs fois pendant six mois, en présence d'autres témoins, des phénomènes anormaux.

Par exemple, il y avait les lumières allumées dans l'appartement et un fax fonctionnait lorsque l'électricité avait été coupée, des effets sonores dans une pièce vide (on pouvait entendre quelqu'un marcher et faire du bruit) et d'autres phénomènes.

Par ailleurs, je fais des recherches sur des anomalies depuis 1980. Je suis un membre de la Commission sur l'étude des phénomènes paranormaux de la Société Géographique de l'Académie des Sciences de Russie. J'ai été membre du centre américain des recherches sur des phénomènes paranormaux et le traitement des traumatismes d'origine anormale (New York, USA). J'ai créé la société HOLY STONE à New York et organisé son travail.

Le 28 juin 1996 à Moscou, en présence de témoins et de Grigori Grabovoï, un enregistrement vidéo sur l'information présentée ci-dessus a été fait pour les archives de l'ONU.

La vidéo de la rencontre du 3 janvier 1995 à Tachkent a été transférée avec le présent document à Grigori Grabovoï.

(signature) Nom Kouzionov Serguey

Logo UZBEKISTAN airways Validé par :
Directeur Général de la compagnie nationale aérienne de la République d'Ouzbékistan
(Signature) Rafikov G.
Sceau rond d'État : compagnie nationale aérienne de la République d'Ouzbékistan.
PROCÈS-VERBAL N° 08/92
Tachkent le 02 juillet 1992
Vérifications expérimentales de la capacité de Grabovoï Grigori d'effectuer par voie extrasensorielle des pronostics de pannes, de défaillances ou d'anomalies dans les systèmes et les composants principaux des avions IL-62 et IL-86 pour la période de 30 jours.
Le comité est dirigé par : le Président Balakirev V.,
Pilote-inspecteur du bureau d'enquêtes auprès de l'Inspection Générale d'intervention et de contrôle d'État de l'aviation civile de la République d'Ouzbékistan
Membres-experts du comité :
1. Saoulkin V., responsable du centre d'information et de génie de la base aéronautique de la Compagnie Nationale aérienne de la République d'Ouzbékistan;
2. Nemtsov S., ingénieur du centre d'information et de génie de la base aéronautique de la Compagnie Nationale aérienne de la République d'Ouzbékistan;
3. Krivonossov V., responsable du département juridique de la Compagnie Nationale aérienne de la République d'Ouzbékistan,
Le présent comité, agissant en vertu du contrat N° 9 du 2 décembre 1991 entre la co-entreprise soviétique-américaine ASCON et la Direction de l'Aéronautique Civile d'Ouzbékistan, a organisé la vérification des capacités extrasensorielles de Grabovoï Grigori sur ce qui suit :
- des pronostics extrasensoriels de pannes, de défaillances ou d'anomalies dans les systèmes et les composants principaux des avions IL-62 et IL-86 pour la période de 30 jours.
Le comité a établi les résultats suivants :
CHAPITRE 1. Résultats de la vérification de l'expérience.
Le pronostic a été fait le 20 janvier 1992, avant le début de la période mentionnée et se trouvait par la suite chez les membres du comité.
(Signatures des membres-experts du comité)

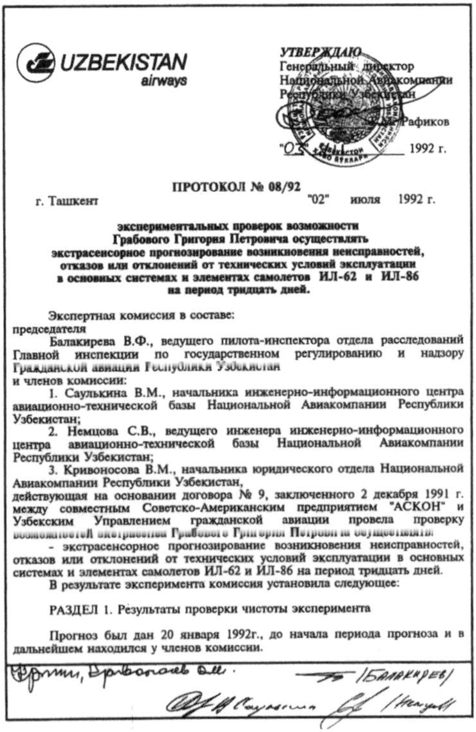

UZBEKISTAN airways

УТВЕРЖДАЮ
Генеральный директор
Национальной Авиакомпании
Республики Узбекистан
Рафиков
"03" ______ 1992 г.

ПРОТОКОЛ № 08/92

г. Ташкент "02" июля 1992 г.

экспериментальных проверок возможности
Грабового Григория Петровича осуществлять
экстрасенсорное прогнозирование возникновения неисправностей,
отказов или отклонений от технических условий эксплуатации
в основных системах и элементах самолетов ИЛ-62 и ИЛ-86
на период тридцать дней.

Экспертная комиссия в составе:
председателя
Балакирева В.Ф., ведущего пилота-инспектора отдела расследований Главной инспекции по государственном регулированию и надзору Гражданской авиации Республики Узбекистан
и членов комиссии:
1. Саулькина В.М., начальника инженерно-информационного центра авиационно-технической базы Национальной Авиакомпании Республики Узбекистан;
2. Немцова С.В., ведущего инженера инженерно-информационного центра авиационно-технической базы Национальной Авиакомпании Республики Узбекистан;
3. Кривоносова В.М., начальника юридического отдела Национальной Авиакомпании Республики Узбекистан,
действующая на основании договора № 9, заключенного 2 декабря 1991 г. между совместным Советско-Американским предприятием "АСКОН" и Узбекским Управлением гражданской авиации провела проверку возможностей экстрасенса Грабового Григория Петровича осуществлять
- экстрасенсорное прогнозирование возникновения неисправностей, отказов или отклонений от технических условий эксплуатации в основных системах и элементах самолетов ИЛ-62 и ИЛ-86 на период тридцать дней.
В результате эксперимента комиссия установила следующее:

РАЗДЕЛ 1. Результаты проверки чистоты эксперимента

Прогноз был дан 20 января 1992г., до начала периода прогноза и в дальнейшем находился у членов комиссии.

Лист №2 протокола № 08/92

Работу по прогнозированию экстрасенс Грабовой Г.П. проводил визуально на расстоянии 100-200 метров от самолетов.

Экстрасенс Грабовой Г.П. до начала работы не имел никакой информации о состоянии диагностируемых самолетов, не использовал никаких традиционных способов и приборов для диагностирования неисправностей, отказов или отклонений от технических условий эксплуатации в основных системах и элементах самолетов.

При выдаче прогноза, в связи с тем, что по инженерным системам, устранением дефектов занимались специалисты по электрооборудованию, сделано следующее допущение - к системам электроснабжения отнесены:

- светотехническое оборудование;
- противообледенительная система;
- противопожарная система.

РАЗДЕЛ 2. Данные и результаты эксперимента

В январе 1992 г. экстрасенсом Грабовым Г.П. в Ташкенской авиационно-технической базе проводилась экстрасенсорная работа по прогнозированию возникновения неисправностей по основным системам на самолетах ИЛ-62 и ИЛ-86.

Цель этой работы была в экстрасенсорном определении возможных в будущем неисправностей, которые будут угрожать безопасности полетов.

Экстрасенс Грабовой Г.П., провел экстрасенсорное прогнозирование неисправностей и отказов по основным системам самолетов ИЛ-86 на период с 20 января 1992 г. до 20 февраля 1992 г. и для самолетов ИЛ-62 на период с 24 января 1992 г. по 24 февраля 1992 г.

Данные экстрасенсорного прогнозирования Грабового Г.П. приведены в таблице № 1

Таблица № 1

Тип и бортовой номер самолета	Экстрасенсорная информация Грабового Г.П.	Подтверждающая запись в бортовом журнале самолета
ИЛ-86 № 86052	Снижение мощности 4-го двигателя не относящееся к неисправности. -Неисправности в бортовых средствах контроля и регистрации полетных данных. -Неисправность противообледенительной системы (ПОС).	- 27 января 1992 г. Попадание птицы в тракт 4-го двигателя. Помят воздухозаборник и кок. Двигатель № А86142028 снят с эксплуатации. - 21 января 1992г. После закрытия двери перед запуском двигателя загорелось табло "МСРП-МАРС" и лампочка отказа основного комплекта. - 30 января 1992г. Сильный шум и треск при прослушивании записи МАРС БМ. - 16 февраля 1992г. При включении ЭИ ПОС выбило автомат защиты (I). Аварийное восстановление ПОС не горит МС (I).

Tableau N° 1

Type et numéro d'immatriculation de l'avion	Information extrasensorielle de Grabovoï G.	Inscription dans le journal de bord de l'avion
Il-86 N° 86052	-Baisse de puissance du moteur 4. -Anomalies dans les éléments de contrôle de bord et d'enregistrement des données du vol. -Panne du système du dégivrage.	- le 27 janvier 1992. Impact d'un volatile dans le moteur № 4. Entrée d'air et cône endommagés. Moteur № A86142028 mis hors de service - le 21 janvier 1992. Après la fermeture des portes et avant le démarrage des moteurs le voyant lumineux « MSRP-MARS » s'est allumé ainsi que le témoin de défaillance du système principal. - le 30 janvier 1992. Bruit fort et crachotements lors de la mise en route de l'enregistrement MARS BM - le 16 février 1992. En démarrant le système du dégivrage, le disjoncteur a sauté (I). Remise en service du système du dégivrage. Le témoin MC ne s'allume pas (I).

Grabovoï G. a fait les pronostics à vue, à une distance de 100 à 200 m des avions. Avant de commencer, il n'avait aucune information sur l'état technique des avions, n'utilisait pas de moyens traditionnels ni d'appareils pour diagnostiquer des anomalies, des pannes, des défaillances dans les systèmes et les composants principaux des avions.
Les équipements faisant partie des systèmes de distribution d'électricité sont les suivants :
- équipements d'éclairage;
- système du dégivrage;
- système coupe-feu.
CHAPITRE 2. Données et résultats de l'expérience.
En janvier 1992, Grabovoï G. a accompli un travail extrasensoriel en pronostiquant des pannes dans les systèmes essentiels des avions Il-62 et Il-86 à la base aéronautique de Tachkent.
L'objectif de ce travail était de détecter des pannes possibles dans l'avenir qui pourraient menacer la sécurité des vols.
Grabovoï G. a fait les pronostics extrasensoriels des pannes, des défaillances ou d'anomalies dans les systèmes et les composants principaux des avions IL-86 pour la période du 20 janvier 1992 au 20 février 1992 , et des avions IL-62 pour la période du 24 janvier 1992 au 24 février 1992.
Les données des pronostics extrasensoriels de Grabovoï G. sont présentées dans le tableau N° 1.
Tableau N° 1
Type et numéro d'immatriculation de l'avion Information extrasensorielle de Grabovoï G.
Inscription dans le journal de bord de l'avion
Il-86 N° 86052 -Baisse de puissance du moteur 4.
-Anomalies dans les éléments de contrôle de bord et d'enregistrement des données du vol.
-Panne du système du dégivrage. - le 27 janvier 1992. Impact d'un volatile dans le moteur 4. Entrée d'air et cône endommagés. Moteur 86142028 mis hors de service
- le 21 janvier 1992. Après la fermeture des portes et avant le démarrage des moteurs le voyant lumineux « MSRP-MARS » s'est allumé ainsi que le témoin de défaillance du système principal.
- le 30 janvier 1992. Bruit fort et crachotements lors de la mise en route de l'enregistrement MARS BM
- le 16 février 1992. En démarrant le système du dégivrage, le disjoncteur a sauté (I). Remise en service du système du dégivrage. Le témoin ne s'allume pas (I).(Signatures des membres-experts du comité)

Page 3 du procès-verbal N° 08/92

Type et numéro d'immatriculation de l'avion — Information extrasensorielle de Grabovoï G. — Inscription dans le journal de bord de l'avion

IL-86 N° 86056 -Défaillances du système d'alimentation en électricité (équipements d'éclairage).

-Anomalies du matériel d'instrumentation.

-Anomalies du moteur et de ses composants.

- le 23 janvier 1992. Au démarrage des générateurs N° 2 et N° 3, le canal de maintien ne s'allume pas. Les paramètres des générateurs sont aux normes. Les générateurs sont connectés au réseau de bord 5 minutes après la sortie des moteurs N° 2 et N° 3 au mode du décollage.

- le 03 février 1992. Lors du contrôle la déconnexion in situ du générateur N° 4 ne fonctionne pas, le système mnémonique de signalisation ne s'allume pas. Le composant BZUCP376 est remplacé.

- le 09 février 1992. Après le décollage, l'arrêt et le rangement du train d'atterrissage la lanterne gauche à l'avant ne s'est pas éteinte.

- le 13 février 1992. L'indicateur lumineux d'appel «   » s'est allumé

- le 10 février 1992. Le nombre des tours du dispositif N° 1 est augmenté jusqu'à 240 tr/min. Le composant EP-664 est remplacé.

IL-86 N° 86072 -Défaillances du système d'alimentation en électricité.

-Anomalies du matériel d'instrumentation. - le 04 février 1992. Défaillance du générateur N° 1

- à l'atterrissage l'indicateur lumineux « Défaillance de la commande des ailerons ». Le composant VUP-4 est remplacé.

- le 27 janvier 1992. Impossible de rentrer la commande I du compensateur automatique. Le composant BRT-1 est remplacé.

IL-86 N° 86090 -Anomalies du moteur.

-Défaillances du système d'alimentation en électricité (équipements d'éclairage).

-Le tangage de l'avion ne correspond pas aux conditions techniques.

- le 30 janvier 1992. Augmentation de la pression d'huile à l'entrée du 2e moteur jusqu'à 5,3 kg/cm², dans l'appui central jusqu'à 1,7 kg/cm². Le moteur est mis hors service car il est soupçonné de détériorer le joint d'étanchéité du contact radial

- le 11 février 1992. Interruption du disjoncteur de puissance de l'éclairage de la cabine de pilotage. Tension 711I-3-393-16 U =.

- le 28 janvier 1992. L'indicateur lumineux « Pas de réserve de limitation de RV » et le témoin au niveau des indicateurs « hauteur » 1 sur le tableau de contrôle N° 41 s'allument. (Signatures des membres-experts du comité)

Лист №3 протокола № 08/92

Тип и бортовой номер самолета	Экстрасенсорная информация Грабового Г.П.	Подтверждающая запись в бортовом журнале самолета
ИЛ-86 № 86056	- Неисправности в системе электроснбжения (светотехническое оборудование). - Неисправности в приборном оборудовании. - Неисправности в двигателе и его агрегатах.	- 23 января 1992 г. При включении генераторов 2 и 3 не горит канал исправности. Параметры генераторов в норме. Генераторы подключаются в бортовую сеть через 5 минут после выхода двигателей 2 и 3 на взлетный режим. - 03 февраля 1992 г. При проверке не проходит встроенный контроль 4 генератора, не загорается мнемосигнализатор. Заменен БЗУСП376Т. - 09 февраля 1992 г. После взлета, выключения и уборки левая носовая фара не погасла. - 13 февраля 1992 г. Выпал бленкер "КС". - 10 февраля 1992 г. На взлетном режиме завышены обороты ПНД СУ №1 на 240 об/мин. Заменен ЭП-664.
ИЛ-86 № 86072	- Неисправности в системе электроснабжения. - Неисправности в приборном оборудовании.	- 04 февраля 1992 г. Отказ генератора № 1 - при снижении загорелось табло "Отказ ограничения элеронов". Заменен ВУП-4. - 27 января 1992 г. Не вводится отказ I п/к автотриммера. Заменен БРТ-1.
ИЛ-86 № 86090	- Неисправности в двигателе. - Неисправности в системе электроснабжения (светотехническое оборудование). [illegible] соответствует ТУ.	- 30 января 1992 г. Увеличение давления масла на входе 2-го двигателя до 5.3 кг/кв.см в средней опоре до 1.7 кг/кв.см. Двигатель снят с эксплуатации по подозрению в разрушении радиально-торцевого контактного уплотнения. - 11февраля 1992 г. Выбивает АЗС освещения кабины экипажа. Напряжение на шинах 711И-3-393-16 U= . [illegible] "Нет резерва ограничения РВ" с загоранием кнопки-лампы в ряду "высота" 1 п/к на ПУ -41.

/БАЛАКИРЕВ/

Лист №4 протокола № 08/92

Тип и бортовой номер самолета	Экстрасенсорная информация Грабового Г.П.	Подтверждающая запись в бортовом журнале самолета
Ил-62 № 86610.	-Неисправности в электроснабжении. - Неисправности в топливной системе и ее агрегатах. - Неисправности приборного оборудования.	- 29 января 1992 г. Не подключается на параллельную работу генератор 3 СУ. - 23февраля 1992 г. Не герметичен кран слива отстоя из бака № 3. - 19 февраля 1992 г. Занижены показания часового расхода. Колебания мгновенного расхода. Заменены БПСРЧ, БПСП2, ДРТМСIОТ, ИРТI-I.
ИЛ-62 № 86694	- Неисправности в электроснабжении. - Неисправности в двигателе.	- 01 февраля 1992 г. На предполетной подготовке обнаружено:"Не работает генератор № 4". Заменен ГТ4ОПЧ8. - 02 февраля 1992 г. Осредненные значения 2 и 3 двигателей превышают опорные более 4 ед. Выполнен бюл.784 БЭ.
ИЛ-62 № 86704	- Неисправности в топливной системе. - Неисправности в электроснабжении. - Неисправности в двигателе № 3 (нарушение структуры материала камеры сгорания). Дополнительно к этому прогнозу, экстрасенсом была дана информация о необходимости контроля экипажа за системой управения.	- 22 февраля 1992 г. Нет показаний топливомера бака № 3. Заменен датчик ДТ-27-26Т. - 10 февраля 1992 г. Не подключается на бортсеть генератор № 4. - 31 января 1992 г. Прогар соплового аппарата.Двигатель досрочно снят с эксплуатации. По дополнительному замечанию подтверждающими фактами стали проявившиеся 26 января 1992г. дефекты: "Не работают дублирующие каналы (КУРС, КРЕН, ВЫСОТА) системы автоматического управления". " Неправильные показания планок КПП при заходе в директорном режиме".

Во всех случаях экстрасенсорный прогноз Грабового Г.П. полностью подтвердился.

В результате рассмотрения данных комиссия делает выводы:

Page 4 du procès-verbal N° 08/92
Type et numéro d'immatriculation de l'avion Information extrasensorielle de Grabovoï G.
Inscription dans le journal de bord de l'avion.
Il-62 N° 86610 -Défaillances du système d'alimentation en électricité.
-Défaillances du circuit de carburant et de ses composants.
-Anomalies du matériel d'instrumentation.
- le 29 janvier 1992. Le générateur de réserve 3 ne se met pas en route.
- le 23 février 1992. Le robinet de vidange du réservoir 3 n'est pas étanche.
- le 19 février 1992. Indications basses pour le débit par heure. Basculements du débit instantané.
- Composants BPCRC, BPCP2, DR I , IRTI-I remplacés.
Il-62 N° 86694 -Défaillances du système d'alimentation en électricité.
-Anomalies du moteur. - le 01 février 1992. Lors de la préparation pour le vol, nous avons découvert que « Le générateur N° 4 ne marche pas ». Composant G 4 PC8 remplacé.
- le 02 février 1992. Les valeurs moyennes des moteurs N° 2 et N° 3 dépassent les valeurs de référence de plus que 4 unités. Opération 784BE accomplie.
Il-62 N° 86704 -Défaillances du circuit de carburant.
-Défaillances du système d'alimentation en électricité.
-Anomalies du moteur N° 3 (défaillance de la structure interne de la chambre de combustion.
G. Grabovoï a ajouté à ce pronostic l'information comme quoi il était nécessaire de contrôler la timonerie. -
le 22 février 1992. Manquent les indications du réservoir de carburant N° 3. Capteur D -27-26 remplacé.
- le 10 février 1992. Le générateur N° 4 ne se connecte pas au réseau de bord.
- le 31 janvier 1992. Brûlures du groupe de buse. Moteur mis hors de service.
- le 26 janvier 1992. Défaillance des canaux alternatifs (ROUTE, PENTE TRANSVERSALE, HAUTEUR) du système de gestion automatique. Indications incorrectes du H.S.I. au mode directionnel.
Tous les pronostics extrasensoriels de Grabovoï G. ont été confirmés.
Selon les résultats des données, le comité arrive aux conclusions suivantes :
(Signatures des membres-experts du comité)

Лист №5 протокола № 08/92

- из сравнения информации прогнозов с выписками из бортжурналов, следует, что вся экстрасенсорная информация Грабового Г.П., полученная в результате его работы по экстрасенсорному прогнозированию авиационных неисправностей на месяц вперед, полностью подтвердилась.

- возможности экстрасенса Грабового Григория Петровича считать соответствующими, нуждам Ташкентской авиационно-технической базы.

Комиссия рекомендует:

- привлечь экстрасенса Грабового Григория Петровича для проведения таких работ и в дальнейшем, для профилактики неисправностей, угрожающих безопасности полетов самолетов.

Председатель комиссии

Ведущий пилот-инспектор отдела расследований
Главной инспекции по государственном регулированию и надзору
Гражданской авиации Республики Узбекистан

_______/Балакирев В.Ф./

Члены комиссии

Начальник инженерно-информационного центра
Авиационно-технической базы Национальной Авиакомпании
Республики Узбекистан

_______/Саулькин В.М./

Ведущий инженер инженерно-информационного центра
Авиационно-технической базы Национальной Авиакомпании
Республики Узбекистан

_______/Немцов С.В./

Начальник юридического отдела
Национальной Авиакомпании Республики Узбекистан

_______/Кривоносов В.М./

(Page 5 du procès-verbal N° 08/92)
- Après avoir comparé les pronostics avec les extraits des journaux de bord, on peut conclure que toutes les informations extrasensorielles de Grabovoï G., reçues comme résultat de son travail sur les défaillances aéronautiques un mois à l'avance, ont été complètement confirmées.
- On peut considérer les capacités extrasensorielles de Grabovoï G. comme convenables aux besoins de la base aéronautique technique de Tachkent.
Le comité recommande :
- D'engager Grabovoï, Grigori à effectuer ultérieurement ce type de travail afin de prévenir des pannes menaçant la sécurité des vols des avions.
Président du comité.
Pilote-inspecteur du bureau d'enquêtes auprès de l'Inspection Générale d'intervention et de contrôle d'État de l'aviation civile de la République d'Ouzbékistan,
(signature) Balakirev V.
Membres-experts du comité :
Responsable du centre d'information et de génie de la base aéronautique de la Compagnie Nationale aérienne de la République d'Ouzbékistan,
(signature) Saoulkin V.
Ingénieur du centre d'information et de génie de la base aéronautique de la Compagnie Nationale aérienne de la République d'Ouzbékistan.
(signature) Nemtsov S.
Responsable du département juridique de la Compagnie Nationale aérienne de la République d'Ouzbékistan,
(signature) Krivonossov V.

PROCÈS-VERBAL

Vérifications expérimentales de la capacité de Grabovoï Grigori d'effectuer un diagnostic extrasensoriel des avions AN-12.

Fergana

le 18 mai 1994

Le comité des membres-experts dirigé par le président:

Ponomarev V., sous-chef de l'atelier N° 39, usine mécanique de Fergana

Membres-experts :

1. Zakayév N., représentant de la société ANTK Antonov à l'usine mécanique de Fergana;
2. Cherstnev ., chef du bureau de contrôle technique de l'atelier 39, usine mécanique de Fergana;
3. Vorobiev S., agent de maîtrise du groupe N° 01 de l'atelier N° 39, usine mécanique de Fergana.

Le présent comité, agissant en vertu du contrat N° 94/0105 du 05 janvier 1994, a organisé la vérification des capacités de Grabovoï, Grigori à effectuer un diagnostic extrasensoriel des avions AN-12 pour détecter des défaillances à distance, quand celles-ci ne peuvent être vues avec le canal visuel. Selon les conditions de l'expérience, Grabovoï G. fait le diagnostic pendant 2 à 3 secondes après avoir vu l'avion.

Le comité a établi les résultats suivants :

En 2 à 3 secondes Grabovoï G. a fait un diagnostic extrasensoriel à la distance de 20 à 25 m des avions :

- avion N-12, numéro d'immatriculation 1901, appartenant à la compagnie aérienne bulgare Air Sophia.
- l'avion avec le numéro d'immatriculation 1204, appartenant à la division aérienne de Perm, Fédération de Russie.

Ce diagnostic a été confirmé suite à l'examen des avions par le comité.

Chapitre 1. Résultats de la vérification de l'expérience :

1.1. Grabovoï G. n'utilisait aucun appareil et n'avait pas la possibilité de demander de l'information sur l'état de l'avion compte tenu d'un très court laps de temps.

1.2. Avant que le diagnostic soit fait par Grabovoï G., personne n'était au courant des défaillances qu'il a indiquées et qui ont été trouvées par la suite lors de l'examen par le comité. Par conséquent, des constats techniques ont été établis N° 39-20-194 et N° 39-20-193, où il est décrit l'examen de tout le fuselage et des ailes de l'avion N° 190. Mais les anomalies ont été trouvées seulement dans les endroits que Grabovoï G. a indiqués.

Chapitre 2. Données et résultats de l'expérience :

2.1. En 2 à 3 secondes Grabovoï G. a fait un diagnostic extrasensoriel à une distance de 20-25m de l'avion N-12 N° 1901 et a transmis immédiatement l'information suivante : « corrosion au niveau de la couple 62 ». On ne peut pas voir une corrosion à l'extérieur de l'avion. Huit jours plus tard, Miranets B., représentant de la société ANTK Antonov, et des ouvriers de l'atelier N° 39 de la raffinerie de Fergana ont trouvé la corrosion au niveau de la couple 62.

ПРОТОКОЛ
экспериментальных проверок возможности экстрасенса
Грабового Григория Петровича осуществлять
экстрасенсорную диагностику самолетов АН-12

г. Фергана 1994.05.18

Экспертная комиссия в составе:
председателя: заместителя начальника цеха N 39 Ферганского завода (ФМЗ) Пономорева В. А.
и членов комиссии:
1. Закаев Н. Ф., представитель АНТК имени "Антонова" на ФМЗ;
2. Шерстнев А. А., начальник бюро технического контроля цеха N 39 ФМЗ;
3. Воробьев С. В., мастер группы N 01 цеха N 39 ФМЗ,
назначенная на основании договора N 94/0105 от "05"января 1994 года провела проверку возможностей экстрасенса Грабового Григория Петровича по экстрасенсорному диагностированию самолетов АН-12. с нахождением дефектов самолетов на расстоянии, когда дефекты не видны физическим зрением. По условиям экспериментов Грабовой Г. П. диагностирует в течении 2-х, 3-х секунд с момента когда ему покажут самолет.

В результате эксперимента комиссия установила следующие основные данные:

В течении 2-х - 3-х секунд Грабовой Г. П. экстрасенсорно диагностировал на расстоянии 20-25 метров самолет АН-12 серийный номер 1904 принадлежаший болгарской авиакомпании "Эйр София" и самолет с серийным номером 1204 принадлежаший Пензенскому объединенному авиаотряду из Российской Федерации и получено полное подтверждение его диагностики в результате осмотров указанных самолетов комиссиями.

РАЗДЕЛ 1. Результаты проверки чистоты эксперимента:

1.1 Грабовой Г. П. не пользовался никакими средствами приборной диагностики и не имел возможности спросить о состоянии самолета в связи с ограниченностью времени для его диагностики.

1.2 До диагностики Грабового Г. П. никто не знал о тех дифектах, на которые он указал и которые потом были найдены в результате работы комиссии и оформлены техническими актами N 39-20-194 и N 39-20-193, где описано обследование всего фюзеляжа самолета N 1901 и все площади правого и левого СЧК. Но были найдены дефекты только там, где указал Грабовой Г. П.

РАЗДЕЛ 2. Данные и результаты эксперимента

2.1 Грабовой Г. П. экстрасенсорно диагностировал самолет АН-12 N 1901 в течении 2-х - 3-х секунд на расстоянии 20-25 метров от самолета и передал сразу свою экстрасенсорную информацию следующего содержания "Коррозия в районе 62-го шпангоута". Коррозия визуально вне самолета не видна. Через восемь дней представитель АНТКА имени "Антонова" г. Миранец Б. и рабочие цеха N 39 ФМЗ нашли коррозию в районе 62- го шпангоута в

Lors d'un examen du fuselage de l'avion 1901, ce qui est indiqué dans le constat N° 39-20-194 et ce qui a confirmé l'information extrasensorielle de Grabovoï G.

2.2. Grabovoï G. en 2 à 3 secondes a fait un diagnostic extrasensoriel de l'avion N-12 N° 1204 à une distance de 20 à 25 m et a immédiatement transmis une information sur des fissures à la surface des ailes droite et gauche. Cette information a été confirmée et le constat N° 39-20-193 a été établi.

Conclusions:

Grabovoï, Grigori (passeport III-OG N° 586058, délivré le 01.02.1980) effectue immédiatement des diagnostics extrasensoriels de quelque anomalie des avions que ce soit telles qu'on ne peut pas voir avec le canal visuel. Par conséquent, il possède des capacités de clairvoyant (possibilité de voir la structure interne du matériel ou de l'avion). Ses diagnostics sont très précis avec indication de l'endroit concret où se trouve une anomalie.

Considérer les capacités extrasensorielles de Grabovoï Grigori comme convenables aux besoins de l'aviation, là où il faut faire un diagnostic extrasensoriel des équipements.

Le comité recommande :

- d'engager Grabovoï Grigori à effectuer des diagnostics extrasensoriels des avions arrivant à l'usine mécanique de Fergana, afin de détecter des défaillances cachées menaçant la sécurité des vols des avions.

Président du comité :
Sous-chef de l'atelier N° 39
Usine mécanique de Fergana
(signature) Ponomarev V.
Sceau: atelier N° 39.

Membres-experts :
Représentant de la société ANTK Antonov.
À l'usine mécanique de Fergana.
(signature) Zakayév N.

Chef du bureau de contrôle technique de l'atelier N° 39
Usine mécanique de Fergana
(signature) Cherstnev .

Agent de maîtrise du groupe N° 01 de l'atelier N° 39.
Usine mécanique de Fergana.
(signature) Vorobiev S.

результате осмотра всего фюзеляжа самолета 1901. что оформлено техническим актом N 39-20-194 и что полностью подтвердило экстрасенсорную информациию Грабового Г. П.

2.2 Грабовой Г. П. в течении 2-х - 3-х секунд экстрасенсорно диагностировал самолет АН-12 N 1204 и сразу передал свою информацию о трещинах на правой и левой плоскостях СЧК. которая затем полностью подтвердилась и оформлен акт N 39-20-193.

В результате рассмотрения данных комиссия делает выводы:

Грабовой Григорий Петрович (паспорт серии III-ОГ N 586058, выданный 01.02.1980 года) экстрасенсорно диагностирует такие дефекты самолетов, которые не видны визуально, а следовательно он обладает ясновидением (возможностью видеть внутреннюю структуру материала или самолета). Он диагностирует фактически моментально и совершенно точно с конкретным указанием места расположения дефекта.

Возможности экстрасенса Грабового Григория Петровича считать соответствующими нуждам авиации и там , где требуется экстрасенсорная диагностика техники.

Комиссия рекомендует:

привлечь экстрасенса Грабового Григория Петровича для проведения работ по экстрасенсорному диагностированию самолетов поступающих на Ферганский механический завод в целях нахождения скрытых дефектов и для повышения безопастности полетов.

Председатель комиссии

заместитель начальника цеха N 39
Ферганского механического завода
ПДЕ ц. № 39
---------- Пономорев В. А.

Члены комиссии:

представитель АНТК имени "Антонова"
на Ферганской механическом заводе
---------- Закаев Н. Ф.

начальник бюро технического
контроля цеха N 39
Ферганского механического завода
---------- Шерстнев А. А.

мастер группы N 01 цеха N 39
Ферганского механического завода
---------- Воробьев С. В.

ТЕХНИЧЕСКИЙ АКТ № 39-20-193

Настоящий акт составлен комиссией в составе :
председатель комиссии:Пономарев В.А.,зам.начальника цеха,
члены комиссии: Пикуза А.А.-начальник ТБ,
Шерстнев А.А.-начальник БТК.
в том,что на изделии I204 произведен осмотр технического состояния СЧК прав.,лев.
I.Комиссия осмотрела СЧК прав.,лев. изделия I204.
2.Комиссией выявлено:
2.I. На верхних обшивках прав. СЧК обнаружены трещины
длиной I4мм в районе 2 нк м/у 7-8 стр.;
длиной I5 мм в районе 8 нк м/у 7-8 стр.
2.2. На верхних обшивках лев. СЧК обнаружены трещины
длиной I4 мм в районе 2 нк м/у 7-8 стр.;
длиной 20 мм в районе 8 нк и I лонжероном;
длиной I0мм и I2 мм в районе I0 нк и I лонжероном
длиной I5 мм в районе 7-8 нк и 2-3 стр.
длиной 20 мм в районе 2 нк, I лонжероном.
3.Заключение .
3.I. Прав.,лев. СЧК изделия I204 подлежит ремонту с установкой ремнакладок на верхних панелях .

Зам.начальника цеха 39: ПОНОМАРЕВ В.А.
Начальник БТК-39: [39 К 2] ШЕРСТНЕВ А.А.
Начальник ТБ-39: ПИКУЗА А.А.

CONSTAT TECHNIQUE N° 39-20-193
Etabli par :
Président du comité Ponomarev V., sous-chef de l'atelier N° 39
Membres-experts:
Pikouza . – chef de sécurité
Cherstnev . - chef du bureau de contrôle technique
Objectif : examen de l'état technique des ailes droite et gauche de l'avion 1204
1. Le comité a examiné les ailes droite et gauche de l'avion 1204.
2. Le comité a détecté :
2.1. Fissures sur les revêtements supérieurs de l'aile droite
d'une longueur de 14 mm au niveau 2 / 7-8;
d'une longueur de 15 mm au niveau 8 / 7-8.
2.2. Fissures sur les revêtements supérieurs de l'aile gauche
d'une longueur de 14 mm au niveau 2 / 7-8.
d'une longueur de 20 mm au niveau 8 et du longeron;
d'une longueur de 10 mm 12 mm au niveau 10 et du longeron;
d'une longueur de 15 mm au niveau 7-8 et 2-3;
d'une longueur de 20 mm au niveau 2 et du longeron.
3. Conclusion
3.1. À réparer les surfaces planes des ailes droite et gauche de l'avion 1204.
Sous-chef de l'telier N° 39: (signature) Ponomarev V.
Chef du bureau de contrôle technique N° 39: (signature) Cherstnev
Chef de sécurité 39: (signature) Pikouza .
Sceau: 39 k 2

ФАРҒОНА МЕХАНИКА ЗАВОДИ
712016 Фарғона шаҳар Герцен кўчаси,2
Телеграф коди—166136 (гроза)
Телефакс— 694 35
Телефон— 420 68, 414 12

ФЕРГАНСКИЙ МЕХАНИЧЕСКИЙ ЗАВОД
712016 г. Фергана ул. Герцена, 2
Телеграфный код — 166136 (гроза)
Телефакс — 694 35
Телефон — 420 68, 414 12

1994.11.18 № 1200

На № ____________ от ____________

С В И Д Ь Т Ь Л Ь С Т Б О

г.Фергана 1994г.II.18

Настоящее свидетельство удостоверяет,что Грабовой Григорий Петрович (имеющий паспорт серии Ш-ОГ № 586058 выданный 01.02.1980г. и удостоверение на экстрасенсорное диагностирование техники серии А № 018466 выданное 28.04.1994 года)действительно экстрасенсорно диагностирует самолеты со следующими результатами:

I.Точно указывает места расположения скрытых и определяемых только приборными методами дефектов самолетов находясь на большом расстоянии от самолетов.

2. Диагностирует практически моментально и сразу передает свою экстрасенсорную информацию.

Анализ результатов экстрасенсорных работ Грабового Г.П. показывает,что Грабовой Г.П. точно и с полным подтверждением диагностирует самолеты только через свое ясновидение,диагностирует фактически моментально с конкретным указанием агрегатов имеющих неисправности,коррозии,скрытые дефекты.

ДИРЕКТОР Ф М З: 22.11.94 ГУЛЯМОВ Д.Х.

ПРЕДСТАВИТЕЛЬ АНТК ИМЕНИ АНТОНОВА на Ф М З: ЗАКАЕВ Н.Ф.

ЗАМЕСТИТЕЛЬ НАЧАЛЬНИКА ЦЕХА 39 Ф М З: ПОНОМАРЕВ В.А.

НАЧАЛЬНИК БЮРО ТЕХНИЧЕСКОГО КОНТРОЛЯ ЦЕХА 39 ФМЗ: ШЕРСТНЕВ А.А.

МАСТЕР ГРУППЫ № 01 ЦЕХА 39 ФМЗ: ВОРОБЬЕВ С.В.

Фер. тип. зак. 1533—6000—92.

Logo USINE MÉCANIQUE DE FERGANA.
2, rue Herzen, Fergana 712016
Code télégraphique : 166136
Fax : 694 35
Téléphone : 420 68, 414 12
Le 18 novembre 1994
N° 1200
TÉMOIGNAGE
Fergana
18 novembre 1994

Le présent témoignage certifie que Grabovoï, Grigori (passeport – OG N° 586058, délivré le 01.02.1980; attestation du diagnostic extrasensoriel des équipements série N° 018466, délivrée le 28.04.1994) effectue des diagnostics extrasensoriels des avions avec les résultats suivants:

1. Il localise précisément des défaillances cachées, qui sont détectées généralement à l'aide d'instruments, à une certaine distance de l'avion.

2. Il fait les diagnostics immédiatement et transmet tout de suite son information extrasensorielle.

L'analyse des résultats du travail extrasensoriel de Grabovoï G. démontre, que Grabovoï G. effectue des diagnostics seulement par clairvoyance, immédiatement avec indication précise des équipements ayant des défaillances, des corrosions et des défauts cachés.

Directeur (signature) Gouliamov D.
Représentant de la société ANTK Antonov à l'usine mécanique de Fergana
(signature) Zakayév N.
Sous-chef de l'atelier N° 39 (signature) Ponomarev V
Chef du bureau de contrôle technique de l'atelier N° 39 (signature) Cherstnev .
Agent de maîtrise du groupe N° 01 de l'atelier N° 39 (signature) Vorobiev S.
Sceau rond d'État : Ministère de l'industrie aéronautique de l'URSS.
Usine mécanique de Fergana.
À TOUTE PERSONNE INTERÉSSÉE
Déclarant : Vérémey Boris

Adresse, téléphone : app.69, 54/56 rue Novoslobodskaya Moscou, tél. : 978 30 77

DÉCLARATION

De la reconnaissance de Grabovoï Grigori comme guérisseur et clairvoyant

Date et lieu de naissance : le 25 décembre 1935 à Micheronsky, arrondissement Catourskiy, région de Moscou.

Dénomination du document, série, numéro, autorité et date de délivrance : passeport XII-MU N° 619339, délivré par OM 14 de la ville de Moscou le 6 juin 1978.

Lieu de travail, fonction, téléphones : Zhoukovskaya LI et DB (Base aéronautique d'essais en vol), pilote d'essai.

Compte tenu du fait que je me suis adressé à Grabovoï, Grigori, né le 14 novembre 1963 à Kirovsky, quartier de Kirov, région de Tchimkent, Kazakhstan (acte de naissance série II – OG N° 463794), j'atteste que Grabovoï Grigori m'a transmis l'enregistrement magnétique de la conversation avec ma femme, Vérémey Inna, du 27 novembre 1996. Ce jour-là elle s'est adressée à Grabovoï au sujet du premier vol de l'avion TU-144LL dans lequel je devais participer le 29 novembre 1996. Ma femme était au courant du travail extrasensoriel de Grabovoï Grigori avec les équipements aéronautiques. Elle s'inquiétait à propos de ce vol de l'avion TU-144LL, elle a alors demandé le pronostic de cet événement imminent.

L'analyse extrasensorielle de l'état technique de l'avion TU-144LL avant son premier vol, ainsi que le pronostic des événements transmis au chef du bureau d'études Pouchov A. et aux pilotes de l'avion TU-144LL quelques jours avant son deuxième vol le 11 décembre 1996, ont été enregistrés sur la bande magnétique et confirmés par la suite sur plusieurs points.

Je vous prie de bien vouloir légaliser ma déclaration sur la base des documents certifiant mon identité et des preuves présentées ci-dessus.

(Signature) Vérémey B. le 18.12.1996

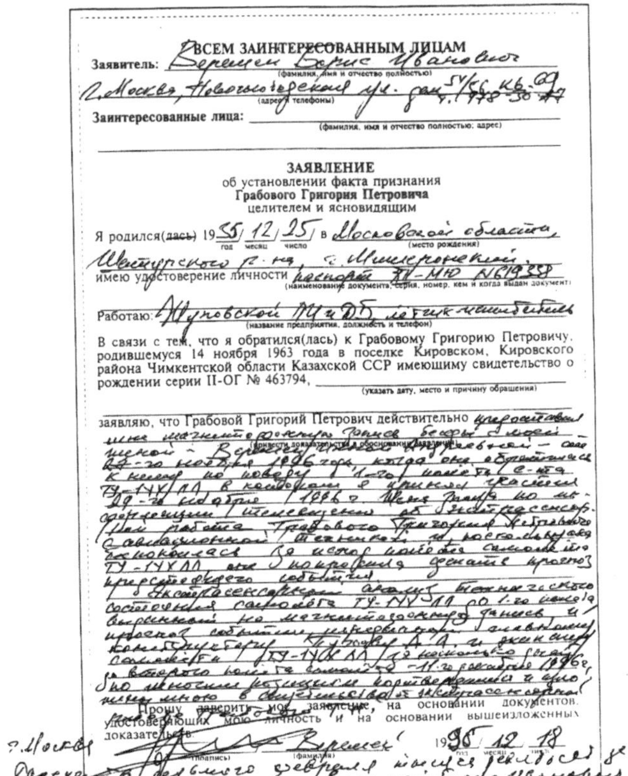

ВСЕМ ЗАИНТЕРЕСОВАННЫМ ЛИЦАМ

Заявитель: Веремей Борис Иванович
(фамилия, имя и отчество полностью)

г. Москва, Новослободская ул. дом 54/56 кв. 69 т. 978-30-77
(адрес и телефоны)

Заинтересованные лица:
(фамилия, имя и отчество полностью; адрес)

ЗАЯВЛЕНИЕ
об установлении факта признания
Грабового Григория Петровича
целителем и ясновидящим

Я родился(лась) 1935/12/25 в Московской области, Шатурского р-на, с. Мишеронский,
(год / месяц / число) (место рождения)

имею удостоверение личности паспорт XII-МЮ №619339
(наименование документа, серия, номер, кем и когда выдан документ)

Работаю: Жуковской ЛИ и ДБ, летчик-испытатель
(название предприятия, должность и телефон)

В связи с тем, что я обратился(лась) к Грабовому Григорию Петровичу, родившемуся 14 ноября 1963 года в поселке Кировском, Кировского района Чимкентской области Казахской ССР имеющему свидетельство о рождении серии II-ОГ № 463794,
(указать дату, место и причину обращения)

заявляю, что Грабовой Григорий Петрович действительно [illegible]
(привести доказательства и обоснования заявления)

Прошу заверить мое заявление, на основании документов, удостоверяющих мою личность и на основании вышеизложенных доказательств.

(подпись) Веремей (фамилия) 1996 12 18
(год / месяц / число)

г. Москва [illegible] Веремей Борис Иванович [illegible]

"27 ФЕВ 1997" 19__ г.
Я, Сте[illegible] А.И., нотариус г. Москвы
[illegible] подлинность подписи
гр. [illegible]
которая сделана в моем присутствии.
Личность подписавшего документ установлена.
Зарегистрировано в реестре за № 10-1358
Взыскано по тарифу 4175

Sceau de l'office notarial d'État : le 27 février 1997. Je soussignée, Stépanova A., notaire de la ville de Moscou, atteste l'authenticité de la signature de Vérémey, Boris, celle-ci apposée en ma présence. L'identité de la personne qui a signé le document a été établie.
Inscrit dans le registre sous le numéro 10-1358.
Payé selon le tarif appliqué : 4175 roubles.
Notaire (*Signature*) Stépanova A.
Sceau rond de l'État : ville de Moscou, notaire Stépanova A.

TÉMOIGNAGE

Sur le travail extrasensoriel de Grigori Grabovoï, né le 14 novembre 1963 à Kirovsky, quartier de Kirov, région de Tchimkent, Kazakhstan

(acte de naissance série II – OG N° 463794)

Date du témoignage: le 18 décembre 1996 13:00

Nom, prénom : Vérémey, Boris.

Date et lieu de naissance : le 25 décembre 1935 à Micheronsky, arrondissement Catourskiy, région de Moscou.

Adresse, téléphone : app. 69, 54/56 rue Novoslobodskaya Moscou, tél. : 978 30 77.

Dénomination du document, série, numéro, autorité et date de délivrance : passeport XII-MU N° 619339, délivré par OM 14 de la ville de Moscou le 6 juin 1978.

Lieu de travail, fonction, téléphones : Zhoukovskaya LI et DB (Base aéronautique d'essais en vol), pilote d'essai.

Je, soussigné, Vérémey, Boris atteste que Grabovoï, Grigori m'a transmis le 27 novembre 1996 l'enregistrement magnétique de la conversation avec ma femme, Vérémey Inna. Dans cet enregistrement, il a décrit au chef du bureau d'études Pouchov A. et aux pilotes de l'avion l'état technique de l'avion TU-144LL avant son premier vol le 29 novembre 1996, ainsi que le pronostic des événements quelques jours avant son deuxième vol le 11 décembre 1996.

L'analyse extrasensorielle de Grabovoï a été confirmée sur les points suivants :

1) Vibration de l'aile dès 1700 mètres à cause des températures de l'air extérieur au-dessus de zéro et décalage des limitations de l'aile selon la valeur = 0,4 à la hauteur inférieure à celle prévue dans la mission de vol (= 2000 m).

La suite du présent document est en annexe 1 à la première page.

(signature) Vérémey B.

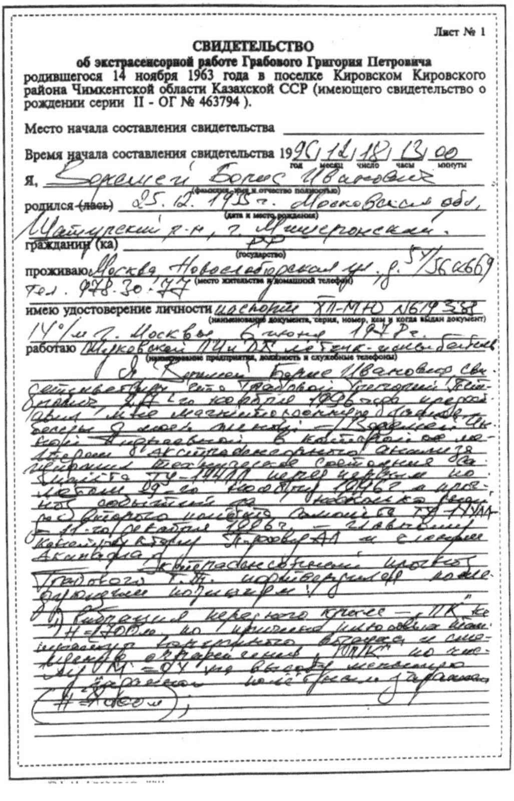

Лист № 1

СВИДЕТЕЛЬСТВО

об экстрасенсорной работе Грабового Григория Петровича родившегося 14 ноября 1963 года в поселке Кировском Кировского района Чимкентской области Казахской ССР (имеющего свидетельство о рождении серии II - ОГ № 463794).

Место начала составления свидетельства ____________

Время начала составления свидетельства 1996/12/18/13/00 (год, месяц, число, часы, минуты)

Я, ____________ (фамилия, имя и отчество полностью)

родился (лась) ____________ (дата и место рождения)

гражданин (ка) ____________ (государство)

проживаю ____________ (место жительства и домашний телефон)

имею удостоверение личности ____________ (наименование документа, серия, номер, кем и когда выдан документ)

работаю ____________ (наименование предприятия, должность и служебные телефоны)

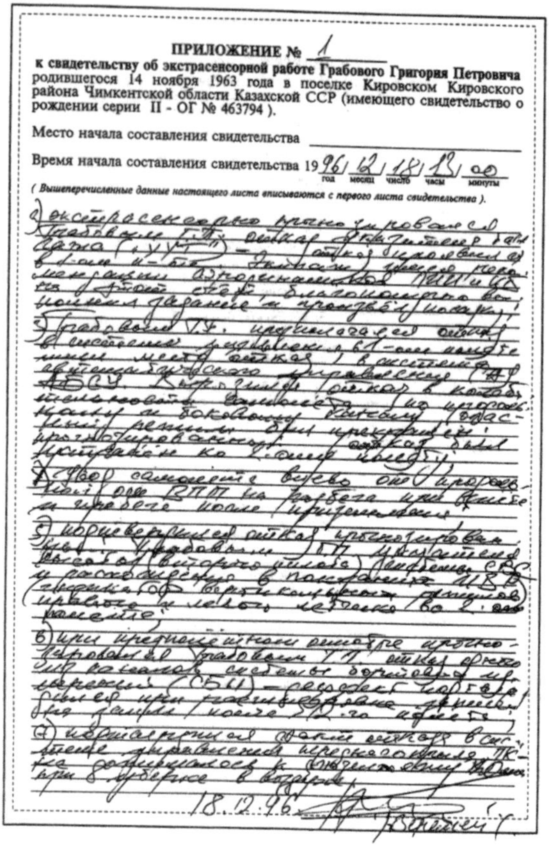

ПРИЛОЖЕНИЕ № 1

к свидетельству об экстрасенсорной работе Грабового Григория Петровича родившегося 14 ноября 1963 года в поселке Кировском Кировского района Чимкентской области Казахской ССР (имеющего свидетельство о рождении серии II - ОГ № 463794).

Место начала составления свидетельства ______

Время начала составления свидетельства 1996/12/18/13/00
год месяц число часы минуты

(Вышеперечисленные данные настоящего листа вписываются с первого листа свидетельства).

[illegible]

18.12.96 [illegible]

ANNEXE 1

Au témoignage sur le travail extrasensoriel de Grigori Grabovoï, né le 14 novembre 1963 à Kirovsky, quartier de Kirov, région de Tchimkent, Kazakhstan

(acte de naissance série II – OG N° 463794)

Date du témoignage : le 18 décembre 1996 13 h 00

2) Grabovoï a fait le pronostic d'une défaillance de l'indicateur d'incidence. Cette défaillance a eu lieu lors du premier vol. Les pilotes, avec les recommandations appropriées sur ce point, ont réussi la mission et effectué l'atterrissage;

3) Grabovoï a supposé une défaillance du système de contrôle. Lors du premier vol, une défaillance a eu lieu dans le système de contrôle automatique : panne du mode oscillatoire de l'avion au niveau des canaux longitudinal et latéral. Ce mode dangereux a été arrêté et la défaillance pronostiquée réparée avant le 2e vol.

4) Portance de l'avion à gauche de l'axe longitudinal de la piste de décollage lors le parcours à l'envol et à l'atterrissage;

5) Défaillance de l'indicateur de la hauteur (du 2e pilote) du système de contrôle automatisé du trafic aérien et des incohérences dans les indications de l'indicateur de vitesse verticale des pilotes gauche et droit durant le 2e vol,

6) Grabovoï a diagnostiqué la défaillance d'un des canaux du système de mesure. Celle-ci a été confirmée lors du déchiffrage de l'enregistrement sur terre après le 2e vol;

7) Panne du système de contrôle de l'aile à l'avant – elle ne parvenait pas au fuselage durant le relevage en air.

(signature) Vérémey B. le 18 12 1996

Centre de contrôle des vols spatiaux
4, rue Pionerskaya, Korolev, Région de Moscou 141070, Russie.
Le 30 septembre 1997 N° 77
Procès-verbal des prévisions de Grabovoï, Grigori sur l'accostage de la station orbitale spatiale Mir, Fédération de Russie, et la navette spatiale Atlantis, États-Unis, pour la période à compter du 27 septembre 1997.
Mission : faire un pronostic sur l'accostage de la station orbitale spatiale Mir, Fédération de Russie, et la navette spatiale Atlantis, États-Unis, à compter du 27 septembre 1997.
Lieu : Centre de contrôle des vols spatiaux de la Fédération de Russie.
Date : le 26 septembre 1997 à 13 heures 25 minutes.
Établi par : Blagov V.
Pronostic de Grabovoï G.
Point 1: L'accostage de la station orbitale spatiale Mir, Fédération de Russie, et la navette spatiale Atlantis, États-Unis, prévu à la fin de la journée du 27 septembre 1997, aura lieu.
Point 2: Juste avant l'accostage il y aura une déviation de l'axe.
Lieu et date de la réponse de Grabovoï G: Centre de contrôle des vols spatiaux, le 26 septembre 1997
Procédé d'obtention d'informations par Grabovoï G. : par clairvoyance
En réalité, l'accostage de la station orbitale spatiale Mir, Fédération de Russie, et la navette spatiale Atlantis, États-Unis, prévu à la fin de la journée du 27 septembre 1997, a eu lieu et juste avant celui-ci, une déviation de l'axe se produisit.
Conclusion : le pronostic de Grabovoï G. a été confirmé.
Grabovoï G., né le 14 novembre 1963, passeport III – OG N° 586058, délivré le 01 février 1980.
Responsable du Centre de contrôle des vols spatiaux :
Nom : Blagov.
Prénom : Victor
Fonction : Directeur adjoint des vols, tél. 187-13-44.
Signature : Blagov.
Sceau triangulaire : service du contrôle des vols.

Центр Управления Космическими Полетами

Россия , 141070 , Московская область , г. Королев , ул. Пионерская 4 .

1997 . 09 . 30 ИСХ. № 77

Протокол прогноза Грабового Григория Петровича по стыковке космического орбитального комплекса « Мир » РФ и космического корабля « Атлантис » США на период с 27 сентября 1997 г..

Постановка задания : Грабовой Г. П . составьте прогноз по стыковке космического орбитального комплекса « Мир » РФ и космического корабля « Атлантис » США на период стыковки с 27 сентября 1997г..
Место постановки задания: Центр Управления Космическими Полетами Российской Федерации (ЦУП) .
Время постановки задания : 26 сентября 1997 г . 13 часов 25 минут .
Задание составил Благов В. Д . .

Прогноз Грабового Г. П .: Пункт 1: Стыковка космического орбитального комплекса « Мир » РФ и космического корабля « Атлантис » США запланированная на исходе суток 27 сентября 1997 года осуществиться .
Пункт 2 : Непосредственно перед стыковкой будет отклонение от оси .
Место и время ответа Грабового Г. П .: ЦУП , 26 сентября 1997 г..
Метод получения информации Грабовым Г . П . : посредством своего ясновидения .

На практике , запланированная на исходе суток 27 сентября 1997 года стыковка космического орбитального комплекса « Мир » РФ и космического корабля « Атлантис » США осуществилась , и непосредственно перед стыковкой было отклонение от оси .
Вывод : Прогноз Грабового Г. П . подтвердился .
Данные Грабового Г. П . : 14 ноября 1963 года рождения , паспорт серии I I I - ОГ № 586058 , выдан 01 февраля 1980 года .

Ответственное должностное лицо ЦУПа : Фамилия : Благов
Имя : Виктор Отчество : Дмитриевич Должность и телефоны :
Зам. руководителя полета 187 13 44

Подпись : Фамилия : Благов

Centre de contrôle des vols spatiaux
4, rue Pionerskaya, Korolev, Région de Moscou 141070, Russie.
Le 06 octobre 1997 N° 120
Procès-verbal des prévisions de Grabovoï Grigori sur le fonctionnement de l'ordinateur de bord de la station orbitale spatiale Mir.
Mission : faire un pronostic sur le fonctionnement de l'ordinateur de bord de la station orbitale spatiale Mir, Fédération de Russie, le 26 septembre 1997.
Lieu : Centre de contrôle des vols spatiaux de la Fédération de Russie.
Date : le 26 septembre 1997 à 13 heures 27 minutes.
Établi par : Blagov V.
Pronostic de Grabovoï G. : l'ordinateur de bord de la station orbitale spatiale Mir, Fédération de Russie, fonctionnera pendant cinq jours à partir du 26 septembre 1997.
Lieu et date de la réponse de Grabovoï G: Centre de contrôle des vols spatiaux, le 26 septembre 1997.
Procédé d'obtention d'informations par Grabovoï G. : par clairvoyance.
En réalité, à partir du 26 septembre 1997, l'ordinateur de bord de la station orbitale spatiale Mir, Fédération de Russie, a fonctionné pendant cinq jours et a été remplacé par la suite.
Conclusion : le pronostic de Grabovoï G. a été confirmé.
Grabovoï G., né le 14 novembre 1963, passeport III – OG N° 586058, délivré le 01 février 1980.
Responsable du Centre de contrôle des vols spatiaux:
Nom : Blagov
Prénom : Victor
Fonction : Directeur adjoint des vols, tél. 187-13-44.
Signature : Blagov
Sceau triangulaire : service du contrôle des vols.

Центр Управления Космическими Полетами

Россия , 141070 , Московская область , г. Королев , ул. Пионерская 4 .

1997.10.06 исх. № 120

Протокол прогноза Грабового Григория Петровича по работе бортового компьютера космического орбитального комплекса « Мир » .

Постановка задания : Грабовой Г. П . составьте прогноз по работе бортового компьютера космического орбитального комплекса « Мир » РФ с 26 сентября 1997г..
Место постановки задания: Центр Управления Космическими Полетами Российской Федерации (ЦУП) .
Время постановки задания : 26 сентября 1997 г . 13 часов 27 минут .
Задание составил Благов В. Д . .

Прогноз Грабового Г. П .: Бортовой компьютер космического орбитального комплекса « Мир » РФ с 26 сентября 1997 года будет работать пять дней .
Место и время ответа Грабового Г. П .: ЦУП , 26 сентября 1997 г..
Метод получения информации Грабовым Г . П . : посредством своего ясновидения .

На практике , с 26 сентября 1997 года , бортовой компьютер космического орбитального комплекса « Мир » РФ работал пять дней , а затем был заменен .
Вывод : Прогноз Грабового Г. П . подтвердился .
Данные Грабового Г. П . : 14 ноября 1963 года рождения , паспорт серии I I I - ОГ № 586058 , выдан 01 февраля 1980 года .

Ответственное должностное лицо ЦУПа : Фамилия : Благов
Имя : Виктор Отчество : Дмитриевич . Должность и телефоны :
Зам. руководителя полета 187 13 44

Подпись : [signature] / Фамилия : Благов /

СЛУЖБА УПРАВЛЕНИЯ ПОЛЕТОМ

Центр Управления Космическими Полетами

Россия, 141070, Московская область, г. Королев, ул. Пионерская 4.

1997-09-30 исх. № 78

Протокол диагностики двигателей космического корабля « Атлантис » США проведенной Грабовым Григорием Петровичем за несколько секунд после формулировки задания по телефону.

Постановка задания : Грабовой Г. П. проведите диагностику двигателей космического корабля « Атлантис ».

Место и способ передачи задания: Из Центра Управления Космическими Полетами Российской Федерации (ЦУП) вопрос был сформулирован по телефону. Грабовой Г. П. диагностировал двигатели передвигаясь с мобильным телефоном по улице Новый Арбат г. Москва.

Время постановки задания : 29 сентября 1997 г. 12 часов 20 минут.

Задание составил Благов В. Д..

Диагностика Грабового Г. П .: Изменены параметры нижнего двигателя космического корабля « Атлантис » США.

Место, способ и время ответа Грабового Г. П .: г. Москва, ул. Новый Арбат, по мобильному телефону, моментально после получения задания, 29 сентября 1997 г..

Метод получения информации Грабовым Г. П. : посредством своего ясновидения.

На практике, действительно были изменены параметры нижнего двигателя космического корабля « Атлантис » США.

Вывод : Диагностика Грабового Г. П. подтвердилась.

Данные Грабового Г. П. : 14 ноября 1963 года рождения, паспорт серии III - ОГ № 586058, выдан 01 февраля 1980 года.

Ответственное должностное лицо ЦУПа : Фамилия : Благов
Имя : Виктор Отчество : Дмитриевич. Должность и телефоны :
зам. руководителя полета 187 13 44

Подпись : ВБлагов Фамилия : Благов

Centre de contrôle des vols spatiaux
4, rue Pionerskaya, Korolev, Région de Moscou 141070, Russie.
Le 30 septembre 1997 N° 78
Procès-verbal du diagnostic des moteurs de la navette spatiale Atlantis, États-Unis, effectué par Grabovoï Grigori en quelques secondes suite à la présentation de la mission par téléphone.
Mission : diagnostic des moteurs de la navette spatiale Atlantis.
Lieu : La mission a été transmise du Centre de contrôle des vols spatiaux de la Fédération de Russie, par téléphone. Grabovoï G. a fait le diagnostic des moteurs en se déplaçant avec son téléphone portable dans la rue Novyi Arbat à Moscou.
Date : le 29 septembre 1997 à 12 heures 20 minutes.
Etabli par : Blagov V.
Diagnostic de Grabovoï G. : changement des paramètres du moteur inférieur de la navette spatiale Atlantis, USA.
Lieu et date de la réponse de Grabovoï G: rue Novyi Arbat à Moscou, par téléphone, immédiatement après la réception de l'ordre de mission, le 29 septembre 1997.
Procédé d'obtention d'informations par Grabovoï G. : par clairvoyance.
En réalité, les paramètres du moteur inférieur de la navette spatiale Atlantis, USA, ont été changés.
Conclusion : le pronostic de Grabovoï G. a été confirmé.
Grabovoï G., né le 14 novembre 1963, passeport III – OG N° 586058, délivré le 01 février 1980.
Responsable du Centre de contrôle des vols spatiaux :
Nom : Blagov
Prénom : Victor
Fonction : Directeur adjoint des vols, tél. 187-13-44.
Signature : Blagov
Sceau triangulaire : service du contrôle des vols.

PRONOSTICS DE GRIGORI GRABOVOÏ, ACADÉMICIEN AUPRÈS DE L'ACADÉMIE DES SCIENCES DE RUSSIE, PUBLIÉS ET CONFIRMÉS PAR DES ÉVÈNEMENTS POLITIQUES, ÉCONOMIQUES ET SOCIAUX.

1. Pronostic de Grigori Grabovoï de la situation du Président de la Fédération de Russie, Boris Eltsine :
Le processus principal est reporté à mars 2000. Eltsine proposera sa candidature aux nouvelles élections. En décembre, les médias feront courir des bruits comme quoi il enverra sa démission avant les élections présidentielles. Un homme gouvernera à sa place (il est interdit de donner son nom pour le moment), et redeviendra automatiquement président lors les prochaines élections. Comme le garant du passage, il conviendra aux parties politiques principales et au gouvernement présent. Il n'y aura pas de confrontations ni d'excès particuliers.
Confirmation du pronostic : tous les médias.
Ce pronostic fut publié dans les journaux suivants :
- *Moniteur du passager* (supplément mensuel au journal *Cheminot de Moscou*) N° 1, juillet 1999, bouclage le 7 juillet 1999, diffusion 20000 exemplaires (Enregistré dans le Comité d'État de la presse de la Fédération de Russie sous le N° 019038 du 1er juillet 1999). Article : *« La fin du monde est annulée »*.
- *Votre conseiller à domicile* N° 13 (33), juillet 1999, bouclage le 1er juillet 1999, diffusion 28000 exemplaires (Le journal est enregistré dans le Comité d'État de la presse de la Fédération de Russie sous le 015900 du 26 mars 1997). Article : *« La fin du monde est annulée »*.

2. Pronostic de Grigori Grabovoï sur les événements en Yougoslavie :
En août 1999, une solution internationale sera prise pour contrôler les territoires. Une petite partie sera contrôlée par la Russie, et la plupart des territoires – par les pays de l'OTAN.
Confirmation du pronostic : tous les médias.
Ce pronostic fut publié dans les journaux suivants :
- *Moniteur du passager* (supplément mensuel au journal Cheminot de Moscou) N° 1, juillet 1999, bouclage le 7 juillet 1999, diffusion 20000 exemplaires (Enregistré auprès du Comité d'État de la presse de la Fédération de Russie sous le N° 019038 du 1er juillet 1999). Article : *« La fin du monde est annulée »*.
- *Votre conseiller à domicile* N° 13 (33), juillet 1999, bouclage le 1er juillet 1999, diffusion 28000 exemplaires (Le journal est enregistré auprès du Comité d'État de la presse de la Fédération de Russie sous le N° 015900 du 26 mars 1997). Article : *« La fin du monde est annulée »*.

3. Pronostic de Grigori Grabovoï sur le développement financier et économique de la Russie :
À partir d'octobre 1999, dans les relations macroéconomiques commencera la stabilisation du rouble par rapport non seulement au dollar américain, mais à tout le « panier » de devises. Cela amènera à la normalisation de la vie économique.
Confirmation du pronostic :
Chaînes centrales de télévision ;
Ce pronostic fut publié dans les journaux suivants :
- *Verste*, le 21 septembre 2000 (Le journal est enregistré auprès du Ministère de la presse et de l'information de la Fédération de Russie sous le N° 14418). Article *« En croisière avec le panier »* avec la déclaration du vice-premier ministre Koudrine A. au forum économique du lac Baïkal que le temps est venu « d'attacher » le rouble non seulement au dollar, mais au « panier » entier de devises.
- *Moniteur du passager* (supplément mensuel au journal *Cheminot de Moscou*) N° 1, juillet 1999, bouclage le 7 juillet 1999, diffusion 20000 exemplaires (Enregistré auprès du Comité d'État de la presse de la Fédération de Russie sous le N° 019038 du 1er juillet 1999). Article : *« La fin du monde est annulée »*.
- *Votre conseiller à domicile* N° 13 (33), juillet 1999, bouclage le 1er juillet 1999, diffusion 28000 exemplaires (Le journal est enregistré auprès du Comité d'État de la presse de la Fédération de Russie sous le N° 015900 du 26 mars 1997). Article *« La fin du monde est annulée »*.

4. Pronostic de Grigori Grabovoï sur la nouvelle équipe présidentielle, sa capacité à effectuer de nouvelles tâches, sur des changements futurs dans la structure gouvernementale de la Russie :
En juin 1999, le pays a besoin de ce gouvernement et du premier ministre Sergueï Stépachine afin de stabiliser la situation entre le Président, la Douma et d'autres structures. Sergueï Stépachine agira comme harmonisateur et on aura besoin de lui comme idéologue. La Russie va changer structurellement le système de sa gouvernance et ses objectifs stratégiques.
Le régime présidentiel, bien sûr, a donné beaucoup de moments positifs dans la transition du pays, mais compte tenu du potentiel futur de croissance en Russie, il sera nécessaire de modifier les relations structurelles entre les éléments du gouvernement et celles qui réalisent ses décisions (organes exécutifs). Nous avons besoin d'une structure pour une gestion qui sera en mesure de réaliser le potentiel économique de façon beaucoup plus large, et pas d'un dixième (1/10) comme aujourd'hui. Sur cette base, le lien entre le régime présidentiel, les décisions de la Douma et les plans régionaux sera créé. Dans les entreprises et les unités administratives seront mises en place des départements appropriés assurant le développement structuré.
Confirmation du pronostic :
Tous les médias parlent des changements dans les liens structurels entre le gouvernement et la réalisation de ses décisions sur la base de la création du réseau des sept arrondissements fédéraux, selon le décret du Président de la Fédération de Russie V. Poutine en mai 2000;
Confirmation du pronostic sur la création des départements appropriés assurant le développement structuré dans les entreprises et les unités administratives : par exemple, le Ministère des Chemins de fer (selon le journal Goudok du 30 Septembre 2000, dans l'article « Efficacité de la station terminale des réformes ») a créé de tels arrondissements sur les chemins de fer.

Ce pronostic fut publié dans les journaux suivants :
- *Moniteur du passager* (supplément mensuel au journal *Cheminot de Moscou*) N° 1, juillet 1999, bouclage le 7 juillet 1999, diffusion 20000 exemplaires (Enregistré auprès du Comité d'État de la presse de la Fédération de Russie sous le N° 019038 du 1er juillet 1999). Article : *« La fin du monde est annulée »*.
- *Votre conseiller à domicile* N° 13 (33), juillet 1999, bouclage le 1er juillet 1999, diffusion 28000 exemplaires (Le journal est enregistré auprès du Comité d'État de la presse de la Fédération de Russie sous le N° 015900 du 26 mars 1997). Article : *« La fin du monde est annulée »*.

5. Pronostic de Grigori Grabovoï sur l'augmentation de la stabilité du développement financier de la Russie par réservation des actifs en devises et dépôts de garantie pour les zones régionales :

La partie la plus importante de la stabilité de l'État sur la base de l'étalon-or sera la réserve de devises dans chaque partie autonome du budget pour les régions. Cela ne ressemblera pas à un jeu confédéral entre les gouverneurs, au contraire, la stratégie vise à accroître la durabilité des sujets fédéraux, dont le but final est d'améliorer la stabilité financière de la Russie. Chaque région doit être équilibrée dans le cadre précis d'un plan financier global pour le pays et pour cette raison il y aura besoin de stocker des réserves d'or dans chaque région.

Confirmation du pronostic :

- Diffusion sur toutes les chaînes de télévision du message sur l'introduction de réserve en or en région de Krasnoyarsk en septembre 2000.
- Ce pronostic fut publié dans le premier numéro du journal Option du développement, bouclage le 16 mars 2000, diffusion 10000 exemplaires.

6. Pronostic de Grigori Grabovoï sur la maintenance du rythme de la croissance économique en Russie :

Afin d'éviter une désorganisation de système, les activités principales des industries viseront à renforcer les principes de l'autofinancement de l'économie de la Russie. Le retour de ce concept après toutes les privatisations sera lié au ré-escompte des dettes dans le cadre des réserves en or, et pas seulement au poste budgétaire de la région ou de la ville.

C'est l'accumulation de réserves en or qui sera en mesure d'aider à traverser la crise et à assurer la grandeur de la Russie sur le marché mondial. Nombreux seront ceux qui blâmeront nos développeurs d'une telle stratégie dans une thésaurisation excessive. Toutefois, la conservation de la nouvelle direction aidera de nombreuses industries à l'avenir. Ainsi, il n'y aura plus de régression dans l'industrie, le niveau de sa croissance demeurera à peu près le même que celui d'aujourd'hui.

Confirmation du pronostic :

- Toutes les chaînes de télévision et la presse centrale confirmèrent le même niveau du taux de croissance économique en Russie pour la période écoulée.
- Ce pronostic fut publié dans le premier numéro du journal *Option du développement*, bouclage le 16 mars 2000, diffusion 10000 exemplaires.

7. Pronostic de Grigori Grabovoï sur Moscou pour 2000 :

Durant l'année 2000, des effondrements dans les rues et sous les immeubles pourront avoir lieu au sud-ouest, dans les banlieues. Il n'y aura pas de problèmes pour les secours.

Confirmation du pronostic :

- Information de la part du Président du centre des recherches souterraines, V. Michaïlov : « Dans la zone sud-ouest de Moscou, à proximité des bâtiments de la MGIMO, nous avons découvert des craquelures au sol. Au niveau de la rivière Ramenka, à côté de la station service, il y a des fissures et affaissements de la surface de la terre, affectant la solidité des structures. En conséquence, de nombreux réservoirs souterrains sont descendus plus bas et ont eu une forme ellipsoïdale ».
- Ce pronostic fut publié dans le premier numéro du journal *Option du développement*, bouclage le 16 mars 2000, diffusion 10000 exemplaires.

8. Pronostic de Grigori Grabovoï sur les prix du pétrole en Russie :

Les prix du pétrole en Russie. Ils seront liés au changement de gouvernement, du cabinet des ministres et du premier ministre. Les prix à l'importation de produits pétroliers vont augmenter. Les prix « de vente » à l'exportation augmenteront également. Ils peuvent atteindre un maximum en août et en comparant avec ceux de mars, augmenter de 10 %.

Confirmation du pronostic :

- Tous les médias.
- Ce pronostic fut publié dans le premier numéro du journal *Option du développement*, bouclage le 16 mars 2000, diffusion 10000 exemplaires.

9. Pronostic de Grigori Grabovoï sur les produits alimentaires :

Il n'y aura pas de problèmes particuliers liés aux produits alimentaires, à part un scandale concernant les livraisons de la viande.

Confirmation du pronostic :

- Tous les médias. Ce scandale avec les livraisons de la viande fut confirmé par un refus d'acheter la viande en France à cause du virus « vache folle ».
- Ce pronostic fut publié dans le premier numéro du journal *Option du développement*, bouclage le 16 mars 2000, diffusion 10000 exemplaires.

10. Pronostic de Grigori Grabovoï sur la situation militaire en Tchétchénie :

La plupart des opérations militaires en Tchétchénie finiront vers août 2000. Puis il y aura un ensemble de décisions politiques à prendre. Ce ne sera pas facile pour les résidents de la Tchétchénie de faire leur choix, à savoir s'ils restent ou non au sein de la Russie. Mais avant cela, les autorités fédérales effectueront une campagne de propagande active, car les idéaux visant l'autonomie se manifesteront à ce moment, de nouveau sous la pression des organisations internationales. Ces idéaux seront adoptés par des Tchétchènes.

Confirmation du pronostic :
- Tous les médias.
- Ce pronostic fut publié dans le journal *Option du développement*, N° 1, bouclage le 07 avril 2000, diffusion 10000 exemplaires. Ce journal est enregistré auprès du Ministère de la presse, de la télévision et des médias de la Russie sous le numéro PI N° 77-1859.

11. Pronostic de Grigori Grabovoï sur l'énergie de plutonium :

Les Américains ont abandonné l'idée d'utiliser l'énergie de plutonium, mais le Ministère de l'énergie atomique de la Russie insiste sur sa conception et même planifie d'impliquer des réacteurs nucléaires au plutonium. Mais il ne s'agit pas seulement du début de « l'ère sale ». Des scientifiques russes ont découvert le phénomène d'excitation par l'intermédiaire des réactions du plutonium (transfert de masse volumique) à des milliers kilomètres de la surface de la Terre. Cela perturbe non seulement la stabilité de l'équilibre global de la Terre, mais aussi commence à impliquer des perturbations cosmiques peu prévisibles de l'environnement.

Confirmation du pronostic :
- Les documents de l'audition de la Douma le 3 octobre 2000 au sujet : « Grandes orientations du développement du crédit-bail en Russie » où le Ministère de l'énergie atomique annonça le crédit-bail des systèmes d'émission de chaleur.
- Ce pronostic fut publié dans le journal *Option du développement*, N° 1, bouclage le 07 avril 2000, diffusion 10000 exemplaires. Ce journal est enregistré auprès du Ministère de la presse, de la télévision et des médias de la Russie sous le numéro PI N° 77-1859.

12. Pronostic de Grigori Grabovoï sur la banque SBS-Agro :

La banque SBS-Agro va progressivement se redresser. Sa situation problématique ne parviendra pas à la destruction complète. Si les actionnaires s'inquiètent de la possibilité de recevoir leurs fonds, dans les deux à trois prochaines années, le retour de l'argent sera fait uniquement selon l'ordre des responsables de la banque. Toutes les opérations ne pourront pas passer. Dans tous les cas, les signatures conciliatoires seront nécessaires.

Confirmation du pronostic :
- Tous les médias.
- Le journal *Vremya MN* (enregistré auprès du Comité d'État de la presse de la Fédération de Russie sous le N° 017460) du 1er novembre 2000. Dans l'article *« Agro promet de retourner l'argent à SBS »* le directeur du département des relations publiques de l'Agence de restructuration des organismes de crédit Alexaner Voznessenskiy déclara : « Les remboursements aux déposants de la SBS-Agro seront plus de 70 % dans le cas de conclusion d'un accord amiable. Si un tel accord n'est pas conclu, les remboursements ne dépasseront pas 40 %. » Juste avant la presse avait parlé du détachement du réseau des filiales de la SBS-Agro et de sa réorganisation.
- Ce pronostic fut publié dans le journal *Option du développement*, N° 2, bouclage le 21 avril 2000, diffusion 10000 exemplaires. Ce journal est enregistré auprès du Ministère de la presse, de la télévision et des médias de la Russie sous le numéro PI N° 77-1859.

13. Pronostic de Grigori Grabovoï sur la loi de l'accord sur le partage des produits

En août 2000, il y aura des questions supplémentaires, concernant les droits des pays où les entreprises ont soit une accréditation, soit un enregistrement juridique. Le fait que les droits des entreprises, tels que des plateaux continentaux pétroliers peuvent différer des droits de l'État, qui effectue le développement des ressources minérales. Cela est dû à la législation de certains pays. Ici, on obtient des incohérences législatives, lorsqu'une entreprise, même avec un comportement normal, selon les normes internationales ne sont pas tout à fait correctes, et à cause de cela il y aura des dépenses de la part de la partie russe.

Confirmation du pronostic :
- Tous les médias.
- Les auditions parlementaires de la Douma « Sur les relations des loyers » en octobre 2000, discussion de la possibilité de remplacer la loi **sur le partage des produits par** la loi sur le loyer. Article « Partage direct. Amendements à la loi sur **le partage des produits** ont été « dégelés », publié dans le journal *Védomosti* du 25 octobre 2000 (le journal est enregistré auprès du Comité d'État de la presse de la Fédération de Russie sous le N° 019007 du 30 septembre 1999).
- Ce pronostic fut publié dans le journal *Option du développement*, N° 3 à 4, bouclage le 19 mai 2000, diffusion 10000 exemplaires. Ce journal est enregistré auprès du Ministère de la presse, de la télévision et des médias de la Russie sous le numéro PI N° 77-1859.

14. Pronostic de Grigori Grabovoï sur le blanchiment d'argent:

Le concept du blanchiment d'argent pour la Russie consiste à augmenter au maximum l'équivalent en devises. À cet effet, sont utilisées les banques des USA, de la Suisse ou de tout autre pays, où l'équivalent en devises est normalisé. De septembre jusqu'à octobre 2000, puis en mars 2001 et en février 2002, cette question sera soulevée et abordée du point de vue de l'approvisionnement en monnaie des fonds contenus en Russie. L'obtention de l'argent des projets industriels et commerciaux sera décidée au niveau économique et national. Les systèmes de contrôle des différents pays vont tenter d'empêcher un blanchiment d'argent provenant du trafic de droques ou d'argent caché et volé. Pour eux, ce n'est pas important que l'argent soit russe ou américain. Tout se reposera sur l'amélioration du régime législatif.

Confirmation du pronostic :
- Tous les médias.
- Article *« Ce sera plus difficile de blanchir l'argent »*, publié dans le journal *Védomosti* du 27 octobre 2000 (le journal est enregistré auprès du Comité d'État de la presse de la Fédération de Russie sous le N° 019007 du 30 septembre 1999). Cet article stipule que « Les pays de l'Union Européenne ont pris mardi de nouvelles mesures radicales de lutte contre le blanchiment d'argent et le crime organisé. Lors de la première réunion

des ministres des Finances et des affaires intérieures des pays membres de l'UE, il a été décidé de durcir la punition pour le blanchiment d'argent, d'admettre que le secret bancaire ne doit pas être en matière pénale un obstacle dans une enquête, et d'élaborer des sanctions contre les pays (dont la Russie fait partie) qui ne souhaitent pas coopérer dans la lutte contre le blanchiment d'argent. Les ministres ont suggéré que vers juin 2001, le Groupe de travail sur les opérations financières mette au point des sanctions contre les pays qui refusent de coopérer avec la communauté internationale dans la lutte contre le blanchiment d'argent ».

- Ce pronostic fut publié dans le journal *Option du développement*, N° 3 à 4, bouclage le 19 mai 2000, diffusion 10000 exemplaires. Ce journal est enregistré auprès du Ministère de la presse, de la télévision et des médias de la Russie sous le numéro PI N° 77-1859.

15. Pronostic de Grigori Grabovoï sur la politique de la Banque Centrale de la Fédération de Russie :

La Banque centrale de la Fédération de Russie va élargir la portée de son influence et sa fonction. Depuis 2002, elle étendra son influence sur la sphère politique. Grâce au soi-disant NIF – le numéro d'identification fiscale, la banque du pays aura une incidence sur la centralisation de la comptabilité selon le type d'enregistrement du passeport disponible aujourd'hui. Cela donnera l'occasion de connaître l'emplacement de chaque personne en particulier. L'Église orthodoxe russe s'affirmera contre un tel niveau de centralisation au moment où on commencera le contrôle du bien-être économique et social des citoyens.

La croissance et l'économie des réserves en or dépendra de la différence entre une réserve contrôlée et non contrôlée. Le niveau incontrôlé sera mis sous le contrôle des structures spéciales. Par conséquent, en 2004 des actes législatifs seront signés, après quoi le niveau des réserves en or fera partie du système du scrutin, en fonction de chaque citoyen qui remplit sa déclaration sur les revenus. Le secteur public recevra un nouveau mécanisme pour allocation des fonds (combien pour la défense, l'éducation, la médecine, etc.), selon le type de technologies électorales. Mais plus tard l'expérience internationale sera utilisée, qui prévoira le contrôle des changes par des agences gouvernementales spécifiques. Il sera prouvé une fois de plus que c'est la prérogative du chef d'État élu.

Confirmation du pronostic :

Rapports dans la presse :

- Article *« L'introduction du registre national de la population est-elle justifiée ? »* dans le journal *Védomosti* du 4 novembre 2000 ; article *« La liste de tous »* dans le journal *Védomosti* du 23 novembre 2000. Les deux articles parlent de la conception proposée par l'état – un système automatisé « Registre national de la population » qui prévoit l'introduction d'un code personnel à vie pour chaque citoyen (le journal est enregistré auprès du Comité d'État de la presse de la Fédération de Russie sous le N° 019007 du 30 septembre 1999).

- Article *« Un NIF sera accordé aux orthodoxes, même sans leur permission »* dans le journal *Moskovskiy Komsomolets* du 3 novembre 2000. (Le journal est enregistré auprès du Ministère de la presse et de l'information de la Fédération de Russie sous le N° 1072).

- Article dans le journal *Verste* du 28 octobre 2000 sur de nombreux appels de chrétiens orthodoxes qui ne veulent pas accepter le numéro d'identification fiscale individuelle. (Le journal est enregistré auprès du Ministère de la presse et de l'information de la Fédération de Russie sous le N° 14148).

- Article *« Utopie sur les cartes »* dans le journal *Verste* du 12 octobre 2000 qui parle de la dernière enquête réalisée par la Fondation « Opinion publique »: « 1500 citoyens de la Russie ont reçu une carte sur laquelle étaient inscrits 27 postes budgétaires majeurs pour l'année 2001. Chacun avait à choisir cinq d'entre eux, prioritaires, selon son opinion. 62 % des contribuables ont nommé la santé publique. La deuxième place sur la liste, 52 % accordés à l'éducation. 43 % pensent que c'est nécessaire de financer l'Armée et la Marine.

Ce pronostic fut publié dans le journal *Option du développement*, N° 5, bouclage le 09 juin 2000, diffusion 10000 exemplaires. Ce journal est enregistré auprès du Ministère de la presse, de la télévision et des médias de la Russie sous le PI N° 77-1859.

16. Pronostic de Grigori Grabovoï sur l'hypothèque et le crédit logement :

Les hypothèques et les crédits logement ne peuvent se développer qu'à la condition que le statut économique du pays soit élevé. Avant tout, cela concerne le processus global d'échange dans toutes les composantes du PIB, ainsi que de bons indicateurs du développement des industries telles que l'industrie légère, le bâtiment, la métallurgie, etc. Lorsque ces composantes de l'économie sont élevées, alors l'hypothèque a une bonne chance de développement. Dans l'état où se trouve la Russie aujourd'hui, les prêts hypothécaires dépendront seulement du développement indirect de l'hypothèque même faisant partie du budget.

Ainsi, les perspectives ne sont pas encourageantes tant que le budget est divisé en structures de l'industrie et du gouvernement. Certaines régions, qui ont réussi dans la construction des logements dû aux prêts hypothécaires, ne font que confirmer cette règle. Ils ont la décision du pouvoir exécutif sur l'approvisionnement en ressources. Les banques prennent des ressources en caution et à un taux bonifié, pour financer la construction. En réalité, il n'existe pas de mécanisme établi : les banques ne donnent pas des crédits.

Mais pourquoi l'information sur les prêts hypothécaires a commencé à décliner ? La raison est qu'il n'y a pas de niveau fondamental pour cela. Seulement la voie d'établissement du programme, du budget est réelle aujourd'hui. Toutefois, par la stabilisation de l'économie (niveau élevé du PIB est la loi en tant que système), l'hypothèque pourra renaître.

Confirmation du pronostic :

- Auditions parlementaires à la Douma de la Fédération de Russie sur les prêts hypothécaires en octobre 2000,

où il a été confirmé que sans aucun financement public dans le cadre du programme d'État en Russie, un prêt hypothécaire est impossible.
- Ce pronostic fut publié dans le journal *Option du développement*, N° 6, bouclage le 20 juin 2000, diffusion 10000 exemplaires. Ce journal est enregistré auprès du Ministère de la presse, de la télévision et des médias de la Russie sous le numéro PI N° 77-1859.

17. Pronostic de Grigori Grabovoï sur la prévention des accidents sur les conduites de pétrole et de gaz :

Pour la prévention des accidents, il faut effectuer une maintenance préventive appropriée et une réparation du matériel défectueux. Cependant, il existe une autre raison aux fuites de gaz ou pétrole : le vol et la dissimulation de pétrole et de gaz au profit de tiers qui se servent en l'absence du contrôle de la quantité des matières premières. Mais ce n'est pas le problème principal, on peut le résoudre. La question principale est d'organiser la maintenance de façon compétente et de perfectionner les systèmes du passage par le pipeline. Sur certains sites d'élaboration d'hydrocarbures, la partie principale de la production s'en va directement du forage. C'est une partie peu connue, de sorte que le concept de « pipelines » ne peut pas toujours être considéré comme une perte importante. Mais il y a des sites où jusqu'à 50 % de la production part ailleurs.

Confirmation du pronostic :

- Tous les médias en octobre 2000 parlent des « volumes de déprédation de pétrole qui passe au-dessus du pipeline ».

Ce pronostic fut publié dans le journal *Option du développement*, N° 5, bouclage le 09 juin 2000, diffusion 10000 exemplaires. Ce journal est enregistré auprès du Ministère de la presse, de la télévision et des médias de la Russie sous le numéro PI N° 77-1859.

ANNEXE D

DOCUMENTS CONFIRMANT LES PREUVES DE LA MATÉRIALISATION ET DE LA DÉMATÉRIALISATION CITÉES DANS LE LIVRE

TÉMOIGNAGE

Sur le travail extrasensoriel de Grigori Grabovoï, né le 14 novembre 1963 à Kirovsky (Bagara), quartier de Kirov, région de Tchimkent, Kazakhstan (acte de naissance série II - OG N° 463794).

Lieu du témoignage : Khimki, région de Moscou.

Date du témoignage : 1994.09.30, 20:10.

Je, soussignée, Glouchko Svetlana, née le 11 décembre 1941 dans la région d'Ivanovo, de nationalité russe, adresse : app. 67, 12, rue du 9 mai, Khimki, région de Moscou, pièce d'identité délivrée par la rédaction du journal *Mégapolis-Kontinent*, poste : observateur dans la rédaction du journal *Mégapolis-Kontinent*, atteste que le 22 septembre 1994 au cours de notre rencontre avec Grigori Grabovoï qui a eu lieu à Khimki, région de Moscou, rue Moskovskaya, le bâtiment du Centre de recherche scientifique et de l'Institut d'études de mécanisation et d'énergie de l'industrie forestière, bureau 120, nous avons parlé de la matérialisation et de la téléportation d'objets. Pour m'assurer que c'était possible, G. Grabovoï a proposé de matérialiser un objet dans mon appartement là où il n'avait jamais été auparavant. Huit jours plus tard, soit le 30 septembre 1994, dans l'entrée j'ai découvert à côté du miroir deux objets qui n'avaient jamais été là. Personne d'autre n'était entré dans l'appartement pendant cette période. Mon fils qui habitait dans cet appartement avec moi n'avait pas apporté ces objets non plus. Après les avoir vus, j'ai compris immédiatement, que c'était le résultat de la matérialisation effectuée par G. Grabovoï.

G. Grabovoï ne connaissait pas mon adresse et a réalisé à distance cette matérialisation dans mon appartement, comme prévu.

(*signature*) /S.Glouchko/

Le 30 septembre 1994, 20h17.

La signature de S. Glouchko est certifiée par l'inspecteur des Ressources Humaines.

Sceau du Service des Ressources Humaines.

(*signature*) Inspecteur des Ressources Humaines.

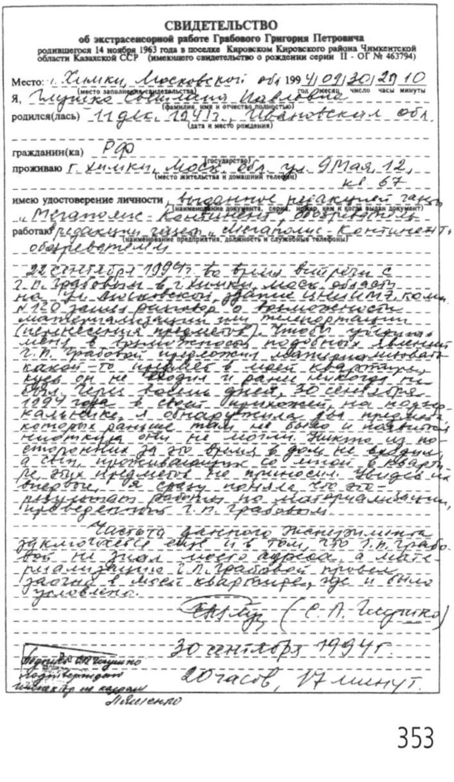

СВИДЕТЕЛЬСТВО

об экстрасенсорной работе Грабового Григория Петровича

родившегося 14 ноября 1963 года в поселке Кировском Кировского района Чимкентской области Казахской ССР (имеющего свидетельство о рождении серии II - ОГ № 463794)

Место: г. Химки, Московской обл. 1994/09/30/20/10
(место заполнения свидетельства) год месяц число часы минуты

Я, [illegible]
(фамилия, имя и отчество полностью)

родился(лась) 11 дек. 1941 г. Ивановской обл.
(дата и место рождения)

гражданин(ка) РФ
(государство)

проживаю г. Химки, Моск. обл. ул. 9 Мая 12, кв. 67
(место жительства и домашний телефон)

имею удостоверение личности [illegible]
(наименование документа, серия, номер, кем и когда выдан документ)

работаю [illegible]
(наименование предприятия, должность и служебные телефоны)

[illegible]

30 сентября 1994 г.

20 часов, 17 минут.

ISEA
Téléphone : 0073712-629365
Telex : 116399 OFFIS SU
Téléfax : 007 3712623571 (achkent)
INTER SERVICE ENERGO-ASIA LIMITED
2 RUE E. KHODJAEV TACHKENT-700 032
RÉPUBLIQUE D'OUZBEKISTAN

TÉMOIGNAGE

Par la présente je, soussignée, Babayéva Tatiana, atteste que Grigori Grabovoï, né le 14 novembre 1963 à Kirovsky (Bagara), quartier de Kirov, région de Tchimkent, Kazakhstan (acte de naissance série II - OG N° 463794), en utilisant ses capacités extrasensorielles a effectué l'expérience suivante de la matérialisation d'un objet :

Un jour je suis retournée à l'hôtel et j'ai découvert que j'avais perdu la clé de ma chambre. Je savais exactement que je ne l'avais pas rendue à l'accueil mais prise avec moi. J'ai vérifié toutes les poches et le sac, mais la clé n'était pas là. J'étais très déçue et ne savais pas quoi faire. J'ai décidé de m'adresser au réceptionniste, mais à ce moment Grabovoï Grigori est venu à mon secours, lui qui m'observait pendant tout ce temps. Il a proposé de monter à l'étage et de vérifier encore une fois le sac. Ce que j'ai fait. Quelle fut ma surprise quand j'ai trouvé la clé et ouvert la porte. J'avais du mal à y croire, car j'avais vérifié minutieusement le sac auparavant ayant tout sorti. Je pense qu'une telle chose est possible soit de matérialiser des objets uniquement grâce à des capacités extrasensorielles de Grigori Grabovoï.

(*signature*) / Babayéva ./

India Office : . . CONSULTANTS PVT. LTD., PMC Fortuna 3rd Floor. Unit-A7, 234/3A. A.J.C. Bose Road. Calcutta-7C
Téléphone : 91-33-2479706 Téléfax : 91-33-2476039 Télex : 21-2421 CSEL IN.

ISEA

Telephone : 007 3712-629365
Telex 116399 'OFFIS SU'
Telefax : 007 3712 623571 (Tashkent)

INTERSERVICEENERGO-ASIA LIMITED
E. KHODJAEV STREET. 2 TASHKENT-700 032
REPUBLIC OF UZBEKISTAN

СВИДЕТЕЛЬСТВО

Настоящим свидетельством, я Бабаева Татьяна Павловна, удостоверяю, что Грабовой Григорий Петрович, родившийся 14 ноября 1963 года в поселке Кировском (село Багара) Кировского района Чимкентской области Казахской ССР (имеющий свидетельство о рождении серии II-ОГ № 463794), используя свои экстрасенсорные способности, выполнил следующий эксперимент по материализации предмета:

Однажды вернувшись в гостиницу я обнаружила. что потеряла ключи от своего номера. Я точно знала, что я не отдавала их дежурному, а взяла их с собой. Я проверила все карманы и сумку, но их не было. Я очень расстроилась и не знала что делать. Решила обратиться к старшему дежурному, но в это время на помощь пришел Грабовой Григорий Петрович, все это время в стороне наблюдавший за моими действиями. Он предложил подняться на этаж и еще раз проверить сумку, что я и сделала. Каково же было мое удивление, когда я нашла ключ и открыла дверь. В это было трудно поверить, потому что я вытрясала из сумки все и тщательно проверяла. Я думаю, что такое возможно только благодаря экстрасенсорным способностям Грабового Григория Петровича материализовывать предметы.

/ Бабаева Т.П./

India Office : A. D. CONSULTANTS PVT. LTD., FMC Fortuna 3rd Floor, Unit-A7, 234/3A, A.J.C. Bose Road, Calcutta-70
Telephone : 91-33-2479706 Telefax : 91-33-2476039 Telex : 21-2421 CSEL IN

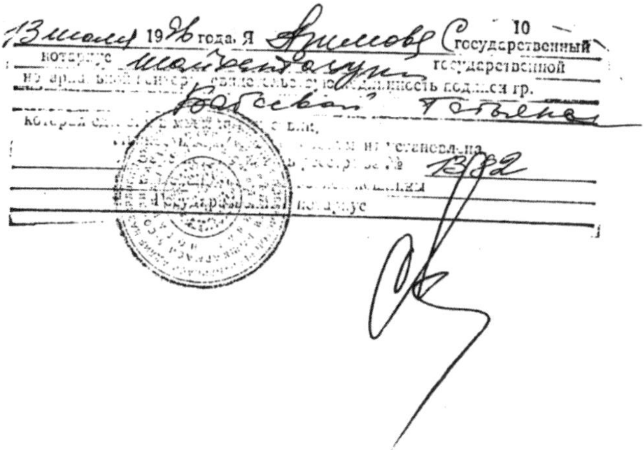
13 июля 1996 года. Я Азимова С. государственный 10
нотариус Шайхонтаури государственной
нотариальной конторы, [illegible] подлинность подписи гр.
Бабаевой Татьяны
который [illegible]
[illegible] установлена
[illegible] № 1382
[illegible]
Государственный нотариус

Sceau de l'office notarial de l'État : le 13 juillet 1996. Je soussignée, Azimova S., notaire de l'État 5 Chaïhonkhour de l'office notarial de l'État, atteste l'authenticité de la signature de Babayéva Tatiana, celle-ci apposée en ma présence.
L'identité de la personne qui a signé le document a été établie.
Inscrit dans le registre sous le N° 1382.
Taxe payée : *illisible*
Notaire (*Signature*)
Sceau rond de l'État.

À TOUTE PERSONNE INTÉRESSÉE

Déclarant : Livado Ekatérina, adresse : app. 90, 5/2 rue Tallinnskaya, Moscou, tél. 4989352

DÉCLARATION

Grabovoï Grigori dans les conditions de l'expérience pure a matérialisé une clé en métal de 10 grammes dans le bâtiment de ZAO Manomètre à Moscou.

Je, soussignée, Livado Ekatérina, née le 16 août 1937 à Sartano, quartier de Mariouple, région de Donetsk, Ukraine, passeport V-MU N° 587245 délivré par le département de milice N° 13 de Moscou, témoigne que Grabovoï Grigori a matérialisé le 12 novembre 1997 une clé en métal d'un poids de 10 grammes. Au moment de la matérialisation il se trouvait à une distance de 10 mètres de la clé et l'a matérialisée en 20 minutes.

Cette matérialisation a eu lieu à l'adresse : ZAO Manomètre, 5/7 rue Nizhnaya Syromyatnitcheskaya, Moscou.

Grabovoï Grigori, né le 14 novembre 1963 à Kirovsky, quartier de Kirov, région de Tchimkent, Kazakhstan, acte de naissance série II - OG N° 463794.

Je vous prie de bien vouloir légaliser ma déclaration sur la base des documents certifiant mon identité et des preuves présentées ci-dessus.

Le 18 novembre 1997.

(*signature*) Livado E.

Sceau de l'office notarial :

Le vingt-quatre novembre mille neuf cent quatre-vingt-dix-sept

Livado Ekatérina

Ville de Moscou, le 24 novembre 1997. Je soussignée, Gabanyan N., notaire de l'office notarial de l'Etat de la ville de Moscou, atteste l'authenticité de la signature de Livado Ekatérina, celle-ci apposée en ma présence. L'identité de la personne qui a signé le document a été établie.

Inscrit dans le registre sous le N° 23-3040.

Taxe payée: 4175 roubles.

Notaire (*Signature*)

Sceau de l'office notarial : office notarial de l'État N° 12, ville de Moscou, Notaire Gabanyan N.

ВСЕМ ЗАИНТЕРЕСОВАННЫМ ЛИЦАМ

Заявитель: Ливадо Екатерина Ивановна

ЗАЯВЛЕНИЕ

о том, что ГРАБОВОЙ ГРИГОРИЙ ПЕТРОВИЧ в условиях чистого эксперимента, в здании ЗАО "Манометр" города Москвы, дематериализовал металлически ключ весом I0,0 грамм.

Я, Ливадо Екатерина Ивановна, родилась I6 августа I937 года в селе Сартано Мариупольского района Донецкой области /Украина/, паспорт серия ХУ-МЮ 587245, выдан I4 июля I978 года I3 отделением милиции г.Москвы, являюсь свидетелем того, что ГРАБОВОЙ ГРИГОРИЙ ПЕТРОВИЧ дематериализовал I2 ноября I997года металлический ключ весом I0,0 грамм. В период времени, когда ГРАБОВОЙ ГРИГОРИЙ ПЕТРОВИЧ проводил дематериализацию, он находился от ключа на расстоянии I0 метров и дематериализовал ключ в течение 20 минут.

Дематериализацию ключа с расстояния I0 метров в течение 20 минут ГРАБОВОЙ ГРИГОРИЙ ПЕТРОВИЧ провел по адресу: г.Москва, ул.Нижняя Сыромятническая, д.5/7, ЗАО "Манометр".

Личные данные ГРАБОВОГО ГРИГОРИЯ ПЕТРОВИЧА:
-родился I4 ноября I963 года в посеке Кировском, Кировского района Чимкентской области Казахской ССР, имеющего свидетельство о рождении серии II-ОГ № 463794.

Прошу заверить мое заявление на основании документов, удостоверяющи[illegible] мою личность и на основании вышеизложенных доказательств.

Ливадо Е.И.

I8 ноября I997года

город Москва, двадцать четвертого ноября тысяча девятьсот девяносто седьмого года.

город Москва 24 ноября 1997 года. Я, ГАБАНЯН Н.Г. нотариус 12 Московской государственной нотариальной конторы свидетельствую подлинность подписи гр. ЛИВАДО ЕКАТЕРИНЫ ИВАНОВНЫ, которая сделана в моем присутствии. Личность установлена, дееспособность проверена.

Зарегистрировано в реестре за N 23-3040

Взыскано государственной пошлины

Нотариус

ВСЕМ ЗАИНТЕРЕСОВАННЫМ ЛИЦАМ
Заявитель: Ливадо Екатерина Ивановна

ЗАЯВЛЕНИЕ

о том, что ГРАБОВОЙ ГРИГОРИЙ ПЕТРОВИЧ, в условиях чистого эксперимента, в здании ЗАО "Манометр" города Москвы, материализовал металлический ключ весом I0,0 грамм.

Я, Ливадо Екатерина Ивановна, родилась I6 августа I937 года в селе Сартано Мариупольского района Донецкой области /Украина/, паспорт серии ХУ-МЮ №587245, выдан I4 июля I978 года I3 отделением милиции г.Москвы, являюсь свидетелем того, что ГРАБОВОЙ ГРИГОРИЙ ПЕТРОВИЧ материализовал I2 ноября I997 года металлический ключ весом I0,0 грамм. В период времени, когда ГРАБОВОЙ ГРИГОРИЙ ПЕТРОВИЧ проводил материализацию, он находился от ключа на расстоянии 3-х метров и материализовал ключ в течение 5 минут.

Материализация ключа с расстояния 3-х метров в течение 5 минут ГРАБОВОЙ ГРИГОРИЙ ПЕТРОВИЧ провел по адресу: г.Москва, ул.Нижняя Сыромятническая д.5/7, ЗАО "Манометр"

Личные данные ГРАБОВОГО ГРИГОРИЯ ПЕТРОВИЧА:

-родился I4 ноября I963 года в поселке Кировском Кировского района Чимкентской области Казахской ССР, имеющего свидетельство о рождении серии II-ОГ №463794.

Прошу заверить мое заявление на основании документов, удостоверяющих мою личность и на основании вышеизложенных доказательств.

I8 ноября I997г (подпись) Ливадо Е.И.

город Москва. двадцать четвертого ноября тысяча девятьсот девяносто седьмого года.
Ливадо Екатерина Ивановна

город Москва 24 ноября 1997 года. Я, ГАБАНЯН Н.Г. нотариус 12 Московской государственной нотариальной конторы свидетельствую подлинность подписи гр. ЛИВАДО ЕКАТЕРИНЫ ИВАНОВНЫ, которая сделана в моем присутствии. Личность установлена, дееспособность проверена.

Зарегистрировано в реестре за N 23-3039
Взыскано государственной пошлины 4175 р.
Нотариус

Нотариус Габанян Н.Г. Московская Государственная нотариальная контора № 12

À TOUTE PERSONNE INTÉRESSÉE
Déclarant : Livado Ekatérina, adresse : app. 90, 5/2 rue Tallinnskaya, Moscou, tél. 4989352
DÉCLARATION
Grabovoï Grigori dans les conditions de l'expérience pure a matérialisé une clé en métal de 10 grammes dans le bâtiment de ZAO Manomètre à Moscou.
Je, soussignée, Livado Ekatérina, née le 16 août 1937 à Sartano, quartier de Mariouple, région de Donetsk, Ukraine, passeport V-MU N° 587245 délivré par le département de milice N° 13 de Moscou, témoigne que Grabovoï Grigori a matérialisé le 12 novembre 1997 une clé en métal d'un poids de 10 grammes. Au moment de la matérialisation il se trouvait à une distance de 3 mètres de la clé et l'a matérialisée en 5 minutes.
Cette matérialisation a eu lieu à l'adresse : ZAO Manomètre, 5/7 rue Nizhnaya Syromyatnitcheskaya, Moscou.
Grabovoï Grigori, né le 14 novembre 1963 à Kirovsky, quartier de Kirov, région de Tchimkent, Kazakhstan, acte de naissance série II - OG N° 463794.
Je vous prie de bien vouloir légaliser ma déclaration sur la base des documents certifiant mon identité et des preuves présentées ci-dessus.
Le 18 novembre 1997.
(*signature*) Livado E.
Sceau de l'office notarial :
Le vingt-quatre novembre mille neuf cent quatre-vingt-dix-sept.
Livado Ekatérina
Ville de Moscou, le 24 novembre 1997.
Je, soussignée, Gabanyan N., notaire de l'office notarial de l'État de la ville de Moscou, atteste l'authenticité de la signature de Livado Ekatérina, celle-ci apposée en ma présence. L'identité de la personne qui a signé le document a été établie.
Inscrit dans le registre sous le N° 23-3039.
Taxe payée: 4175 roubles.
Notaire (*Signature*)
Sceau de l'office notarial : office notarial de l'État N° 12, ville de Moscou, Notaire Gabanyan N.

À TOUTE PERSONNE INTÉRESSÉE

Déclarant : Lavrouchkina Nadezhda, adresse : app. 178, 8 rue Malyguine, Moscou, tél. 475-75-61.

DÉCLARATION

Grabovoï Grigori dans les conditions de l'expérience pure a dématérialisé en partie et ensuite a matérialisé une clé en métal de 10 grammes dans le bâtiment de l'Association bénévole sportive des syndicats à l'adresse : bât. 110, 14/2 rue Solyanka, Moscou.

Je, soussignée, Lavrouchkina Nadezhda, née le 6 juin 1953 à Orechovo-Zouyévo, région de Moscou, domiciliée : app. 178, 8, rue Malyguine, Moscou, passeport VIII-IK, N° 628733, délivré le 2 septembre 1980 par le comité exécutif de la région de Moscou, témoigne que Grabovoï Grigori a dématérialisé en partie et ensuite a matérialisé une clé en métal de 10 grammes le 20 novembre 1997.

Au moment où Grabovoï Grigori effectuait la dématérialisation et la matérialisation de la clé, celle-ci se trouvait à 50 cm de lui. Il n'y avait aucun contact physique avec la clé. L'expérience a été effectuée pendant 5 minutes.

Les faits présents sont démontrés sur les photos 1, 2, 3, 4 prises lors des conditions équivalentes. La photo 2 démontre la clé dématérialisée en partie par rapport à la clé sur la photo 1.

Sur la photo 2 on ne voit presque pas la tige qui lie l'anneau et le panneton de la clé (principe de matérialisation numérique).

Sur la photo 4 l'image par rapport à la photo 3 est transférée derrière un écran d'épaisseur faible (principe de dématérialisation totale de l'objet).

Sur la photo 4 on voit la première étape de dématérialisation totale quand l'objet physique devient moins visible lors d'un contrôle visuel.

La dématérialisation et la matérialisation de la clé à une distance de 50 cm ont été effectuées à l'adresse : Association bénévole sportive des syndicats, bât. 110, 14/2 rue Solyanka, Moscou.

Grabovoï Grigori, né le 14 novembre 1963 à Kirovsky, quartier de Kirov, région de Tchimkent, Kazakhstan, acte de naissance série II - OG N° 463794.

(*signature*) (Lavrouchkina Nadezhda)

(*signature*) (Livado Ekatérina)

ВСЕМ ЗАИНТЕРЕСОВАННЫМ ЛИЦАМ

Заявитель - Лаврушкина Надежда Борисовна, проживающая по адресу: г. Москва

Заявление

о том, что Грабовой Григорий Петрович в условиях чистого эксперимента в здании МКСО профсоюзов, расположенном по адресу: г. Москва, ул. Солянка, д.I4/2, к. II0, частично дематериализовал, а затем материализовал металлический ключ весом I0,0 г.

Я, Лаврушкина Надежда Борисовна, родившаяся в г. Орехово-Зуево Московской области 6 июня I953 г, проживающая по адресу: г. Москва, паспорт серии XУIII-ИК, № 628733, выданный ОВД Орехово-Зуевского горисполкома Московской области 2 сентября I980 г, являюсь свидетелем того, что Грабовой Григорий Петрович частично дематериализовал, а затем материализовал металлический ключ весом I0,0 г. 20 ноября I997 г.

В период времени, когда Грабовой Григорий Петрович проводил дематериализацию и материализацию ключа, ключ находился от него на расстоянии 50 см. При этом физического контакта с ключом не было. Эксперимент проводился в течение 5 минут.

Данные факты отражены на фотографиях I,2,3,4, снятых при равнозначных условиях. На ф. 2 снят частично дематериализованный ключ по отношению к ключу, изображенному на ф. I. На ф. 2 видно, что штанга, соединяющая ручку и основание ключа, практически не просматривается / принцип дискретной материализации /. На ф. 4 изображение по отношению к изображению на ф. 3 выведено за тонкий экран / принцип полной дематериализации объекта - на ф. 4 изображен первый шаг полной дематериализации, при котором изображенный физический предмет, в том числе, при контроле физическим зрением, становится менее отчетливым.

Дематериализацию и материализацию ключа с расстояния 50 см Грабовой Григорий Петрович проводил по адресу: г. Москва, ул. Солянка, д. I4/2, к. II0, МКСО профсоюзов.

Личные данные Грабового Григория Петровича: родился I4 ноября [illegible] области Казахской ССР; свидетельство о рождении серии II-ОГ № 463794.

Лаврушкина Надежда Борисовна

(Ливадо Екатерина Ивановна)

Данный эксперимент Грабовой Григорий Петрович проводил в присутствии двух свидетелей:

I-ый свидетель – Ливадо Екатерина Ивановна, родившаяся I6 августа I937 г. в селе Сартано Донецкой области, паспорт ХУ – МЮ № 587245, выдан I3 отделением милиции г. Москвы I4 июня I978 г.

2-ой свидетель – Лаврушкина Надежда Борисовна, родившаяся 6 июня I953 г. в г. Орехово-Зуево Московской области, паспорт ХУIII-ИК № 628733, выдан ОВД Орехово-Зуевского горисполкома Московской области 2 сентября I980 г.

Прошу заверить мое заявление на основании документов, удостоверяющих мою личность и на основании вышеизложенных доказательств.

Лаврушкина Надежда Борисовна (подписи)
Ливадо Екатерина Ивановна

25 НОЯ 1997 19 года Я, Семенникова Л.Г., нотариус г. Москвы свидетельствую подлинность подписи гр. Лаврушкиной Надежды Борисовны которая сделана в моем присутствии. Личность подписавшего доподлинно установлена.
Зарегистрировано в реестре за N 18281
Взыскано по тарифу 4175
Нотариус

Cette expérience a été réalisée par Grabovoï Grigori en présence de deux témoins :

Témoin n° 1 :

Livado Ekatérina, née le 16 août 1937 à Sartano, quartier de Mariouple, région de Donetsk, Ukraine, passeport V-MU N° 587245 délivré par le département de milice N° 13 de Moscou, le 14 juin 1978.

Témoin n° 2 :

Lavrouchkina Nadezhda, née le 6 juin 1953 à Orechovo-Zouyévo, région de Moscou, domiciliée : app. 178, 8, rue Malyguine, Moscou, passeport VIII-IK N° 628733, délivré le 2 septembre 1980 par le comité exécutif de la région de Moscou.

Je vous prie de bien vouloir légaliser ma déclaration sur la base des documents certifiant mon identité et des preuves présentées ci-dessus.

(*signature*) (Lavrouchkina Nadezhda)

(*signature*) (Livado Ekatérina)

Sceau de l'office notarial : le 25 novembre 1997.

Je, soussignée, Séménnikova L., notaire de la ville de Moscou, atteste l'authenticité de la signature de Lavrouchkina Nadezhda, celle-ci apposée en ma présence. L'identité de la personne qui a signé le document a été établie.

Inscrit dans le registre sous le N° 18281.

Taxe payée : 4175 roubles.

Notaire (*Signature*)

Sceau rond de l'État : ville de Moscou, Séménnikova L.

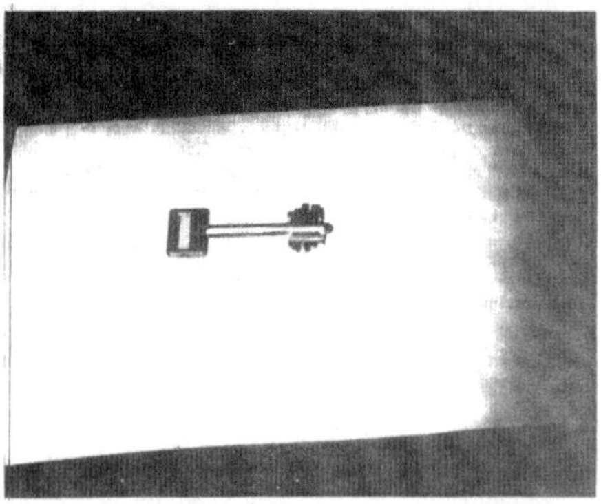
Photo 1.
Clé à l'état initial.

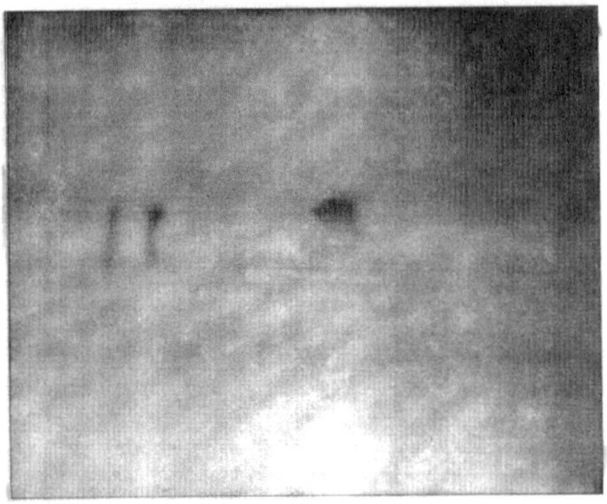
Photo 2.
Clé dématérialisée en partie.

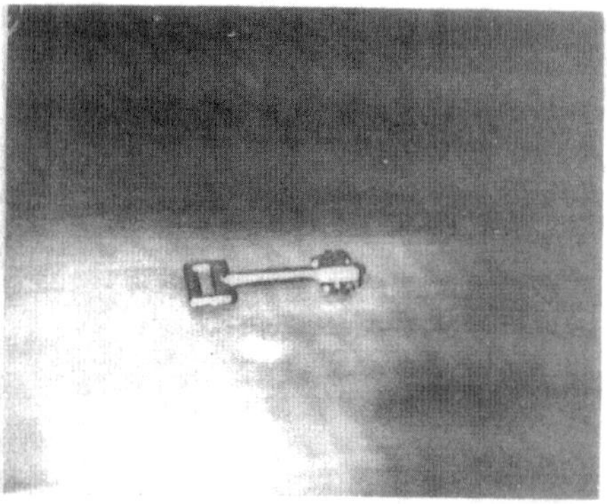
Photo 3
Clé à l'état initial.

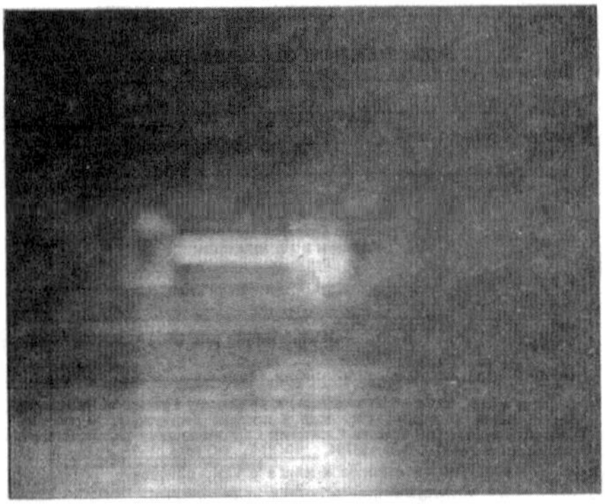
Photo 4.
Clé complètement dématérialisée.

À TOUTE PERSONNE INTÉRESSÉE

Déclarant : Salnikova Svetlana

Adresse, téléphone : app. 285, 12, rue Skobelevskaya, Moscou, tél. 716-77-39

DÉCLARATION

De la reconnaissance de Grabovoï Grigori, Guérisseur et clairvoyant.

Date et lieu de naissance : le 1er avril 1946, Olovyannya, région de Tchita.

Dénomination du document, série, numéro, autorité et date de délivrance : passeport II- 653623, délivré par Oudachninskiy o/m, région de Mirniy, Yakoutie.

Lieu de travail, fonction, téléphone : chercheuse, Association « Astronautique pour l'humanité ».

Compte tenu du fait que je me suis adressée à Grabovoï Grigori, né le 14 novembre 1963 à Kirovsky, quartier de Kirov, région de Tchimkent, Kazakhstan (acte de naissance série II - OG N° 463794) en raison de préparer le livre sur G. Grabovoï en octobre 1997 à Moscou, j'atteste que Grabovoï Grigori peut effectivement matérialiser des objets.

Lors de la préparation du livre, j'ai reçu de la part de Grabovoï G. plusieurs dossiers avec des documents. En travaillant, il a été découvert qu'il manquait le document sur sa rencontre avec Youko Labo des Philippines. Quelque temps plus tard, ce document du traducteur est apparu sur mon bureau.

Le 20 octobre j'ai transmis à G. Grabovoï une partie du livre et il a compris que je n'avais pas ce document sur Youko Labo.

Le 27 ou 28 octobre ce document est apparu sur le bureau avec le témoignage de Guenkova sur la rencontre avec Vanga.

Comme j'avais déjà une copie avec le témoignage de Guenkova, je pouvais comparer et faire le résumé suivant : les documents matérialisés n'ont pas des défauts de copies : le texte est correct et placé de façon nette sur la feuille de papier. Les lettres sont un peu plus fines.

Je vous prie de bien vouloir légaliser ma déclaration sur la base des documents certifiant mon identité et des preuves présentées ci-dessus.

(*signature*) Salnikova S.

le 17 novembre 1997.

ВСЕМ ЗАИНТЕРЕСОВАННЫМ ЛИЦАМ

Заявитель: Сальникова Светлана Павловна
(фамилия, имя и отчество полностью)

(адрес и телефоны)

Заинтересованные лица:
(фамилия, имя и отчество полностью; адрес)

ЗАЯВЛЕНИЕ
об установлении факта признания Грабового Григория Петровича целителем и ясновидящим

Я родился(лась) 1946 / 4 / 1 / в ст. Оловянная Читинской области
(год / месяц / число) (место рождения)

имею удостоверение личности паспорт II-СН 653623 Удачнинский о/м Мирнинского р-на Якутии.
(наименование документа, серия, номер, кем и когда выдан документ)

Работаю: ст. научным сотрудником "Ассоциации "Космонавтика человечеству"
(название предприятия, должность и телефон)

В связи с тем, что я обратился(лась) к Грабовому Григорию Петровичу, родившемуся 14 ноября 1963 года в поселке Кировском, Кировского района Чимкентской области Казахской ССР имеющиму свидетельство о рождении серии II-ОГ № 463794, Москва, октябрь 1997 года подготовка материалов к книге о Г.П.Грабовом
(указать дату, место и причину обращения)

заявляю, что Грабовой Григорий Петрович действительно материализует предметы
(привести доказательства и обоснования заявления)

При подготовке книги о Г.П.Грабовом я получила от него несколько папок с документами. В процессе работы обнаружилось, что не хватает документа о его встрече с Юко Лабо из Филиппин. Через некоторое время этот документ переводчика появился у меня на столе.

По срокам: 20 октября я передала Г.П.Грабовому часть написаного материала, по которому он понял, что мне не хватает документнта о Юко Лабо.

27-28 октября этот документ появился на столе вместе со свидетельством Генковой о встрече с Вангой.

Поскольку у меня уже была копия (ксерокс) со свидетельством Генковой, могу сравнить и сделать следующие замечания:

материализованные документы лишены недостатков копий - они четко, правильно расположены на листе. Буквы четко, правильно расположены на листе. Буквы очерчены немного тоньше.

Прошу заверить мое заявление на основании документов, удостоверяющих мою личность и на основании вышеизложенных доказательств.

(подпись) /Сальникова С.П./ 1997 / 11 / 17 /
(фамилия) (год / месяц / число)

Le vingt-six novembre mille neuf cent quatre-vingt-dix-sept.
Je, soussignée, Litovskaya Tamara, notaire de la ville de Moscou, atteste l'authenticité de la signature de Salnikova Svetlana, celle-ci apposée en ma présence. L'identité de la personne qui a signé le document a été établie.
Inscrit dans le registre sous le N° 1713.
Payé selon le tarif appliqué : 4175 roubles.
Notaire *Signature*
Licence N° 282 du 01.10.93, arrêté N° 174 4 du 01.11.93.
Sceau: ville de Moscou,
Notaire Litovskaya T.

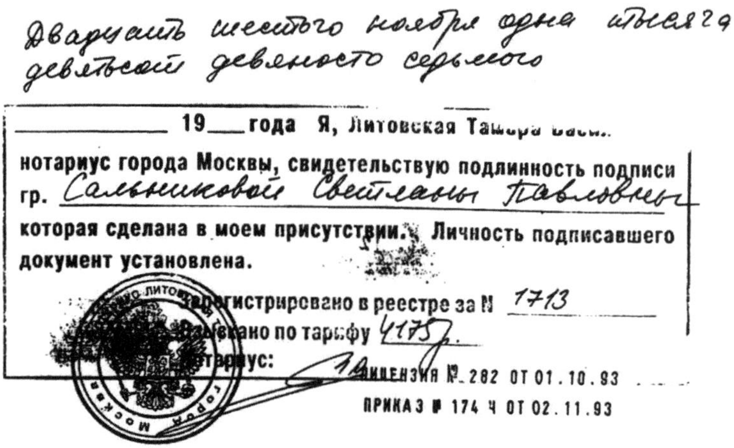

Двадцать шестого ноября одна тысяча девятьсот девяносто седьмого

______ 19___ года Я, Литовская Тамара Вас..
нотариус города Москвы, свидетельствую подлинность подписи
гр. Сальниковой Светланы Павловны
которая сделана в моем присутствии. Личность подписавшего
документ установлена.
Зарегистрировано в реестре за N 1713
Взыскано по тарифу 4175 р.
Нотариус:
ЛИЦЕНЗИЯ N 282 ОТ 01.10.93
ПРИКАЗ N 174 Ч ОТ 02.11.93

ISEA
Téléphone:0073712-629365
Télex : 116399 OFFIS SU
Téléfax : 007 3712623571 (achkent)
INTER SERVICE ENERGO-ASIA LIMITED
2, RUE E. KHODJAEV TACHKENT-700 032
RÉPUBLIQUE D'OUZBEKISTAN

TÉMOIGNAGE

Par la présente je, soussigné, Babayév Victor, atteste que Grigori Grabovoï, né le 14 novembre 1963 à Kirovsky (Bagara), quartier de Kirov, région de Tchimkent, Kazakhstan (acte de naissance série II - OG N° 463794), en utilisant ses capacités extrasensorielles a effectué l'expérience suivante:

Lors du contrôle des passeports à l'aéroport de Tachkent, il s'est avéré qu'il manquait un tampon dans le passeport de Grigori Grabovoï, celui autorisant une sortie du pays. Les gardes-frontières ont été très surpris, comment c'était possible que cela puisse arriver. Nous nous sommes étonnés encore plus car le tampon a été mis dans le passeport en présence de trois personnes. Ces gens qui étaient présents lors de cet évènement l'ont confirmé. Comme il s'est avéré plus tard, Grigori Grabovoï avait enlevé ce tampon par la voie extrasensorielle sans contact. Il l'a effacé de manière extrasensorielle de son passeport pour prouver que c'était possible.

Directeur général
Interserviceenergo-Asia (signature) Babayév V.

India Office : . . CONSULTANTS PVT. LTD., PMC Fortuna 3rd Floor. Unit-A7, 234/3A. A.J.C. Bose Road. Calcutta-7C
Téléphone : 91-33-2479706 Téléfax : 91-33-2476039 Télex : 21-2421 CSEL IN.

ISEA

Telephone : 007-3712-629365
Telex 116399 'OFFIS SU'
Telefax : 007 3712 623571 (Tashkent)

INTERSERVICEENERGO-ASIA LIMITED
E. KHODJAEV STREET. 2 TASHKENT-700 032
REPUBLIC OF UZBEKISTAN

СВИДЕТЕЛЬСТВО

Настоящим свидетельством, я Бабаев Виктор Багирович и моя жена Бабаева Татьяна Павловна, удостоверяем, что Грабовой Григорий Петрович, родившийся 14 ноября 1963 года в поселке Кировском (село Багара) Кировского района Чимкентской области Казахской ССР (имеющий свидетельство о рождении серии II-ОГ № 463794), используя свои экстрасенсорные способности, выполнил следующий эксперимент:

При паспортной проверке в аэропорту г.Ташкента выяснилось, что в паспорте Грабового Григория Петровича нет печати, разрешающей выезд из страны. Пограничники были очень удивлены тем, что такое вообще могло произойти. Но мы были удивлены еще больше, потому что печать была поставлена в паспорт на глазах у трех человек. Присутствовавшие при этом подтвердили это. Как выяснилось потом, Грабовой Григорий Петрович убрал ее экстрасенсорно бесконтактным способом. Грабовой Григорий Петрович экстрасенсорно стер печать в своем паспорте в условиях засвидетельствованного существования печатей до того как он начал стирать их, для доказательства, что экстрасенсорное стирание печатей возможно по желанию.

Генеральный директор СП
"Интерсервисэнерго-Азия" /Бабаев В.Б./

India Office : A. D. CONSULTANTS PVT. LTD., FMC Fortuna 3rd Floor, Unit-A7, 234/3A, A.J.C. Bose Road, Calcutta-70
Telephone : 91-33-2479706 Telefax : 91-33-2476039 Telex : 21-2421 CSEL IN

Sceau de l'office notarial de l'État : le 13 juillet 1996.
Je, soussignée, Azimova S., notaire de l'État 5 Chaïhonkhour de l'office notarial de l'État, atteste l'authenticité de la signature de Babayév Victor, celle-ci apposée en ma présence.
L'identité de la personne qui a signé le document a été établie.
Inscrit dans le registre sous le nº 752.
Taxe payée: 600.
Notaire (*Signature*)
Sceau l'office notarial de l'État.
Acte notarié, numéroté, scellé, 3 (trois) pages au total.

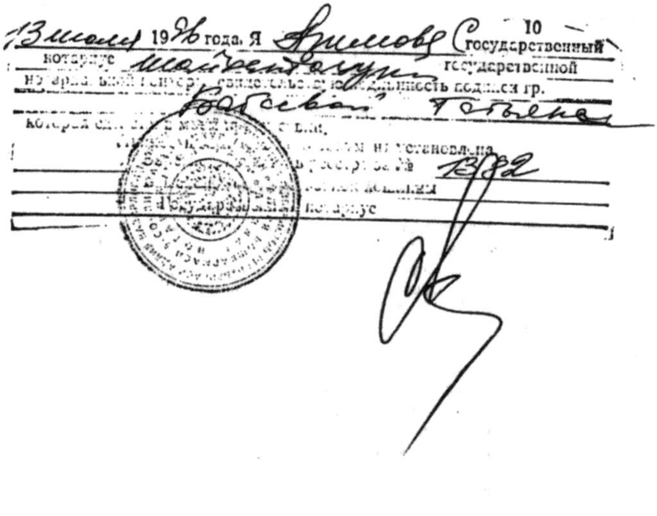

ISEA

Telephone : 007-3712-629365
Telex : 116399 OFFIS SU
Telefax : 007 3712 623571 (Tashkent)

INTERSERVICEENERGO-ASIA LIMITED

E. KHODJAEV STREET. 2 TASHKENT-700 032
REPUBLIC OF UZBEKISTAN

СВИДЕТЕЛЬСТВО

Настоящим свидетельством, я Бабаева Татьяна Павловна, удостоверяю, что Грабовой Григорий Петрович, родившийся 14 ноября 1963 года в поселке Кировском (село Багара) Кировского района Чимкентской области Казахской ССР (имеющий свидетельство о рождении серии II-ОГ № 463794), используя свои экстрасенсорные способности, выполнил следующий эксперимент по материализации предмета:

Я Бабаева Т.П., была очевидцем очень интересного события. Оно произошло во время моей командировки в Индию в апреле 1994 г. У меня пропал авиационный билет. Все мои поиски были напрасны. Сколько бы и где бы я его ни искала, я не могла найти. Мне помог Грабовой Григорий Петрович. Он сказал, чтобы я успокоилась и поискала в хозяйственной сумке, где я уже искала, хотя его там не должно было быть. Вытащив все в очередной раз, на дне я увидела помятый и слегка запачканный билет. Этим чудом я обязана Грабовому Григорию Петровичу, который материализовал утерянный мною билет. Единственное отличие материализованного Грабовым Григорием Петровичем билета от утерянного мной было в том, что материализованный им билет был испачкан соком от яблока лежавшего в сумке. Как позднее мне объяснил Грабовой Григорий Петрович, он это сделал для того чтобы при нахождении билета в том месте, где его раньше не было, я не испытала стресса. Первой мыслью должно было быть, что раз билет испачкан соком яблока, то он лежал ранее в хозяйственной сумке, в которой лежало яблоко, выделявшее сок, а затем уже шли мысли о многократном просматривании мной хозяйственной сумки и абсолютно точном отсутствии там билета до начала дистанционной экстрасеносрной работы Грабового Григория Петровича. Этим самым Грабовой Григорий Петрович показал как он учитывает степень восприимчивости человека при проводимой им материализации, чтобы не вызвать у сильно восприимчивого человека стресса при обнаружении материализованного предмета там, где его точно не было до начала экстрасенсорной материализации, проводимой Грабовым Григорием Петровичем.

__________ /Бабаева Т.П./

India Office : A. D. CONSULTANTS PVT. LTD., FMC Fortuna 3rd Floor, Unit-A7, 234/3A, A.J.C. Bose Road, Calcutta-7C
Telephone : 91-33-2479706 Telefax : 91-33-2476039 Telex : 21-2421 CSEL IN

ISEA
Téléphone : 0073712-629365
Télex : 116399 OFFIS SU
Téléfax : 007 3712623571 (Tachkent)
INTER SERVICE ENERGO-ASIA LIMITED
2, RUE E. KHODJAEV TACHKENT-700 032
RÉPUBLIQUE D'OUZBEKISTAN
TÉMOIGNAGE

Par la présente je, soussignée, Babayéva Tatiana, atteste que Grigori Grabovoï, né le 14 novembre 1963 à Kirovsky (Bagara), quartier de Kirov, région de Tchimkent, Kazakhstan (acte de naissance série II - OG N° 463794), en utilisant ses capacités extrasensorielles, a effectué l'expérience suivante de la matérialisation d'un objet :

J'ai été témoin d'un évènement très intéressant lors de ma mission en Inde en avril 1994. J'ai perdu mon billet d'avion. Toutes mes recherches étaient vaines. Là où je le cherchais, je n'arrivais pas à le trouver. Grigori Grabovoï m'a aidée. Il m'a dit de me calmer et regarder dans mon sac à provisions où j'avais déjà cherché auparavant donc il ne devait pas se trouver là. Après avoir tout sorti du sac encore une fois, j'ai vu au fond le billet fripé et un peu sale. Je dois ce miracle à Grigori Grabovoï qui a matérialisé mon billet perdu. La seule différence du billet matérialisé par Grabovoï de celui-ci que j'avais perdu consistait au fait que le premier était sali avec du jus de la pomme qui était dans le sac. Comme Grigori Grabovoï m'a expliqué plus tard, il l'avait fait pour que je n'aie pas de stress en trouvant le billet à l'endroit où il n'avait pas été auparavant. La première idée devait être comme quoi si le billet avait des taches de jus de pomme alors il s'était trouvé dans ce sac avec une pomme dégageant du jus. Et seulement après venaient des souvenirs sur plusieurs vérifications du contenu du sac et l'absence absolue du billet avant le travail extrasensoriel de Grigori Grabovoï. Par ce fait, il a démontré qu'il tenait compte du degré de sensibilité de la personne lors d'une matérialisation afin d'éviter un stress lorsque cette personne découvre un objet matérialisé à l'endroit où, sûr et certain, il ne s'était pas trouvé avant le début du travail extrasensoriel de Grabovoï.

(signature) Babayéva T.

India Office : CONSULTANTS PVT. LTD., PMC Fortuna 3rd Floor. Unit-A7, 234/3A. A.J.C. Bose Road. Calcutta-7C
Téléphone : 91-33-2479706 Téléfax : 91-33-2476039 Télex : 21-2421 CSEL IN.

Sceau de l'office notarial de l'État : le 13 juillet 1996.
Je, soussignée, Azimova S., notaire de l'État 5 Chaïhonkhour de l'office notarial de l'État, atteste l'authenticité de la signature de Babayéva Tatiana, celle-ci apposée en ma présence.
L'identité de la personne qui a signé le document a été établie.
Inscrit dans le registre sous le N° 1382a.
Taxe payée : *illisible*
Notaire (*Signature*)
Sceau rond de l'État

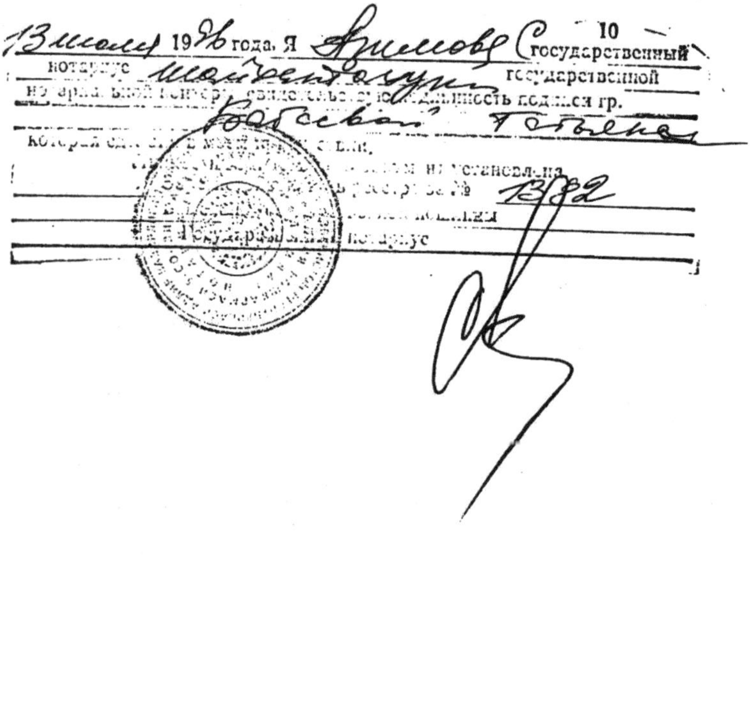
13 июля 1996 года. Я Азимова С 10 государственный
нотариус [illegible] государственной
нотариальной конторы свидетельствую подлинность подписи гр.
Бабаевой Татьяны
которая сделана в моем присутствии.
[illegible] установлена
[illegible] № 1382
[illegible]
Государственный нотариус

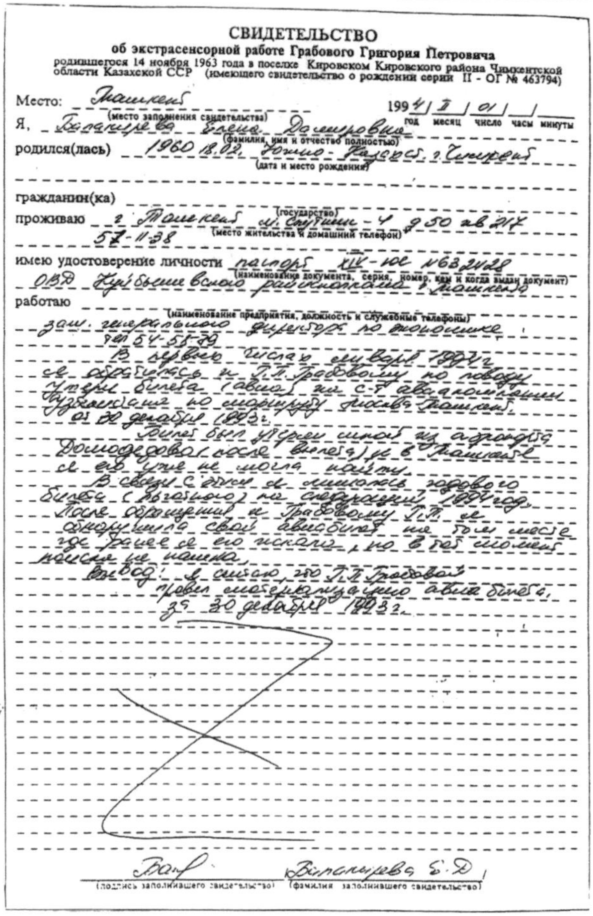

СВИДЕТЕЛЬСТВО
об экстрасенсорной работе Грабового Григория Петровича
родившегося 14 ноября 1963 года в поселке Кировском Кировского района Чимкентской области Казахской ССР (имеющего свидетельство о рождении серии II - ОГ № 463794)

Место: Ташкент (место заполнения свидетельства) 1994/I/01/ / (год месяц число часы минуты)
Я, Балакирева Елена Дмитриевна (фамилия, имя и отчество полностью)
родился(лась) 1960.18.02. Южно-Казах. обл. г. Чимкент (дата и место рождения)
гражданин(ка) (государство)
проживаю г. Ташкент м. Спутник-4 д 50 кв 217 57-11-38 (место жительства и домашний телефон)
имею удостоверение личности паспорт XIV-ЮС №632428 ОВД Куйбышевского райисполкома г. Ташкента (наименование документа, серия, номер, кем и когда выдан документ)
работаю (наименование предприятия, должность и служебные телефоны)
зам. генерального директора по экономике тел 54-58-79
В первых числах января 1994 г я обратилась к Г.П. Грабовому по поводу утери билета (авиа) на с-т авиакомпании Узбекистан по маршруту Москва-Ташкент от 30 декабря 1993 г.
Билет был утерян мной из аэропорта Домодедово (после вылета) и в Ташкенте я его уже не могла найти.
В связи с этим я лишилась годового билета (льготного) на следующий 1994 год.
После обращения к Грабовому Г.П. я обнаружила свой авиабилет на том месте где ранее я его искала, но в тот момент поиски не нашла.
Вывод: я считаю, что Г.П. Грабовой провел материализацию авиа билета, за 30 декабря 1993 г.

(подпись заполнившего свидетельство) Балакирева Е.Д. (фамилия заполнившего свидетельство)

TÉMOIGNAGE
Sur le travail extrasensoriel de Grigori Grabovoï, né le 14 novembre 1963 à Kirovsky, quartier de Kirov, région de Tchimkent, Kazakhstan (acte de naissance série II - OG N° 463794)
Lieu du témoignage : Tachkent
Date du témoignage : le 1er janvier 1994
Balakiréva Eléna
Date et lieu de naissance : le 18 février 1960, Tchimkent, région du Sud du Kazakhstan.
Adresse, téléphone : app. 217, 50 M. Spoutnik-4, Tachkent, tél. 57-11-38
Dénomination du document, série, numéro, autorité et date de délivrance : passeport XIV-YC N° 632428, délivré par le département des affaires intérieures du comité exécutif de Kouïbychev, Tachkent.
Lieu de travail, fonction, téléphone : directeur adjoint d'économie, tél. 54-58-79
Début janvier 1994 je me suis adressée à G. Grabovoï à propos de la perte du billet d'avion pour le vol de la compagnie aérienne d'Ouzbékistan Moscou-Tachkent le 30 décembre 1993. J'avais perdu le billet après mon départ de l'aéroport Domodédovo, donc je n'avais pu le retrouver après l'arrivée à Tachkent. À cause de cela, je me suis privée du billet annuel au tarif privilégié pour l'année suivante, 1994.
Après m'être adressée à Grabovoï G., j'ai découvert mon billet à l'endroit où je l'avais cherché auparavant, mais sans résultat.
Conclusion : je suis persuadée que G. Grabovoï a effectué la matérialisation du billet le 30 décembre 1993.
(*signature*) / Balakiréva E. /

Всем заинтересованным лицам

Заявитель: Гусарова Галина Алексеевна
г. Москва, ул. Исаковского, д. 2, к. 1, кв 215
т. 944-33-66

Заявление
о том, что Грабовой Григорий Петрович дематериализовал 10 листов бумаги в том месте, о котором он не знал (не имел адреса)

Я родилась 29 мая 1945 г в г. Москва, паспорт серии XII-МЮ 616980, выдан 24 мая 1978г 109 о/м, г. Москвы.

Я являюсь свидетелем того, что Грабовой Григорий Петрович дематериализовал в сентябре 1997г. статью „Человек-рентген" из тумбочки родственницы моего мужа Кузьменко Елены Павловны, её тел. 249-95-24.

При этом Григорий Петрович Грабовой не знал места расположения статьи и адреса. Во время процесса воздействия дематериализации, проводимого Григорием Петровичем Грабовым, исчезло 10 листов формата А4. При этом свидетелями дематериализации были её мама Цветкова Анна Михайловна и я, Гусарова Галина Алексеевна.

После того, как Григорий Петрович Грабовой дематериализовал 10 листов бумаги, прошло 3 (три) недели.

Прошу заверить мое заявление на основании документов, удостоверяющих мою личность и на основании вышеизложенных доказательств.

Гусарова /Гусарова/ 1997г /09/25/

г. Москва

À TOUTE PERSONNE INTÉRESSÉE

Déclarant : Goussarova Galina

Adresse, téléphone : app. 215, 2/1 rue Issakovskiy, Moscou, tél. 944-33-66.

DÉCLARATION

Grabovoï Grigori a dématérialisé dix (10) feuilles de papier à un endroit qu'il ne connaissait pas (il n'avait pas d'adresse).

Je suis née le 29 mai 1945 à Moscou, passeport XII-MU 616980, délivré le 24 mai 1978 par 109 o/m à Moscou.

J'ai été témoin du fait qu'en septembre 1997 Grabovoï Grigori a dématérialisé l'article *« L'homme-roentgen »* du petit meuble d'une parente de mon mari, Kouzmenko Eléna, son tél. 249-95-24.

Grabovoï Grigori ne savait pas où l'article se trouvait, il ne connaissait pas l'adresse non plus. Au moment de la dématérialisation effectuée par Grabovoï, dix (10) feuilles de papier format A4 ont disparu. Ceci en présence de sa mère Tsvetkova Anna et de moi, Goussarova Galina.

Après que Grabovoï Grigori a dématérialisé dix (10) feuilles de papier, 3 semaines se sont écoulées.

Je vous prie de bien vouloir légaliser ma déclaration sur la base des documents certifiant mon identité et des preuves présentées ci-dessus.

(*signature*) / Goussarova /

Le 25 septembre 1997

Sceau de l'office notarial : le 2 octobre 1997.
Je, soussignée, Bratoulenko O., notaire de la ville de Moscou, atteste l'authenticité de la signature de Goussarova Galina, celle-ci apposée en ma présence. L'identité de la personne qui a signé le document a été établie.
Inscrit dans le registre sous le N° 2-3912.
Payé selon le tarif appliqué: 20000 roubles.
Notaire (*Signature*)
Sceau rond: ville de Moscou, notaire Bratoulenko O.

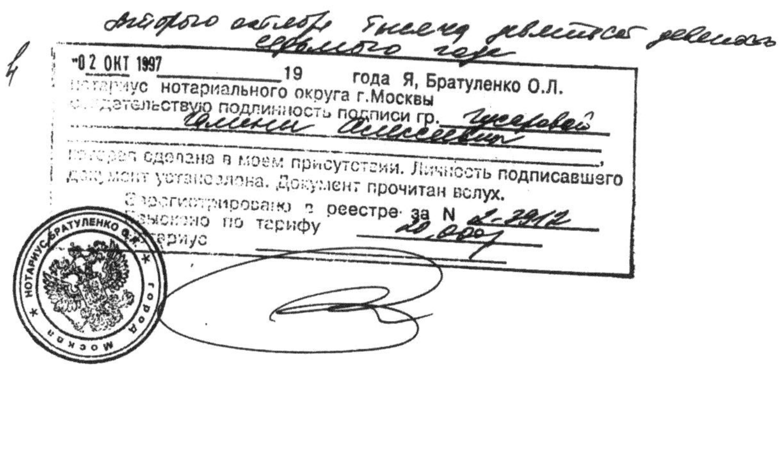
"02 ОКТ 1997 ______ 19 года Я, Братуленко О.Л.
нотариус нотариального округа г.Москвы
свидетельствую подлинность подписи гр. ______
______
которая сделана в моем присутствии. Личность подписавшего документ установлена. Документ прочитан вслух.
Зарегистрировано в реестре за N 2-3912
Взыскано по тарифу 20.000
Нотариус

НОТАРИУС БРАТУЛЕНКО О.Л. * ГОРОД МОСКВА

À TOUTE PERSONNE INTÉRESSÉE

Déclarant : Tsvetkova Anna.

Adresse, téléphone : app. 39, 31 rue Stoudentcheskaya, Moscou.

PROCÈS-VERBAL

À toute personne intéressée en ce que Grabovoï Grigori a dématérialisé dix (10) feuilles de papier dans mon appartement sans connaître l'adresse.

Je suis née le 18 juillet 1911 à Kléguikskaya, quartier Kléguikskiy, région de Volgograd.

Passeport XXVI-MU N° 547008, délivré le 26 juin 1979 par le département de milice N° 66 à Moscou.

J'ai été témoin du fait qu'en septembre 1997 Grabovoï Grigori a dématérialisé l'article *« L'homme-roentgen »* du petit meuble dans mon appartement, tél. 249-95-24.

Grabovoï Grigori ne savait pas où l'article se trouvait, il ne connaissait pas non plus l'adresse. Au moment de la dématérialisation effectuée par Grabovoï, dix (10) feuilles de papier format A4 ont disparu. Ceci en présence de ma fille, Kouzmenko Eléna et de Goussarova Galina, tél 944-33-66.

Après que Grabovoï Grigori a dématérialisé dix (10) feuilles de papier, trois (3) semaines se sont écoulées.

Je vous prie de bien vouloir légaliser ma déclaration sur la base des documents certifiant mon identité et des preuves présentées ci-dessus.

(*signature*) / Tsvetkova / le 2 octobre 1997

Всем заинтересованным лицам
Заявитель: Цветкова Анна Михайловна
г. Москва, Студенческая ул. д 31, кв 39.

Протокол

Для всех заинтересованных лиц о том, что Грабовой Григорий Петрович дематериализовал 10 листов бумаги у меня на квартире и при этом адреса моей квартиры он не знал.

Я родилась 18 июня 1911 года в станице Клетской Клетского р-она Волгоградской области.

Паспорт серии XXI-МЮ № 547008. Выдан 66 отделением милиции г. Москвы 26 июня 1979 года.

Я являюсь свидетелем того, что Грабовой Григорий Петрович дематериализовал в сентябре 1997 г. статью „Человек – рентген" из тумбочки моей квартиры т. 249-95-24

При этом Григорий Петрович Грабовой не знал места расположения статьи и адреса.

Во время воздействия дематериализации проводимого Григорием Петровичем Грабовым исчезло 10 листов формата А4.

При этом свидетелями дематериализации были моя дочь Кузьменко Елена Павловна и Гусарова Галина Алексеевна т. 944-33-66

После того, как Григорий Петрович Грабовой дематериализовал 10 листов бумаги прошло 3 (три) недели.

Прошу заверить мое заявление на основании документов удостоверяющих мою личность и на основании вышеизложенных доказательств

Цв / Цветкова / 1997 г. 2.10.1997 г.

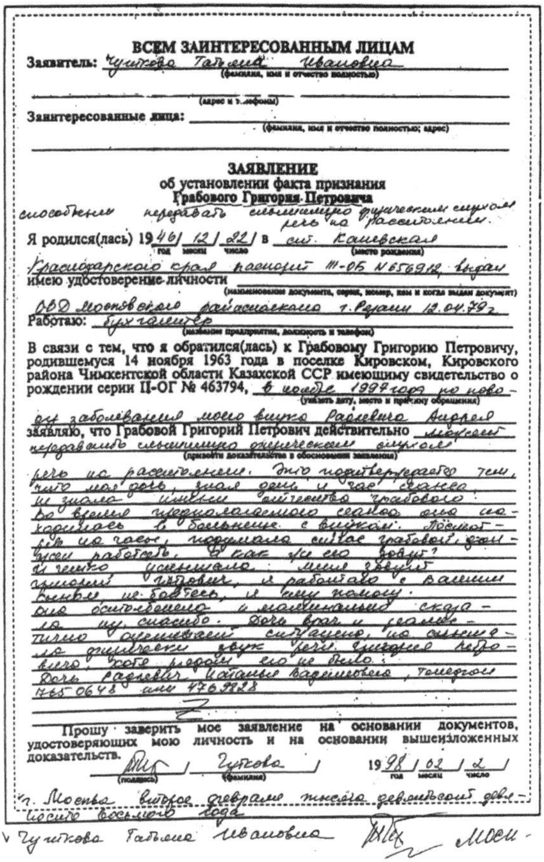

ВСЕМ ЗАИНТЕРЕСОВАННЫМ ЛИЦАМ

Заявитель: Чуткова Татьяна Ивановна

Заинтересованные лица:

ЗАЯВЛЕНИЕ
об установлении факта признания
Грабового Григория Петровича
способным передавать слышимую физическими слухом речь на расстоянии.

Я родился(лась) 1946/12/22/ в ст. Каневская Краснодарского края паспорт III-ОБ N 656912 выдан

имею удостоверение личности ОВД Московского райисполкома г. Рязани 12.04.79 г.

Работаю: бухгалтер

В связи с тем, что я обратился(лась) к Грабовому Григорию Петровичу, родившемуся 14 ноября 1963 года в поселке Кировском, Кировского района Чимкентской области Казахской ССР имеющему свидетельство о рождении серии II-ОГ № 463794, в ноябре 1997 года по поводу заболевания моего внука Радлевича Андрея

заявляю, что Грабовой Григорий Петрович действительно может передавать слышимую физическим слухом речь на расстоянии. Это подтверждается тем, что моя дочь, зная день и час сеанса, не знала имени отчества Грабового. Во время предполагаемого сеанса она находилась в больнице с внуком. Посмотрела на часы, подумала сейчас Грабовой должен работать, а как же его зовут? И четко услышала: «Меня зовут Григорий Петрович, я работаю с вашим сыном, не бойтесь, я вам помогу». Она остолбенела и машинально сказала: «Ну, спасибо». Дочь врач и реалистично оценивает ситуацию, но слышала физически звук речи Грабового, хотя рядом его не было.
Дочь Радлевич Наталья Вадимовна, телефон 765-06-48 или 476-98-28

Прошу заверить мое заявление на основании документов, удостоверяющих мою личность и на основании вышеизложенных доказательств.

(подпись) / Чуткова / 1998/02/2/

г. Москва второе февраля тысяча девятьсот девяносто восьмого года
Чуткова Татьяна Ивановна (подпись) Моск-

À TOUTE PERSONNE INTÉRESSÉE
Déclarant : Tchoutkova Tatiana.
DÉCLARATION
De la reconnaissance de Grabovoï Grigori sur sa capacité à transmettre à distance la parole qu'on peut entendre à l'oreille.
Date et lieu de naissance : le 22 décembre 1946, Kanévskaya, région de Tchita.
Dénomination du document, série, numéro, autorité et date de délivrance : passeport III-OB N° 656912, délivré par OVD du comité exécutif de Ryazan le 12 avril 1979.
Lieu de travail, fonction, téléphone : comptable.
Compte tenu du fait que je me suis adressée à Grabovoï Grigori, né le 14 novembre 1963 à Kirovsky, quartier de Kirov, région de Tchimkent, Kazakhstan (acte de naissance série II - OG N° 463794) en novembre 1997 au sujet de la maladie de mon petit-fils Radlévitch Andrey, j'atteste que Grigori Grabovoï a vraiment la capacité de transmettre à distance la parole qu'on peut entendre à l'oreille. Cela se confirme par le fait que ma fille était au courant du jour et de l'heure de la séance mais elle ne connaissait pas le prénom de Grabovoï. Au moment de la séance prévue, elle se trouvait avec mon petit-fils à l'hôpital. Elle a regardé sa montre et s'est dit que Grabovoï devait être en train de travailler, mais comment s'appelle-t-il ? Et elle a entendu clairement : « Je m'appelle Grigori, je suis en train de travailler avec votre fils, n'ayez pas peur, je vais vous aider. » Elle est demeurée stupéfaite et a répondu machinalement : « Merci. » Ma fille est médecin, elle considère cette situation de façon réaliste, mais elle a vraiment entendu physiquement le son de la voix de Grabovoï bien qu'il n'était pas à côté d'elle.
Ma fille, Radlévitch Natalia, tél. 765-06-48 ou 476-98-28.
Je vous prie de bien vouloir légaliser ma déclaration sur la base des documents certifiant mon identité et des preuves présentées ci-dessus.
(*signature*) Tchoutkova le 2 février 1998

Sceau de l'office notarial : le 4 février 1998. Je soussignée, Smorgounova E., notaire de la ville de Moscou, atteste l'authenticité de la signature de Tchoutkova Tatiana, celle-ci apposée en ma présence. L'identité de la personne qui a signé le document a été établie.
Inscrit dans le registre sous le N° 10-286.
Taxe payée : 23 roubles 54 kopeck.
Notaire (*Signature*) Smorgounova E.
Sceau rond de l'État : ville de Moscou, notaire Smorgounova E.

TÉMOIGNAGE
Sur le travail extrasensoriel de Grigori Grabovoï.
Lieu du témoignage : Moscou.
Date du témoignage : le 11 mars 1994, 20h - 20h15.
Je, soussigné, Chélikov Vadim.
Date et lieu de naissance : 12.11.1967.
Lieu de travail, fonction, téléphone : Société MPSF Kotllons, directeur adjoint, tél. 575-70-02.
Adresse, téléphone: 8-1-2, rue Bolchaya Akadémitcheskaya, Moscou.
Dénomination du document, série, numéro, autorité et date de délivrance : passeport XXX- N° 510797 délivré le 10 juillet 1992 par / OVD Khimki N° 10.
Atteste que Grabovoï Grigori, né le 14 novembre 1963 à Kirovsky, quartier de Kirov, région de Tchimkent, Kazakhstan (passeport série III-OG N° 586058, délivré le 01.02.1980) a pénétré sans aucune clé dans ma voiture fermée immatriculée VAZ-2101 N° 81-00 NZ garée à côté de la station de métro Rechnoy Vokzal. Nous avions préalablement convenu de nous voir à côté de ma voiture. L'évènement s'est déroulé comme suit : Après avoir fermé ma voiture et vérifié que la porte était bien fermée, j'ai eu l'idée que si Grabovoï avait envie (nécessité) de pénétrer dans la voiture, il pourrait le faire. Après je me suis éloigné de la voiture. Lorsque j'y suis retourné quelques minutes plus tard, G. Grabovoï se trouvait déjà à l'intérieur alors que la voiture était fermée.
(*signature*) Chélikov V.

СВИДЕТЕЛЬСТВО
о экстрасенсорной работе Грабового Григория Петровича

Населенный пункт г. Москва 1994 март 11
(место заполнения свидетельства) год месяц число

Я, Шеликов Вадим Александрович гражданин (ка) Россия
(фамилия, имя и отчество полностью) (государство)

12.11.1967 работающий (щая)
(дата рождения) наименование предприятия

(должность и служебные телефоны)

проживающий (щая)
(адрес места жительства и домашний телефон)

имеющий (щая) удостоверение личности паспорт XXX-ИЦ
(наименование документа, серия, номер)
№ 510797 10 июля 1992 г. [illegible] ОВД г. Химки МО
кем и года выдан документ)

удостоверяю, что экстрасенс Грабовой Г.П. (имеющий паспорт серии III - ОГ № 586058, выданный 01.02.1980 года) После договорённости о встрече у ст. м. «Речной вокзал» возле моей машины ВАЗ 2101 № 81-00 НЗ Грабовой Г.П. прошёл в мою машину без каких-либо ключей. Событие происходило следующим образом: Когда я закрыл машину и проверил что машина закрыта, у меня возникла мысль, что если у Грабового Г.П. возникнет желание (необходимость) проникнуть в машину он сможет это сделать. После этого я отошёл от машины. Когда я через несколько минут вернулся Грабовой Г.П. уже был в моей машине ВАЗ 2101 № 81-00 НЗ и при этом она была закрыта на внутренние замки, то есть было обеспечено проникновение Грабового Г.П. в закрытую машину

[signature] \ Шеликов В.А. \
(подпись заполнившего свидетельство) (фамилия)

Ministère de l'Enseignement général et professionnel de la Fédération de Russie.
UNIVERSITÉ D'ÉTAT DE ROSTOV.
105, rue Bolchaya Sadovaya, Rostov-sur-le-Don, 344006.
N°__ du 12.01.98

Nous, soussignés, Olechnovitch Lev, Docteur en Sciences Chimiques, professeur lauréat à la Fondation Soros, directeur du département de la chimie et des corps à haut poids moléculaire à l'Université d'État de Rostov et Kornilov Valériy, Docteur en Sciences Chimiques, maître de conférences lauréat à la Fondation Soros au sein du même département, chef du laboratoire de chimie des carbohydrates de l'Institut de recherches scientifiques auprès de l'Université d'État de Rostov, avons proposé à Grabovoï Grigori (né le 14 novembre 1963, acte de naissance II - OG N° 463794) de choisir une version préférable d'état intermédiaire du processus chimique représenté ci-dessous :

Il est possible de résoudre ce problème par une méthode de résonance magnétique nucléaire et des calculs quantiques. G. Grabovoï n'étant pas du tout un chimiste, et encore moins un expert dans ce domaine étroit de la chimie organique, sans connaître aucune méthode spéciale pour étudier la structure de la matière immédiatement, dans son bureau situé au 14/2 rue Solyanka à Moscou, a donné une conclusion par écrit en faveur de la structure II en précisant qu'il était possible de réaliser une troisième structure dans le champ magnétique, celle-ci n'ayant pas été prise en compte par nous. G. Grabovoï ne pouvait pas savoir d'avance que les auteurs n'observent ce processus que dans le champ magnétique qui peut affecter la nature de la particule intermédiaire. Cette conclusion est en accord avec notre point de vue obtenu lors des expériences, ainsi que les opinions d'autres experts dans ce domaine.

Sur la base de ce qui précède, nous considérons que le pronostique fait par G. Grabovoï est basé sur la possibilité de prévision de processus ayant lieu au niveau moléculaire.

Docteur en Sciences Chimiques, professeur Olechnovitch L.

Docteur en Sciences Chimiques, maître de conférences Kornilov V.

Sceau de l'Université d'État de Rostov : Comité d'État de la RSFSR de la science et de l'école supérieure. Université d'État de Rostov du Drapeau Rouge du Travail. Faculté de Chimie.

Министерство общего и
профессионального образования
Российской Федерации

РОСТОВСКИЙ ГОСУДАРСТВЕННЫЙ
УНИВЕРСИТЕТ
344006, г. Ростов-на-Дону,
ул. Большая Садовая, 105
Тел. ____________

__________ № __________
На № __________ от 12.01.98

Нами, Олехновичем Львом Петровичем, доктором хим. наук, Соросовским проффесором, заведующим кафедрой химии природных и высокомолекулярных соединений РГУ и Корниловым Валерием Ивановичем, кандидатом хим. наук, Соросовским доцентом той же кафедры, заведующим лабораторией химии углеводов НИИ ФОХ РГУ была предложена задача выбора предпочтительного варианта промежуточного состояния химического процесса, изображенного ниже, Грабовому Григорию Петровичу (I4.II.1963 г. рождения, свид. о рожд. II-ОГ № 463794).

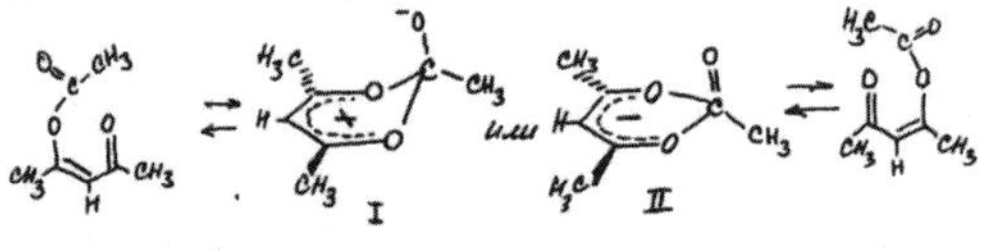

Решение этой задачи возможно методом ядерного магнитного резонанса и квантово-механическими расчетами. Г.П.Грабовой, не являясь химиком вообще, а тем более специалистом в этой узкой области органической химии и не располагая специальными методами изучения строения вещества, мгновенно, находясь в своем офисе (г.Москва, ул. Солянка, I4/2), дал письменное заключение в пользу структуры (II), сделав дополнительный вывод о том, что в магнитном поле возможна реализация третьей структуры, не учтенной нами. Г.П.Грабовой не мог знать заранее, что указанный процесс авторы наблюдают именно в магнитном поле, которое способно влиять на характер промежуточной частицы. Подобный вывод согласуется с нашими представлениями, полученными на основании эксперимента, а также со взглядами других специалистов в этой области.

На основании вышеизложенного считаем, что прогноз, данный Грабовым Г.П., основан на его способности к предвидению процессов, происходящих на молекулярном уровне.

Д.х.н., профессор Олехнович Л.П.

Канд.х,н, доцент Корнилов В.И.

Министерство общего и
профессионального образования
Российской Федерации

**РОСТОВСКИЙ ГОСУДАРСТВЕННЫЙ
УНИВЕРСИТЕТ**
344006. г. Ростов-на-Дону,
ул. Большая Садовая. 105
Тел. ____________

№ ____________
На № ____________ от 12.01.98.

Нами, Олехновичем Львом Петровичем, доктором хим. наук, Соросовским профессором, заведующим кафедрой химии природных и высокомолекулярных соединений РГУ и Корниловым Валерием Ивановичем, кандидатом хим. наук, Соросовским доцентом той же кафедры, заведующим лабораторией химии углеводов НИИФОХ РГУ была предложена задача определения порядка количества миграций ацетильной группы для химического процесса, изображенного ниже, Грабовому Григорию Петровичу (I4.II.1963 г. рожд., свид. о рождении ОГ-II № 463794).

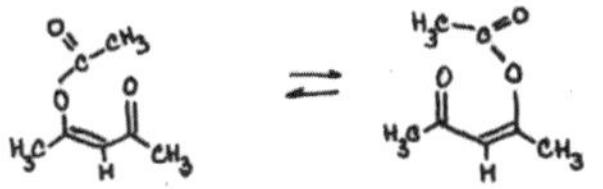

Письменный ответ Грабовой Г.П. дал практически мгновенно, находясь в своем офисе (г.Москва, ул. Солянка, I4/2), и определив его в 20–30 миграций в секунду, что совпало с экспериментальными данными. Случайное попадание в нужную величину считаем мало вероятным, т.к. эти значения для веществ с различными заместителями могут находиться в очень широких пределах.

Считаем, что решение дано Грабовым Г.П., не являющимся специалистом в этой узкой области органической химии и не владеющим специальными методами определения химической структуры вещества, на основании его способности к предвидению процессов, происходящих на молекулярном уровне.

Д.х.н., профессор Олехнович Л.П.

Канд.хим.наук, доцент Корнилов В.И.

Ministère de l'Enseignement général et professionnel de la Fédération de Russie.
UNIVERSITÉ D'ÉTAT DE ROSTOV.
105, rue Bolchaya Sadovaya, Rostov-sur-le-Don, 344006.
N°__ du 12.01.98

Nous, soussignés, Olechnovitch Lev, Docteur en Sciences Chimiques, professeur lauréat à la Fondation Soros, directeur du département de la chimie et des corps à haut poids moléculaire à l'Université d'État de Rostov et Kornilov Valériy, Docteur en Sciences Chimiques, maître de conférences lauréat à la Fondation Soros au sein du même département, chef du laboratoire de chimie des carbohydrates de l'Institut de recherches scientifiques auprès de l'Université d'État de Rostov, avons proposé à Grabovoï Grigori (né le 14 novembre 1963, acte de naissance II - OG N° 463794) de définir l'ordre de migration du groupe acétyle pour le processus chimique représenté ci-dessous :

G. Grabovoï a donné sa réponse presque instantanément dans son bureau (14/2 rue Solyanka, Moscou). Il a défini l'ordre comme 20-30 migrations par seconde, ce qui correspond aux données expérimentales. Nous considérons peu probable une détermination accidentelle de la valeur car ces valeurs avec divers substituants peuvent se trouver dans une gamme très variée.

Nous estimons que c'est Grabovoï G. qui a trouvé cette solution, n'étant pas un expert dans ce domaine étroit de la chimie organique et n'ayant aucune méthode spéciale pour étudier la structure chimique de la matière, mais en fonction de sa capacité de prévoir des processus se produisant au niveau moléculaire.

Docteur en Sciences Chimiques, professeur Olechnovitch L.
Docteur en Sciences Chimiques, maître de conférences Kornilov V.
Sceau de l'Université d'État de Rostov : Comité d'État de la RSFSR de la science et de l'école supérieure. Université d'État de Rostov du Drapeau Rouge du Travail. Faculté de Chimie.

Ministère de l'Enseignement général et professionnel de la Fédération de Russie.
UNIVERSITÉ D'ÉTAT DE ROSTOV.
105, rue Bolchaya Sadovaya, Rostov-sur-le-Don, 344006.
N°__ du 12.01.98

Nous, soussignés, Kourbatov Serguéy, Docteur en Sciences Chimiques, maître de conférences du département des corps naturels et à haut poids moléculaire à l'Université d'État de Rostov et Kornilov Valériy, Docteur en Sciences Chimiques, maître de conférences lauréat à la Fondation Soros au sein du même département, chef du laboratoire de chimie des carbohydrates de l'Institut de recherches scientifiques auprès de l'Université d'État de Rostov, avons proposé à Grabovoï Grigori (né le 14 novembre 1963, acte de naissance II - 463794) de caractériser un groupement réversible en termes de détermination du nombre de migrations du groupe acétyle dans la solution :

G. Grabovoï a donné sa réponse presque instantanément dans son bureau (14/2 rue Solyanka, Moscou). Il a défini l'ordre de migrations 10^6 par seconde, ce qui correspond aux données expérimentales. Nous considérons peu probable une détermination accidentelle de la valeur car ces valeurs avec divers substituants peuvent se trouver dans une gamme très variée (de 10^6 à 10^{-6} par seconde).

Nous estimons que la solution de Grabovoï G. est basée sur sa capacité de prévoir des processus se produisant au niveau moléculaire.

Docteur en Sciences Chimiques, maître de conférences Kourbatov S.
Docteur en Sciences Chimiques, maître de conférences Kornilov V.

Sceau de l'Université d'État de Rostov : Comité d'État de la RSFSR de la science et de l'école supérieure. Université d'État de Rostov du Drapeau Rouge du Travail. Faculté de Chimie.

Министерство общего и
профессионального образования
Российской Федерации

РОСТОВСКИЙ ГОСУДАРСТВЕННЫЙ
УНИВЕРСИТЕТ
344006. г. Ростов-на-Дону.
ул. Большая Садовая, 105
Тел. ________

№ ________
На № ________ от 12.01.98 г.

Нами, Курбатовым Сергеем Васильевичем, канд. хим. наук, доцентом кафедры химии природных и высокомолекулярных соединений РГУ и Корниловым Валерием Ивановичем, канд.хим. наук, Соросовским доцентом той же кафедры, зав. лабораторией НИИФОХ РГУ была предложена Грабовому Григорию Петровичу (I4.II. 1963 г.рождения, свид. о рождении II-ОГ №463794) задача охарактеризовать обратимую перегруппировку, изображенную ниже, в плане определения количества миграций ацетильной группы в растворе при 25°С.

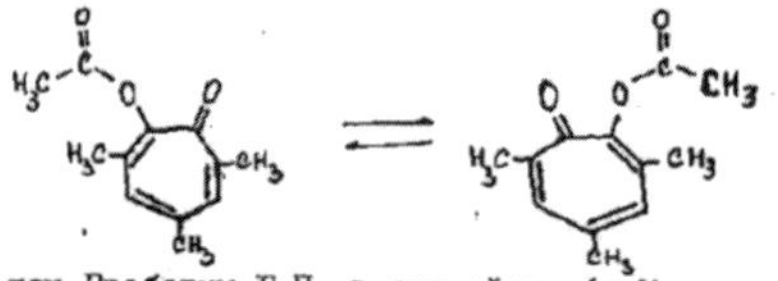

Ответ был дан Грабовым Г.П. в его офисе (г.Москва, ул.Солянка, I4/ практически мгновенно, а порядок миграций был определен как 10^6 в сек., что согласуется с экспериментальными и расчетными данными. Случайное совпадение мало вероятно, т.к. миграция в соединениях подобного типа зависит от заместителей и может происходить в широких пределах (от 10^6 до 10^{-6} раз в сек).

Считаем, что решение, данное Грабовым Г.П., основано на его способности к предвидению процессов, происходящих на молекулярном уровне.

Канд. хим. наук, доц. Курбатов С.В.

Канд.хим. наук, доц. Корнилов В.И.

РСФСР
МИНИСТЕРСТВО ВЫСШЕГО И СРЕДНЕГО СПЕЦИАЛЬНОГО ОБРАЗОВАНИЯ

РОСТОВСКИЙ
ОРДЕНА ТРУДОВОГО КРАСНОГО ЗНАМЕНИ
ГОСУДАРСТВЕННЫЙ УНИВЕРСИТЕТ
НАУЧНО-ИССЛЕДОВАТЕЛЬСКИЙ ИНСТИТУТ ФИЗИЧЕСКОЙ И ОРГАНИЧЕСКОЙ ХИМИИ (НИИФОХ)

344104, г. Ростов-на-Дону, просп. Стачки, 194/3
Телефон 28-57-00

от 12.01.98 №

На № ______ от ______

Нами, Курбатовым Сергеем Васильевичем, доцентом кафедры химии природных и высокомолекулярных соединений РГУ и Корниловым Валерием Ивановичем, канд.хим.наук, доцентом той же кафедры, заведующим лабораторией НИИФОХ РГУ была предложена Грабовому Григорию Петровичу (I4.II.I963 г. рождения; свидетельство о рожд. II-ОГ № 463794) задача охарактеризовать скорость превращения вещества I в вещество II в растворе при 25°С (количество циклизаций-рециклизаций в секунду).

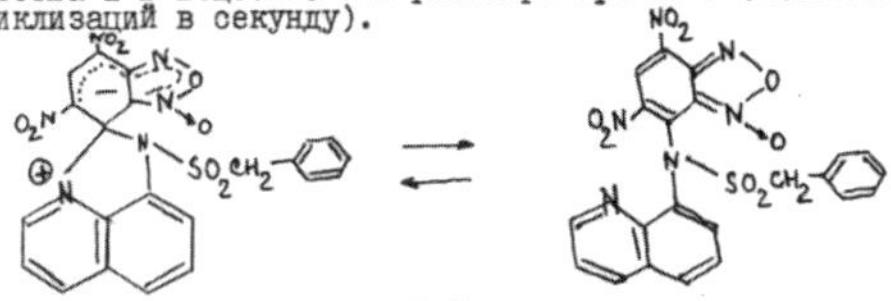

Ответ был дан Грабовым Г.П. письменно в его офисе (г.Москва, ул. Солянка, I4/2) практически мгновенно, а порядок миграций определен как пять (5) в сек., что соответствует эксперименту, проведенному впоследствии с помощью ЯМР-спектроскопии и расчетов.

Считаем, что решение, данное Грабовым Г.П., не владеющим физико-химическими методами исследования химического вещества, основано на его способности к предвидению процессов, происходящих на молекулярном уровне.

Канд.хим.наук, доц. Курбатов С.В.

Канд. хим.наук,доц. Корнилов В.И.

Ministère de l'Enseignement général et professionnel de la Fédération de Russie.
UNIVERSITÉ D'ÉTAT DE ROSTOV
INSITUT DE RECHERCHES SCIENTIFIQUES DE CHIMIE PHYSIQUE ET ORGANIQUE.
194/3, avenue de Stachka, Rostov-sur-le Don 344104. Tél. 28-57-00
Le 12.01.98

Nous soussignés, Kourbatov Serguéy, maître de conférences du département des corps naturels et à haut poids moléculaire à l'Université d'État de Rostov et Kornilov Valériy, Docteur en Sciences Chimiques, maître de conférences lauréat à la Fondation Soros au sein du même département, chef du laboratoire de chimie des carbohydrates de l'Institut de recherches scientifiques auprès de l'Université d'État de Rostov, avons proposé à Grabovoï Grigori (né le 14 novembre 1963, acte de naissance II - OG N° 463794) de caractériser la vitesse de transformation de la substance I en substance II dans la solution avec la température de 25° (nombre de cyclisations-recyclisations par seconde) :

G. Grabovoï a donné sa réponse presque instantanément dans son bureau (14/2, rue Solyanka, Moscou). Il a défini l'ordre de migrations comme 5 (cinq) par seconde, ce qui correspond à l'expérience effectuée plus tard à l'aide de résonance magnétique nucléaire et de calculs.

Nous estimons que la solution de Grabovoï G., n'ayant aucune méthode spéciale pour étudier la structure chimique de la matière, est basée sur sa capacité de prévoir des processus se produisant au niveau moléculaire.

Docteur en Sciences Chimiques, maître de conférences Kourbatov S.

Docteur en Sciences Chimiques, maître de conférences Kornilov V.

Sceau de l'Université d'État de Rostov : Comité d'État de la RSFSR de la science et de l'école supérieure. Université d'État de Rostov du Drapeau Rouge du Travail. Faculté de Chimie.

TÉMOIGNAGE

Sur le travail extrasensoriel de Grigori Grabovoï, né le 14 novembre 1963 à Kirovsky (Bagara), quartier de Kirov, région de Tchimkent, Kazakhstan (acte de naissance série II - OG N° 463794).

Lieu du témoignage : Tachkent.

Date du témoignage : le 24 janvier 1997, 16 : 23.

Je, soussigné, Roumiantsev Konstantin.

Date et lieu de naissance : le 16 mars 1964, Tachkent.

Nationalité : Ouzbékistan.

Adresse, téléphone : app. 90, 95A/1, rue Fargon Yuli, Tachkent, tél. 915410.

Lieu de travail, fonction, téléphone : entreprise VIST, directeur technique, tél. 410908.

Dénomination du document, série, numéro, autorité et date de délivrance : passeport série N° 0500835 délivré le 3 avril 1996 par ROVD Khamsinskiy, Tachkent.

En présence de deux témoins :

Témoin N° 1 : Morozkina Marina

Date et lieu de naissance : le 27 mars 1965, Tachkent.

Adresse, téléphone: app. 9, 2, rue Bachkirskaya, Tachkent, tél. 34-30-68

Lieu de travail, fonction, téléphone : Centre médical auprès de l'Usine des tracteurs de Tachkent, médecin-généraliste

Dénomination du document, série, numéro, autorité et date de délivrance : passeport 0118402, délivré par UVD du quartier Abadskiy, Tachkent, le 28.07.95.

Témoin N° 2 : Plykine Nikolaï

Date et lieu de naissance : le 15 février 1977, Tachkent.

Adresse, téléphone : app. 1, 31 , rue Berouch, Tachkent, tél. 42-20-94.

Lieu de travail, fonction, téléphone : Compagnie Nationale Aérienne de la République d'Ouzbékistan, technicien-opérateur en informatique.

Dénomination du document, série, numéro, autorité et date de délivrance : passeport XVI - YC N° 730079, délivré le 26 mai 1993 par OVD du quartier Ozhilbrovskiy, Tachkent.

La suite du présent document est en annexe 1 à la première page.

(fait par) Roumiantsev K.

(signature du témoin N° 1) Morozkina M.

(signature du témoin N° 2) Plykine N.

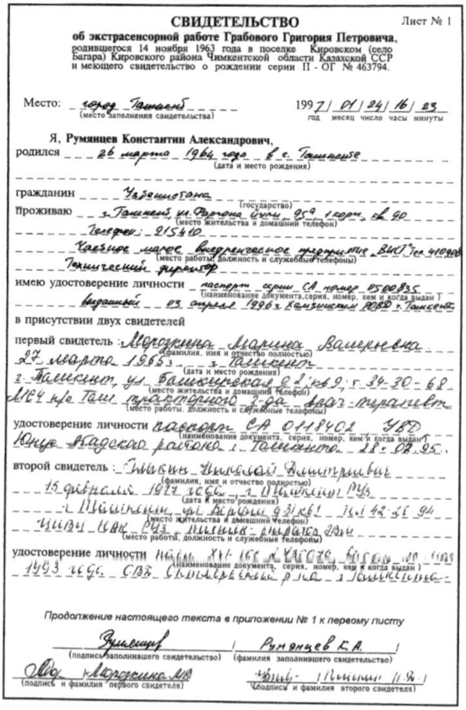
СВИДЕТЕЛЬСТВО Лист № 1

об экстрасенсорной работе Грабового Григория Петровича,
родившегося 14 ноября 1963 года в поселке Кировском (село Багара) Кировского района Чимкентской области Казахской ССР и меющего свидетельство о рождении серии II - ОГ № 463794.

Место: город Ташкент (место заполнения свидетельства) 1997/01/24/16/23 (год месяц число часы минуты)

Я, Румянцев Константин Александрович,
родился 26 марта 1964 года в г. Ташкенте (дата и место рождения)

гражданин Узбекистана (государство)

проживаю (место жительства и домашний телефон) Телефон: 915410

(место работы, должность и служебные телефоны) Технический директор

имею удостоверение личности паспорт серии СА номер 0500835 (наименование документа, серия, номер, кем и когда выдан)

в присутствии двух свидетелей

первый свидетель : (фамилия, имя и отчество полностью) 27 марта 1965 г. г. Ташкент (дата и место рождения) 34-30-68 (место жительства и домашний телефон) (место работы, должность и служебные телефоны)

удостоверение личности (наименование документа, серия, номер, кем и когда выдан) 28.07.95.

второй свидетель : (фамилия, имя и отчество полностью) (дата и место рождения) (место жительства и домашний телефон) (место работы, должность и служебные телефоны)

удостоверение личности (наименование документа, серия, номер, кем и когда выдан)

Продолжение настоящего текста в приложении № 1 к первому листу

(подпись заполнившего свидетельство) / Румянцев К.А. (фамилия заполнившего свидетельство) /

(подпись и фамилия первого свидетеля) (подпись и фамилия второго свидетеля)

ПРИЛОЖЕНИЕ № 1 Лист № 2

к свидетельству об экстрасенсорной работе Грабового Григория Петровича,
родившегося 14 ноября 1963 года в поселке Кировском (село Багара) Кировского района Чимкентской области Казахской ССР и меющего свидетельство о рождении серии II - ОГ № 463794.

Место: город Ташкент (место заполнения свидетельства) 1997 / 01 / 24 / 16 / 23 (год месяц число часы минуты)

Румянцев Константин Александрович
Фамилия имя отчество заполнившего свидетельство

Настоящим свидетельством удостоверяю, что был свидетелем проявления экстрасенсорных способностей Грабового Григория Петровича в период учебы в Ташкентском университете. Преподаватель, доцент Гегель Галина Николаевна неоднократно, в присутствии всей группы после проверки контрольных работ по математическому анализу, выражала удивление по поводу работ студента Грабового Григория Петровича, который пишет правильные ответы на задания сразу, не проводя решения. В то время мы считали его одаренным человеком способным интуитивно находить правильные ответы, т. к. понятий ясновидение или экстрасенсорика у нас не было. Через призму сегодняшних знаний вышеизложенное можно назвать ясновидением.

Всему вышеизложенному мной я действительно был очевидцем, что и подтверждаю своей подписью в присутствии двух свидетелей.

Приведенные в настоящем свидетельстве факты имели место на втором курсе университета в 1982-83 учебном году.

[подпись] / Румянцев К.А. /
(подпись заполнившего свидетельство) (фамилия заполнившего свидетельство)

[подпись] / Морозкина М.В / (подпись и фамилия первого свидетеля)
[подпись] / Плыкин Н.Я. / (подпись и фамилия второго свидетеля)

ANNEXE 1

Selon le témoignage sur le travail extrasensoriel de Grigori Grabovoï, né le 14 novembre 1963 à Kirovsky (Bagara), quartier de Kirov, région de Tchimkent, Kazakhstan (acte de naissance série II - OG N° 463794).

Lieu du témoignage : Tachkent

Date du témoignage : le 24 janvier 1997, 16 : 23

Le document fait par : Roumiantsev Konstantin.

J'atteste par le présent témoignage que j'ai été témoin de manifestations de capacités extrasensorielles de Grabovoï Grigori pendant la période de nos études à l'université de Tachkent. Notre enseignante, maître des conférences Guéguél Galina à plusieurs reprises, en présence de tout le groupe et après avoir vérifié nos tests d'analyse mathématique, a exprimé sa surprise concernant le travail de l'étudiant Grabovoï Grigori qui écrivait des réponses correctes sans présenter la solution. Nous le considérions comme un prodige, capable de trouver les réponses correctes intuitivement, car nous ne connaissions pas encore les concepts de « clairvoyance » ou de « moyen extrasensoriel ». À travers le prisme des connaissances de nos jours, ce qui précède peut être appelé « clairvoyance ».

J'ai été témoin de ce qui précède et je le confirme en présence de deux témoins.

Ces faits fournis dans le présent témoignage ont eu lieu pendant la deuxième année d'études à l'université de 1982 à 1983.

(fait par) Roumiantsev K.

(signature du témoin N° 1) Morozkina M.

(signature du témoin N° 2) Plykine N.

Sceau de l'office notarial de lÉtat : le 13 juillet 1996.

Je, soussignée, Azimova S., notaire de l'État 5 Chaïhonkhour de l'office notarial de l'État, atteste l'authenticité de la signature de Roumiantsev Konstantin, celle-ci apposée en ma présence.

L'identité de la personne qui a signé le document a été établie.

Inscrit dans le registre sous le N° 634.

Taxe payée : 600

Notaire (*Signature*)

Sceau l'office notarial de l'État.

Acte notarié, numéroté, scellé, deux (2) pages au total.

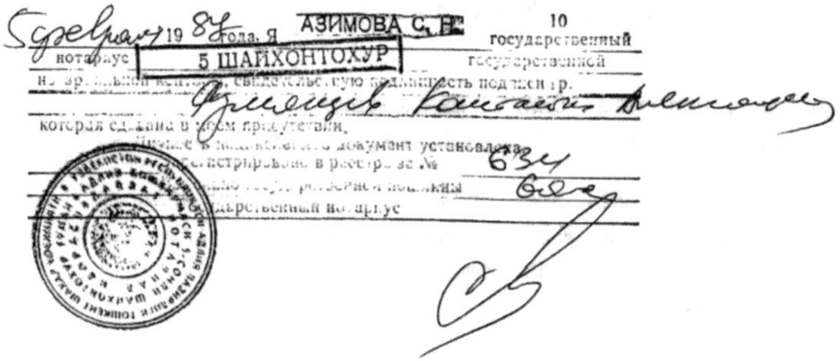
АЗИМОВА С. Н. 10
государственный
нотариус 5 ШАЙХОНТОХУР государственной
которая сделана в моем присутствии.
634

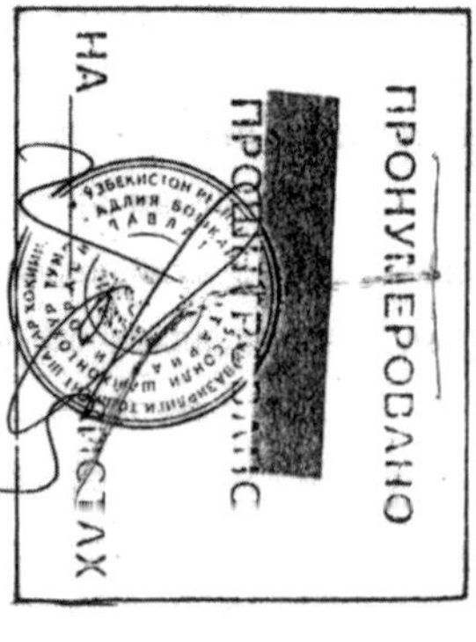
ПРОНУМЕРОВАНО
[redacted]
НА ЛИСТАХ

À TOUTE PERSONNE INTÉRESSÉE

Déclarant : Yakovléva Olga.

Adresse : app. 14, 6 – m/quartier 1, Youbiléynyi, région de Moscou, tél. 513-92-52.

Je suis née le 17.02.58 à Gorokhovka, région de Voronezh, passeport série I - 655676, délivré le 25 mars 1981, par 1 / d'UVD, Mytichi, région de Moscou.

DÉCLARATION

Du fait que Grabovoï Grigori, par la voie extrasensorielle, a effacé des bruits extérieurs de l'enregistrement de sa voix sur une cassette audio et a ajouté un texte avec sa voix sur cette cassette.

Je suis témoin du fait que le 27 février 1997 Grabovoï Grigori, par la voie extrasensorielle, a effacé des bruits extérieurs de l'enregistrement de sa voix sur une cassette audio et a ajouté un texte avec sa voix sur cette cassette. Lors de notre discussion avec lui, le texte ajouté avec la voix de Grabovoï n'était pas différent de sa voix enregistrée sur la bande sonore auparavant. Il avait réalisé cette action extrasensorielle sans savoir où la bande sonore s'était trouvée.

Je vous prie de bien vouloir légaliser ma déclaration sur la base des documents certifiant mon identité et ainsi que les preuves présentées ci-dessus.

(signature) Yakovléva O.

Le 18 novembre 1997, Moscou.

В С Е М З А И Н Т Е Р Е С О В А Н Н Ы М Л И Ц А М

Заявитель : Яковлева Ольга Николаевна

Московская область г.Юбилейный, мкр.1, д.6,кв.14,513-92-52

Я родилась 17.02.58г. в с.Гороховка Воронежской области паспорт серии XIX-ИК №655676 выдан 25 марта 1981г. 1 О/М УВД г.Мытищи Московской области.

З А Я В Л Е Н И Е

о том, что ГРАБОВОЙ ГРИГОРИЙ ПЕТРОВИЧ своим экстрасенсорным воздействием снял посторонние звуки с аудиозаписи своего голоса и добавил текст со своим голосом на аудиокассету.

Я являюсь свидетелем того, что Грабовой Григорий Петрович 27.02.97г. своим экстрасенсорным воздействием снял посторонние звуки с аудиокассеты с записью своего голоса и добавил текст аудиозаписи со своим голосом.При этом добавленный текст с голосом Грабового Григория Петровича не отличался ни по каким параметрам от голоса Грабового Григория Петровича ранее записанного на аудиопленку при очной беседе с ним.

Свое экстрасенсорное воздействие Грабовой Григорий Петрович провел не зная где находится аудиопленка.

Прошу заверить мое заявление на основании документов,удостоверяющих мою личность и на основании вышеизложенных доказательст.

_______ / Яковлева / 1997г. 18/11 г.Москва

Ville de Moscou, le dix-huit novembre mille neuf cent quatre-vingt-dix-sept.
Je, soussignée, Vroblevskaya L., notaire de la ville de Moscou, atteste l'authenticité de la signature de Yakovléva Olga, celle-ci apposée en ma présence. L'identité de la personne qui a signé le document a été établie.
Inscrit dans le registre sous le N° 2.10.157.
Payé selon le tarif appliqué : 4185 roubles.
Notaire (*signature*)
Sceau : ville de Moscou, Notaire : Vroblevskaya L.

Город Москва восемнадцатого ноября одна тысяча девятьсот девяносто седьмого года я, Вроблевская Л.Э., нотариус г.Москвы, свидетельствую подлинность подписи, сделанную гр. Яковлевой Ольгой Николаевной в моем присутствии . Личность подписавшей документ установлена..

Зарегистрировано в реестре за № 2.10157
Взыскано по тарифу 4.185 руб
Нотариус

ВСЕМ ЗАИНТЕРЕСОВАННЫМ ЛИЦАМ

Заявитель : Яковлева Ольга Николаевна
Московская область г.Юбилейный, мкр.1, д.6,кв.14 513-92-52

Я родилась 17.02.58г. в с.Гороховка Воронежской области
паспорт серии Х1Х-ИК № 655676 выдан 25 марта 1981г. 1 О/М
УВД г.Мытищи Московской области.

З А Я В Л Е Н И Е

о том, что ГРАБОВОЙ ГРИГОРИЙ ПЕТРОВИЧ своим экстрасенсорным воздействием убрал запись с аудиокассеты таким образом, что свободного места на аудиокассете не оказалось.

Я являюсь свидетелем того, что Грабовой Григорий Петрович 27.02.97г. своим экстрасенсорным воздействием стер запись беседы с аудиокассеты таким образом, что пустого места на аудиокассете не оказалось.При повторном прослушивании аудиокассеты с записанным текстом до стертого участка далее шло сразу начало текста, который был ранее /до воздействия Грабового Григория Петровича/ после стертого участка аудиозаписи. При этом посторонних шумов на месте стыка граничащих со стертым участком записей не наблюдалось, физические параметры ленты остались без изменений.Свое экстрасенсорное воздействие Грабовой Григорий Петрович провел не зная где находится аудиокассета.

Грабовой Григорий Петрович родился 14 ноября 1963 г
/ свидетельство о рождении II-ОГ № 463794/

Прошу заверить мое заявление на основании документов, удостоверяющих мою личность и на основании вышеизложенных доказательств.

(подпись) /Яковлева / 1997г./11/18/ г.Москва

À TOUTE PERSONNE INTÉRESSÉE

Déclarant : Yakovléva Olga.

Adresse : app. 14, 6 – m/quartier 1, Youbiléynyi, région de Moscou, tél. 513-92-52.

Je suis née le 17.02.58 à Gorokhovka, région de Voronezh, passeport série I -IK 655676, délivré le 25 mars 1981, par 1 / d'UVD, Mytichi, région de Moscou.

DÉCLARATION

Du fait que Grabovoï Grigori, par la voie extrasensorielle, a effacé l'enregistrement de notre conversation d'une cassette audio de sorte qu'il n'y ait plus d'espace libre sur cette cassette.

Je suis témoin du fait que le 27 février 1997, Grabovoï Grigori, par la voie extrasensorielle, a effacé l'enregistrement de notre conversation d'une cassette audio de sorte qu'il n'y ait plus d'espace libre sur cette cassette. Lors de la deuxième écoute de la cassette jusqu'à la partie effacée, ensuite c'était le début du texte qui était là auparavant (avant l'effet extrasensoriel de Grabovoï), après la partie effacée de l'enregistrement. Il n'y avait pas de bruits extérieurs à l'endroit de la jonction des enregistrements, les paramètres physiques de la bande sont restés inchangés. Il avait réalisé cette action extrasensorielle sans savoir où la bande sonore se trouvait.

Grabovoï Grigori est né le 14 novembre 1963 (acte de naissance série II - OG N° 463794)

Je vous prie de bien vouloir légaliser ma déclaration sur la base des documents certifiant mon identité et des les preuves présentées ci-dessus.

(*signature*) Yakovléva O.

Le 18 novembre 1997, Moscou.

Ville de Moscou, le dix-huit novembre mille neuf cent quatre-vingt-dix-sept.
Je, soussignée, Vroblevskaya L., notaire de la ville de Moscou, atteste l'authenticité de la signature de Yakovléva Olga, celle-ci apposée en ma présence. L'identité de la personne qui a signé le document a été établie.
Inscrit dans le registre sous le N° 2-10156.
Payé selon le tarif appliqué : 4185 roubles.
Notaire (*signature*)
Sceau : ville de Moscou, Notaire : Vroblevskaya L.

Город Москва восемнадцатого ноября одна тысяча девятьсот девяносто седьмого года я, Вроблевская Л.Э., нотариус г.Москвы, свидетельствую подлинность подписи, сделанную гр. Яковлевой Ольгой Николаевной в моем присутствии. Личность подписавшей документ установлена..

Зарегистрировано в реестре за № 2-10157
Взыскано по тарифу 4.185 руб
Нотариус

À TOUTE PERSONNE INTÉRESSÉE
Déclarant : Ladytchenko Konstantin.
Adresse : app. 37, rue Maslov, Monino, région de Moscou.
DÉCLARATION
Du fait que Grabovoï Grigori, dans les conditions de l'expérience pure, a complètement dématérialisé une disquette informatique de 1,44 mégabytes.
Je, soussigné, Ladytchenko Konstantin, né le 15 juin 1967 à Monino, région de Moscou, livret militaire VP Nº 096219, délivré par VVAUP 21 de Tambov le 22 octobre 1989, témoigne du fait que le 22 novembre 1997 Grabovoï Grigori, dans les conditions de l'expérience pure, a complètement dématérialisé une disquette informatique de 1,44 mégabytes. Pendant la dématérialisation, Grabovoï ne savait pas où se trouvait la disquette.
Grabovoï Grigori est né le 14 novembre 1963 à Kirovsky, quartier de Kirov, région de Tchimkent, Kazakhstan (acte de naissance série II - OG Nº 463794).
Je vous prie de bien vouloir légaliser ma déclaration sur la base des documents certifiant mon identité et les preuves présentées ci-dessus.
Le 25 novembre 1997.
(*signature*) Ladytchenko K.
Sceau de l'office notarial : le 26 novembre 1997. Je soussignée, Bolkvadzé T., notaire de l'office notarial 12 de la ville de Moscou, atteste l'authenticité de la signature de Ladytchenko Konstantin, celle-ci apposée en ma présence. L'identité de la personne qui a signé le document a été établie.
Inscrit dans le registre sous le Nº 2-1458.
Taxe payée : 4175 roubles
Notaire (*Signature*) Smorgounova E.
Sceau rond de l'État : Office notarial 12 de la ville de Moscou, notaire Bolkvadzé T.

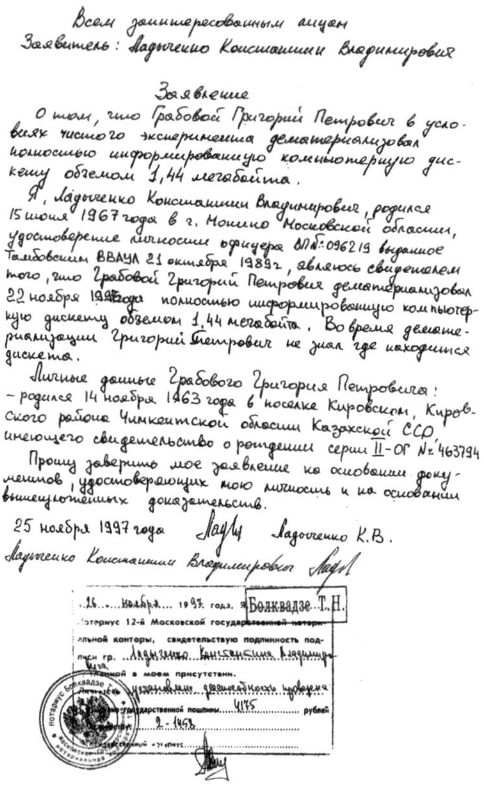
Всем заинтересованным лицам
Заявитель: Ладыченко Константин Владимирович

Заявление
О том, что Грабовой Григорий Петрович в условиях чистого эксперимента дематериализовал полностью информированную компьютерную дискету объемом 1,44 мегабайта.
Я, Ладыченко Константин Владимирович, родился 15 июня 1967 года в г. Монино Московской области, удостоверение личности офицера ВЛБ: 096219 выданное Тамбовским ВВАУЛ 21 октября 1989 г, являюсь свидетелем того, что Грабовой Григорий Петрович дематериализовал 22 ноября 1997 года полностью информированную компьютерную дискету объемом 1,44 мегабайта. Во время дематериализации Григорий Петрович не знал где находится дискета.
Личные данные Грабового Григория Петровича:
– родился 14 ноября 1963 года в поселке Кировском, Кировского района Чимкентской области Казахской ССР, имеющего свидетельство о рождении серии II-ОГ №463794
Прошу заверить мое заявление на основании документов, удостоверяющих мою личность и на основании вышеупомянутых доказательств.
25 ноября 1997 года (подпись) Ладыченко К.В.
Ладыченко Константин Владимирович (подпись)

26 ноября 1997 года, я, Болквадзе Т.Н., нотариус 12-й Московской государственной нотариальной конторы, свидетельствую подлинность подписи гр. Ладыченко Константина Владимировича, сделанной в моем присутствии.
Личность установлена, дееспособность проверена.
Взыскано государственной пошлины 4175 рублей
Зарегистрировано в реестре 2-1458
Государственный нотариус (подпись)

TÉMOIGNAGE

Sur le travail extrasensoriel de Grigori Grabovoï, né le 14 novembre 1963 à Kirovsky, quartier de Kirov, région de Tchimkent, Kazakhstan (acte de naissance série II - OG N° 463794), du diagnostic des équipements informatiques en novembre 1991.

Lieu du témoignage : Tachkent.

Date du témoignage : le 12 avril 1996, 12 :35

Je, soussigné, Valitov Radik,

Date et lieu de naissance : le 12 octobre 1960, Tachkent.

Nationalité : Ouzbékistan.

Adresse, téléphone : app. 35, 16, quartier Kouchbégui, Tachkent.

Dénomination du document, série, numéro, autorité et date de délivrance : passeport II-YC N° 639885 délivré le 26 novembre 1976 par ROVD Chilanzinskiy, Tachkent en présence de deux témoins :

Témoin N° 1 : Troubkina Olga.

Date et lieu de naissance : le 20 septembre 1956, Kaïraakoum, région de Léninabad.

Adresse, téléphone: 6/24, rue Altynkoulskaya, quartier Mirobadskiy, Tachkent-72

Lieu de travail, fonction, téléphone : usine 243GA, service des ressources humaines, opérateur en informatique.

Dénomination du document, série, numéro, autorité et date de délivrance : passeport 0325839, délivré par RUVD Mirabadskiy le 8 août 1996.

Témoin N° 2 : Grichkova Valentina

Date et lieu de naissance : le 20 juillet 1939, Kzyl-Orda, Kazakhstan.

Adresse, téléphone : app. 16, 13, rue Tchimkentskaya, Tachkent, tél. 565063.

Lieu de travail, fonction, téléphone : usine 243GA, chef du service des ressources humaines, tél. 546800

Dénomination du document, série, numéro, autorité et date de délivrance: passeport III-YC N° 729141, délivré le 05 décembre 1977 par OVD de RIK Léninskiy, Tachkent

La suite du présent document est en annexe 1 à la première page.

(fait par) Valitov R.

(signature du témoin n° 1)

Troubkina O.

(signature du témoin n° 2)

Grichkova V.

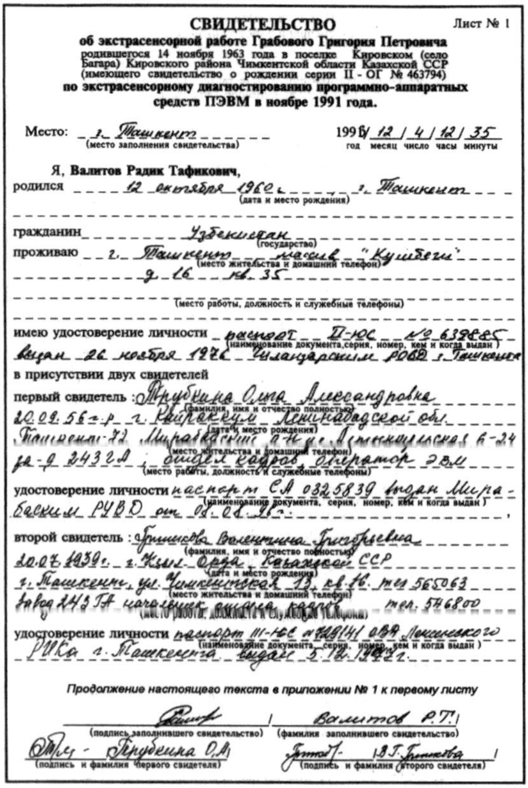

СВИДЕТЕЛЬСТВО — Лист № 1

об экстрасенсорной работе Грабового Григория Петровича родившегося 14 ноября 1963 года в поселке Кировском (село Багара) Кировского района Чимкентской области Казахской ССР (имеющего свидетельство о рождении серии II - ОГ № 463794) по экстрасенсорному диагностированию программно-аппаратных средств ПЭВМ в ноябре 1991 года.

Место: г. Ташкент (место заполнения свидетельства) — 1996 / 12 / 4 / 12 / 35 (год месяц число часы минуты)

Я, Валитов Радик Тафикович,

родился 12 октября 1960 г. г. Ташкент (дата и место рождения)

гражданин Узбекистан (государство)

проживаю г. Ташкент массив "Кушбеги" д. 16 кв. 35 (место жительства и домашний телефон)

(место работы, должность и служебные телефоны)

имею удостоверение личности паспорт II-ЮС № 639885 выдан 26 ноября 1976 Чиланзарским РОВД г. Ташкента (наименование документа, серия, номер, кем и когда выдан)

в присутствии двух свидетелей

первый свидетель: Трубкина Ольга Александровна (фамилия, имя и отчество полностью)

20.09.56 г. р. г. Кайраккум Ленинабадской обл. (дата и место рождения)

Ташкент-72 Мирабадский р-н ул. Алтынкульская 6-24 (место жительства и домашний телефон)

з-д 243ГА, отдел кадров, оператор ЭВМ (место работы, должность и служебные телефоны)

удостоверение личности паспорт СА 0325839 выдан Мирабадским РУВД от 08.08.96 г. (наименование документа, серия, номер, кем и когда выдан)

второй свидетель: Гришкова Валентина Григорьевна (фамилия, имя и отчество полностью)

20.07.1939 г. г. Кзыл-Орда Казахской ССР (дата и место рождения)

г. Ташкент, ул. Чимкентская 13, кв. 16. тел 565063 (место жительства и домашний телефон)

Завод 243 ГА начальник отдела кадров тел. 546800 (место работы, должность и служебные телефоны)

удостоверение личности паспорт III-ЮС №729141 ОВД Ленинского РИКа г. Ташкента выдан 5.12.1977 г. (наименование документа, серия, номер, кем и когда выдан)

Продолжение настоящего текста в приложении № 1 к первому листу

(подпись заполнившего свидетельство) / Валитов Р.Т. (фамилия заполнившего свидетельство)

Трубкина О.А. (подпись и фамилия первого свидетеля) / В.Г. Гришкова (подпись и фамилия второго свидетеля)

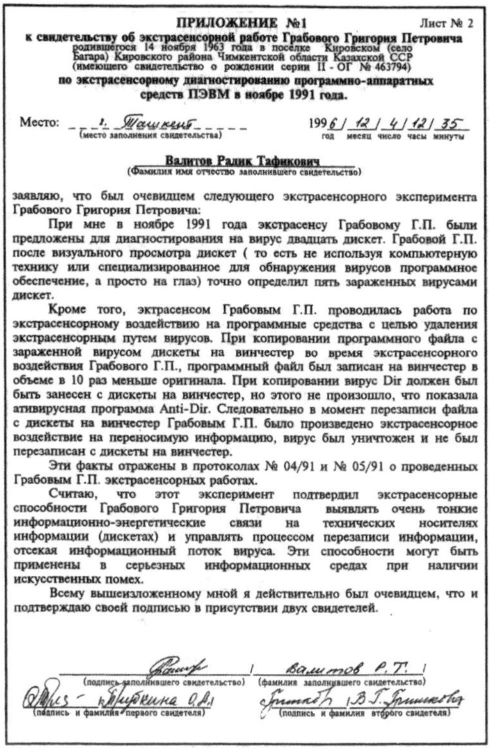

ПРИЛОЖЕНИЕ №1 Лист № 2

к свидетельству об экстрасенсорной работе Грабового Григория Петровича
родившегося 14 ноября 1963 года в поселке Кировском (село Багара) Кировского района Чимкентской области Казахской ССР (имеющего свидетельство о рождении серии II - ОГ № 463794)
по экстрасенсорному диагностированию программно-аппаратных средств ПЭВМ в ноябре 1991 года.

Место: г. Ташкент (место заполнения свидетельства) 1996 / 12 / 4 / 12 / 35 (год месяц число часы минуты)

Валитов Радик Тафикович
(Фамилия имя отчество заполнившего свидетельство)

заявляю, что был очевидцем следующего экстрасенсорного эксперимента Грабового Григория Петровича:

При мне в ноябре 1991 года экстрасенсу Грабовому Г.П. были предложены для диагностирования на вирус двадцать дискет. Грабовой Г.П. после визуального просмотра дискет (то есть не используя компьютерную технику или специализированное для обнаружения вирусов программное обеспечение, а просто на глаз) точно определил пять зараженных вирусами дискет.

Кроме того, эктрасенсом Грабовым Г.П. проводилась работа по экстрасенсорному воздействию на программные средства с целью удаления экстрасенсорным путем вирусов. При копировании программного файла с зараженной вирусом дискеты на винчестер во время экстрасенсорного воздействия Грабового Г.П., программный файл был записан на винчестер в объеме в 10 раз меньше оригинала. При копировании вирус Dir должен был быть занесен с дискеты на винчестер, но этого не произошло, что показала ативирусная программа Anti-Dir. Следовательно в момент перезаписи файла с дискеты на винчестер Грабовым Г.П. было произведено экстрасенсорное воздействие на переносимую информацию, вирус был уничтожен и не был перезаписан с дискеты на винчестер.

Эти факты отражены в протоколах № 04/91 и № 05/91 о проведенных Грабовым Г.П. экстрасенсорных работах.

Считаю, что этот эксперимент подтвердил экстрасенсорные способности Грабового Григория Петровича выявлять очень тонкие информационно-энергетические связи на технических носителях информации (дискетах) и управлять процессом перезаписи информации, отсекая информационный поток вируса. Эти способности могут быть применены в серьезных информационных средах при наличии искусственных помех.

Всему вышеизложенному мной я действительно был очевидцем, что и подтверждаю своей подписью в присутствии двух свидетелей.

(подпись заполнившего свидетельство) / Валитов Р.Т. / (фамилия заполнившего свидетельство)

Трубкина О.А. / (подпись и фамилия первого свидетеля) / В.Г. Гришкова (подпись и фамилия второго свидетеля)

TÉMOIGNAGE

Sur le travail extrasensoriel de Grigori Grabovoï, né le 14 novembre 1963 à Kirovsky, quartier de Kirov, région de Tchimkent, Kazakhstan (acte de naissance série II - OG N° 463794), du diagnostic des équipements informatiques en novembre 1991.

Lieu du témoignage : Tachkent

Date du témoignage : le 12 avril 1996, 12h35

Fait par : Valitov Radik

Je déclare que j'ai été témoin de l'expérience extrasensorielle suivante de Grabovoï Grigori :

En novembre 1991, il a été demandé à Grabovoï G. de faire le diagnostic d'un virus dans les vingt disquettes. Grabovoï G., après examen visuel des disquettes (sans utiliser de matériel informatique ou d'équipement spécial pour détection de virus), a identifié cinq disquettes infectées par le virus.

En outre, Grabovoï G. a travaillé avec les logiciels pour supprimer le virus par voie extrasensorielle. Quand le fichier de la disquette infectée a été copié sur le disque dur, sous l'effet extrasensoriel de Grabovoï G., il a été enregistré sur le disque dur dans un volume dix fois plus petit que l'original. Le virus « Dir » devait aussi être transmis à partir de la disquette sur le disque dur, mais ce n'était pas le cas, ce qui a été confirmé par le logiciel anti-virus « Anti-Dir ». Par conséquent, quand Grabovoï G. a travaillé par voie extrasensorielle avec l'information qui était en train d'être copiée de la disquette sur le disque dur, le virus a été détruit.

Ces faits ont été enregistrés dans les procès-verbaux N° 04/91 et N° 05 /91 concernant le travail extrasensoriel de Grabovoï G.

Je crois que cette expérience a confirmé les capacités extrasensorielles de Grabovoï Grigori à détecter des informations très subtiles sur des supports informatiques (disquettes) et de gérer le processus d'enregistrement d'informations en coupant le flux d'informations du virus. Ces capacités peuvent être utilisées dans des milieux environnements informationnels importants en présence de brouillage intentionnel.

J'ai été témoin de ce qui précède et je le confirme en présence de deux témoins.

(fait par) / Valitov R. /

(signature du témoin 1) / Troubkina O. /

(signature du témoin 2) / Grichkova V./

Sceau de l'office notarial de l'État : le 6 février 1997.

Je, soussignée, Azimova S., notaire de l'État 5 Chaïhonkhour de l'office notarial de l'État, atteste l'authenticité de la signature de Valitov Radik, celle-ci apposée en ma présence.

L'identité de la personne qui a signé le document a été établie.

Inscrit dans le registre sous le N° 658.

Taxe payée: 6000.

Notaire (*Signature*)

Sceau l'office notarial de l'État.

Acte notarié, numéroté, scellé, trois (3) pages au total.

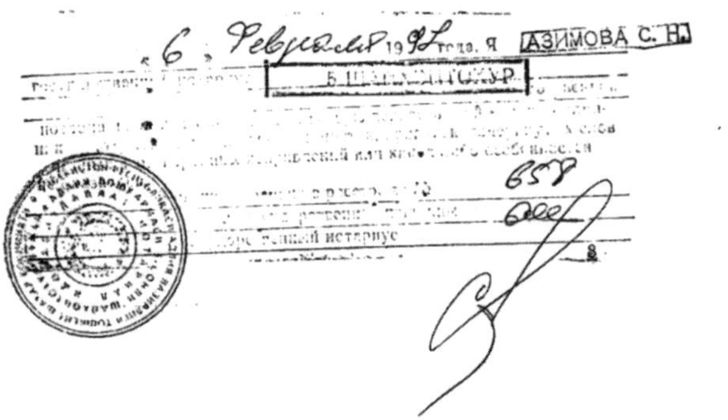
«6» Февраля 1997 года. Я АЗИМОВА С. Н.

658

6000

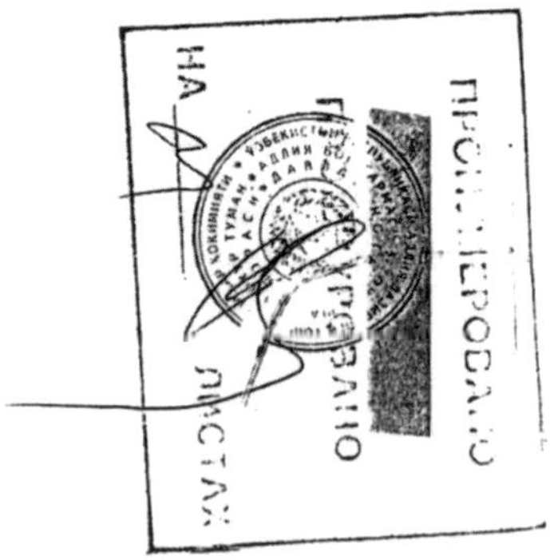

ISEA

Telephone : 007-3712-629365
Telex 116399 'OFFIS SU'
Telefax : 007 3712 623571 (Tashkent)

INTERSERVICEENERGO-ASIA LIMITED
E. KHODJAEV STREET. 2 TASHKENT-700 032
REPUBLIC OF UZBEKISTAN

СВИДЕТЕЛЬСТВО

Настоящим свидетельством, я Бабаева Татьяна Павловна, удостоверяю, что Грабовой Григорий Петрович, родившийся 14 ноября 1963 года в поселке Кировском Кировского района Чимкентской области (имеющий свидетельство о рождении серии II-ОГ № 463794), используя свои экстрасенсорные способности, выполнил следующий эксперимент :

Я неоднократно наблюдала, как Грабовой Григорий Петрович, не прикасаясь к кнопке лифта, заставлял его двигаться в заданном направлении и останавливаться на нужном этаже. Такие эксперименты были выполнены им неоднократно в присутствии моего мужа Бабаева В.Б. и меня в лифте отеля в г. Дели в апреле 1994 г.

/ Бабаева Т.П./

India Office : A. D. CONSULTANTS PVT. LTD., FMC Fortuna 3rd Floor, Unit-A7, 234/3A, A.J.C. Bose Road, Calcutta-70
Telephone : 91-33-2479706 Telefax : 91-33-2476039 Telex : 21-2421 CSEL IN

ISEA
Téléphone : 0073712-629365
Télex : 116399 OFFIS SU
Téléfax : 007 3712623571 (achkent)
INTER SERVICE ENERGO-ASIA LIMITED
2, RUE E. KHODJAEV TACHKENT-700 032
RÉPUBLIQUE D'OUZBEKISTAN

TÉMOIGNAGE

Par la présente je, soussignée, Babayéva Tatiana, atteste que Grigori Grabovoï, né le 14 novembre 1963 à Kirovsky (Bagara), quartier de Kirov, région de Tchimkent, Kazakhstan (acte de naissance série II - OG N° 463794), en utilisant ses capacités extrasensorielles, a effectué l'expérience suivante :

J'ai observé plusieurs fois Grabovoï Grigori qui sans toucher le bouton de l'ascenseur l'a fait marcher dans la direction voulue et arrêter à l'étage nécessaire. De telles expériences ont été réalisées à plusieurs reprises en présence de mon époux Babayév V. et moi dans l'ascenseur de l'hôtel à Delhi en avril 1994.

(signature) / Babayéva ./

India Office : . . CONSULTANTS PVT. LTD., PMC Fortuna 3rd Floor. Unit-A7, 234/3A. A.J.C. Bose Road. Calcutta-7C
Téléphone : 91-33-2479706 Téléfax : 91-33-2476039 Télex : 21-2421 CSEL IN.

Sceau de l'office notarial de l'État : le 13 juillet 1996.
Je, soussignée, Azimova S., notaire de l'État 5 Chaïhonkhour de l'office notarial de l'État, atteste l'authenticité de la signature de Babayéva Tatiana, celle-ci apposée en ma présence.
L'identité de la personne qui a signé le document a été établie.
Inscrit dans le registre sous le N° 1381.
Taxe payée : *illisible*
Notaire (*Signature*)
Sceau rond de l'État.

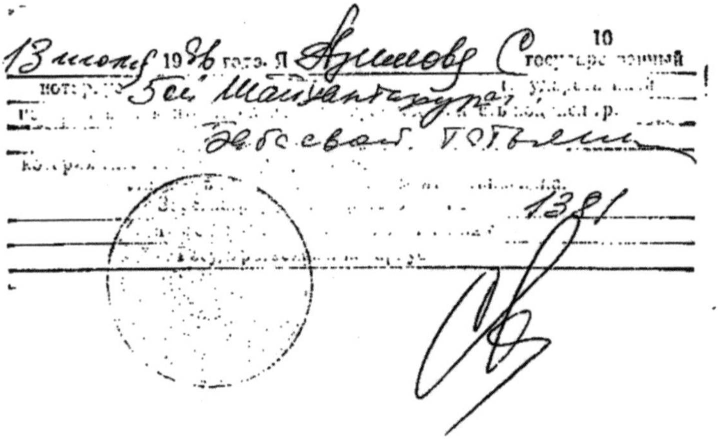
10

1381

ANNEXE E

DOCUMENTS CONFIRMANT LES PREUVES DE L'UTILISATION DES MÉCANISMES POUR LA RECONSTITUTION CITÉES DANS LE LIVRE

Logo : IIINRC
CHAMBRE INTERNATIONALE D'ENREGISTREMENT DE NOUVEAUTÉ INFORMATIONNELLE INTELLECTUELLE
CERTIFICAT-LICENCE
Numéro d'enregistrement 000285 Code 00014 Code 00015
Découverte, invention, nouveauté (technologie, projet, etc.) : MODÈLE
GRABOVOÏ GRIGORI
Résumé :
La nouveauté dans les principes de la séparation de l'information fondée sur les postulats de communauté de l'espace et du temps à l'infini, et dans les principes de combinaison des propriétés connues de l'espace et du temps avec les lois de leur développement mutuel. Une méthode d'archivage de toute information à travers la zone de tous les points infiniment éloignés a été découverte. L'espace est considéré comme une structure invariable du temps. Le temps est considéré comme une fonction de l'espace, et le point de reproduction de la matière comme conséquence de la réaction du temps à des changements dans l'espace. Les points de contact représentent les points d'archivage de toute information ce qui permet d'élaborer des systèmes technologiques informatiques. Les informations archivées assurent une construction statique de la machine « raisonnable » et les processus de sa gestion. On peut également archiver les informations dans toute matière comme un enregistrement continu en la considérant comme une information sans support matériel visible. Par ce modèle d'archivage, il est possible de concevoir un nouveau type d'ordinateur qui peut être utilisé pour élaborer une forme nécessaire de l'intelligence se trouvant dans l'air, dans le vide ou dans toute substance, via des impulsions unitaires d'un appareil supplémentaire à l'ordinateur.
Titre court : ARCHIVAGE D'INFORMATIONS DANS TOUT POINT DE L'ESPACE TEMPS.
L'idée principale :
La Chambre Internationale d'enregistrement de nouveauté informationnelle intellectuelle soumet pour enregistrement dans le Registre International de Systèmes Globaux la propriété intellectuelle, étant un travail créatif a été reconnue par le Conseil Scientifique de CIENII et d'autres structures comme :
MODÈLE
Le présent Certificat-Licence est un document accordant à son propriétaire les droits d'utiliser cette nouveauté informationnelle intellectuelle sur les marchés de tous les pays du Monde.
Président de la Chambre, membre titulaire de l'Académie internationale d'informatisation et de l'Académie des Sciences de New York.
(signature) .Tyzhnenko-Davtyan
Sceau Rond : Chambre Internationale d'enregistrement de nouveauté informationnelle intellectuelle. Moscou.
Date : le 19 décembre1997.

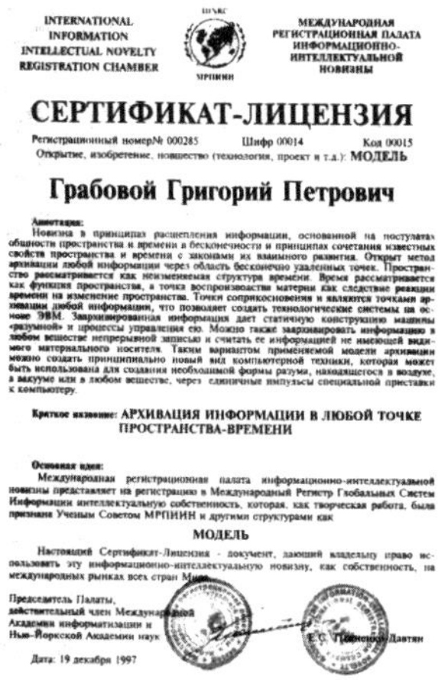

INTERNATIONAL INFORMATION INTELLECTUAL NOVELTY REGISTRATION CHAMBER

МЕЖДУНАРОДНАЯ РЕГИСТРАЦИОННАЯ ПАЛАТА ИНФОРМАЦИОННО-ИНТЕЛЛЕКТУАЛЬНОЙ НОВИЗНЫ

МРПИИН

СЕРТИФИКАТ-ЛИЦЕНЗИЯ

Регистрационный номер№ 000285 Шифр 00014 Код 00015
Открытие, изобретение, новшество (технология, проект и т.д.): **МОДЕЛЬ**

Грабовой Григорий Петрович

Аннотация:
Новизна в принципах расщепления информации, основанной на постулатах общности пространства и времени в бесконечности и принципах сочетания известных свойств пространства и времени с законами их взаимного развития. Открыт метод архивации любой информации через область бесконечно удаленных точек. Пространство рассматривается как неизменяемая структура времени. Время рассматривается как функция пространства, а точка воспроизводства материи как следствие реакции времени на изменение пространства. Точки соприкосновения и являются точками архивации любой информации, что позволяет создать технологические системы на основе ЭВМ. Заархивированная информация дает статичную конструкцию машины «разумной» и процессы управления ею. Можно также заархивировать информацию в любом веществе непрерывной записью и считать ее информацией не имеющей видимого материального носителя. Таким вариантом применяемой модели архивации можно создать принципиально новый вид компьютерной техники, которая может быть использована для создания необходимой формы разума, находящегося в воздухе, в вакууме или в любом веществе, через единичные импульсы специальной приставки к компьютеру.

Краткое название: АРХИВАЦИЯ ИНФОРМАЦИИ В ЛЮБОЙ ТОЧКЕ ПРОСТРАНСТВА-ВРЕМЕНИ

Основная идея:
Международная регистрационная палата информационно-интеллектуальной новизны представляет на регистрацию в Международный Регистр Глобальных Систем Информации интеллектуальную собственность, которая, как творческая работа, была признана Ученым Советом МРПИИН и другими структурами как

МОДЕЛЬ

Настоящий Сертификат-Лицензия - документ, дающий владельцу право использовать эту информационно-интеллектуальную новизну, как собственность, на международных рынках всех стран Мира.

Председатель Палаты,
действительный член Международной Академии информатизации и Нью-Йоркской Академии наук
Е.С. Тыжненко-Давтян

Дата: 19 декабря 1997

Logo : IIINRC
CHAMBRE INTERNATIONALE D'ENREGISTREMENT DE NOUVEAUTÉ INFORMATIONNELLE INTELLECTUELLE
CERTIFICAT-LICENCE
Numéro d'enregistrement 000283 Code 00012 Code 00015
Découverte, invention, nouveauté (technologie, projet, etc.) : MÉTHODE
GRABOVOÏ GRIGORI
Résumé :
La technologie de transfert d'information sur tout évènement en formes géométriques décrites par les mathématiques orthodoxes a été élaborée. Pour modifier des événements, un logiciel spécial transmet la forme initiale vers une forme qui modifie l'évènement de façon nécessaire. Le logiciel est basé sur le calcul des pentes entre des formes modifiées et complétées, à savoir on calcule l'intégrale avec la méthode de Runge-Kutta d'ordre quatre. Les formes complétées utilisant des impulsions spéciales effectuent la gestion à toute distance. L'utilisation de la technologie informatique peut être utile dans la gestion de l'information en médecine, technologies exactes, etc.
Titre court : TECHNOLOGIE INFORMATIQUE DE GESTION À DISTANCE
L'idée principale :
La Chambre Internationale d'enregistrement de nouveauté informationnelle intellectuelle soumet pour enregistrement dans le Registre International de Systèmes Globaux la propriété intellectuelle, étant un travail créatif, a été reconnue par le Conseil Scientifique de CIENII et d'autres structures comme :
MÉTHODE
Le présent Certificat-Licence est un document accordant à son propriétaire les droits d'utiliser cette nouveauté informationnelle intellectuelle sur les marchés de tous les pays du Monde.
Président de la Chambre, membre titulaire de l'Académie internationale d'informatisation
et de l'Académie des Sciences de New York
(signature) .Tyzhnenko-Davtyan
Sceau Rond: Chambre Internationale d'enregistrement de nouveauté informationnelle intellectuelle. Moscou.

INTERNATIONAL INFORMATION INTELLECTUAL NOVELTY REGISTRATION CHAMBER

IIINRC

МРПИИН

МЕЖДУНАРОДНАЯ РЕГИСТРАЦИОННАЯ ПАЛАТА ИНФОРМАЦИОННО-ИНТЕЛЛЕКТУАЛЬНОЙ НОВИЗНЫ

СЕРТИФИКАТ-ЛИЦЕНЗИЯ

Регистрационный номер№ 000283 Шифр 00012 Код 00015
Открытие, изобретение, новшество (технология, проект и т.д.): **МЕТОД**

Грабовой Григорий Петрович

Аннотация:
Разработана технология перевода информации любого события в геометрические формы описываемые ортодоксальной математикой. Для изменения события специальная компьютерная программа, первоначальную форму переводит в форму изменяющую событие необходимым образом. Программа основана на расчетах угловых коэффициентов между измененными и дополненными формами, т.е. рассчитывается четырехкратный интеграл методом Рунге-Кутта. Дополненные формы при специальном импульсе управляют на любом расстоянии. Использование компьютерной технологии может быть полезно в управлении информацией в медицине, в точных технологиях и др.

Краткое название: КОМПЬЮТЕРНАЯ ТЕХНОЛОГИЯ ДИСТАНТНОГО УПРАВЛЕНИЯ

Основная идея:
Международная регистрационная палата информационно-интеллектуальной новизны представляет на регистрацию в Международный Регистр Глобальных Систем Информации интеллектуальную собственность, которая, как творческая работа, была признана Ученым Советом МРПИИН и другими структурами как

МЕТОД

Настоящий Сертификат-Лицензия - документ, дающий владельцу право использовать эту информационно-интеллектуальную новизну, как собственность, на международных рынках всех стран Мира.

Председатель Палаты,
действительный член Международной
Академии информатизации и
Нью-Йоркской Академии наук

Е.С. Тыжненко-Давтян

Дата: 19 декабря 1997

INTERNATIONAL INFORMATION INTELLECTUAL NOVELTY REGISTRATION CHAMBER

IIINRC

МРПИИН

МЕЖДУНАРОДНАЯ РЕГИСТРАЦИОННАЯ ПАЛАТА ИНФОРМАЦИОННО-ИНТЕЛЛЕКТУАЛЬНОЙ НОВИЗНЫ

СЕРТИФИКАТ-ЛИЦЕНЗИЯ

Регистрационный номер№ 000286 Шифр 00020 Код 00015

Открытие, изобретение, новшество (технология, проект и т.д.): **ПРИНЦИП**

Грабовой Григорий Петрович

Аннотация:

Открыто свойство материи позволяющая практически мгновенно получать необходимую форму на основе единичной программы заложенной в какой либо интервал времени (имеются протокольные доказательства). Компьютерные технологии позволяют обеспечить управление материей, восстановление тканей организма и его безопасность, контроль за машинами, создание вещества принципом перевода времени в любое вещество - принципом не разрушаемости структуры времени при изменении пространства; источник энергии из времени прошлых событий неограничен, т.е. любое событие прошлого можно дробить бесконечным количеством методов, в т.ч. и методом обратной связи - управление временем будущих событий. Фактически при применении прикладного аппарата на концептуальной основе, можно использовать время прошлых событий. Следовательно, по мнению автора восстановить можно любую материю из набора «случайных» событий в любом интервале времени, что означает нелогичность любого разрушения.

Краткое название: **ВРЕМЯ, ЭТО ФОРМА ПРОСТРАНСТВА**

Основная идея:

Международная регистрационная палата информационно-интеллектуальной новизны представляет на регистрацию в Международный Регистр Глобальных Систем Информации интеллектуальную собственность, которая, как творческая работа, была признана Ученым Советом МРПИИН и другими структурами как

ПРИНЦИП

Настоящий Сертификат-Лицензия - документ, дающий владельцу право использовать эту информационно-интеллектуальную новизну, как собственность, на международных рынках всех стран Мира.

Председатель Палаты,
действительный член Международной
Академии информатизации и
Нью-Йоркской Академии наук

Е.С. Тыжненко-Давтян

Дата: 19 декабря 1997

Logo : IIINRC

CHAMBRE INTERNATIONALE D'ENREGISTREMENT DE NOUVEAUTÉ INFORMATIONNELLE INTELLECTUELLE

CERTIFICAT-LICENCE

Numéro d'enregistrement 000286 Code 00020 Code 00015

Découverte, invention, nouveauté (technologie, projet, etc.) : PRINCIPE

GRABOVOÏ GRIGORI

Résumé :

La propriété de la matière permettant d'obtenir instantanément la forme nécessaire sur la base d'un seul programme incorporé dans tout intervalle de temps a été découverte (avec des preuves au protocole). La technologie informatique permet d'effectuer la gestion de la matière, la régénération des tissus de l'organisme et sa sécurité, le contrôle des machines, la création d'une matière par le moyen de transfert du temps – par le principe de non destructibilité de la structure du temps lors d'un changement de la structure de l'espace. La source d'énergie au moment d'événements passés est illimitée, c'est-à-dire tout événement du passé peut être subdivisé en nombre infini de méthodes, y compris la méthode de rétroaction – la gestion du temps d'événements futurs. En utilisant un dispositif sur une base conceptuelle, on peut utiliser le temps des événements passés. Par conséquent, selon l'auteur il est possible de restaurer toute matière d'un ensemble d'événements « aléatoires » dans n'importe quel intervalle de temps ce qui signifie illogisme de toute destruction.

Titre court : LE TEMPS EST UNE FORME DE L'ESPACE

L'idée principale :

La Chambre Internationale d'enregistrement de nouveauté informationnelle intellectuelle soumet pour enregistrement dans le Registre International de Systèmes Globaux la propriété intellectuelle, étant un travail créatif a été reconnue par le Conseil Scientifique de CIENII et d'autres structures comme :

PRINCIPE

Le présent Certificat-Licence est un document accordant à son propriétaire les droits d'utiliser cette nouveauté informationnelle intellectuelle sur les marchés de tous les pays du Monde.

Président de la Chambre, membre titulaire de l'Académie internationale d'informatisation et de l'Académie des Sciences de New York.

(signature) .Tyzhnenko-Davtyan

Sceau Rond : Chambre Internationale d'enregistrement de nouveauté informationnelle intellectuelle. Moscou.

Date : le 19 décembre1997

Logo : IIINRC

CHAMBRE INTERNATIONALE D'ENREGISTREMENT DE NOUVEAUTÉ INFORMATIONNELLE INTELLECTUELLE.

CERTIFICAT-LICENCE

Numéro d'enregistrement 000287 Code 00018 Code 00015

Découverte, invention, nouveauté (technologie, projet, etc.) :

DÉCOUVERTE

GRABOVOÏ GRIGORI

Résumé :

De nouveaux domaines d'informations déterminant les propriétés et l'emplacement d'objets informationnels ont été proposés. Ces derniers provoquent un auto-développement des domaines créatifs non destructifs et déterminent ainsi des techniques concrètes d'utilisation non destructives du domaine constructif. Une identité complète (selon le principe d'automorphisme et d'isomorphisme) de tout objet de l'information vis-à-vis du domaine constructif de l'information a été découverte (rapports sur les résultats certifiés par un notaire au sein des Nations unies). La découverte du domaine d'information constructif a été réalisée grâce au reflet des objets informationnels sur la surface intérieure de la sphère des objets d'information du passé (connus). Le segment de la sphère correspondant à une information future définit des éléments qui sont créés et il apparaît lors de l'interaction des domaines d'information identiques. Cette découverte permet de réaliser un développement constructif selon le principe de la réalisation de soi en utilisant des méthodes orthodoxes de mathématiques.

Titre court : SYSTÈMES REPRODUCTEURS ET AUTODÉVELOPPEURS QUI REFLÈTENT LES PARTIES EXTERNES ET INTERNES DES SPHÈRES CONSTRUCTRICES

L'idée principale :

La Chambre Internationale d'enregistrement de nouveauté informationnelle intellectuelle soumet pour enregistrement dans le Registre International de Systèmes Globaux la propriété intellectuelle, étant un travail créatif, a été reconnue par le Conseil Scientifique de CIENII et d'autres structures comme :

DÉCOUVERTE

Le présent Certificat-Licence est un document accordant à son propriétaire les droits d'utiliser cette nouveauté informationnelle intellectuelle sur les marchés de tous les pays du Monde.

Président de la Chambre, membre titulaire de l'Académie internationale d'informatisation et de l'Académie des Sciences de New York

(Signature) . Tyzhnenko-Davtyan

Sceau Rond : Chambre Internationale d'enregistrement de nouveauté informationnelle intellectuelle. Moscou.

Date: le 19 décembre1997.

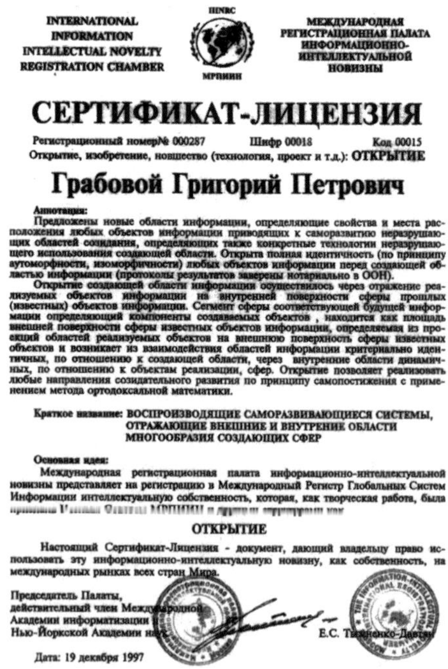
INTERNATIONAL INFORMATION INTELLECTUAL NOVELTY REGISTRATION CHAMBER

IIINRC

МРПИИН

МЕЖДУНАРОДНАЯ РЕГИСТРАЦИОННАЯ ПАЛАТА ИНФОРМАЦИОННО-ИНТЕЛЛЕКТУАЛЬНОЙ НОВИЗНЫ

СЕРТИФИКАТ-ЛИЦЕНЗИЯ

Регистрационный номер№ 000287 Шифр 00018 Код 00015

Открытие, изобретение, новшество (технология, проект и т.д.): **ОТКРЫТИЕ**

Грабовой Григорий Петрович

Аннотация:

Предложены новые области информации, определяющие свойства и места расположения любых объектов информации приводящих к саморазвитию неразрушающих областей созидания, определяющих также конкретные технологии неразрушающего использования создающей области. Открыта полная идентичность (по принципу аутоморфности, изоморфичности) любых объектов информации перед создающей областью информации (протоколы результатов заверены нотариально в ООН).

Открытие создающей области информации осуществилось через отражение реализуемых объектов информации на внутренней поверхности сферы прошлых (известных) объектов информации. Сегмент сферы соответствующей будущей информации определяющий компоненты создаваемых объектов , находится как площадь внешней поверхности сферы известных объектов информации, определяемая из проекций областей реализуемых объектов на внешнюю поверхность сферы известных объектов и возникает из взаимодействия областей информации критериально идентичных, по отношению к создающей области, через внутренние области динамичных, по отношению к объектам реализации, сфер. Открытие позволяет реализовать любые направления созидательного развития по принципу самопостижения с применением метода ортодоксальной математики.

Краткое название: **ВОСПРОИЗВОДЯЩИЕ САМОРАЗВИВАЮЩИЕСЯ СИСТЕМЫ, ОТРАЖАЮЩИЕ ВНЕШНИЕ И ВНУТРЕНИЕ ОБЛАСТИ МНОГООБРАЗИЯ СОЗДАЮЩИХ СФЕР**

Основная идея:

Международная регистрационная палата информационно-интеллектуальной новизны представляет на регистрацию в Международный Регистр Глобальных Систем Информации интеллектуальную собственность, которая, как творческая работа, была [illegible]

ОТКРЫТИЕ

Настоящий Сертификат-Лицензия - документ, дающий владельцу право использовать эту информационно-интеллектуальную новизну, как собственность, на международных рынках всех стран Мира.

Председатель Палаты,
действительный член Международной
Академии информатизации
Нью-Йоркской Академии наук

Е.С. Тижненко-Давтян

Дата: 19 декабря 1997

РОССИЙСКАЯ ФЕДЕРАЦИЯ

ПАТЕНТ

НА ИЗОБРЕТЕНИЕ

№ 2148845

Российским агентством по патентам и товарным знакам на основании Патентного закона Российской Федерации, введенного в действие 14 октября 1992 года, выдан настоящий патент на изобретение

СПОСОБ ПРЕДОТВРАЩЕНИЯ КАТАСТРОФ И УСТРОЙСТВО ДЛЯ ЕГО ОСУЩЕСТВЛЕНИЯ

Патентообладатель(ли):

Грабовой Григорий Петрович

по заявке № 99120836, дата поступления: 07.10.1999

Приоритет от 07.10.1999

Автор(ы) изобретения:

Грабовой Григорий Петрович

Патент действует на всей территории Российской Федерации в течение 20 лет с 7 **октября 1999 г.** при условии своевременной уплаты пошлины за поддержание патента в силе

Зарегистрирован в Государственном реестре изобретений Российской Федерации

г. Москва, ***10 мая 2000 г.***

Генеральный директор

А.Д. Корчагин

FÉDÉRATION DE RUSSIE

BREVET D'INVENTION
N° 2148845
L'Agence russe des brevets et des marques de commerce, conformément à la loi des Brevets de la Fédération de Russie entrée en vigueur le 14 octobre 1992, délivre le présent brevet pour invention :
MÉTHODE DE PRÉVENTION DES CATASTROPHES
ET DISPOSITIF POUR SA MISE EN ŒUVRE
Titulaire(s) du brevet : Grabovoï Grigori
Demande N° 99120836,
Date: 07.10.1999
Priorité du 07.10.1999
Auteur(s) de l'invention :
Grabovoï Grigori
Le brevet est valable sur tout le territoire de la Fédération de Russie pendant 20 ans à partir du 7 octobre 1999 sous réserve du paiement opportun de la taxe
appropriée
Enregistré au registre d'État des inventions de
la Fédération de Russie.
Moscou, le 10 mai 2000
Directeur général
Sceau
signature . *Kortchaguine*

Agence russe des brevets et des marques de commerce
(12) Description de l'invention
pour le brevet de la Fédération de Russie
(21) 99120836/28
(22) 07.10.1999
(24) 07.10.1999
(46) 10.05.2000 Fiche N° 13
(72) Grabovoï G.
(71) (73) Grabovoï Grigori
(56) RU 2107933 Cl, 27.03.1998. RU 2050014 1, 10.12.1995. RU 2098850 Cl, 10.12.1997.
SU 1104459 , 23.07.1984.
(98) 5-1-66, ch.Kachirskoyé, 115230, Moscou
À l'attention de Kopayév V.
(54) MÉTHODE DE PRÉVENTION DES CATASTROPHES ET DISPOSITIF POUR SA MISE EN ŒUVRE.
(57) Utilisation pour la prévention des catastrophes naturelles ou anthropiques. Description : des signaux de rayonnement lumineux à partir de l'élément correspondant à la zone d'une éventuelle catastrophe sont traités à l'aide d'un système optique contenant des éléments sensibles en cristal, par exemple en cristal de roche, réalisés sous la forme de cubes identiques, qui sont répartis le long de la direction de propagation du rayonnement et placés dans une sphère en verre. Le dernier cube avec de la fibre optique est relié à un capteur, celui-ci est connecté via un amplificateur au système de processeur.
On crée un rayonnement normalisé dans le système optique. De préférence, il faut balayer des parties différentes de l'élément réalisé, par exemple, sous la forme de plan de terrain : la zone ayant des caractéristiques augmentées de rayonnement normalisé correspond à la zone de la catastrophe. En ce qui concerne les catastrophes naturelles, la zone d'apparition d'une catastrophe a des caractéristiques dépassant de 20 à 28 % les performances de rayonnement provenant d'autres zones de l'élément. En ce qui concerne des catastrophes anthropiques, cette augmentation est de 10 à 12 %.
Résultat technique : augmentation de l'efficacité, tout en élargissant le champ d'application de la méthode et du dispositif.

(19) **RU** (11) **2148845** (13) **C1**
(51) 7 G 01 V 9/00, 8/20

РОССИЙСКОЕ АГЕНТСТВО
ПО ПАТЕНТАМ И ТОВАРНЫМ ЗНАКАМ

(12) ОПИСАНИЕ ИЗОБРЕТЕНИЯ
к патенту Российской Федерации

1

(21) 99120836/28 (22) 07.10.1999
(24) 07.10.1999
(46) 10.05.2000 Бюл. № 13
(72) Грабовой Г.П.
(71) (73) Грабовой Григорий Петрович
(56) RU 2107933 C1, 27.03.1998. RU 2050014 C1, 10.12.1995. RU 2098850 C1, 10.12.1997. SU 1104459 A, 23.07.1984.
(98) 115230, Москва, Каширское ш. 5-1-66, Копаеву В.Г.
(54) СПОСОБ ПРЕДОТВРАЩЕНИЯ КАТАСТРОФ И УСТРОЙСТВО ДЛЯ ЕГО ОСУЩЕСТВЛЕНИЯ
(57) Использование: для предотвращения катастроф природного или техногенного характера. Сущность: сигналы светового излучения от элемента, соответствующего зоне предполагаемой катастрофы, обрабатывают при помощи оптической системы, содержащей чувствительные элементы, изготовленные из кристалла, например из

2

горного хрусталя, выполненные в виде идентичных кубиков, распределенных вдоль направления распространения излучения и размещенных в стеклянной сфере. Последний кубик при помощи оптического волокна соединен с датчиком, который через усилитель подключен к процессорной системе. В оптической системе формируют нормированное излучение. Предпочтительно проводить сканирование различных участков элемента, выполненного, например, в виде карты местности, при этом участку зарождения катастрофы соответствует зона с увеличенными характеристиками нормированного излучения. Так для катастроф природного характера участок зарождения катастрофы имеет характеристики на 20-28%, превышающие характеристики излучения других участков элемента, а для катастроф техногенного характера соответствующее увеличение составляет 10-12%. Технический резуль-

RU 2148845 C1

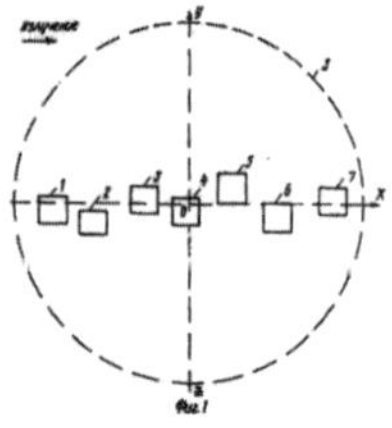

Фиг.1

RU 2148845 C1

3 2148845 4

тат: повышение эффективности при одновременном расширении области применения заявленных способа и устройства. 2 с. и 6 з.п. ф-лы, 3 ил.

5 2148845 6

Изобретение может быть использовано для предотвращения различных катастрофических явлений как природного характера, таких, например, как катастрофические землетрясения, так и катастрофических явлений техногенного характера, в частности на производственных объектах.

Наиболее близким по технической сущности к заявляемому является способ предотвращения катастрофы, носящей природный характер - землетрясения, посредством регистрации и обработки сигналов, характеризующих положение в зоне предполагаемой катастрофы (см. а.с. СССР N 1030496, кл. E 02 D 27/34, 1983). В соответствии с известным способом обрабатывают вибросигналы в виде колебаний земной коры, исходящие из эпицентра землетрясения, при помощи сетки сейсмоприемников, получая электрические сигналы. Преобразуют полученные электрические сигналы в центре сбора, регистрации и обработки информации в командные сигналы, которые подают на излучатели, выполненные в виде вибровсточников. Вырабатываемые или нормализующие сигналы в виде упругих волновых колебаний направляют в зону очага землетрясения. Гашение сейсмических колебаний осуществляется при взаимодействии высокочастотных упругих колебаний, исходящих от вибровсточников, с низкочастотными волновыми колебаниями от эпицентра землетрясения.

Недостатком известного способа является его низкая эффективность, поскольку противодействие катастрофическому землетрясению осуществляется лишь при достижении достаточной степени его развития, вследствие чего необходимо предварительно получить ряд прогностических сигналов в центре сбора, регистрации и обработки информации. Кроме того, известный способ обладает ограниченными функциональными возможностями, поскольку он может быть использован лишь для предотвращения землетрясений и непригоден для предотвращения других катастрофических явлений, например катастроф техногенного характера.

Наиболее близким по технической сущности к заявленному является устройство для предотвращения катастрофы природного характера - землетрясения, содержащее преобразователь сигналов, характеризующих положение в зоне предполагаемой катастрофы, систему регистрации сигналов и излучатель, генерирующий сигналы, способствующие нормализации положения в зоне предполагаемой катастрофы (см. а.с. СССР N 838014, кл. E 02 D 31/08, 1981). В известном устройстве в качестве преобразователя сигналов используется вибродатчик, преобразующий механические колебания, возникающие при землетрясении, в электрические сигналы, величина которых пропорциональна амплитуде механических колебаний. Система переработки сигналов состоит из предварительного усилителя, блоков выделения основной частоты, блока автоматического слежения за фазой, в котором полезный сигнал сдвигается по фазе на 180°, и усилителя мощности. Излучатель выполнен в виде виброкомпрессора, генерирующего колебания, находящиеся в противофазе с колебаниями, возникающими при землетрясении, которые способствуют нормализации положения в зоне возникновения землетрясения.

Недостатком известного устройства является его ограниченные функциональные возможности, так как оно применимо лишь при возникновении катастрофического землетрясения. Кроме того, эксплуатация известного устройства сопряжена с высокими затратами вследствие необычно высоких энергозатрат, обусловленных необходимостью излучения мощных механических колебаний в течение достаточно длительного времени.

Задачей настоящего изобретения является повышение эффективности способа предотвращения катастроф при одновременном расширении функциональных возможностей заявленных способа и устройства, применяемого для его реализации и снижение затрат на реализацию способа.

Решение указанных задач обеспечивается новым способом предотвращения катастроф путем оперативного прогнозирования зарождающейся катастрофы и выработки сигналов, нормализующих положение в зоне предполагаемой катастрофы, который реализуется при помощи нового устройства.

В соответствии с изобретением способ предотвращения катастроф осуществляется посредством регистрации и обработки сигналов, характеризующих положение в зоне предполагаемой катастрофы, при этом обрабатывают сигналы светового излучения от элемента, соответствующего зоне предполагаемой катастрофы, при помощи оптической системы, состоящей из чувствительных элементов, выполненных из ориентированных кристаллов, расположенных последовательно по направлению воспринимаемого излучения, причем формируют в ней нормированное излучение для нормализации положения в зоне предполагаемой катастрофы; при этом

7 2148845 8

предпочтительно: проводить непрерывное сканирование различных участков элемента, соответствующего зоне предполагаемой катастрофы, определяя участок зарождения катастрофы по увеличению характеристик излучения, выходящего из оптической системы, в сравнении с характеристиками излучения других участков; участков зарождения катастрофы природного характера определять по увеличению характеристик излучения, соответствующего этому участку на 20 - 28% в сравнении с характеристиками излучения двух участков; участок зарождения катастрофы техногенного характера определять по увеличению характеристик излучения, соответствующего этому участку на 10 - 12% в сравнении с характеристиками излучения других участков.

В соответствии с изобретением устройство для предотвращения катастроф содержит преобразователь сигналов, характеризующих положение в зоне предполагаемой катастрофы, систему регистрации сигналов и излучатель, генерирующий сигналы, способствующие нормализации в этой зоне, при этом преобразователь сигналов состоит из элемента, соответствующего зоне предполагаемой катастрофы, и оптической системы, содержащей чувствительные элементы, изготовленные из ориентированных кристаллов, расположенных последовательно по направлению воспринимаемого светового излучения, которые выполнены в виде идентичных кубиков, взаимно смещенных и имеющих различную ориентацию оптических осей, причем соответствующие плоскости кубиков расположены параллельно, стеклянную сферу, в которой размещены кубики, образующие с ней непрерывную прозрачную структуру, и датчик нормированного излучения, соединенный с последним по направлению распространения излучения кубиком посредством оптического волокна, при этом датчик подключен к процессорной системе, снабженной пакетом программ обработки сигналов датчика; при этом предпочтительно: преобразователь сигналов выполнять в виде сочетания оптической системы и карты местности, на которой предполагается возникновение катастрофического землетрясения; преобразователь сигналов выполнять в виде сочетания оптической системы и системы телеметрии с монитором, на котором воспроизводится элемент, соответствующий зоне предполагаемой техногенной катастрофы; пакет программ процессорной системы снабжать всевозможными параметрами зон предполагаемых катастроф.

В основу настоящего изобретения положена разработанная заявителем теория волнового синтеза в сочетании с формулой общей реальность (см. Диссертация на соискание ученой степени доктора физико-математических наук, Г.П. Грабовой, "Исследование и анализ фундаментальных определений оптических систем для прогноза землетрясений и катастроф производственных объектов", М., Из-во РАЕН, 1999, с.с. 9 - 19). В соответствии с теорией волнового синтеза реальность можно рассматривать как периодическое пересечение стационарных областей с динамическими, при этом в зонах пересечений возникает синтез динамической волны - со стационарной. В кристаллах аналогичный процесс позволяет путем решения обратной задачи получить из стационарной среды в форме кристалла динамические компоненты волнового синтеза, т.е. фазу времени. При определенном расположении кристаллов в пространстве происходит нормирование среды, являющейся источником определенного элемента света. Таким образом появляется возможность нормировать среду, информация о которой содержится в элементе света. Кроме того, можно определить время отклонения от нормы после того как ресурсы оптической системы исчерпаны, например, определить время землетрясения или катастрофы. Нормализации положения в зоне предполагаемой катастрофы способствует использование излучателя, который является в виде микропроцессора, нормализация положения в зоне предполагаемой катастрофы осуществляется посредством оптической системы, состоящей из ориентированных кристаллов, расположенных последовательно по направлению воспринимаемого светового излучения, в которую поступает информация от излучающей среды. В качестве излучающей среды может использоваться либо карта местности, либо система телеметрии с монитором. При поступлении света от излучающей среды на чувствительные элементы оптической системы начальное действие нормирования излучающей среды первым кристаллом происходит в момент, когда элемент света, исходящий из третьего кристалла, проходит через четвертый кристалл, и следующее действие нормирования осуществляется при прохождении элемента света через все кристаллы. Свет выбран в качестве носителя информации в связи с тем, что это позволит визуализировать и регистрировать законы связей, устанавливаемых формулой общей реальности. Усилить процесс можно использованием лазерного излучения. В качестве

9 2148845 10

источника получения выходной информации может быть использован датчик нормированного излучения, выполненный, например, в виде датчика температуры, соединенного с последним чувствительным элементом. Регистрация сигналов, поступающих с датчика, осуществятся при помощи процессорной системы, к которой подключены датчик и излучатель. Использование в процессорной системе пакета программ, содержащих всевозможные параметры зон предполагаемых катастроф, позволяет повысить эффективность заявленного устройства. В общем случае заявленные способ и устройство позволяют преобразовать на уменьшение или - на предотвращение информацию в форме световых импульсов о катастрофах как природного, так и техногенного характера, при этом прогнозирование и профилактика всевозможных катастрофических явлений может проводится из любой точки пространства.

Приложенные чертежи изображают: фиг. 1 - расположение чувствительных элементов в оптической системе (вид в проекции на плоскость OX, OZ, где OX - направление горизонтальное, OZ - вертикальное), фиг. 2 - расположение чувствительных элементов в оптической системе (вид в проекции на плоскость OX, OY), фиг. 3 - общий вид устройства, используемого для осуществления способа предотвращения катастроф.

Устройство содержит: чувствительные элементы 1, 2, 3, 4, 5, 6, и 7, выполненные в виде кубиков одинакового размера, расположенных в стеклянной сфере 8 и образующих с ней монолитную прозрачную систему, оптическое волокно 9, соединяющее последний чувствительный элемент с датчиком нормированного излучения 10, лазер 11, элемент 12, соответствующий зоне предполагаемой катастрофы, выполненный, например, в виде карты местности, усилитель 13 сигналов, поступающих с датчика, установленный на входе процессорной системы 14, снабженной пакетом программ обработки сигналов, поступающих с датчика, и подключенной к дисплею 15 и к излучателю 16 сигналов, способствующих нормализации положения в зоне предполагаемой катастрофы, и объект 17, генерирующий биосигналы.

Количество чувствительных элементов в оптической системе может быть выбрано равным 7, 14 и т.п. Чувствительные элементы 1 - 7 изготавливаются из кристаллов, например из горного хрусталя или алмазов, и выполняются в виде кубиков, имеющих одинаковые размеры, например, с длиной грани 20 мм. При фиксации кубиков материалом стеклянной сферы 8 боковые грани всех кубиков располагаются параллельно. Расположение кубиков 1 - 7 в сфере 8 и ориентация их оптических осей выбраны так, что происходит профилактика катастрофических явлений, например землетрясений с осуществлением гармонизации. Кубики смещены в двух взаимно перпендикулярных плоскостях, как это показано на фиг. 1 и фиг. 2. Выходные параметры оптической системы регистрируются с использованием датчика нормированного излучения 10, располагаемого со стороны сферы 8, обратной по отношению к обращенной к карте местности 12. Датчик 10 предпочтительно выполнять в виде малоинерционного, высокочувствительного пленочного элемента, служащего, например, датчиком температуры. Использование лазера 11 позволяет повысить точность измерения сигналов, поступающих с датчика 10. Применение объекта, генерирующего биосигналы, дополнительно способствует нормализации положения в зоне предполагаемой катастрофы. Работа устройства рассматривается при описании заявленного способа предотвращения катастроф.

В соответствии с заявленным способом световое излучение, поступающее от элемента 12, соответствующего зоне предполагаемой катастрофы, выполненного, например, в виде полномасштабной карты местности, направляют на оптическую систему, состоящую из стеклянной сферы 8, в которой размещены чувствительные элементы 1 - 7, выполненные из ориентированных кристаллов, расположенных последовательно по направлению воспринимаемого светового излучения. При преобразовании светового излучения в такой оптической системе (см. фиг. 3) происходит выделение максимально нормированной формы светового объема. Нормирование осуществляется при прохождении элемента света через чувствительные элементы 1 - 7, взаимное расположение которых вызывает гармонизацию этого светового объема, что в свою очередь нормализует положение в зоне предполагаемой катастрофы. При этом степень уменьшения катастрофического явления находится в соответствии с величиной нормирования светового объема. Сигналы с датчика нормированного излучения 10 после прохождения усилителя 13 передаются в процессорную систему 14, содержащую пакет программ обработки поступающих сигналов. После обработки сигналов на дисплее 5 получают изображение характеристик сигналов. При прогнозировании катастрофического явления активизируется излучатель 16 и в зону предполагаемой катастрофы посылаются

11 2148845 12

дополнительные сигналы, способствующие нормализации положения в этой зоне. Предпочтительно проводить непрерывное сканирование различных участков элемента 12, соответствующего зоне предполагаемой катастрофы, посредством последовательного поглощения излучения, поступающего от элемента 12 на всех чувствительных элементах 1 - 7. Участок зарождения катастрофы при этом определяют по увеличению характеристик излучения этого участка в сравнении с характеристиками излучения других участков. При зарождении катастрофы природного характера, например землетрясения, участок зарождения катастрофы имеет характеристики излучения, на 20 - 28% превышающие характеристики других участков элемента 12. При увеличении характеристик излучения менее чем на 20% катастрофического явления не произойдет, а при увеличении характеристик излучения более чем на 28% можно сделать вывод о развитии катастрофического явления, носящего чрезвычайный характер, при зарождении катастрофы техногенного характера, например, связанного с нарушением технологического цикла ядерного реактора, участок зарождения катастрофы определяют по увеличению характеристик излучения на 10 - 12%. При увеличении характеристик излучения менее чем на 10% катастрофического явления не будет, а при увеличении характеристик излучения более чем на 12% можно ожидать экстремального развития событий.

Приведем примеры осуществления заявленного способа с использованием опытного образца заявленного устройства, содержащего оптическую систему, состоящую из стеклянной сферы, в которой последовательно распределены семь чувствительных элементов, изготовленных из горного хрусталя, выполненных в виде кубиков одинакового размера с длиной грани 20 мм. К последнему по направлению распространения светового излучения кубику через оптическое волокно подключен датчик нормированного излучения, выполненный в виде тонкопленочного датчика температуры. Датчик через усилитель присоединен к входу процессорной системы, выполненный с возможностью ускоренного расчета четырехкратного интегратора.

Пример 1. Исследовалось зарождение катастрофического землетрясения в районе Камчатки. Стеклянную сферу 8 с чувствительными элементами 1 - 7 размещали на расстоянии 250 мм от полномасштабной карты Камчатки, при этом датчик нормированного излучения 10 располагался на поверхности сферы 8, противоположной той, которая была обращена к карте. Сигналы, поступающие с датчика 10, проходили через усилитель 13 и поступали на процессорную систему 14, где непрерывно обрабатывались, регистрировались и выводились на дисплей 15. Измерения проводились в период, начавшийся в 09 ч 03 мин 26 июня 1999 г. Было спрогнозировано возникновение землетрясения магнитудой 5,1 в районе Камчатки, которое произошло 09 ч 03 мин 03 июля 1999 г., причем занижение магнитуды в результате использования заявленного устройства составило 0,4 балла.

Пример 2. При тех же условиях, что и в предыдущем примере проводилось сканирование элемента 12, соответствующего зоне предполагаемого землетрясения - карте Японии. Было спрогнозировано возникновение землетрясения с магнитудой 6,2, которое произошло 09 ч 03 мин 03 июля 1999 г. Занижение магнитуды в сравнении с первоначально спрогнозированной величиной составило 0,8 балла .

Пример 3. В условиях, аналогичных примеру 1, сканировалась карта Аляски. Было спрогнозировано точное время возникновения землетрясения с магнитудой 4,8, которое произошло в 19 ч 26 мин 04 июля 1999 г., причем занижение величины магнитуды составляло 0,5 балла.

Пример 4. В условиях, аналогичных примеру 1, проводили сканирование карты Филиппин. Было спрогнозировано точное время возникновения землетрясения с магнитудой 4,0, которое состоялось в 13 ч 32 мин 04 июля 1999 г., причем занижение магнитуды в результате использования заявленного устройства составляло 0,2 балла.

Анализ полученных данных показывает, что во всех случаях получено полное подтверждение прогнозной фазы за 7 суток до начала с точным указанием времени начала землетрясения. Величина занижения магнитуды в результате использования заявленного устройства находилась в диапазоне 0,2 - 0,8.

Преимуществами заявленных способа и устройства для его осуществления являются повышение эффективности за счет точного прогнозирования начала возникновения катастрофических явлений, возможность дистанционной нормализации положения в зонах предполагаемых катастроф. Одновременные заявленные способ и устройство для его осуществления имеют в сравнении с известными более широкую область применения, поскольку могут быть использованы

L'invention peut être utilisée afin de prévenir différentes catastrophes naturelles (tremblements de terre, par exemple) ou anthropiques, notamment sur des sites industriels.

Le plus proche selon sa nature technique de la méthode proposée est le moyen de prévention de la catastrophe qui a un caractère naturel – des tremblements de terre, par l'enregistrement et le traitement du signal dans la zone d'une éventuelle catastrophe (voir a.c. URSS N° 1030496, cl E 02 D 27/34, 1983). Selon la méthode connue, on traite des

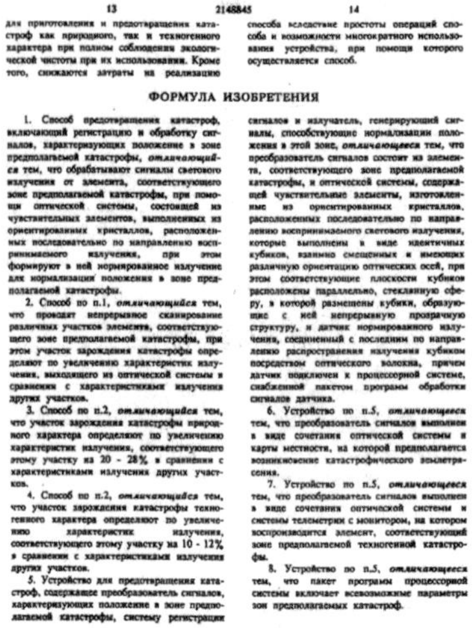

13 2148845 14

для приготовления и предотвращения катастроф как природного, так и техногенного характера при полном соблюдении экологической чистоты при их использовании. Кроме того, снижаются затраты на реализацию способа вследствие простоты операций способа и возможности многократного использования устройства, при помощи которого осуществляется способ.

ФОРМУЛА ИЗОБРЕТЕНИЯ

1. Способ предотвращения катастроф, включающий регистрацию и обработку сигналов, характеризующих положение в зоне предполагаемой катастрофы, *отличающийся* тем, что обрабатывают сигналы светового излучения от элемента, соответствующего зоне предполагаемой катастрофы, при помощи оптической системы, состоящей из чувствительных элементов, выполненных из ориентированных кристаллов, расположенных последовательно по направлению воспринимаемого излучения, при этом формируют в ней нормированное излучение для нормализации положения в зоне предполагаемой катастрофы.

2. Способ по п.1, *отличающийся* тем, что проводят непрерывное сканирование различных участков элемента, соответствующего зоне предполагаемой катастрофы, при этом участок зарождения катастрофы определяют по увеличению характеристик излучения, выходящего из оптической системы в сравнении с характеристиками излучения других участков.

3. Способ по п.2, *отличающийся* тем, что участок зарождения катастрофы природного характера определяют по увеличению характеристик излучения, соответствующего этому участку на 20 - 28% в сравнении с характеристиками излучения других участков.

4. Способ по п.2, *отличающийся* тем, что участок зарождения катастрофы техногенного характера определяют по увеличению характеристик излучения, соответствующего этому участку на 10 - 12% в сравнении с характеристиками излучения других участков.

5. Устройство для предотвращения катастроф, содержащее преобразователь сигналов, характеризующих положение в зоне предполагаемой катастрофы, систему регистрации сигналов и излучатель, генерирующий сигналы, способствующие нормализации положения в этой зоне, *отличающееся* тем, что преобразователь сигналов состоит из элемента, соответствующего зоне предполагаемой катастрофы, и оптической системы, содержащей чувствительные элементы, изготовленные из ориентированных кристаллов, расположенных последовательно по направлению воспринимаемого светового излучения, которые выполнены в виде идентичных кубиков, взаимно смещенных и имеющих различную ориентацию оптических осей, при этом соответствующие плоскости кубиков расположены параллельно, стеклянную сферу, в которой размещены кубики, образующие с ней непрерывную прозрачную структуру, и датчик нормированного излучения, соединенный с последним по направлению распространения излучения кубиком посредством оптического волокна, причем датчик подключен к процессорной системе, снабженной пакетом программ обработки сигналов датчика.

6. Устройство по п.5, *отличающееся* тем, что преобразователь сигналов выполнен в виде сочетания оптической системы и карты местности, на которой предполагается возникновение катастрофического землетрясения.

7. Устройство по п.5, *отличающееся* тем, что преобразователь сигналов выполнен в виде сочетания оптической системы и системы телеметрии с монитором, на котором воспроизводится элемент, соответствующий зоне предполагаемой техногенной катастрофы.

8. Устройство по п.5, *отличающееся* тем, что пакет программ процессорной системы включает всевозможные параметры зон предполагаемых катастроф.

signaux de vibration comme des oscillations de la croûte terrestre émanant de l'épicentre en utilisant des sismomètres pour recevoir des signaux électriques. On convertit les signaux électriques reçus dans le centre de la collecte, de l'enregistrement et du traitement des informations dans les signaux de commande qui sont envoyés par la suite vers des émetteurs réalisés sous la forme de sources de vibrations. Des signaux normalisés sont envoyés en forme d'oscillations ondulatoires élastiques vers la zone du tremblement de terre. La suppression des ébranlements sismiques est effectuée par l'interaction des oscillations ondulatoires élastiques à haute fréquence émanant de sources de vibrations, avec des oscillations de basse fréquence venant de l'épicentre du tremblement de terre.

L'inconvénient de cette méthode connue est sa faible efficacité, car la résistance au tremblement de terre catastrophique se produit uniquement lorsque le degré de son développement devient suffisant. Par conséquent, il faut d'abord obtenir une série de signaux prédictifs dans le centre de la collecte, de l'enregistrement et du traitement des informations. En outre, la méthode connue a une fonctionnalité limitée, car elle ne peut être utilisée pour prévenir des tremblements de terre et n'est pas adaptée à la prévention d'autres évènements catastrophiques, tels que des catastrophes anthropiques.

Le plus proche selon sa nature technique de la méthode proposée est le dispositif de prévention de la catastrophe qui a un caractère naturel – des tremblements de terre, un dispositif avec un convertisseur de signaux caractérisant un emplacement dans la zone d'une éventuelle catastrophe, un système d'enregistrement de signaux et un émetteur générant des signaux qui contribuent à la normalisation de la situation dans la zone d'une catastrophe supposée (voir . . URSS N° 838014, cl.   02 D 31/08, 1981). Ce dispositif utilise un capteur de vibrations, en qualité de convertisseur de signaux qui transforme des oscillations mécaniques apparaissant lors d'un tremblement de terre, en signaux électriques dont la valeur est proportionnelle à l'amplitude d'oscillations mécaniques. Le système de traitement de signaux comprend un préamplificateur, des unités d'assignation de fréquences, une unité de suivi automatique de la phase dans laquelle le signal utile est déphasé de 180°, et un amplificateur de puissance. L'émetteur est conçu comme un compresseur de vibrations générant des oscillations qui sont en opposition de phase avec celles-ci causées par des tremblements de terre ce qui contribue à la normalisation de la situation dans la zone du tremblement de terre.

L'inconvénient de ce dispositif connu est sa fonctionnalité limitée, car elle ne s'applique qu'en cas de tremblement de terre. En outre, le fonctionnement du dispositif implique des coûts élevés dus à la consommation d'énergie exceptionnellement élevée en raison de la nécessité d'émaner des oscillations mécaniques de haute puissance pendant longtemps.

L'objectif de la présente invention est d'améliorer l'efficacité de prévention des catastrophes, tout en élargissant la fonctionnalité de la méthode décrite ainsi que du dispositif servant à la mettre en œuvre et de réduire les coûts de la procédure.

L'obtention de cet objectif s'effectue par une nouvelle méthode de prévention des catastrophes, celle de prévision opérationnelle de catastrophes émergeantes et de production de signaux normalisant la situation dans la zone d'une catastrophe supposée, ce qui est atteint à l'aide du nouveau dispositif.

La nouvelle méthode de prévention de catastrophes se réalise par enregistrement et traitement des signaux caractérisant un emplacement dans la zone d'une catastrophe supposée. Des signaux de rayonnement lumineux à partir de l'élément correspondant à la zone d'une

catastrophe supposée, sont traités à l'aide d'un système optique contenant des éléments sensibles –des cristaux orientés, installés en série dans la direction du rayonnement perçu. On crée un rayonnement normalisé dans le système optique. De préférence, il faut balayer les parties différentes de la zone d'une catastrophe supposée, une zone ayant des caractéristiques augmentées de rayonnement normalisé correspond à la zone de la catastrophe. En ce qui concerne des catastrophes naturelles, la zone d'apparition d'une catastrophe a des caractéristiques dépassant de 20 à 28 % les performances de rayonnement provenant d'autres zones de l'élément. En ce qui concerne des catastrophes anthropiques, cette augmentation est de 10 à 12 %.
L'appareil contient un convertisseur de signaux caractérisant un emplacement dans la zone d'une éventuelle catastrophe, un système d'enregistrement de signaux et un émetteur générant des signaux qui contribuent à la normalisation de la situation dans la zone d'une catastrophe supposée. Le convertisseur de signaux contient un élément correspondant à la zone de risque et un système optique, réalisé en cristaux orientés, installés en série dans la direction du rayonnement lumineux perçu. Ces cristaux sont en forme de cubes identiques décalés les uns par rapport aux autres et ayant une orientation différente des axes optiques. Les surfaces appropriées des cubes sont disposées parallèlement. Ces cubes se trouvent dans une sphère en verre, formant ainsi une structure transparente continue. Le capteur de rayonnement normalisé est relié au dernier cube dans la direction de propagation du rayonnement avec de la fibre optique. Le capteur est relié également à un processeur avec des logiciels pour le traitement du signal de capteur. Il vaut mieux réaliser un convertisseur de signal comme une combinaison du système optique et les plans du terrain où peut éventuellement surgir un tremblement de terre comme une combinaison du système optique, et les systèmes de télémétrie avec un écran pour reproduire l'élément correspondant à la zone d'une catastrophe anthropique supposée; les logiciels doivent être fournis avec tous les paramètres possibles des zones de catastrophes éventuelles.
Dans la présente invention le requérant a mis comme base la théorie de la synthèse ondulatoire, combinée avec la formule de la réalité générale (voir la thèse pour le grade de docteur en sciences physiques et mathématiques, G. Grabovoï, « Étude et analyse des définitions fondamentales des systèmes optiques pour pronostic de tremblements de terre et d'accidents sur des sites industriels », Moscou, Maison d'édition de l'Académie des sciences naturelles, 1999, pp 9-19). Conformément à cette théorie, la réalité peut être considérée comme une intersection périodique des zones stationnaires avec des zones dynamiques, tandis que dans les parties d'intersection se produit une synthèse d'ondes dynamiques avec des ondes stationnaires. Dans les cristaux, un processus similaire permet d'obtenir en résolvant le problème inverse, des composantes dynamiques en forme de cristal de la synthèse ondulatoire, c'est-à-dire, la phase du temps. Un emplacement défini des cristaux dans l'espace contribue à la normalisation de l'environnement qui est la source d'un élément défini de la lumière. Ainsi, il devient possible de normaliser un environnement, l'information afférente se trouve dans un élément de la lumière. En outre, on peut déterminer le moment de déviations de la norme après que les ressources du système optique soient épuisées, par exemple, déterminer le moment d'un tremblement de terre ou d'une catastrophe. Comme moyen d'émission, on peut utiliser le plan de la région ou un système de télémétrie avec un écran. Lorsque la lumière atteint les éléments sensibles du système optique, la normalisation de l'environnement s'effectue par le premier cristal au moment où la lumière émanant du troisième cristal passe à travers le quatrième cristal et la normalisation suivante a lieu au moment où la lumière passe à travers tous les cristaux. La lumière a été choisie comme support d'information car cela permet de visualiser et d'enregistrer les lois de communications établies par la formule de la réalité générale. On peut renforcer le processus avec du rayonnement laser.
Il est possible d'utiliser un capteur de rayonnement normalisé comme source d'information de sortie. Il peut être réalisé sous la forme d'un capteur de température. L'enregistrement de signaux venant du capteur est effectué par le processeur auquel le capteur et l'émetteur sont connectés. L'utilisation des logiciels avec tous les paramètres possibles des zones de catastrophes supposées permet d'augmenter l'efficacité du dispositif.
En général, la méthode et le dispositif présentés ci-dessus permettent de transformer l'information en forme d'impulsions lumineuses pour diminuer ou prévenir des catastrophes naturelles ou anthropiques. Le pronostic et la prévention de catastrophes peuvent être effectués de tout point de l'espace.
Les plans ci-joints présentent : dessin 1 – emplacement des éléments sensibles dans le système optique (vue plans OX, OZ : OX – direction horizontale, OZ – direction verticale), dessin 2 – emplacement des éléments sensibles dans le système optique (vue plans OX, OY), dessin 3 – vue générale du dispositif.
Le dispositif comprend : éléments sensibles 1, 2, 3, 4, 5, 6 et 7 en forme de cubes de dimensions égales dans la sphère en verre 8 formant ainsi une structure monolithe transparente, fibre optique 9 reliant le dernier élément sensible avec le capteur de rayonnement normalisé 10, laser 11, élément 12 correspondant à la zone d'une éventuelle catastrophe (par exemple, en forme du plan de terrain), amplificateur de signaux 13 venant du capteur, se trouvant à l'entrée du processeur 14, ayant des logiciels pour traitement de signaux et relié à l'écran 15 et à l'émetteur 16 contribuant à la normalisation de la situation dans la zone d'une éventuelle catastrophe, générateur de signaux bio 17.
Le nombre d'éléments sensibles dans le système optique peut être 7, 14, etc. Les éléments sensibles 1 à 7 sont en cristal, par exemple, en cristal de roche ou en diamant, en forme de cubes, de même taille, par exemple avec une longueur de panneau de 20 mm. Lors de la fixation des cubes avec du matériel de la sphère en verre 8, les côtés latéraux des cubes sont disposés parallèlement. La disposition des cubes 1 à 7 dans la sphère

8 et l'orientation de leurs axes optiques sont choisies de façon à ce qu'elles préviennent des catastrophes en effectuant une harmonisation. Les cubes sont déplacés dans deux plans perpendiculaires (dessins 1 et 2). Les paramètres de sortie du système optique sont enregistrés par le capteur de rayonnement normalisé 10 se trouvant à côté de la sphère 8. Il faut réaliser le capteur 10 en élément à inertie réduite en film ultra-sensible comme un capteur de température. L'utilisation du laser 11 permet d'augmenter la précision des mesures de signaux venant du capteur 10. L'utilisation d'une unité générant des signaux bio contribue à normaliser la situation dans la zone d'une éventuelle catastrophe. Le fonctionnement du dispositif est présenté dans la description de la méthode de prévention de catastrophes.

Selon la méthode proposée, le rayonnement lumineux provenant de l'élément 12 correspondant à la zone d'une éventuelle catastrophe (par exemple, en forme du plan de terrain) est dirigé au système optique (sphère en verre 8 et les cristaux orientés 1 à 7). Lors de la transformation du rayonnement lumineux dans ce système optique (dessin 3), une forme normalisée à maximum du volume lumineux se libère. La normalisation s'effectue lors du passage de la lumière à travers les éléments sensibles 1 à 7, la disposition de ces éléments harmonise ce volume lumineux qui à son tour normalise la situation dans la zone d'une éventuelle catastrophe. Le degré de diminution de la catastrophe correspond à la valeur de normalisation du volume lumineux. Les signaux du capteur de rayonnement normalisé 10, après le passage via l'amplificateur 13, sont transmis dans le processeur 14, qui contient des logiciels pour traiter les signaux entrants. Après le traitement de signaux, une image de leurs caractéristiques apparaît sur l'écran 5. Lors d'un pronostic d'évènement catastrophique, l'émetteur 16 s'active et envoie des signaux supplémentaires dans la zone d'une catastrophe supposée afin de contribuer à la normalisation de la situation dans cette zone.

De préférence, il faut effectuer un balayage en continu de différentes zones de l'élément 12, par absorption successive de rayonnement provenant de l'élément 12 à l'ensemble des éléments sensibles 1 à 7. On définit une zone d'éventuelle catastrophe selon l'augmentation des caractéristiques de rayonnement comparant celle-ci à d'autres zones. En ce qui concerne des catastrophes naturelles, la zone d'apparition d'une catastrophe a des caractéristiques dépassant de 20 à 28 % les performances de rayonnement provenant d'autres zones de l'élément 12.

Avec une augmentation des caractéristiques de rayonnement de moins de 20 %, des événements catastrophiques ne se produiront pas. Si cette augmentation dépasse 28 %, on peut conclure à l'évolution d'événements catastrophiques d'urgence. S'il s'agit d'une catastrophe anthropique, comme une violation du cycle technologique du réacteur nucléaire, la zone de la catastrophe est déterminée par l'augmentation des caractéristiques de rayonnement de 10 à 12 %. Avec une augmentation des caractéristiques de rayonnement de moins de 10 %, des événements catastrophiques ne se produiront pas, et si cette augmentation dépasse 12 %, on peut s'attendre à un développement extrême des évènements.

Nous allons rapporter des exemples de réalisation de la méthode proposée avec l'utilisation du modèle d'essai du dispositif comprenant un système optique avec une sphère en verre où sont disposés sept éléments sensibles en cristal de roche, en forme de cubes de même dimension, longueur de côté 20 mm. Au dernier cube, selon la direction de propagation de rayonnement lumineux, est relié avec de la fibre optique un capteur de rayonnement normalisé effectué en forme de capteur de température à couche mince. Le capteur est relié via l'amplificateur au processeur configuré avec la possibilité de calculer rapidement un intégrateur quadruple.

Exemple 1. Nous avons étudié l'émergence d'un tremblement de terre catastrophique au Kamtchatka. La sphère en verre 8 avec des éléments sensibles 1 à 7 a été placée à une distance de 250 mm à partir de la carte à grande échelle de Kamchatka, et le capteur de rayonnement normalisé 10 a été situé sur la surface de la sphère 8 opposée à celle qui donnait sur la carte. Les signaux du capteur 10 sont passés à travers l'amplificateur 13 et sont arrivés dans le processeur 14 qui les a continuellement traités, enregistrés et affichés sur l'écran 15. Les mesures ont été effectuées dans la période qui a débuté à 09 h 03 le 26 juin 1999. Il avait été pronostiqué un tremblement de terre d'une magnitude 5,1 dans la région du Kamtchatka, qui a eu lieu à 09 h 03 le 3 juillet 1999 et la sous-estimation de magnitude suite à l'utilisation du dispositif a été 0,4 point.

Exemple 2. Dans les mêmes conditions que dans l'exemple précédent, nous avons scanné l'élément 12 – sur la carte du Japon – correspondant à la zone de tremblement de terre supposé. Il a été prédit le commencement d'un tremblement de terre d'une magnitude de 6,2 qui a eu lieu à 09 h 03 le 3 juillet 1999. La sous-estimation de magnitude par rapport à la valeur initialement prévue a été 0,8 point.

Exemple 3. Dans des conditions similaires à l'exemple 1, la carte de l'Alaska a été scannée. Il a été prédit le moment exact du commencement d'un tremblement de terre d'une magnitude de 4,8, qui s'est produit à 19 h 26 le 4 juillet 1999 et la sous-estimation de la valeur de magnitude a été 0,5 point.

Exemple 4. Dans des conditions similaires à l'exemple 1, un balayage de la carte des Philippines a été réalisé. Il a été prédit le moment exact du commencement d'un tremblement de terre d'une magnitude de 4,0 qui a eu lieu à 13 h 32 le 4 juillet 1999 et la sous-estimation de la valeur de magnitude du dispositif a été 0,2 point.

L'analyse des données reçues démontre que dans chaque cas le pronostic a été confirmé sept (7) jours avant le début, avec indication exacte de l'heure du tremblement de terre. La valeur sous estimée de magnitude suite à l'utilisation du dispositif était entre 0,2 et 0,8.

Les avantages de la méthode et du dispositif proposés sont les suivants : augmentation de l'efficacité grâce au pronostic précis du début d'évènements catastrophiques et la possibilité de normalisation à distance de la situation dans des zones d'éventuelle catastrophe ; par rapport aux moyens connus, cette méthode et ce dispositif ont un domaine d'emploi plus ample car ils peuvent être utilisés pour prévention de catastrophes naturelles et anthropiques tout en respectant l'environnement lors de leur utilisation. En outre, les coûts de réalisation de la méthode sont réduits en raison de la simplicité et la possibilité d'utiliser le dispositif à plusieurs reprises.

FORMULE DE L'INVENTION

1. Le procédé de prévention de catastrophes comportant la réception et le traitement de signaux caractérisant la position dans la zone d'une éventuelle catastrophe. *Sa différence consiste à ce que* les signaux de rayonnement lumineux soient traités à partir de l'élément correspondant à la zone d'une éventuelle catastrophe par l'intermédiaire du système optique constitué d'éléments sensibles en cristaux orientés et disposés en série dans la direction du rayonnement perçu, formant ainsi un rayonnement normalisé pour stabiliser la situation dans cette zone.

2. Le procédé selon p.1 est *différent* en ce qu'on effectue un balayage continu des parties différentes de l'élément correspondant à la zone d'une éventuelle catastrophe. Le début d'une éventuelle catastrophe est défini par une augmentation de caractéristiques de rayonnement émanant du système optique en comparaison avec les caractéristiques de rayonnement d'autres parties.

3. Le procédé selon p.2 est *différent* en ce qu'on définit la partie d'émergence d'une catastrophe naturelle selon l'augmentation de caractéristiques de rayonnement de 20 à 28 % par rapport à d'autres parties.

4. Le procédé selon p.2 est *différent* en ce qu'on définit la partie d'émergence d'une catastrophe anthropique selon l'augmentation de caractéristiques de rayonnement de 10 à 12 % par rapport à d'autres parties.

5. Le dispositif pour la prévention des catastrophes comprend un convertisseur de signaux caractérisant la position dans la zone d'une éventuelle catastrophe, un système d'enregistrement des signaux et un émetteur générant des signaux contribuant à la normalisation de la situation dans cette zone. *Sa différence consiste à ce que* le convertisseur des signaux comporte un élément correspondant à la zone d'une éventuelle catastrophe et un système optique comprenant des éléments sensibles en cristaux orientés et disposés en série dans la direction du rayonnement perçu, ceux-ci réalisés en forme de cubes identiques décalés les uns par rapport aux autres et ayant une orientation différente des axes optiques. Les surfaces appropriées des cubes sont disposées parallèlement. Ces cubes se trouvent dans une sphère en verre, formant ainsi une structure transparente continue. Le capteur de rayonnement normalisé est relié au dernier cube dans la direction de propagation du rayonnement avec une fibre optique. Le capteur est relié également à un processeur avec des logiciels pour le traitement du signal de capteur.

6. Le dispositif selon le p.5 est *différent* en ce que le convertisseur de signaux est réalisé comme une combinaison du système optique et du plan de terrain où une catastrophe est supposée survenir.

7. Le dispositif selon le p.5 est *différent* en ce que le convertisseur de signaux est réalisé comme une combinaison du système optique et du système de télémétrie avec un écran sur lequel est produit l'élément correspondant à la zone d'une éventuelle catastrophe anthropique.

8. Le dispositif selon le p.5 est *différent* en ce que les logiciels du processeur comprennent divers paramètres possibles dans les zones d'éventuelles catastrophes.

15 2148845 16

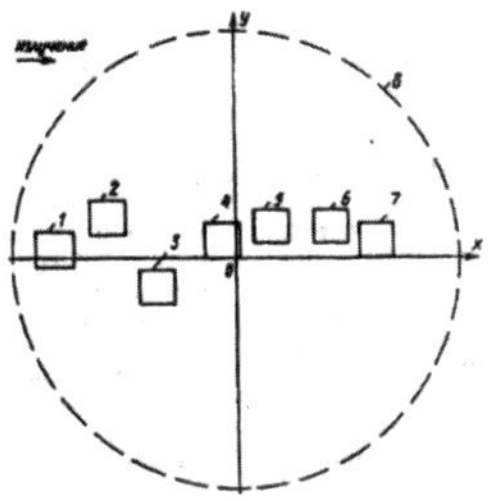

Фиг.2

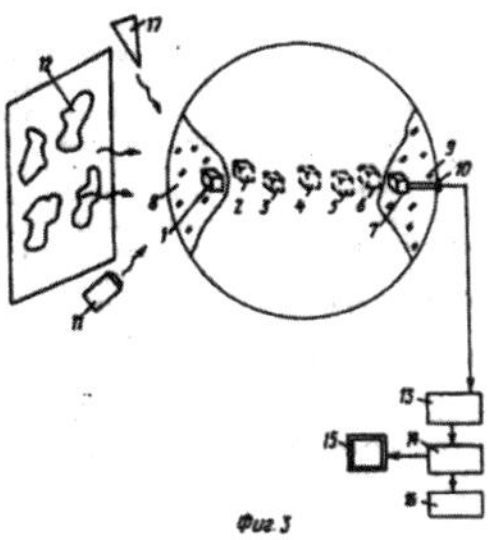

Фиг.3

Dessins 2 et 3

Commande 13
FIPS, Enr. LP N° 040921
30/1 quais Bérezhkovskaya
121858 Moscou
Département de recherche
scientifique d'édition officielle

Ministère des situations d'urgence de Russie
AGENCE
DE MONITORING ET PRONOSTIC
DE SITUATIONS D'URGENCE VNII GOCHS
7 rue Davydkovskaya 121352 Moscou
(095) 449-83-44, 443-83-15 (fax)
7.07.99 N° ID/275
N° __________du ___________
À l'attention du Président de l'Académie des sciences naturelles de la Fédération de Russie
Monsieur Kouznetsov O., Académicien

Monsieur,

L'académicien des sciences naturelles de la Fédération de Russie, Grabovoï Grigori, en utilisant la formule de réalité générale créée par lui ainsi que la théorie de fusion ondulatoire pour le pronostic préventif des tremblements de terre et des catastrophes, a transféré le module cristallisé en forme numérique. En qualité de preuves, comme quoi ce module permet de réaliser un pronostic préventif des tremblements de terre, des données statistiques ont été utilisées sur les tremblements de terre fournis par la Mission Centrale auprès du service géophysique de l'Académie des sciences naturelles de la Fédération de Russie. Les essais du modèle numérique de l'appareil ont été effectués selon les tremblements de terre antérieurs (par moyen de transfert des paramètres initiaux du modèle avant le début des tremblements de terre) et ultérieurs (par traitement informatique du plan de terrain électronique et des données d'extrapolation lors de l'observation de la surface de la Terre à partir des satellites fournis par VNII GOCHS. Les données effectuées sur 1000 tremblements de terre antérieurs ayant eu lieu entre 07 janvier 1901 et le 04 juillet 1918 ont été utilisées (ci-jointes en annexe de 18 pages). En ce qui concerne les tremblements de terre ultérieurs, en juillet 1999 nous avons reçu la confirmation du pronostic pour toutes les zones où le traitement informatique du plan électronique avait été fait (par exemple, de 09 h 03 à 19 h 26 le 3 juillet 1999 ont été confirmés les tremblements de terre à Kamtchatka à 09 h 03 m 5,1, au Japon à 09 h 30 m 6,2, en Alaska à 19 h 26 m 5,4, et de 05 h 38 à 13 h 32 le 4 juillet 1999 ont aussi été confirmés les tremblements de terre aux Philippines à 05 h 38 m 4,8, à Kamtchatka à 13 h 32 m 4,0.). Dans tous ces cas nous avons eu la confirmation complète du pronostic. À présent, pour transmettre les paramètres numériques du module cristallisé en forme de microprocesseur qui pourrait fonctionner pendant un laps de temps long sans calculs supplémentaires, il est nécessaire d'effectuer, à partir d'une source physique, le transfert en forme numérique des paramètres d'émission laser.

Cordialement,
Directeur de l'Agence
signature
Chakhramanyan ./

МЧС РОССИИ
АГЕНТСТВО
ПО МОНИТОРИНГУ И ПРОГНОЗИРОВАНИЮ ЧРЕЗВЫЧАЙНЫХ СИТУАЦИЙ
ВНИИ ГОЧС

121352, г. Москва, ул. Давыдковская, 7
(095) 449-83-44, 443-83-15 (факс)
7.07.99 № ИД/275
На № ____________ от ______________

Президенту РАЕН
академику Кузнецову О.Л.

Уважаемый Олег Леонидович!

Академик РАЕН Грабовой Григорий Петрович, используя созданные им формулу общей реальности и теорию волнового синтеза для профилактического прогноза землетрясений и катастроф, перевёл кристаллический модуль прогноза в цифровую форму. В качестве фактического материала доказывающего то, что указанный модуль позволяет реализовать профилактический прогноз землетрясений были использованы статистические данные о землетрясениях предоставляемые Центральной опытно-методической экспедицией геофизической службы Российской Академии Наук. Испытания цифровой модели прибора проводилось на землетрясениях прошлого и будущего. На землетрясениях прошлого -переводом исходных параметров модели до начала землетрясений. На землетрясениях будущего - программной обработкой электронной карты местности и экстраполяционных данных мониторинга поверхности Земли со спутников предоставленных ВНИИ ГОЧС. В качестве фактически произошедших землетрясений прошлого использовались данные о 1000 зафиксированных землетрясениях за период с 07 января 1901 года по 04 июля 1918 года (данные приведены в приложении на 18 листах). В качестве землетрясений будущего в июле 1999 года получено подтверждение прогноза для всех областей где проводилась программная обработка электронной карты местности (например: за период времени с 09ч 03 мин по 19 часов 26 минут 03 июля 1999 года подтверждены землетрясения в районах Камчатки в 09ч 03 мин. М 5.1, Японии в 09 ч 30 мин М 6.2, Аляски в 19ч 26 мин М 5.4, а за период времени 05ч 38 мин по 13ч 32 мин 04 июля 1999 года подтверждены землетрясения в районах Филиппин в 05 ч 38 мин М 4.8, Камчатки в 13 ч 32 мин М 4.0). Во всех случаях получено полное подтверждение прогнозной фазы. В настоящее время для перевода параметров кристаллического модуля в цифровой форме в форму микропроцессора, работающего длительный интервал времени без дополнительных расчётов, необходимо провести перевод в цифровую форму характеристик лазерного излучения с физического источника.

С уважением
Руководитель Агентства / Шахраманьян М. А. /

000086

РОССИЙСКАЯ ФЕДЕРАЦИЯ

ПАТЕНТ

НА ИЗОБРЕТЕНИЕ

№ 2163419

Российским агентством по патентам и товарным знакам на основании Патентного закона Российской Федерации, введенного в действие 14 октября 1992 года, выдан настоящий патент на изобретение

СИСТЕМА ПЕРЕДАЧИ ИНФОРМАЦИИ

Патентообладатель(ли):

Грабовой Григорий Петрович

по заявке № 2000117595, дата поступления: 06.07.2000

Приоритет от 06.07.2000

Автор(ы) изобретения:

Грабовой Григорий Петрович

Патент действует на всей территории Российской Федерации в течение 20 лет с **6 июля 2000 г.** при условии своевременной уплаты пошлины за поддержание патента в силе

Зарегистрирован в Государственном реестре изобретений Российской Федерации

г. Москва, ***20 февраля 2001 г.***

Генеральный директор

А.Д. Корчагин

FÉDÉRATION DE RUSSIE
BREVET D'INVENTION
N° 2163419
L'Agence russe des brevets et des marques de commerce, conformément à la loi des Brevets de la Fédération de Russie entrée en vigueur le 14 octobre 1992, délivre le présent brevet pour invention :
SYSTÈME DE TRANSFERT D'INFORMATION
Titulaire(s) du brevet:
Grabovoï Grigori
Demande N° 2000117595, date: 06.07.2000
Priorité du 06.07.2000
Auteur(s) de l'invention :
Grabovoï Grigori
Le brevet est valable sur tout le territoire de la Fédération de Russie pendant 20 ans à partir le 6 juillet 2000 sous réserve du paiement opportun de la taxe appropriée
Enregistré au registre d'État des inventions
de la Fédération de Russie
Moscou, le 20 février 2001

Directeur général
Sceau signature *. Kortchaguine*

Agence russe des brevets et des marques de commerce.
(12) Description de l'invention pour le brevet de la Fédération de Russie.
(21) 2000117595/28 (22) 06.07.2000
(24) 06.07.2000 (46) 10.05.2000 Fiche N° 13
(72) Grabovoï G.
(71) (73) Grabovoï Grigori
(56) SU2111617 , 20.05.1998.GRABOVOI G. Étude et analyse des définitions fondamentales de systèmes optiques pour pronostic de tremblements de terre et de catastrophes industrielles – Éditions de l'Académie des sciences naturelles, 1999, p.9-19. BODYAKINE V. *Dans quelle direction vas-tu, homme ? Principes évolutionnistes.* – M. : SYNTEGUE, 1998, p.29-45, 79-95, 249.
Adresse de correspondance : 5-1-66, ch.Kachirskoyé, 115230, Moscou
À l'attention de Kopayév V.
(54) SYSTÈME DE TRANSFERT D'INFORMATION
(57) Cette invention fait partie des techniques de communication et peut être utilisée dans des systèmes de transfert d'informations sans fil. Le résultat technique consiste en une augmentation de fiabilité opérationnelle du système et de son immunité aux interférences. Le poste transmetteur de signaux comprend une unité perceptive qui se compose d'éléments sensibles sphériques en verre fixés par collage sur un support, et un module sphérique en verre à l'intérieur duquel sont fixés des éléments sensibles sous la forme de cubes identiques en cristal. Le récepteur est placé à une distance de l'émetteur et comprend un poste perceptif ainsi qu'un module sphérique similaire, fourni avec un dispositif de transformation du rayonnement en signaux de sortie. Les diamètres de tous les éléments sensibles du poste perceptif doivent être différents, par exemple, être augmentés progressivement. Lors de la transmission d'information, l'opérateur active les éléments sensibles de l'émetteur de signaux. Par la suite, le rayonnement activé se reproduit immédiatement dans les éléments sensibles du récepteur et il est normalisé par les éléments sensibles du module sphérique. Le rayonnement normalisé à la sortie est transformé par le capteur en signaux électriques et après le traitement par le processeur, les informations transmises arrivent dans le dispositif d'enregistrement.

(19) RU (11) 2163419 (13) C1
(51) 7 H 04 B 10/30

РОССИЙСКОЕ АГЕНТСТВО
ПО ПАТЕНТАМ И ТОВАРНЫМ ЗНАКАМ

(12) ОПИСАНИЕ ИЗОБРЕТЕНИЯ
к патенту Российской Федерации

(21) 2000117595/09 (22) 06.07.2000
(24) 06.07.2000
(46) 20.02.2001 Бюл. № 5
(72) Грабовой Г.П.
(71) (73) Грабовой Григорий Петрович
(56) SU 2111617 A1, 20.05.1998. ГРАБОВОЙ Г.П. Исследование и анализ фундаментальных определений оптических систем для прогноза землетрясений и катастроф производственного характера. - М.: Из-во РАЕН, 1999, с.9-19. БОДЯКИН В.И. Куда идешь, человек? Основы эволюциологии. - М.: СИНТЕГ, 1998, с.29-45, 79-95, 249.
Адрес для переписки: 115230, Москва, Каширское ш. 5-1-66, Копаеву В.Г.
(54) СИСТЕМА ПЕРЕДАЧИ ИНФОРМАЦИИ
(57) Изобретение относится к технике связи и может быть использовано в системах беспроводной передачи информации. Технический результат состоит в повышении эксплуатационной надежности системы при одновременном повышении ее помехоустойчивости. В предлагаемой системе передатчик сигналов содержит воспринимающий блок, состоящий из чувствительных элементов сферической формы, изготовленных из стекла, которые при помощи клеевых соединений жестко закреплены на опорном элементе, и установленный на нем сферический модуль, выполненный в виде стеклянной сферы, в которой зафиксированы чувствительные элементы, выполненные в виде идентичных кубиков, изготовленных из кристалла. Приемник сигналов дистанционирован от передатчика и содержит подобные соответствующим элементам воспринимающий блок и дистанционированный от него сферический модуль, который снабжен устройством преобразования излучения в выходные сигналы. Диаметры всех чувствительных элементов, входящих в состав какого-либо воспринимающего блока, должны различаться, например постепенно увеличиваться. При передаче информации оператор активирует чувствительные элементы передатчика сигналов. Затем практически мгновенно излучение активации воспроизводится в чувствительных элементах приемника сигналов и нормируется чувствительными элементами сферического модуля. Выходящее нормированное излучение преобразуется датчиком в электрические сигналы и после обработки в процессоре переданная информация поступает в регистрирующее устройство. 5 з.п.ф-лы, 3 ил.

RU 2163419 C1

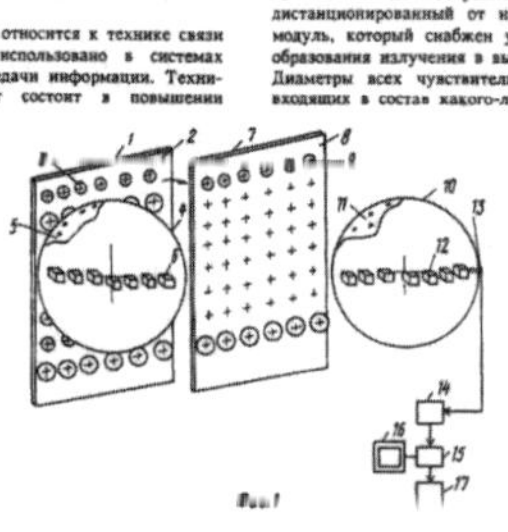

Фиг.1

2163419

5 2163419 6

Изобретение относится к области техники связи и может быть использовано в системах передачи информации, в которых применяется беспроводная связь между передатчиком и приемником информации, преимущественно при передаче информации на значительные (тысячи километров) расстояния.

Наиболее близким по технической сущности к заявляемой является система передачи информации, содержащая передающий блок, включающий опорный элемент, на котором жестко закреплены передатчики сигналов, и дистанционированный от него приемный блок, состоящий из опорного элемента с жестко закрепленными на нем приемниками сигналов и устройства, преобразующего излучение в выходные сигналы (см. патент РФ N 2111617, кл. H 04 B 10/00). В известной системе в качестве каналов связи между передатчиком и приемником сигналов используются лазерные лучи. Каждый передатчик сигналов выполнен в виде лазерного генератора с устройством модуляции лазерного пучка сигналом данных, соединенным с источником сигналов данных. Каждый приемник сигналов выполнен в виде фотоприемного устройства и устройства, преобразующего воспринимаемое лазерное модулированное излучение в электрические сигналы данных.

Недостатком известной системы передачи данных является ее низкая эксплуатационная надежность, обусловленная сложностью конструкции системы, в состав которой входят большое количество сложных передатчиков и приемников сигналов с многофункциональными связями и сложные системы прецизионного наведения с подвижными элементами. В известной системе при передаче информации между расположенными на значительных расстояниях друг от друга передатчиком и приемником сигналов, например при передаче информации на тысячи километров с использованием космического аппарата с ретранслятором, задержка передачи информации может составлять десятые доли секунды. Известная система имеет недостаточно высокую помехоустойчивость, так как при возникновении на линии лазерной связи какой-либо преграды возникают помехи в работе системы или срыв передаваемых сигналов.

Задачей изобретения является повышение эксплуатационной надежности системы передачи информации при одновременном обеспечении передачи информации без задержек и повышении помехоустойчивости системы.

Решение указанной задачи обеспечивается новой системой передачи информации, состоящей из передатчика сигналов и дистанционированного от него приемника сигналов, каждый из которых содержит воспринимающий блок, выполненный в виде чувствительных элементов сферической формы, имеющих различные диаметры и жестко закрепленных на поверхности опорного элемента, и сферический модуль, выполненный в виде стеклянной сферы, в которой зафиксированы распределенные в одном направлении и смещенные в двух взаимно перпендикулярных плоскостях чувствительные элементы, выполненные в виде идентичных кубиков, изготовленных из кристалла, причем элементы передатчика подобны элементам приемника сигналов, сферический модуль передатчика сигналов расположен на поверхности опорного элемента, сферический модуль приемника сигналов дистанционирован от его воспринимающего блока и снабжен устройством преобразования излучения в выходные сигналы.

При этом предпочтительно чувствительные элементы сферической формы равномерно распределять по поверхности опорного элемента и центры этих элементов размещать в параллельных плоскостях, на поверхности опорного элемента передатчика сигналов вблизи каждого чувствительного элемента сферической формы выполнять изображение определенной буквы всех букв алфавита или изображение определенной цифры всего ряда натуральных чисел, или изображение определенного символа, чувствительные элементы сферической формы располагать на поверхности опорного элемента в виде одинаковых рядов, чувствительные элементы сферической формы выполнять с постепенно увеличивающимися диаметрами, устройство преобразования излучения в выходные сигналы выполнять в виде датчика, соединенного посредством оптического волокна с кубиком сферического модуля, который наиболее удален от воспринимающего блока приемника излучения, датчик соединять с усилителем, к выходу которого подключен процессор.

В основу настоящего изобретения положен установленный автором принцип подобия, который базируется на разработанной автором теории волнового синтеза в сочетании с формулой общей реальности (см. Диссертация на соискание ученой степени доктора физико-математических наук, Г.П. Грабовой, "Исследование и анализ фундаментальных определений оптических систем для

7 2163419 8

прогноза землетрясений и катастроф производственного характера", М., Из-во РАЕН, 1999, с. 9-19).

В соответствии с теорией волнового синтеза реальность можно рассматривать как периодическое пересечение стационарных областей с динамическими, при этом в зонах пересечения возникает синтез динамической волны со стационарной. Любое явление реальности можно определить в виде оптических систем, и поскольку восприятие человека осуществляется образами-элементами света, содержащими информацию, то при передаче информации на первом этапе от генерирующего передаваемую информацию человека к воспринимающему информацию оптическому чувствительному элементу человека можно рассматривать как своеобразную передающую оптическую систему. Передаваемая информация, генерируемая мыслями оператора-человека, воспринимается оптическим чувствительным элементом, на который оператор направляет генерируемую мысль.

Известны различные оптические устройства, например аппарат "Камера-3000", позволяющая фиксировать изменение ауры человека (см. Комков В.Н. "Сенсоры биополя и ауры". "Электронная техника, серия 3, Микроэлектроника", 1999. вып. 1(153), с. 23). Поскольку мысль составляет часть ауры, то и она может быть передана в виде элемента "слабой" оптической системы. Предпочтительно воспринимающий информацию чувствительный элемент выполнять в виде сферы, так как именно сферическая форма чувствительного элемента способствует максимальной активации чувствительного элемента за счет внутреннего отражения.

Излучение активируемых чувствительных элементов сферической формы является световым, при этом каждому оператору, передающему информацию, будут соответствовать индивидуальные характеристики этого излучения, что определяет высокую помехозащищенность заявленной системы. Обеспечение индивидуальной активации чувствительных элементов сферической формы достигается за счет использования набора таких элементов, имеющих различные диаметры, чем определяется различие излучения, испускаемого разными элементами. Предпочтительно использовать набор чувствительных элементов сферической формы, диаметры которых постепенно увеличиваются. Количество чувствительных элементов сферической формы в наборе может быть различным. Предпочтительно количество элементов в наборе выбирать равным сумме букв, входящих в состав алфавита, и сумме цифр, входящих в состав натурального ряда чисел.

Все чувствительные элементы сферической формы, входящие в состав набора таких элементов, жестко крепятся к поверхности опорного элемента, выполняемого, например, в виде пластины. Опорный элемент с закрепленными на его поверхности чувствительными элементами сферической формы образуют воспринимающий блок. Передатчик и приемник сигналов имеют подобные воспринимающие блоки, что обеспечивает воспроизводство передаваемой информации.

Из теории волнового синтеза и законов квантовой механики следует, что преобразованная в излучение мысль может иметь одновременно два квантовых состояния (см. Грабовой Г.П."Исследования и анализ фундаментальных определений оптических систем в предотвращении катастроф и прогнозно-ориентированном управлении микропроцессорами", "Электронная техника, серия 3, Микроэлектроника", 1999, вып. 1 (153), с. 10).Одно из этих состояний находится на чувствительном элементе передатчика сигналов, а другое - на подобном ему чувствительном элементе приемника сигналов. Для облегчения работы оператора-человека, генерирующего передаваемую информацию, чувствительные элементы сферической формы предпочтительно равномерно распределять по поверхности опорного элемента и располагать центры чувствительных элементов сферической формы в параллельных плоскостях, а также располагать эти элементы в виде одинаковых рядов.

Кроме того, на поверхности опорного элемента передатчика сигналов вблизи каждого чувствительного элемента сферической формы выполняется изображение соответствующей буквы алфавита, цифры или определенного символа. Наряду с использованием на первом этапе передачи информации посредством чувствительных элементов сферической формы может использоваться и сферический модуль, в котором зафиксированы последовательно расположенные чувствительные элементы, выполненные в виде идентичных кубиков, изготовленных из кристалла. При определенном взаимном расположения кубиков в них будет происходить нормализация излучения, инициируемого мыслью оператора-человека, которое характеризует сочетание определенных букв слова.

На втором этапе передачи информации излучение, испускаемое чувствительным элементом сферической формы, в соответствии

Cette invention fait partie des techniques de communication et peut être utilisée dans des systèmes de transfert d'informations sans fil entre un émetteur et un récepteur d'informations à une grande distance (des milliers de kilomètres).

Le plus proche, selon sa nature technique du système proposé, est celui qui contient un émetteur fixé sur un support et un récepteur fixé également sur un support contenant lui aussi un dispositif de transformation de rayonnement en signaux de sortie (voir le brevet de la Fédération de Russie N° 2111617, cl. H 04 B10/00). En qualité de canaux de communication entre l'émetteur et le récepteur, ce système utilise des rayons laser. Chaque émetteur de signaux est fait en forme de générateur laser avec un dispositif de modulation de faisceau laser par le signal de données, relié à la source de signaux de données.

L'inconvénient de ce système connu de transfert d'information est sa faible efficacité, due à une construction difficile du système avec des émetteurs et récepteurs complexes de signaux à communications multifonctionnelles ainsi qu'à des unités de guidage précis avec des éléments mobiles. Lors du transfert d'information entre l'émetteur et le récepteur situés à une grande distance l'un de l'autre, par exemple, lors du transfert de l'information à plusieurs milliers de kilomètres en utilisant un astronef avec une antenne-relais, le retard de transfert se fait en un dixième de seconde. Ce système a une résistance insuffisante à des interférences car si un obstacle surgit sur la ligne de communication laser, apparaissent des interférences dans le fonctionnement du système ou un échec de signaux transmis.

L'objectif de la présente invention est d'améliorer la fiabilité opérationnelle du système de transfert d'informations et d'assurer ce transfert sans retard tout en améliorant la résistance du système aux interférences.

La solution pour atteindre cet objectif serait un nouveau système de transfert d'information comprenant un émetteur de signaux et un récepteur se trouvant à distance. Tous les deux auraient un poste perceptif réalisé en forme d'éléments sensibles sphériques de différents diamètres fixés sur un support, et un module sphérique en verre à l'intérieur duquel se trouvent des éléments sensibles fabriqués en forme de cubes en cristal placés dans la même direction selon deux plans perpendiculaires. Le module sphérique du récepteur de signaux se trouve à une distance du poste perceptif et il a un dispositif de transformation de rayonnement en signaux de sortie.

De préférence, il faut poser de la même façon les éléments sphériques sensibles sur la surface du support. Les centres de ces éléments doivent être dans des plans parallèles. Sur la surface du support de l'émetteur de signaux à côté de chaque élément sensible en forme sphérique, il faut réaliser un dessin d'une lettre définie de l'alphabet ou d'un chiffre de toute la série de chiffres ou d'un symbole défini. Les éléments sensibles sphériques doivent être disposés en ligne sur le support, leur diamètre augmentant successivement. Le dispositif de transformation de rayonnement en signaux de sortie est à réaliser en forme de capteur relié avec de la fibre optique au cube du module sphérique le plus éloigné du poste perceptif du récepteur de rayonnement. Il faut relier le capteur à un amplificateur à la sortie duquel le processeur est connecté.

Dans la présente invention, le requérant a mis comme base le principe de similitude établi par l'auteur selon sa théorie de la synthèse ondulatoire, combinée avec la

с принципом подобия без каких-либо задержек практически мгновенно воспроизводится в подобном чувствительном элементе сферической формы, входящем в состав воспринимающего блока приемника сигналов. Затем излучение поступает на сферический модуль приемника сигналов, который выполнен подобным сферическому модулю передатчика сигналов. Сферический модуль приемника сигналов выполнен в виде стеклянной сферы, в которой зафиксированы распределенные в одном направлении и смещенные в двух взаимно перпендикулярных плоскостях чувствительные элементы, выполненные в виде идентичных кубиков, изготовленных из кристалла.

После поступления излучения на первый кубик, который наиболее приближен к воспринимающему блоку приемника, начальное нормирование излучения первым кубиком произойдет в момент, когда излучение, исходящее из третьего кубика, проходит четвертый кубик. Следующее действие нормирования осуществляется при прохождении излучения через все кубики. Свет выбран в качестве носителя информации в связи с тем, что это позволяет визуализировать и регистрировать законы связей, устанавливаемых формулой общей реальности. Излучение, испускаемое каким-либо чувствительным элементом сферической формы приемника сигналов, после нормирования в сферическом модуле приемника выходит из кубика, наиболее удаленного от воспринимающего блока приемника, при этом величина выходящего нормированного излучения зависит от диаметра чувствительного элемента сферической формы передатчика сигналов, которому подобен излучающий чувствительный элемент сферической формы приемника сигналов.

Воспринимающий блок и сферический модуль передатчика сигналов выполняются подобными соответствующим элементам приемника сигналов, однако могут иметь различные геометрические размеры. Так, геометрические размеры элементов приемника сигналов могут в 3-5 раз превосходить размеры соответствующих элементов передатчика. В качестве устройства, преобразующего излучение, выходящее из последнего кубика, может использоваться оптический преобразователь, выполненный в виде приемника излучения и микропроцессора, преобразующего интенсивность излучения в цифровые данные, или датчик нормированного излучения, соединенный с последним кубиком посредством оптического волокна и подключенный через усилитель электрического сигнала к процессору, имеющему програмное управление.

Приложенные чертежи изображают: фиг. 1 - общий вид системы передачи информации (вид в изометрии), фиг. 2 - воспринимающий блок (вид спереди), фиг. 3 - отдельный чувствительный элемент сферической формы, жестко закрепленный на опорном элементе.

Заявленная система передачи информации содержит воспринимающий блок приемника сигналов 1, содержащий опорный элемент 2, по поверхности которого равномерно распределены жестко закрепленные на нем чувствительные элементы сферической формы 3; сферический модуль передатчика сигналов 4,содержащий стеклянную сферу 5, в которой зафиксированы чувствительные элементы 6, выполненные в виде идентичных кубиков; воспринимающий блок приемника сигналов 7, который подобен аналогичному блоку передатчика сигналов и также содержит опорный элемент 8 и чувствительные элементы сферической формы 9, жестко закрепленные на нем; сферический модуль приемника сигналов 10, который подобен аналогичному модулю передатчика сигналов и также содержит стеклянную сферу 11, в которой зафиксированы чувствительные элементы 12, выполненные в виде идентичных кубиков; датчик нормированного излучения 13, к которому подключен усилитель 14, присоединенный ко входу процессора 15 с программным управлением, к которому подключены дисплей 16 и регистрирующее устройство 17; при этом каждый чувствительный элемент сферической формы при помощи крепежного элемента 18 жестко зафиксирован на поверхности опорного элемента.

Чувствительные элементы сферической формы 3 и 9 предпочтительно изготавливать из прозрачного материала, например из стекла. Диаметры всех чувствительных элементов, входящих в состав какого-либо воспринимающего блока, например в состав блока приемника сигналов 1, должны различаться между собой, при этом каждый диаметр соответствует определенной букве, цифре или символу. Предпочтительно, чтобы диаметры постепенно увеличивались, например, от 1 до 53 мм. Аналогично должны различаться между собой и диаметры всех чувствительных элементов сферической формы 9, входящие в состав воспринимающего блока приемника сигналов 7. Каждый чувствительный элемент сферической формы жестко крепится к поверхности соответствующего опорного элемента при помощи крепежного элемента 18, например посредством клеевого соединения. Чувствительные элементы сферической формы предпочтительно располагать на поверхности опорного элемента в виде одинаковых рядов (см. фиг. 2, часть элементов не указана), при этом диаметры элементов постепенно увеличиваются в каждом ряду.

Каждый сферический модуль 4 или 10 (см. фиг. 1) содержит стеклянную сферу. Например, сферический модуль передатчика сигналов 4 содержит стеклянную сферу 5, в которой зафиксированы распределенные вдоль прямой, перпендикулярной поверхности опорного элемента 2, чувствительные элементы 6, выполненные в виде идентичных кубиков, которые образуют со сферой монолитную систему. Количество кубиков может быть равным 7, 14 и т.п. Обычно используется семь кубиков. Кубики 6 или 12 изготавливаются из кристалла, например из алмаза или горного хрусталя. Последовательно расположенные в сферическом модуле кубики имеют различную ориентацию оптических осей. Грани смежных кубиков расположены параллельно, а сами кубики смещены в двух взаимно перпендикулярных плоскостях. Сферический модуль передатчика сигналов 4 предпочтительно располагать в центре опорного элемента 2. Сферический модуль приемника сигналов 10 дистанционирован от воспринимающего блока приемника сигналов 7 предпочтительно на расстояние 200 - 1000 мм.

Заявленная система передачи информации работает следующим образом. В качестве оператора (не указан), передающего информацию, выступает человек, генерирующий мысль. В течение 0,1-5 с (время зависит от биоэнергетического поля человека) оператор активирует чувствительные элементы 3 воспринимающего блока передатчика сигналов 1. Поступающие из оптической системы оператора сигналы усиливаются чувствительными элементами сферической формы 3 передатчика сигналов и без каких-либо задержек практически мгновенно воспроизводятся в соответствующих чувствительных элементах 9 приемника сигналов, при этом сигнал, передаваемый каким-либо элементом передатчика 3, воспроизводится подобным элементом 9 приемника в соответствии с принципом подобия. Излучение чувствительных элементов 9 приемника сигналов преобразуется затем чувствительными элементами 12 сферического модуля приемника сигналов 10. Обьем передаваемой информации соответствует обьему информации, содержащемуся в генерируемом оптическом образе. Например, информация, содержащаяся в считывающем устройстве компакт-диска, после восприятия ее оператором может быть полностью передана на приемник сигналов.

При прохождении излучения через элементы 12, выполненные в виде кубиков, происходит нормирование формы светового обьема, определяемое взаимным расположением кубиков. Каждому диаметру чувствительного элемента сферической формы 9 при этом соответствует определенная величина нормированного излучения, выходящего из наиболее удаленного от воспринимающего блока приемника сигналов 8 кубика 12. Нормированное излучение, выходящее из этого кубика, через оптическое волокно передается на датчик нормированного излучения 13, и поступающие с датчика электрические сигналы после прохождения через усилитель 14 поступают на процессор 15 с программным управлением. Обработанные в процессоре 15 сигналы, соответствующие переданной информации, в виде букв, цифр и(или) символов могут быть выведены на дисплей 16 и поступают на устройство регистрации 17, которое может быть снабжено блоками записи и хранения поступающей информации для ее последующей обработки.

Заявленная система передачи в сравнении с известной системой обладает значительно более высокой эксплуатационной надежностью, поскольку конструкция заявленной системы предельно упрощена и отсутствуют какие-либо подвижные элементы. Заявленная система в отличие от известной обеспечивает передачу информации на значительные (многие тысячи километров) расстояния без каких-либо задержек. Кроме того, заявленная система имеет более высокую помехоустойчивость, так как находящиеся между ее приемником и передатчиком сигналов преграды не являются помехами для передачи информации.

ФОРМУЛА ИЗОБРЕТЕНИЯ

1. Система передачи информации, состоящая из передатчика сигналов и дистанцированного от него приемника сигналов, каждый из которых содержит воспринимающий блок, выполненный в виде оптических чувствительных элементов сферической формы, имеющих различные диаметры, и жестко закрепленных на поверхности опорного

formule de la réalité générale (voir la thèse pour le grade de docteur en sciences physiques et mathématiques, G. Grabovoï, *« Étude et analyse des définitions fondamentales des systèmes optiques pour pronostic de tremblements de terre et d'accidents sur des sites industriels »*, Moscou, Maison d'édition de l'Académie des sciences naturelles, 1999, pp. 9-19).

Conformément à cette théorie la réalité peut être considérée comme une intersection périodique des zones stationnaires avec des zones dynamiques, tandis que dans les parties d'intersection se produit une synthèse d'ondes dynamiques avec des ondes stationnaires. Tout phénomène de la réalité peut être défini comme un système optique. Étant donné que la perception de l'homme se réalise par des images/éléments de la lumière contenant une information, à la première étape, lors du transfert d'information de l'homme générant ces informations vers un élément sensible optique perceptif, on peut considérer l'homme comme un système optique. L'information transmise générée par un homme/opérateur est perçue par un élément optique sensible sur lequel l'opérateur envoie une pensée générée.

Plusieurs dispositifs optiques sont connus, par exemple, l'appareil Caméra 3000, qui permet de fixer les changements de l'aura de l'homme (voir Komkov V. *« Senseurs du bio champ et de l'aura »*, *Technique électronique*, série 3, *Microélectronique*, 1999, édition 1 (153), p.23). Étant donné que la pensée fait partie de l'aura, elle peut être transmise comme un élément du système optique « faible ».

Le rayonnement des éléments sphériques sensibles activés est lumineux. À chaque opérateur qui transmet une information vont correspondre des caractéristiques individuelles de ce rayonnement qui définit une haute résistance aux interférences du système. L'activation individuelle des éléments sphériques sensibles est assurée grâce à tels éléments ayant différents diamètres ce qui définit la différence du rayonnement émanant par différents éléments. Il est préférable d'utiliser un lot d'éléments dont les diamètres augmentent successivement. Leur nombre peut être varié, cependant il est préférable de choisir leur nombre égal au nombre de lettres dans l'alphabet ou à la somme de chiffres faisant partie de la série naturelle de chiffres. Tous ces éléments sont fixés à la surface du support, par exemple, d'une plaque. Le support avec ces éléments sphériques sensibles sur sa surface représente un poste perceptif. L'émetteur et le récepteur de signaux ont de tels postes perceptifs ce qui assure la reproduction de l'information transmise.

Selon la théorie de la synthèse ondulatoire et des lois de la mécanique quantique, une pensée transformée dans un rayonnement peut avoir deux états quantiques à la fois (voir Grabovoï G. *« Étude et analyse des définitions fondamentales des systèmes optiques pour pronostic de tremblements de terre et gestion orientée de microprocesseurs »*, *Technique électronique*, série 3, *Microélectronique*, 1999, édition 1(153), p.10). Un de ses états se trouve sur un élément sensible de l'émetteur de signaux, l'autre – sur un élément sensible similaire du récepteur de signaux. Pour faciliter le travail de l'opérateur qui génère l'information transmise, il est préférable de mettre les éléments sphériques sensibles de la même façon sur la surface du support, leurs centres dans les plans parallèles ainsi que les poser en rangées égales.

13 2163419 14

элемента, и сферический модуль, выполненный в виде стеклянной сферы, в которой зафиксированы распределенные в одном направлении и смещенные в двух взаимно перпендикулярных плоскостях оптические чувствительные элементы, выполненные в виде идентичных кубиков, изготовленных из кристалла горного хрусталя или алмаза, причем элементы передатчика подобны элементам приемника сигналов, сферический модуль передатчика расположен на поверхности опорного элемента его воспринимающего блока, а оптические чувствительные элементы передатчика воспринимают генерируемую оператором передаваемую информацию, сферический модуль приемника сигналов дистанцирован от его воспринимающего блока и соединен с устройством преобразования излучения в выходные сигналы.

2. Система по п.1, *отличающаяся* тем, что оптические чувствительные элементы сферической формы равномерно распределены по поверхности опорного элемента, при этом центры этих элементов расположены в параллельных плоскостях.

3. Система по п.1 или 2, *отличающаяся* тем, что на поверхности опорного элемента передатчика сигналов вблизи каждого оптического чувствительного элемента сферической формы выполнено изображение определенной буквы всех букв алфавита, или определенной цифры всего ряда натуральных чисел, или определенного символа произвольной формы.

4. Система по п.1, *отличающаяся* тем, что оптические чувствительные элементы сферической формы расположены на поверхности опорного элемента в виде одинаковых рядов.

5. Система по любому из предшествующих пунктов, *отличающаяся* тем, что диаметры различных оптических чувствительных элементов сферической формы постепенно увеличиваются.

6. Система по п.1, *отличающаяся* тем, что поверхность опорного элемента расположена ортогонально направлению, в котором распределены кубики сферического модуля.

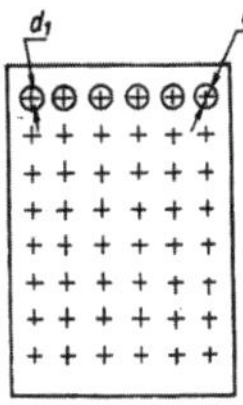

Фиг. 2

Dessin 2

En outre, sur la surface du support de l'émetteur de signaux à côté de chaque élément sensible en forme sphérique, il faut réaliser un dessin d'une lettre définie de l'alphabet, d'un chiffre défini de toute la série naturelle de chiffres, ou d'un symbole. À cette première étape de transfert d'information en plus des éléments sphériques sensibles, on peut utiliser un module sphérique avec des éléments sensibles en forme de cubes identiques en cristal à l'intérieur placés successivement. Grâce à leur disposition, aura lieu la normalisation du rayonnement initié par la pensée de l'opérateur/homme. Ce rayonnement sera caractérisé par une combinaison de lettres définies d'un mot.

À la deuxième étape du transfert de l'information, le rayonnement émanant par un élément sphérique sensible selon le principe de similitude, et sans aucun retard, sera immédiatement reproduit dans un élément sphérique sensible, similaire du poste perceptif du récepteur de signaux. Ensuite le rayonnement arrive vers le module sphérique du récepteur de signaux similaire à celui de l'émetteur. Le module sphérique du récepteur de signaux est réalisé sous forme de sphère en verre avec des éléments sensibles, en forme de cubes identiques en cristal à l'intérieur, placés successivement et en deux plans perpendiculaires.

À l'arrivée du rayonnement au premier cube qui est le plus près vers le poste perceptif, la première normalisation du rayonnement aura lieu au moment où le rayonnement émanant du troisième cube passera par le quatrième cube. La prochaine normalisation aura lieu lors du passage du rayonnement à travers tous les cubes. La lumière a été choisie comme support d'information car cela permet de visualiser et d'enregistrer les lois de communications établies par la formule de la réalité générale. Le rayonnement émanant par un élément sensible du récepteur, après la normalisation dans le module sphérique, sort du cube le plus éloigné du poste perceptif du récepteur. La valeur du rayonnement normalisé qui sort dépend du diamètre d'un élément sphérique sensible de l'émetteur de signaux, est similaire à l'élément sensible émanant du récepteur de signaux.

Le poste perceptif et le module sphérique de l'émetteur de signaux sont similaires à des éléments correspondants du récepteur de signaux, cependant ils peuvent avoir différentes dimensions géométriques. Des éléments du récepteur de signaux peuvent dépasser de 3 à 5 fois les éléments correspondants de l'émetteur. En qualité du dispositif transformant le rayonnement du dernier cube, on peut utiliser un transformateur optique : un récepteur de rayonnement et de microprocesseurs transformant l'intensité du rayonnement en forme numérique. Le tout est relié avec de la fibre optique au dernier cube et connecté via un amplificateur de signal électrique à un processeur avec une commande programmée.

Les plans ci-joints : dessin 1 – vue générale du système de transfert d'information (isométrie), dessin 2 – poste perceptif (vue de face), dessin 3 – élément sphérique sensible fixé sur le support.

Ce système de transfert d'information comprend un poste perceptif du récepteur de signaux 1; son support 2 à la surface duquel se trouvent les éléments sphériques sensibles fixés 3 module sphérique de l'émetteur de signaux 4 avec sa sphère en verre 5 où sont fixés des éléments sensibles 6 en forme de cubes identiques; poste perceptif du récepteur de signaux 7 analogue à celui de l'émetteur et ayant ainsi un support 8 et des éléments sphériques sensibles 9; module sphérique du récepteur 10 analogue à celui de l'émetteur et ayant une sphère en verre 11 où sont fixés des éléments sensibles 12 en forme de cubes identiques; capteur de rayonnement normalisé 13 auquel est connecté un amplificateur 14, celui-ci connecté à l'entrée du processeur 15 avec une commande programmée, écran 16 et un dispositif d'enregistrement 17; chaque élément sphérique sensible est fixé à la surface du support par un élément de fixation 18.

Il est préférable de fabriquer des éléments sphériques sensibles 3 et 9 en matériel transparent, par exemple, en verre. Les diamètres de tous les éléments sensibles faisant partie d'un poste perceptif doivent être différents et chaque diamètre doit correspondre à une lettre, un chiffre ou symbole défini. Il est préférable que les diamètres augmentent successivement, par exemple, de 1 à 53 mm. Chaque élément sphérique sensible est fixé au support avec élément 18, par exemple, par collage. Ces éléments sont à placer en rangées égales (dessin 2), leur diamètre doit augmenter successivement dans chaque rangée.

Chaque module sphérique 4 ou 10 (dessin 1) a une sphère en verre. Par exemple, le module sphérique de l'émetteur de signaux 4 contient la sphère en verre 5 à l'intérieur de laquelle sont fixés sur une ligne droite perpendiculaire à la surface du support 2 les éléments sensibles 6 en forme de cubes identiques formant ainsi un système monolithe avec la sphère. Le nombre de cubes peut être égal à 7, 14, etc. Les cubes 6 ou 12 sont fabriqués en cristal, par exemple, en diamant ou en cristal de roche. Les cubes ont différentes orientations. Les côtés des cubes juxtaposés sont parallèles et les cubes eux-mêmes sont déplacés dans deux plans perpendiculaires. Le module sphérique de l'émetteur de signaux 4 est à placer au centre du support 2. Le module sphérique du récepteur de signaux 10 se trouve à une distance de 200 à 1000 mm du poste perceptif du récepteur 7.

Le système de transfert d'information proposé fonctionne de façon suivante. En qualité d'opérateur qui transfère une information, agit un homme qui génère une pensée. En 0,1 à 5 s (cela dépend du champ bioénergétique de la personne), l'opérateur active les éléments sensibles 3 du poste perceptif de l'émetteur de signaux 1. Les signaux arrivant du système optique de l'opérateur sont renforcés par les éléments sphériques sensibles 3 de l'émetteur de signaux et sans aucun retard se reproduisent dans les éléments sensibles correspondants 9 du récepteur de signaux. Le signal transmis par un élément de l'émetteur 3 se reproduit par l'élément similaire du récepteur selon le principe de similitude. Le rayonnement des éléments sensibles 9 du récepteur est transformé par la suite par les éléments sensibles 12 du module sphérique du récepteur 10. Le volume d'information transmise correspond au volume d'information qui se trouve dans l'image optique générée. Par exemple, l'information qui se trouve dans le lecteur d'un CD après sa perception par l'opérateur peut être transmise complètement vers le récepteur de signaux.

Lors du passage du rayonnement à travers les éléments 12 le volume lumineux se normalise. À chaque diamètre d'un élément sensible sphérique 9 correspond une valeur de rayonnement normalisé sortant du cube 12 le plus éloigné du poste perceptif du récepteur 8. Le rayonnement normalisé sort du cube et via la fibre optique se dirige vers le capteur 13. Les signaux électriques venant du capteur après le passage par l'amplificateur 14 arrivent dans le processeur 15 qui a une commande programmée. Les signaux correspondant à l'information transmise sont traités dans le processeur 15 et peuvent être affichés sur l'écran 16 sous la forme de lettres ou de chiffres. Ensuite ils arrivent dans le dispositif 17 qui sert à enregistrer et garder l'information pour son traitement ultérieur.

Le système proposé en comparaison avec le système connu a une fiabilité d'utilisation plus haute car sa construction est simplifiée au maximum et il n'y a pas d'éléments mobiles. Le système proposé assure également le transfert d'information à une grande distance (plusieurs milliers de kilomètres) sans aucun retard. En outre, le système proposé a une résistance plus haute aux interférences car les obstacles qui se trouvent entre son émetteur et son récepteur de signaux ne représentent pas d'interférences pour le transfert d'information.

FORMULE DE L'INVENTION

1. Le système de transfert d'information comprend un émetteur de signaux et un récepteur se trouvant à distance, chacun d'eux possède un poste perceptif. Ce dernier est fabriqué sous la forme d'éléments sphériques sensibles de différents diamètres, fixés sur la surface d'un support et de module sphérique en verre. À l'intérieur sont fixés des éléments sensibles optiques qui se trouvent dans la même direction et dans deux plans perpendiculaires. Ces éléments sont fabriqués en cristal de roche ou en diamant et ont la forme d'un cube. Les éléments de l'émetteur sont similaires à ceux du récepteur. Le module sphérique de l'émetteur est placé sur la surface du support de son poste perceptif et les éléments sensibles optiques de l'émetteur perçoivent l'information générée et transmise par un opérateur. Le module sphérique du récepteur est à une distance de son poste perceptif et relié à un dispositif de transformation de rayonnement en signaux de sortie.

2. Le système selon p.1 est *différent* en ce que les éléments sensibles optiques en forme sphérique sont placés de la même façon sur la surface du support et leur centre se trouve dans les plans parallèles.

3. Le système selon p.1 ou 2 est *différent* en ce que sur la surface du support du récepteur à côté de chaque élément sensible optique sphérique on réalise l'image d'une lettre définie de l'alphabet, d'un chiffre défini de la série naturelle de chiffres ou d'un symbole en forme libre.

4. Le système selon p.1 est *différent* en ce que les éléments sensibles optiques en forme sphérique sont placés sur la surface du support en rangées égales.

5. Le système selon tout point précédent est *différent* en ce que les diamètres d'éléments sensibles augmentent successivement.

6. Le système selon p.1 est *différent* en ce que la surface du support est orthogonal par rapport à la direction des cubes du module sphérique.

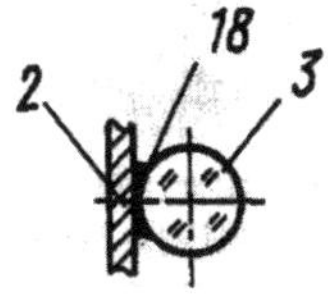

Фиг.3

Заказ 5н Подписное
ФИПС, Рег. ЛР № 040921
121858, Москва, Бережковская наб., д.30, корп.1,
Научно-исследовательское отделение по
подготовке официальных изданий

Отпечатано на полиграфической базе ФИПС
121873, Москва, Бережковская наб., 24, стр.2
Отделение выпуска официальных изданий

Dessin 3

Commande 5
FIPS, Enregistr. LP N° 040921
30/1 quais Bérezhkovskaya 121858 Moscou
Département de recherche scientifique d'édition officielle

ÉTABLISSEMENT DE RECHERCHES PERSPECTIVES
CENTRE SCIENTIFIQUE

Bât.1 ERP CS 4 proyezd 4806, Téléphone: 530-
98-30
ZI Yuzhnaya, Zélénograd, 103460 Moscou.
N° du compte 40602810300050001000
Filiale AKB de Zélénograd « Banque Industrielle de Moscou »
Code d'identification bancaire 04453435 c/c 30101810300000000435
Approuvé par le Directeur de ERP CS
Sceau /prof. Garyaïnova S./

CONCLUSION DU PROTOCOLE DES ESSAIS DE L'ÉCHANTILLON DE LABORATOIRE DU MODULE INFORMATIONNEL – DU SYSTÈME DE TRANSFERT D'INFORMATION DU 14 AOÛT 2000

Selon le protocole des essais de l'échantillon de laboratoire du module informationnel, élaboré et calculé par Grabovoï G., il a été prouvé que lors de l'utilisation du système de transfert d'information comme des signaux à faible niveau suite à des concentrations mentales, des signaux ont été enregistrés par le récepteur optique. L'émission de la pensée a été réalisée par une concentration mentale de l'opérateur sur le senseur d'images mentales (dispositif réceptif de l'émetteur du signal) (rapport : dessin 1 page 4, bloc 1-a). Ce dispositif représente des éléments sensibles en forme sphérique et fonctionne selon le principe d'homothétie, sur la base de la théorie d'auteur de synthèse ondulatoire et de la formule de la réalité générale. La pensée a été transmise au récepteur des signaux ayant un dispositif réceptif (dessin 1, page 4 ce qui correspond au bloc transmetteur 1-6). À partir du récepteur des signaux, la pensée a été enregistrée par un moyen du changement d'intensité de l'émission optique. Compte tenu du fait que selon la théorie de synthèse ondulatoire le système cristallisé décrit dans le brevet de Grabovoï G. « Méthode de prévention des catastrophes et dispositif pour la mise en œuvre » conformément à la demande d'invention N° 99120836/28 (022309)du 07.10.99 a été calculé pour une sphère contenant des sphères de plus petites tailles et le transfert de la pensée a été enregistré, il en résulte que le transmetteur et le récepteur d'éléments optiques peuvent être réalisés en forme de sphères et de cubes.

Comme des concentrations mentales ont été faites par différents opérateurs, on peut faire la conclusion que le transfert d'images mentales avec utilisation du présent système de transfert d'informations peut être effectué par toute personne.

Directeur de recherche du Doctorat de ERP CS *signature* G. Grabovoï
signature B. Tchernyï

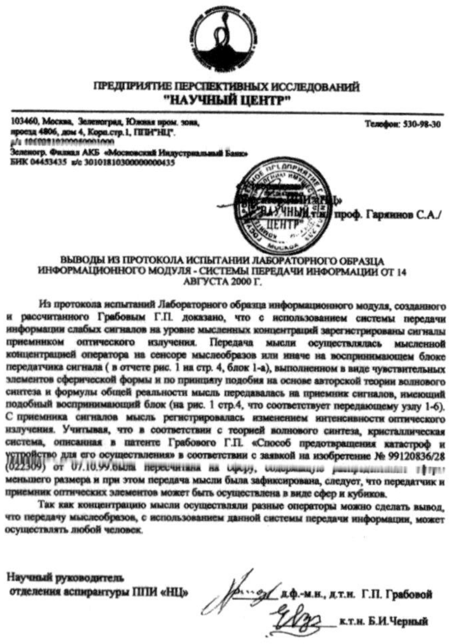

ПРЕДПРИЯТИЕ ПЕРСПЕКТИВНЫХ ИССЛЕДОВАНИЙ
"НАУЧНЫЙ ЦЕНТР"

103460, Москва, Зеленоград, Южная пром. зона, Телефон: 530-98-30
проезд 4806, дом 4, Корп.стр.1, ППИ"НЦ".
р/с [illegible]
Зеленогр. Филиал АКБ «Московский Индустриальный Банк»
БИК 04453435 к/с 30101810300000000435

«НАУЧНЫЙ ЦЕНТР» проф. Гарянинов С.А./

ВЫВОДЫ ИЗ ПРОТОКОЛА ИСПЫТАНИИ ЛАБОРАТОРНОГО ОБРАЗЦА ИНФОРМАЦИОННОГО МОДУЛЯ - СИСТЕМЫ ПЕРЕДАЧИ ИНФОРМАЦИИ ОТ 14 АВГУСТА 2000 Г.

Из протокола испытаний Лабораторного образца информационного модуля, созданного и рассчитанного Грабовым Г.П. доказано, что с использованием системы передачи информации слабых сигналов на уровне мысленных концентраций зарегистрированы сигналы приемником оптического излучения. Передача мысли осуществлялась мысленной концентрацией оператора на сенсоре мыслеобразов или иначе на воспринимающем блоке передатчика сигнала (в отчете рис. 1 на стр. 4, блок 1-а), выполненном в виде чувствительных элементов сферической формы и по принципу подобия на основе авторской теории волнового синтеза и формулы общей реальности мысль передавалась на приемник сигналов, имеющий подобный воспринимающий блок (на рис. 1 стр.4, что соответствует передающему узлу 1-6). С приемника сигналов мысль регистрировалась изменением интенсивности оптического излучения. Учитывая, что в соответствии с теорией волнового синтеза, кристаллическая система, описанная в патенте Грабового Г.П. «Способ предотвращения катастроф и устройство для его осуществления» в соответствии с заявкой на изобретение № 99120836/28 (022309) от 07.10.99.была пересчитана на сферу, содержащую распределенные сферы меньшего размера и при этом передача мысли была зафиксирована, следует, что передатчик и приемник оптических элементов может быть осуществлена в виде сфер и кубиков.

Так как концентрацию мысли осуществляли разные операторы можно сделать вывод, что передачу мыслеобразов, с использованием данной системы передачи информации, может осуществлять любой человек.

Научный руководитель
отделения аспирантуры ППИ «НЦ» д.ф.-м.н., д.т.н. Г.П. Грабовой
к.т.н. Б.И.Черный

DIPLÔME

N° 941085

Le présent diplôme est délivré à Grabovoï Grigori attestant qu'il a passé ses examens d'entrée en 1980 à l'Université d'État de Tachkent V. Lénine du Drapeau Rouge du Travail, et en 1986 il a complètement terminé le cours d'éducation de l'Université avec la spécialité de mécanicien.

La Commission d'État d'attestation par sa décision du 30 juin 1986 accorde à Grabovoï G. la qualification de mécanicien.

Président de la Commission d'État d'attestation (signature)

Le Recteur (signature)

Le Secrétaire (signature)

Tachkent, le 1er juillet 1986

Numéro d'enregistrement 21707

Sceau rond : Ministère de l'enseignement supérieur et secondaire spécial de la République socialiste soviétique d'Ouzbékistan – Université de Tachkent V. Lénine.

ДИПЛОМ

НВ № 941085

ДИПЛОМ

НВ № 941085

DIPLÔME DE DOCTEUR
De l'Académie des Sciences naturelles de la Fédération de Russie
D – RAEN N° 0071
Président de l'Académie *signature* . Kouznetsov
Secrétaire scientifique
Principal de l'Académie *signature* V. Tymenskiy
Sceau
Moscou
Le Conseil de Thèse du Centre scientifique de Novossibirsk « Connaissances et technologies de noosphère » de l'Académie des Sciences naturelles de la Fédération de Russie, par sa décision
Procès-verbal N° 24 du 29 octobre 1998
Accorde à :
Grabovoï Grigori
le grade universitaire de DOCTEUR
de l'Académie des Sciences naturelles de la Fédération de Russie
spécialité *« Connaissances et technologies de noosphère »*
Sceau
Le Président du Conseil *signature* Lébédev
Le Secrétaire scientifique du Conseil *signature* . Ovsiannikov

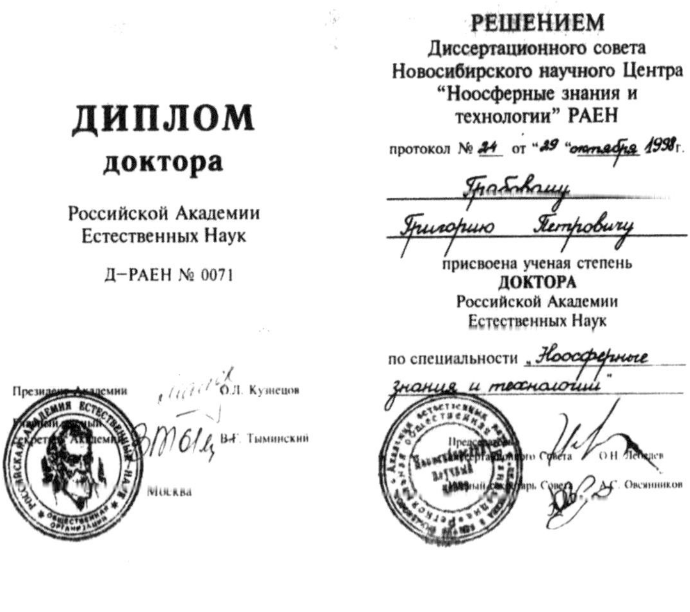

ДИПЛОМ
доктора
Российской Академии
Естественных Наук
Д–РАЕН № 0071

Президент Академии О.Л. Кузнецов
Ученый секретарь Академии В.Г. Тыминский
Москва

РЕШЕНИЕМ
Диссертационного совета
Новосибирского научного Центра
"Ноосферные знания и
технологии" РАЕН
протокол № 24 от "29" октября 1998 г.
Грабовому
Григорию Петровичу
присвоена ученая степень
ДОКТОРА
Российской Академии
Естественных Наук
по специальности „Ноосферные
знания и технологии"
Председатель Диссертационного Совета О.Н. Лебедев
Ученый секретарь Совета А.С. Овсянников

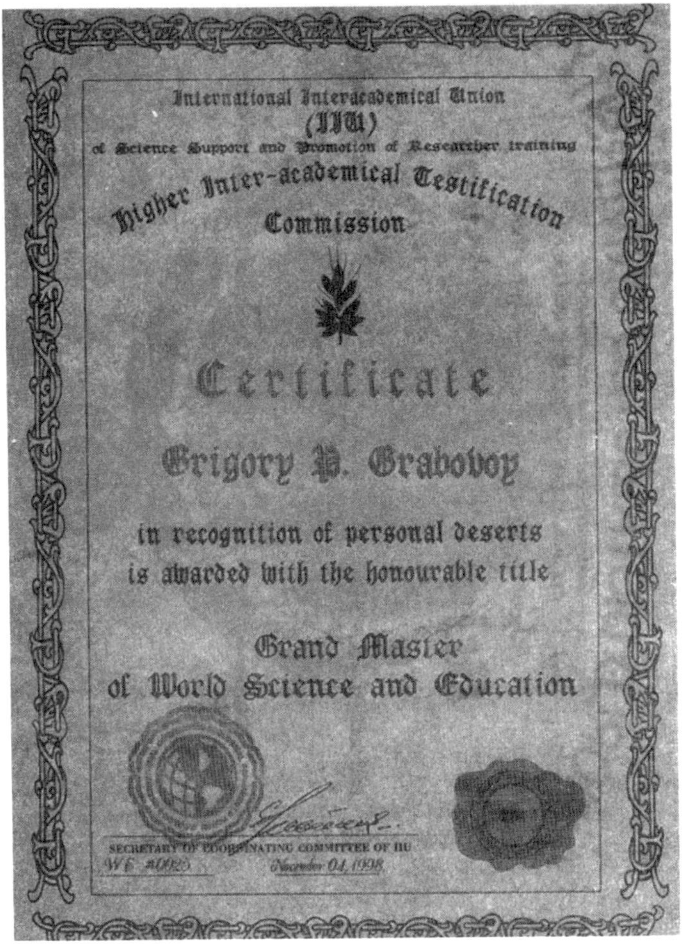
International Interacademical Union
(IIU)
of Science Support and Promotion of Researcher training
Higher Inter-academical Testification Commission
Commission

Certificate

Grigory P. Grabovoy

in recognition of personal deserts
is awarded with the honourable title

Grand Master
of World Science and Education

SECRETARY OF COORDINATING COMMITTEE OF IIU
WE #0025 November 04, 1998

Union Internationale Inter-Académique
De soutien scientifique et promotion de la formation des chercheurs.
Commission supérieure d'attestation inter-académique.
Certificat
Grigori P. Grabovoï
En reconnaissance de mérites personnels est accordé le titre honorable de Grand Maître
de la Science Mondiale et de l'Éducation.
Sceau
Le Secrétaire du Comité de coordination signature
WE #0025 le 4 novembre 1998 *Sceau*

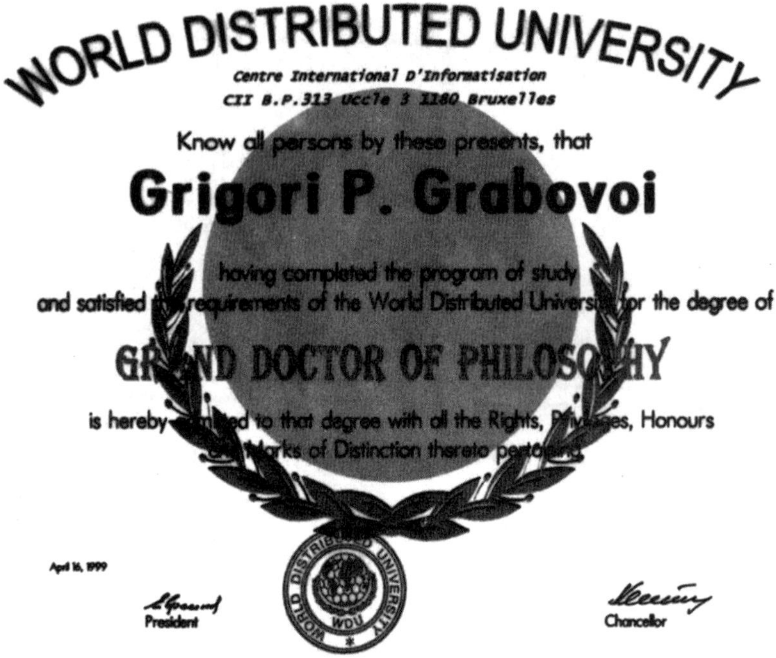
WORLD DISTRIBUTED UNIVERSITY
Centre International D'Informatisation
CII B.P.313 Uccle 3 1180 Bruxelles
Know all persons by these presents, that
Grigori P. Grabovoi
having completed the program of study
and satisfied the requirements of the World Distributed University for the degree of
GRAND DOCTOR OF PHILOSOPHY
is hereby admitted to that degree with all the Rights, Privileges, Honours
and Marks of Distinction thereto pertaining.
April 16, 1999
President
WORLD DISTRIBUTED UNIVERSITY
WDU
Chancellor

WORLD DISTRIBUTED UNIVERSITY
Centre International d'Informatisation
CII B.P. 313 Uccle 3 1180 Bruxelles
Sachez par la présente, que :
Grigori P. Grabovoï
A achevé le programme d'études et satisfait aux conditions du
World Distributed University,
à qui est décerné le grade de
DOCTEUR EN PHILOSOPHIE
Avec tous les droits, privilèges, honneurs et insignes
Le 16 avril 1999
Le Président
Signature
Le Chancelier
Signature

Fédération de Russie
COMITÉ PRINCIPAL D'ATTESTATION ET DE QUALIFICATION
DIPLÔME DE DOCTEUR EN SCIENCES
D N° 0129
Moscou
Fédération de Russie
Le Comité principal d'attestation et de qualification
Par sa décision N° 62 du 20 avril 1999
Accorde à
Grabovoï Grigori
Le grade universitaire de
DOCTEUR EN SCIENCES TECHNIQUES
Le Président du Comité majeur d'attestation et de qualification
Signature
Le Secrétaire scientifique principal
du Comité principal d'attestation et de qualification
Signature
Sceau : Fédération de Russie – Comité principal d'attestation et de qualification – Moscou

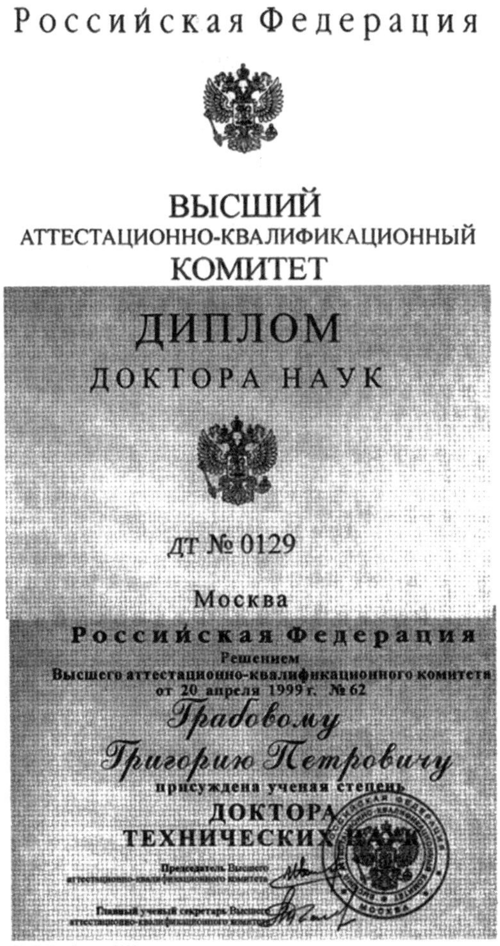

Российская Федерация

ВЫСШИЙ
АТТЕСТАЦИОННО-КВАЛИФИКАЦИОННЫЙ
КОМИТЕТ

ДИПЛОМ
ДОКТОРА НАУК

ДТ № 0129

Москва

Российская Федерация
Решением
Высшего аттестационно-квалификационного комитета
от 20 апреля 1999 г. № 62
Грабовому
Григорию Петровичу
присуждена ученая степень
ДОКТОРА
ТЕХНИЧЕСКИХ НАУК

Председатель Высшего
аттестационно-квалификационного комитета

Главный ученый секретарь Высшего
аттестационно-квалификационного комитета

Fédération de Russie
COMITÉ PRINCIPAL D'ATTESTATION INTER-ACADÉMIQUE
DIPLÔME DE
DOCTEUR DES SCIENCES
DF N° 0052
Moscou
Fédération de Russie
Le Comité principal d'attestation inter-académique par sa décision N° 0199-1D du 04 juin 1999
Accorde à
Grabovoï Grigori
Le grade universitaire de
DOCTEUR
EN SCIENCES PHYSICO-MATHÉMATIQUES

Le Président du Comité principal d'attestation académique
signature
Le Secrétaire scientifique principal du Comité principal d'attestation académique *signature*
Sceau : Comité international inter-académique d'expert et de qualification - Comité principal d'attestation et de qualification

Российская Федерация

ВЫСШАЯ
межакадемическая
АТТЕСТАЦИОННАЯ
КОМИССИЯ

ДИПЛОМ
ДОКТОРА НАУК

ДФМ № 0052
Москва

Российская Федерация
Решением
Высшей межакадемической аттестационной комиссии
от 4 июня 1999 г. № 0199-1Д
Грабовому
Григорию Петровичу
ДОКТОРА
физико-математических наук

Председатель
Высшей межакадемической аттестационной комиссии

Главный учёный секретарь
Высшей межакадемической аттестационной комиссии

МАИНБ
ISB
г. Москва
№ 023

Решением Президиума Международной Академии интеграции науки и бизнеса (МАИНБ)
от "11" 06 1999 г. (протокол № 19)
ГРАБОВОМУ ГРИГОРИЮ ПЕТРОВИЧУ
присуждена ученая степень
Доктора информатики и менеджмента МАИНБ
Президент Академии
Главный ученый секретарь

Logo : AIISB
Moscou
N° 023
Le Présidium de l'Académie Internationale de l'intégration de la science et du business (AIISB) par sa décision du 11 juin 1999 (procès-verbal N° 19)
Accorde à
GRABOVOÏ GRIGORI
Le grade universitaire de
Docteur en informatique et management AIISB
Sceau
Le Président de l'Académie — Le Secrétaire scientifique principal
Signature — Signature

Université Européenne®
Le Présidium de l'Université conformément à la décision du
Conseil international des experts
accorde à
Grabovoï Grigori
Le titre du Docteur en Sciences de l'Université
En Sciences techniques
Afin d'exprimer une reconnaissance officielle des mérites scientifiques exceptionnels et de la réussite dans l'aboutissement de progrès scientifique, comme un insigne d'honneur et de son acceptation dans les rangs des représentants les plus dignes de l'Université.

N° 76	*Date*	*le 16 mars 2000*			
Sceau					
Le Président	Le Président du Conseil international des experts				
Le Secrétaire scientifique					
Signature	D. Tcherechkine	*Signature*		A. Katkov	*Signature*

Европейский Университет
ad cogitantum et agendum homo natus est
Президиум Университета основываясь на решении Международного Экспертного Совета
ПРИСУЖДАЕТ
Грабовому Григорию Петровичу
Доктора Наук Университета
технические науки
№ 76 Дата 16 марта 2000 г.

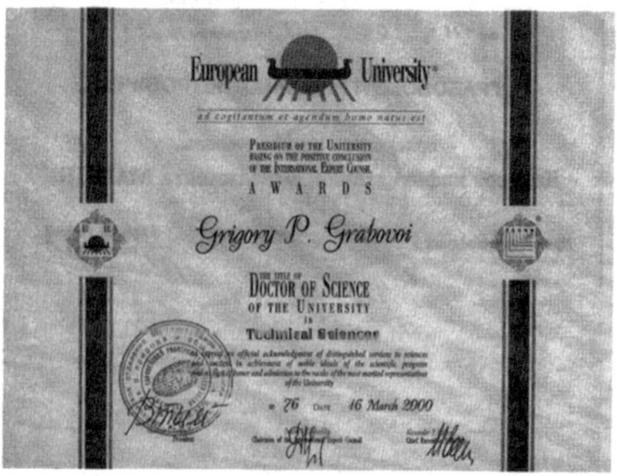
European University
ad cogitantum et agendum homo natus est
Presidium of the University basing on the positive conclusion of the International Expert Council
AWARDS
Grigory P. Grabovoi
Doctor of Science of the University
Technical Sciences
№ 76 Date 16 March 2000

WORLD DISTRIBUTED UNIVERSITY
Centre International D'Informatisation
CII B.P. 313 Uccle 3 1180 Bruxelles
CERTIFICATE OF HABILITATION
for
Grigori P. Grabovoi
confirms the professional title
FULL PROFESSOR
appropriated by
Faculty on Award of Scientific Degrees and Ranks
with the rights, privileges and duties thereof, particularly to hold lectures.
to organize seminars and colloquiums and to instruct by correspondence.
audiovisual systems and other methods of telecommunication
April 16, 1999
Senior Executive Officer
DISTRIBUTED UNIVERSITY WORLD WDU
Chancellor
Members of the Governing Faculty

WORLD DISTRIBUTED UNIVERSITY
Centre International d'Informatisation
CII B.P. 313 Uccle 3 1180 Bruxelles
CERTIFICAT D'HABILITATION
À
Grigori P. Grabovoï
Confirme le titre professionnel de
PROFESSEUR TITULAIRE
Affecté par
la Faculté de délivrance de grades scientifiques et de rangs avec les droits, privilèges et obligations de ceux-ci, en particulier
de tenir des conférences, d'organiser des séminaires et des colloques et d'instruire par correspondance, des systèmes audiovisuels et d'autres moyens de télécommunication.
Le 16 avril 1999
Le Président
Le Chancelier
Membres de la Faculté
Signature
Signature
Signature

Fédération de Russie
COMITÉ PRINCIPAL D'ATTESTATION ET DE QALIFICATION
DIPLÔME DE
PROFESSEUR
PR N° 0057
Moscou
Fédération de Russie
Le Comité principal d'attestation et de qualification
Par sa décision N° 62 du 20 avril 1999
Accorde à
Grabovoï Grigori
Le titre de
PROFESSEUR
En spécialité 05.02.21 « Sécurité des sites particulièrement difficiles »
Le Président du Comité principal
d'attestation et de qualification *signature*
Le Secrétaire scientifique principal du
Comité principal d'attestation et de qualification *signature*
Sceau : Fédération de Russie – Comité principal d'attestation et de qualification – Moscou

Российская Федерация

ВЫСШИЙ
АТТЕСТАЦИОННО-КВАЛИФИКАЦИОННЫЙ
КОМИТЕТ

ДИПЛОМ
ПРОФЕССОРА

ПР № 0057

Москва

Российская Федерация
Решением
Высшего аттестационно-квалификационного комитета
от 20 апреля 1999 г. № 62
Грабовому
Григорию Петровичу
присвоено ученое звание
ПРОФЕССОРА
по специальности 05.02
"Безопасность особо сложных об

Российская Федерация

ВЫСШАЯ
межакадемическая
АТТЕСТАЦИОННАЯ
КОМИССИЯ

АТТЕСТАТ
ПРОФЕССОРА

ПР N 0182

Москва

Российская Федерация
Решением
Высшей межакадемической аттестационной комиссии
от 15 июля 1999 г. N 0208-Л
Грабовому
Григорию Петровичу
присвоено ученое звание
ПРОФЕССОРА
по специальности «Аналитические и структурно-аналитические приборы и системы»

Председатель Высшей аттестационной комиссии
Главный ученый секретарь Высшей аттестационной комиссии

Fédération de Russie
COMITÉ PRINCIPAL D'ATTESTATION INTER-ACADÉMIQUE
CERTIFICAT DE PROFESSEUR
PR N° 0182
Moscou
Fédération de Russie
Le Comité principal d'attestation académique
par sa décision N° 0208-L du 15 juillet 1999
Accorde à
Grabovoï Grigori
Le titre de
PROFESSEUR
Avec spécialité « Appareils et systèmes analytiques et structurels »
Le Président du Comité principal d'attestation inter-académique
signature
Le Secrétaire scientifique principal du Comité principal d'attestation inter-académique *signature*
Sceau : Comité international inter-académique d'expert et de qualification – Comité principal d'attestation et de qualification.

Logo : AIISB
Moscou
N° 002
Le Présidium de l'Académie Internationale de l'intégration de la science et du business (AIISB) par sa décision du 24 août 1999 (procès-verbal N° 40)
Accorde à
GRABOVOÏ GRIGORI

Le titre de
Professeur de l'AIISB
Avec spécialité « Informatique des Systèmes »

Sceau
Le Président de l'Académie
Le Secrétaire scientifique principal
Signatures

МАИНБ
г. Москва
№ 002
ACADEMY

Решением Президиума Международной Академии интеграции науки и бизнеса (МАИНБ)
от «24» 08 1999 г. (протокол № 40)

ГРАБОВОМУ ГРИГОРИЮ ПЕТРОВИЧУ

присвоено ученое звание
ПРОФЕССОРА МАИНБ
по специальности
Системная информатика

Президент Академии
Главный ученый секретарь

РОССИЙСКАЯ
АКАДЕМИЯ ЕСТЕСТВЕННЫХ НАУК

на основании Устава Академии

ИЗБРАЛА

Грабового

Григория Петровича

ДЕЙСТВИТЕЛЬНЫМ ЧЛЕНОМ АКАДЕМИИ

по секции

„Ноосферные знания и технологии"

"09" марта 1998 г.

Президент О. Кузнецов

Главный ученый секретарь В. Тыминский

НЗТ № 458

Académie des Sciences naturelles de la Fédération de Russie
Conformément aux Statuts de l'Académie a élu
Grabovoï Grigori
MEMBRE TITULAIRE DE L'ACADÉMIE
de la section « Connaissances et technologies de noosphère »
Le 09 mars 1998
Le Président de l'Académie *signature* . Kouznetsov
Le Secrétaire scientifique
Principal de l'Académie *signature* V. Tymenskiy
Sceau
N° 458

INTERNATIONAL INFORMATIZATION ACADEMY
In General Consultative Status with the Economic and Social Council of the United Nations
Headquarters: New York, Washington, Geneva, Riga, Moscow, Montreal
Presented to
IIA
GRIGORI P. GRABOVOI
in recognition and certification of being elected
ACADEMICIAN
of this Academy
N 10-11061
Date: June 10, 1998
President
Chancellor

ACADÉMIE INTERNATIONALE DE L'INFORMATISATION
Statut consultatif général auprès du Conseil économique et social des Sièges des Nations unies : New York, Washington, Genève, Riga, Moscou, Montréal
Présenté à
GRIGORI P. Grabovoï
Dans la reconnaissance et la certification d'être élu Académicien de cette Académie
N° 10-11061
Date: le 10 juin 1998

Le Président	Le Chancelier
Signature	*Signature*

ACADÉMIE DES SCIENCES DE NEW YORK
Au service de la science, la technologie et la société dans le monde entier depuis 1817
Présenté à
Grigori P. Grabovoï
MEMBRE ACTIF DE L'ACADÉMIE
Août 1998
Pour demeurer en règle en remplissant ses responsabilités de l'adhésion

Président du Conseil — *Signature*

Président et CEO — *Signature*

NEW YORK ACADEMY OF SCIENCES

SERVING SCIENCE, TECHNOLOGY, AND SOCIETY WORLDWIDE SINCE 1817

PRESENTED TO

Grigori P. Grabovoi

AN ACTIVE MEMBER OF THIS ACADEMY

August 1998

TO REMAIN IN GOOD STANDING BY FULFILLING THE RESPONSIBILITIES OF MEMBERSHIP

CHAIRMAN OF THE BOARD — New York Academy of Sciences — PRESIDENT AND CEO

ACADÉMIE ITALIENNE
Pour le
DÉVELOPPEMENT ÉCONOMIQUE ET SOCIAL
LE PRÉSIDENT
DE L'ACADÉMIE ITALIENNE
Pour le
DÉVELOPPEMENT ÉCONOMIQUE ET SOCIAL
SUITE AUX RENSEIGNEMENTS DE LA PART D'ESTIMATEURS,
L'AVIS FAVORABLE ET EXPRESS DU CONSEIL;
APPROBATION UNANIME DU COMITÉ D'HONNEUR
Accorde à
Grigori P. Grabovoï
LE BREVET DE
ACADÉMICIEN
RECONNAISSANCE OFFICIELLE
DE SES VERTUS ILLUSTRES, DE SON INTÉGRITÉ MORALE,
DE SON CONSTANT ENGAGEMENT CIVIL ET DE LA POURSUITE
DES PLUS NOBLES IDÉAUX QUI LE PLACENT DIGNEMENT
PARMI LES PLUS MÉRITOIRES DE LA SOCIÉTÉ
REG. N. 109/46
1998.10.08
LE PRÉSIDENT
Signature

Российская Федерация

АКАДЕМИЯ

медико-технических наук

организована 10 марта 1992 г.

Григорий Петрович

Грабовой

избран

действительным членом (академиком)

„12" мая 1999 г.

Президент АМТН академии

№ 009305934

г. Москва

Ученый секретарь академии

RUSSIAN FEDERATION

ACADEMY

OF MEDICAL TECHNICALE SCIENCES

founded in March 10, 1992

Grigory

Grabovoi

being elected active member

of academy

May 12 1999

President of Academy

№ 009305934

Moscow

Chief Scientific Secretary of Academy

Fédération de Russie
ACADÉMIE des sciences « médicales-techniques »
Fondée le 10 mars 1992
Grigori Grabovoï
A été élu membre titulaire de l'Académie
Le 12 mai 1999
N° 009305934
Sceau
Le Président de l'Académie
Signature
Le Secrétaire scientifique de l'Académie
Signature
Moscou

ACADÉMIE INTERNATIONALE DE L'INTÉGRATION
DE LA SCIENCE ET DU BUSINESS (AIISB)
GRABOVOÏ GRIGORI
A été élu membre titulaire de l'AIISB
Sceau
Le 11 juin 1999
Le Président de l'Académie
Signature
Le Secrétaire scientifique principal
Signature

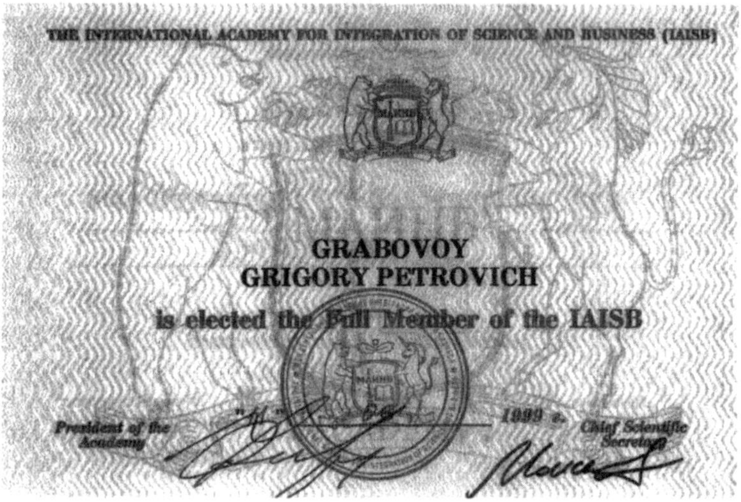

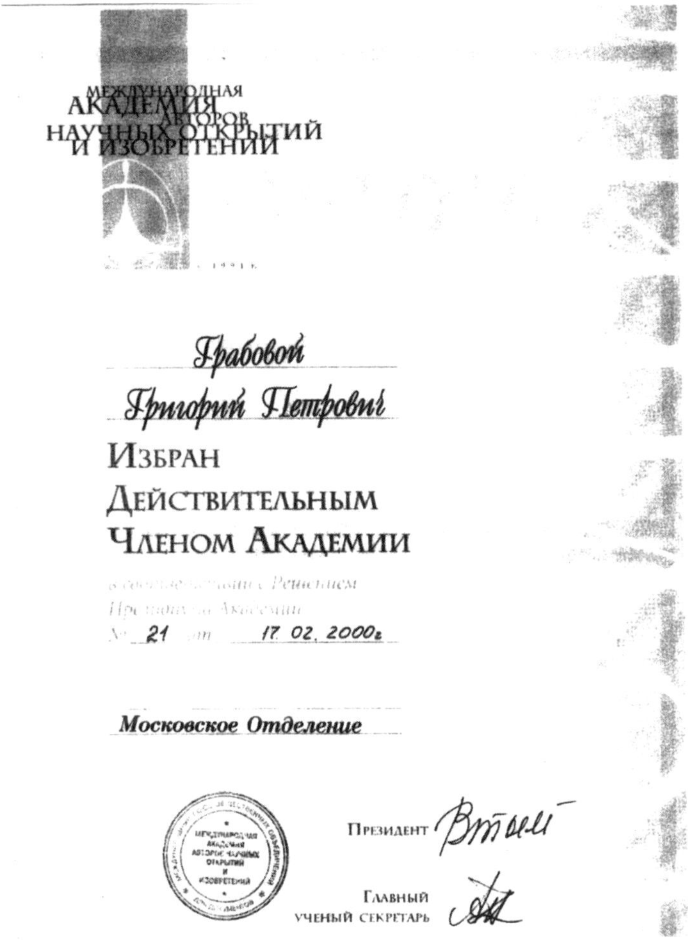

МЕЖДУНАРОДНАЯ
АКАДЕМИЯ
АВТОРОВ
НАУЧНЫХ ОТКРЫТИЙ
И ИЗОБРЕТЕНИЙ

Грабовой
Григорий Петрович

Избран
Действительным
Членом Академии

в соответствии с Решением
Президиума Академии
№ 21 от 17.02.2000г

Московское Отделение

Президент

Главный
ученый секретарь

ACADÉMIE INTERNATIONALE DES AUTEURS
DE DÉCOUVERTES SCIENTIFIQUES ET D'INVENTIONS
Grabovoï Grigori
A été élu membre titulaire de l'Académie
Conformément à la décision du Présidium de l'Académie
N° 21 du 17 février 2000
Département de Moscou
Sceau de l'Académie
Le Président
Signature
Le Secrétaire scientifique principal
Signature

DIPLÔME
ACADÉMIE D'ASTRONAUTIQUE DE RUSSIE K. TSIOLKOVSKIY
Numéro d'enregistrement D -1778
Moscou, le 23 février 2001

L'ACADÉMIE D'ASTRONAUTIQUE DE RUSSIE K. TSIOLKOVSKIY
Conformément aux Statuts a élu
Le 4 décembre 2000 (procès-verbal N° 9/53)
Grabovoï Grigori
Membre actif (académicien)
DE L'ACADÉMIE D'ASTRONAUTIQUE DE RUSSIE K. TSIOLKOVSKIY
Le Président *Signature* V. Senkevitch
Le Secrétaire scientifique principal *Signature* . Nikouline
Sceau : MOSCOU – ACADÉMIE D'ASTRONAUTIQUE DE RUSSIE K. TSIOLKOVSKIY

ДИПЛОМ
РОССИЙСКОЙ
АКАДЕМИИ КОСМОНАВТИКИ
имени К.Э.ЦИОЛКОВСКОГО

РЕГИСТРАЦИОННЫЙ № ДА-1478

Москва «23» февраля 2001 г.

РОССИЙСКАЯ
АКАДЕМИЯ КОСМОНАВТИКИ
имени К. Э. ЦИОЛКОВСКОГО
на основании Устава
ИЗБРАЛА
«4» декабря 2000 г. (протокол № 9/53)
Грабового
Григория Петровича
действительным членом /академиком/
РОССИЙСКОЙ АКАДЕМИИ КОСМОНАВТИКИ
имени К. Э. ЦИОЛКОВСКОГО

Президент В.П. Сенкевич
Главный ученый секретарь А.М. Никулин

МЧС РОССИИ
АГЕНТСТВО
ПО МОНИТОРИНГУ И ПРОГНОЗИРОВАНИЮ ЧРЕЗВЫЧАЙНЫХ СИТУАЦИЙ
ВНИИ ГОЧС

121352, г. Москва, ул. Давыдковская, 7
(095) 449-83-44, 443-83-15 (факс)
23.07.99 № 1-14/940
На № ______ от ______

В Высшую межакадемическую аттестационную комиссию

Академик Грабовой Г.П. читает лекции в Центре обучения и подготовки специалистов в области Современных технологий предупреждения и ликвидации чрезвычайных ситуаций Агентства МЧС России по мониторингу и прогнозированию ЧС. Лекции читаются по тематике «Методы дистанционной профилактики катастроф» (Учебная программа № 10):

– математическое моделирование профилактики катастроф;
– практика иррационального управления профилактикой катастроф;
– специальные методы профилактики глобальных катастрофических процессов, представляющих угрозу всему миру;
– обобщенный анализ традиционных и нетрадиционных подходов для профилактики чрезвычайных ситуаций.

Руководитель Агентства
Начальник ВНИИ ГОЧС
профессор
М.Шахраманьян

000090

Ministère des Situations d'urgence de la Russie
AGENCE
DE MONITORING ET PRONOSTIC
DE SITUATIONS D'URGENCE
VNII GOCHS
7, rue Davydkovskaya 121352 Moscou
(095) 449-83-44, 443-83-15 (fax)
23.07.99 N° 1-14/940
Comité principal inter-académique d'attestation

L'Académicien Grabovoï G. présente des cours dans le Centre de formation des spécialistes dans le domaine des technologies modernes de prévention et d'opération de secours d'urgence auprès de l'Agence portant sur des « Méthodes de prévention à distance des catastrophes » (Programme de formation 10) :

- Simulation mathématique de prévention des catastrophes;
- Gestion irrationnelle de la prévention des catastrophes;
- Méthodes spéciales de prévention des processus catastrophiques globaux menaçant le monde entier;
- Analyse générique des approches traditionnelles et non traditionnelles pour prévention des situations d'urgence.

Directeur de l'Agence
Professeur *signature* Chakhramanyan

Centre international des systèmes d'éducation (CISE)

Ministère des ressources naturelles de la Russie *Signature* Le 28 mars 2001 *Sceau*	Administration de l'enseignement supplémentaire professionnel auprès du Ministère de l'enseignement de la Russie *Signature* *Sceau*	Président du Centre international de systèmes d'éducation *Signature* S. Pechkov *Sceau :*

PLAN DE FORMATION

Cours « Technologies de pronostic préventif et de développement sécurisé »

Objectif : Maîtrise des méthodes de technologies de pronostic préventif et de développement sécurisé

Auditeurs : Spécialistes des entreprises et des organismes écologiques

Nombre d'heures : 1186 h

Horaires : 6 heures par jour

N°	Dénomination	Nombre d'heures	Cours théoriques	Cours pratiques	Contrôle
1.	Analyse de l'état écologique d'une région et technologies d'une région anticrise	498	128	370	épreuve
2.	Appareils et modules de pronostic préventif et leur utilisation	396	124	272	épreuve
3.	Stratégie de la prise de décision selon les résultats de pronostic préventif	99	30	69	épreuve
4.	Optimisation de mesures de reconstruction pour un développement sécurisé	197	43	154	épreuve
5.	Examen d'État	6			
TOTAL :		1186	325	865	

Auteur du cours, Chef du département
«Technologies de pronostic
Signature Grabovoï G.
Préventif et de développement
professeur
« Sécurisé » du Département-réseau international
ONUESC/CISE « Transfert de technologies pour un développement durable »
Sceau

Международный центр обучающих систем (МЦОС)

Министерство природных ресурсов России	Управление дополнительного профессионального образования Минобразования России	Президент Международного центра обучающих систем С.И.Пешков

УЧЕБНЫЙ ПЛАН
по курсу «Технологии предупреждающего прогнозирования и безопасного развития»

Цель: Освоение методов технологии предупреждающего прогнозирования и безопасного развития
Категория слушателей: Специалисты предприятий и природоохранных органов
Объем курса: 1186 час.
Режим занятий: с отрывом от работы: 6 часов в день

№ п/п	Название разделов и дисциплин	Всего час.	Лекции	Практические занятия	Форма контроля
1.	Анализ экологического состояния региона и технологии антикризисного управления	498	128	370	зачет
2.	Приборы и модули предупреждающего прогнозирования и их использование	396	124	272	зачет
3.	Стратегия принятия решений на основании результатов предупреждающего прогнозирования	99	30	69	зачет
4	Оптимизация восстановительных воздействий для безопасного развития	197	43	154	зачет
5.	Государственный экзамен	6			
ИТОГО:		**1186**	**325**	**865**	

Автор курса, Глава департамента «Технологии предупреждающего прогнозирования и безопасного развития» Международной кафедры-сети ЮНЕСКО/МЦОС «Передача технологий для устойчивого развития»

Грабовой Г.П.,
д.ф.-м.н., профессор

ICES

INTERNATIONAL CENTRE OF EDUCATIONAL SYSTEMS (ICES)
МЕЖДУНАРОДНЫЙ ЦЕНТР ОБУЧАЮЩИХ СИСТЕМ (МЦОС)
CENTRE INTERNATIONAL DES SYSTEMES D'EDUCATION (CISE)
INTERNATIONALES ZENTRUM FÜR AUSBILDUNGSSYSTEME (IZAS)

UNDP Reg.№ 05973
UNIDO Reg №002353
UNEP Reg. of 24.05.99

МЕЖДУНАРОДНАЯ КАФЕДРА – СЕТЬ UNESCO/ICES
"ПЕРЕДАЧА ТЕХНОЛОГИЙ ДЛЯ УСТОЙЧИВОГО РАЗВИТИЯ"

Департамент «Технологии предупреждающего прогнозирования и безопасного развития»
Международной кафедры-сети ЮНЕСКО/МЦОС
в г. Антверпен, Бельгия

СЕРТИФИКАТ

Настоящим удостоверяется, что

ШАШКОВ Евгений Михайлович

успешно окончил очные курсы дополнительной профессиональной подготовки (в соответствии с лицензией № 16-788 от 13/07/1999 г. Министерства образования РФ) по разделу Учения профессора, доктора физико-математических наук Григория Петровича Грабового «Технологии предупреждающего прогнозирования и безопасного развития»

Международный центр обучающих систем (МЦОС), зарегистрированный в Программе развития Организации Объединенных Наций (ПРООН рег. № 05973), в Программе промышленного развития ООН (ЮНИДО рег. № 002350), в Программе ООН по окружающей среде (ЮНЕП рег. от 24.05.99), в Министерстве юстиции Российской Федерации (рег. № 162), и созданная при МЦОС Международная кафедра-сеть ЮНЕСКО/МЦОС "Передача технологий для устойчивого развития",

руководствуясь Соглашением между ЮНЕСКО и МЦОС от 26 августа 1996 г., а также статьями 1-6, 8.6 "Конвенции о признании учебных курсов, дипломов о высшем образовании и ученых степеней в странах Европейского региона" (ЮНЕСКО, Париж, 1973-1993 гг.), Европейской Конвенцией (ЮНЕСКО, Париж, 1979 г.), Региональной Конвенцией государств Азии и Тихого океана (ЮНЕСКО, Бангкок, 1983 г.), Конвенцией Совета Европы и ЮНЕСКО (Лиссабон, 1997 г.),

рекомендуют компетентным органам стран, подписавшим данные конвенции или присоединившихся к ним, признать настоящий сертификат.

Глава Департамента «Технологии предупреждающего прогнозирования и безопасного развития» Международной кафедры-сети ЮНЕСКО/МЦОС
Г.П. Грабовой
Регистрационный № К2-20000828

Президент МЦОС, Координатор Международной кафедры-сети ЮНЕСКО/МЦОС
С.И. Пешков
Москва, 4 августа 2000 г.

CENTRE INTERNATIONAL DES SYSTÈMES D'ÉDUCATION (CISE)
Département réseau international ONUESC/CISE
« Transfert de technologies pour un développement durable »
Anvers, Belgique
CERTIFICAT
Le présent certificat atteste que
SHASHKOV Yevgéniy
a réussi le cours de formation supplémentaire professionnelle (conformément à la licence N° 16-788 du 13/07/1999 du Ministère de l'enseignement de la Fédération de Russie) de Grabovoï Grigori, Professeur, Docteur en sciences physico-mathématiques « Technologies de pronostic préventif et de développement sécurisé »
Le entre international des systèmes d'éducation (CISE) enregistré dans le Programme du développement auprès de l'Organisation des Nations unies (UNDP N° d'enregistrement 05973), dans le Programme du développement industriel de l'ONU (UNIDO N° d'enregistrement 002353), dans le Programme de l'ONU sur l'environnement (UNEP No d'enregistrement du 24.05.99), auprès du Ministère de la Justice de la Fédération de Russie
(N° d'enregistrement 162) et le Département réseau international ONUESC/CISE « Transfert de technologies pour un développement durable » créé auprès du CISE.
Conformément à l'Accord entre l'ONUESC et le CISE du 26 août 1996, ainsi qu'aux articles 1-6, 8.6 de la Convention sur la Reconnaissance des études et des diplômes relatifs à l'enseignement supérieur dans les états de la région Europe (ONUESC, Paris, 1973-1993), la Convention européenne (ONUESC, Paris, 1979), la Convention régionale Asie/Pacifique (ONUESC, Bangkok, 1983), la Convention du Conseil de l'Europe et de l' ONUESC (Lisbonne, 1997), recommandent aux autorités compétentes des pays qui ont signé ces conventions ou qui y ont adhéré de reconnaître le présent certificat.
Chef du département « Technologies de pronostic préventif et de développement sécurisé » du Département- réseau international ONUESC/CISE
Président du CISE, Coordonnateur Département - réseau international ONUESC/CISE
G. Grabovoï S. PechkovN° d'enregistrement 2-20000828 Moscou, le 4 août 2000

Gouvernement de Moscou
CHAMBRE D'ENREGISTREMENT DE MOSCOU
ATTESTATION
N° 002.027 190
le 25 janvier 2001 code OKPO 54993368
Organisation non commerciale Fondation de Grigori Grabovoï – implantation et diffusion de l'Enseignement de Grigori Grabovoï sur le Salut et le développement harmonieux.
Sceau de l'État : Gouvernement de Moscou – Chambre d'enregistrement de Moscou – Moscou – Fédération de Russie
La présente attestation donne le droit d'effectuer des activités économiques conformément aux actes constitutifs dans le cadre de la législation en vigueur de la Fédération de Russie.
Série LP Moscou N° 067566
5/7, rue Nizhnaya Syromiatnetcheskaya, 107120 Moscou
Sceau de l'État : Gouvernement de Moscou – Chambre d'enregistrement de Moscou – Moscou – Fédération de Russie
Représentant Tcherkachine V. *Signature*
Délivrée le 26 janvier 2001
1. Pris en compte par la base de données GMC code EGRPO du Comité d'État aux statistiques de la Russie
16. Date : 30.01.2001
Fait par :
Signature
Sceau : Comité d'État aux statistiques de la Fédération de Russie

ПРАВИТЕЛЬСТВО МОСКВЫ
МОСКОВСКАЯ РЕГИСТРАЦИОННАЯ ПАЛАТА
СВИДЕТЕЛЬСТВО
№ 002.027.190
25 января 2001 54993368
Некоммерческая организация "Фонд Григория Грабового - внедрение и распространение Учения Григория Грабового "О спасении и гармоничном развитии"
Серия ЛП №067566

107120, г. Москва, Нижняя Сыромятническая ул., д. 5/7
Представитель палаты

ANNEXE F

PHÉNOMÈNE DE LA RÉSURRECTION

La résurrection, en tant que phénomène, est connue depuis toujours. Il existe des témoignages à travers toute l'histoire. Nous pouvons citer les célèbres mystères de la Grèce antique. Chez les Perses, on trouve des écrits très précis à cet égard. Il a été dit que le temps viendrait où la Divinité suprême ressusciterait tous les morts dans leurs anciens corps. Cela fait écho à la notion chrétienne que s'effectuerait la résurrection de tous les morts à la seconde venue du Christ. Il s'agit également de la résurrection dans l'ancien corps physique. Depuis la nuit des temps jusqu'à nos jours, ces questions et les problèmes qui y sont liés ont occupé les esprits de beaucoup de penseurs.

Un des textes classiques qui traite de la résurrection est la Bible. La Bible est une preuve écrite confirmant les faits de la résurrection effectuée par Jésus Christ. Le Christ, comme nous le savons, guérissait des maladies incurables.

On peut citer également des exemples de résurrections dans l'histoire de l'Église orthodoxe; celles effectuées par les saints comme Varlaam Khoutynskiy, Serge de Radonège et Jean de Cronstadt.

En Inde, où vit aujourd'hui le saint Bhagavan Sri Sathya Saï Baba, il existe des données confirmant la résurrection qu'il a réalisée. Ainsi, nous voyons que des faits de résurrection ont eu lieu dans l'histoire. Toutefois, jusqu'à présent, c'étaient des cas isolés. Maintenant vient l'étape de la résurrection de masse, la résurrection de tous. La résurrection possède un mécanisme de croissance selon le type de réaction en chaîne. Même des connaissances partielles sur les méthodes et les principes de la résurrection fonctionnent. Par exemple, lorsque ce livre n'était pas encore complètement écrit, j'ai transmis le manuscrit à Natalia Zinoviéva. Elle a travaillé avec le manuscrit *« La résurrection et la vie éternelle sont désormais notre réalité »* afin de ressusciter son mari et en décembre 2000, elle l'a rencontré, il était ressuscité. Elle a rencontré également son frère qui est ressuscité en janvier 2001, bien qu'elle eût travaillé uniquement pour la résurrection de son mari (ce témoignage est présenté à la fin de la présente annexe).

D'après mon travail pratique un tel processus est typique selon le type de réaction en chaîne où un phénomène implique un autre. On m'a montré les données sur des cas où, après que j'aie accompli une résurrection dans des familles, ont suivi des résurrections de masse. Le Créateur donne aux hommes incomparablement plus que ce qu'ils peuvent s'attendre. Ainsi se manifeste l'amour de Dieu pour chacun de nous et dans l'amour du Créateur se trouve le Salut universel et la vie éternelle pour tous.

Le fait que viendrait le temps de la résurrection universelle et de la vie éternelle dans le corps physique est connu depuis longtemps. Voici quelques citations de la Bible.

« Tes morts vivront, mes corps morts se relèveront » (Ésaïe, 26, 19).

« En vérité, en vérité, je vous le dis l'heure vient, et elle est déjà venue, où les morts entendront la voix du Fils de Dieu, et ceux qui l'auront entendue vivront » (Évangile selon Jean, 5 , 25) .

L'énonciation suivante de l'apôtre Paul dit que la résurrection sera pour tous, les justes et les injustes.

« Je sers le Dieu de mes pères, croyant tout ce qui est écrit dans la Loi et dans les Prophètes et ayant en Dieu cette espérance, qu'il y aura une résurrection des justes et des injustes, comme ils l'ont eux-mêmes » (Actes des Apôtres , 24, 15).

De nombreux passages de la Bible affirmant qu'il arrivera une transformation qualitative de l'homme et de son corps. Selon la Bible, Jésus Christ « transformera le corps de notre humiliation, en le rendant semblable au corps de sa gloire, par le pouvoir qu'il a de s'assujettir toutes choses » (Philippiens, 3, 21).

« Ainsi en est-il pour la résurrection des morts. Semé dans la corruption, le corps ressuscite incorruptible; semé dans l'ignominie, il ressuscite glorieux; semé dans la faiblesse, il ressuscite plein de force… » Première Épître aux Corinthiens, (15, 42-43).

Dans certains endroits, il est écrit à propos de la façon dont le processus de résurrection se passe. Par exemple : « Ainsi parle le Seigneur, l'Éternel, à ces os : voici, je vais faire entrer en vous un esprit, et vous vivrez; je vous donnerai des nerfs, je ferai croître sur vous de la chair, je vous couvrirai de peau, je mettrai en vous un esprit, et vous vivrez. Et vous saurez que je suis l'Éternel » (Ézéchiel, 37, 5-6). Un autre passage : « Je vous donnerai un cœur nouveau, et je mettrai en vous un esprit nouveau; j'ôterai de votre corps le cœur de pierre, et je vous donnerai un cœur de chair. Je mettrai mon esprit en vous » (36, 26-27). De ce fait, une transformation de l'homme aura lieu. Elle peut être comparée à une métamorphose de l'enfant innocent en un homme mûr et sage. Ce que l'homme voit maintenant comme si c'était à travers un verre sombre, de façon floue et inexacte, après sa transformation il le verra clairement et nettement, directement, face à face : « Lorsque j'étais enfant, je parlais comme un enfant, je pensais comme un enfant, je raisonnais comme un enfant; lorsque je suis devenu homme, j'ai abandonné ce qui était de l'enfant. Aujourd'hui nous voyons au moyen d'un miroir, d'une manière obscure, mais alors nous verrons face à

face; aujourd'hui je connais en partie, mais alors je connaîtrai comme j'ai été connu » (Première Épître aux Corinthiens, 13, 11-12) .
Ceci est également mentionné à d'autres endroits, tel que : « Bien-aimés, nous sommes maintenant enfants de Dieu, et ce que nous serons n'a pas encore été manifesté mais nous savons que lorsque cela le sera, nous serons semblables à lui parce que nous le verrons tel qu'il est. » (Jean, 3, 2).
L'apôtre Paul dit que le corps des ressuscités deviendra impérissable, il ne sera pas soumis à la destruction et la mort cessera d'exister : « C'est une chose mystérieuse que je vous annonce : même si nous ne mourons pas tous, nous serons tous transformés, et cela instantanément, en un clin d'œil, quand retentira le signal au dernier jour. Il retentira en effet, et les morts ressusciteront, impérissables, et nous serons transformés. Car il faut que ce qui est périssable en nous devienne impérissable; il faut que ce qui est mortel revête l'immortalité. Et quand ce qui est périssable en nous deviendra impérissable, quand ce qui est mortel revêtira l'immortalité, alors se réalisera la parole de l'Écriture : « La mort a été engloutie dans la victoire » (Première Épître aux Corinthiens, 15, 51-54).

Afin que la résurrection puisse prendre un caractère de masse, il faudra une compréhension appropriée. Pour la première fois dans l'histoire, j'ai exposé dans ce livre des méthodes et des principes fondamentaux de la résurrection. Pour la première fois, la résurrection est présentée comme une science. Par conséquent, ce n'est pas par hasard que nombreux sont ceux qui, après avoir lu une seule partie du livre, réussissent à ressusciter leurs proches par eux-mêmes.
Comme je l'ai déjà mentionné, actuellement le problème de la résurrection a acquis un caractère très spécial. Du fait que le monde moderne s'est rapproché de la menace d'auto-destruction, dans ces circonstances la résurrection se présente comme la véritable voie du salut. Et comme la résurrection est basée sur l'esprit, c'est un salut sans retour.
Avec le début de la résurrection générale commence une nouvelle étape dans le développement de notre civilisation. La vie éternelle devient dorénavant notre réalité.
À titre d'exemple d'une conquête rapide des connaissances sur la résurrection, je cite dans cette annexe un fait concret de transfert de telles connaissances.

À TOUTE PERSONNE INTÉRESSÉE

Déclarant : Zinoviéva Natalia, née le 3 septembre 1947 à Moscou.

Témoignage

Sur les résultats reçus lors de l'étude et de l'application des techniques présentées dans l'ouvrage de Grabovoï Grigori *« La résurrection et la vie éternelle sont désormais notre réalité »*.

Date du témoignage: le 22 février 2001, 18 h 09

J'atteste par la présente que lors de l'étude et de l'application des techniques présentées dans l'ouvrage de Grigori Grabovoï, né le 14 novembre 1963 à Kirovsky, quartier de Kirov, région de Tchimkent, Kazakhstan (acte de naissance série II – N° 463794, passeport III – N° 586058 délivré le 01.02.1980) :

J'exprime mille gratitudes à Grigori Grabovoï pour ce grand miracle qui s'est produit. Merci beaucoup pour ses livres qui, à un moment difficile, m'ont aidée à avoir confiance en moi, la vigueur de l'âme et le calme. Pour ce qu'ils m'ont guidée pour apprendre. En pensée, je remercie Grigori Grabovoï en tout temps.

Mon mari, Zinoviév Nikolaï, né le 29 novembre 1938 à Toula, est décédé le 26 septembre 2000. Le 12 octobre 2000, j'ai commencé mon travail avec le livre de Grabovoï Grigori *« La résurrection et la vie éternelle sont désormais notre réalité »* et le 13 décembre 2000 à 13 h 30 j'ai rencontré mon mari à la station de métro Kourskaya et il était déjà dans son corps physique.

Mon frère, Glibanov Nikolaï, né le 7 juin 1941 à Moscou est décédé le 4 février 1979 à l'âge de 37 ans.

Je vous prie de bien vouloir légaliser ma déclaration sur la base des documents certifiant mon identité et des preuves présentées ci-dessus.

La suite du présent document est en annexe 1 à la première page.

Le 27 février 2001 – *Signature* Zinoviéva

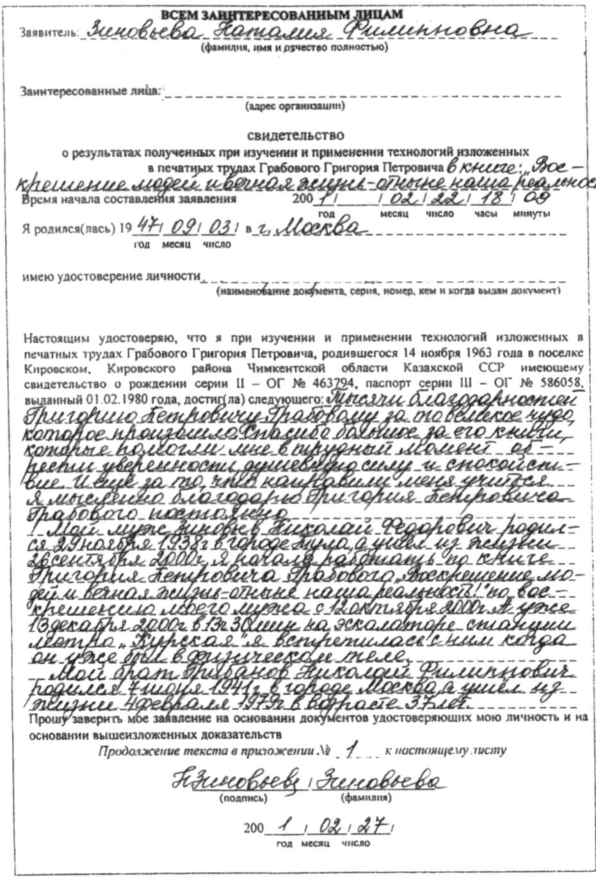

ВСЕМ ЗАИНТЕРЕСОВАННЫМ ЛИЦАМ

Заявитель: Зиновьева Наталия Филипповна
(фамилия, имя и отчество полностью)

Заинтересованные лица:
(адрес организации)

свидетельство
о результатах полученных при изучении и применении технологий изложенных в печатных трудах Грабового Григория Петровича в книге: „Воскрешение людей и вечная жизнь – отныне наша реальность"

Время начала составления заявления 2001 / 02 / 22 / 18 / 09
год месяц число часы минуты

Я родился(лась) 1947 / 09 / 03 в г. Москва
год месяц число

имею удостоверение личности
(наименование документа, серия, номер, кем и когда выдан документ)

Настоящим удостоверяю, что я при изучении и применении технологий изложенных в печатных трудах Грабового Григория Петровича, родившегося 14 ноября 1963 года в поселке Кировском, Кировского района Чимкентской области Казахской ССР имеющему свидетельство о рождении серии II – ОГ № 463794, паспорт серии III – ОГ № 586058, выданный 01.02.1980 года, достиг(ла) следующего: Тысячи благодарностей Григорию Петровичу Грабовому за то великое чудо, которое произошло. Спасибо большое за его книги, которые помогли мне в трудный момент обрести уверенность, душевную силу и спокойствие. И ещё за то, что научили меня учиться. Я мысленно благодарю Григория Петровича Грабового постоянно.

Мой муж Зиновьев Николай Федорович родился 29 ноября 1938 г. в городе Тула, а ушёл из жизни 26 сентября 2000 г. Я начала работать по книге Григория Петровича Грабового „Воскрешение людей и вечная жизнь – отныне наша реальность!" по воскрешению моего мужа с 12 октября 2000 г. А уже 13 декабря 2000 г. в 13 ч 30 мин на эскалаторе станции метро „Курская" я встретилась с ним когда он уже был в физическом теле.

Мой брат Глибанов Николай Филиппович родился 7 июня 1941 г. в городе Москва, а ушёл из жизни 4 февраля 1979 г. в возрасте 37 лет.

Прошу заверить мое заявление на основании документов удостоверяющих мою личность и на основании вышеизложенных доказательств

Продолжение текста в приложении № 1 к настоящему листу

Н Зиновьева / Зиновьева
(подпись) (фамилия)

2001 / 02 / 27
год месяц число

ПРИЛОЖЕНИЕ № 1

к свидетельству о результатах, полученных при изучении и применении технологий, изложенных в печатных трудах Грабового Григория Петровича в книге „Воскрешение людей и вечная жизнь – отныне наша реальность!"

родившегося 14 ноября 1963 года в поселке Кировском Кировского района Чимкентской области Казахской ССР (имеющего свидетельство о рождении серии II-ОГ № 463794).

Место начала составления заявления г. Москва

Время начала составления заявления 2001 / 02 / 22 / 18 / 09 /
(год / месяц / число / часы / минуты)

(Вышеперечисленные данные настоящего листа вписываются с первого листа свидетельства)

А брата я встретила на физическом уровне, в его физическом теле 20 января 2001 года. Мы встретились с ним в автобусе N 119, проезжая по улице Гримау в Москве.

Прошу заверить мое заявление на основании документов удостоверяющих мою личность и на основании вышеизложенных доказательств

Зиновьева (подпись) / Зиновьева (фамилия)

2001 / 02 / 27
(год / месяц / число)

ANNEXE 1

Selon le témoignage des résultats reçus lors de l'étude et de l'application des techniques présentées dans l'ouvrage de Grabovoï Grigori *« La résurrection et la vie éternelle sont désormais notre réalité »*

Lieu du témoignage : Moscou

Date du témoignage: le 22 février 2001 à 18 h 30

(Les données ci-dessus sont inscrites à la première page du témoignage)

J'ai rencontré mon frère dans son corps physique le 20 janvier 2001, dans le bus N° 119 qui prenait la rue Grimaou à Moscou.

Je vous prie de bien vouloir légaliser ma déclaration sur la base des documents certifiant mon identité et des preuves présentées ci-dessus.

Le 27 février 2001 *Signature* Zinoviéva

Le 27 février 2001. Je, soussignée, Kamenskaya G., notaire de la ville de Moscou, atteste l'authenticité de la signature de Zinoviéva Natalia, celle-ci apposée en ma présence. L'identité de la personne qui a signé le document a été établie.
Inscrit dans le registre sous le N° 1-483.
Taxe payée : 50 roubles
Sceau rond de l'État : ville de Moscou, notaire Kamenskaya G.
Acte notarié, numéroté, scellé, deux (2) pages au total
Notaire *Signature*

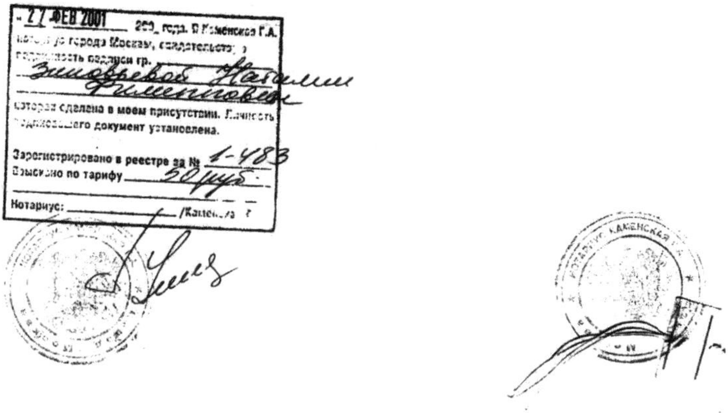

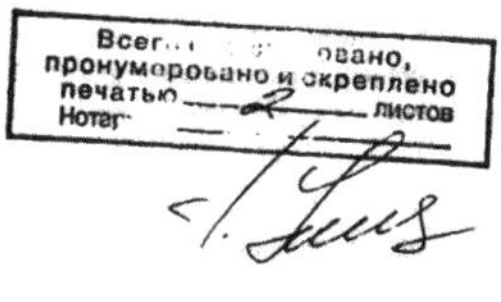

ÉPILOGUE

Sauvez-vous vous-même, et les autres seront sauvés.

Sauvez les autres, et vous serez sauvé.

Le mouvement vers l'Univers est la vérité de l'Univers.
Le mouvement vers la conscience est la vérité de la conscience.

Votre mission est universelle.

Suivez le chemin qui est le vôtre.

Il est tracé dans l'Éternité.

Votre vie est une création de Dieu.

Il vous a fait à son image.

Votre conscience est à l'image de l'intellect divin.

Votre création est à l'image de la vérité.

À l'instar de Dieu le Créateur, vous êtes un créateur.

Lorsque vous regardez le monde avec un regard pur, la nature
créée par Dieu se reflète dans vos yeux grands ouverts.

Tournés vers Dieu, ils réfléchissent la vérité de l'Univers.

Créé par Dieu, vous voyez comme lui.

En observant sa création, vous comprenez la façon
dont il crée, et vous créez.

Vos yeux sont le miroir de votre conscience ; toute chose
créée par vous constitue votre âme.

Votre conscience s'exprime par votre corps et vos mains.

Étudiez-vous et créez votre identité.

Observez les autres et créez-les.

En contemplant l'Univers, vous le créez.

Vous percevez l'Univers, et l'Univers vous bâtit.

Vous percevez l'Univers, et l'Univers se construit.

Vous scrutez la nature, et la nature vous voit.

Embrassez la nature du regard comme vous voyez les choses autour de vous.

En vous dirigeant vers le sommet de l'Univers, vous voyez qu'il est tout près de vous.

En le découvrant, vous découvrez votre amour.

Votre amour est votre création accordée par Dieu une fois pour toutes.

Comme Dieu vous a légué son amour éternel et omniprésent, je vous transmets ce livre, que vous posséderez à jamais, car vous êtes éternel.

Éternel, vous suivez votre chemin ascensionnel parsemé de fleurs.

Étant en tout lieu, vous avancez et découvrez devant vous des myriades de mondes.

Votre route est couverte des fleurs de l'Éternité.

Offrez-en une à tout être que vous croisez, montrez-lui la voie afin que tous ensemble nous puissions avancer à vive allure.

Chaque personne a le droit d'accéder à la vie éternelle.

Le chemin qui y conduit est tracé dans votre âme.

Ouvrez votre cœur et présentez votre joie, telle une fleur, à tous ceux qui sont à vos côtés.

Découvrez la réalité telle que vous l'aviez déjà connue en esprit.

Devenez ce que vous êtes depuis l'origine.

Sauvez-vous vous-même et sauvez les autres, et votre esprit se retrouvera à l'instant dans l'Éternité, et celle-ci représentera votre esprit.

À l'instant même, vous vous verrez en tant qu'esprit, alors ce sera la résurrection universelle.

Et tout décédé dont le corps est présent ou absent reviendra à la vie ; toute personne qui vit ne mourra jamais.

Ressuscitez et sauvez tout le monde, car la connaissance actuelle des principes de la vie éternelle est à votre disposition.

La venue du Sauveur à chacun d'entre vous se manifestera à travers votre entendement et votre bagage.

Vous pouvez accéder à ces connaissances, là est votre salut.

On ne peut être sauvé que si chacun est sauvé, on ne peut être sauvé que si toute l'humanité est sauvée.

Nous avançons vers le lieu où le salut se trouve.

Nous serons sauvés de toute façon.

Mais votre tâche consiste à rapprocher ce moment en œuvrant dans ce sens, car le vrai salut est dans la vie éternelle.

Grigori GRABOVOÏ

BIBLIOGRAPHIE

1. Grabovoï G., *Principe de rétablissement complet de systèmes similaires*. Exposé scientifique lors de la XVe conférence des jeunes experts sur l'interaction entre les systèmes optiques et la matière physique. Tachkent. Éditions TachKBM, 1991.

2. Grabovoï G., *Structure de reproduction permanente de la matière dans les processus de l'échange thermique*. Notes sur l'échange thermique de l'Université d'État de Tachkent, protocole nº 22/92 NAK. Tachkent, Éditions NAK Ruz, 1992.

3. Grabovoï G., *Lois fondamentales de restauration de la matière et du développement éternel constructif assurant la sécurité de pronostics*. Tachkent. Éditions VEO Rampa, 1993.

4. Grabovoï G., *Principes et méthodes de la résurrection et de la vie éternelle. Méthodologie de guérison et de gestion d'événements*. Moscou, Editions AO Kapas, 1994.

5. Grabovoï G., *Application des principes et méthodes de la résurrection et de la vie éternelle dans la gestion d'événements*. Moscou, Éditions AO Kapas, 1994.

6. Grabovoï G., *Méthodes de création de la matière par l'intermédiaire de la conscience*, Moscou, Editions AO Kapas, 1994.

7. Grabovoï G., *Vie éternelle et absence de destruction en tant que loi d'un développement harmonieux du monde*. Interview pour le journal Megapolis-Kontinent. Moscou, Editions AO Kapas, 1995.

8. Grabovoï G., *Principes de transfert de l'effet rétablissant des techniques de la résurrection et de la vie éternelle*. Moscou, Éditions AO Kapas, 1996.

9. Grabovoï G., *Systèmes génétiques de la résurrection et de la vie éternelle*. Moscou, Éditions AO Kapas, 1996.

10. Grabovoï G., *Principes de la résurrection dans la médecine et la gestion d'événements. Structures principales de médecine du développement éternel*. Moscou, Éditions AO Kapas, 1996.

11. Grabovoï G., *Cycle de conférences sur la gestion d'événements et la création de la matière à l'aide de structuralisation de la conscience. Vie éternelle de l'âme et du corps selon les lois du Créateur*. Moscou, Éditions AO Kapas, 1997.

12. Grabovoï G., *Structures appliquées du domaine créatif de la conscience*. Moscou, Éditions de l'Académie Russe des Sciences Naturelles, 1998.

13. Grabovoï G., *Pratique du pilotage, chemin du salut*. Vol. 1, 2, 3. Moscou, Éditions Soprichastnost, 1998.

14. Grabovoï G., *Résurrection*. Moscou, Éditions A.V. Kalachnikov, 1999.

15. Grabovoï G., *Définitions fondamentales des systèmes optiques dans la gestion de microprocessus*. Magazine Microélectronique, n° 1 (153). Moscou, Éditions CNII Electronique, 1999.

16. Grabovoï G., *Système unifié des connaissances*. Moscou, Éditions A.V. Kalachnikov, 2000.

17. Grabovoï.G., *La régénération de l'organisme humain par la concentration sur des nombres*. Moscou, Éditions A.V. Kalachnikov, 2001.

DU MÊME AUTEUR

Déjà paru aux Éditions Saint-Germain-Morya inc. :

Exercices de concentration et d'expansion de conscience
Régénération de l'organisme humain par la concentration sur des nombres

À paraître très prochainement aux Éditions Saint-Germain-Morya inc. :

Séries numériques pour le succès dans le monde des affaires
© Grabovoï G., 2004. *Système unifié de connaissances*

Séries numériques pour une normalisation psychologique,
1re partie, © Grabovoï G., 2003

Séries numériques pour une normalisation psychologique,
2e partie, © Grabovoï G., 2003. Système éducationnel de Grigori Grabovoï

Grigori GRABOVOÏ est né le 14 novembre 1963 à Bogara, Kazakhstan.

PARUS AUX ÉDITIONS SAINT-GERMAIN-MORYA

LES CLEFS D'ASCENSION
ou La Parole des Maîtres de la Fraternité Blanche
Auteurs : Ischaïa et Sylvain Lagacé
320 pages
ISBN : 978-2-923568-00-3

LA TERRE INTÉRIEURE
ou Le Paradis terrestre retrouvé
Récit authentique d'un voyage
au centre de la Terre
Titre original : *The smoky God*
Auteur : Emerson, Willis Georges
174 pages
ISBN : 978-2-923568-01-0

CD
Connexion, enracinement et conscience de soi
Expérimentez le pouvoir de la méditation
et de la visualisation
Auteur : Ischaïa
ISBN : 978-2-923568-07-2

CD
LE COMTE DE SAINT-GERMAIN
Sa voix, Son message, Ses révélations,
Sa promesse
Auteur : Comte de Saint-Germain
Corps d'adoption : Richard Chanfray

LE LIVRE DE L'HOMME NOUVEAU
Parole des maîtres ascensionnés
Spiritualité/ channeling
578 pages
ISBN : 978-2-923568-04-1

ICOSAMERON
Voyage au centre de la Terre (tome I)
ou L'histoire des 81 ans qu'Édouard et
Élisabeth passèrent à l'intérieur de la Terre.
Auteur : Casanova di Seingalt, Giacomo
ISBN : 978-2-923568-02-7

ICOSAMERON
Voyage au centre de la Terre (tome II)
ou L'histoire des 81 ans qu'Édouard et
Élisabeth passèrent à l'intérieur de la Terre
Auteur : Casanova di Seingalt, Giacomo
552 pages
ISBN : 978-2-923568-03-4

Les Maîtres
Entretien avec I-EM-HOTEP
Spiritualité/ channeling
Auteur : K. Barkel
176 pages
ISBN : 978-2-923568-05-8

L'alliance avec le Divin
Triomphe de la Lumière
Auteur : Ischaïa (B. Amazan)
232 pages
ISBN : 978-2-923568-06-5

Le comte de Saint-Germain
et les Maîtres de l'Aggartha
dans l'œuvre de François Brousse
Auteur : Jean-Pierre WENGER
478 pages
ISBN : 978-2-923568-08-9

Grigori Petrovitch Grabovoï
L'homme des codes de guérison miracle
Auteur : Serge Fitz
ISBN : 978-2-923568-10-2

Exercices de concentration
et d'expansion de conscience
Auteur : Grigori Grabovoï
ISBN : 978-2-923568-12-6

La régéneration de l'organisme humain
par la concentration sur des nombres
Auteur : Grigori P. Grabovoï
ISBN : 978-2-923568-15-7

Achevé d'imprimer
sur les presses de
l'imprimerie Lebonfon
à Val-d'Or (Québec), Canada
en mars 2014